일래스틱서치 쿡북 4/e

일래스틱서치 쿡북 4/e

효과적 데이터 검색과 분석을 위한 100가지 단계별 레시피

알베르토 파로 지음 이준호 옮김

에이콘

에이콘출판의 기틀을 마련하신 故 정완재 선생님 (1935-2004)

| 지은이 소개 |

알베르토 파로Alberto Paro

엔지니어, 프로젝트 관리자이자 소프트웨어 개발자다. 현재 이탈리아의 빅데이터 기술, 네이티브 클라우드, NoSQL 솔루션 기반인 NTTDATA에서 빅데이터 프랙티스 리더Big Data Practice Leader로 일하고 있다. 주로 클라우드, 빅데이터 처리, NoSQL, NLP, 신경망에 연관된 이머징 솔루션emerging solutions과 애플리케이션의 연구에 지대한 관심이 있다. 2000년에 폴리테크니코 디 밀라노Politecnico di Milano의 전산공학과를 졸업했다. 지식 관리 솔루션과 최첨단 빅데이터 소프트웨어를 사용하는 고급 데이터 마이닝 제품에 스칼라/자바와 파이썬을 사용해 일했다. 빅데이터 솔루션, NoSQL 데이터저장소, 연관 기술을 효과적으로 사용하는 방법을 가르치는 데 많은 시간을 할애했다.

도움 없이 이 책을 마무리하는 것은 정말 어려운 일이었다. 먼저 나의 아내, 자녀들(안드레아와 기울리아)과 그 외 가족의 도움에 감사한다. 나의 절친인 마우로와 미켈레, 동료들과 나를 도와준 모든 사람에게 감사한다. 이 책을 저술하고 출간하는 데 관여한 팩트출판사의 모든 분께 감사의 인사를 전하고 싶다. 이 책이 완성될 수 있게 지도해준 아티코 사푸니 리샤나Athikho Sapuni Rishana와 첫 번째 초안부터 귀중한 피드백을 제공한 검토자들에게 감사한다. 그들의 전문성, 예의, 훌륭한 판단력, 책에 대한 열정을 높이 평가한다.

| 기술 감수자 소개 |

크레이그 브라운Craig Brown

일래스틱서치와 다른 빅데이터 소프트웨어에 서비스를 제공하는 독립 컨설턴트다. 25년 경력의 핵심 자바 개발자며 10년 이상의 일래스틱서치 경력이 있다. 머신러닝, 하둡, 아파치 스파크에 대한 경력도 많으며 유타주의 빅마운틴 데이터 사용자 그룹Big Mountain Data user group의 공동 창업자이자 일래스틱서치와 다른 빅데이터 주제를 강의하는 강사다. 일래스틱서치와 빅데이터 서비스에 집중하는 NosqlRevolution LLC와 클러스터 컴퓨팅과 빅데이터 프레임워크를 프로토타이핑하고 배울 수 있게 설계된 데스크톱 데이터 센터인 PicoCluster LLC의 창업자다.

| 옮긴이 소개 |

이준호(evans8580@gmail.com)

서울대학교를 졸업하고 숭실대학원에서 소프트웨어 공학을 전공했다. Open API 플랫폼, IPTV 콘텐츠 관리 플랫폼, UCC 콘텐츠 서비스 플랫폼을 설계, 구축, 운영했으며 IPTV 플랫폼에 대한 진단과 개선 관련 컨설팅을 진행했다. 넥슨 코리아에 입사해 AWS 기반의 게임 서비스 플랫폼을 설계 구축했고, 클라우드 포메이션, 테라폼, 앤서블, 깃을 활용해 AWS 관리형 쿠버네티스 플랫폼인 EKS에 데브옵스화된 게임 서비스 인프라 구축을 진행했다. 회사 내에 데브옵스 문화를 전파하는 역할을 하고 있으며 빅데이터 플랫폼 운영을 총괄하고 있다. 대학원에서 머신러닝 활용 장애 탐지 관련 논문으로 학위를 취득했으며 관련 연구를 지속하고 있다.

| 옮긴이의 말 |

일래스틱서치는 5년 전에 처음으로 접했다. 클라우드로 모든 애플리케이션을 이전하며 오토스케일링으로 서버 IP가 자주 바뀌고 애플리케이션 로그가 자꾸 사라지는 시기였다. 장애가 발생하면 오류 로그를 보기가 너무 어려웠는데, 일래스틱서치는 이런 환경을 개선하고자 솔루션을 찾던 중에 발견한 보화였다. 처음 접한 일래스틱서치는 6.x였다. 평문으로 된 애플리케이션 로그가 아무런 가공 없이 적재되고 문장이나 단어를 입력했을 때 바로 해당 위치를 조회할 수 있는 점은 개발 환경을 획기적으로 개선하는 데 기여했다. 이 일래스틱서치 기반의 애플리케이션 조회 시스템은 현재 다니고 있는 회사의 핵심 서비스로 자리 잡았고 현재까지 운영하고 있다.

일래스틱서치를 사용하면서 가장 어려웠던 점은 제대로 된 문서가 별로 없었다는 것이었다. 인터넷에는 주로 설치 위주의 내용만 떠돌아다녔고 문제를 해결하려면 구글링을 해야 했다. 그러다 보니 전반적으로 이해하거나 새로운 것을 적용하는 업무는 아주 힘들고 괴로웠다. 특히 IP 주소를 이용해 GeoIP를 활성화시키는 일은 정말 어려운 일 중 하나였다. 또한 가끔 겪는 특정 서버의 다운은 그야말로 지옥의 시작인데, 운영 경험이 부족하기도 했고 운영을 도와줄 만한 문서가 열악했기 때문이다.

다행히도 최근 일래스틱서치 문서의 품질과 내용은 비약적으로 향상됐다. 상용화 이후에 바뀐 점이며, 오히려 편하게 쓰기에 부담이 되는 시대가 온 것 같다. 그러다 보니 7.x대의 일래스틱서치나 오픈서치[OpenSearch]를 사용하게 됐으며 이 책은 7.x대의 일래스틱서치를 완벽하게 다룰 수 있다. 오픈서치의 코드베이스는 일래스틱서치 7.x, 정확하게는 7.10.2이다. 즉, 이 책의 모든 내용은 오픈서치에도 그대로 적용된다. 자금 여유가 많아 상용에 기술 지원을 받을 것이라면 굳이 7.x대를 사용할 필요는 없다. 하지만 대다수의 배고픈 개발자와 스타트업이라면 이 책이 적합할 것이다.

일래스틱서치의 기본 사용법부터 설치, 모니터링, 개발 통합, SQL 연계, 머신러닝까지 대부분의 분야를 다룬다. 보통 키바나를 통한 조회 수준까지만 사용하겠지만 이는 전체 기능의 극히 일부분이다. 이 책을 통해 일래스틱서치의 진면목을 경험하길 기대한다. 내용이 많아 번역 작업이 까다로웠지만 일래스틱서치의 활용에 기여했다는 점이 자랑스럽다.

처음부터 순서대로 보는 것보다는 필요한 부분만 골라서 보기를 추천한다. 각 장은 어느 정도 독립적으로 기술돼 있고 각 주제의 끝에 연관 예제를 소개하고 있어 연결해서 보면 더 편할 것이다. 아무쪼록 이 책을 통해 일래스틱서치를 조회 이상으로 활용해보길 바란다.

| 차례 |

05장 텍스트와 숫자 쿼리 311

07장 집계 411

08장 일래스틱서치 스크립팅 495

11장 사용자 인터페이스 621

12장 적재 모듈 사용 667

13장 자바 통합 705

16장 플러그인 개발 843

| 들어가며 |

일래스틱서치는 루씬 기반의 분산 검색 서버로, 페타바이트 규모의 구조화되지 않은 콘텐츠를 색인하고 검색할 수 있다. 또한 일래스틱서치 7.x의 새로운 기능 및 복잡한 쿼리와 분석을 작성하고 실행할 수 있는 유용한 예제들을 제공한다.

이 책은 일래스틱서치를 이용한 색인, 매핑, 집계, 스크립트 예제들로 가득하다. 이를 통해 일래스틱서치 노드를 배포하고 다른 도구를 통합해 다양한 시각화를 작성하는 작업을 수행할 수 있으며 빠른 테크닉과 수많은 솔루션에 익숙해질 것이다. 클러스터를 모니터링할 수 있는 키바나를 설치하고 다양한 플러그인을 이용해 확장할 수도 있다. 끝으로 자바, 스칼라, 파이썬, 아파치 스파크, 피그 같은 빅데이터 애플리케이션과 일래스틱서치를 통합해 향상된 기능과 사용자 정의 플러그인으로 강화된 효율적인 데이터 애플리케이션을 작성할 수 있다.

이 책으로 일래스틱서치 아키텍처를 구현하는 심도 있는 지식을 얻을 수 있으며 일래스틱서치를 사용해 효율적이고 효과적으로 데이터를 관리, 검색, 저장할 수 있다.

이 책의 대상 독자

소프트웨어 엔지니어, 빅데이터 인프라 엔지니어, 일래스틱서치 개발자에게 유익한 책이다. 더 나은 비즈니스 의사결정에 대한 깊은 통찰력을 얻고자 메트릭 진화와 검색 분석에 일래스틱서치를 사용하는 전자상거래 회사, FMCG 회사에서 일하는 데이터 전문가에게도 도움이 된다.

일래스틱서치의 앞선 경험은 이 책을 최대한 활용하는 데 도움이 될 것이다.

이 책의 구성

1장, 시작하기에서는 일래스틱서치를 이용해 클라우드에 간단하게 설치하는 기초적인 단계와 여러 설치 케이스를 다룬다.

2장, 매핑 관리에서는 색인과 검색 품질을 향상시키기 위한 올바른 데이터 필드 정의를 다룬다.

3장, 기본 작업에서는 일래스틱서치에 데이터를 적재하고 관리하는 데 필요한 가장 일반적인 작업을 설명한다.

4장, 검색 기능 탐색에서는 검색, 정렬 실행, 연관 API 호출을 설명하고 필수적인 API를 다룬다.

5장, 텍스트와 수치 쿼리에서는 텍스트와 수치 필드의 검색 DSL 부분(일래스틱서치 기능의 핵심)을 설명한다.

6장, 관계 및 지리 정보 쿼리에서는 관계 문서(자식/부모와 중첩)와 지리 정보 필드로 작업하는 쿼리를 설명한다.

7장, 집계에서는 일래스틱서치의 다른 가능성을 다룬다. 이는 일래스틱서치에 포함된 정보를 요약하고 사용자 경험을 향상시키도록 검색 결과에 분석을 실행하는 것이다.

8장, 일래스틱서치 스크립팅에서는 다른 언어를 사용해 일래스틱서치의 다양한 부분의 스크립트 기능(검색, 집계, 적재) 사용법과 스크립트로 일래스틱서치를 사용자 정의하는 방법을 설명한다. 여기에서는 주로 페인리스[Painless]에 집중한다. 페인리스는 일래스틱서치 팀이 개발한 신규 스크립트 언어다.

9장, 클러스터 관리에서는 일반적인 함정을 이해하도록 클러스터/노드의 동작을 분석하는 방법을 보여준다.

10장, 데이터 백업과 복원에서는 데이터를 관리하는 가장 중요한 컴포넌트(백업)를 다루는데, 분산된 백업과 스냅샷의 복원 관리 방법을 설명한다.

11장, 사용자 인터페이스에서는 일래스틱서치 5.x의 가장 일반적인 사용자 인터페이스 중 두 가지인 관리자 작업을 위해 주로 사용되는 세레브로Cerebro와 일래스틱서치의 일반 UI 확장으로 X-Pack를 사용하는 키바나Kibana를 설명한다.

12장, 적재 모듈 사용에서는 적재 파이프라인으로 일래스틱서치에 데이터를 넣는 적재 기능을 설명한다.

13장, 자바 통합에서는 REST와 네이티브 프로토콜을 이용한 자바 애플리케이션에서 일래스틱서치를 통합하는 방법을 설명한다.

14장, 스칼라 통합에서는 elastic4s를 이용해 스칼라에 일래스틱서치를 통합하는 방법을 설명한다. elastic4s는 네이티브 자바 API에 기반을 둔 타입 안전하고 기능이 많은 고급 스칼라 라이브러리다.

15장, 파이썬 통합에서는 공식 일래스틱서치 파이썬 클라이언트의 사용법을 다룬다.

16장, 플러그인 개발에서는 일래스틱서치 기능을 확장하는 네이티브 플러그인을 작성하는 방법을 설명한다. 일부 예시는 플러그인 뼈대, 설치 절차, 빌드를 보여준다.

17장, 빅데이터 통합에서는 아파치 스파크와 아파치 피그 같은 일반적인 빅데이터 도구에 일래스틱서치를 통합하는 방법을 다룬다.

사전 지식

자바, 스칼라, 파이썬의 기본 지식이 필요하다.

예제 코드 다운로드

한국어판의 예제 코드는 에이콘출판사의 깃허브 저장소 https://github.com/AcornPublishing/elastic-4e에서 다운로드할 수 있다.

원서의 예제 코드를 확인하려면 다음의 깃허브 저장소 https://github.com/PacktPublishing/Elasticsearch-7.0-Cookbook을 방문하길 바란다. 또는 팩트출판사 사이트 http://www.packtpub.com/support를 방문해 이메일을 등록하면 파일을 직접 받을 수 있으며, 원서의 Errata도 확인할 수 있다.

컬러 이미지 다운로드

이 책에서 사용된 스크린샷/다이어그램의 컬러 이미지를 포함하고 있는 PDF 파일을 제공한다. 컬러 이미지를 보면 내용을 이해하는 데 도움이 될 것이다. https://www.packtpub.com/sites/default/files/downloads/9781789956504_ColorImages.pdf에서 해당 파일을 다운로드할 수 있다. 또한 에이콘출판사의 도서정보 페이지인 http://www.acornpub.co.kr/book/elastic-4e에서도 다운로드할 수 있다.

편집 규약

이 책에서 여러 종류의 정보를 구별하는 많은 텍스트 스타일을 보게 될 것이다. 여기에서 이 스타일의 몇 가지 예와 의미를 설명한다.

데이터베이스 테이블 이름, 사용자 입력 등의 코드 문자들은 다음과 같이 표기한다.

"시스템의 다른 디스크로 다운로드한 `WebStorm-10*.dmg` 디스크 이미지를 마운트한다."

코드 블록은 다음과 같이 나타낸다.

```
{
  "acknowledged" : true,
  "shards_acknowledged" : true,
  "index" : "myindex"
}
```

커맨드라인 입출력은 다음과 같이 나타낸다.

```
elasticsearch-plugin.bat remove ingest-attachment
```

새로운 용어와 중요한 단어는 굵게 표기한다. 화면의 메뉴나 대화상자는 다음과 같이 표기한다.

"이제 **배포 생성하기**를 눌러 첫 번째 일래스틱서치 클러스터를 시작할 수 있다."

NOTE

> 경고와 중요한 노트는 이와 같이 나타낸다.

TIP

> 팁과 요령은 이와 같이 나타낸다.

독자 의견

독자로부터의 피드백은 항상 환영이다.

오탈자

내용을 정확하게 전달하려고 최선을 다했지만 실수가 있을 수 있다. 팩트출판사의 도서에서 코드나 텍스트상의 문제를 발견해서 알려준다면 매우 감사하게 생각할 것이다. 그런 참여를 통해 다른 독자에게 도움을 주고 다음 버전의 도서를 더 완성도 높게 만들 수 있다. 오탈자를 발견한다면 http://www.packtpub.com/submit-errata를 방문해 책을 선택하고 errata submission form 링크를 클릭해서 구체적인 내용을 입력해주기 바란다. 보내준 오류 내용이 확인되면 웹 사이트에 그 내용이 올라가거나 해당 서적의 정오표 부분에 추가될 것이다. 한국어판은 에이콘출판사의 도서정보 페이지인 http://www.acornpub.co.kr/book/elastic-4e에서 찾아볼 수 있다.

저작권 침해

인터넷의 모든 매체에서 저작권 침해가 심각하게 벌어진다. 팩트출판사에서는 저작권과 사용권 문제를 아주 심각하게 인식한다. 어떤 형태로든 팩트출판사 서적의 불법 복제물을 인터넷에서 발견한다면 적절한 조치를 취할 수 있도록 해당 주소나 사이트명을 알려주길 부탁한다. 의심되는 불법 복제물의 링크를 copyright@packpub.com으로 보내주기 바란다. 저자와 더 좋은 책을 위한 팩트출판사의 노력을 배려하는 마음에 깊은 감사의 마음을 전한다.

문의

이 책과 관련해 질문이 있다면 questions@packtpub.com으로 문의하기 바란다. 최선을 다해 질문에 답하겠다. 한국어판에 관한 질문은 옮긴이나 에이콘출판사 편집팀(editor@acornpub.co.kr)으로 문의해주길 바란다.

01

시작하기

1장에서 다루는 내용은 다음과 같다.

- 일래스틱서치 다운로드 및 설치
- 네트워크 설정
- 노드 설정
- 리눅스 시스템 설정
- 서로 다른 노드 유형 설정
- 코디네이터 노드 설정
- 적재 노드 설정
- 일래스틱서치에 플러그인 설치
- 플러그인 제거
- 로그 설정 변경

- 도커docker에서 노드 설정
- 일래스틱서치 클라우드 엔터프라이즈에 배포

기술적 요구 사항

일래스틱서치는 리눅스/맥OS X/윈도우에서 구동되며 유일한 요구 사항은 자바 8.x다. 일반적으로는 오라클 JDK를 사용하기를 권고하며 https://github.com/AcornPublishing/elastic-4e에서 다운로드할 수 있다.

TIP

> 일래스틱서치 인스턴스 설치 및 구성의 세부 사항을 다루지 않고 빠르게 시작하려면 1장 마지막의 '도커로 노드 설정' 예제로 넘어가서 도커 컴포즈(Docker Compose)를 실행하면 된다. 이를 통해 일래스틱서치, 키바나 및 다른 도구들을 빠르게 설치할 수 있다.

일래스틱서치 다운로드와 설치

일래스틱서치는 활발한 커뮤니티 활동으로 인해 배포 주기가 매우 빠르다.

일래스틱서치는 많은 자바 공통 라이브러리(루씬Lucene, Guice, 잭슨Jackson은 가장 유명한 라이브러리다)를 사용한다. 일래스틱서치 커뮤니티는 이들을 최신 라이브러리로 제공하며 일래스틱서치 코어 및 이들 라이브러리에서 발견된 버그를 수정하고 있다. 대규모의 사용자 기반은 일래스틱서치의 사용 사례를 개선시키는 기능과 새로운 아이디어의 원천이기도 하다.

이런 이유로 가능하다면 최신 배포판을 사용하기 강력히 권고한다(최신 배포판이 일반적으로 좀 더 안정적이고 버그가 거의 없다).

준비 사항

일래스틱서치를 설치하려면 자바 가상머신JVM 1.8 이상(SUN 오라클 JDK를 추천한다. 더 자세한 정보는 http://www.oracle.com/technetwork/java/javase/downloads/jdk8-downloads-2133151.html을 참고한다)과 지원되는 운영체제(리눅스/맥OS X/윈도우)가 필요하다. 웹 브라우저를 통해 일래스틱서치 바이너리 배포판을 다운로드하면 된다. 일래스틱서치를 설치하려면 적어도 1GB의 디스크 공간이 요구된다.

작동 방법

웹에서 일래스틱서치를 다운로드할 수 있다. https://www.elastic.co/downloads/elasticsearch에서 최신 버전을 항상 다운로드할 수 있다. 서로 다른 운영체제에서 사용할 수 있는 버전은 다음과 같다.

- 윈도우 버전은 elasticsearch-{버전 번호}.zip과 elasticsearch-{버전 번호}.msi다.
- 리눅스/맥OS X 버전은 elasticsearch-{버전 번호}.tar.gz이고 데비안 기반의 리눅스 배포판은 elasticsearch-{버전 번호}.deb다(우분투 계열을 담당한다). 데비안 기반에서는 `dpkg -i elasticsearch-*.deb` 명령으로 설치할 수 있다.
- 레드햇 기반 버전은 elasticsearch-{버전 번호}.rpm이다(CentOS 계열을 담당한다). `rpm -i elasticsearch-*.rpm` 명령으로 설치할 수 있다.

TIP

> 이전 버전 패키지들은 일래스틱서치를 시작하는 데 필요한 모든 것을 포함하고 있다. 이 책은 오픈소스로 제공하는 마지막 버전 7.x를 대상으로 한다. 가장 안정적인 버전의 일래스틱서치는 7.0.0이었다. 최신 버전 여부를 확인하려면 https://www.elastic.co/downloads/elasticsearch를 방문하라.[1]

1. 8.x부터는 오픈소스 라이선스 버전이 제외됐고 Open Search라는 이름으로 7.x대의 소스가 포크돼 제공되고 있다. – 옮긴이

바이너리의 압축을 해제하라. 플랫폼에 맞는 배포판을 다운로드한 후 작업 폴더에 압축을 풀어야 한다.

TIP

> 작업 폴더에는 특수 문자가 포함되면 안 되고, 폴더의 경로가 너무 길면 안 된다. 이런 폴더를 선택해야 일래스틱서치가 폴더를 생성하고 색인을 저장하는 데 문제가 발생하지 않는다.

윈도우 플랫폼의 추천 폴더 위치는 c:\es이고 유닉스 및 맥OS X의 추천 폴더 위치는 /opt/es다.

일래스틱서치를 실행하려면 JVM 1.8 이상이 설치돼 있어야 한다. 좀 더 나은 성능을 얻으려면 최신 SUN/오라클 버전을 사용하기를 권고한다.

TIP

> 맥OS X를 사용하고 홈브루(http://brew.sh/)를 사용한다면 `brew install elasticsearch`는 첫 번째 및 두 번째 단계를 자동으로 진행한다.

일래스틱서치를 시작해 모든 것이 잘 동작하는지 확인한다. 일래스틱서치 서버를 시작하려면 폴더에 들어가 간단하게 다음 명령을 실행하면 된다. 리눅스 및 맥OS X는 다음 명령으로 실행한다.

```
# bin/elasticsearch
```

윈도우에서는 다음 명령으로 실행한다.

```
# bin\elasticserch.bat
```

서버가 시작되면 다음과 같은 로그를 확인할 수 있다.

```
[2018-10-28T16:19:41,189][INFO ][o.e.n.Node ] [] initializing ...
 [2018-10-28T16:19:41,245][INFO ][o.e.e.NodeEnvironment ] [fyBySLM]
using [1] data paths, mounts [[/ (/dev/disk1s1)]], net usable_space
[141.9gb], net total_space [465.6gb], types [apfs]
 [2018-10-28T16:19:41,246][INFO ][o.e.e.NodeEnvironment ] [fyBySLM]
heap size [989.8mb], compressed ordinary object pointers [true]
 [2018-10-28T16:19:41,247][INFO ][o.e.n.Node ] [fyBySLM] node name
derived from node ID [fyBySLMcR3uqKiYC32P5Sg]; set [node.name] to
override
 [2018-10-28T16:19:41,247][INFO ][o.e.n.Node ] [fyBySLM]
version[6.4.2], pid[50238],
build[default/tar/04711c2/2018-09-26T13:34:09.098244Z], OS[Mac OS
X/10.14/x86_64], JVM[Oracle Corporation/Java HotSpot(TM) 64-Bit Server
VM/1.8.0_181/25.181-b13]
 [2018-10-28T16:19:41,247][INFO ][o.e.n.Node ] [fyBySLM] JVM arguments
[-Xms1g, -Xmx1g,
 ...중략...
 [2018-10-28T16:19:42,511][INFO ][o.e.p.PluginsService ] [fyBySLM]
loaded module [aggs-matrix-stats]
 [2018-10-28T16:19:42,511][INFO ][o.e.p.PluginsService ] [fyBySLM]
loaded module [analysis-common]
 ...중략...
 [2018-10-28T16:19:42,513][INFO ][o.e.p.PluginsService ] [fyBySLM] no
plugins loaded
 ...중략...
[2018-10-28T16:19:46,776][INFO ][o.e.n.Node ] [fyBySLM] initialized
 [2018-10-28T16:19:46,777][INFO ][o.e.n.Node ] [fyBySLM] starting ...
 [2018-10-28T16:19:46,930][INFO ][o.e.t.TransportService ] [fyBySLM]
publish_address {127.0.0.1:9300}, bound_addresses {[::1]:9300},
{127.0.0.1:9300}
 [2018-10-28T16:19:49,983][INFO ][o.e.c.s.MasterService ] [fyBySLM]
zen-disco-elected-as-master ([0] nodes joined)[, ], reason: new_master
{fyBySLM}{fyBySLMcR3uqKiYC32P5Sg}{-
pUWNdRlTwKuhv89iQ6psg}{127.0.0.1}{127.0.0.1:9300}{ml.machine_memory=17
179869184, xpack.installed=true, ml.max_open_jobs=20, ml.enabled=true}
```

```
...중략...
[2018-10-28T16:19:50,452][INFO ][o.e.l.LicenseService ] [fyBySLM] license
[b2754b17-a4ec-47e4-9175-4b2e0d714a45] mode [basic] ? valid
```

작동 원리

일반적으로 일래스틱서치 패키지에는 다음 폴더가 포함돼 있다.

- bin: 이 폴더에는 일래스틱서치를 시작하고 관리하는 스크립트가 포함돼 있다.
- elasticsearch.bat: 이 파일은 일래스틱서치를 시작하는 주요 실행 스크립트다.
- elasticsearch-plugin.bat: 이 파일은 플러그인 관리 스크립트다.
- config: 이 폴더에는 일래스틱서치 설정 파일이 포함돼 있다. 가장 중요한 파일은 다음과 같다.
    - elasticsearch.yml: 일래스틱서치의 주요 설정 파일이다.
    - log4j2.properties: 로그 수집의 설정 파일이다.
- lib: 일래스틱서치 실행을 위한 라이브러리들이 있다.
- logs: 이 폴더는 설치할 때 비어 있지만 애플리케이션 로그가 저장된다.
- modules: 이 폴더에는 일래스틱서치의 기본 플러그인 모듈이 포함돼 있다.
- plugins: 이 폴더는 설치할 때 비어 있지만 커스텀 플러그인이 설치된다.

일래스틱서치를 시작할 때 다음과 같은 작업이 진행된다.

- elasticsearch.yml에 노드 이름을 지정하지 않으면 노드 이름이 자동으로 생성된다(예를 들어 fyBySLM). 이름이 임의로 생성되므로 의미 있고 기억할 수 있는 이름으로 지정하는 것이 좋다.

- 노드에 대한 노드 이름 해시가 생성된다. 예를 들어 fyBySLMcR3uqKiYC32P5Sg다.
- 기본 설치 모듈이 탑재된다. 가장 중요한 모듈은 다음과 같다.
    - **aggs-matrix-stats:** 집계 메트릭 통계를 제공한다.
    - **analysis-common:** 일래스틱서치의 공통 분석기로 일래스틱서치 언어 처리 기능을 확장한다.
    - **ingest-common:** 적재 노드의 공통 기능을 제공한다.
    - **lang-expression/lang-mustache/lang-painless:** 일래스틱서치의 기본 제공 스크립트 언어다.
    - **mapper-extras:** token_count 및 scaled_float와 같은 추가적인 매퍼 유형을 제공한다.
    - **parent-join:** has_children 및 has_parent와 같은 부가적인 쿼리를 제공한다.
    - **percolator:** 여과[percolator] 기능을 제공한다.
    - **rank-eval:** 실험적인 순위 평가 API를 제공한다. 쿼리에 기반을 둔 히트율에 사용된다.
    - **reindex:** 재색인 작업(쿼리에 의한 재색인/갱신)을 지원한다.
    - **x-pack-*:** 일래스틱서치 구독 활성화에 관련된 모든 xpack 모듈이 포함된다.
- 플러그인이 있다면 이들은 탑재된다.
- 설정하지 않았다면 일래스틱서치는 localhost/127.0.0.1에 다음의 두 포트를 자동으로 사용한다.
    - **9300:** 이 포트는 내부 노드 간의 통신을 위해 사용된다.

- **9200:** 이 포트는 HTTP REST API를 위해 사용된다.
- 시작한 후 색인이 있다면 복원돼 사용할 준비가 된다.

포트가 이미 사용 중이라면 일래스틱서치는 사용할 수 있는 포트까지 포트 번호를 증가시킨다(즉, 9201, 9202 등).

일래스틱서치가 시작되는 동안 많은 이벤트가 발생한다. 다른 예제에서 이들을 살펴볼 것이다.

추가 사항

노드가 시작하는 동안 여러 필요 서비스가 자동으로 시작된다. 가장 중요한 서비스들은 다음과 같다.

- **클러스터 서비스:** 클러스터 상태를 관리하고 노드 간의 통신과 동기화를 관리한다.
- **색인 서비스:** 모든 색인 동작을 관리하고 모든 활성화된 색인index과 샤드shard를 초기화한다.
- **매핑 서비스:** 클러스터에 저장된 문서 유형을 관리한다(2장에서 매핑을 다룬다).
- **네트워크 서비스:** HTTP REST 서비스(기본 포트 9200번)와 드리프트thrift 플러그인이 설치돼 있다면 내부 일래스틱서치 프로토콜(9300번 포트)과 같은 서비스를 포함한다.
- **플러그인 서비스:** 플러그인 탑재를 관리한다.
- **집계 서비스:** 통계, 히스토그램 및 문서 그룹과 같은 저장된 일래스틱서치 문서에 대한 고급 분석을 제공한다.
- **적재 서비스:** 필드 보강, 자연어 처리NLP, Natural Language Processing, 타입 변환 및 자동 필드 채우기와 같은 적재 전 문서 전처리 프로세스를 지원한다.

- **언어 스크립트 서비스:** 신규 언어 스크립트에 대한 지원을 추가한다.

참고 사항

다음에 다룰 네트워크 설정 예제는 초기 네트워크 설정을 다룬다. https://www.elastic.co/downloads/elasticsearch 공식 일래스틱서치 다운로드 페이지에서 버전별 일래스틱서치를 확인할 수 있다.

네트워크 설정

노드와 클러스터에 대한 올바른 네트워크 구성은 매우 중요하다.

다양한 설치 시나리오와 이와 관련된 네트워크 문제들이 있다. 클러스터를 구축하는 데 있어 노드 구성의 첫 번째 단계는 노드 검색을 바르게 설정하는 것이다.

준비 사항

설정 파일을 변경하려면 동작하는 일래스틱서치와 텍스트 편집기 및 현재 네트워크 구성(현재 IP)이 필요하다.

작동 방법

네트워크를 구성하려면 다음 절차를 따른다.

1. 표준 일래스틱서치 구성인 config/elasticsearch.yml 파일을 사용하면 외부 머신이나 노드에서 접근할 수 없게 (기본적으로) 로컬 호스트 인터페이스에 연결되도록 노드를 구성할 수 있다.

2. 다른 머신이 노드에 접속하게 허용하려면 network.host에 현재 IP를 설정해야 한다(예를 들어 나의 IP는 192.168.1.164).

3. 다른 노드를 감지하려면 discovery.zen.ping.unicast.hosts 매개변수에 노드를 나열해야 한다. 즉, 유니캐스트 목록에서 시스템에 신호를 보내고 응답을 기다린다. 노드가 응답하면 이를 클러스터에 조인시킬 수 있다.

4. 일반적으로 일래스틱서치 6.x 버전부터 노드 버전이 호환된다. 노드가 서로 조인하게 하려면 동일 클러스터 이름을 사용해야 한다(elasticsearch.yml의 cluster.name 옵션).

TIP

> 모든 노드에 동일 일래스틱서치 버전을 설치하는 것이 바람직하다(major.minor.release). 서드파티 플러그인에 대해서도 동일하다.

5. 네트워크 초기화 설정을 커스터마이징하려면 elasticsearch.yml 파일의 일부 매개변수를 다음과 같이 변경해야 한다.

```
cluster.name: ESCookBook
node.name: "Node1"
network.host: 192.168.1.164
discovery.zen.ping.unicast.hosts:
["192.168.1.164","192.168.1.165[9300-9400]"]
```

6. 이 구성은 일래스틱서치의 클러스터 이름, 네트워크 주소를 설정하고 다음 작업을 수행해 검색 영역에 제공된 주소의 노드를 바인딩하려고 시도한다.

- 노드를 띄우는 동안 구성을 확인할 수 있다.
- 서버를 시작하고 네트워크 구성 여부를 확인할 수 있다.

```
[2018-10-28T17:42:16,386][INFO ][o.e.c.s.MasterService ]
```

```
[Node1] zen-disco-elected-as-master ([0] nodes joined)[, ],
reason: new_master
{Node1}{fyBySLMcR3uqKiYC32P5Sg}{IX1wpA01QSKkruZeSRPlFg}{192.16
8.1.164}{192.168.1.164:9300}{ml.machine_memory=17179869184,
xpack.installed=true, ml.max_open_jobs=20, ml.enabled=true}
 [2018-10-28T17:42:16,390][INFO]
[o.e.c.s.ClusterApplierService][Node1] new_master
{Node1}{fyBySLMcR3uqKiYC32P5Sg}{IX1wpA01QSKkruZeSRPlFg}{192.16
8.1.164}{192.168.1.164:9300}{ml.machine_memory=17179869184,
xpack.installed=true, ml.max_open_jobs=20, ml.enabled=true},
reason: apply cluster state (from master [master
{Node1}{fyBySLMcR3uqKiYC32P5Sg}{IX1wpA01QSKkruZeSRPlFg}{192.16
8.1.164}{192.168.1.164:9300}{ml.machine_memory=17179869184,
xpack.installed=true, ml.max_open_jobs=20, ml.enabled=true}
committed version [1] source [zen-disco-elected-as-master ([0]
nodes joined)[, ]]])
 [2018-10-28T17:42:16,403][INFO]
[o.e.x.s.t.n.SecurityNetty4HttpServerTransport] [Node1]
publish_address {192.168.1.164:9200}, bound_addresses
{192.168.1.164:9200}
 [2018-10-28T17:42:16,403][INFO ][o.e.n.Node ] [Node1] started
 [2018-10-28T17:42:16,600][INFO ][o.e.l.LicenseService ]
[Node1] license [b2754b17-a4ec-47e4-9175-4b2e0d714a45] mode
[basic] - valid
```

화면 출력과 같이 이 전송은 192.168.1.164:9300에 바인딩된다. HTTP REST 인터페이스는 192.168.1.164:9200이다.

작동 원리

다음은 네트워크 관리에 있어 가장 중요한 구성 요소다.

- cluster.name: 클러스터 이름을 지정한다. 동일 클러스터 이름을 가진 노드만

서로 조인될 수 있다.

- **node.name:** 지정하지 않으면 일래스틱서치가 자동으로 생성한다.

node.name에는 노드의 이름을 지정한다. 여러 머신에 많은 노드가 있다면 쉽게 찾을 수 있도록 의미 있는 이름을 지정하는 것이 좋다. fyBySLMcR3uqKiYC32P5Sg와 같이 자동 생성된 이름보다는 의미 있게 정의한 이름이 암기하기도 더 쉽다.

TIP

> 서버를 모니터하려면 node.name을 항상 설정해야 한다. 일반적으로 노드 이름은 관리 용이성 차원에서 호스트의 서버명과 동일하다.

network.host는 노드에 바인딩되는 머신의 IP를 지정한다. 서버가 다른 여러 LAN 환경에 있거나 하나의 LAN에만 바인딩하길 원한다면 이 값을 서버의 IP로 지정해야 한다.

discovery.zen.ping.unicast.hosts는 클러스터에 조인할 다른 노드를 찾는 데 사용하는 (포트 또는 포트 범위를 포함한) 호스트 목록을 정의한다. 선호 포트는 전송 포트이고 일반적으로 9300번이다.

호스트 목록의 주소는 다음과 같이 지정할 수 있다.

- myhost1과 같은 호스트명
- 192.168.1.12와 같은 IP 주소
- myhost1:9300, 192.168.168.1.2:9300과 같이 포트를 포함하는 IP 주소 또는 호스트명
- myhost1:[9300-9400], 192.168.168.1.2:[9300-9400]과 같이 포트 범위를 포함한 IP 주소 또는 호스트명

참고 사항

1장에 있는 노드 설정 예제를 참고한다.

노드 설정

일래스틱서치는 설치할 때 여러 가지 매개변수를 사용자 정의할 수 있게 돼 있다. 이 예제에서는 데이터 저장 위치를 지정하고 전체 성능의 개선에 가장 많이 사용하는 설정을 살펴볼 것이다.

준비 사항

'일래스틱서치 다운로드와 설치' 예제에서 기술된 대로 설정 파일을 변경하려면 실행 중인 일래스틱서치 설치본과 텍스트 편집기가 필요하다.

작동 방법

단순 노드를 구성하는 데 필요한 절차는 다음과 같다.

1. 편집기로 config/elasticsearch.yml을 연다.
2. 다음과 같이 서버 데이터를 저장할 폴더를 설정한다.
    - 리눅스 및 맥OS X에서는 다음과 같은 경로들을 추가한다(/opt/data가 기본 폴더임).

```
path.conf: /opt/data/es/conf
path.data: /opt/data/es/data1,/opt2/data/data2
path.work: /opt/data/work
path.logs: /opt/data/logs
```

```
path.plugins: /opt/data/plugins
```

- 윈도우에서는 다음과 같은 경로들을 추가한다(c:\Elasticsearch가 기본 폴더임).

```
path.conf: c:\Elasticsearch\conf
path.data: c:\Elasticsearch\data
path.work: c:\Elasticsearch\work
path.logs: c:\Elasticsearch\logs
path.plugins: c:\Elasticsearch\plugins
```

3. 색인을 생성할 때 표준 색인 샤드 및 복제본 개수를 제어하는 매개변수를 설정한다. 이들 매개변수는 다음과 같다.

```
index.number_of_shards: 1
index.number_of_replicas: 1
```

작동 원리

path.conf 매개변수는 구성 정보를 포함하는 폴더를 정의한다. 구성 정보는 주로 elasticsearch.yml 및 logging.yml이다. 구성 정보 폴더의 기본값은 $ES_HOME/config이고 ES_HOME은 일래스틱서치 서버가 설치돼 있는 폴더다.

TIP

> 일래스틱서치 서버를 갱신할 때마다 구성 정보를 덮어쓰지 않도록 애플리케이션 폴더 외부에 구성 정보 폴더를 두는 것이 좋다.

path.data 매개변수는 가장 중요한 매개변수다. 단일 또는 (다른 디스크에 있는) 다수의 폴더 지정이 가능하며 여기에 색인 데이터를 저장한다. 하나 이상의 폴더를 지정하면 이들을 RAID 0과 같은 방식으로 관리하고(일래스틱서치는 모든 디스크를 단일 디스크로 간주해 전체 크기를 계산한다) 가장 여유 있는 디스크에 신규 색인이나 샤드를 생성시킨다.

path.work 매개변수는 일래스틱서치가 임시 파일을 저장하는 위치를 정의한다.

path.log 매개변수는 로그 파일이 저장되는 위치를 정의한다. 이 설정은 logging.yml의 로그 파일 관리 방식을 제어한다.

path.plugins 매개변수는 현재 플러그인 경로(기본 경로는 $ES_HOME/plugins)를 덮어쓰기 위해 정의한다. 이 변수는 시스템 수준의 플러그인을 공유 폴더에 넣어 관리할 수 있으므로 유용하다(일반적으로 모든 클러스터에 있는 플러그인을 한곳에 두는 경우 네트워크 파일 시스템NFS을 사용한다).

주요 매개변수는 index.number_of_shards로 샤드와 색인을 제어하는 데 사용되며 새롭게 생성된 색인의 표준 샤드 수를 제어하고 초기 복제본 개수를 제어한다.

참고 사항

이 예제와 연관된 주제를 더 배우려면 다음 항목을 참고한다.

- 리눅스 시스템 설정 예제
- https://www.elastic.co/guide/en/elasticsearch/reference/master/setup.html 의 공식 일래스틱서치 문서를 참고한다.

리눅스 시스템 설정

리눅스 시스템을 사용한다면(일반적으로 상용 환경에서) 많은 색인 개수로 인한 상용 환경 문제를 해결하거나 성능을 개선하기 위한 추가적인 설정이 필요하다.

이 예제는 상용 환경에서 발생하는 다음과 같은 일반적인 오류 두 가지를 다룬다.

- 색인과 데이터를 손상시킬 수 있는 '너무 많은 파일이 열려 있는Too many open file' 문제
- 가비지 컬렉션Garbage Collection으로 초래되는 검색 및 색인 성능 저하 문제

TIP

> 디스크 공간이 부족할 때 심각한 문제가 발생한다. 이 상태가 되면 일부 파일이 손상될 수 있다. 색인의 손상 및 손실 가능성을 없애려면 저장 공간을 모니터링하는 것이 중요하다. 기본 설정으로 저장 공간을 80% 이상 사용하게 되면 색인 기록과 클러스터 갱신 등이 중단된다.

준비 사항

1장의 '일래스틱서치 다운로드와 설치' 예제에서 언급한 대로 구성 정보 파일을 변경하려면 실행 중인 일래스틱서치 설치본과 텍스트 편집기가 필요하다.

작동 방법

리눅스 시스템의 성능을 개선하려면 다음 절차를 수행한다.

1. 먼저 일래스틱서치 서버를 실행하는 사용자 계정에서 최대로 열 수 있는 파일 수의 제한을 변경해야 한다. 여기서는 이 계정을 `elasticsearch`라고 하자.
2. 일래스틱서치가 많은 수의 파일을 관리하려면 해당 사용자 계정이 관리할 수 있는 파일 디스크립터(파일 수) 수를 증가시켜야 한다. 이렇게 하려면 /etc/security/limits.conf를 편집해야 하고 하단에 다음과 같이 추가해야 한다.

```
elasticsearch - nofile 65536
elasticsearch - memlock unlimited
```

3. 이 설정을 반영하려면 서버 재시작이 필요하다.[2]

4. 신규 버전의 우분투(16.04 또는 그 이후 버전)는 init.d 스크립트에 있는 **/etc/security/limits.conf**를 스킵할 수 있다. 이런 경우에는 /etc/pam.d/에서 다음과 같은 주석을 제거해야 한다.

```
# session required pam_limits.so
```

5. 메모리 스와핑을 제어하려면 elasticsearch.yml의 매개변수를 다음과 같이 구성해야 한다.

```
bootstrap.memory_lock
```

6. 일래스틱서치 서버의 메모리 크기를 고정하려면 다음과 같이 **$ES_HOME/config/jvm.options**에서 Xms와 Xmx 값을 동일하게 구성해야 한다(여기서는 1GB).

```
-Xms1g
-Xmx1g
```

작동 원리

파일 디스크립터(https://www.bottomupcs.com/file_descriptors.xhtml)의 표준 제한(사용자 계정당 최대 오픈 파일 수)은 일반적으로 1024 또는 8096이다. 여러 색인이 있는 많은 레코드를 저장하면 파일 디스크립터가 매우 빠르게 고갈돼 일래스틱서치 서버가 무응답 상태가 되거나 색인이 손상돼 결과적으로 데이터 손실을 초래한다.

2. 재시작 안 해도 된다. – 옮긴이

제한을 큰 숫자로 바꾸면 일래스틱서치가 파일 오픈 최대치에 도달하지 않게 된다.

Xms 및 Xms 메모리 설정은 일래스틱서치의 메모리 스와핑을 방지할 수 있어서 성능 향상이 가능해진다. 색인하고 검색하는 동안 일래스틱서치는 객체를 메모리에 생성하고 제거하기 때문에 필요한 설정이다. 많은 수의 생성/삭제 작업은 메모리의 파편화를 초래해 성능이 저하된다. 메모리 중간에 빈 공간이 많아져서 시스템은 더 많은 메모리 할당이 필요하며 빈 공간을 줄이기 위한 오버헤드가 발생한다. `bootstrap.memory_lock: true`를 설정하지 않으면 일래스틱서치는 시스템을 잠그고 전체 프로세스 메모리를 디스크에 덤프한 후 파편화를 제거한 후 이를 다시 메모리에 탑재한다. 이 설정을 통해 모든 파편화 제거 작업이 메모리에서 진행되므로 대폭적인 성능 향상이 가능해진다.

서로 다른 노드 유형 설정

일래스틱서치는 기본적으로 클라우드에 맞게 설계돼 있다. 대량의 레코드를 상용 환경에 배포하고 고가용성을 확보하고 우수한 성능을 얻으려면 한 클러스터에 더 많은 노드를 집적해야 한다.

일래스틱서치는 여러 유형의 노드를 정의해 전체 성능을 배분해서 성능을 개선시킬 수 있다.

준비 사항

1장의 '일래스틱서치 다운로드와 설치' 예제에서 언급한 대로 구성 정보 파일을 변경하려면 실행 중인 일래스틱서치 설치본과 텍스트 편집기가 필요하다.

작동 방법

더 복잡한 클러스터를 구성하려면 다른 노드 유형을 정의하는 일부 매개변수가 필요하다.

이들 매개변수는 config/elasticsearch.yml 파일에 있고 다음 절차로 설정할 수 있다.

1. 마스터 노드를 설정한다.

```
node.master: true
```

2. 데이터 노드를 설정한다.

```
node.data: true
```

3. 적재 노드를 설정한다.

```
node.ingest: true
```

작동 원리

`node.master`는 클러스터에 있는 노드를 마스터로 지정하는 매개변수다. 이 변수의 기본값은 `true`다. 마스터 노드는 클러스터의 중재자다. 샤드 관리를 결정하고 클러스터 상태를 유지하고 모든 색인 작업의 주요 컨트롤러다. 마스터 노드에 과부하가 걸리면 모든 클러스터의 성능이 저하된다(속도 저하 또는 노드 혼잡 상태). 마스터 노드는 모든 데이터 노드에 걸쳐 성능을 분배하고 이를 집계 및 재배열한 후 사용자에게 검색 결과를 반환한다. 빅데이터 용어로 마스터 노드는 일래스틱서치의 맵/리듀스

Map/Redux 검색에서 리듁스 계층이다.

마스터 노드 수는 항상 짝수여야 한다.

node.data는 데이터를 저장하는 노드를 지정하는 매개변수다. 이 매개변수의 기본값은 true다. 이 노드는 데이터의 검색 및 색인 역할을 하는 작업자 노드다.

이 두 매개변수를 이용해 다음 표와 같이 여러 가지 노드 유형을 정의할 수 있다.

node.master	node.data	노드 설명
true	true	기본 노드로 마스터 노드며 데이터를 탑재할 수 있다.
false	true	이 노드는 마스터 노드가 될 수 없으며 데이터만 보유한다. 클러스터의 작업자로 정의할 수 있다.
true	false	이 노드는 데이터를 저장하지 않고 자원이 여유 있도록 마스터 노드의 역할만 한다. 클러스터의 코디네이터다.
false	false	검색 부하 분배용으로 동작한다(노드에서 데이터를 가져오고 결과를 집계하는 등). 이 노드 유형은 코디네이터 또는 클라이언트 노드로 불린다.

가장 빈번하게 사용되는 노드 유형은 첫 번째다. 그러나 아주 큰 클러스터 또는 특별한 목적이 있다면 더 나은 검색 및 집계를 하도록 노드 유형을 변경할 수 있다.

추가 사항

마스터 노드 수에 관련해 클러스터의 안정 상태를 유지하도록 적어도 노드 수의 절반 + 1만큼의 설정이 필요하다(스플릿/브레인 안정성: https://www.elastic.co/guide/en/elasticsearch/reference/6.4/modules-node.html#split-brain). 이 설정은 discovery.zen.minimum_master_nodes고 다음 계산에 따라 노드 수를 결정해야 한다.

```
(master_eligible_nodes / 2) + 1
```

고가용성 클러스터를 위해서는 `minimum_master_nodes`가 2로 지정된 적어도 3대의 노드가 필요하다.

코디네이터 노드 설정

앞에서 살펴본 마스터 노드는 클러스터 안정성에 있어 가장 중요하다. 쿼리 및 집계로 인한 클러스터 불안정성을 피할 수 있도록 코디네이터(또는 클라이언트/프록시) 노드는 클러스터 간 안정적인 통신의 보장에 사용된다.

준비 사항

1장의 '일래스틱서치 다운로드와 설치' 예제에서 언급한 대로 구성 정보 파일을 변경하려면 실행 중인 일래스틱서치 설치본과 텍스트 편집기가 필요하다.

작동 방법

클러스터를 고급 설정하는 데 다른 노드 유형을 정의하도록 구성하는 여러 매개변수가 있다.

이들 매개변수는 config/elasticsearch.yml 파일에 있으며 다음 절차에 따라 코디네이터 노드를 설정할 수 있다.

1. 마스터 노드를 `false`로 지정한다.

```
node.master: false
```

2. 데이터 노드를 `false`로 지정한다.

```
node.data: false
```

작동 원리

코디네이터 노드는 클러스터의 프록시 및 통신으로 동작하는 특별한 노드다. 주요 이점은 다음과 같다.

- 아무런 문제 유발 없이 클러스터에서 쉽게 제거하거나 삭제할 수 있다. 마스터가 아니므로 클러스터 기능에 참여하지 않고, 데이터를 저장하지 않으므로 노드 실패 시 데이터의 재배치 및 복제가 발생하지 않는다.
- 개발자의 잘못된 쿼리로 클러스터의 불안정성을 초래하지 않는다. 때때로 매우 큰 데이터(10초 간격의 몇 년 치 날짜 히스토그램)를 집계하는 경우가 있다. 이런 경우 일래스틱서치 노드가 다운될 수 있다. 최신 버전의 일래스틱서치는 **서킷 브레이커**circuit breaker라는 구조를 제공해 이런 문제를 막을 수 있다. 그러나 스크립트를 사용해 안정성을 해치는 예기치 못한 사례는 항상 존재한다. 코디네이터 노드는 마스터가 아니므로 과부하가 발생해도 클러스터의 안정성에 아무 문제도 일으키지 않는다.
- 코디네이터 또는 클라이언트 노드가 애플리케이션에 포함돼 있다면 데이터에 대한 이동 경로가 줄어들어 애플리케이션의 속도를 높일 수 있다.
- 클러스터의 데이터 재배치 및 변경 없이 검색과 집계 처리량의 균형을 맞출 수 있다.

적재 노드 설정

일래스틱서치의 주요 목표는 색인, 검색, 분석이다. 그러나 종종 일래스틱서치에 문서를 저장하기 전에 문서를 수정하거나 보완할 필요가 있다.

다음은 이런 경우의 가장 일반적인 시나리오다.

- 의미 있는 데이터를 추출하고자 로그 문자열을 전처리
- 자연어 처리NLP 도구로 문자 필드 내용의 보강
- 다음과 같이 적재 시에 데이터 수정 및 변환 추가
    - IP 변환으로 지리 정보 추가
    - 적재 시 날짜 시간 필드 추가
    - 적재 시 (스크립트로) 사용자 정의 필드 구성

준비 사항

1장의 '일래스틱서치 다운로드와 설치' 예제에서 언급한 대로 구성 정보 파일을 변경하려면 실행 중인 일래스틱서치 설치본과 텍스트 편집기가 필요하다.

작동 방법

적재 노드를 설정하려면 config/elasticsearch.yml 파일을 수정해야 하며 적재 속성을 `true`로 설정해야 한다.

```
node.ingest: true
```

NOTE

elasticsearch.yml 파일을 변경할 때마다 노드를 재시작해야 한다.

작동 원리

일래스틱서치의 기본 설정은 모든 노드가 적재 노드로 지정돼 있다(적재 파이프라인에 대한 더 자세한 정보는 12장을 참고한다).

코디네이터 노드와 같이 적재 노드를 사용하면 클러스터의 안정성을 해치지 않으면서 일래스틱서치의 기능을 제공할 수 있다. 적재 노드가 정지하거나 접근 가능하지 않더라도 데이터를 갖고 있지 않기 때문에 클러스터의 상태 및 클러스터의 다른 노드들에 영향을 주지 않는다.

TIP

> 노드가 적재 기능을 하지 않게 하려면 `node.ingest: false`로 설정해야 한다. 마스터 노드와 데이터 노드에서 적재 기능을 꺼두는 것은 적재 오류 문제를 피하고 클러스터를 보호할 수 있는 좋은 방안이다. 일반적으로 코디네이터 노드는 적재 부분에서도 사용할 수 있다.

NLP 또는 (첨부 문서 적재 플러그인으로) 첨부 문서 추출이나 로그 적재를 한다면 적재 기능을 켠 (마스터 및 데이터 기능을 꺼둔) 코디네이터 노드 풀을 유지하는 것이 좋다.

일래스틱서치의 이전 버전에서 첨부 및 NLP 플러그인은 표준 데이터 노드나 마스터 노드에서도 사용할 수 있었다. 그러나 다음과 같은 이유로 많은 문제를 야기한다.

- 모든 데이터 노드의 CPU에 과부하를 일으키는 NLP 알고리듬의 높은 CPU 사용률로 색인과 검색 성능의 저하를 초래한다.
- 잘못된 형식의 첨부 파일이나 아파치 티카Apache Tika(문서 추출 관리에 사용되는 라이브러리) 버그로 인한 불안정
- NLP 또는 ML 알고리듬은 많은 CPU나 자바 가비지 컬렉션에 부하를 주어 노드 성능을 저하시킨다.

최선의 방법은 적재 기능을 켠 코디네이터 노드 풀을 유지해 클러스터와 적재 파이프라인에 최고의 안정성을 제공하는 것이다.

추가 사항

네 가지 유형의 일래스틱서치 노드를 알고 있다면 일래스틱서치가 작동하도록 설계되고 검증된 아키텍처가 다음과 같다는 것을 쉽게 이해할 수 있을 것이다.

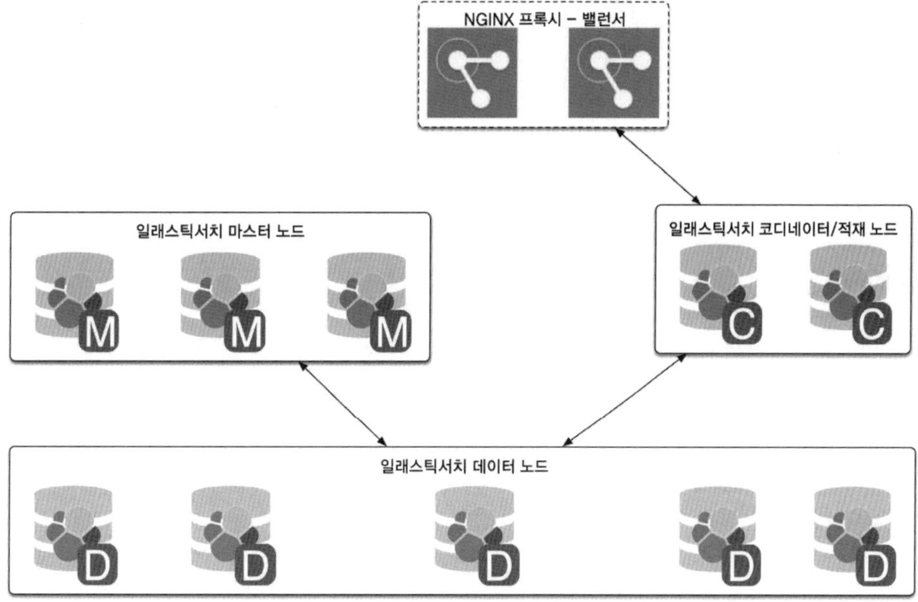

일래스틱서치 플러그인 설치

일래스틱서치의 주요 기능 중 하나는 플러그인으로 확장시킬 수 있다는 점이다. 플러그인은 여러 가지 방법으로 일래스틱서치 기능을 확장시킨다.

일래스틱서치에서는 기본 플러그인을 제공한다. 이들은 애플리케이션 코드를 포함하는 jar 파일이고 다음과 같은 이유로 사용한다.

- 스크립트 엔진script engines

- 사용자 정의 분석기custom analyzers, 토크나이저tokenizers, 스코어링scoring
- 사용자 정의 매핑
- REST 시작 지점
- 적재 파이프라인 스테이지
- 신규 스토리지 지원(하둡, GCP 클라우드 스토리지)
- X-Pack 확장판(사용자 정의 권한 제공자)

준비 사항

1장의 '일래스틱서치 다운로드와 설치' 예제에서 언급한 대로 구성 정보 파일을 변경하려면 실행 중인 일래스틱서치 설치본과 텍스트 편집기가 필요하다.

작동 방법

일래스틱서치는 자동 다운로드 스크립트와 bin 폴더에 설치되는 일래스틱서치 플러그인 설치를 제공한다.

플러그인 설치 절차는 다음과 같다.

1. 플러그인 호출 및 플러그인 이름을 참조해 일래스틱서치 명령으로 플러그인을 설치한다.

   파일에서 텍스트를 추출하는 데 사용하는 `ingest-attachment` 플러그인을 설치할 때 리눅스를 사용한다면 다음 명령을 간단히 실행하면 된다.

   ```
   bin/elasticsearch-plugin install ingest-attachment
   ```

윈도우라면 다음 명령을 실행한다.

```
elasticsearch-plugin.bat install ingest-attachment
```

2. 플러그인을 설치할 때 보안 권한 변경이 필요하면 경고 메시지가 표시되며 이를 수락해야 설치할 수 있다.

3. 노드를 시작할 때 플러그인이 올바르게 탑재되는지 확인한다.

다음 스크린샷에서 일래스틱서치 서버 시작 화면과 설치된 플러그인을 확인할 수 있다.

TIP

플러그인을 설치한 후 일래스틱서치 서버를 재시작해야 한다.

작동 원리

elasticsearch-plugin.bat 스크립트는 일래스틱서치 플러그인 관리자의 래퍼 실행자다. 플러그인 설치 또는 (remove 키워드로) 삭제하는 데 이 스크립트를 사용할 수 있다.

플러그인을 설치하는 여러 가지 방법이 있다. 예를 들면 다음과 같다.

- 다음과 같이 플러그인 URL 전달(zip 파일)

```
bin/elasticsearch-plugin install
http://mywoderfulserve.com/plugins/awesome-plugin.zip
```

- 다음과 같이 플러그인 파일 경로 전달(zip 파일)

```
bin/elasticsearch-plugin install file:///tmp/awesome-plugin.zip
```

- 플러그인 깃허브 저장소에서 install 매개변수로 설치한다. install 매개변수의 형식은 다음과 같다.

```
<username>/<repo>[/<version>]
```

설치하는 동안 일래스틱서치 플러그인 관리자는 다음 작업을 수행한다.

- 플러그인을 다운로드한다.
- 플러그인 폴더가 없다면 ES_HOME/plugins를 생성한다.
- 선택적으로 플러그인을 실행할 때 특별한 권한을 요구할 수 있다.
- 플러그인 폴더에 플러그인 내용을 압축 해제한다.
- 임시 파일을 제거한다.

설치 절차는 완전 자동이므로 추가 작업이 필요 없다. 사용자는 설치 절차가 성공적으로 끝났다는 메시지가 나오는지 확인하기만 하면 된다.

플러그인을 올바르게 탑재하려면 일래스틱서치 서버를 다시 시작해야 한다.

추가 사항

현재 일래스틱서치 애플리케이션이 하나 이상의 플러그인을 반드시 사용해야 한다면 이들 플러그인이 설치되고 사용할 수 있는 경우에만 노드가 시작하도록 구성할 수 있다. 이렇게 하려면 elasticsearch.yml 구성 파일에 `plugin.mandatory`를 추가한다.

이전 예시(ingest-attachment)에 다음과 같이 설정 정보를 추가하면 된다.

```
plugin.mandatory:ingest-attachment
```

플러그인을 설치할 때 기억해야 할 몇 가지 사항이 있다. 노드 환경에 일부 플러그인을 업그레이드할 때 노드 버전과 플러그인이 달라 오동작을 일으킬 수 있다. 대규모 클러스터의 안정성을 위해 이런 문제를 피할 수 있도록 분리된 환경에서 업그레이드를 시도해보는 것이 좋다(그리고 모든 노드에서 플러그인을 업그레이드해야 한다).

일래스틱서치 버전을 업그레이드할 때 일부 내부 API 변경으로 인한 사용자 정의 바이너리 플러그인의 오동작을 막고자 일래스틱서치 5.x 버전 이상부터는 동일 버전의 일래스틱서치 서버와 플러그인 설치가 요구된다.

TIP

일래스틱서치 서버 버전을 업그레이드하면 설치된 플러그인도 모두 업그레이드해야 한다.

참고 사항

일래스틱서치 사이트에서 최신 플러그인 목록을 확인할 수 있다.

https://www.elastic.co/guide/en/elasticsearch/plugins/current/index.html

실질적으로는 일래스틱서치 문서에서 모든 플러그인을 다루지는 않는다. 깃허브 사이트(https://github.com)에서 다음과 같은 키워드로 찾아보기를 권한다(`elasticsearch plugin`, `elasticsearch lang`, `elasticsearch ingest`).

플러그인 제거

일부 플러그인을 설치했는데, 더 이상 필요 없다면 플러그인을 제거할 수 있다. 설치가 잘됐다면 일래스틱서치 플러그인의 제거는 간단하지만 그렇지 않다면 수동으로 제거해야 한다.

이 예제는 두 가지 경우를 모두 다룬다.

준비 사항

1장의 '일래스틱서치 다운로드와 설치' 예제에서 언급한 대로 구성 정보 파일을 변경하려면 실행 중인 일래스틱서치 설치본과 일래스틱서치가 설치된 폴더에서 명령을 실행할 수 있는 셸이나 프롬프트가 필요하다. 플러그인을 제거하기 전에 플러그인 jar 파일을 삭제할 때 발생하는 오류를 피하도록 일래스틱서치 서버를 중지시키는 것이 더 안전하다.

작동 방법

플러그인 제거 절차는 다음과 같다.

1. 파일을 삭제할 때 야기될 수 있는 예외 사항을 피하도록 실행 중인 노드를 중지한다.

2. 스크립트 래퍼(bin/elasticsearch-plugin)인 일래스틱서치 관리자를 사용한다.

   리눅스와 맥OS X는 다음 명령을 입력한다.

   ```
   elasticsearch-plugin remove ingest-attachment
   ```

   윈도우는 다음 명령을 입력한다.

   ```
   elasticsearch-plugin.bat remove ingest-attachment
   ```

3. 서버를 재시작한다.

작동 원리

플러그인 관리자의 삭제 명령은 플러그인의 정확한 이름을 식별한 후 설치된 플러그인 폴더를 삭제한다.

플러그인 폴더에 삭제할 수 없는 파일이 존재한다면(서버에 장애를 유발할 수 있는 이상 현상이 발생한다면) 플러그인 삭제 스크립트는 실패할 것이므로 플러그인을 수작업으로 제거해야 한다. 다음 절차를 따라야 한다.

1. 플러그인 폴더로 이동한다.

2. 플러그인 이름으로 된 폴더를 제거한다.

로그 설정 변경

표준 로그 설정은 일반적인 용도로는 잘 동작한다.

로그 레벨을 변경하는 것은 잘못된 구성 정보나 비정상적인 플러그인 동작으로 인한 오작동을 이해하거나 버그를 확인하는 데 유용하다. 상세한 로그는 일래스틱서치 커뮤니티에서 문제를 해결하는 데 사용할 수 있다.

일래스틱서치 서버를 디버깅하거나 로그 동작 방식을 변경(원격으로 이벤트 전송)해야 한다면 log4j2.properties 파일을 변경해야 한다.

준비 사항

1장의 '일래스틱서치 다운로드와 설치' 예제에서 언급한 대로 구성 정보 파일을 변경하려면 실행 중인 일래스틱서치 설치본과 텍스트 편집기가 필요하다.

작동 방법

일래스틱서치가 설치된 폴더의 설정 폴더에 로그 설정을 제어하는 log4j2.properties 파일이 있다.

로그 설정 변경 절차는 다음과 같다.

1. 일래스틱서치가 생성하는 모든 종류의 로그를 전송하려면 현재의 루트 레벨 로그를 다음과 같이 변경할 수 있다.

```
rootLogger.level = info
```

2. 이 설정을 다음과 같이 변경해야 할 수도 있다.

```
rootLogger.level = debug
```

3. 이제 커맨드라인에서 (bin/elasticsearch -f로) 일래스틱서치를 시작하면 다음과 같은 정보를 확인할 수 있다. 그러나 이것이 항상 유용한 것은 아니다(예기치 않은 오류에 대해 디버깅하는 경우에는 필요).

```
[2018-12-01T16:57:36,664][DEBUG][o.e.b.JarHell            ] [iMacParo.local] examining jar: /Users/alberto/elasticsearch/elasticsearch-7.0.0-alpha1/plugins/ingest-attachme
nt/bcpkix-jdk15on-1.59.jar
[2018-12-01T16:57:36,666][DEBUG][o.e.b.JarHell            ] [iMacParo.local] examining jar: /Users/alberto/elasticsearch/elasticsearch/lib/lucene-spatial-extras-8.0.0-snap
shot-6d9c714052.jar
[2018-12-01T16:57:36,666][DEBUG][o.e.b.JarHell            ] [iMacParo.local] examining jar: /Users/alberto/elasticsearch/elasticsearch/lib/elasticsearch-cli-7.0.0-alpha1.j
ar
[2018-12-01T16:57:36,666][DEBUG][o.e.b.JarHell            ] [iMacParo.local] examining jar: /Users/alberto/elasticsearch/elasticsearch/lib/lucene-misc-8.0.0-snapshot-6d9c7
14052.jar
[2018-12-01T16:57:36,667][DEBUG][o.e.b.JarHell            ] [iMacParo.local] examining jar: /Users/alberto/elasticsearch/elasticsearch/lib/elasticsearch-x-content-7.0.0-al
pha1.jar
[2018-12-01T16:57:36,667][DEBUG][o.e.b.JarHell            ] [iMacParo.local] examining jar: /Users/alberto/elasticsearch/elasticsearch/lib/snakeyaml-1.17.jar
[2018-12-01T16:57:36,667][DEBUG][o.e.b.JarHell            ] [iMacParo.local] examining jar: /Users/alberto/elasticsearch/elasticsearch/lib/lucene-highlighter-8.0.0-snapsho
t-6d9c714052.jar
[2018-12-01T16:57:36,667][DEBUG][o.e.b.JarHell            ] [iMacParo.local] examining jar: /Users/alberto/elasticsearch/elasticsearch-7.0.0-alpha1/plugins/ingest-attachme
nt/commons-compress-1.18.jar
[2018-12-01T16:57:36,668][DEBUG][o.e.b.JarHell            ] [iMacParo.local] examining jar: /Users/alberto/elasticsearch/elasticsearch/lib/plugin-classloader-7.0.0-alpha1.
jar
[2018-12-01T16:57:36,668][DEBUG][o.e.b.JarHell            ] [iMacParo.local] examining jar: /Users/alberto/elasticsearch/elasticsearch-7.0.0-alpha1/plugins/ingest-attachme
nt/poi-ooxml-4.0.0.jar
[2018-12-01T16:57:36,670][DEBUG][o.e.b.JarHell            ] [iMacParo.local] examining jar: /Users/alberto/elasticsearch/elasticsearch/lib/t-digest-3.2.jar
[2018-12-01T16:57:36,671][DEBUG][o.e.b.JarHell            ] [iMacParo.local] examining jar: /Users/alberto/elasticsearch/elasticsearch/lib/log4j-1.2-api-2.11.1.jar
[2018-12-01T16:57:36,671][DEBUG][o.e.b.JarHell            ] [iMacParo.local] examining jar: /Users/alberto/elasticsearch/elasticsearch/lib/lucene-join-8.0.0-snapshot-6d9c7
14052.jar
[2018-12-01T16:57:36,686][INFO ][o.e.p.PluginsService     ] [iMacParo.local] loaded module [aggs-matrix-stats]
[2018-12-01T16:57:36,686][INFO ][o.e.p.PluginsService     ] [iMacParo.local] loaded module [analysis-common]
[2018-12-01T16:57:36,686][INFO ][o.e.p.PluginsService     ] [iMacParo.local] loaded module [ingest-common]
[2018-12-01T16:57:36,686][INFO ][o.e.p.PluginsService     ] [iMacParo.local] loaded module [lang-expression]
[2018-12-01T16:57:36,686][INFO ][o.e.p.PluginsService     ] [iMacParo.local] loaded module [lang-mustache]
[2018-12-01T16:57:36,686][INFO ][o.e.p.PluginsService     ] [iMacParo.local] loaded module [lang-painless]
[2018-12-01T16:57:36,686][INFO ][o.e.p.PluginsService     ] [iMacParo.local] loaded module [mapper-extras]
[2018-12-01T16:57:36,686][INFO ][o.e.p.PluginsService     ] [iMacParo.local] loaded module [parent-join]
[2018-12-01T16:57:36,686][INFO ][o.e.p.PluginsService     ] [iMacParo.local] loaded module [percolator]
[2018-12-01T16:57:36,686][INFO ][o.e.p.PluginsService     ] [iMacParo.local] loaded module [rank-eval]
[2018-12-01T16:57:36,687][INFO ][o.e.p.PluginsService     ] [iMacParo.local] loaded module [reindex]
[2018-12-01T16:57:36,687][INFO ][o.e.p.PluginsService     ] [iMacParo.local] loaded module [repository-url]
[2018-12-01T16:57:36,687][INFO ][o.e.p.PluginsService     ] [iMacParo.local] loaded module [transport-netty4]
[2018-12-01T16:57:36,687][INFO ][o.e.p.PluginsService     ] [iMacParo.local] loaded module [x-pack-ccr]
[2018-12-01T16:57:36,687][INFO ][o.e.p.PluginsService     ] [iMacParo.local] loaded module [x-pack-core]
[2018-12-01T16:57:36,687][INFO ][o.e.p.PluginsService     ] [iMacParo.local] loaded module [x-pack-deprecation]
[2018-12-01T16:57:36,687][INFO ][o.e.p.PluginsService     ] [iMacParo.local] loaded module [x-pack-graph]
[2018-12-01T16:57:36,687][INFO ][o.e.p.PluginsService     ] [iMacParo.local] loaded module [x-pack-ilm]
[2018-12-01T16:57:36,687][INFO ][o.e.p.PluginsService     ] [iMacParo.local] loaded module [x-pack-logstash]
[2018-12-01T16:57:36,687][INFO ][o.e.p.PluginsService     ] [iMacParo.local] loaded module [x-pack-ml]
[2018-12-01T16:57:36,687][INFO ][o.e.p.PluginsService     ] [iMacParo.local] loaded module [x-pack-monitoring]
[2018-12-01T16:57:36,687][INFO ][o.e.p.PluginsService     ] [iMacParo.local] loaded module [x-pack-rollup]
[2018-12-01T16:57:36,687][INFO ][o.e.p.PluginsService     ] [iMacParo.local] loaded module [x-pack-security]
[2018-12-01T16:57:36,687][INFO ][o.e.p.PluginsService     ] [iMacParo.local] loaded module [x-pack-sql]
[2018-12-01T16:57:36,687][INFO ][o.e.p.PluginsService     ] [iMacParo.local] loaded module [x-pack-upgrade]
[2018-12-01T16:57:36,687][INFO ][o.e.p.PluginsService     ] [iMacParo.local] loaded module [x-pack-watcher]
[2018-12-01T16:57:36,687][INFO ][o.e.p.PluginsService     ] [iMacParo.local] loaded plugin [ingest-attachment]
[2018-12-01T16:57:36,725][DEBUG][o.e.t.ThreadPool         ] [iMacParo.local] created thread pool: name [watcher], size [40], queue size [1k]
[2018-12-01T16:57:36,725][DEBUG][o.e.t.ThreadPool         ] [iMacParo.local] created thread pool: name [force_merge], size [1], queue size [unbounded]
[2018-12-01T16:57:36,725][DEBUG][o.e.t.ThreadPool         ] [iMacParo.local] created thread pool: name [security-token-key], size [1], queue size [1k]
[2018-12-01T16:57:36,725][DEBUG][o.e.t.ThreadPool         ] [iMacParo.local] created thread pool: name [ml_datafeed], size [20], queue size [200]
[2018-12-01T16:57:36,726][DEBUG][o.e.t.ThreadPool         ] [iMacParo.local] created thread pool: name [fetch_shard_started], core [1], max [16], keep alive [5m]
```

작동 원리

일래스틱서치 로그 시스템은 **log4j** 라이브러리 기반이다(http://logging.apache.org/log4j/).

Log4j는 로그 관리에 사용되는 강력한 라이브러리다. 이 기능을 모두 다루는 것은 이 책의 범위 밖에 있다. 고급 사용법이 필요하다면 이에 대한 많은 책과 인터넷 기사가 있다.

도커로 노드 설정

도커(https://www.docker.com/)는 테스트 또는 상용으로 애플리케이션을 배포하는 일반적인 방법이 됐다.

도커는 서버 애플리케이션의 복제 가능한 설치본을 쉽게 배포할 수 있는 컨테이너 시스템이다. 도커를 이용하면 호스트 설정, 구성, 일래스틱서치 서버 다운로드, 압축 해제 또는 서버 시작 등을 할 필요가 없다(모든 것이 도커에 의해 자동으로 수행된다).

준비 사항

도커 명령을 실행할 수 있는 동작 중인 도커 설치본이 필요하다(https://www.docker.com/products/overview).

작동 방법

1. 기본 구성 서버를 시작하려면 다음 명령을 실행한다.

```
docker pull docker.elastic.co/elasticsearch/elasticsearch:7.0.0
```

2. 실행 결과는 다음과 같다.

```
7.0.0: Pulling from elasticsearch/elasticsearch
 256b176beaff: Already exists
 1af8ca1bb9f4: Pull complete
 f910411dc8e2: Pull complete
 0c0400545052: Pull complete
 6e4d2771ff41: Pull complete
 a14f19907b79: Pull complete
```

```
ea299a414bdf: Pull complete
a644b305c472: Pull complete
Digest: sha256:3da16b2f3b1d4e151c44f1a54f4f29d8be64884a64504b24ebcbdb4
e14c80aa1
Status: Downloaded newer image for
docker.elastic.co/elasticsearch/elasticsearch:7.0.0
```

3. 일래스틱서치 이미지를 다운로드한 후 도커 외부에서 접속할 수 있는 개발 인스턴스를 시작할 수 있다.

```
docker run -p 9200:9200 -p 9300:9300 -e "http.host=0.0.0.0" -e
"transport.host=0.0.0.0"
docker.elastic.co/elasticsearch/elasticsearch:7.0.0
```

일래스틱서버가 시작되면 시작에 관련된 일부 로그가 출력된다.

4. 또 다른 윈도우/터미널에서 일래스틱서치 서버가 실행 중인지 확인하려면 다음 명령을 실행한다.

```
docker ps
```

출력 결과는 다음과 같다.

```
CONTAINER ID IMAGE COMMAND CREATED STATUS PORTS NAMES
 b99b252732af docker.elastic.co/elasticsearch/elasticsearch:7.0.0
"/usr/local/bin/dock..." 2 minutes ago Up 2 minutes
0.0.0.0:9200->9200/tcp, 0.0.0.0:9300->9300/tcp gracious_bassi
```

5. 기본 노출 포트는 9200과 9300이다.

작동 원리

도커 컨테이너는 일래스틱서치가 설치된 데비안 리눅스 설치본을 제공한다.

일래스틱서치 도커 설치는 쉽게 반복할 수 있으며 많은 편집과 구성이 필요하지 않다.

기본 구성은 여러 가지 방식으로 조정할 수 있다. 예를 들면 다음과 같다.

1. 커맨드라인에서 -e 플래그로 다음과 같이 일래스틱서치에 매개변수를 전달할 수 있다.

```
docker run -d
docker.elastic.co/elasticsearch/elasticsearch:7.0.0
elasticsearch -e "node.name=NodeName"
```

2. 다음과 같이 /usr/share/elasticsearch/config에 볼륨 마운트 지점을 제공함으로써 환경의 기본 설정을 사용자 정의할 수 있다.

```
docker run -d -v "$PWD/config":/usr/share/elasticsearch/config
docker.elastic.co/elasticsearch/elasticsearch:7.0.0
```

3. 색인 데이터를 저장하는 로컬 데이터 마운트 지점을 구성함으로써 도커를 재시작할 때에도 데이터를 영구적으로 유지할 수 있다. 다음과 같이 마운트 지점으로 사용되는 경로는 /usr/share/elasticsearch/config다.

```
docker run -d -v "$PWD/esdata":/usr/share/elasticsearch/data
docker.elastic.co/elasticsearch/elasticsearch:7.0.0
```

추가 사항

공식 일래스틱서치 이미지는 도커에서만 제공되는 것이 아니다. 맞춤형 목적에 따라 여러 사용자 정의형 이미지들이 있다. 그중 일부는 대규모 클러스터 배포 또는 더 복잡한 클러스터 토폴로지에 최적화돼 있다.

도커는 호스트 머신에 이것저것 설치하지 않고도 깔끔한 방식으로 여러 버전의 일래스틱서치를 테스트하는 데 매우 편리하다.

코드 저장소 폴더 ch01/docker/에 가면 다음 구성 요소를 설치할 수 있도록 전체 환경을 제공하는 docker-compose.yaml 파일이 있다.

- `elasticsearch`는 `http://localhost:9200`에서 사용할 수 있다.
- `kibana`는 `http://localhost:5601`에서 사용할 수 있다.
- `cerebro`는 `http://localhost:9000`에서 사용할 수 있다.

모든 애플리케이션을 설치하려면 간단히 `docker-compose up -d`만 실행하면 된다. 필요한 모든 바이너리는 도커가 다운로드하고 설치하고 사용할 준비를 한다.

참고 사항

- 공식 일래스틱서치 도커 문서는 https://www.elastic.co/guide/en/elasticsearch/reference/5.1/docker.html에 있다.
- 도커를 통한 일래스틱서치, 로그스태시Logstash, 키바나Kibana(ELK, Elasticsearch, Logstash, Kibana) 스택stack은 https://hub.docker.com/r/sebp/elk/에 있다.
- 도커 문서는 https://docs.docker.com/에 있다.

일래스틱서치 클라우드 엔터프라이즈에 배포

일래스틱서치 회사는 일래스틱서치 클라우드 엔터프라이즈ECE, Elasticsearch Cloud Enterprise를 제공하며 이는 일래스틱서치 클라우드(https://www.elastic.co/cloud)에서 사용되는 동일한 도구를 제공하고 무료로 제공한다. AWS 또는 GCP구글 클라우드 플랫폼에서 PaaS로 사용할 수 있는 이 솔루션은 온프레미스에 설치해 일래스틱서치 기반으로 엔터프라이즈 솔루션을 제공할 수 있다.

여러 팀에 걸쳐 또는 여러 지역에 걸쳐 다중의 탄력적인 배포를 관리해야 하는 경우 다음과 같은 기능에 대한 배포 관리를 집중화할 수 있다.

- 프로비저닝 모니터링
- 규모 확장
- 복제
- 업그레이드
- 백업과 복원

ECE로 배포 관리를 집중화하는 것은 버전 통일, 데이터 거버넌스, 백업, 사용자에 대한 정책을 보강한다. 더 나은 관리를 통한 하드웨어 사용률 증가는 전체 비용도 줄일 수 있다.

NOTE

이 책을 쓰는 시점에, 일래스틱서치는 일래스틱서치 7.0을 지원하는 ECE 버전을 배포하지 않았다. 이 책이 인쇄되는 시점에는 아마도 새로운 ECE 버전이 출시될 것이고 새 버전에서도 구성 정보는 변경 없이 동작할 것이다.

준비 사항

이 솔루션이 많은 서버의 대규모 설치를 대상으로 하기 때문에 최소 테스트 요구 사항은 8GB RAM 노드다. ECE 솔루션은 도커에서 동작하고 노드에 설치해야 한다.

ECE는 다음과 같은 몇 가지 운영체제만 지원한다.

- 우분투 16.04와 도커 18.03
- 우분투 14.04와 도커 1.11
- RHEL/CentOS 7+와 레드햇 도커 1.13

다른 구성에는 ECE가 동작은 할 수 있지만 오류가 발생할 때 지원을 받을 수 없다.

작동 방법

ECE를 설치하지 전에 다음과 같은 사전 요구 사항을 확인해야 한다.

1. 도커를 사용할 수 있는 사용자 계정이 있어야 한다. 도커 사용자가 아니라는 오류가 나온다면 사용자 계정에서 `sudo usermod -aG docker $USER`를 실행한다.
2. `/mnt/data`에 접근할 때 오류가 나온다면 해당 폴더의 접근 권한을 부여한다.
3. `/etc/sysctl.conf`에 다음과 같은 행을 추가해야 한다(리부트가 필요하다).

```
vm.max_map_count = 262144.
```

4. ECE를 사용하려면 다음과 같이 먼저 첫 번째 호스트에 ECE가 설치돼야 한다.

```
bash < (curl -fsSL
https://download.elastic.co/cloud/elastic-cloud-enterprise.sh) install
```

다음 스크린샷과 같이 설치 프로세스는 이들 절차를 자동으로 관리한다.

```
Elastic Cloud Enterprise Installer

Start setting up a new Elastic Cloud Enterprise installation by installing the software on your first host.
This first host becomes the initial coordinator and provides access to the Cloud UI, where you can manage your installation.
To learn more about the options you can specify, see the documentation.

NOTE: If you want to add this host to an existing installation, please specify the --coordinator-host and --roles-token flags

-- Verifying Prerequisites --
Checking runner container does not exist... PASSED
Checking host storage root volume path is not root... PASSED
Checking host storage path is accessible... PASSED
Checking host storage path contents matches whitelist... PASSED
Checking Docker version... PASSED
Checking Docker file system... PASSED
 - The installation with extfs can proceed; however, we recommend XFS
Checking Docker storage driver... PASSED
 - The installation with overlay2 can proceed; however, we recommend using overlay
Checking runner ip connectivity... PASSED
Checking OS IPv4 IP forward setting... PASSED
Checking OS max map count setting... PASSED
Checking OS kernel version... PASSED
Checking minimum required memory... PASSED
Checking OS kernel cgroup.memory... PASSED
 - OS setting 'cgroup.memory' should be set to cgroup.memory=nokmem
Checking OS minimum ephemeral port... PASSED
Checking OS max open file descriptors per process... PASSED
Checking OS max open file descriptors system-wide... PASSED
Checking OS file system and Docker storage driver compatibility... PASSED
-- Completed Verifying Prerequisites --

- Running Bootstrap container
- Monitoring bootstrap process
- Loaded bootstrap settings {}
- Initialising feature flag [DedicatedNodeTypes] to [true] {}
- Starting local runner {}
- Started local runner {}
- Waiting for runner container node {}
- Runner container node detected {}
- Waiting for coordinator candidate {}
- Detected coordinator candidate {}
- Detected pending coordinator, promoting coordinator {}
- Coordinator accepted {}
- Storing current platform version: 2.0.0 {}
- Storing Instance Types: [elasticsearch,kibana] {}
- Storing Elastic Stack versions: [5.6.12,6.4.1] {}
- Creating Admin Console Elasticsearch backend {}
```

끝으로 인스톨러는 다음과 같이 클러스터에 입력할 수 있는 인증키를 제공한다.

```
~~~~~~~~~~~~~~~~~~~~~~~~~~~~~~~~~~~~~~~~~~~~~~~~~~~~~~~~~~~~~~~~~~~~~~~~~~~~~~~~
~~~~~~~~~~~~~~~~~~~~~~~~~~~~~~~~~~~~~~~~~~~~~~~~~~~~~~~~~~~~~~~~~
 Elastic Cloud Enterprise installation completed successfully
Ready to copy down some important information and keep it safe?
Now you can access the Cloud UI using the following addresses:
http://192.168.1.244:12400
```

```
https://192.168.1.244:12443

Admin username: admin
Password: OCqHHqvF0JazwXPm48wfEHTKN0euEtn9YWyWe1gwbs8
Read-only username: readonly
Password: M27hoE3z3v6x5xyHnNleE5nboCDK43X9KoNJ346MEqO

Roles tokens for adding hosts to this installation:
Basic token (Don't forget to assign roles to new runners in the Cloud UI after
installation.)
eyJ0eXAiOiJKV1QiLCJhbGciOiJIUzI1NiJ9.eyJzdWIiOiJiZDI3NjZjZi1iNWExLTQ4Y
TYtYTRlZi1iYzE4NTlkYjQ5ZmEiLCJyb2xlcyI6W10sImlzcyI6ImN1cnJlbnQiLCJwZXJ
zaXN0ZW50Ijp0cnVlfQ.lbh9oYPiJjpy7gI3I-_yFBz9T0blwNbbwtWF_-c_D3M

Allocator token (Simply need more capacity to run Elasticsearch clusters and
Kibana? Use this token.)
eyJ0eXAiOiJKV1QiLCJhbGciOiJIUzI1NiJ9.eyJzdWIiOiJjYTk4ZDgyNi1iMWYwLTRkZ
mYtODBjYS0wYWYwMTM3M2MyOWYiLCJyb2xlcyI6WyJhbGxvY2F0b3IiXSwiaXNzIjoiY3VycmVu
dCIsInBlcnNpc3RlbnQiOnRydWV9.v9uvTKO3zgaE4nr0SDfg6ePrpperIGtvcGVf ZHtmZmY
Emergency token (Lost all of your coordinators? This token will save your
installation.)
eyJ0eXAiOiJKV1QiLCJhbGciOiJIUzI1NiJ9.eyJzdWIiOiI5N2ExMzg5Yi1jZWE4LTQ2M
GItODM1ZC00MDMzZDllNjAyMmUiLCJyb2xlcyI6WyJjb29yZGluYXRvciIsInByb3h5Iiw
iZGlyZWN0b3IiXSwiaXNzIjoiY3VycmVudCIsInBlcnNpc3RlbnQiOnRydWV9._0IvJrBQ
7RkqzFyeFGhSAQxyjCbpOO15qZqhzH2crZQ

To add hosts to this Elastic Cloud Enterprise installation, include the following
parameters when you install the software on additional hosts: --coordinator-host
192.168.1.244 --roles-token
'eyJ0eXAiOiJKV1QiLCJhbGciOiJIUzI1NiJ9.eyJzdWIiOiJiZDI3NjZjZi1iNWExLTQ4
YTYtYTRlZi1iYzE4NTlkYjQ5ZmEiLCJyb2xlcyI6W10sImlzcyI6ImN1cnJlbnQiLCJwZX
JzaXN0ZW50Ijp0cnVlfQ.lbh9oYPiJjpy7gI3I-_yFBz9T0blwNbbwtWF_-c_D3M'

These instructions use the basic token, but you can substitute one of the other
tokens provided. You can also generate your own tokens. For example:
curl -H 'Content-Type: application/json' -u
```

```
admin: OCqHHqvF0JazwXPm48wfEHTKN0euEtn9YWyWe1gwbs8
http://192.168.1.244:12300/api/v1/platform/configuration/security/enrollmen
t-tokens -d '{ "persistent": true, "roles": [ "allocator"] }'

To learn more about generating tokens, see Generate Role Tokens in the
documentation.

System secrets have been generated and stored in
/mnt/data/elastic/bootstrap-state/bootstrap-secrets.json.
Keep the information in the bootstrap-secrets.json file secure by removing the
file and placing it into secure storage, for example.
~~~~~~~~~~~~~~~~~~~~~~~~~~~~~~~~~~~~~~~~~~~~~~~~~~~~~~~~~~~~~~~~~~~~~~~~~~
~~~~~~~~~~~~~~~~~~~~~~~~~~~~~~~~~~~~~~~~~~~~~~~~~~~~~~~~~~~~~~~
```

5. 이 경우 http://192.168.1.244:12400으로 접속할 수 있다.

   관리자 UI로 로그인한 후 다음과 같이 현행 클라우드 상태를 확인할 수 있다.

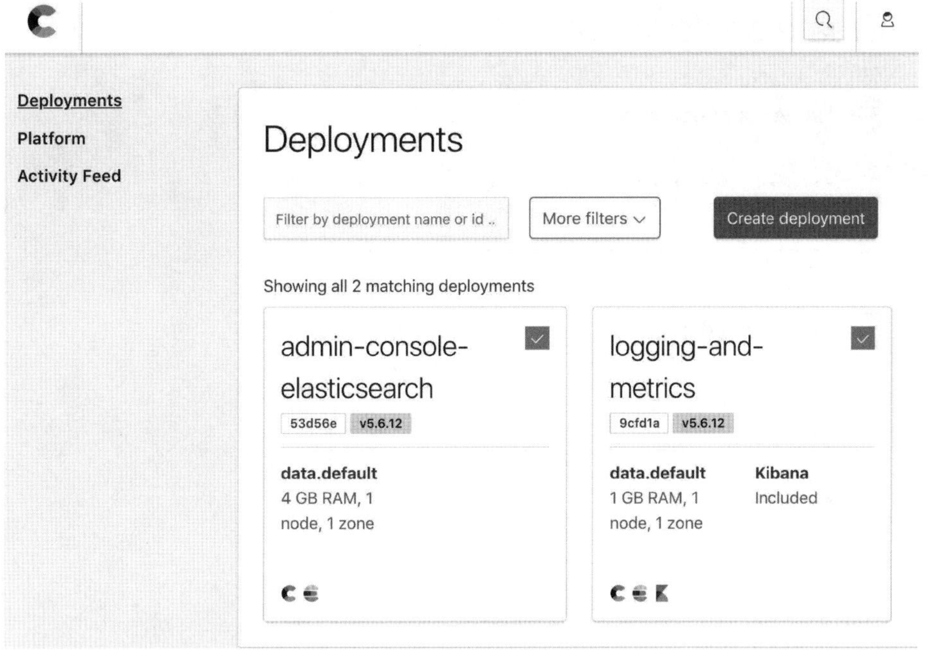

6. 이제 다음처럼 첫 번째 일래스틱서치 클러스터를 생성하는 CreateDeployment를 클릭할 수 있다.

Create deployment

1 Name your deployment

Give your deployment a name

book-cluster

2 Set up your deployment

Elastic Stack version

6.4.1 Edit

Snapshot repository

Choose a snapshot repository for backing up data from this cluster

Restore from snapshot

Select a deployment to restore from its latest snapshot

3 Optimize your deployment

Default

Default deployment template for clusters

Default specs

Hot-Warm

Default deployment template for clusters using a hot-warm topology

Default specs

Elastic Cloud supports many more options to cater to your specific use case such as hot-warm architecture optimized for logging, compute-focused setup optimized for analytics etc. Learn more ...

Create deployment   Customize deployment

7. 클러스터 이름을 정의해야 한다(즉, book-cluster). 표준 옵션을 사용하자. Create Deployment를 클릭하면 ECE는 다음과 같이 클러스터 생성을 시작한다.

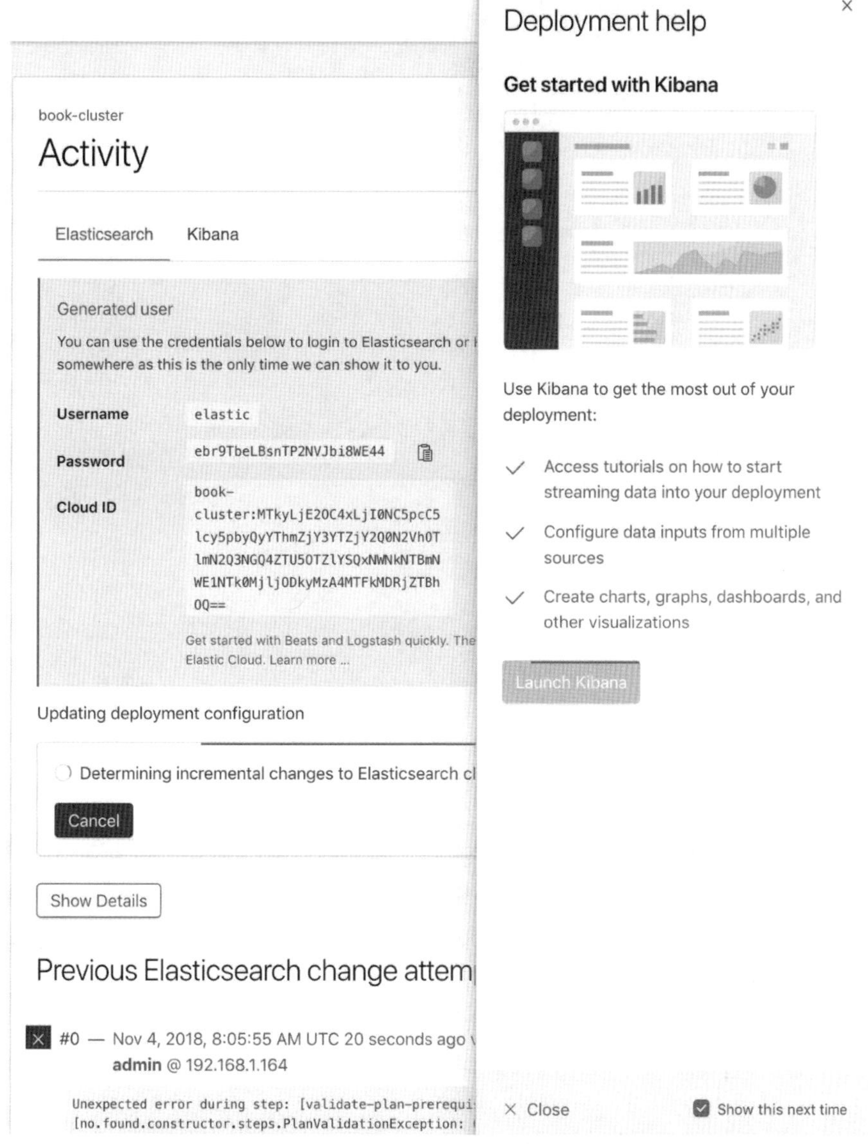

8. 몇 분 후에 다음과 같이 클러스터가 실행된다.

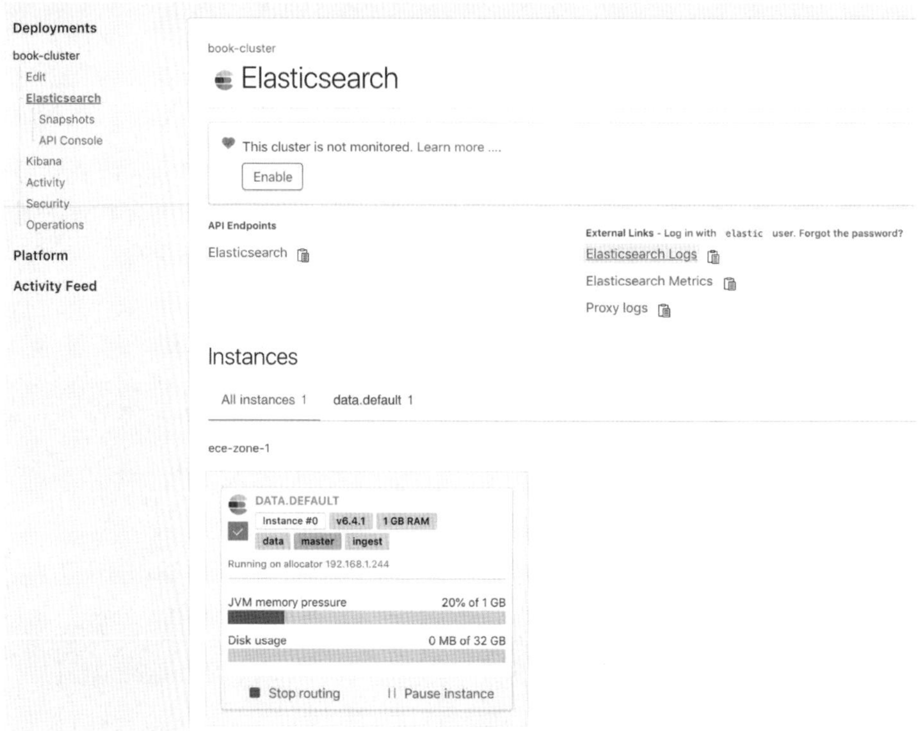

작동 원리

일래스틱서치 클라우드 엔터프라이즈는 배포를 통해 인스턴스를 생성할 수 있게 함으로써 대규모 일래스틱서치 클라우드 서비스를 관리할 수 있게 한다. 기본값으로 표준 배포는 4GB RAM, 32GB 디스크, 키바나 인스턴스를 갖는 일래스틱서치 노드를 생성한다.

다음과 같이 일래스틱서치를 배포할 때 여러 가지 매개변수를 지정할 수 있다.

- 1GB에서 64GB까지의 인스턴스에 사용되는 RAM 용량. 저장소는 RAM에 비례

하며 1GB RAM의 경우 저장소는 128GB이고, 64GB RAM의 경우 저장소는 2TB다.

- 노드에 ML이 필요한지 여부
- 6개 이상의 데이터 노드를 가진 경우 마스터 구성
- 설치해야 할 플러그인

키바나에 대해서는 메모리(1GB에서 8GB)와 전달할 추가 매개변수만 설정할 수 있다(일반적으로 사용자 정의 맵에 사용됨).

ECE는 모든 프로비저닝을 하며 다른 X-Pack 기능과 모니터링 요소가 필요하다면 모든 필요 기능을 관리하도록 클러스터를 자동으로 구성할 수 있다.

여러 개의 일래스틱서치/키바나 클러스터를 관리해야 한다면 일래스틱서치 클라우드 엔터프라이즈가 매우 유용하다. 모든 인프라 문제를 해결하기 때문이다.

NOTE

> 배포된 일래스틱서치 클러스터를 사용하는 이점은 배포할 때 프록시가 설치되는 것이다. 이것은 일래스틱서치의 호출 디버깅을 관리할 때 매우 편리하다.

참고 사항

이 예제에서 다루는 주제에 대한 더 자세한 정보는 다음의 링크를 참고한다.

- 일래스틱서치의 PaaS 관리형 클라우드 프로바이더에 대해서는 https://www.elastic.co/cloud를 방문한다.
- 일래스틱서치 클라우드 엔터프라이즈에 대한 완벽한 문서는 https://www.elastic.co/guide/en/cloud-enterprise/current/index.html을 참고한다.

- 일래스틱 비츠의 통합과 모니터링에 대한 ECE 문서는 https://www.elastic.co/guide/en/cloud-enterprise/2.0/ece-cloud-id.html을 참고한다.

02

매핑 관리

매핑Mapping은 일래스틱서치에서 매우 중요한 개념이다. 매핑은 검색 엔진이 어떻게 문서와 필드들을 처리하는지 정의한다.

검색 엔진은 다음의 두 가지 주요 작업을 수행한다.

- **색인:** 문서를 수신하고 처리하고 색인에 저장하는 작업이다.
- **검색:** 색인에서 데이터를 추출하는 작업이다.

이들 두 작업은 긴밀히 연결돼 있다. 색인 단계의 오류는 검색 결과의 누락이나 검색 오류를 초래한다.

일래스틱서치는 색인 수준에서 명시적으로 매핑 처리를 한다. 색인 시 매핑을 제공하지 않으면 기본 색인이 생성되고 문서를 구성하는 데이터 필드의 구조를 추측한다. 그런 다음 이 새로운 매핑을 모든 클러스터 노드로 자동으로 전파한다.

기본 유형의 매핑에는 적절한 기본값이 제공된다. 그러나 이 동작이나 색인(저장, 무시, 완성 등)의 다른 여러 측면을 사용자 정의하려면 신규 매핑 정의를 제공해야 한다.

2장에서는 문서의 매핑을 구성할 수 있는 모든 가능한 매핑 필드 유형을 살펴본다.

2장에서 다루는 내용은 다음과 같다.

- 명시적인 매핑 생성 이용
- 기본 유형 매핑
- 배열 매핑
- 객체 매핑
- 문서 매핑
- 문서 매핑에서 동적 템플릿 사용
- 중첩된 객체 관리
- 결합 필드로 하위 문서 관리
- 다중 매핑이 있는 필드 추가
- 지오포인트GeoPoint 필드 매핑
- 지오셰이프GeoShape 필드 매핑
- IP 필드 매핑
- 별칭alias 필드 매핑
- 여과Percolator 필드 매핑
- 피처 및 피처 벡터 필드 매핑
- 매핑에 메타데이터 추가
- 다른 분석기 지정
- 완성 필드 매핑

명시적인 매핑 생성 사용

색인을 데이터베이스라고 하면 매핑은 테이블 정의와 유사하다.

일래스틱서치는 색인(반영)할 문서의 구조를 이해할 수 있고 매핑 정의를 자동으로 생성(명시적인 매핑 생성)할 수 있다.

준비 사항

이 예제에서 코드를 실행하려면 1장의 '일래스틱서치 다운로드와 설치' 예제에서 기술된 대로 실행 중인 일래스틱서치 설치본이 필요하다.

명령을 실행하려면 `curl`(https://curl.haxx.se/) 및 포스트맨postman(https://www.getpostman.com/)과 유사한 HTTP 클라이언트를 사용하면 된다. 일래스틱서치에 대한 더 원활한 문자 이스케이프를 제공하고 코드 완성 기능을 제공하는 키바나 콘솔을 사용하는 것이 좋다.

이 예제의 예시 및 코드를 더 잘 이해하려면 JSON에 대한 기초 지식이 필요하다.

작동 방법

일래스틱서치에 새로운 문서를 추가할 때 명시적으로 매핑을 생성할 수 있는데, 다음 절차를 따르면 된다.

1. 다음을 호출해 색인을 생성한다.

```
PUT test
```

응답 결과는 다음과 같다.

```
{
  "acknowledged" : true,
  "shards_acknowledged" : true,
  "index" : "test"
}
```

2. 다음 코드를 호출해 색인에 문서를 추가한다.

```
PUT test/_doc/1
{"name":"Paul", "age":35}
```

응답 결과는 다음과 같다.

```
{
  "_index" : "test",
  "_type" : "_doc",
  "_id" : "1",
  "_version" : 1,
  "result" : "created",
  "_shards" : {
    "total" : 2,
    "successful" : 1,
    "failed" : 0
  },
  "_seq_no" : 0,
  "_primary_term" : 1
}
```

3. 다음 코드를 호출해 매핑을 얻는다.

```
GET test/_mapping
```

4. 일래스틱서치에서 자동 생성한 결과 매핑은 다음과 같다.

```
{
  "test" : {
    "mappings" : {
      "properties" : {
        "age" : {
          "type" : "long"
        },
        "name" : {
          "type" : "text",
          "fields" : {
            "keyword" : {
              "type" : "keyword",
              "ignore_above" : 256
            }
          }
        }
      }
    }
  }
}
```

5. 색인을 제거하려면 다음과 같이 호출한다.

```
DELETE test
```

결과는 다음과 같다.

```
{
  "acknowledged" : true
}
```

작동 원리

첫 번째 명령은 유형/매핑을 구성하고 문서를 추가하는 색인을 생성한다.

두 번째 명령은 색인에 문서를 추가한다(3장의 '색인 생성' 예제에서 색인 생성을 살펴보고 '문서 색인'에서 색인 기록을 살펴본다).

일래스틱서치는 문서 색인 단계 동안 내부적으로 _doc 유형이 있는지 확인하고, 없으면 동적으로 생성한다.

일래스틱서치는 매핑할 필드에 대한 모든 기본 속성 정보를 읽어 들이고 다음과 같이 처리하기 시작한다.

- 필드가 매핑에 이미 존재하고 필드 값이 유효하면(유형과 정확히 일치하면) 일래스틱서치는 현재 매핑을 변경시키지 않는다.
- 필드가 매핑에 이미 존재하지만 필드 값이 필드와 다른 유형이면 필드 유형의 업그레이드를 시도한다(예를 들면 Integer에서 Long으로). 그러나 유형이 호환되지 않으면 예외 오류를 발생시키고 색인 처리는 실패하게 된다.
- 필드가 존재하지 않으면 필드 유형의 자동 감지를 시도한다. 신규 필드 매핑으로 기존 매핑을 업그레이드한다.

추가 사항

일래스틱서치에서 유형으로부터 문서를 분리시키는 것은 논리적일 뿐이지 물리적이지는 않다. 일래스틱서치의 핵심 엔진이 이를 투명하게 관리한다. 실제로 모든 문서 유형이 동일한 루씬 색인에 있으므로 유형과 문서 사이의 완전한 분리는 존재하지 않는다. 유형 개념은 순전히 논리적이며 일래스틱서치가 유형을 처리한다. 사용자는 내부 관리에 대해 신경을 쓰지 않아도 되지만 모든 레코드가 동일한 색인에 저장되므로 레코드 양이 매우 큰 경우 레코드를 읽거나 쓸 때 성능에 영향을 준다.

모든 문서는 고유한 식별자를 가지며 이를 색인의 UID라고 하고 문서에 지정된 `_uid` 필드에 저장한다. 이 필드 값은 문서 유형에 `_id`를 추가함으로써 자동으로 계산된다. 예시에서 `_uid`는 `_doc#1`이다.

`_id`는 색인 시간이 제공되거나 ID가 누락된 경우 일래스틱서치가 자동으로 할당한다. 매핑 유형이 생성되거나 변경될 때 일래스틱서치는 클러스터에 있는 모든 노드에 매핑의 변경 사항을 자동으로 전파하므로 모든 샤드는 해당 특정 유형을 처리하고자 정렬된다.

NOTE

> 모든 색인은 단일 유형만 포함할 수 있다. 일래스틱서치 이전 버전에서는 유형 이름이 다를 수 있다. 7.x에서는 이 유형을 더 이상 사용하지 않으므로 _doc 유형을 호출하는 것이 가장 좋다.

참고 사항

- 3장에서 다음 절을 참조한다.
    - **색인 생성 예제:** 생성할 때 색인에 새로운 매핑을 집어넣는 방법
    - **매핑 예제:** 색인의 매핑을 확장하는 방법

기본 유형 매핑

명시적 매핑을 사용하면 필드 유형에 대한 고려 없이도 스키마 없는 접근 방식을 사용해 데이터 수집을 더 빠르게 시작할 수 있다. 따라서 색인에 더 나은 결과와 성능을 얻으려면 수작업 매핑의 정의가 필요하다.

미세 조정 매핑은 다음과 같은 몇 가지 이점을 제공한다.

- 디스크의 색인 크기 감소(사용자 정의 필드 기능 비활성화)
- 빠른 검색이나 실시간 분석을 위한 사전 준비 데이터(예, 패싯[facets]) 준비 가능
- 필드를 여러 토큰으로 분석해야 하는지, 단일 토큰으로 분석해야 하는지 바르게 정의할 수 있음

일래스틱서치를 사용하면 다양한 범위의 구성으로 기본 필드를 사용할 수 있다.

준비 사항

이 예제에서 코드를 실행하려면 1장의 '일래스틱서치 다운로드와 설치' 예제에서 기술된 대로 실행 중인 일래스틱서치 설치본이 필요하다.

명령을 실행하려면 `curl`(https://curl.haxx.se/) 및 포스트맨(https://www.getpostman.com/)과 유사한 HTTP 클라이언트가 필요하다. 일래스틱서치에 대한 더 원활한 문자 이스케이프를 제공하고 코드 완성 기능을 제공하는 키바나 콘솔을 사용하는 것이 좋다.

이 예제를 실행하려면 '명시적인 매핑 생성 사용' 예제에서 설명한 대로 매핑을 배치할 수 있는 테스트 이름으로 색인을 생성해야 한다.

작동 방법

이베이[eBay] 같은 쇼핑몰 주문처럼 실제와 유사한 예시를 사용해보자.

1. 먼저 주문 레코드를 정의한다.

이름	유형	설명
id	Identifier	주문 식별자
date	data(time)	주문일
customer_id	id reference	고객 ID 참조
name	String	상품명
quantity	Integer	상품 수
price	Double	상품 가격
vat	Double	부가가치세
sent	boolean	배송일

2. 주문 레코드를 다음과 같이 일래스틱서치 매핑으로 변환한다.

```
PUT test/_mapping
{
  "properties" : {
    "id" : {"type" : "keyword"},
    "date" : {"type" : "date"},
    "customer_id" : {"type" : "keyword"},
    "sent" : {"type" : "boolean"},
    "name" : {"type" : "keyword"},
    "quantity" : {"type" : "integer"},
    "price" : {"type" : "double"},
    "vat" : {"type" : "double", "index":"false"}
  }
}
```

이제 색인에 매핑을 추가할 준비가 됐다. 3장의 '색인에 매핑 집어넣기' 예제에서 색인을 추가하는 방법을 다룬다.

작동 원리

필드 유형은 일래스틱서치 기본 유형 중 하나에 매핑돼야 하고 필드 색인 방법에 대한 옵션이 추가돼야 한다.

다음 표는 매핑 유형에 대한 참조 테이블이다.

유형	ES 유형	설명
String, VarChar	keyword	토큰화되지 않는 텍스트 필드: CODE001
String, VarChar, Text	text	토큰화되는 텍스트 필드: a nice text
integer	integer	Integer형(32비트): 1, 2, 3, 4
long	long	Long형(64비트)
float	float	부동소수형(32비트): 1.2 또는 4.5
double	double	부동소수형(64비트)
boolean	boolean	불리언: true 또는 false
date/datatime	date	날짜 또는 날짜 시간형: 2013-12-25, 2013-12-25T22:21:20
bytes/binary	binary	이진 데이터, 파일, 바이트 스트림

데이터 유형에 따라 필드를 처리하는데, 관리를 용이하게 하고자 일래스틱서치에 명시적인 지시자^directives^를 제공할 수 있다. 가장 많이 사용하는 옵션은 다음과 같다.

- **store(기본값: false)**: 빠른 검색을 위해 별도의 색인으로 저장하라는 필드다. 필드의 저장으로 디스크 공간이 소비되지만 문서에서 해당 값을 추출할 때(스크립팅 또는 집계할 때) 연산 시간을 줄일 수 있다. 이 옵션의 가능한 값은 true 또는 false다.

TIP

> store로 지정된 필드의 집계 속도는 다른 필드보다 빠르다.

- **index**: 필드 색인 여부를 정의한다. 이 매개변수의 가능한 값은 true 및 false다. 색인 필드는 검색할 수 없다(기본값은 true).
- **null_value**: 필드가 null일 경우의 기본값을 정의한다.
- **boost**: 필드의 중요도(기본값: 1.0)를 변경시킬 때 사용한다.

TIP

> boost는 용어(term) 수준에서만 동작하며 주로 용어, 용어들과 쿼리를 매칭하는 데 사용된다.

- **search_analyzer**: 검색 중에 사용할 분석기를 지정한다. 지정하지 않으면 상위 객체의 분석기가 사용된다(기본값: null).
- **analyzer**: 사용할 기본 분석기를 지정한다(기본값: null).
- **include_in_all**: 현재 필드가 특수 필드인 _all 필드(모든 필드의 연결된 텍스트를 포함하는 필드)로 색인될 필드인지 표시한다(기본값: true).
- **norms**: 루씬Lucene의 정규식을 제어한다. 이 매개변수는 쿼리 점수score를 높이는 데 사용한다. 단지 필터링하고자 필드를 사용한다면 자원의 사용률을 줄이고자 비활성화하는 것이 좋다(분석 필드는 기본값은 true고 비분석 필드는 false다).
- **copy_to**: _all 필드와 유사한 기능을 수행하고자 필드의 내용을 다른 필드로 복사한다.
- **ignore_above**: 이 값보다 큰 문자열에 대한 색인을 제외시킨다. 정확한 필터링, 집계, 정렬하고자 필드를 처리하는 데 유용하다. 또한 단일 용어가 너무 길어지는 것을 방지하고 루씬의 용어 길이 바이트 제한인 32,766 때문에 오류가 발생하는 것을 방지할 수 있다(기본값: 2147483647).

추가 사항

이전 버전의 일래스틱서치에서 문자열의 표준 매핑은 문자열이었다. 5.x에서 문자열 매핑은 더 이상 사용되지 않고 텍스트 매핑이라는 키워드로 변경됐다.

일래스틱서치 버전 6.x에서 '명시적인 매핑 생성 사용' 예제에서 본 것과 같이 문자열에 대한 명시적 매핑 타입은 다중 필드 매핑이다.

- 기본 처리는 텍스트다. 이 매핑으로 텍스트 형식의 쿼리가 가능하다(즉, 용어, 일치, 범위 쿼리). '명시적인 매핑 생성 사용' 예제에서 이것은 `name`이었다.
- 키워드 하위 필드는 키워드 매핑에 사용된다. 정확한 용어 일치, 집계, 정렬에 이 필드를 사용할 수 있다. '명시적인 매핑 생성 사용' 예제에서 참조된 필드는 `name.keyword`였다.

텍스트 매핑에만 사용할 수 있는 또 다른 중요한 매개변수는 `term_vector`다(문자열을 구성할 수 있는 용어 벡터로 상세한 내용은 다음의 루씬 문서를 참조하라).

http://lucene.apache.org/core/6_1_0/core/org/apache/lucene/index/Terms.html

`term_vector`에는 다음 값을 사용할 수 있다.

- **`no`**: 기본값으로 용어 벡터를 건너뛴다.
- **`yes`**: 용어 벡터를 저장한다.
- **`with_offsets`**: 토큰 오프셋을 가진 용어 벡터를 저장한다(문자 블록의 시작 및 종료 위치).
- **`with_positions`**: 용어 벡터의 토큰 위치를 저장하는 데 사용한다.
- **`with_positions_offsets`**: 모든 용어 벡터 데이터를 저장한다.

TIP

> 용어 벡터는 빠른 강조 표시를 허용하지만 추가적인 텍스트 정보를 저장하므로 디스크 공간을 소모한다. 제목이나 문서 내용과 같이 강조 표시가 필요한 필드에 한해 활성화시키는 것이 좋다.

참고 사항

- 일래스틱서치의 온라인 문서는 각 매핑 필드에 대한 모든 속성에 대한 모든 설명을 제공한다(https://www.elastic.co/guide/en/elasticsearch/reference/master/mapping-params.html).
- 2장의 끝에 있는 '다른 분석기 지정' 예제는 기본 분석기를 대치하는 방법을 보여준다.
- 토큰화에 대해 알고 싶은 새내기를 위해 공식적인 일래스틱서치 문서 읽기를 추천한다(https://www.elastic.co/guide/en/elasticsearch/reference/current/analysis-tokenizers.html).

배열 매핑

배열이나 다중 값 필드는 데이터 모델에서 아주 일반적이다(다중 전화번호, 주소, 이름, 별칭 등). 그러나 전통적인 SQL 솔루션에서는 이를 기본적으로 지원하지 않는다.

SQL에서 다중 값 필드는 모든 값과 조인할 수 있는 부속 테이블의 생성이 필요하며 레코드 수가 매우 크면 성능 저하를 초래한다.

일래스틱서치는 기본적으로 JSON에서 동작하므로 다중 값 필드를 투명하게 제공한다.

준비 사항

이 예제에서 코드를 실행하려면 1장의 '일래스틱서치 다운로드와 설치' 예제에서 기술된 대로 실행 중인 일래스틱서치 설치본이 필요하다.

명령을 실행하려면 `curl`(https://curl.haxx.se/) 및 포스트맨(https://www.getpostman.com/)과 유사한 HTTP 클라이언트가 필요하다. 일래스틱서치에 대한 더 원활한 문자 이스케이프를 제공하고 코드 완성 기능을 제공하는 키바나 콘솔을 사용하는 것이 좋다.

작동 방법

1. 모든 필드는 자동 배열로 관리된다. 예를 들어 문서에 대한 태그를 저장하려면 매핑은 다음과 같다.

```
{
  "properties" : {
    "name" : {"type" : "keyword"},
    "tag" : {"type" : "keyword", "store" : "yes"}, ...
  }
}
```

2. 이 매핑은 각 문서를 색인하는 데 유효하다. 다음 코드는 document1에 대한 코드다.

```
{"name": "document1", "tag": "awesome"}
```

3. 다음 코드는 document2에 대한 코드다.

```
{"name": "document2", "tag": ["cool", "awesome", "amazing"] }
```

작동 원리

일래스틱서치는 투명하게 배열을 관리한다. 루씬 코어의 특성상 단일 값을 정의하든 다중 값을 정의하든 차이가 없다.

필드의 다중 값은 루씬에서 관리된다. 따라서 동일한 필드명으로 문서에 저장할 수 있다. SQL 배경 지식을 가진 사람에게는 이 동작 방식이 매우 이상할 수 있다. 그러나 이는 NoSQL 계열의 핵심 요소로, 다중 값을 관리하고자 다른 테이블을 생성하고 조인 쿼리를 사용하는 필요를 줄여준다. 포함[embedded] 객체를 가진 배열은 단순 필드와 동일하게 동작한다.

객체 매핑

객체는 (SQL의 레코드와 유사한) 기본 구조다. 일래스틱서치는 기존의 객체 사용을 확장해 재귀적인 포함[embedded] 객체를 허용한다.

준비 사항

이 예제에서 코드를 실행하려면 1장의 '일래스틱서치 다운로드와 설치' 예제에서 기술한 대로 실행 중인 일래스틱서치 설치본이 필요하다.

명령을 실행하려면 `curl`(https://curl.haxx.se/) 및 포스트맨(https://www.getpostman.com/)과 유사한 HTTP 클라이언트가 필요하다. 일래스틱서치에 대한 더 원활한 문자 이스케이프와 코드 완성 기능을 제공하는 키바나 콘솔을 사용하는 것이 좋다.

작동 방법

항목의 배열을 사용하는 이전 예제 코드의 매핑 코드를 다시 사용할 수 있다.

```
PUT test/_doc/_mapping
{
  "properties" : {
    "id" : {"type" : "keyword"},
    "date" : {"type" : "date"},
    "customer_id" : {"type" : "keyword", "store" : "yes"},
    "sent" : {"type" : "boolean"},
    "item" : {
      "type" : "object",
      "properties" : {
        "name" : {"type" : "text"},
        "quantity" : {"type" : "integer"},
        "price" : {"type" : "double"},
        "vat" : {"type" : "double"}
      }
    }
  }
}
```

작동 원리

일래스틱서치는 JSON을 기본적으로 사용하고 있어 모든 복잡한 JSON 구조를 매핑할 수 있다.

일래스틱서치는 객체 타입을 파싱할 때 필드를 추출해 정의된 매핑으로 처리하려고 한다. 정의된 타입이 없다면 리플렉션을 이용해 객체의 구조를 학습한다.

객체의 가장 중요한 속성은 다음과 같다.

- **properties**: 객체 또는 필드 집합이다(SQL의 칼럼으로 볼 수 있다).
- **enabled**: 객체를 처리할지 여부를 설정한다. `false`로 설정하면 객체에 포함된 데이터는 색인되지 않고 검색이 되지 않는다(기본값: true).

- **dynamic**: 입력된 데이터의 값으로 리플렉션reflection[1]을 사용해 일래스틱서치가 객체에 새로운 필드를 추가할 수 있게 한다. 이 값을 **false**로 지정하면 새로운 필드 유형을 포함한 객채를 색인하려고 할 때 자동으로 거부된다. **strict**로 설정돼 있는 경우 객체에 새로운 필드가 등장하면 색인 작업을 건너뛰고 오류를 반환한다. **dynamic** 매개변수는 문서 구조 변경에 대한 안정성을 제공한다(기본값: true).
- **include_in_all**: 객체 값에 (모든 문서 필드의 텍스트를 집계하는 데 사용되는) **_all** 특수 필드를 추가한다(기본값: true).

가장 많이 사용되는 속성은 일래스틱서치의 필드에 객체의 필드를 매핑할 수 있는 properties 속성이다.

문서의 색인 영역을 비활성화해 색인 크기를 줄일 수 있다. 그러나 검색은 되지 않는다. 다시 말해 디스크에는 더 작은 파일이 만들어지지만 기능에 대한 기회비용이 발생한다.

참고 사항

다음 예제들에서 특수 객체를 소개한다.

- 문서 매핑 예제
- json 필드로 하위 문서 관리하기 예제
- 중첩된 객체 매핑 예제

1. 리플렉션이란 객체의 인스턴스로부터 각 필드의 유형, 메소드 등을 유추해내는 기법을 의미한다. – 옮긴이

문서 매핑

문서는 루트 객체라고도 한다. 여기에는 문서의 라우팅이나 수명과 같은 특수 처리를 수행하고자 내부에서 주로 사용되는 동작을 제어하는 특수 매개변수가 있다.

이 예제에서는 이 특수 필드를 살펴보고 이들의 사용법을 알아본다.

준비 사항

이 예제에서 코드를 실행하려면 1장의 '일래스틱서치 다운로드와 설치' 예제에서 기술된 대로 실행 중인 일래스틱서치 설치본이 필요하다.

명령을 실행하려면 `curl`(https://curl.haxx.se/) 및 포스트맨(https://www.getpostman.com/)과 유사한 HTTP 클라이언트가 필요하다. 일래스틱서치에 대한 더 원활한 문자 이스케이프와 코드 완성 기능을 제공하는 키바나 콘솔을 사용하는 것이 좋다.

작동 방법

다음과 같이 특수 필드 몇 개를 추가해 앞의 주문 예시를 확장한다.

```
PUT test/_mapping
{
  "_source": {
    "store": true
  },
  "_routing": {
    "required": true
  },
  "_index": {
    "enabled": true
  },
```

```
  "properties": {
    ...중략....
  }
}
```

작동 원리

모든 특수 필드에는 다음과 같이 자체 매개변수와 값 옵션이 있다.

- **_id**: 문서의 ID 부분만 색인할 수 있게 해준다. 모든 ID 쿼리는 ID 값을 사용해 속도를 높인다(기본적으로는 색인되지 않고 저장되지 않는다).
- **_index**: 색인을 문서의 일부로 저장할지 여부를 제어한다. `"enabled": true`로 지정해 활성화시킬 수 있다(기본값: `enabled=false`).
- **_source**: 문서 소스의 저장 여부를 제어한다. 소스를 저장하는 것은 아주 유익하지만 스토리지의 오버헤드를 유발하므로 꼭 필요하지는 않으니 비활성화하는 것이 좋다(기본값: `enabled=true`).
- **_routing**: 문서가 저장되는 샤드를 지정한다. `required(true/false)`와 같은 추가 매개변수를 지원한다. 라우팅 값의 존재를 강제하는 데 사용하며 제공하지 않으면 예외가 발생한다.

문서를 처리하고 색인하는 방법을 제어하는 것은 매우 중요하며 복잡한 데이터 유형에 관련된 문제를 해결하는 데 도움을 준다.

모든 특수 필드에는 특정 구성을 정의하는 매개변수가 있으며 매개변수의 동작 방식은 일래스틱서치 배포판에 따라 달라질 수 있다.

참고 사항

- 2장의 '문서 매핑에 동적 템플릿 사용' 예제와 3장의 '색인에 매핑 집어넣기' 예제를 참고한다.

문서 매핑에 동적 템플릿 사용

'명시적인 매핑 생성' 예제에서 일래스틱서치가 어떻게 리플렉션을 이용해 필드 유형을 추측하는지 확인했다. 이번 예제에서는 동적 템플릿이 추측 기능을 개선하는 데 어떻게 도움이 되는지 살펴본다.

동적 템플릿 기능은 아주 유용하다. 예를 들어 비슷한 유형의 여러 색인을 만들어야 하는 상황에서 유용하다. 코딩된 초기화 루틴에서 자동화된 색인 문서 생성으로 매핑 정의를 옮길 수 있기 때문이다. 일반적인 사용법은 로그스태시의 로그 색인 유형을 정의하는 것이다.

준비 사항

이 예제에서 코드를 실행하려면 1장의 '일래스틱서치 다운로드와 설치' 예제에서 기술된 대로 실행 중인 일래스틱서치 설치본이 필요하다.

명령을 실행하려면 `curl`(https://curl.haxx.se/) 및 포스트맨(https://www.getpostman.com/)과 유사한 HTTP 클라이언트가 필요하다. 일래스틱서치에 대한 더 원활한 문자 이스케이프와 코드 완성 기능을 제공하는 키바나 콘솔을 사용하는 것이 좋다.

작동 방법

다음과 같이 문서에 관련된 설정을 추가해 앞의 매핑을 확장할 수 있다.

```
PUT test/_mapping
{
  "dynamic_date_formats": ["yyyy-MM-dd", "dd-MM-yyyy"],
  "date_detection": true,
  "numeric_detection": true,
  "dynamic_templates": [
    { "template1":
      {
        "match": "*",
        "match_mapping_type": "long",
        "mapping": {"type":" {dynamic_type}", "store": true}
      }
    }
  ],
  "properties": {...}
}
```

작동 원리

루트 객체(문서)는 문서의 필드와 모든 하위 객체 필드의 동작을 제어한다. 문서 매핑에 다음을 지정할 수 있다.

- **date_detection**: 문자열에서 날짜를 추출하는 기능을 활성화한다(기본값: true).
- **dynamic_date_formats**: 유효한 날짜 형식 목록이다. date_detection이 true인 경우 사용된다.
- **numeric_detection**: 가능한 경우 문자열을 숫자로 변환할 수 있다(기본값: false).
- **dynamic_templates**: 명시적인 매핑 추론을 변경할 때 사용하는 템플릿이다. 이들 템플릿 중 하나가 일치하면 여기에 정의된 규칙이 최종 매핑을 작성하는 데 사용된다.

동적 템플릿은 매처matcher와 매핑 두 부분으로 구성돼 있다.

필드를 일치시켜 템플릿을 활성화시키려면 다음과 같이 여러 가지 유형의 매처를 사용할 수 있다.

- **match**: 필드명에 대한 일치를 정의할 수 있다. 표현식은 표준 GLOB 패턴이다(http://en.wikipedia.org/wiki/Glob_(programming)).
- **unmatch**: 일치에서 제외시키는 표현식을 정의할 수 있다(옵션).
- **match_mapping_type**: 일치된 필드 유형을 제어한다. 예를 들어 문자열, 숫자 등(옵션)이 있다.
- **path_match**: 동적 템플릿과 필드의 전체 도트dot 표기법에 일치시킬 수 있다. 예를 들어 `obj1.*.value`(옵션)를 사용한다.
- **path_unmatch**: 일치되는 필드를 제외하고 path_match와 반대로 수행된다(옵션).
- **match_pattern**: 매처를 regex정규식으로 전환시킨다. 그렇지 않으면 glob 패턴 매처가 사용된다(옵션).

동적 템플릿 매핑이 표준이다. 그러나 다음과 같은 특수 자리표시자placeholder를 사용할 수 있다.

- **{name}**: 실제 동적 필드명으로 대체된다.
- **{dynamic_type}**: 일치하는 필드 유형으로 대체된다.

TIP

동적 템플릿의 순서는 매우 중요하다. 가장 먼저 일치하는 것만 실행된다. 더 엄격한 규칙들을 먼저 배치하고 다른 것들을 배치하는 것이 좋다.

추가 사항

동적 템플릿은 모든 필드에 매핑 구성을 설정할 때 매우 편리하다. 이 작업은 다음과 같은 동적 템플릿을 추가해 수행할 수 있다.

```
"dynamic_templates" : [
  {
    "store_generic" : {
      "match" : "*",
      "mapping" : {
        "store" : "true"
      }
    }
  }
]
```

이 예시에서는 명시적 매핑으로 추가되는 모든 새로운 필드가 저장된다.

참고 사항

- '명시적인 매핑 생성 사용' 예제에서 일래스틱서치가 매핑을 생성하는 기본 동작을 확인할 수 있고 '문서 매핑' 예제에서 매핑을 정의하는 기본적인 방식을 확인할 수 있다.
- glob 패턴은 http://en.wikipedia.org/wiki/Glob_pattern에서 확인할 수 있다.

중첩된 객체 매핑

특수 유형의 포함된 객체로 중첩된 객체가 있다. 이는 포함된 객체의 모든 필드가 단일 객체로 표시되는 루씬 색인 아키텍처와 관련된 문제를 해결한다. 루씬에서는 검색할 때 동일한 다중 값 배열에 있는 값과 포함된 객체를 구별할 수 없다.

앞의 주문 예시에서 루씬이 항목명과 수량을 동일한 루씬 문서에 집어넣기 때문에 동일 쿼리로 항목명과 수량을 구분할 수 없다. 다른 문서에서 그들을 색인한 후 결합해야 한다. 이 모든 과정은 중첩된 객체와 중첩된 쿼리로 관리할 수 있다.

준비 사항

이 예제에서 코드를 실행하려면 1장의 '일래스틱서치 다운로드와 설치' 예제에서 기술된 대로 실행 중인 일래스틱서치 설치본이 필요하다.

명령을 실행하려면 curl(https://curl.haxx.se/) 및 포스트맨(https://www.getpostman.com/)과 유사한 HTTP 클라이언트가 필요하다. 일래스틱서치에 대한 더 원활한 문자 이스케이프와 코드 완성 기능을 제공하는 키바나 콘솔을 사용하는 것이 좋다.

작동 방법

중첩된 객체는 중첩된 유형을 가진 표준 객체로 정의된다.

'객체 매핑' 예제의 예시를 이용해 다음과 같이 객체를 중첩 유형으로 변경시킬 수 있다.

```
PUT test/_mapping
{
  "properties" : {
    "id" : {"type" : "keyword"},
    "date" : {"type" : "date"},
    "customer_id" : {"type" : "keyword"},
    "sent" : {"type" : "boolean"},
    "item" : {"type" : "nested",
```

```
          "properties" : {
            "name" : {"type" : "keyword"},
            "quantity" : {"type" : "long"},
            "price" : {"type" : "double"},
            "vat" : {"type" : "double"}
          }
        }
      }
    }
```

작동 원리

문서가 색인될 때 포함된 객체가 중첩된 유형으로 표시돼 있다면 이 객체는 원본 문서에서 추출되고 새로운 외부 문서로 색인되기 전에 상위 문서 근처의 특별한 색인 위치에 저장된다.

앞 예시에서 '객체 매핑' 예제의 매핑을 재사용했다. 그러나 중첩nested 객체 항목 유형으로 변경시켰다. 포함된 객체를 중첩된 객체로 변환하는 데 다른 작업은 더 이상 필요 없다.

중첩 객체는 특수한 루씬 문서로 상위 문서와 동일한 데이터 블록에 저장된다(이를 통해 상위 문서와 빠른 조인이 가능하다).

중첩 객체는 표준 쿼리로는 검색되지 않고 중첩 쿼리로만 검색된다. 표준 쿼리 결과에는 나오지 않는다.

중첩 객체의 생명주기는 상위 문서와 관련돼 있다. 상위 문서를 삭제하거나 갱신하면 자동으로 모든 중첩 객체가 삭제되거나 갱신된다. 상위 문서를 변경하면 일래스틱서치는 다음을 수행한다.

- 과거 문서를 삭제로 표시

- 모든 중첩 문서를 삭제로 표시
- 신규 문서 버전 색인
- 모든 중첩 문서 색인

추가 사항

경우에 따라 중첩 객체 정보를 상위 또는 루트 객체에 전파해야 한다. 이것은 주로 상위 문서에 대한 더 단순한 쿼리를 작성할 때다(예를 들어 중첩 쿼리를 사용하지 않는 단어 쿼리). 이를 위해 사용해야 할 중첩 객체에는 다음과 같은 두 가지 특수 속성이 있다.

- **include_in_parent**: 중첩된 필드를 상위 문서에 자동으로 추가하게 한다.
- **include_in_root**: 중첩된 객체 필드를 루트 객체에 추가한다.

이 설정으로 데이터가 중복되지만 일부 쿼리의 복잡도를 감소시켜서 성능이 향상된다.

참고 사항

- 중첩 객체는 검색을 위해 특수 쿼리가 필요하다(6장의 '중첩 쿼리 사용' 예제에서 다룬다).
- '조인 필드로 하위 문서 관리' 예제에서는 문서 사이의 상하위 관계를 관리하는 다른 방법을 소개한다.

조인 필드로 하위 문서 관리

앞 예제에서 중첩 객체 유형으로 객체 간의 관계를 관리하는 방법을 살펴봤다. 중첩 객체의 단점은 상위 객체에 대한 의존성이다. 중첩된 객체의 값을 변경하려면 상위를 재색인해야 한다(중첩 객체가 너무 빨리 변경된다면 잠재적인 성능 과부하를 유발한다). 이 문제를 해결하고자 일래스틱서치에서는 하위 문서를 정의할 수 있다.

준비 사항

이 예제에서 코드를 실행하려면 1장의 '일래스틱서치 다운로드와 설치' 예제에서 기술된 대로 실행 중인 일래스틱서치 설치본이 필요하다.

명령을 실행하려면 `curl`(https://curl.haxx.se/) 및 포스트맨(https://www.getpostman.com/)과 유사한 HTTP 클라이언트가 필요하다. 일래스틱서치에 대한 더 원활한 문자 이스케이프와 코드 완성 기능을 제공하는 키바나 콘솔을 사용하는 것이 좋다.

작동 방법

다음 예시에는 주문과 항목이라는 두 개의 연관된 객체가 있다. UML 표현은 다음과 같다.

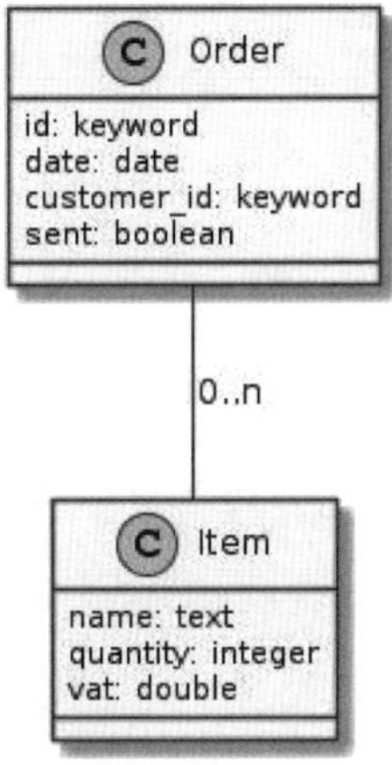

최종 매핑은 주문과 항목 양쪽의 필드 정의 병합과 상하위 관계를 맺기 위한 (join_field와 같은) 특수 필드로 구성된다.

매핑은 다음과 같다.

```
PUT test1/_mapping
{
  "properties": {
    "join_field": {
      "type": "join",
      "relations": {
        "order": "item"
      }
    },
    "id": {
      "type": "keyword"
    },
    "date": {
      "type": "date"
    },
    "customer_id": {
      "type": "keyword"
    },
    "sent": {
      "type": "boolean"
    },
    "name": {
      "type": "text"
    },
    "quantity": {
      "type": "integer"
    },
    "vat": {
      "type": "double"
    }
```

```
  }
}
```

앞의 매핑은 이전 예제와 아주 유사하다.

조인된 레코드를 저장하려면 상위 항목을 먼저 저장한 후 다음과 같은 방법으로 하위 항목을 저장해야 한다.

```
PUT test/_doc/1?refresh
{
  "id": "1",
  "date": "2018-11-16T20:07:45Z", "customer_id": "100",
  "sent": true,
  "join_field": "order"
}

PUT test/_doc/c1?routing=1&refresh
{
  "name": "tshirt",
  "quantity": 10,
  "price": 4.3,
  "vat": 8.5,
  "join_field": {
    "name": "item",
    "parent": "1"
  }
}
```

하위 항목에는 특별 관리가 필요하다. 상위 항목 i에 대한 라우팅을 추가해야 하기 때문이다. 또한 객체에서 상위 이름과 해당 ID를 지정해야 한다.

작동 원리

동일 색인에 있는 복수 항목의 관계에 대한 매핑은 다른 모든 매핑 필드의 합계로 계산해야 한다.

객체간의 관계는 join_field로 정의해야 한다.

매핑에 대해서는 단 하나의 join_field만 존재해야 한다. 많은 관계를 제공하려면 관계 객체로 제공해야 한다.

하위 문서는 부모의 동일 샤드에서 색인돼야 한다. 따라서 색인하려면 라우팅에 대한 매개변수를 추가적으로 전달해야 한다(3장의 문서 색인 예제에서 이 방법을 확인한다).

하위 문서의 값을 변경하려고 할 때 상위 문서를 다시 색인할 필요가 없다. 결과적으로 색인, 재색인(갱신), 삭제가 빨라진다.

추가 사항

일래스틱서치에는 다음과 같이 객체 간의 관계를 관리하는 여러 방법이 있다.

- **type=object 포함시키기:** 일래스틱서치에 의해 암묵적으로 관리되며 포함을 메인 문서의 일부로 간주한다. 이는 빠르지만 포함된 객체의 값이 변경되면 메인 문서를 다시 색인해야 한다.
- **type=nested로 중첩시키기:** 이를 통해 하위에 대한 중첩 쿼리를 사용해 상위 문서를 좀 더 정확하게 검색하고 필터링할 수 있다. 쿼리를 제외하고 모든 것이 포함된 객체에 대해 동작한다(검색하려면 중첩 쿼리를 사용해야 한다).
- **외부 하위 문서:** 하위 문서는 외부에 있고 join_field 속성으로 상위 문서와 바인딩한다. 상위 문서와 동일한 샤드에 색인돼야 한다. 상위와의 조인은 중첩 객체보다는 약간 더 느리다. 중첩 객체는 루씬 색인[index]에서 상위와 동일한 데이터 블록에 있고 함께 탑재되기 때문이다. 반면 외부 하위 문서는 더 많은

읽기 동작이 필요하다.

객체에서 관계를 모델링하고자 어떤 방법을 선택할지는 애플리케이션 시나리오에 따라 다르다.

사용할 수 있는 또 다른 접근 방법이 있지만 빅데이터 문서에서는 성능이 저하된다(조인 관계를 분리시킨다. 두 단계로 조인 쿼리를 수행한다. 먼저 하위/다른 문서의 ID를 수집하고 이어서 상위의 필드에서 해당 문서를 검색한다).

참고 사항

- 하위/상위 쿼리에 대한 자세한 사항은 6장의 'has_child 쿼리 사용', 'top_children 쿼리 사용', 'has_parent 쿼리 사용' 예제를 참조한다.

다중 매핑을 가진 필드 추가

종종 하나의 필드가 여러 개의 핵심 유형이나 여러 가지 방식으로 처리돼야 하는 경우가 있다. 예를 들어 문자열을 검색하려면 토큰화해야 하지만 정렬하려면 토큰화해서는 안 된다. 이를 위해서는 필드에 다중 필드 특수 속성을 지정해야 한다.

필드 속성은 매핑하는 데 있어 매우 강력한 기능이다. 동일 필드를 여러 가지 방식으로 사용할 수 있기 때문이다.

준비 사항

이 예제에서 코드를 실행하려면 1장의 '일래스틱서치 다운로드와 설치' 예제에서 기술된 대로 실행 중인 일래스틱서치 설치본이 필요하다.

명령을 실행하려면 `curl`(https://curl.haxx.se/) 및 포스트맨(https://www.getpostman.com/)과 유

사한 HTTP 클라이언트가 필요하다. 일래스틱서치에 대한 더 원활한 문자 이스케이프과 코드 완성 기능을 제공하는 키바나 콘솔을 사용하는 것이 좋다.

작동 방법

다중 필드 속성을 지정하려면 필드의 부속 필드에 딕셔너리dictionary를 포함시켜야 한다. 상위 필드명과 동일한 이름을 가진 부속 필드가 기본값이다.

주문 예시에서는 `name` 필드를 다음과 같이 색인할 수 있다.

```
{
  "name": {
    "type": "keyword",
    "fields": {
      "name": {"type": "keyword"},
      "tk": {"type": "text"},
      "code": {"type": "text","analyzer": "code_analyzer"}
    }
  },
```

일래스틱서치에 매핑을 이미 저장한 경우 해당 필드를 `multi-field` 속성으로 이전하려면 다른 유형의 매핑으로 저장하기만 하면 되고 일래스틱서치는 이를 자동으로 병합한다. 필드 속성에 있는 새로운 부속 필드는 아무 문제없이 즉시 추가될 수 있지만 새로운 부속 필드는 새롭게 색인된 문서에서만 검색/집계가 된다.

TIP

> 이미 색인된 데이터에 새로운 부속 필드를 추가한다면 모든 레코드에 대해 올바르게 색인되도록 레코드를 다시 색인해야 한다.

작동 원리

색인하는 동안 일래스틱서치가 부속 필드 속성을 처리할 때 매핑에 정의된 모든 부속 필드에 대한 동일 필드를 재처리한다.

다중 필드의 하위 필드에 액세스하고자 기본 필드와 하위 필드명에 빌드된 새 경로가 있다. 앞의 예시에서 다음을 확인할 수 있다.

- **name**: 기본 다중 필드 부속 필드의 필드를 가리킨다(키워드).
- **name.tk**: 기본 분석(토큰화) 텍스트 필드를 가리킨다.
- **name.code**: 코드 추출 분석기로 분석되는 필드를 가리킨다.

앞의 예시에서 확인했듯이 문자열에서 항목 코드를 추출할 수 있는 코드 추출 분석기로 분석기를 변경했다.

다중 필드를 사용해 Good Item to buy - ABC1234와 같은 문자열을 색인하면 다음과 같이 처리된다.

- name = Good Item to buy - ABC1234(정렬에 유용)
- name.tk = ["good", "item", "to", "buy", "abc1234"](검색에 유용)
- name.code = ["ABC1234"](검색 및 패싯[2]에 유용)

NOTE

> 코드 분석기의 경우 코드가 문자열에 나타나지 않으면 아무 토큰도 생성되지 않는다. 이를 통해 색인 시에 정보 추출 작업을 수행하고 검색 시에 이를 활용하는 솔루션을 개발할 수 있다.

2. 검색이 용이하게 문자열을 자르거나 조정하는 작업 – 옮긴이

추가 사항

필드 속성은 필드 데이터를 처리하는 여러 가지 방법을 정의할 수 있기 때문에 데이터 처리에 아주 유용하다.

예를 들어 문서의 내용(기사, 워드 문서 등)으로 작업할 때 이름, 장소, 날짜/시간, 지리 정보 등을 추출하기 위한 부속 필드 분석기로 필드를 정의할 수 있다.

다중 필드의 부속 필드는 주요 표준 유형 필드다(검색, 필터링, 집계, 스크립트와 같은 모든 처리를 다중 필드의 부속필드로 할 수 있다).

참고 사항

- '다른 분석기 지정' 예제를 참고한다.

GeoPoint 필드 매핑

일래스틱서치는 기본적으로 지리 정보 유형(문서를 전 세계의 지리 좌표(위도와 경도)로 현지화할 수 있는 특수 유형)을 지원한다.

지리 정보를 사용하는 두 개의 주요 유형(지점과 형태)이 있다. 이 예제에서는 지리 정보의 기본 요소인 GeoPoint를 살펴본다.

준비 사항

이 예제에서 코드를 실행하려면 1장의 '일래스틱서치 다운로드와 설치' 예제에서 기술된 대로 실행 중인 일래스틱서치 설치본이 필요하다.

명령을 실행하려면 `curl`(https://curl.haxx.se/) 및 포스트맨(https://www.getpostman.com/)과 유

사한 HTTP 클라이언트가 필요하다. 일래스틱서치에 대한 더 원활한 문자 이스케이프와 코드 완성 기능을 제공하는 키바나 콘솔을 사용하는 것이 좋다.

작동 방법

GeoPoint를 지정하려면 필드 유형을 **geo_point**로 지정해야 한다.

주문 예시를 확장해 고객의 위치를 지정하는 새로운 필드를 추가한다. 결과는 다음과 같다.

```
PUT test/_mapping
{
  "properties": {"id": {"type": "keyword",},
    "date": {"type": "date"},
    "customer_id": {"type": "keyword"},
    "customer_ip": {"type": "ip"},
    "customer_location": {"type": "geo_point"},
    "sent": {"type": "boolean"}
  }
}
```

작동 원리

일래스틱서치가 GeoPoint 필드(위도, 경도)로 문서를 색인할 때 위도와 경도 좌표를 처리하고 특수 보조 필드 데이터를 생성해 좌표에 대한 더 빠른 쿼리 기능을 제공한다. 이는 위도와 경도를 내부적으로 관리하는 특수 데이터 구조 때문이다.

속성에 따라 주어진 위도와 경도로 **geohash** 값(http://en.wikipedia.org/wiki/Geohash)을 계산할 수 있고 또한 색인 프로세스는 이 값을 거리, 범위, 형태 일치와 같은 특수 계산을 위해 최적화한다.

GeoPoint는 추가적인 지리 정보 데이터를 저장하기 위한 특수 매개변수를 가진다.

- **lat_lon**: 위도와 경도를 .lat와 .lon 필드에 저장한다. 데이터를 저장하면 거리와 형태 계산에 사용되는 많은 메모리 알고리듬의 성능을 향상시킨다(기본값: false).

NOTE

필드에 대한 단일 지점 정보가 있다면 lat_lon을 true로 설정해 저장하는 것이 바람직하다. 이는 검색 속도를 빠르게 하고 계산 중 메모리 사용을 줄인다.

- **geohash**: 계산된 geohash 값을 저장한다(기본값: false).
- **geohash_precision**: geohash 계산에 사용할 정밀도를 지정한다. 예를 들어 지리 지점 값이 [45.61752, 9.08363]이면 다음과 같이 저장된다(기본값: 12).
  - customer_location = 45.61752, 9.08363
  - customer_location.lat = 45.61752
  - customer_location.lon = 9.08363
  - customer_location.geohash = u0n7w8qmrfj

추가 사항

GeoPoint는 특수 유형이고 여러 가지 입력 포맷을 사용할 수 있다.

- 다음과 같이 lat와 lon을 속성으로 입력한다.

```
{
  "customer_location": {
    "lat": 45.61752,
    "lon": 9.08363
```

```
    },
```

- 다음과 같이 lat와 lon을 문자열로 입력한다.

```
    "customer_location": "45.61752,9.08363",
```

- geohash 문자열은 다음과 같다.

```
    "customer_location": "u0n7w8qmrfj",
```

- 다음 코드 조각과 같이 GeoJSON 배열(위도와 경도가 뒤집혀 있음에 주의)로 입력한다.

```
    "customer_location": [9.08363, 45.61752]
```

GeoShape 필드 매핑

점 개념의 확장은 형태다. 일래스틱서치는 GeoShape에서 임의의 다각형을 용이하게 관리하는 유형을 제공한다.

준비 사항

이 예제에서 코드를 실행하려면 1장의 '일래스틱서치 다운로드와 설치' 예제에서 기술된 대로 실행 중인 일래스틱서치 설치본이 필요하다.

고급 형태 관리를 사용하려면 일래스틱서치의 classpath(일반적으로 lib 폴더)에 다음과 같은 두 개의 jar 라이브러리가 필요하다.

- Spatial4J(v0.3)
- JTS(v1.13)

작동 방법

geo_shape 유형을 매핑하려면 일부 매개변수를 명시적으로 지정해야 한다.

- **tree**: PrefixTree 구현 이름이다. geohash는 GeohashPrefixTree고 quadtree는 QuadPrefixTree다(기본값: geohash).
- **precision**: tree_levels 대신 트리 수준에서 사용하는 좀 더 가독성 있는 값을 제공한다. 정밀도 수치는 단위에 따른다. 즉, 10m, 10km, 10마일 등이다.
- **tree_levels**: 프리픽스 트리에서 사용할 최대 계층 수다.
- **distance_error_pct**: 프리픽스 트리에서 허용할 최대 오류를 지정한다(최댓값: 0.025, 기본값: 0.5%).

이전 예제에서 확인했던 customer_location에 geo_shape를 사용하면 다음과 같다.

```
"customer_location": {
  "type": "geo_shape",
  "tree": "quadtree",
  "precision": "1m"
},
```

작동 원리

형태가 색인되거나 내부적으로 검색될 때 경로 트리가 생성돼 사용된다.

경로 트리는 지리 정보를 포함하는 용어 목록이며 지리 정보의 계산 평가 성능을 향상시키고자 계산된다.

경로 트리는 점, 선, 다각형, 다중 점, 다중 다각형과 같은 형태 유형에 따라 달라진다.

참고 사항

GeoShape의 논리를 이해하기 위한 몇 가지 좋은 자원이 일래스틱서치 페이지에 있다. GeoShape와 지리 정보 계산을 위해 사용하는 라이브러리에 대해 설명한다 (https://github.com/spatial4j/spatial4j와 http://central.maven.org/maven2/com/vividsolutions/jts/1.13/).

IP 필드 매핑

일래스틱서치는 로그를 수집하고 조회하는 데 키바나(https://www.elastic.co/products/kibana) 및 로그스태시(https://www.elastic.co/products/logstash)와 같은 많은 시스템을 사용한다. 일래스틱서치는 IP 주소를 사용할 때 검색 성능을 향상시키고자 최적화된 방식으로 IP 주소를 저장할 수 있는 IPv4 및 IPv6 유형을 제공한다.

준비 사항

이 예제에서 코드를 실행하려면 1장의 '일래스틱서치 다운로드와 설치' 예제에서 기술된 대로 실행 중인 일래스틱서치 설치본이 필요하다.

작동 방법

IP 주소가 포함된 필드 유형을 `ip`로 지정해야 한다.

앞의 주문 예시를 확장해 다음과 같이 고객의 IP 주소를 추가한다.

```
"customer_ip": {
  "type": "ip"
}
```

IP는 다음과 같이 표준 표기법을 따라야 한다.

```
"customer_ip":"19.18.200.201"
```

작동 원리

일래스틱서치가 문서를 처리할 때 필드가 IP 필드라면 값을 숫자 형식으로 변환하고 빠른 검색을 위한 토큰을 생성한다.

IP에는 특수 속성이 있다.

- **index**: IP 필드를 색인할지 여부를 정의한다. 색인하지 않으면 **false**로 한다(기본값: true).
- **doc_values**: 정렬 및 집계 속도를 높이고자 필드 값을 칼럼-스트라이드 방식으로 저장할지 여부를 정의한다(기본값: true).

다른 속성들(store, boost, null_value, include_in_all)은 다른 기본 유형처럼 동작한다.

문자열에서 IP 필드를 사용하는 이점은 모든 범위 검색 및 필터 검색의 빠른 속도이고 더 낮은 자원 사용량이다(디스크 및 메모리).

별칭 필드 매핑

여러 색인에 많은 종류의 유형이 존재하는 것은 매우 일반적이다. 일래스틱서치로 여러 색인에서 검색할 수 있으므로 동시에 공통 필드를 필터링해야 한다.

실제로 이러한 필드는 모든 매핑에서 항상 같은 방식으로 호출되지 않는다(일반적으로 다른 엔티티에서 파생되기 때문이다). 동일한 날짜 개념으로 `added_date`, `timestamp`, `@timestamp`, `date_add` 필드가 혼합돼 있는 것은 매우 일반적이다.

별칭 필드 매핑으로 이들을 일치시킬 별칭을 정의할 뿐만 아니라 쿼리 시 모든 필드를 동일한 의미로 호출하도록 단순화시킬 수 있다.

준비 사항

이 예제에서 코드를 실행하려면 1장의 '일래스틱서치 다운로드와 설치' 예제에서 기술된 대로 실행 중인 일래스틱서치 설치본이 필요하다.

명령을 실행하려면 `curl`(https://curl.haxx.se/) 및 포스트맨(https://www.getpostman.com/)과 유사한 HTTP 클라이언트가 필요하다. 일래스틱서치에 대한 더 원활한 문자 이스케이프와 코드 완성 기능을 제공하는 키바나 콘솔을 사용하는 것이 좋다.

작동 방법

이전 예제에서 살펴본 주문 예시에서 `item`의 부속 필드에 있는 `price` 값에 대한 별칭으로 `cost`를 추가한다.

이 절차는 다음 작업을 통해 수행할 수 있다.

1. 별칭을 추가하려면 다음과 유사한 매핑이 필요하다.

```
PUT test/_mapping
{
  "properties": {
    "id": {"type": "keyword"},
    "date": {"type": "date"},
    "customer_id": {"type": "keyword"},
    "sent": {"type": "boolean"},
    "item": {
      "type": "object",
      "properties": {
        "name": {"type": "keyword"},
        "quantity": {"type": "long"},
        "cost": {
          "type": "alias",
          "path": "item.price"
        },
        "price": {"type": "double"},
        "vat": {"type": "double"}
      }
    }
  }
}
```

2. 이제 다음과 같이 색인할 수 있다.

```
PUT test/_doc/1?refresh
{
  "id": "1",
  "date": "2018-11-16T20:07:45Z",
  "customer_id": "100",
  "sent": true,
  "item": [
    {
```

```
        "name": "tshirt",
        "quantity": 10,
        "price": 4.3,
        "vat": 8.5
      }
    ]
  }
```

3. 다음과 같이 cost 별칭으로 검색할 수 있다.

```
GET test/_search
{
  "query": {
    "term": {
      "item.cost": 4.3
    }
  }
}
```

결과는 저장된 문서다.

작동 원리

별칭은 필드의 데이터 구조를 변경하지 않고도 검색 필드와 동일한 이름을 사용할 수 있는 편리한 방법이다. 별칭 필드는 문서의 구조를 변경할 필요가 없기 때문에 데이터 모델에 더 많은 유연성을 제공한다.

별칭은 쿼리의 검색 색인을 확장할 때 원래 이름으로 바뀌며 사용에 따른 성능 저하가 없다.

별칭 필드에 값이 있는 상태로 문서를 색인하려고 하면 예외가 발생한다.

별칭 필드의 경로에는 대상 필드의 전체 경로가 포함될 수 있게 구체적이어야 하고 별칭 필드를 정의할 때 대상을 명확히 확인할 수 있어야 한다.

중첩 객체에 별칭이 있는 경우 별칭은 반드시 대상과 동일한 중첩 범위에 존재해야 한다.

퍼콜레이터(여과) 필드 매핑

퍼콜레이터[Percolator](여과)는 필드 내에 일래스틱서치 쿼리를 저장할 수 있는 특수 유형의 필드며 퍼콜레이터 쿼리에서 사용할 수 있다.

퍼콜레이터를 이용해 문서와 일치하는 모든 쿼리를 감지할 수 있다.

준비 사항

이 예제에서 코드를 실행하려면 1장의 '일래스틱서치 다운로드와 설치' 예제에서 기술된 대로 실행 중인 일래스틱서치 설치본이 필요하다.

명령을 실행하려면 `curl`(https://curl.haxx.se/) 및 포스트맨(https://www.getpostman.com/)과 유사한 HTTP 클라이언트가 필요하다. 일래스틱서치에 대한 더 원활한 문자 이스케이프와 코드 완성 기능을 제공하는 키바나 콘솔을 사용하는 것이 좋다.

작동 방법

다음 절차에 따라 퍼콜레이터 필드를 매핑한다.

1. body 필드의 일부 텍스트를 매칭하는 퍼콜레이터를 생성할 것이다. 유사한 방식으로 매핑을 정의한다.

```
PUT test-percolator
{
  "mappings": {
    "properties": {
      "query": {
        "type": "percolator"
      },
      "body": {
        "type": "text"
      }
    }
  }
}
```

2. 다음과 같이 퍼콜레이터 쿼리를 추가한 문서를 저장한다.

```
PUT test-percolator/_doc/1?refresh
{
  "query": {
    "match": {
      "body": "quick brown fox"
    }
  }
}
```

3. 이제 다음과 같이 검색할 수 있다.

```
GET test-percolator/_search
{
  "query": {
    "percolate": {
      "field": "query",
```

```
        "document": {
          "body": "fox jumps over the lazy dog"
        }
      }
    }
  }
```

4. 저장된 문서의 조회 결과는 다음과 같다.

```
{
  ...중략...
  "hits" : [
    {
      "_index" : "test-percolator",
      "_type" : "_doc",
      "_id" : "1",
      "_score" : 0.2876821,
      "_source" : {
        "query" : {
          "match" : {
            "body" : "quick brown fox"
          }
        }
      },
      "fields" : {
        "_percolator_document_slot" : [0]
      }
    }
  ]
 }
}
```

작동 원리

퍼콜레이터 필드는 내부에 일래스틱서치 쿼리를 저장한다.

성능을 위해 모든 퍼콜레이터는 캐시되고 항상 활성화돼 있으므로 쿼리에 요구되는 모든 필드가 문서 매핑에 정의돼야 한다.

TIP

> 퍼콜레이터 문서의 모든 쿼리가 모든 문서에 대해 실행돼야 하기 때문에 최대 성능을 내려면 퍼콜레이터 내부에 있는 쿼리는 쿼리 내에서 빠르게 실행될 수 있도록 최적화돼 있어야 한다.

피처 및 피처 벡터 필드 매핑

상황에 따라 동적으로 문서에 점수[score]를 매기는 것은 일반적이다. 예를 들어 카테고리 내의 특정 문서에 더 높은 점수를 매기는 것(일반적인 시나리오는 페이지 등수, 히트 수 또는 카테고리 점수에 기반을 두고 문서를 부스트(낮은 점수를 증가)시키는 것)이다.

일래스틱서치 7.x는 값에 기반을 둔 점수를 올리는 두 가지 새로운 방식을 제공한다. 하나는 피처 필드고 다른 하나는 값의 벡터를 확장하는 것이다,

준비 사항

이 예제에서 코드를 실행하려면 1장의 '일래스틱서치 다운로드와 설치' 예제에서 기술된 대로 실행 중인 일래스틱서치 설치본이 필요하다.

명령을 실행하려면 `curl`(https://curl.haxx.se/) 및 포스트맨(https://www.getpostman.com/)과 유사한 HTTP 클라이언트가 필요하다. 일래스틱서치에 대한 더 원활한 문자 이스케이프와 코드 완성 기능을 제공하는 키바나 콘솔을 사용하는 것이 좋다.

작동 방법

문서가 동일한 특징에 기반을 두고 점수가 매겨질 수 있는 일반적인 PageRank 시나리오의 구현을 위해 피처 유형을 사용한다. 다음 절차를 통해 이를 구현할 것이다.

1. pagerank 값과 URL 길이를 기반으로 점수를 매길 수 있도록 다음과 같은 매핑을 사용한다.

```
PUT test-feature
{
  "mappings": {
    "properties": {
      "pagerank": {
        "type": "feature"
      },
      "url_length": {
        "type": "feature",
        "positive_score_impact": false
      }
    }
  }
}
```

2. 이제 다음과 같이 문서를 저장한다.

```
PUT test-feature/_doc/1
{
  "pagerank": 5,
  "url_length": 20
}
```

3. 이제 다음과 같이 쿼리로 결과를 반환받을 수 있도록 pagerank 값으로 피처 쿼리를 실행한다.

```
GET test-feature/_search
{
  "query": {
    "feature": {
      "field": "pagerank"
    }
  }
}
```

4. 위의 피처 기능에서 진일보한 기능은 feature_vector를 이용해 값 벡터를 정의하는 것이다. 일반적으로 주제, 카테고리 또는 유사한 식별 범주로 점수를 매기는 데 사용한다. 다음 절차에 따라 이 기능을 구현한다.

   다음 코드는 카테고리 필드의 매핑을 정의한다.

```
PUT test-features
{
  "mappings": {
    "properties": {
      "categories": {
        "type": "feature_vector"
      }
    }
  }
}
```

5. 이제 다음 명령으로 색인에 일부 문서를 저장한다.

```
PUT test-features/_doc/1
{
  "categories": {
    "sport": 14.2,
    "economic": 24.3
  }
}

PUT test-features/_doc/2
{
  "categories": {
    "sport": 19.2,
    "economic": 23.1
  }
}
```

6. 이제 다음과 같이 저장된 피처 값을 기반으로 검색할 수 있다.

```
GET test-features/_search
{
  "query": {
    "feature": {
      "field": "categories.sport"
    }
  }
}
```

작동 원리

feature와 feature_vector는 결과에 점수를 매기는 데 사용하는 값을 저장할 때 사용하는 특수 유형의 필드다.

이들 필드에 저장된 값들은 피처 쿼리를 사용해 쿼리할 때만 사용할 수 있다. 이 필드는 표준 쿼리와 집계에서는 사용할 수 없다.

feature와 feature_vector의 숫자 값은 단일 양수 값이다(다중 값은 허용되지 않는다).

feature_vector의 경우 값은 반드시 문자열과 양수 값으로 구성된 해시 구조여야 한다.

점수를 매기는 동작을 변경하는 플래그가 있다(positive_score_impact). 이 값의 기본값은 true지만 피처 값을 사용해 낮은 순서로 점수를 매기려면 매개변수를 false로 지정하면 된다. pagerank 예시에서 url의 길이는 문서의 점수를 낮춘다. url이 길수록 관련성이 낮아지기 때문이다.

매핑에 메타데이터 추가

때때로 매핑으로 작업할 때 화면 출력 목적, ORM 기능, 권한 또는 매핑에서 단순히 매핑을 추적하고자 사용할 추가 데이터를 저장해야 한다.

일래스틱서치로 특수 _meta 필드를 이용해 매핑에서 원하는 모든 종류의 JSON 데이터를 저장할 수 있다.

준비 사항

이 예제에서 코드를 실행하려면 1장의 '일래스틱서치 다운로드와 설치' 예제에서 기술된 대로 실행 중인 일래스틱서치 설치본이 필요하다.

작동 방법

_meta 매핑 필드는 원하는 모든 데이터로 채울 수 있다. 다음 예시를 확인하자.

```
{
  "_meta": {
    "attr1": ["value1", "value2"],
    "attr2": {
      "attr3": "value3"
    }
  }
}
```

작동 원리

일래스틱서치가 새로운 매핑을 처리하는 도중 _meta 필드를 발견하면 전역 매핑 상태에 저장하고 모든 클러스터 노드로 이 정보를 전파한다. _meta는 저장 목적으로만 사용되며 색인되거나 검색되지 않는다.

이는 다음과 같은 이유로 사용될 수 있다.

- 유형 메타데이터 저장
- 객체 관계 매핑ORM, Object Relational Mapping 관련 정보 저장
- 유형 권한 정보 저장
- 부가적인 유형 정보 저장(즉, 유형을 표시하는 데 사용하는 아이콘 파일명)
- 웹 인터페이스를 랜더링하기 위한 템플릿 부분 저장

다른 분석기 지정

이전 예제에서는 일래스틱서치에서 다른 필드와 객체를 매핑하는 방법을 살펴봤다. 그리고 표준 분석기를 search_analyzer 속성으로 쉽게 변경하는 것을 설명했다.

이 예제에서는 여러 가지 분석기를 살펴보고 색인과 검색 품질을 향상시키고자 사용하는 방법을 알아본다.

준비 사항

이 예제에서 코드를 실행하려면 1장의 '일래스틱서치 다운로드와 설치' 예제에서 기술된 대로 실행 중인 일래스틱서치 설치본이 필요하다.

작동 방법

모든 주요 유형 필드를 사용하면 필드 매개변수로 색인 및 검색을 위한 사용자 정의 분석기를 지정할 수 있다.

예를 들어 name 필드가 색인에 표준 분석기를 사용하고 검색에 단순 분석기를 사용한다면 매핑은 다음과 같다.

```
{
  "name": {
    "type": "string",
    "index_analyzer": "standard",
    "search_analyzer": "simple"
  }
}
```

작동 원리

분석기 개념은 루씬에서 왔다(일래스틱서치의 핵심 엔진). 분석기는 루씬의 구성 요소로 텍스트를 토큰으로 분리하는 토크나이저와 하나 이상의 토큰 필터로 구성돼 있다. 이들 필터는 소문자화, 정규화, 불용어 제거, 형태소 분석과 같은 토큰 처리를 수행한다.

색인 단계에서 일래스틱서치가 색인된 필드를 처리할 때 분석기를 선택할 경우 먼저 index_analyzer 필드에 지정돼 있는지 확인한 후 문서에 지정돼 있는지 확인하고 끝으로 색인에 지정돼 있는지 확인한다.

TIP

올바른 분석기를 선택하는 것은 쿼리 단계의 좋은 결과를 얻는 데 필수적이다.

일래스틱서치는 표준 설치본에 여러 분석기를 제공한다. 다음 표에는 가장 일반적인 것들이 기술돼 있다.

이름	설명
standard	표준 분석기로 텍스트를 분할한다. 토큰 정규화, 토큰 소문자화, 불필요한 토큰을 제거한다.
simple	문자가 아닌 곳에서 텍스트를 나누고 소문자로 변환한다.
whitespace	공백 문자로 텍스트를 나눈다.
stop	표준 분석기로 텍스트를 처리한 후 사용자 정의 불용어를 처리한다.
keyword	모든 텍스트를 토큰으로 고려한다.
pattern	표준 정규식으로 텍스트를 분할한다.
snowball	표준 분석기로 동작하면서 처리 마지막 단계에 형태소를 분석한다.

특정 언어 목적으로 일래스틱서치는 아랍어, 아르메니아어, 바스크어, 브라질어, 불가리아어, 카탈로니아어, 중국어, CJK, 체코어, 덴마크어, 네덜란드어, 영어, 핀란드어, 프랑스어, 갈리시아어, 독일어, 그리스어, 힌디어, 헝가리어, 인도네시아어, 이탈리아어, 노르웨이어, 페르시아어, 포르투갈어, 루마니아어, 러시아어, 스페인어, 스웨덴어, 터키어, 태국어와 같은 특정 언어를 목표로 하는 분석기 세트를 지원한다.

참고 사항

사용할 수 있는 분석기 목록을 확장시키는 여러 일래스틱서치 플러그인이 있다. 가장 유명한 것들은 다음과 같다.

- ICU 분석 플러그인(https://www.elastic.co/guide/en/elasticsearch/plugins/master/analysis-icu.html)
- 음성 분석 플러그인(https://www.elastic.co/guide/en/elasticsearch/plugins/master/analysis-phonetic.html)
- 스마트 중국어 분석 플러그인(https://www.elastic.co/guide/en/elasticsearch/plugins/master/analysis-smartcn.html)
- 일본어 (쿠로모지) 분석 플러그인(https://www.elastic.co/guide/en/elasticsearch/plugins/master/analysis-kuromoji.html)

완성 필드 매핑

사용자에 대한 검색 기능을 제공하는 데 가장 일반적인 요구 사항 중 하나는 쿼리에 대한 키워드 제안을 제공하는 것이다.

일래스틱서치는 완성이라고 하는 특수 유형의 매핑을 통해 이 기능을 수행하는 도우미를 제공한다.

준비 사항

이 예제에서 코드를 실행하려면 1장의 '일래스틱서치 다운로드와 설치' 예제에서 기술된 대로 실행 중인 일래스틱서치 설치본이 필요하다.

작동 방법

완성 필드의 정의는 이전에 다룬 주요 유형 필드의 정의와 유사하다. 예를 들어 별칭의 이름에 대한 추천 키워드를 제공하려면 다음과 같이 유사한 매핑을 작성할 수 있다.

```
{
  "name": {"type": "string", "copy_to":["suggest"]},
  "alias": {"type": "string", "copy_to":["suggest"]},
  "suggest": {
    "type": "completion",
    "payloads": true,
    "analyzer": "simple",
    "search_analyzer": "simple"
  }
}
```

이 예시에서 두 개의 문자열 필드 nam과 alias 및 이들에 대한 suggest 완성자completer를 정의했다.

작동 원리

일래스틱서치에서는 추천 키워드를 제공하는 여러 방법이 있다. 단순한 단어 추천 또는 와일드카드 또는 접두어를 가진 일부 쿼리의 사용이 있다. 그러나 완성 필드를 사용하는 것이 가장 빠르고 강력한데, 기본적으로 최적화된 구조를 사용하기 때문이다.

내부적으로 일래스틱서치는 단어를 추천할 때 유한 상태 변환기FST, Finite State Transducer 구조를 구축한다(이 주제는 위키피디아 페이지에 아주 자세히 설명돼 있다. http://en.wikipedia.org/wiki/Finite_state_transducer).

완성 필드를 사용하도록 구성하기 위한 가장 중요한 속성은 다음과 같다.

- **analyzer**: 문서를 색인하는 데 사용할 분석기를 지정한다. 기본은 단순하게 at, the, of, so와 같이 제안된 단어의 불용어를 유지하는 데 사용하는 것이다(기본값: simple).
- **search_analyzer**: 검색에 사용되는 분석기를 지정한다(기본값: simple).
- **preserve_separators**: 토큰 처리 방식을 제어한다. 비활성화시키면 제안 키워드에서 공백이 제거된다. 이 속성은 **fightc**를 치면 **fight club**을 추천하게 한다(기본값: true).
- **max_input_length**: 이 속성은 추천 키워드를 줄이고자 입력 문자열의 글자 수를 줄인다. 매우 긴 텍스트를 추천하는 것은 비상식적이다(아무도 긴 문자열의 텍스트를 작성하고 이를 추천하게 하지 않는다. 기본값: 50).
- **payloads**: 페이로드(반환되는 추가 항목 값)를 저장할 수 있다. 예를 들어 책을 검색한다면 책 이름과 ISBN을 반환하면 유용할 것이다. 이는 다음 예시와 같다.

```
PUT test/_doc/1
{
  "name": "Elasticsearch Cookbook",
  "suggest": {
    "input": ["ES", "Elasticsearch", "Elastic Search", "ElasticSearch
Cookbook"],
    "output": "Elasticsearch Cookbook",
    "payload": {"isbn": "1782166629"},
    "weight": 34
  }
}
```

앞의 예시에서 완성 필드에 대해 색인을 할 때 몇 가지 사용할 수 있는 기능들을 살펴봤고 다음과 같다.

- **input**: 제안에 활용할 수 있는 제공된 값의 목록을 관리한다. 데이터를 더 추가하면 추천 키워드의 품질을 향상시킬 수 있다.
- **output**: 결과로 표시되는 선택적인 문자열로 사용자에게 텍스트를 표시하는 데 사용된다(옵션).
- **payload**: 추가적인 데이터를 반환한다(옵션).
- **weight**: 점수를 제안하는 데 사용하는 가중치 부스터다(옵션).

이 예제의 시작 지점에서 copy_to 필드 속성을 사용하는 바로가기를 사용해 여러 필드에서 완성 필드를 채웠다. copy_to 속성은 한 필드의 내용을 다른 여러 필드로 간단하게 복사한다.

참고 사항

- 이 예제에서는 완성 기능을 색인하고 매핑하는 것만 살펴봤다. 검색 부분은 4장의 '올바른 쿼리 추천' 예제에서 살펴본다.

03

기본 작업

일래스틱서치에서 색인과 검색을 시작하기 전에 색인을 관리하는 방법과 문서상에서 작업을 수행하는 방법을 다뤄야 한다. 3장에서는 생성, 삭제, 갱신, 닫기와 같은 색인에 대한 여러 작업을 알아본다. 이 작업들은 문서를 저장하는 컨테이너(색인)를 정의할 수 있는 매우 중요한 작업이다. 색인의 생성/삭제 작업은 SQL 데이터베이스의 생성/삭제 명령과 유사하다.

색인 관리 부분을 다룬 후에 2장에서 시작했던 설명을 마무리하고자 매핑 관리 방법을 알아본다. 이 내용은 4장에서 주로 다룰 검색의 기초가 된다.

3장의 대부분은 일래스틱서치에서 레코드를 저장하고 관리하는 핵심이 되는 레코드 생성-읽기-갱신-삭제CRUD 작업을 다룬다.

색인 성능을 향상시키기 위한 벌크 작업과 일반적인 함정을 피하는 방법을 이해하는 것은 중요하다.

이 장에서 쿼리를 포함하는 작업은 다루지는 않지만 4장, 5장, 6장에서 주로 다루고, 마찬가지로 클러스터 작업은 클러스터의 모니터링과 제어에 주로 관련이 있으므로 이 장에서는 다루지 않고 9장에서 주로 다룬다.

3장에서 다루는 내용은 다음과 같다.

- 색인 생성하기
- 색인 삭제하기
- 색인 열기와 닫기
- 색인에 매핑 집어넣기
- 매핑 가져오기
- 색인 재색인하기
- 색인 새로 고치기
- 색인 청소하기
- 색인 강제 병합하기
- 색인 축소시키기
- 색인 존재 여부 체크하기
- 색인 설정 관리하기
- 색인 별칭 사용하기
- 색인 전환하기
- 문서 색인하기
- 문서 가져오기
- 문서 제거하기
- 문서 갱신하기

- 기본 작업 속도 올리기(벌크 작업)
- GET 작업 속도 올리기(다중 GET)

색인 생성

일래스틱서치에 데이터를 색인하기 전에 수행해야 할 첫 번째 작업은 색인 생성이며 이는 데이터의 기본 컨테이너다.

색인은 SQL 데이터베이스와 구조가 유사하다. 색인은 유형 컨테이너(SQL 테이블)이며 문서(SQL 레코드) 컨테이너다.

준비 사항

이 예제에서 코드를 실행하려면 1장의 '일래스틱서치 다운로드와 설치' 예제에서 기술된 대로 실행 중인 일래스틱서치 설치본이 필요하다.

명령을 실행하려면 `curl`(https://curl.haxx.se/) 및 포스트맨(https://www.getpostman.com/)과 유사한 HTTP 클라이언트가 필요하다. 일래스틱서치에 대한 더 원활한 문자 이스케이프와 코드 완성 기능을 제공하는 키바나 콘솔을 사용하는 것이 좋다.

작동 방법

색인을 생성하는 HTTP 메서드는 PUT이다(POST도 동작한다). REST URL은 색인명을 포함한다.

http://<서버>/<색인명>

색인을 생성하려면 다음 단계를 수행한다.

1. 명령을 통해 PUT 호출을 실행한다.

```
PUT /myindex
{
  "settings": {
    "index": {
      "number_of_shards": 2,
      "number_of_replicas": 1
    }
  }
}
```

2. 일래스틱서치에서 반환된 결과는 다음과 같다.

```
{
  "acknowledged" : true,
  "shards_acknowledged" : true,
  "index" : "myindex"
}
```

3. 이미 색인이 존재한다면 400 오류를 반환한다.

```
{
  "error": {
    "root_cause": [
      {
        "type": "resource_already_exists_exception",
        "reason": "index [myindex/xaXAnnwcTUiTePcKGWJw3Q] already
exists",
        "index_uuid": "xaXAnnwcTUiTePcKGWJw3Q",
        "index": "myindex"
      }
```

```
      ],
      "type": "resource_already_exists_exception",
      "reason": "index [myindex/xaXAnnwcTUiTePcKGWJw3Q] already exists",
      "index_uuid": "xaXAnnwcTUiTePcKGWJw3Q",
      "index": "myindex"
    },
    "status": 400
  }
```

작동 원리

색인을 생성할 때 setting/index 객체에 두 개의 매개변수로 복제본을 설정할 수 있다.

- **number_of_shards**: 색인을 구성할 때 만들 샤드 수를 설정한다(각 샤드에 문서를 232개까지 저장할 수 있다).
- **number_of_replicas**: 복제본 개수를 설정한다(고가용성을 위해 얼마나 많은 복제본을 클러스터에 저장할지 설정).
    - 이 값을 1 이상으로 설정하는 것이 좋다.

API 호출은 색인을 초기화하며 그 의미는 다음과 같다.

- 색인이 첫 번째 노드에 생성된 후 클러스터에 속한 모든 노드에 상태가 전파된다.
- 기본 (비어 있는) 매핑이 생성된다.
- 색인에 필요한 모든 샤드가 초기화돼 데이터를 저장할 준비가 된다.

색인 생성 API는 색인을 생성할 때 매핑을 정의할 수 있다. 매핑을 정의하는 데 매개변수가 필요하며 다중 매핑을 정의할 수 있다. 따라서 한 번의 호출로 색인을 생성하고 필요한 매핑을 집어넣을 수 있다.

색인명을 정할 때 몇 가지 제약 사항이 있다. 허용되는 문자는 다음과 같다.

- 아스키 문자 [a - z]
- 숫자 [0 - 9]
- 마침표 ., 하이픈 -, &, _

추가 사항

create index 명령으로 매핑 정의를 포함하는 매핑 정보도 전달할 수 있다. 이는 별도의 PUT 매핑 호출을 수행하지 않고도 매핑을 가진 색인을 생성하는 편리한 방법이다.

'색인에 매핑 집어넣기' 예제에서 사용하는 호출의 일반적인 예는 다음과 같다.

```
PUT /myindex
{
  "settings": {
    "number_of_shards": 2,
    "number_of_replicas": 1
  },
  "mappings": {
    "properties": {
      "id": {
        "type": "keyword",
        "store": true
      },
      "date": {
        "type": "date",
```

```
            "store": false
          },
          "customer_id": {
            "type": "keyword",
            "store": true
          },
          "sent": {
            "type": "boolean"
          },
          "name": {
            "type": "text"
          },
          "quantity": {
            "type": "integer"
          },
          "vat": {
            "type": "double",
            "index": true
          }
        }
      }
    }
```

참고 사항

이 예제에 관련해 추가적인 정보를 얻으려면 다음 예제를 참고한다.

- 색인을 생성한 후 일반적으로 매핑 추가가 필요하며 이 장의 '색인에 매핑 집어넣기' 예제에 기술돼 있다.

색인 삭제

색인 생성의 대응 작업은 색인 삭제다. 색인 삭제는 샤드, 매핑, 데이터의 삭제를 의미한다. 다음과 같이 색인을 삭제해야 하는 여러 가지 시나리오가 있다.

- 필요 없거나 쓸모가 없어진 데이터를 정리하고자 색인을 삭제(예, 오래된 로그스태시 색인)
- 애플리케이션을 재시작할 때 색인 초기화
- 클러스터를 유효한 상태로 회복시키고자 오류의 주요 원인인 누락된 샤드가 있는 색인 삭제(색인에 대한 복제본 샤드를 갖고 있는 노드 하나가 죽은 경우 색인의 샤드가 누락되며 클러스터 상태는 적색이 된다. 이럴 경우 색인을 삭제함으로써 클러스터 상태를 녹색으로 돌려놓을 수 있지만 삭제된 색인에 포함된 데이터는 유실된다)

준비 사항

이 예제에서 코드를 실행하려면 1장의 '일래스틱서치 다운로드와 설치' 예제에서 기술된 대로 실행 중인 일래스틱서치 설치본이 필요하다.

명령을 실행하려면 `curl`(https://curl.haxx.se/) 및 포스트맨(https://www.getpostman.com/)과 유사한 HTTP 클라이언트가 필요하다. 일래스틱서치에 대한 더 원활한 문자 이스케이프와 코드 완성 기능을 제공하는 키바나 콘솔을 사용하는 것이 좋다.

이전 예제에서 생성한 색인은 삭제된다.

작동 방법

색인을 삭제하는 HTTP 메서드는 `DELETE`다. 다음 URL은 색인명만 포함한다.

http://<서버>/<색인명>

색인을 삭제하려면 다음 절차를 수행한다.

1. 다음 명령을 통해 DELETE 호출을 수행한다.

```
DELETE /myindex
```

2. 그런 다음 일래스틱서치에서 반환된 결과를 확인한다. 정상적으로 수행된다면 다음과 같은 결과가 반환된다.

```
{
  "acknowledged" : true
}
```

3. 색인이 존재하지 않으면 404 오류가 반환된다.

```
{
  "error" : {
    "root_cause" : [
      {
        "type" : "index_not_found_exception",
        "reason" : "no such index [myindex]",
        "resource.type" : "index_or_alias",
        "resource.id" : "myindex",
        "index_uuid" : "_na_",
        "index" : "myindex"
      }
    ],
    "type" : "index_not_found_exception",
    "reason" : "no such index [myindex]",
    "resource.type" : "index_or_alias",
    "resource.id" : "myindex",
```

```
    "index_uuid" : "_na_",
    "index" : "myindex"
  },
  "status" : 404
}
```

작동 원리

색인을 삭제하면 색인에 관련된 모든 데이터가 디스크에서 제거되며 데이터는 사라진다.

삭제 절차는 두 단계로 구성된다. 먼저 클러스터를 갱신한 후 스토리지에서 샤드를 삭제한다. 이 작업은 매우 빠르다. 다음 단계는 실제 파일 삭제이며 파일 시스템에서 재귀적으로 삭제하도록 구현돼 있다.

NOTE

> 백업이 없다면 삭제된 색인을 복구하는 것은 불가능하다.

색인명으로 특수 값인 `_all`을 사용해 삭제 API를 호출해 모든 색인을 삭제할 수 있다. 상용 환경에서는 elasticsearch.yml에 다음 행을 추가해 전체 색인 삭제를 비활성화하는 것이 좋다.

```
action.destructive_requires_name:true
```

참고 사항

이전 예제인 '색인 생성'은 이 예제와 밀접한 관련이 있다.

색인 열기 또는 닫기

데이터를 보존하면서도 자원(CPU 또는 메모리)을 절약하려는 경우 색인 삭제하기의 좋은 대안은 색인 닫기다.

일래스틱서치로 색인을 열거나 닫아서 온라인이나 오프라인 모드로 전환할 수 있다.

준비 사항

이 예제에서 코드를 실행하려면 1장의 '일래스틱서치 다운로드와 설치' 예제에서 기술된 대로 실행 중인 일래스틱서치 설치본이 필요하다.

명령을 실행하려면 `curl`(https://curl.haxx.se/) 및 포스트맨(https://www.getpostman.com/)과 유사한 HTTP 클라이언트가 필요하다. 일래스틱서치에 대한 더 원활한 문자 이스케이프와 코드 완성 기능을 제공하는 키바나 콘솔을 사용하는 것이 좋다.

다음에 나오는 명령들을 올바르게 실행하려면 '색인 생성' 예제에서 생성한 색인이 필요하다.

작동 방법

색인을 열거나 닫으려면 다음 단계를 수행한다.

1. 커맨드라인에서 다음 명령으로 색인 닫기를 위한 POST 호출을 실행할 수 있다.

```
POST /myindex/_close
```

2. 호출이 성공하면 일래스틱서치의 반환 결과는 다음과 같다.

```
{
  "acknowledged" : true
}
```

3. 커맨드라인에서 색인을 열려면 다음 명령을 입력한다.

```
POST /myindex/_open
```

4. 호출이 성공적이면 일래스틱서치의 반환 결과는 다음과 같다.

```
{
  "acknowledged" : true,
  "shards_acknowledged" : true
}
```

작동 원리

색인을 닫으면 클러스터에 더 이상 오버헤드가 유발되지 않는다(메타데이터 상태는 제외). 색인 샤드가 오프라인으로 전환돼 파일 디스크립터, 메모리, 스레드를 사용하지 않는다.

색인을 닫는 것에 연관된 여러 사용 사례가 있다.

- 날짜 기반 색인을 비활성화할 수 있다(날짜로 기록을 저장하는 색인). 예를 들면 주, 월, 일 단위로 색인을 유지하고 지정한 범위의 이전 색인(즉, 2개월 이내)을 온라인으로 유지하고 일부는 오프라인(2개월에서 6개월 사이)으로 유지하는 경우가 있다.
- 클러스터의 모든 활성화된 색인을 검색할 때 일부 색인을 검색하지 않는 경우(이 경우 별칭을 사용하는 것이 가장 좋은 해결점이지만 닫힌 색인이 있는 별칭으로 동일한 결과를 얻을 수 있다)가 있다.

TIP

> 별칭은 색인과 동일한 이름을 가질 수 없다. 색인이 닫혔을 때 열기를 호출하면 상태가 복원된다.

참고 사항

이 장의 '색인 별칭 사용' 예제에서 열린 색인에 대한 관리를 단순화하고자 시간 기반 색인에서 색인을 참조하는 고급 사용법을 다룬다.

색인에 매핑 집어넣기

2장에서 문서를 색인함으로써 매핑을 작성하는 방법을 살펴봤다. 이 예제에서는 색인에 유형을 매핑하는 방법을 살펴본다. 이런 종류의 작업은 일래스틱서치 버전의 SQL 테이블을 생성하는 작업으로 간주할 수 있다.

준비 사항

이 예제에서 코드를 실행하려면 1장의 '일래스틱서치 다운로드와 설치' 예제에서 기술된 대로 실행 중인 일래스틱서치 설치본이 필요하다.

명령을 실행하려면 `curl`(https://curl.haxx.se/) 및 포스트맨(https://www.getpostman.com/)과 유사한 HTTP 클라이언트가 필요하다. 일래스틱서치에 대한 더 원활한 문자 이스케이프와 코드 완성 기능을 제공하는 키바나 콘솔을 사용하는 것이 좋다.

다음에 나오는 명령들을 올바르게 실행하려면 '색인 생성' 예제에서 생성한 색인이 필요하다.

작동 방법

매핑을 집어넣는 HTTP 메서드는 PUT이다(POST도 동작함). 매핑을 집어넣는 URL 형식은 다음과 같다.

http://<서버>/<색인명>/_mapping

색인에 매핑을 집어넣으려면 다음 단계를 수행한다.

1. 오더order에 대한 데이터 모델을 매핑으로 고려한다면 호출은 다음과 같다.

```
PUT /myindex/_mapping
{
  "properties": {
    "id": {
      "type": "keyword",
      "store": true
    },
    "date": {
      "type": "date",
      "store": false
    },
    "customer_id": {
      "type": "keyword",
      "store": true
    },
    "sent": {
      "type": "boolean"
    }, "name": {
      "type": "text"
    },
    "quantity": {
      "type": "integer"
    }, "vat": {
```

```
                "type": "double",
                "index": false
            }
        }
    }
```

2. 호출이 성공하면 일래스틱서치 반환 결과는 다음과 같다.

```
    {
      "acknowledged" : true
    }
```

작동 원리

이 호출은 색인이 존재하는지 확인한 후 정의에 기술된 대로 매핑 유형을 생성한다. 매핑 기술 정의 방법을 배우려면 2장을 살펴본다.

매핑이 삽입될 때 이 유형의 매핑이 이미 존재한다면 새로운 유형에 병합된다. 필드의 유형이 다르다면 해당 유형은 갱신되지 않고 필드 속성 확장 예외가 발생한다. 매핑의 병합 단계에서 예외가 발생하지 않게 하려면 ignore_conflicts 매개변수를 true로 지정하면 된다(기본값: false).

PUT 매핑 호출을 통해 여러 색인의 유형을 하나로 지정할 수 있다. 즉, 쉼표로 색인을 나열해 지정하거나 _all 별칭을 이용해 모든 색인에 적용할 수 있다.

추가 사항

매핑 삭제 작업은 존재하지 않는다. 색인에서 단일 매핑을 삭제할 수 없다. 매핑을 삭제하거나 변경하려면 다음 절차를 따라야 한다.

1. 신규 또는 변경된 매핑으로 신규 색인을 생성한다.
2. 모든 레코드를 재색인한다.
3. 매핑이 잘못된 이전 색인을 삭제한다.

일래스틱서치 5.x 또는 그 이후 버전에서는 이 절차의 속도를 높일 수 있는 새로운 방법도 제공한다. `reindex` 명령으로, 이 장의 '색인 재색인' 예제에서 살펴본다.

참고 사항

이 예제와 밀접하게 연관된 예제는 '매핑 가져오기' 예제로 매핑 집어넣기 명령에 대한 정확한 결과를 제어할 수 있다.

매핑 가져오기

유형 처리를 위해 매핑을 설정한 후에 때때로 문제를 방지하고자 매핑을 분석하거나 제어해야 하는 경우가 있다. 매핑을 가져오는 작업은 병합 및 암시적인 유형 유추로 인한 구조나 변경을 이해하는 데 도움을 준다.

준비 사항

이 예제에서 코드를 실행하려면 1장의 '일래스틱서치 다운로드와 설치' 예제에서 기술된 대로 실행 중인 일래스틱서치 설치본이 필요하다.

명령을 실행하려면 `curl`(https://curl.haxx.se/) 및 포스트맨(https://www.getpostman.com/)과 유사한 HTTP 클라이언트가 필요하다. 일래스틱서치에 대한 더 원활한 문자 이스케이프와 코드 완성 기능을 제공하는 키바나 콘솔을 사용하는 것이 좋다.

다음의 명령을 올바르게 실행하려면 '색인에 매핑 집어넣기' 예제에서 생성한 매핑이 필요하다.

작동 방법

매핑을 가져오는 HTTP 메서드는 GET이다. 매핑을 가져오는 URL 형식은 다음과 같다.

- http://<서버>/_mapping
- http://<서버>/<색인명>/_mapping

색인에서 매핑을 가져오려면 다음 절차를 수행한다.

1. 직전 예제의 매핑을 고려한다면 호출은 다음과 같다.

```
GET /myindex/_mapping?pretty
```

TIP

> URL의 pretty 매개변수는 옵션이지만 응답 결과를 보기 좋게 출력하는 데 아주 편리한 옵션이다.

2. 일래스틱서치의 반환 결과는 다음과 같다.

```
{
  "myindex" : {
    "mappings" : {
      "properties" : {
        "customer_id" : {
          "type" : "keyword",
          "store" : true
```

```
          },
          "date" : {
            "type" : "date"
          },
          ...중략...,
          "vat" : {
            "type" : "double",
            "index" : false
          }
        }
      }
    }
  }
```

작동 원리

매핑은 일래스틱서치의 클러스터 수준에 저장된다. API 호출을 하면 색인과 유형의 존재 여부를 체크한 후 저장된 매핑을 반환한다.

NOTE

> 반환된 매핑은 축소된 형식이다. 이는 필드의 기본값은 반환되지 않음을 의미한다. 네트워크와 메모리의 소비를 줄이고자 일래스틱서치는 기본값이 아닌 값만 반환한다.
>
> 매핑을 추출하는 것은 여러 가지 목적으로 매우 유용하다.
>
> - 템플릿 수준의 매핑 디버깅
> - 유추 필드에 의해 암묵적인 매핑이 올바르게 유도됐는지 확인
> - 유형에 관련된 정보를 저장하는 데 사용되는 매핑 메타데이터 추출
> - 단순히 매핑이 정확한지 확인
>
> 여러 매핑을 가져와야 한다면 색인 수준이나 클러스터 수준에서 호출해 API 호출 수를 줄이는 것이 좋다.

참고 사항

이 예제에 연관한 추가 참고 자료는 다음 예제에서 확인할 수 있다.

- 색인에 매핑을 삽입하려면 이 장의 '색인에 매핑 집어넣기' 예제를 참고한다.
- 색인에 대한 동적 매핑을 관리하려면 2장의 '문서 매핑에 동적 템플릿 사용' 예제를 참고한다.

색인 재색인

매핑을 변경하는 데 대한 여러 일반적인 시나리오가 있다. 일래스틱서치 매핑의 제약 사항 때문에 정의된 매핑을 삭제하는 것은 불가능하다. 따라서 종종 색인된 데이터를 다시 색인할 필요가 있다. 가장 일반적인 시나리오는 다음과 같다.

- 매핑에 새로운 부속 필드를 추가하면 새로운 부속 필드를 검색하고자 모든 레코드를 재처리한다.
- 사용하지 않는 매핑을 제거한다.
- 신규 매핑을 필요로 하는 레코드 구조로 변경한다.

준비 사항

이 예제에서 코드를 실행하려면 1장의 '일래스틱서치 다운로드와 설치' 예제에서 기술된 대로 실행 중인 일래스틱서치 설치본이 필요하다.

명령을 실행하려면 `curl`(https://curl.haxx.se/) 및 포스트맨(https://www.getpostman.com/)과 유사한 HTTP 클라이언트가 필요하다. 일래스틱서치에 대한 더 원활한 문자 이스케이프와 코드 완성 기능을 제공하는 키바나 콘솔을 사용하는 것이 좋다.

다음에 나오는 명령들을 올바르게 실행하려면 '색인 생성' 예제에서 생성한 색인이 필요하다.

작동 방법

색인 재색인의 HTTP 메서드는 POST다. 매핑을 가져오는 URL 형식은 http://<서버>/_reindex다.

두 색인 사이에서 데이터를 재색인하려면 다음 절차를 수행한다.

1. 데이터를 myindex에서 myindex2로 재색인하려면 다음과 같이 호출한다.

```
POST /_reindex?pretty=true
{
  "source": {
    "index": "myindex"
  },
  "dest": {
    "index": "myindex2"
  }
}
```

2. 일래스틱서치에서 반환된 결과는 다음과 같다.

```
{
  "took" : 20,
  "timed_out" : false,
  "total" : 0,
  "updated" : 0,
  "created" : 0,
  "deleted" : 0,
```

```
    "batches" : 0,
    "version_conflicts" : 0,
    "noops" : 0,
    "retries" : {
      "bulk" : 0,
      "search" : 0
    },
    "throttled_millis" : 0,
    "requests_per_second" : -1.0,
    "throttled_until_millis" : 0,
    "failures" : [ ]
  }
```

작동 원리

일래스틱서치 5.x에서 도입된 재색인 기능은 문서를 재색인하는 효과적인 방법을 제공한다.

이전 일래스틱서치 버전에서는 이 기능을 클라이언트 수준에서 구현해야만 했다. 새로운 일래스틱서치 구현의 이점은 다음과 같다.

- 전적으로 서버 측에서 관리되므로 데이터 복사 속도가 빠르다.
- 새로운 작업 API로 작업 관리가 향상된다.
- 서버 수준에서 처리하므로 에러 처리가 용이하다. 재색인 작업 동안 장애 복구를 잘 관리할 수 있다.

서버 수준에서 이 작업은 다음 단계로 구성된다.

1. 작업을 관리하는 일래스틱서치 작업의 초기화
2. 대상 색인을 생성하고 필요시 원본 매핑을 복사

3. 재색인될 문서를 수집하는 쿼리 실행
4. 모든 문서가 재색인될 때까지 대규모로 모든 문서 재색인

이 작업에 제공되는 주요 매개변수는 다음과 같다.

- 원본 영역은 원본 문서를 선택하는 방법을 관리한다. 가장 중요한 매개변수는 다음과 같다.
    - **index**: 사용할 원본 색인으로, 색인 목록도 가능하다.
    - **query**(옵션): 문서의 select 부분에서 사용되는 일래스틱서치 쿼리다.
    - **sort**(옵션): 문서의 정렬 방식을 제공하는 데 사용한다.
- 대상 영역은 대상으로 기록되는 문서의 제어 방법을 관리한다. 이 영역의 가장 중요한 매개변수는 다음과 같다.
    - **index**: 사용할 대상 색인으로, 색인이 없다면 새로 생성된다.
    - **version_type**(옵션): external로 설정되면 external 버전은 유지된다.
    - **routing**(옵션): 대상 색인에서의 라우팅을 제어한다. 다음 중 하나가 될 수 있다.
        - **keep**(기본값): 원래 라우팅을 유지한다.
        - **discard**: 원래 라우팅을 무시한다.
        - **=<text>**: 라우팅할 때 텍스트 값을 사용한다.
    - **pipeline**(옵션): 적재할 때 사용자 정의 파이프라인을 정의한다. 12장에서 적재 파이프라인을 좀 더 살펴본다.
    - **size**(옵션): 재색인되는 문서의 수다.
    - **script**(옵션): 문서 가공에 사용되는 스크립트를 정의한다. 이 사례는 8장에

있는 '사용자 정의 스크립트로 재색인' 예제에서 다룬다.

참고 사항

이 예제에 연관된 추가 참고 자료는 다음 예제에서 확인할 수 있다.

- 이 장의 '단위 작업 속도 올리기(벌크 작업)' 예제를 확인한다. 데이터 적재를 신속하게 할 수 있는 벌크 작업의 사용법을 다룬다.
- 태스크 실행을 관리하려면 9장의 '작업 관리 API 사용' 예제를 참고한다.
- 8장에 있는 '사용자 정의 스크립트로 재색인' 예제에서 사용자 정의 예제로 문서를 재색인하는 여러 가지 일반 시나리오를 확인할 수 있다.
- 12장에서 적재 파이프라인의 사용법을 다룬다.

색인 새로 고침

일래스틱서치는 색인을 강제로 새로 고침해서 검색 상태를 제어할 수 있게 해준다. 강제적으로 하지 않으면 새롭게 색인된 문서는 지정된 시간 간격 후에만 검색이 가능하다(일반적으로 1초).

준비 사항

이 예제에서 코드를 실행하려면 1장의 '일래스틱서치 다운로드와 설치' 예제에서 기술된 대로 실행 중인 일래스틱서치 설치본이 필요하다.

명령을 실행하려면 `curl`(https://curl.haxx.se/) 및 포스트맨(https://www.getpostman.com/)과 유사한 HTTP 클라이언트가 필요하다. 일래스틱서치에 대한 더 원활한 문자 이스케이

프와 코드 완성 기능을 제공하는 키바나 콘솔을 사용하는 것이 좋다.

다음에 나오는 명령들을 올바르게 실행하려면 '색인 생성' 예제에서 생성한 색인이 필요하다.

작동 방법

이 작업에 사용되는 HTTP 메서드는 POST다. 색인을 새로 고침을 하는 URL 형식은 다음과 같다.

http://<서버>/<색인명(들)>/_refresh

클러스터의 모든 색인을 새로 고침하는 URL 형식은 다음과 같다.

http://<서버>/_refresh

색인을 새로 고침하려면 다음 절차를 수행한다.

1. 2장의 오더 예시를 고려한다면 호출은 다음과 같다.

```
POST /myindex/_refresh
```

2. 일래스틱서치에서 반환되는 결과는 다음과 같다.

```
{
  "_shards" : {
    "total" : 2,
    "successful" : 1,
    "failed" : 0
  }
}
```

작동 원리

근 실시간NRT, Near Real-Time 기능은 일래스틱서치에서 자동으로 관리되며 데이터가 변경되면 매 초마다 자동으로 색인을 새로 고침 한다.

내부 일래스틱서치의 새로 고침 간격 이전에 강제로 새로 고침하려면 하나 또는 다수의 색인(다수 색인의 경우 쉼표로 나열) 또는 모든 색인을 새로 고침하는 API를 호출할 수 있다.

일래스틱서치는 파일 디스크립터를 닫고 다시 여는 데 요구되는 과도한 I/O로 인한 성능 저하를 피하고자 추가된 모든 문서에 대한 색인 상태를 새로 고침 하지는 않는다.

TIP

검색을 위해 최종으로 색인된 데이터를 얻으려면 강제로 새로 고침해야 한다.

일반적으로 새로 고침을 호출하는 가장 좋은 때는 대량의 데이터를 색인한 뒤로 저장된 레코드의 즉시 검색을 보장하기 위해서다. 문서의 색인에 쿼리 매개변수 refresh=true를 추가해 새로 고침을 강제할 수도 있다. 예를 들면 다음과 같다.

```
POST /myindex/_doc/2qLrAfPVQvCRMe7Ku8r0Tw?refresh=true
{
  "id": "1234",
  "date": "2013-06-07T12:14:54",
  "customer_id": "customer1",
  "sent": true,
  "in_stock_items": 0,
  "items": [
    {
      "name": "item1",
      "quantity": 3,
      "vat": 20
    },
    {
```

```
        "name": "item3",
        "quantity": 1,
        "vat": 10
      }
    ]
}
```

참고 사항

색인된 데이터를 디스크에 강제로 기록하는 이 장의 '색인 청소' 예제를 참고하고 검색을 위해 색인을 최적화하는 색인 강제 병합 예제를 참고한다.

색인 청소

성능상의 이유로 일래스틱서치는 일부 데이터를 메모리와 트랜잭션 로그에 저장한다. 메모리를 해제하려면 트랜잭션 로그를 비워 데이터가 디스크에 안전하게 기록됐는지 보장해야 한다.

일래스틱서치는 자동으로 주기적인 디스크 청소를 제공하지만 강제로 청소하는 것은 유용하다. 예를 들면 다음과 같다.

- 유실 데이터를 방지하고자 노드를 셧다운하려면
- 모든 데이터를 안전한 상태로 유지하려면(예를 들어 모든 데이터를 청소하고 갱신하는 대량의 색인 작업 후에)

준비 사항

이 예제에서 코드를 실행하려면 1장의 '일래스틱서치 다운로드와 설치' 예제에서 기술된 대로 실행 중인 일래스틱서치 설치본이 필요하다.

명령을 실행하려면 `curl`(https://curl.haxx.se/) 및 포스트맨(https://www.getpostman.com/)과 유사한 HTTP 클라이언트가 필요하다. 일래스틱서치에 대한 더 원활한 문자 이스케이프와 코드 완성 기능을 제공하는 키바나 콘솔을 사용하는 것이 좋다.

다음에 나오는 명령들을 올바르게 실행하려면 '색인 생성' 예제에서 생성한 색인이 필요하다.

작동 방법

작업에 사용되는 HTTP 메서드는 **POST**다. 색인을 청소하는 URL 형식은 다음과 같다.

http://<서버>/<색인명(들)>/_flush[?refresh=True]

클러스터의 모든 색인을 청소하는 URL 형식은 다음과 같다.

http:///_flush[?refresh=True]

1. 색인을 청소하려면 다음 절차를 수행한다. 2장의 오더 예시를 고려한다면 호출은 다음과 같다.

```
POST /myindex/_flush
```

2. 정상적으로 호출되면 일래스틱서치의 반환 결과는 다음과 같다.

```
{
  "_shards" : {
    "total" : 2,
    "successful" : 1,
    "failed" : 0
  }
}
```

샤드 작업 상태가 결과에 포함된다.

작동 원리

일래스틱서치는 디스크 쓰기를 줄이고자 I/O 작업에 오버헤드를 주지 않으려 하고 갱신이 발생할 때까지 일부 데이터를 메모리에 캐시하며 다중 문서를 단일 쓰기로 수행함으로써 성능 향상을 꾀한다.

메모리를 비우고 이 데이터를 디스크에 강제로 쓰게 하려면 청소 작업이 필요하다. 청소 호출할 때 매개변수인 `refresh`를 추가 제공하면 색인을 갱신하도록 강제할 수 있다.

TIP

> 너무 자주 청소를 하면 색인 성능에 영향을 준다. 지혜롭게 사용하길!

참고 사항

이 장의 가장 최근에 색인된 데이터를 검색하려면 '색인 갱신' 예제를 참고하고 검색을 위한 색인을 최적화하는 '색인 강제 병합' 예제를 참고한다.

색인 강제 병합

일래스틱서치의 코어는 루씬 기반으로 디스크의 세그먼트에 데이터를 저장한다. 색인의 생명주기 동안 많은 세그먼트가 생성되고 변경된다. 세그먼트의 수가 증가함에 따라 모든 세그먼트를 읽어야 하므로 검색 속도가 느려진다. 강제 병합 작업은 색인을 통합해 검색 성능을 높이고 세그먼트 수를 줄일 수 있다.

준비 사항

이 예제에서 코드를 실행하려면 1장의 '일래스틱서치 다운로드와 설치' 예제에서 기술된 대로 실행 중인 일래스틱서치 설치본이 필요하다.

명령을 실행하려면 `curl`(https://curl.haxx.se/) 및 포스트맨(https://www.getpostman.com/)과 유사한 HTTP 클라이언트가 필요하다. 일래스틱서치에 대한 더 원활한 문자 이스케이프와 코드 완성 기능을 제공하는 키바나 콘솔을 사용하는 것이 좋다.

다음에 나오는 명령들을 올바르게 실행하려면 '색인 생성' 예제에서 생성한 색인이 필요하다.

작동 방법

사용되는 HTTP 메서드는 `POST`다. 단일 또는 여러 색인을 최적화하는 URL 형식은 다음과 같다.

http://<서버>/<색인명(들)>/_flush[?refresh=True]

클러스터의 모든 색인을 최적화하는 URL 형식은 다음과 같다.

http://<서버>/_flush[?refresh=True]

색인을 최적화 또는 강제 병합하고자 다음 절차를 수행한다.

1. '색인 생성' 예제에서 생성했던 색인을 고려한다면 호출은 다음과 같다.

```
POST /myindex/_forcemerge
```

2. 일래스틱서치의 반환 결과는 다음과 같다.

```
{
  "_shards" : {
    "total" : 2,
    "successful" : 1,
    "failed" : 0
  }
}
```

샤드 작업 상태가 결과에 포함된다.

작동 원리

루씬은 데이터를 디스크의 여러 세그먼트에 저장한다. 이들 세그먼트는 새로운 문서 또는 레코드를 색인하거나 문서를 지울 때 생성된다.

일래스틱서치에서는 삭제된 문서는 디스크에서 제거되지 않고 deleted로 마킹된다(tombstone이라고 함). 여유 공간을 확보하려면 삭제된 문서를 정리하는 강제 병합이 필요하다.

이런 이유로 세그먼트 수가 커질 수 있다(따라서 설치할 때 일래스틱서치 프로세스의 파일 디스크립터 수를 늘렸다).

내부적으로 일래스틱서치는 자동 병합기를 갖고 있어 세그먼트 수의 축소를 시도한다. 그러나 검색 성능보다는 색인 성능을 향상시키도록 설계돼 있다. 루씬의 강제 병합 작업은 사용하지 않는 세그먼트를 제거하고 삭제된 문서를 정리하며 최소 개수의 세그먼트를 갖도록 색인을 재생성하는 등 IO를 많이 발생시키는 방식으로 세그먼트 축소하기를 시도한다.

이 작업의 주요 이점은 다음과 같다.

- 파일 디스크립터 수를 줄임
- 세그먼트 리더가 사용하던 메모리 확보
- 세그먼트 관리가 줄어듦으로써 검색 성능 개선

NOTE

> 강제 병합은 IO가 많은 작업이다. 최적화하는 동안 색인이 무응답할 수 있다. 따라서 일반적으로 전날의 로그스태시 데이터와 같이 거의 수정되지 않는 색인에서 실행하는 것이 좋다.

추가 사항

강제 병합을 호출할 때 여러 추가적인 매개변수를 전달할 수 있다. 예를 들면 다음과 같다.

- **max_num_segments**: 기본값은 autodetect다. 전체를 최적화하려면 이 값을 1로 지정한다.
- **only_expunge_deletes**: 기본값은 false다. 루씬은 세그먼트에서 문서를 삭제하지 않고 deleted로 마킹한다. 이 플래그는 deleted로 마킹된 문서의 세그먼트만 병합한다.
- **flush**: 기본값은 true다. 일래스틱서치는 강제 병합 후 청소를 수행한다.
- **wait_for_merge**: 기본값은 true다. 병합이 끝날 때까지 요청 결과를 기다린다.

참고 사항

최근에 색인한 결과를 검색하려면 이 장의 '색인 갱신' 예제를 참고한다.

색인 축소

일래스틱서치 최신 버전은 색인을 최적화하는 최신 방식을 제공한다. 축소 API를 사용해 색인의 샤드 수를 축소시킬 수 있다.

이 기능은 몇 가지 일반적인 시나리오를 대상으로 한다.

- 초기 설계 규모를 산정할 때 샤드 수를 잘못 정할 수 있다. 종종 올바른 데이터나 텍스트 분포를 알지 못한 채 샤드 수를 산정하는 경우 샤드 수가 과도히 산정되는 경우가 있다.
- 메모리와 자원 사용량을 줄이고자 샤드 수를 축소시킨다.
- 검색 속도를 높이고자 샤드 수를 축소시킨다.

준비 사항

이 예제에서 코드를 실행하려면 1장의 '일래스틱서치 다운로드와 설치' 예제에서 기술된 대로 실행 중인 일래스틱서치 설치본이 필요하다.

명령을 실행하려면 `curl`(https://curl.haxx.se/) 및 포스트맨(https://www.getpostman.com/)과 유사한 HTTP 클라이언트가 필요하다. 일래스틱서치에 대한 더 원활한 문자 이스케이프와 코드 완성 기능을 제공하는 키바나 콘솔을 사용하는 것이 좋다.

다음에 나오는 명령들을 올바르게 실행하려면 '색인 생성' 예제에서 생성한 색인이 필요하다.

작동 방법

사용되는 HTTP 메서드는 POST다. 다중 색인을 최적화하는 URL 형식은 다음과 같다.

http://<서버>/<소스 색인명>/_shrink/<대상 색인명>

색인을 축소하려면 다음 절차를 수행한다.

1. 색인의 모든 기본 샤드가 동일 노드에서 축소돼야 한다. 축소시킬 색인을 포함하는 노드 이름이 필요하다. _node API를 이용해 얻을 수 있다.

   ```
   GET /_nodes?pretty
   ```

   호출 결과에는 다음과 같은 영역이 있다.

   ```
   ....
   "cluster_name" : "elastic-cookbook",
   "nodes" : {
     "9TiCStQuTDaTyMb4LgWDsg" : {
       "name" : "1e9840cf42df",
       "transport_address" : "172.18.0.2:9300",
       "host" : "172.18.0.2",
       "ip" : "172.18.0.2",
       "version" : "7.0.0",
       "build_flavor" : "default",
       "build_type" : "docker",
       "build_hash" : "f076a79",
       "total_indexing_buffer" : 103795916,

   ....
   ```

노드 이름은 1e9840cf42df다.

2. 이제 단일 노드로 색인 할당을 강제하도록 색인 설정을 변경할 수 있다. 다음 코드로 처리할 수 있다.

```
PUT /myindex/_settings
{
  "settings": {
    "index.routing.allocation.require._name": "1e9840cf42df",
    "index.blocks.write": true
  }
}
```

3. 모든 샤드가 재배치됐는지 확인해야 한다. 다음과 같이 클러스터 상태가 초록색인지 확인할 수 있다.

```
GET /_cluster/health?pretty
```

결과는 다음과 같다.

```
{
  "cluster_name" : "elastic-cookbook",
  "status" : "yellow",
  "timed_out" : false,
  "number_of_nodes" : 1,
  "number_of_data_nodes" : 1,
  "active_primary_shards" : 2,
  "active_shards" : 2,
  "relocating_shards" : 0,
  "initializing_shards" : 0,
  "unassigned_shards" : 1,
  "delayed_unassigned_shards" : 0,
  "number_of_pending_tasks" : 0,
```

```
  "number_of_in_flight_fetch" : 0,
  "task_max_waiting_in_queue_millis" : 0,
  "active_shards_percent_as_number" : 66.66666666666666
}
```

4. 축소하는 동안 색인은 읽기 전용 상태다. 다음 코드로 색인 쓰기를 비활성화해야 한다.

```
PUT /myindex/_settings?
{"index.blocks.write":true}
```

5. '색인 생성' 예제에서 생성한 색인을 고려한다면 reduced_index를 생성하는 호출은 다음과 같다.

```
POST /myindex/_shrink/reduced_index
{
  "settings": {
    "index.number_of_replicas": 1,
    "index.number_of_shards": 1,
    "index.codec": "best_compression"
  },
  "aliases": {
    "my_search_indices": {}
  }
}
```

6. 일래스틱서치의 반환 결과는 다음과 같다.

```
{"acknowledged":true}
```

7. 색인이 동작할 준비가 될 때까지 노란색 상태에서 기다린다.

```
GET /_cluster/health?wait_for_status=yellow
```

8. 이제 색인 설정을 변경해 읽기 전용 설정을 삭제한다.

```
{"index.blocks.write":false}
```

작동 원리

축소 API는 다음 절차를 수행해 샤드 수를 줄인다.

1. 일래스틱서치는 원본 색인과 동일하게 정의된 새로운 대상 색인을 생성한다.
2. 일래스틱서치는 소스 색인에서 대상 색인으로 세그먼트를 하드 링크한다(또는 복사한다).

NOTE

> 파일 시스템이 하드 링크를 지원하지 않는다면 모든 세그먼트가 새로운 색인으로 복사되며 이 처리는 훨씬 많은 시간을 소비한다. 일래스틱서치는 방금 다시 열린/닫힌 색인인 것처럼 대상 색인을 복구한다. 리눅스 시스템에서 이 처리는 하드 링크 때문에 매우 빠르다.
>
> 축소 수행하기의 사전 요구 사항은 다음과 같다.
>
> - 모든 기본 샤드는 동일 노드에 있어야 한다.
> - 대상 색인이 존재해서는 안 된다.
> - 샤드의 대상 수는 원본 색인에서 샤드 수의 요소가 돼야 한다.

추가 사항

일래스틱서치 기능은 일래스틱서치를 사용하는 데 있어 새로운 시나리오를 지원한다.

첫 번째 시나리오는 샤드 수를 과대평가했을 때다. 데이터에 대해 알지 못할 때 사용할 정확한 샤드 수를 선택하는 것은 어렵다. 따라서 종종 일래스틱서치 사용자는 샤드 수를 과대평가하는 경향이 있다.

또 다른 흥미로운 시나리오는 색인 축소를 통해 색인 시간을 향상시키는 것이다. 대용량 문서에서 일래스틱서치 쓰기 기능의 속도를 향상시키는 주요 방법은 많은 샤드로 색인을 생성하는 것이다(일반적으로 적재 속도는 단일 샤드에서 적재하는 것과 같이 초당 문서 × 샤드 수와 거의 일치한다). 표준 할당 방식은 샤드를 다른 노드로 이동시키기 때문에 일반적으로 샤드 수가 많으면 많을수록 쓰기 속도가 더 빨라진다. 따라서 빠른 쓰기 속도를 달성하려면 색인당 15 또는 30 샤드를 생성해야 한다. 색인 단계가 끝나면 (시간 기반의 색인과 같이) 해당 색인은 새로운 레코드를 받지 않는다. 색인은 검색에만 사용되므로 검색 속도를 높이려면 샤드를 축소하면 된다.

참고 사항

이 장의 검색을 위해 색인을 최적화하는 '색인 강제 병합' 예제를 참고한다.

색인 존재 확인

일반적인 함정 오류는 존재하지 않는 색인에 대한 쿼리다. 이 문제를 피하고자 일래스틱서치는 사용자에게 색인의 존재 유무를 확인하는 기능을 제공한다.

이 확인은 애플리케이션이 시작하면서 색인을 생성하려 하는 동안 정상 동작 여부를 확인하는 데 사용된다.

준비 사항

이 예제에서 코드를 실행하려면 1장의 '일래스틱서치 다운로드와 설치' 예제에서 기술된 대로 실행 중인 일래스틱서치 설치본이 필요하다.

명령을 실행하려면 curl(https://curl.haxx.se/) 및 포스트맨(https://www.getpostman.com/)과 유사한 HTTP 클라이언트가 필요하다. 일래스틱서치에 대한 더 원활한 문자 이스케이프와 코드 완성 기능을 제공하는 키바나 콘솔을 사용하는 것이 좋다.

다음에 나오는 명령들을 올바르게 실행하려면 '색인 생성' 예제에서 생성한 색인이 필요하다.

작동 방법

색인의 존재를 확인하는 HTTP 메서드는 HEAD다. 색인을 확인하는 URL 형식은 다음과 같다.

http://<서버>/<색인명>/

색인의 존재 여부를 확인하려면 다음 절차를 수행한다.

1. '색인 생성' 예제에서 생성했던 색인을 고려하면 호출은 다음과 같다.

```
HEAD /myindex/
```

2. 색인이 존재하면 HTTP 상태 코드 200이 반환된다. 존재하지 않으면 404가 반환된다.

작동 원리

무엇인가의 존재 여부를 확인하는 전형적인 호출은 HEAD REST 호출이다. 본문은 반환되지 않고 호출 결과 상태 코드만 반환한다.

가장 일반적인 상태 코드는 다음과 같다.

- 모든 것이 정상이면 `20X` 코드가 반환된다.
- 자원이 존재하지 않으면 `404`가 반환된다.
- 서버 에러면 `50X` 코드가 반환된다.

TIP

> 일반적으로 애플리케이션을 시작할 때 색인에 관련된 모든 작업 전에 미래의 오류를 방지하고자 색인의 존재 여부를 확인하는 것이 좋다.

색인 설정 관리

색인 설정은 샤딩 또는 복제, 캐싱, 용어 관리, 라우팅, 분석과 같은 여러 중요한 일래스틱서치 기능을 제어할 수 있으므로 매우 중요하다.

준비 사항

이 예제에서 코드를 실행하려면 1장의 '일래스틱서치 다운로드와 설치' 예제에서 기술된 대로 실행 중인 일래스틱서치 설치본이 필요하다.

명령을 실행하려면 `curl`(https://curl.haxx.se/) 및 포스트맨(https://www.getpostman.com/)과 유사한 HTTP 클라이언트가 필요하다. 일래스틱서치에 대한 더 원활한 문자 이스케이프와 코드 완성 기능을 제공하는 키바나 콘솔을 사용하는 것이 좋다.

다음에 나오는 명령들을 올바르게 실행하려면 '색인 생성' 예제에서 생성한 색인이 필요하다.

작동 방법

색인 설정을 관리하려면 다음 절차를 수행한다.

1. 현재 색인의 설정 정보를 가져오려면 다음 URL 형식을 사용한다.

   http://<서버>/<색인명>/_settings

2. REST API를 사용해 정보를 읽는 메서드는 GET이다. '색인 생성' 예제에서 생성된 색인을 이용해 설정 정보를 가져오는 호출은 다음과 같다.

```
GET /myindex/_settings?pretty=true
```

3. 응답 결과는 다음과 같다.

```
{
  "myindex" : {
    "settings" : {
      "index" : {
        "routing" : {
          "allocation" : {
            "require" : {
              "_name" : "1e9840cf42df"
            }
          }
        },
        "number_of_shards" : "1",
        "blocks" : {
```

```
            "write" : "true"
          },
          "provided_name" : "myindex",
          "creation_date" : "1554578317870",
          "number_of_replicas" : "1",
          "uuid" : "sDzB7n80SFi8Of99IgLYtA",
          "version" : {
            "created" : "7000099"
          }
        }
      }
    }
}
```

4. 응답 속성은 색인 설정에 달려 있다. 위 경우 응답 결과는 복제본 수(1), 샤드(2), 색인 생성 버전(7000099)이다. UUID는 색인의 고유 ID를 표시한다.

5. 색인 설정을 변경하려면 PUT 메서드를 사용해야 한다. 일반적으로 자주 하는 설정 변경은 복제본 수를 늘리는 것이다.

```
PUT /myindex/_settings
{"index":{ "number_of_replicas": "2"}}
```

작동 원리

일래스틱서치는 다음과 같이 색인 동작을 튜닝하는 많은 옵션을 제공한다.

- **복제본 관리**
    - **index.number_of_replicas**: 각 샤드의 복제본 수다.

- **index.auto_expand_replicas**: 샤드 수에 관련된 복제본 수를 동적으로 정의한다.

TIP

> index.auto_expand_replicas를 0-all로 지정하면 색인을 생성할 때 모든 노드로 복제가 된다(언어 옵션 또는 불용어와 같은). 설정 정보나 클러스터 전체에 전달해야 하는 데이터가 있을 때 아주 유용하다.

- **갱신 간격(기본값: 1초)**: '색인 갱신' 예제에서 색인을 수동으로 갱신하는 방법을 살펴봤다. index.refresh_interval 설정은 자동 갱신 비율을 조정한다.
- **쓰기 관리**: 일래스틱서치는 색인의 블록 읽기 및 쓰기 동작과 메타데이터 변경에 대한 여러 가지 설정을 제공한다. 이 설정은 index.blocks 설정에 있다.
- **샤드 할당 관리**: 이 설정 정보는 샤드가 할당되는 방식을 제어한다. 이 설정은 index.routing.allocation.* 네임스페이스에 있다.

특별한 용도로 구성되는 또 다른 색인 설정이 있다. 모든 신규 버전의 일래스틱서치에서 일래스틱서치 커뮤니티는 새로운 시나리오와 요구 사항을 취급하고자 이런 설정을 확장시킨다.

추가 사항

refresh_interval 매개변수는 색인 속도를 최적화하기 위한 여러 가지 기법을 제공한다. 갱신 비율과 자기 자신 갱신을 제어한다. 갱신을 하면 파일을 열고 닫기 때문에 색인 성능을 감소시킨다. 대량 벌크 데이터를 색인하는 동안 갱신을 비활성화(-1로 설정)하고 작업이 완료된 후 이를 복원하는 것이 좋다. 이 작업은 다음 절차로 처리할 수 있다.

1. 갱신 주기를 비활성화한다.

```
PUT /myindex/_settings
{"index":{"refresh_interval": "-1"}}
```

2. 수백만 개의 문서를 대량 색인한다.

3. 갱신 주기를 복원한다.

```
PUT /myindex/_settings
{"index":{"refresh_interval": "1s"}}
```

4. 선택적으로 검색 성능을 위해 색인을 최적화할 수 있다.

```
POST /myindex/_forcemerge
```

참고 사항

이 장에서 가장 최근에 색인된 데이터를 검색하게 해주는 '색인 갱신' 예제와 색인의 검색 성능을 최적화해주는 '강제 병합' 예제를 참고한다.

색인 별칭 사용

현실 세계의 애플리케이션에는 수많은 색인과 여러 색인을 포괄하는 쿼리가 있다. 이 시나리오는 쿼리 기반으로 모든 색인의 이름 지정이 필요하다. 별칭은 색인들을 공통 이름으로 그룹화할 수 있게 한다.

이 사용법에 대한 몇 가지 일반적인 시나리오는 다음과 같다.

- 날짜로 분리된 로그 색인(즉, log_YYMMDD)으로 지난 주, 지난 달, 오늘, 어제 등에 대한 별칭을 생성할 수 있다. 이 패턴은 로그스태시(https://www.elastic.co/products/logstash)와 같은 로그 애플리케이션에서 일반적으로 사용된다.
- 색인의 별칭 사이트에서 참조하려는 웹 사이트를 여러 색인(뉴욕 타임즈, 가디안 등)으로 수집한다.

준비 사항

이 예제에서 코드를 실행하려면 1장의 '일래스틱서치 다운로드와 설치' 예제에서 기술된 대로 실행 중인 일래스틱서치 설치본이 필요하다.

명령을 실행하려면 `curl`(https://curl.haxx.se/) 및 포스트맨(https://www.getpostman.com/)과 유사한 HTTP 클라이언트가 필요하다. 일래스틱서치에 대한 더 원활한 문자 이스케이프와 코드 완성 기능을 제공하는 키바나 콘솔을 사용하는 것이 좋다.

작동 방법

별칭을 제어하는 URL 형식은 다음과 같다.

http://<서버>/_aliases

http://<서버>/<색인>/_alias/<별칭 이름>

색인의 별칭을 관리하려면 다음 절차를 수행한다.

1. REST API로 모든 색인의 상태와 별칭을 읽어 들이는 메서드는 GET이다. 호출 예시는 다음과 같다.

```
GET /_aliases
```

2. 응답 결과는 다음과 같다.

```
{
  ".monitoring-es-7-2019.04.06" : {
    "aliases" : { }
  },
  "myindex" : {
    "aliases" : { }
  }
}
```

3. 별칭은 추가 및 삭제 명령으로 변경시킬 수 있다.

4. 단일 색인에서 별칭을 읽으려면 _alias 엔드포인트를 사용한다.

```
GET /myindex/_alias
```

결과는 다음과 같다.

```
{
  "myindex" : {
    "aliases" : { }
  }
}
```

5. 다음 명령으로 색인을 추가할 수 있다.

```
PUT /myindex/_alias/myalias1
```

결과는 다음과 같다.

```
{
  "acknowledged" : true
}
```

이 작업은 myindex 색인에 myalias1 별칭을 추가한다.

6. 다음 명령으로 별칭을 제거할 수 있다.

```
DELETE /myindex/_alias/myalias1
```

결과는 다음과 같다.

```
{
  "acknowledged" : true
}
```

이 작업은 myalias1 별칭에서 myindex를 제거한다.

작동 원리

일래스틱서치는 검색 작업 동안 자동으로 별칭을 확장해 필요한 색인을 선택한다.

별칭의 메타데이터는 클러스터 상태에 저장된다. 별칭이 추가되거나 제거되면 모든 변경 사항은 모든 클러스터 노드로 전파된다.

별칭은 주로 데이터가 다중 색인에 저장된 경우 간단하게 색인을 관리할 수 있는 기능적 구조다.

추가 사항

별칭은 필터와 라우팅 매개변수를 정의하는 데도 사용할 수 있다.

필터는 데이터를 필터링하기 위한 쿼리를 자동으로 추가한다. 별칭을 사용한 라우팅으로 검색 및 색인 중에 어떤 샤드에 히트hit할지 제어할 수 있다.

이 호출에 대한 예시는 다음과 같다.

```
POST /myindex/_aliases/user1alias
{
  "filter": {
    "term": {
      "user": "user_1"
    }
  },
  "search_routing": "1,2",
  "index_routing": "2"
}
```

위 경우는 새로운 별칭인 user1alias를 myindex 색인에 추가하고 다음도 추가한다.

- user 필드가 user_1 단어로 일치하는 문서만 선택하는 필터
- 검색할 때 사용되는 샤드를 선택하는 라우팅 키와 목록
- 색인할 때 사용되는 라우팅 키. 라우팅 값은 문서의 목적지 샤드를 변경하는 데 사용된다.

NOTE

search_routing 매개변수는 여러 값을 갖는 라우팅 키를 허용한다. index_routing 매개변수는 단일 값만 허용된다.

색인 롤링

로그를 관리하는 시스템을 사용할 때 로그를 롤링rolling하는 것은 매우 일반적이다. 이런 아이디어를 활용해 파일을 롤링하는 것과 유사하게 색인을 롤링할 수 있다.

확인할 몇 가지 조건을 정의하고 일래스틱서치에 적용해 새로운 색인을 자동으로 롤링하고 가상 색인에만 별칭을 사용하도록 참조시킬 수 있다.

준비 사항

이 예제에서 코드를 실행하려면 1장의 '일래스틱서치 다운로드와 설치' 예제에서 기술된 대로 실행 중인 일래스틱서치 설치본이 필요하다.

명령을 실행하려면 `curl`(https://curl.haxx.se/) 및 포스트맨(https://www.getpostman.com/)과 유사한 HTTP 클라이언트가 필요하다. 일래스틱서치에 대한 더 원활한 문자 이스케이프와 코드 완성 기능을 제공하는 키바나 콘솔을 사용하는 것이 좋다.

작동 방법

색인 롤링을 활성화하려면 해당 색인만 가리키는 별칭을 가진 색인이 필요하다. 예를 들어 로그 롤링 색인을 설정하려면 다음 절차를 수행한다.

1. 자기 자신을 가리키는 `logs_write` 별칭을 가진 색인이 필요하다.

```
PUT /mylogs-000001
{
  "aliases": {
    "logs_write": {}
  }
}
```

결과는 다음과 같은 승인 메시지다.

```
{
  "acknowledged" : true,
  "shards_acknowledged" : true,
  "index" : "mylogs-000001"
}
```

2. logs_write 색인에 다음과 같이 롤링을 추가할 수 있다.

```
POST /logs_write/_rollover
{
  "conditions": {
    "max_age": "7d",
    "max_docs": 100000
  },
  "settings": {
    "index.number_of_shards": 3
  }
}
```

결과는 다음과 같다.

```
{
  "acknowledged" : false,
  "shards_acknowledged" : false,
  "old_index" : "mylogs-000001",
  "new_index" : "mylogs-000002",
  "rolled_over" : false,
  "dry_run" : false,
  "conditions" : {
    "[max_docs: 100000]" : false,
```

```
        "[max_age: 7d]" : false
      }
    }
```

3. 별칭이 단일 색인을 가리키지 않는다면 다음과 같은 오류가 반환된다.

```
{
  "error" : {
    "root_cause" : [
      {
        "type" : "illegal_argument_exception",
        "reason" : "source alias maps to multiple indices
      }
    ],
    "type" : "illegal_argument_exception",
    "reason" : "source alias maps to multiple indices"
  },
  "status" : 400
}
```

작동 원리

색인 롤링은 조건 중 하나가 일치하면 자동으로 새롭게 생성된 색인을 관리하는 특수한 별칭이다.

이 기능은 일래스틱서치가 완벽히 관리하기 때문에 아주 편리한 기능이며 많은 사용자 정의 백엔드 코드를 줄일 수 있다.

신규 색인을 생성하는 데 사용하는 정보는 원본에서 가져오지만 색인을 생성할 때 사용자 정의 설정을 적용할 수도 있다.

이름 규칙은 일래스틱서치가 관리하며 색인명의 숫자 부분을 자동으로 증가시킨다 (기본적으로 6자리 숫자가 사용된다).

참고 사항

색인의 별칭을 관리하는 이 장의 '색인 별칭 사용' 예제를 참고한다.

문서 색인

일래스틱서치에는 색인과 검색이라는 두 가지 중요한 작업이 있었다.

색인은 단일 또는 다중 문서를 색인에 저장하는 것을 의미한다. 관계형 데이터베이스에 레코드를 삽입하는 개념과 유사하다.

일래스틱서치의 핵심 엔진인 루씬에서 문서를 삽입하고 갱신하는 것은 동일한 비용이 발생한다. 루씬과 일래스틱서치에서의 갱신은 교체를 의미한다.

준비 사항

이 예제에서 코드를 실행하려면 1장의 '일래스틱서치 다운로드와 설치' 예제에서 기술된 대로 실행 중인 일래스틱서치 설치본이 필요하다.

명령을 실행하려면 `curl`(https://curl.haxx.se/) 및 포스트맨(https://www.getpostman.com/)과 유사한 HTTP 클라이언트가 필요하다. 일래스틱서치에 대한 더 원활한 문자 이스케이프와 코드 완성 기능을 제공하는 키바나 콘솔을 사용하는 것이 좋다.

다음의 명령을 올바르게 실행하려면 '색인에 매핑 집어넣기' 예제에서 생성된 색인과 매핑을 사용한다.

작동 방법

문서를 색인하려면 여러 REST 엔드포인트가 사용된다.

메서드	URL
POST	http://⟨server⟩/⟨index_name⟩/_doc
PUT/POST	http://⟨server⟩/⟨index_name⟩/_doc/⟨id⟩
PUT/POST	http://⟨server⟩/⟨index_name⟩/_doc/⟨id⟩/_create

문서를 색인하려면 다음 절차를 수행한다.

1. 2장의 오더 예시를 고려한다면 문서 색인하기에 대한 호출은 다음과 같다.

```
POST /myindex/_doc/2qLrAfPVQvCRMe7Ku8r0Tw
{
  "id": "1234",
  "date": "2013-06-07T12:14:54",
  "customer_id": "customer1",
  "sent": true,
  "in_stock_items": 0,
  "items": [
    {
      "name": "item1",
      "quantity": 3,
      "vat": 20
    },
    {
      "name": "item2",
      "quantity": 2,
      "vat": 20
    },
    {
```

```
        "name": "item3",
        "quantity": 1,
        "vat": 10
      }
    ]
  }
```

2. 색인 작업이 성공하면 일래스틱서치에서 반환되는 결과는 다음과 같다.

```
{
  "_index" : "myindex",
  "_type" : "_doc",
  "_id" : "2qLrAfPVQvCRMe7Ku8r0Tw",
  "_version" : 1,
  "result" : "created",
  "_shards" : {
    "total" : 2,
    "successful" : 1,
    "failed" : 0
  },
  "_seq_no" : 0,
  "_primary_term" : 1
}
```

색인 작업에서 반환된 일부 추가 정보는 다음과 같다.

- ID를 지정하지 않은 경우 자동 생성된 ID(예, `2qLrAfPVQvCRMe7Ku8r0Tw`)
- 낙관적 동시성 제어에 따라 색인된 문서 버전(문서를 처음으로 저장하거나 갱신했기 때문에 버전은 1이다)
- 레코드 생성 여부(예, `"result": "create"`)

작동 원리

일래스틱서치에서 가장 많이 사용되는 API 중 하나는 색인이다. 기본적으로 JSON 문서의 색인은 내부적으로 다음 절차로 구성된다.

1. ID, 라우팅 또는 상위 메타데이터를 기반으로 올바른 샤드로 호출을 라우팅한다. 클라이언트에서 ID를 제공하지 않는다면 새로운 ID가 생성된다(자세한 사항은 1장 시작하기에서 데이터 관리하기 예제를 확인하라).
2. 전송된 JSON을 확인한다.
3. 매핑에 따른 JSON을 처리한다. 문서에서 신규 필드가 있고(매핑이 갱신될 수 있고) 새로운 필드가 매핑에 추가된다.
4. 샤드에 문서를 색인한다. ID가 이미 존재하면 갱신된다.
5. 포함된 문서를 포함한다면 이를 추출해 개별적으로 처리한다.
6. 저장된 문서(ID와 버전)에 대한 정보를 반환한다.

데이터를 색인하고자 올바른 ID를 선택하는 것은 중요하다. 색인 단계 동안 ID를 제공하지 않는다면 일래스틱서치는 자동으로 문서에 새로운 ID를 부여한다. 성능을 개선하고자 일반적으로 ID는 ID를 저장하는 데이터 트리의 균형을 향상시키고자 동일 길이로 하는 것이 좋다.

REST 호출 특성 때문에 URL 인코딩 및 디코딩으로 인해 ASCII 문자를 사용하지 않을 때 주의를 기울여야 한다(또는 사용하는 클라이언트 프레임워크가 올바르게 이스케이프하는지 확인하라).

매핑에 따라 색인 단계 동안 또 다른 작업이 발생한다. 복제본의 전치, 중첩 처리, 여과(퍼콜레이터)다.

문서는 새로 고침 후에 표준 검색 호출에서 사용할 수 있다(API 호출로 강제 실행 또는 1초 후, 준실시간). 문서에 대한 모든 GET API에 새로 고침이 필요하지 않으며 즉시 사용할 수 있다.

새로 고침은 색인 동안 refresh 매개변수를 지정해 새로 고침을 강제할 수도 있다.

추가 사항

일래스틱서치로 색인 API URL에 여러 쿼리 매개변수를 전달해 문서 색인 방법을 제어할 수 있다. 가장 많이 사용되는 매개변수는 다음과 같다.

- **routing**: 색인에 사용되는 샤드를 제어한다. 즉, 다음과 같다.

```
POST /myindex/_doc?routing=1
```

- **consistency(one/quorum/all)**: 기본적으로 활성 샤드의 쿼롬(〈 복제본 / 2 + 1)이 사용 가능하면 색인 작업이 성공한다. 색인 작업을 할 때 이 일관성 값을 변경시킬 수 있다.

```
POST /myindex/_doc?consistency=one
```

- **replication(sync/async)**: 일래스틱서치는 현재 복제본 그룹의 모든 샤드가 색인 작업을 실행하면 색인 작업에서 반환한다. async 복제본 설정으로 첫 번째 샤드에서만 동기화된 색인 작업을 수행하고 나머지 샤드에서는 비동기로 수행하게 할 수 있다. 이런 방식의 API 호출은 응답 작업을 더 빠르게 반환한다.

```
POST /myindex/_doc?replication=async
```

- **version**: version으로 낙관적 동시성 제어(http://en.wikipedia.org/wiki/Optimistic_concurrency_control)를 할 수 있다. 문서의 첫 번째 색인 시 문서에 버전 1이 설정된다. 갱신할 때마다 이 값은 증가한다. 낙관적 동시성 제어는 모든 삽입 및 갱신 작업 시

동시성을 관리하는 방식이다. (일반적으로 가져오기 또는 검색으로 반환되는) **version** 값은 최종 버전 값이다. 색인은 현재 색인 버전 값이 전달된 값과 동일한 경우에만 발생한다.

```
POST /myindex/_doc?version=2
```

- **op_type**: 문서를 강제로 생성하는 데 사용된다. 동일한 ID의 문서가 존재하면 색인이 실패한다.

```
POST /myindex/_doc?op_type=create
```

- **refresh**: 색인된 문서를 강제로 새로 고침한다. 색인 후에 문서를 검색할 수 있다.

```
POST /myindex/_doc?refresh=true
```

- **timeout**: 기본 샤드가 사용 가능할 때까지의 대기 시간을 정의한다. 때때로 기본 샤드는 쓰기 가능한 상태가 아니다(게이트웨이로부터 재할당되거나 복구되면). 그리고 쓰기 작업에 대한 **timeout**은 1분 후에 발생한다.

```
POST /myindex/_doc?timeout=5m
```

참고 사항

이 예제에 연관된 더 많은 정보를 얻으려면 다음 예제를 살펴본다.

- 이 장의 '문서 가져오기' 예제에서 저장된 문서를 가져오는 방법을 배울 수 있다.

- 이 장의 '문서 삭제' 예제에서 문서를 삭제하는 방법을 배울 수 있다.
- 이 장의 '문서 갱신' 예제에서 문서의 필드를 갱신하는 방법을 배울 수 있다.
- 낙관적인 동시성 제어, 즉 일래스틱서치의 문서 동시성 관리 방식은 다음 URL을 참고한다.

  http://en.wikipedia.org/wiki/Optimistic_concurrency_control

문서 가져오기

문서를 색인한 후에 애플리케이션에서 문서를 가져와야 할 때가 있다.

GET REST 호출로 새로 고침을 할 필요 없이 실시간으로 문서를 가져올 수 있다.

준비 사항

이 예제에서 코드를 실행하려면 1장의 '일래스틱서치 다운로드와 설치' 예제에서 기술된 대로 실행 중인 일래스틱서치 설치본이 필요하다.

명령을 실행하려면 curl(https://curl.haxx.se/) 및 포스트맨(https://www.getpostman.com/)과 유사한 HTTP 클라이언트가 필요하다. 일래스틱서치에 대한 더 원활한 문자 이스케이프와 코드 완성 기능을 제공하는 키바나 콘솔을 사용하는 것이 좋다.

다음에 나오는 명령들을 올바르게 실행하려면 '문서 색인' 예제에서 생성한 색인된 문서를 사용한다.

작동 방법

GET 메서드로 주어진 색인, 유형, ID로 문서를 반환할 수 있다. REST API URL은 다음과 같다.

http://<서버>/<색인명>/_doc/<id>

문서를 가져오려면 다음 절차를 수행한다.

1. 이전 예제에서 색인했던 문서를 고려한다면 호출은 다음과 같다.

```
GET /myindex/_doc/2qLrAfPVQvCRMe7Ku8r0Tw
```

2. 일래스틱서치에서 반환된 결과는 색인된 문서다.

```
{
  "_index" : "myindex",
  "_type" : "_doc",
  "_id" : "2qLrAfPVQvCRMe7Ku8r0Tw",
  "_version" : 1,
  "_seq_no" : 0,
  "_primary_term" : 1,
  "found" : true,
  "_source" : {
    "id" : "1234",
    "date" : "2013-06-07T12:14:54",
    "customer_id" : "customer1",
    ... 중략 ...
  }
}
```

3. 색인된 데이터는 _source에 포함돼 있지만 다른 정보도 반환된다.

- **_index**: 문서를 저장한 색인
- **_type**: 문서 유형
- **_id**: 문서 ID
- **_version**: 문서 버전
- **found**: 문서가 발견된 여부

레코드가 누락된 경우 상태 코드 404가 반환되며 반환된 JSON은 다음과 같다.

```
{
  "_index" : "myindex",
  "_type" : "_doc",
  "_id" : "2qLrAfPVQvCRMe7Kud8r0Tw",
  "found" : false
}
```

작동 원리

문서상의 일래스틱서치 GET API는 새로 고침을 필요로 하지 않는다. 모든 GET 호출은 실시간이다.

일래스틱서치는 빠른 조회를 위해 또 다른 오버헤드 없이 검색 문서를 포함한 샤드로만 리다이렉트하며 문서의 ID를 종종 메모리에 캐시하기 때문에 호출이 매우 빠르다.

문서의 원본은 _source 필드가 저장된 경우에만 사용할 수 있다(일래스틱서치의 기본 설정임).

호출을 제어하는 데 사용되는 여러 추가 매개변수가 있다.

- **_source**: 필드의 하위 세트만 반환한다. 대역폭을 줄이거나 첨부 파일 매핑 필드와 같이 계산된 필드를 검색하는 데 매우 유용하다.

```
GET /myindex/_doc/2qLrAfPVQvCRMe7Ku8r0Tw?_source=date,sent
```

- **stored_fields**: source와 유사하다. 매핑에 저장하기로 마킹된 필드의 하위 세트만 반환할 수 있다. 저장된 필드는 색인의 메모리 부분에 보관되며 JSON 소스를 파싱하지 않고 반환한다.

```
GET /myindex/_doc/2qLrAfPVQvCRMe7Ku8r0Tw?stored_fields=date,sent
```

- **routing**: get 작업에 사용할 샤드를 지정할 수 있다. 문서를 검색하려면 색인 시간에 사용한 라우팅과 검색할 때 사용하는 것이 동일해야 한다.

```
GET /myindex/_doc/2qLrAfPVQvCRMe7Ku8r0Tw?routing=customer_id
```

- **refresh**: get 작업을 수행하기 전에 현재 샤드를 새로 고침할 수 있다(색인의 속도가 늦어지고 약간의 오버헤드가 발생할 수 있으므로 주의해서 사용해야 한다).

```
GET /myindex/_doc/2qLrAfPVQvCRMe7Ku8r0Tw?refresh=true
```

- **preference**: get 메서드를 실행하는 데 선택된 샤드 복제본을 제어할 수 있다. 일반적으로 일래스틱서치는 GET 호출에 임의의 샤드를 선택한다. 가능한 값은 다음과 같다.
  - **_primary**: 기본 샤드를 선택한다.
  - **_local**: 먼저 로컬 샤드에서 시도한 후 무작위 선택을 시도한다. 로컬 샤드는 대역폭 사용량이 줄어들며 일반적으로 자동 복제 샤드와 함께 사용된다(replica set: 0-all).

- customer_id 및 username과 같이 샤드에 관련된 값은 선택하기 위한 사용자가 지정한 값이다.

추가 사항

GET API는 매우 빠르므로 애플리케이션을 개발할 때 가능한 한 많이 사용하는 것이 좋다. 애플리케이션을 개발할 때 올바른 ID 양식을 선택하면 성능이 크게 향상된다.

문서를 포함한 샤드가 ID에 바인딩되지 않은 경우 문서를 가져오는 데 필요한 것은 ID 필터를 가진 쿼리다(5장의 'ID 쿼리 사용' 예제에서 살펴볼 수 있다).

레코드를 가져올 필요가 없고 존재 여부만 확인하려면 GET을 HEAD로 바꾸면 되며 존재하면 상태 코드가 200이나 존재하지 않으면 404가 반환된다.

GET 호출에는 문서의 원본만 가져올 수 있는 특수한 엔드포인트인 _source도 있다.

GET 원본 REST API URL은 다음과 같다.

http://<서버>/<색인명>/_doc/<id>/_source

2장의 오더 예시에서 소스를 가져오려면 다음과 같이 호출하면 된다.

```
GET /myindex/_doc/2qLrAfPVQvCRMe7Ku8r0Tw/_source
```

참고 사항

조회 시간을 줄이고자 다중 GET 작업을 수행하는 것을 살펴보려면 이 장의 'GET 작업 속도 올리기' 예제를 참고한다.

문서 삭제

일래스틱서치에서 문서를 삭제하는 방법은 두 가지다. DELETE 호출이나 delete_by_query 호출이며 이는 4장에서 살펴본다.

준비 사항

이 예제에서 코드를 실행하려면 1장의 '일래스틱서치 다운로드와 설치' 예제에서 기술된 대로 실행 중인 일래스틱서치 설치본이 필요하다.

명령을 실행하려면 curl(https://curl.haxx.se/) 및 포스트맨(https://www.getpostman.com/)과 유사한 HTTP 클라이언트가 필요하다. 일래스틱서치에 대한 더 원활한 문자 이스케이프와 코드 완성 기능을 제공하는 키바나 콘솔을 사용하는 것이 좋다.

다음에 나오는 명령들을 올바르게 실행하려면 '문서 색인' 예제에서 생성한 색인된 문서를 사용한다.

작동 방법

REST API URL은 GET 호출과 같으나 HTTP 메서드는 DELETE다.

http://<서버>/<색인명>/_doc/<id>

문서를 삭제하려면 다음 단계를 수행한다.

1. '문서 색인' 예제에서 색인된 오더를 고려한다면 문서 삭제 호출은 다음과 같다.

```
DELETE /myindex/_doc/2qLrAfPVQvCRMe7Ku8r0Tw
```

2. 일래스틱서치가 반환하는 결과는 다음과 같다.

```
{
  "_index" : "myindex",
  "_type" : "_doc",
  "_id" : "2qLrAfPVQvCRMe7Ku8r0Tw",
  "_version" : 2,
  "result" : "deleted",
  "_shards" : {
    "total" : 2,
    "successful" : 1,
    "failed" : 0
  },
  "_seq_no" : 3,
  "_primary_term" : 1
}
```

3. 레코드가 없다면 상태 코드로 404가 반환되고 반환된 JSON은 다음과 같다.

```
{
  "_index" : "myindex",
  "_type" : "_doc",
  "_id" : "2qLrAfPVQvCRMe7Ku8r0Tw",
  "_version" : 3,
  "result" : "not_found",
  "_shards" : {
    "total" : 2,
    "successful" : 1,
    "failed" : 0
  },
  "_seq_no" : 4,
  "_primary_term" : 1
}
```

작동 원리

레코드 삭제는 문서를 포함하고 있는 샤드만 접근하므로 오버헤드가 전혀 없다. 문서가 자식 문서인 경우 올바른 샤드를 찾으려면 부모를 반드시 지정해야 한다.

delete 호출을 제어하는 여러 추가 매개변수가 있다. 가장 중요한 것은 다음과 같다.

- **routing**: 삭제 작업에 사용할 샤드를 지정할 수 있다.
- **version**: 문서의 수정을 막고자 삭제할 문서의 버전을 지정할 수 있다.

TIP

> DELETE 작업은 기능적으로 복구해야 한다. 삭제된 모든 문서는 영원히 지워진다.
>
> 레코드 삭제는 빠른 작업이며 삭제할 문서의 ID를 사용한다면 매우 편리하다. 그렇지 않으면 delete_by_query를 사용해야 하며 4장에서 살펴본다.

참고 사항

쿼리와 일치하는 문서 그룹을 삭제하려면 4장의 '쿼리로 삭제' 예제를 참고한다.

문서 갱신

일래스틱서치에 저장된 문서는 저장돼 있는 동안 갱신할 수 있다. 일래스틱서치에서 이 작업을 수행하는 두 가지 방법이 있는데, 문서 추가 또는 갱신 호출이다.

갱신 호출은 두 가지 방식으로 동작한다.

- 갱신 전략을 사용하는 스크립트 제공
- 원본과 병합해야 하는 문서 제공

색인 대비 갱신의 주요 이점은 네트워크 사용량 절감이다.

준비 사항

이 예제에서 코드를 실행하려면 1장의 '일래스틱서치 다운로드와 설치' 예제에서 기술된 대로 실행 중인 일래스틱서치 설치본이 필요하다.

일래스틱서치에 대한 더 원활한 문자 이스케이프를 제공하고 코드 완성 기능을 제공하는 키바나 콘솔을 사용하는 것이 좋다.

다음에 나오는 명령들을 올바르게 실행하려면 '문서 색인' 예제에서 생성한 색인된 문서를 사용한다.

동적인 스크립트 언어를 사용하려면 스크립트를 활성화해야 한다. 더 많은 정보는 9장을 참고한다.

작동 방법

데이터의 상태를 변경시키기 위한 HTTP 메서드는 `POST`이고 REST URL은 다음과 같다.

http://<서버>/<색인명>/_update/<id>

TIP

> REST 형식은 이전 버전의 일래스틱서치에서 변경됐다.

문서를 갱신하려면 다음 절차를 수행한다.

1. 이전 예제의 오더 유형을 고려한다면 문서를 갱신하는 호출은 다음과 같다.

```
POST /myindex/_update/2qLrAfPVQvCRMe7Ku8r0Tw
{
  "script": {
    "source": "ctx._source.in_stock_items += params.count",
    "params": {
      "count": 4
    }
  }
}
```

2. 호출이 성공이면 일래스틱서치에서 반환된 결과는 다음과 같다.

```
{
  "_index" : "myindex",
  "_type" : "_doc",
  "_id" : "2qLrAfPVQvCRMe7Ku8r0Tw",
  "_version" : 4,
  "result" : "updated",
  "_shards" : {
    "total" : 2,
    "successful" : 1,
    "failed" : 0
  },
  "_seq_no" : 8,
  "_primary_term" : 1
}
```

3. 레코드는 다음과 같다.

```
{
  "_index" : "myindex",
  "_type" : "_doc",
```

```
  "_id" : "2qLrAfPVQvCRMe7Ku8r0Tw",
  "_version" : 8,
  "_seq_no" : 12,
  "_primary_term" : 1,
  "found" : true,
  "_source" : {
    "id" : "1234",
    "date" : "2013-06-07T12:14:54",
    "customer_id" : "customer1",
    "sent" : true,
    "in_stock_items" : 4,
    ...중략...
  }
}
```

눈에 띄는 변경 사항은 다음과 같다.

- 스크립트 필드가 변경됐다.
- 버전이 증가됐다.

작동 원리

갱신 작업은 문서를 가져와 스크립트에 기술된 대로 또는 변경된 문서 대로 변경 사항을 반영하고 변경된 문서를 재색인한다. 8장에서 일래스틱서치의 스크립트 기능을 살펴본다.

일래스틱서치의 스크립트 표준 언어는 페인리스Painless이며 이 책의 예시들에서 사용된다.

스크립트는 ctx. 소스(문서의 원본)에서 동작하고(작업을 위해 저장돼야 한다) 문서를 현장에서 변경할 수 있다. 스크립트에 JSON 객체를 전달하는 방식으로 매개변수를 전달할 수 있다. 이들 매개변수는 실행 컨텍스트에서 사용할 수 있다.

스크립트는 컨텍스트에 ctx.op 값을 지정해 스크립트를 실행한 후 일래스틱서치의 동작 방식을 제어할 수 있다. 사용할 수 있는 값은 다음과 같다.

- **ctx.op="delete"**: 스크립트 실행 후 삭제될 문서다.
- **ctx.op="none"**: 색인 작업을 건너 뛸 문서다. 성능을 향상시키는 좋은 방법은 ctx.op="none"로 설정해 스크립트가 문서를 갱신하지 않게 해서 재색인하는 오버헤드를 방지하는 것이다.

ctx._timestamp에 있는 ctx의 레코드에 대한 타임스탬프를 관리한다. upsert 속성에 추가 객체를 전달할 수 있으며, 이는 색인에 문서가 없는 경우 사용된다.

```
POST /myindex/_update/2qLrAfPVQvCRMe7Ku8r0Tw
{
  "script": {
    "source": "ctx._source.in_stock_items += params.count",
    "params": {
      "count": 4
    }
  },
  "upsert": {
    "in_stock_items": 4
  }
}
```

일부 필드 값을 변경해야 한다면 복잡한 갱신 스크립트를 사용하지 말고 특수 속성인 doc을 사용하는 것이 좋다. 이를 통해 객체의 값을 덮어쓸 수 있다. doc 매개변수를 제공하는 문서는 원본 문서와 병합된다. 이 접근 방식은 사용하기 더 쉽지만 ctx.op를 설정할 수 없으므로 갱신으로 원본 문서 값이 변경되지 않으며 다음에 이어지는 단계를 항상 실행해야 한다.

```
POST /myindex/_update/2qLrAfPVQvCRMe7Ku8r0Tw
{
  "doc": {
    "in_stock_items": 10
  }
}
```

원본 문서가 없다면 doc 값(생성된 문서)을 doc_as_upsert 매개변수로 upsert를 위해 제공할 수 있다.

```
POST /myindex/_update/2qLrAfPVQvCRMe7Ku8r0Tw
{
  "doc": {
    "in_stock_items": 10
  },
  "doc_as_upsert": true
}
```

페인리스 스크립트를 사용하면 다음과 같이 필드에 고급 작업을 적용할 수 있다.

- **필드 제거**

```
"script" : {"inline": "ctx._source.remove("myfield"}}
```

- **필드 추가**

```
"script" : {"inline": "ctx._source.myfield=myvalue"}}
```

갱신 REST 호출은 다음과 같은 장점을 제공하며 아주 유용하다.

- 갱신 작업은 데이터 클라이언트로 갖다 올 필요가 없으므로 대역폭 사용량을 줄인다.
- 낙관적 동시성 제어를 자동으로 관리하므로 더 안전하다. 스크립트 실행 중 변경이 발생하면 스크립트는 데이터를 갱신하고자 재실행된다.
- 대량(벌크) 실행이 가능하다.

참고 사항

네트워크 부하를 줄이고 적재 속도를 올리고자 벌크 작업을 사용하는 방법을 살펴보려면 '단위 작업 속도 올리기' 예제를 참고한다.

단위 작업 속도 올리기(벌크 작업)

대량의 문서를 삽입, 삭제 또는 갱신할 때 HTTP 오버헤드는 상당하다. 이 처리 속도를 올리고자 일래스틱서치는 CRUD 호출을 벌크로 처리할 수 있다.

준비 사항

이 예제에서 코드를 실행하려면 1장의 '일래스틱서치 다운로드와 설치' 예제에서 기술된 대로 실행 중인 일래스틱서치 설치본이 필요하다.

명령을 실행하려면 `curl`(https://curl.haxx.se/) 및 포스트맨(https://www.getpostman.com/)과 유사한 HTTP 클라이언트가 필요하다. 일래스틱서치에 대한 더 원활한 문자 이스케이프와 코드 완성 기능을 제공하는 키바나 콘솔을 사용하는 것이 좋다.

작동 방법

데이터의 상태를 변경하는 HTTP 메서드는 POST고 REST URL은 다음과 같다.

http://<서버>/<색인명>/_bulk

벌크 작업을 실행하려면 curl을 통해 다음 절차를 수행한다(파일로 데이터를 준비하고 이를 커맨드라인으로 일래스틱서치에 보내는 것은 매우 일반적이기 때문이다).

1. 메타데이터가 있는 작업 행 및 작업에 관련된 선택적 데이터 행으로 구성된 벌크 JSON 행으로 구성된 구조로 생성/색인/삭제/갱신 명령을 수집해야 한다. 각 행은 개행 문자인 \n으로 끝나야 한다. 벌크 데이터 파일은 다음과 같이 표현된다.

```
{ "index":{ "_index":"myindex", "_id":"1" } }
{ "field1" : "value1", "field2" : "value2" }
{ "delete":{ "_index":"myindex", "_id":"2" } }
{ "create":{ "_index":"myindex", "_id":"3" } }
{ "field1" : "value1", "field2" : "value2" }
{ "update":{ "_index":"myindex", "_id":"3" } }
{ "doc":{"field1" : "value1", "field2" : "value2" }}
```

2. 이 파일을 다음 POST로 전송한다.

```
curl -s -XPOST localhost:9200/_bulk --data-binary @bulkdata;
```

3. 일래스틱서치의 반환 결과는 작업에 대한 모든 응답을 수집한다.

   다음과 같이 키바나에서 앞의 명령을 실행할 수 있다.

```
POST /_bulk
{ "index":{ "_index":"myindex", "_id":"1" } }
{ "field1" : "value1", "field2" : "value2" }
{ "delete":{ "_index":"myindex", "_id":"2" } }
{ "create":{ "_index":"myindex", "_id":"3" } }
{ "field1" : "value1", "field2" : "value2" }
{ "update":{ "_index":"myindex", "_id":"3" } }
{ "doc":{"field1" : "value1", "field2" : "value2" }}
```

작동 원리

벌크 작업으로 다른 여러 호출을 하나로 모을 수 있다. 헤더 부분은 수행할 작업이고 본문은 색인, 생성, 갱신과 같은 작업을 정의한다.

헤더는 작업명과 매개변수 객체로 구성돼 있다. 이전 색인 예시를 살펴보면 다음과 같다.

```
{ "index":{ "_index":"myindex", "_id":"1" } }
```

색인 및 생성 시 데이터를 가진 본문이 추가적으로 필요하다.

```
{ "field1" : "value1", "field2" : "value2" }
```

삭제 작업은 선택 데이터가 필요 없고 헤더 구성만 필요하다.

```
{ "delete":{ "_index":"myindex", "_id":"1" } }
```

적어도 벌크 갱신 작업은 색인 작업과 유사한 형태로 사용할 수 있다.

```
{ "update":{ "_index":"myindex", "_id":"3" } }
```

헤더는 갱신 작업의 모든 일반적인 매개변수를 허용한다. 예를 들어 doc, upsert, doc_as_upsert, lang, script, params 등이다. 동시성의 경우 재시도 수를 제어하고자 벌크 갱신은 retry_on_conflict 매개변수를 정의하며 예외를 발생시키기 전에 실행할 재시도 횟수를 지정할 수 있다.

따라서 갱신 가능한 본문은 다음과 같다.

```
{ "doc":{"field1" : "value1", "field2" : "value2" }}
```

벌크 항목은 다음과 같이 여러 매개변수를 허용한다.

- **routing**: 라우팅할 샤드를 제어한다.
- **parent**: 부모 아이템 샤드를 선택한다. 일부 자식 문서를 색인하려면 이는 필수값이다. 쿼리 매개변수로 전달할 수 있는 전역 벌크 매개변수는 다음과 같다.
  - **consistency (one, quorum, all)**(기본값: quorum): 쓰기 작업을 수행하기 전의 활성 샤드 수를 제어한다.
  - **refresh**(기본값: false): 벌크 작업에 연관된 샤드를 강제로 새로 고침한다. 새롭게 색인된 문서를 표준 새로 고침 간격(1초)을 기다리지 않고도 즉시 사용할 수 있다.
  - **pipeline**: 제공된 적재 파이프라인을 이용해 강제 색인한다.

NOTE

> 이전 버전의 일래스틱서치는 _type 값을 전달해야 했지만 type 삭제로 버전 7.x에서는 이 부분이 삭제됐다.

일반적으로 일래스틱서치 REST API를 사용하는 일래스틱서치 클라이언트 라이브러리는 벌크 명령의 직렬화를 자동으로 구현하고 있다.

벌크 실행을 직렬화하기 위한 올바른 수의 명령은 사용자의 선택이지만 몇 가지 고려할 사항이 있다.

- 표준 설정에서 일래스틱서치는 HTTP 호출수를 100MB의 크기로 제한한다. 크기가 제한을 초과하면 호출은 거부된다.
- 다중의 복잡한 명령은 처리하는 데 많은 시간이 소요되므로 클라이언트 시간 초과에 주의해야 한다.
- 작은 크기의 벌크 명령으로는 성능 향상이 없다.

문서가 크지 않다면 500개의 명령을 하나의 벌크 호출에 담는 것이 적절한 개수며 데이터 구조에 따라 튜닝할 수 있다(필드 수, 포함 객체 수, 필드 복잡도 등).

GET 작업 속도 올리기(다중 GET)

표준 GET 작업은 매우 빠르지만 ID로 대용량 문서를 가져오는 경우 일래스틱서치는 다중 GET 작업을 제공한다.

준비 사항

이 예제에서 코드를 실행하려면 1장의 '일래스틱서치 다운로드와 설치' 예제에서 기술된 대로 실행 중인 일래스틱서치 설치본이 필요하다.

명령을 실행하려면 `curl`(https://curl.haxx.se/) 및 포스트맨(https://www.getpostman.com/)과 유사한 HTTP 클라이언트가 필요하다. 일래스틱서치에 대한 더 원활한 문자 이스케이프와 코드 완성 기능을 제공하는 키바나 콘솔을 사용하는 것이 좋다.

다음에 나오는 명령들을 올바르게 실행하려면 '문서 색인' 예제에서 생성한 색인된 문서를 사용한다.

작동 방법

다중 GET REST URL은 다음과 같다.

http://<서버>/_mget

http://<서버>/<색인명>/_mget

다중 GET 작업을 수행하려면 다음 절차를 수행한다.

1. 메서드는 POST고 바디는 문서 ID 목록과 누락된 색인이나 유형을 포함하고 있다. 예시와 같이 첫 번째 URL로 색인, 유형, ID를 제공해야 한다.

```
POST /_mget
{
  "docs": [
    {
      "_index": "myindex",
      "_id": "2qLrAfPVQvCRMe7Ku8r0Tw"
    },
    {
      "_index": "myindex",
      "_id": "2"
    }
  ]
}
```

   이런 종류의 호출로 다른 여러 색인과 유형에서 문서를 가져올 수 있다.

2. 색인 및 유형이 고정돼 있다면 다음과 같이 호출할 수도 있다.

```
GET /myindex/_mget
{
  "ids" : ["1", "2"]
}
```

다중 GET의 결과는 문서 배열이다.

작동 원리

다중 GET 호출은 많은 GET 명령을 한 번에 실행하는 지름길이다. 내부적으로 일래스틱서치는 get 명령을 여러 샤드에 병렬적으로 실행시키고 결과를 취합해 사용자에 반환한다.

get 객체에는 다음 매개변수를 포함시킬 수 있다.

- **_index**: 문서를 포함하고 있는 색인이다. URL로 전달되면 제외시킬 수 있다.
- **_id**: 문서 ID다.
- **stored_fields**: (옵션) 가져올 필드 목록이다.
- **_source**: (옵션) 원본 필터 객체다.
- **routing**: (옵션) 샤드 라우팅 매개변수다.

다중 GET의 장점은 다음과 같다.

- 일래스틱서치의 내부 및 외부적으로 네트워크 트래픽을 줄일 수 있다.
- 애플리케이션에서 사용할 경우 처리 속도가 빨라진다. 다중 GET을 처리하는 시간은 표준 GET을 처리하는 시간과 거의 유사하다.

참고 사항

단순히 가져 오기만 실행하고 GET에 대한 일반적인 매개변수를 살펴보려면 '문서 가져오기' 예제를 참고한다.

04

검색 기능 탐색

색인의 매핑 지정과 데이터 입력을 했으므로 일래스틱서치로 검색 기능을 탐색해보자. 4장에서는 검색의 다른 여러 요소를 다룬다(정렬, 강조, 스크롤, 제안, 수치 계산, 삭제). 이들은 일래스틱서치의 핵심 요소다. 결과적으로 일래스틱서치의 모든 요소는 쿼리로 좋은 품질의 결과를 도출하는 것이다.

4장은 두 부분으로 구분돼 있다. 첫 번째 부분은 API 호출과 관련된 검색 수행 방법을 다루고, 두 번째 부분은 다음 장들의 복잡한 쿼리를 구성하는 데 기반이 되는 두 가지 특별한 쿼리 동작을 다룬다.

4장에서 다루는 내용은 다음과 같다.

- 검색 실행하기
- 결과 정렬하기
- 결과 강조하기
- 스크롤 가능한 쿼리 실행하기

- `search_after` 기능 활용하기
- 결과에서 내부 조회수 반환하기
- 올바른 쿼리 제안하기
- 일치하는 결과 수치 계산하기
- 쿼리 설명
- 쿼리 프로파일링
- 쿼리로 삭제하기
- 쿼리로 갱신하기
- 모든 문서 일치시키기
- 불리언형 쿼리 사용하기
- 검색 템플릿 활용하기

기술적 요구 사항

이 장의 모든 예제를 실행하려면 필요한 색인의 준비와 배포가 필요하다. 깃허브(https://github.com/AcornPublishing/elastic-4e) 또는 팩트출판사 웹 사이트에 있는 코드를 사용할 수 있다. 여기서 필요한 모든 자료를 준비하는 스크립트를 다운로드할 수 있다.

검색 실행

일래스틱서치의 태생은 검색 엔진이다. 주목적은 쿼리를 수행하고 가능한 한 빠르게 결과를 반환하는 것이다. 이 예제에서는 일래스틱서치의 검색이 일치하는 문서를 찾는 데만 머물지 않고 검색 품질을 향상시키는 데 필요한 추가적인 정보를 사용할 수 있음을 확인할 수 있다.

준비 사항

이 예제에서 코드를 실행하려면 1장의 '일래스틱서치 다운로드와 설치' 예제에서 기술된 대로 실행 중인 일래스틱서치 설치본이 필요하다.

명령을 실행하려면 `curl`(https://curl.haxx.se/) 및 포스트맨(https://www.getpostman.com/)과 유사한 HTTP 클라이언트가 필요하다. 일래스틱서치에 대한 더 원활한 문자 이스케이프와 코드 완성 기능을 제공하는 키바나 콘솔을 사용하는 것이 좋다.

NOTE

> 다음의 명령을 올바르게 실행하려면 온라인 코드에서 사용할 수 있는 `ch04/populate_kibana.txt` 명령으로 배포시킨 색인이 필요하다.

4장의 모든 쿼리에서 사용되는 매핑과 검색은 다음의 도서에 대한 표현과 유사하다.

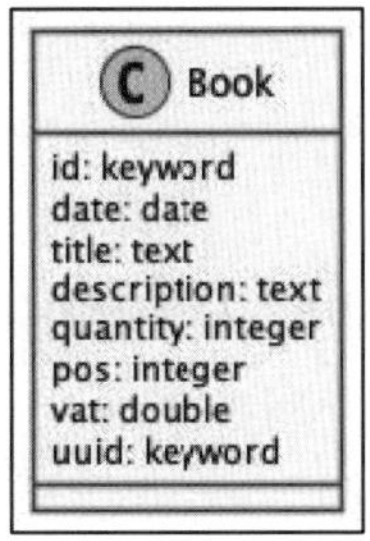

스키마schema를 생성하는 명령은 다음과 같다.

```
PUT /mybooks
{
  "mappings": {
    "properties": {
      "join_field": {
        "type": "join",
        "relations": {
          "order": "item"
...
...
      "title": {
        "term_vector": "with_positions_offsets",
        "store": true,
        "type": "text",
        "fielddata": true,
        "fields": {
          "keyword": {
            "type": "keyword",
            "ignore_above": 256
          }
        }
      }
    }
  }
}
```

작동 방법

검색을 실행하고 결과를 확인하려면 다음 절차대로 실행한다.

1. 커맨드라인에서 다음과 같이 검색을 실행한다.

```
GET /mybooks/_search
{
  "query": {
    "match_all": {}
  }
}
```

여기서 match_all 쿼리를 사용해 모든 문서를 반환받았다. 이 장의 '모든 문서 매칭' 예제에서 이런 종류의 쿼리를 다룬다.

2. 정상적으로 동작하면 다음과 같은 결과가 반환된다.

```
{
  "took" : 0,
  "timed_out" : false,
  "_shards" : {
    "total" : 1,
    "successful" : 1,
    "skipped" : 0,
    "failed" : 0
  },
  "hits" : {
    "total" : 3,
    "max_score" : 1.0,
    "hits" : [
...
...
        "_index" : "mybooks",
        "_type" : "_doc",
        "_id" : "3",
        "_score" : 1.0,
        "_source" : {...중략...}
      }
```

```
      ]
    }
  }
```

결과는 다음과 같은 정보를 포함한다.

- **took**: 쿼리를 실행하는 데 소요된 시간이다(밀리초 단위).
- **time_out**: 쿼리를 실행할 때 시간 초과의 발생 여부다. 이 값은 검색의 **timeout** 매개변수와 관련돼 있다. 시간 초과가 발생하면 일부 결과만 반환되거나 결과가 반환되지 않는다.
- **_shards**: 샤드 상태며 다음과 같이 구성된다.
  - **total**: 샤드 수다.
  - **successful**: 쿼리가 성공한 샤드 수다.
  - **skipped**: 검색할 때 제외된 샤드 수다(예, 720개 이상의 샤드를 동시에 검색할 때).
  - **failed**: 쿼리가 실패한 샤드 수다. 쿼리할 때 오류 또는 예외 사항이 발생한다.
- **hits**: 결과 수로, 다음과 같이 구성된다.
  - **total**: 쿼리와 일치하는 문서 수다.
  - **max_score**: 첫 번째 문서의 일치 점수다. 일반적으로 정렬 또는 필터링의 경우에는 일치 점수가 계산되지 않는다.
  - **hits**: 결과 문서 목록이다.

결과 문서는 많은 필드를 갖고 있고 검색 매개변수에 따라 다른 필드를 가진다. 가장 중요한 필드는 다음과 같다.

- **_index**: 문서를 갖고 있는 색인이다.
- **_type**: 문서 유형(_doc)이다. 향후 ES 버전에서 사라질 예정이다.
- **_id**: 문서 ID다.
- **_source**: 문서 원본이다(일래스틱서치로 전송되는 원본 JSON).
- **_score**: 문서의 쿼리 점수다(쿼리 점수가 필요하지 않으면 1.0).
- **sort**: 문서가 정렬돼 있으면 이 값이 사용된다.
- **highlight**: 강조가 필요하다면 강조된 부분이다.
- **stored_fields**: 원본 객체를 가져오지 않고도 얻을 수 있는 일부 필드다.
- **script_fields**: 스크립트로 계산되는 일부 필드다.

작동 원리

일래스틱서치의 검색은 여러 단계로 구성된 분산 컴퓨팅으로 주요 단계는 다음과 같다.

1. 마스터 또는 코디네이터 노드의 경우 쿼리 내용의 검증이 요구된다.
2. 쿼리에서 사용할 색인의 선택이 필요하다. 샤드가 임의로 선택된다.
3. 최신 검색 결과나 쿼리를 수집하는 데이터 노드의 쿼리 부분이 실행된다.
4. 마스터 및 코디네이터 노드에 결과가 집계되는 동시에 점수가 매겨진다.
5. 결과를 사용자에게 반환한다.

다음 그림은 클러스터에서 쿼리가 어떻게 분산되는지 보여준다.

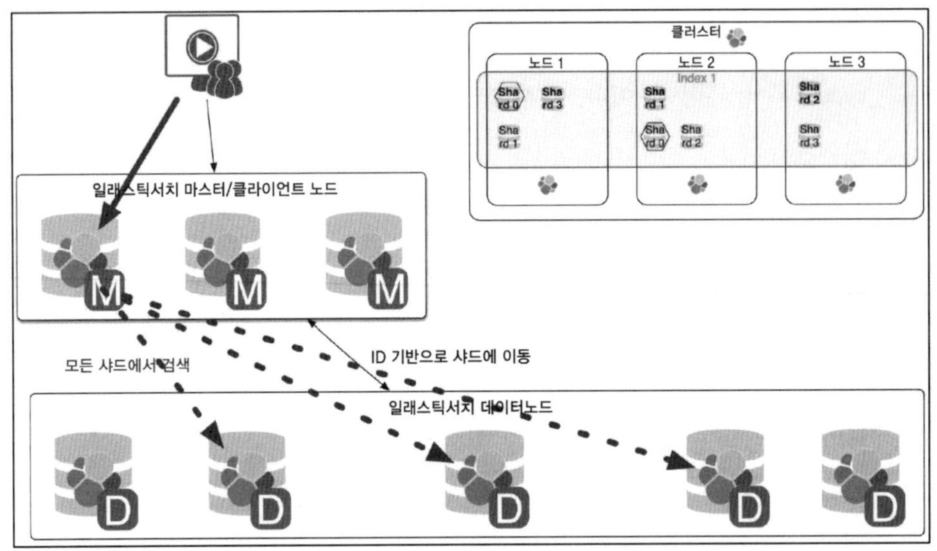

검색을 수행하는 HTTP 메서드는 GET이다(POST도 동작한다). REST 엔드포인트는 다음과 같다.

http://<서버>/_search

http://<서버>/<색인명(들)>/_search

NOTE

> 모든 HTTP 클라이언트가 GET 호출로 자료 전송을 허용하는 것은 아니다. 내용을 전송하려면 POST를 사용하는 것이 좋다

다중 색인과 유형은 쉼표로 분리된다. 색인이나 유형이 정의되면 검색은 색인이나 유형으로 한정된다. 색인명으로 여러 별칭이 사용될 수 있다.

주요 쿼리는 일반적으로 GET/POST 호출의 내용에 포함된다. 그러나 다음과 같이 URI 쿼리 매개변수에 여러 가지 옵션을 사용할 수 있다.

- **q**: 간단한 문자열 쿼리를 수행하기 위한 쿼리 문자열로 다음과 같다.

```
GET /mybooks/_search?q=uuid:11111
```

- **df**: 쿼리에 사용할 기본 필드로 다음과 같다.

```
GET /mybooks/_search?df=uuid&q=11111
```

- **from**(기본값: 0): 히트 결과 중 첫 번째 색인이다.
- **size**(기본값: 10): 반환할 히트 수다.
- **analyzer**: 사용할 기본 분석기다.
- **default_operator**(기본값: OR): AND 또는 OR를 지정한다.
- **explain**: 점수가 어떻게 계산되는지에 대한 정보를 반환하며 다음과 같이 추가한다.

```
GET /mybooks/_search?q=title:joe&explain=true
```

- **stored_fields**: 필수적으로 반환시킬 필드를 정의하며 다음과 같다.

```
GET /mybooks/_search?q=title:joe&stored_fields=title
```

- **sort**(기본값: score): 문서의 정렬 방식을 변경할 수 있다. 정렬은 기본적으로 오름차순이며 정렬 방식을 바꾸려면 다음과 같이 필드에 desc를 추가한다.

```
GET /mybooks/_search?sort=title.keyword:desc
```

- **timeout**(기본값: 비활성): 검색할 때 시간 초과를 정의한다. 일래스틱서치는 timeout까지 결과를 수집한다. 시간 초과가 발생하면 그동안 히트된 결과를 반환한다.
- **search_type**: 검색 유형을 정의한다. 일래스틱서치 온라인 문서(https://www.elastic.co/guide/en/elasticsearch/reference/current/search-request-search-type.html)를 참고한다.
- **track_scores**(기본값: false): true이면 점수를 추적하고 히트율과 함께 반환한다. 기본적으로 정렬은 일치 점수를 반환하지 않기 때문에 정렬과 함께 사용한다.
- **pretty**(기본값: false): true이면 반환값을 들여 쓰기해 출력한다.

일반적으로 검색 내용에 포함된 쿼리는 JSON 객체다. 검색 내용은 일래스틱서치 기능의 핵심이다. 검색 기능 목록은 각 배포판마다 확장된다. 일래스틱서치 현재 버전(7.x)에서 사용하는 매개변수는 다음과 같다.

- **query**: 실행할 쿼리를 포함한다. 이 장의 뒷부분에서 여러 시나리오를 취급하는 다른 종류의 쿼리 생성 방법을 살펴본다.
- **from**: 페이지 나누기를 제어한다. from 매개변수는 검색 결과의 최초 위치(기본값: 0)와 개수(기본값: 10)를 반환한다.

TIP

페이지 나누기는 현재 반환된 검색 결과에 적용된다. 많은 레코드가 동일한 점수이거나 새로운 문서가 적재되는 경우 동일한 쿼리는 다른 결과를 반환할 수 있다. 반복 없이 모든 문서 결과를 처리하려면 scan이나 scrollqueries를 실행해야 한다.

- **sort**: 검색된 문서의 순서를 변경한다. 이 옵션은 결과 정렬 예제에서 전반적으로 다룬다.
- **post_filter**: 집계된 숫자에 영향 없이 쿼리 결과를 필터링한다. 일반적으로 패싯[facet] 값으로 필터링할 때 사용한다.
- **_source**: 반환된 원본을 제어할 수 있게 한다. 비활성화(false)해 일부 원본만

반환(obj.*)하거나 다중의 제외/포함 규칙을 사용할 수 있다. 이 기능은 값을 반환하는 필드 대신 사용할 수 있다(이 내용은 온라인 일래스틱서치 사이트인 http://www.elasticsearch.org/guide/en/elasticsearch/reference/current/search-request-source-filtering.html을 참고한다).

- **fielddata_fields**: 필드의 필드 데이터 표현을 반환한다.
- **stored_fields**: 반환될 필드를 제어한다.

TIP

필요한 필드만 반환시키면 네트워크와 메모리 사용이 절약돼 성능이 향상된다. 사용자 정의 필드를 가져오는 데 제안하는 방법은 _source 필터링 기능을 사용하는 것으로 일래스틱서치의 추가 자원을 사용하지 않는다.

- **aggregations/aggs**: 집계 단계의 분석기를 제어한다. 이 부분은 5장에서 다룬다.
- **index_boost**: 색인별 강조 값을 정의할 수 있다. 강조된 색인 결과 점수를 증가/감소시키는 데 사용한다.
- **highlighting**: 쿼리 요약을 계산하는 데 사용하는 필드와 설정을 정의한다(이 장의 '결과 강조' 예제를 참고한다).
- **version**(기본값: false): 검색 결과에 문서 버전을 추가한다.
- **rescore**: 검색 결과 품질을 향상시키는 데 활용되는 점수에서 사용할 부가적인 쿼리를 정의한다. rescore 쿼리는 첫 번째 쿼리와 필터에서 일치된 결과에서 실행된다.
- **min_score**: 이 값을 지정하면 이 값보다 낮은 점수의 모든 결과 문서가 출력되지 않는다.
- **explain**: 특정 문서의 TD/IF 점수가 계산되는 방법에 대한 정보를 반환한다.
- **script_fields**: 일치된 결과와 함께 반환되는 스크립트를 통해 추가 필드를

계산하는 스크립트를 정의한다. 8장에서 일래스틱서치 스크립트를 살펴본다.

- **suggest**: 쿼리와 필드가 제공되면 이 쿼리에 관련된 중요한 용어를 반환한다. 이 매개변수를 사용하면 구글과 비슷한 기능을 구현할 수 있다('올바른 쿼리 추천' 예제를 참고한다).
- **search_type**: 일래스틱서치가 쿼리의 처리 방법을 반환한다. 이 장의 '스크롤 쿼리 실행' 예제에서 스크롤 쿼리를 살펴본다.
- **scroll**: 스크롤/스캔 쿼리의 스크롤을 제어한다. 스크롤은 DBMS의 커서와 동일한 일래스틱서치 기능이다.
- **_name**: 명명된 쿼리와 일치하는 모든 히트 결과를 반환한다. 불리언 정보와 일치하는 쿼리의 이름이 필요할 때 매우 유용하다.
- **search_after**: 가장 효율적인 스크롤 방법으로 검색 결과를 건너뛰게 한다. 이 장의 'search_after 기능 사용' 예제에서 이 기능을 살펴본다.
- **preference**: 쿼리를 수행하는 데 사용되는 쿼리를 선택하게 한다.

추가 사항

검색 결과 점수의 품질을 향상시키는 데 일래스틱서치는 rescore 기능을 제공한다. 예를 들어 쿼리에 많은 일치 쿼리 또는 스크립트가 포함된다면 이 기능은 일반적으로 훨씬 더 비싼(CPU 또는 시간이 걸리는) 쿼리로 최상위 문서 수를 다시 정렬할 수 있다. 이 접근 방식으로 결과의 작은 부분집합에 대해서만 rescore를 수행함으로써 전체 계산 시간과 자원 사용을 절감할 수 있다.

모든 쿼리와 같이 rescore 쿼리는 샤드 수준에서 실행되며 자동으로 분배된다.

TIP

> rescore 쿼리를 수행하는 데 가장 좋은 후보는 많은 중첩 옵션을 가진 복잡한 쿼리와 모든 것에 스크립트를 사용하는 경우다(스크립트 언어의 막대한 오버헤드 때문임).

다음 예시는 첫 번째 단계에 빠른 쿼리(불리언)를 수행하고 rescore 영역의 일치 쿼리로 쿼리 점수를 rescore하는 방법을 보여준다.

```
POST /mybook/_search
{
  "query": {
    "match": {
      "description": {
        "operator": "or",
        "query": "nice guy joe"
      }
    }
  },
  "rescore": {
    "window_size": 100,
    "query": {
      "rescore_query": {
        "match_phrase": {
          "description": {
            "query": "joe nice guy",
            "slop": 2
          }
        }
      },
      "query_weight": 0.8,
      "rescore_query_weight": 1.5
    }
  }
}
```

rescore 매개변수는 다음과 같다.

- **window_size**: 앞 예시는 100이다. rescore 기능에서 고려해야 할 샤드당 결과 수를 제어한다.
- **query_weight**: 기본값은 1.0이며 rescore_query_weight의 기본값은 1.0이다. 이들은 다음 계산식을 사용해 최종 점수를 계산하는 데 사용한다.

  final_score = query_score * query_weight + resource_score * resource_query_weight

사용자가 rescore 점수만 유지하고자 한다면 query_weight를 0으로 설정하면 된다.

참고 사항

이 예제와 관련한 추가적인 사항을 참고하려면 다음 예제를 살펴본다.

- 7장의 '집계 실행' 예제는 쿼리 중에 집계 프레임워크의 사용법을 설명한다.
- 이 장의 '결과 강조' 예제는 검색 결과에 대한 사용자 경험을 향상시키는 강조하기 기능의 사용법을 설명한다.
- 이 장의 '스크롤 쿼리 실행' 예제는 효과적인 결과 페이징 방법을 다룬다.
- 이 장의 '올바른 쿼리 추천' 예제는 텍스트 쿼리를 수정하는 데 도움이 된다.

결과 정렬

결과를 검색할 때 일래스틱서치의 표준 정렬 기준은 텍스트 쿼리와의 연관성이다. 실제 애플리케이션에서는 종종 다음과 같은 시나리오에서 정렬 기준을 제어해야 한다.

- 성과 이름으로 사용자를 정렬한다.
- 주식 기호 및 가격으로 항목을 정렬(오름차순 및 내림차순)한다.
- 크기, 파일 유형, 원본 등으로 문서를 정렬한다.
- 일부 하위 필드의 최댓값 또는 최솟값 또는 평균에 관련된 항목으로 정렬한다.

준비 사항

이 예제에서 코드를 실행하려면 1장의 '일래스틱서치 다운로드와 설치' 예제에서 기술된 대로 실행 중인 일래스틱서치 설치본이 필요하다.

명령을 실행하려면 `curl`(https://curl.haxx.se/) 및 포스트맨(https://www.getpostman.com/)과 유사한 HTTP 클라이언트가 필요하다. 일래스틱서치에 대한 더 원활한 문자 이스케이프와 코드 완성 기능을 제공하는 키바나 콘솔을 사용하는 것이 좋다.

다음의 명령을 올바르게 실행하려면 온라인 코드에서 사용할 수 있는 `ch04/populate_kibana.txt` 명령으로 배포시킨 색인이 필요하다.

작동 방법

결과를 정렬하려면 다음 절차를 수행한다.

1. 다음과 같이 쿼리에 정렬 영역을 추가한다.

```
GET /mybooks/_search
{
  "query": {
    "match_all": {}
  },
  "sort": [
```

```
    {
      "price": {
        "order": "asc",
        "mode": "avg",
        "unmapped_type": "double",
        "missing": "_last"
      }
    },
    "_score"
  ]
}
```

2. 반환된 결과는 다음과 같다.

```
...중략...
"hits" : {
  "total" : 3,
  "max_score" : null,
  "hits" : [
    {
      "_index" : "mybooks",
      "_type" : "_doc",
      "_id" : "1",
      "_score" : 1.0,
      "_source" : {
        ...중략...
        "price" : 4.3,
        "quantity" : 50
      },
      "sort" : [
        4.3,
        1.0
      ]
```

```
...중략...
```

정렬 결과는 매우 특이하다. 정렬에 사용되는 값을 수집하기 위한 추가 정렬 필드가 생성된다.

작동 원리

정렬 매개변수는 단순 문자열과 JSON 객체를 모두 포함하는 목록으로 정의된다. 정렬 문자열은 필드명(field1, field2, field2, field4 등)으로 정렬하는 데 사용하며 SQL의 order by와 유사하다.

JSON 객체에는 다음과 같이 추가적인 매개변수를 사용할 수 있다.

- **order**(asc 또는 desc): 정렬 방향을 오름차순(기본값) 또는 내림차순으로 정의한다.
- **unmapped_type**(long 또는 int 또는 double 또는 string 등): 값이 누락된 경우 정렬 매개변수의 유형을 정의한다. 누락된 값으로 인한 정렬 오류를 방지하고자 정의한다.
- **missing**(_last 또는 _first): 누락된 값의 관리 방법을 정의한다. 결과의 맨 뒤(_last)에 배치할지 또는 맨 앞(_first)에 배치할지를 정의한다.
- **mode**: 다중 값 필드의 관리 방법을 정의한다. 가능한 값은 다음과 같다.
    - **min**: 최솟값(항목에 대해 여러 가격이 존재하는 경우로 가장 낮은 값을 선택한다)이다.
    - **max**: 최댓값이다.
    - **sum**: 모든 값의 합계로 정렬 값이 계산된다. 이 모드는 수치 배열 필드에서만 사용할 수 있다.
    - **avg**: 모든 값의 평균으로 정렬 값이 계산된다. 이 모드는 수치 배열 필드에서만 사용할 수 있다.

- **median**: 정렬 값은 모든 값의 중간값이다. 이 모드는 수치 배열 필드에서만 사용할 수 있다.

TIP

정렬 목록에 연관된 점수 값을 추가하려면 _score 특수 필드를 추가해야 한다.

중첩된 객체를 정렬하는 경우 다음과 같이 두 개의 추가 매개변수가 필요하다.

- **nested_path**: 정렬에 사용될 중첩된 객체를 정의한다. 정렬로 정의된 필드는 nested_path의 상대 경로다. 정의하지 않으면 정렬 필드는 문서의 루트다.
- **nested_filter**: 정렬 값을 추출할 때 일치하지 않는 중첩 문서를 제거하는 데 사용되는 필터를 정의한다. 이 필터를 사용하면 정렬에 사용되는 값을 더 잘 선택할 수 있다.

예를 들어 person 문서에 중첩된 address 객체가 있고 city.name으로 정렬한다면 다음과 같이 사용할 수 있다.

- nested_path를 지정하지 않고 address.city.name을 사용한다.
- nested_path로 address를 지정하고 city.name을 사용한다.

TIP

정렬 절차에서는 비교를 위해 일치된 모든 쿼리 문서의 정렬 필드를 가져와야 한다. 대량의 메모리 사용을 방지하려면 수치 필드를 정렬하는 것이 좋고 문자열 정렬의 경우는 분석기가 텍스트를 토큰화하지 않게 짧은 텍스트 필드를 선택하는 것이 좋다.

추가 사항

정렬을 사용한다면 토큰화된 필드에 주의해야 한다. 오름차순이라면 정렬 순서는 가장 낮은 순서의 토큰에 의존하고 내림차순이라면 가장 높은 순서의 토큰에 의존하기 때문이다. 토큰화된 필드의 경우 이 동작은 용어 수준에서 실행하기 때문에 일반적인 정렬과는 다르다.

예를 들어 `title` 필드를 내림차순으로 정렬하려면 다음을 호출해야 한다.

```
GET /mybooks/_search?sort=title:desc
```

이 예시에 대한 결과는 다음과 같다.

```
{
  ...중략...
  "hits" : {
    "total" : 3,
    "max_score" : null,
    "hits" : [
    {
      "_index" : "mybooks",
      "_type" : "_doc",
      "_id" : "1",
      "_score" : null,
      "_source" : {
        ...중략...

        "title" : "Joe Tester",
        ...중략...

...
...
        "sort" : [
```

```
          "bill"
        ]
      }
    ]
  }
}
```

토큰화되지 않는 키워드 필드로도 예상 SQL 결과를 얻을 수 있다. 여기에서 `title.keyword`는 다음과 같다.

```
GET /mybooks/_search?sort=title.keyword:desc
```

결과는 다음과 같다.

```
{
  ...중략...
  "hits" : {
    "total" : 3,
    "max_score" : null,
    "hits" : [
...
...
        "_index" : "mybooks",
        "_type" : "_doc",
        "_id" : "2",
        ...중략...
        "sort" : [
          "Bill Baloney"
        ]
      }
    ]
```

```
    }
  }
```

두 가지의 특별한 정렬 유형이 있다(geo distance와 scripting).

geo distance 정렬은 순서를 계산하는 메트릭인 GeoPoint(위치)로 거리 정보를 사용한다. 정렬에 대한 예시는 다음과 같다.

```
...중략...
  "sort" : [
    {
      "_geo_distance" : {
        "pin.location" : [-70, 40],
        "order" : "asc",
        "unit" : "km"
      }
    }
  ],
...중략...
```

특정 매개변수를 제공하며 다음과 같다.

- **unit**: 거리를 계산하는 데 사용되는 메트릭을 정의한다.
- **distance_type**(sloppy_arc 또는 arc 또는 plane): 계산될 거리 유형을 정의한다. 필드명 _geo_distance는 필수다.

정렬의 참조 지점은 여러 가지 방식으로 정의할 수 있으며 2장의 'GeoPoint 필드 매핑' 예제에서 이미 다뤘다.

정렬에 스크립트를 사용하는 방법은 일래스틱서치의 스크립트 기능을 소개한 후 8장의 '스크립트로 데이터 정렬' 예제에서 다룬다.

참고 사항

이 예제와 관련한 추가적인 사항을 참고하려면 다음 예제를 참고한다.

- 2장의 'GeoPoint 필드 매핑' 예제는 GeoPoint 필드로 매핑을 올바르게 생성하는 방법을 설명한다.
- 8장의 '스크립트로 데이터 정렬' 예제는 정렬하는 값을 계산하는 사용자 정의 스크립트 사용법을 설명한다.

결과 강조

일래스틱서치는 대규모 텍스트 문서에서 일치된 결과를 찾는 작업을 잘 수행한다. 매우 큰 블록에서 텍스트를 찾는 데는 유익하지만 사용자의 경험을 증대시키려면 사용자에게 요약문(쿼리와 일치하는 문서의 작은 부분)을 보여줄 필요가 있다. 요약문은 일치하는 문서가 어떤 관련이 있는지 이해하는 데 도움을 준다.

일래스틱서치의 강조 기능은 이런 작업을 위해 설계돼 있다.

준비 사항

이 예제에서 코드를 실행하려면 1장의 '일래스틱서치 다운로드와 설치' 예제에서 기술된 대로 실행 중인 일래스틱서치 설치본이 필요하다.

명령을 실행하려면 `curl`(https://curl.haxx.se/) 및 포스트맨(https://www.getpostman.com/)과 유사한 HTTP 클라이언트가 필요하다. 일래스틱서치에 대한 더 원활한 문자 이스케이프와 코드 완성 기능을 제공하는 키바나 콘솔을 사용하는 것이 좋다.

명령을 올바르게 실행하려면 온라인 코드에서 사용할 수 있는 `ch04/populate_kibana.txt` 명령으로 배포시킨 색인이 필요하다.

작동 방법

검색 후 결과를 강조하려면 다음 절차를 수행한다.

1. 커맨드라인에서 다음과 같이 **highlight** 매개변수로 검색을 실행할 수 있다.

```
GET /mybooks/_search?from=0&size=10
{
  "query": {
    "query_string": {
      "query": "joe"
    }
  },
  "highlight": {
    "pre_tags": [
      ""
    ],
    "fields": {
      "description": {
        "order": "score"
      },
      "title": {
        "order": "score"
      }
    },
    "post_tags": [
      ""
    ]
  }
}
```

2. 정상 동작한다면 다음과 같은 결과를 반환한다.

```
{
  ...중략...
  "hits" : {
    "total" : 1,
    "max_score" : 1.0126973,
    "hits" : [
      {
        "_index" : "mybooks",
        "_type" : "_doc",
        "_id" : "1",
        "_score" : 1.0126973,
        ..중략...
        "highlight" : {
          "description" : [
            "<b>Joe</b> Testere nice guy"
          ],
          "title" : [
            "<b>Joe</b> Tester"
          ]
        }
      }
    ]
  }
}
```

결과에서 강조된 필드를 확인할 수 있으며 배열 안에 강조된 필드가 포함된 것을 확인할 수 있다.

작동 원리

강조 매개변수가 검색 객체에 전달될 때 일래스틱서치는 문서 결과에 강조 표시하기를 실행한다.

문서를 가져온 후 강조 처리 단계에서는 다음 절차로 강조 항목을 추출한다.

1. 쿼리에서 사용할 수 있는 용어를 수집한다.
2. 쿼리할 때 주어진 매개변수로 강조하기 기능을 시작한다.
3. 관심 필드가 stored이면 탑재하고 그렇지 않으면 원본에서 가져온다.
4. 더 연관된 부분을 감지하고자 단일 필드에서 쿼리를 수행한다.
5. 검색의 일치된 내용에 강조 표시를 추가한다.

강조 표시 기능의 사용은 매우 쉽지만 주의를 기울여야 할 몇 가지 중요 사항이 있다.

- 강조하기에 사용하는 필드는 반드시 다음 stored, source, stored term vector 필드 중 하나여야 한다.

TIP

> 일래스틱서치 강조하기는 term vector인 데이터 필드 존재 여부를 먼저 확인한다(강조하기를 수행하는 더 빠른 방법이다). 필드가 term vector(색인의 추가적인 텍스트 위치 데이터를 저장하는 특별한 색인 매개변수)를 사용하지 않는다면 stored 필드에서 필드 값을 탑재하려고 한다. 필드가 stored가 아니면 최종적으로 JSON 소스를 탑재하고 해석한 후 가능하다면 데이터 값을 추출한다. 마지막 접근법은 명백히 더 느리고 가장 자원 집중적이다.

- 특별한 분석기가 검색에 사용되더라도 강조하기로 전달된다(종종 자동으로 관리된다).

대량의 필드에 대해 강조하기를 수행할 때 다중 선택을 위해 와일드카드를 사용할 수 있다(title*처럼).

강조하기 필드 사용을 제어하기 위한 일반 속성은 다음과 같다.

- **order**: 일치하는 부분의 선택 순서를 정의한다.

- **force_source**: term vector 또는 stored 필드를 건너뛰고 소스에서 필드를 가져온다(기본값: false).
- **type**(선택, 유효한 값은 일반문, 포스팅 및 fvh[1]): 특정 강조하기 유형을 강제하는 데 사용한다.
- **number_of_fragment**: 기본값은 5다. 이 매개변수는 반환되는 부분의 수를 제어한다. 전역 또는 한 필드에 구성할 수 있다.
- **fragment_size**: 기본값은 100이다. 조각에 포함되는 문자 개수다. 전역 또는 한 필드에 구성할 수 있다.

강조하기 마크업을 제어하는 강조하기 객체에 전달되는 여러 선택 가능한 매개변수가 있으며 다음과 같다.

- **pre_tags/post_tags**: 강조된 텍스트에 사용되는 태그 목록이다.
- **tags_schema="styled"**: 이를 통해 순서가 지정된 다른 태그로 강조 표시를 하는 태그 스키마를 정의할 수 있다. 많은 pre_tags/post_tags 태그 정의를 줄이는 데 도움이 된다.
- **encoder**: 기본값은 html이다. html로 지정돼 있다면 검색 결과의 HTML 태그에 대해 이스케이프 처리한다.
- **require_field_match**: 기본값은 true다. false로 설정되면 쿼리와 일치하지 않는 필드에 대해서도 강조 표시가 허용된다.
- **boundary_chars**: 어절의 경계에 사용되는 문자 목록이다(즉, ;:/).
- **boundary_max_scan**: 기본값은 20이다. 강조 표시가 일치하는 경계를 스캔해야 하는 문자 개수를 제어한다. 더 좋은 조각fragment을 추출할 때 사용한다.
- **matched_fields**: 강조 표시를 실행할 때 다중 필드를 조합하게 해준다. 다른

1. fast vector highlighter이다. – 옮긴이

여러 분석기(표준, 언어 등)에서 분석된 다중 필드에 강조 표시하는 데 유용하다. 강조 표시자가 빠른 벡터 강조 표시자[FVH, Fast Vector Highlighter]일 때만 사용할 수 있다.

사용 예시는 다음과 같다.

```
{
  "query": {
    "query_string": {
      "query": "content.plain:some text",
      "fields": [
        "content"
      ]
    }
  },
  "highlight": {
    "order": "score",
    "fields": {
      "content": {
        "matched_fields": [
          "content",
          "content.plain"
        ],
        "type": "fvh"
      }
    }
  }
}
```

참고 사항

이 예제와 관련한 추가적인 사항을 참고하려면 다음 예제를 참고한다.

- 검색의 구조를 이해하려면 이 장의 '검색 실행' 예제를 참고한다.

- 강조 표시의 더 많은 예외적인 사례를 확인하려면 일래스틱서치 공식 문서인 https://www.elastic.co/guide/en/elasticsearch/reference/master/search-request-highlighting.html을 참고한다.

스크롤 쿼리 실행

쿼리가 실행될 때마다 결과가 계산되고 실시간으로 사용자에게 반환된다. 일래스틱서치에서 레코드에 대한 결정된 순서가 없으므로 커다란 블록에서의 페이지 나누기는 새로 추가되거나 삭제된 문서 및 동일한 점수의 문서 때문에 결과 간의 불일치를 초래한다.

스크롤 쿼리는 사용자가 모든 문서를 고유하게 반복할 수 있는 특별한 커서를 제공함으로써 이런 종류의 문제 해결을 시도한다.

준비 사항

이 예제에서 코드를 실행하려면 1장의 '일래스틱서치 다운로드와 설치' 예제에서 기술된 대로 실행 중인 일래스틱서치 설치본이 필요하다.

명령을 실행하려면 `curl`(https://curl.haxx.se/) 및 포스트맨(https://www.getpostman.com/)과 유사한 HTTP 클라이언트가 필요하다. 일래스틱서치에 대한 더 원활한 문자 이스케이프와 코드 완성 기능을 제공하는 키바나 콘솔을 사용하는 것이 좋다.

명령을 올바르게 실행하려면 온라인 코드에서 사용할 수 있는 `ch04/populate_kibana.txt` 명령으로 배포시킨 색인이 필요하다.

작동 방법

스크롤 쿼리를 실행하려면 다음 절차를 수행한다.

1. 커맨드라인에서 다음과 같이 스캔의 형태로 검색을 수행할 수 있다.

```
GET /mybooks/_search?scroll=10m&size=1
{
  "query": {
    "match_all": {}
  }
}
```

2. 정상적으로 동작하면 다음과 같은 결과를 반환한다.

```
{
  "_scroll_id" :
"DXF1ZXJ5QW5kRmV0Y2gBAAAAAAAHdMUWNHBwdFp4NGpTTS14Y3BpVlRfZDdSdw==",
  ...중략...
  "hits" : {
    "total" : 3,
    "max_score" : 1.0,
    "hits" : [
      {
        "_index" : "mybooks",
        "_type" : "_doc",
        "_id" : "1",
        "_score" : 1.0,
        ...중략...
      }
    ]
  }
}
```

3. 결과는 다음과 같이 구성된다.

  - **scroll_id**: 스크롤 레코드에 사용되는 값이다.
  - **took**: 쿼리를 실행하는 데 필요한 시간이다.
  - **timed_out**: 쿼리 시간 초과 여부다.
  - **_shards**: 쿼리하는 동안의 샤드 상태 정보를 보여준다.
  - **hits**: 히트된 결과 전체와 총합계다.

4. scroll_id로 다음과 같이 결과를 스크롤할 수 있다.

```
POST /_search/scroll
{
  "scroll" : "10m",
  "scroll_id" :
"DXF1ZXJ5QW5kRmV0Y2gBAAAAAAAHdMUWNHBwdFp4NGpTTS14Y3BpVlRfZDdSdw=="
}
```

5. 결과는 다음과 같다.

```
{
  "_scroll_id" :
"DXF1ZXJ5QW5kRmV0Y2gBAAAAAAAHdMUWNHBwdFp4NGpTTS14Y3BpVlRfZDdSdw==",
  ...중략...
  "hits" : {
    "total" : 3,
    "max_score" : 1.0,
    "hits" : [
      {
        "_index" : "mybooks",
        "_type" : "_doc",
```

```
            "_id" : "2",
            "_score" : 1.0,
            ...중략...
        }
      ]
    }
  }
```

NOTE

흥미로운 것을 탐구하는 독자를 위해 좀 더 설명을 하자면 scroll_id는 쿼리 유형과 내부 ID 정보를 포함하는 base64 값이다. 앞 예시의 경우 DXF1ZXJ5QW5kRmV0Y2gBAAAAAAAHdMUWNHBwdFp4NGpTTS14Y3BpVlRfZDdSdw==는 queryAndFetcht4pptZx4jSM-xcpiVT_d7Rw0에 해당한다.

작동 원리

스크롤 쿼리는 표준 검색으로 해석된다. 이런 유형의 검색은 대규모의 결과를 반복하도록 설계돼 있으므로 점수와 정렬 순서가 계산되지 않는다.

쿼리 단계 동안 모든 샤드는 시간 초과 시까지 메모리에 ID 상태를 저장한다. 스크롤 쿼리의 처리 절차는 다음과 같은 방식으로 진행된다.

1. 첫 번째 부분은 쿼리를 실행하고 결과를 얻을 때 사용할 scroll_id를 반환한다.
2. 두 번째 부분은 문서의 스크롤을 실행한다. 두 번째 단계를 반복하면 새로운 scroll_id를 얻을 수 있고 다른 나머지 문서를 얻을 수 있다.

TIP

커다란 세트의 레코드를 반복하려면 반드시 스크롤 쿼리를 사용해야 한다. 그렇지 않으면 중복된 레코드를 얻게 될 것이다.

스크롤 쿼리는 매번 실행되는 표준 쿼리와 유사하지만 쿼리 문자열에 전달해야 하는 특별한 매개변수가 있다.

`scroll=(timeout)` 매개변수로 사용자의 검색 히트 상태 유지 시간을 정의할 수 있다. 시간은 접미어 s를 사용해 표현할 수 있다(즉, 5s, 10s, 15s 등). 또는 접미어 m을 사용해 분을 정의할 수 있다(5m, 10m 등). 매우 긴 시간 초과 값을 사용하면 결과 ID가 유지되도록 노드에 많은 메모리가 준비돼 있어야 한다. 이 매개변수는 필수이므로 항상 제공돼야 한다.

추가 사항

스크롤은 재색인 작업이나 매우 큰 결과 세트를 반복해서 읽는 데 아주 유용하며 이런 종류의 작업을 하는 데 가장 좋은 방법은 모든 일치하는 문서를 가져오고 더 효율적인 처리를 위해 특별한 _doc 필드별 정렬을 사용하는 것이다.

```
GET /mybooks/_search?scroll=10m&size=1
{
  "query": {
    "match_all": {}
  }, "sort": [
    "_doc"
  ]
}
```

스크롤 결과는 스크롤 시간 초과까지 메모리에 유지된다. 스크롤을 더 이상 사용하지 않으면 메모리를 정리하는 것이 좋다. 일래스틱서치 메모리에서 스크롤을 제거하기 위한 명령은 다음과 같다.

- 스크롤 ID 또는 ID들을 알고 있다면 DELETE 스크롤 API를 호출할 때 이 ID들을 다음과 같이 제공할 수 있다.

```
DELETE /_search/scroll
{
  "scroll_id": [
    "DnF1ZXJ5VGhlbkZldGNoBQAA..."
  ]
}
```

모든 스크롤을 정리하려면 다음과 같이 `_all` 특수 키워드를 이용한다.

```
DELETE /_search/scroll/_all
```

참고 사항

이 예제와 관련한 추가적인 사항을 참고하려면 다음 예제를 참고한다.

- 검색 구조를 파악하려면 이 장의 '검색 실행' 예제를 참고한다.
- 다중 슬라이스에서 스크롤을 매핑하고자 슬라이스를 사용하는 예시를 제공하는 스크롤에 대한 공식 문서는 https://www.elastic.co/guide/en/elasticsearch/reference/master/search-request-scroll.html에서 확인할 수 있다.

search_after 기능 사용

`from`과 `size`를 이용하는 일래스틱서치의 표준 페이징은 대규모 데이터 세트에서는 매우 성능이 떨어진다. 이는 모든 쿼리마다 모든 결과를 계산하고 `from` 값 앞에서 버리기 때문이다. 스크롤은 이런 성능 문제를 갖고 있지 않지만 검색 정보를 유지하고자 많은 메모리를 소비하므로 빈번한 사용자 쿼리에는 사용할 수 없다.

이런 문제를 해결하고자 일래스틱서치 5.x 및 상위 버전은 search_after 기능을 제공해 스크롤 결과를 빠르게 건너뛰는 기능을 제공한다.

준비 사항

이 예제에서 코드를 실행하려면 1장의 '일래스틱서치 다운로드와 설치' 예제에서 기술된 대로 실행 중인 일래스틱서치 설치본이 필요하다.

명령을 실행하려면 curl(https://curl.haxx.se/) 및 포스트맨(https://www.getpostman.com/)과 유사한 HTTP 클라이언트가 필요하다. 일래스틱서치에 대한 더 원활한 문자 이스케이프와 코드 완성 기능을 제공하는 키바나 콘솔을 사용하는 것이 좋다.

명령을 올바르게 실행하려면 온라인 코드에서 사용할 수 있는 ch04/populate_kibana.txt 명령으로 배포시킨 색인이 필요하다.

작동 방법

스크롤 쿼리를 실행하려면 다음 절차를 수행한다.

1. 커맨드라인에서 검색을 수행할 수 있다. 다음과 같이 결과 값에 대한 정렬을 제공하고 마지막 매개변수로 문서의 _doc 또는 _id를 사용한다.

```
GET /mybooks/_search
{
  "size": 1,
  "query": {
    "match_all": {}
  },
  "sort": [
    {
```

```
      "price": "asc"
    },
    {
      "_doc": "desc"
    }
  ]
}
```

2. 정상적으로 동작하면 다음 결과를 반환한다.

```
{
  ...중략...
  "hits" : {
    "total" : 3,
    "max_score" : null,
    "hits" : [
      {
        "_index" : "mybooks",
        "_type" : "_doc",
        "_id" : "1",
        "_score" : null,
        "_source" : {
          "uuid" : "11111",
          "position" : 1,
          "title" : "Joe Tester",
          "description" : "Joe Testere nice guy",
          "date" : "2015-10-22",
          "price" : 4.3,
          "quantity" : 50
        },
        "sort" : [
          4.3,
          0
```

```
          ]
        }
      ]
    }
}
```

3. search_after 기능을 사용하려면 마지막 정렬 결과를 기록해둬야 한다. 여기서는 [4.3, 0]이다.

4. 다음 페이지 결과를 얻으려면 다음과 같이 마지막 레코드의 마지막 정렬 값으로 search_after 기능을 제공해야 한다.

```
GET /mybooks/_search
{
  "size": 1,
  "query": {
    "match_all": {}
  },
  "search_after": [
    4.3,
    0
  ],
  "sort": [
    {
      "price": "asc"
    },
    {
      "_doc": "desc"
    }
  ]
}
```

작동 원리

일래스틱서치는 데이터를 색인하는 데 루씬을 사용한다. 루씬 색인에서 모든 용어는 정렬돼 있고 정렬된 방식으로 저장되므로 루씬에서 값을 건너뛰는 것이 매우 빠른 것은 당연하다. 이 동작은 루씬 코어에서 skipTo 메서드로 관리한다. 이 동작은 메모리를 소비하지 않고 search_after의 경우 쿼리가 루씬 검색을 이용해 빠르게 건너뛰도록 search_after 값으로 구성하므로 결과적으로 페이징이 빨라진다.

search_after 기능은 일래스틱서치 5.x에서 도입됐으나 검색의 스크롤/페이징 결과에 대한 사용자의 경험을 향상시키기 위한 중요한 핵심 요소로 유지되고 있음에 틀림없다.

참고 사항

- 크기 페이징에 대한 검색 구조를 배우려면 이 장의 '검색 실행' 예제를 참고하고 쿼리로 값을 스크롤하기 위한 '스크롤 쿼리 실행' 예제를 참고한다.

결과에서 내부 히트 결과 반환

일래스틱서치에서 중첩 및 하위 문서를 사용할 때 복잡한 데이터 모델을 가질 수 있다. 일래스틱서치는 기본적으로 검색된 유형에 일치하는 문서만 반환하고 쿼리와 일치하는 하위 또는 중첩된 결과는 반환하지 않는다.

inner_hits 기능은 일래스틱서치 5.x부터 도입된 기능으로 이 기능을 제공한다.

준비 사항

이 예제에서 코드를 실행하려면 1장의 '일래스틱서치 다운로드와 설치' 예제에서 기술된 대로 실행 중인 일래스틱서치 설치본이 필요하다.

명령을 실행하려면 curl(https://curl.haxx.se/) 및 포스트맨(https://www.getpostman.com/)과 유사한 HTTP 클라이언트가 필요하다. 일래스틱서치에 대한 더 원활한 문자 이스케이프와 코드 완성 기능을 제공하는 키바나 콘솔을 사용하는 것이 좋다.

명령을 올바르게 실행하려면 온라인 코드에서 사용할 수 있는 ch04/populate_kibana.txt 명령으로 배포시킨 색인이 필요하다.

작동 방법

쿼리 시 내부에 히트된 결과를 반환받으려면 다음 절차를 수행한다.

1. 커맨드라인에서 다음과 같이 inner_hits를 추가한 호출을 실행한다.

```
POST /mybooks-join/_search
{
  "query": {
    "has_child": {
      "type": "author",
      "query": {
        "term": {
          "name": "peter"
        }
      },
      "inner_hits": {}
    }
  }
}
```

2. 정상적으로 동작하면 다음과 같은 결과가 일래스틱서치에서 반환된다.

```
{
  ...중략...
  "hits" : {
    "total" : 1,
    "max_score" : 1.0,
    "hits" : [
      {
        "_index" : "mybooks-join",
        "_type" : "_doc",
        "_id" : "1",
        "_score" : 1.0,
        "_source" : ...중략...,
        "inner_hits" : {
          "author" : {
            "hits" : {
              "total" : 1,
              "max_score" : 1.2039728,
              "hits" : [
                {
                  "_index" : "mybooks-join",
                  "_type" : "_doc",
                  "_id" : "a1",
                  "_score" : 1.2039728,
                  "_routing" : "1",
                  "_source" : {
                    "name" : "Peter",
                    "surname" : "Doyle",
                    "join" : {
                      "name" : "author",
                      "parent" : "1"
                    }
                  }
                }
```

```
                    ]
                  }
                }
              }
            }
          ]
        }
      }
```

작동 원리

중첩 또는 하위 쿼리를 실행하면 일래스틱서치는 다음과 같이 두 단계의 쿼리를 실행한다.

1. 중첩 또는 하위 쿼리를 실행하고 참조된 값에 대한 ID를 반환한다.
2. 1단계에서 반환된 ID로 필터를 추가한 쿼리의 나머지 부분을 수행한다.

일반적으로 중첩 또는 하위 쿼리 결과를 가져오지 않는다. 많은 메모리를 요구하기 때문이다. inner_hits를 사용하면 중첩 또는 하위 쿼리의 중간 히트 결과가 보존돼 사용자에 반환한다.

inner_hits로 반환된 문서를 제어하는 데 검색의 기본 매개변수를 사용할 수 있다. 이들은 from, size, sort, highlight, _source, explain, scripted_fields, docvalues_fields, version이다.

inner_hits를 명명하는 데 사용되는 특수 속성명도 있으며 이는 다중의 inner_hits 영역이 반환되는 경우 사용자가 쉽게 결정할 수 있게 해준다.

참고 사항

이 예제와 관련한 추가적인 사항을 참고하려면 다음 예제를 참고한다.

- 검색에서 히트 결과를 제어하는 모든 표준 매개변수를 확인하려면 이 장의 '검색 실행' 예제를 참고한다.
- 6장의 'has_child 쿼리 사용', 'top_children 쿼리 사용', 'has_parent 쿼리 사용', '중첩 쿼리 사용' 예제는 내부 히트에 이용되는 쿼리를 사용할 때 유용하다.

올바른 쿼리 추천

사용자가 타이핑 오류를 범하거나 문서를 작성할 때 단어 추천을 요구하는 것은 매우 일반적이다. 이런 문제는 일래스틱서치의 추천 기능으로 해결한다.

준비 사항

이 예제에서 코드를 실행하려면 1장의 '일래스틱서치 다운로드와 설치' 예제에서 기술된 대로 실행 중인 일래스틱서치 설치본이 필요하다.

명령을 실행하려면 curl(https://curl.haxx.se/) 및 포스트맨(https://www.getpostman.com/)과 유사한 HTTP 클라이언트가 필요하다. 일래스틱서치에 대한 더 원활한 문자 이스케이프와 코드 완성 기능을 제공하는 키바나 콘솔을 사용하는 것이 좋다.

명령을 올바르게 실행하려면 온라인 코드에서 사용할 수 있는 ch04/populate_kibana.txt 명령으로 배포시킨 색인이 필요하다.

작동 방법

쿼리에 관련된 용어를 추천하게 하려면 다음 절차를 수행한다.

1. 커맨드라인에서 다음과 같이 추천에 대한 호출을 실행한다.

```
GET /mybooks/_search
{
  "suggest": {
    "suggest1": {
      "text": "we find tester",
      "term": {
        "field": "description"
      }
    }
  }
}
```

2. 정상적으로 동작하면 일래스틱서치의 결과는 다음과 같다.

```
{
  ...중략...
  "suggest" : {
    "suggest1" : [
      {
        "text" : "we",
        "offset" : 0,
        "length" : 2,
        "options" : [ ]
      },
...
...
          {
```

```
                "text" : "testere",
                "score" : 0.8333333,
                "freq" : 2
              }
            ]
          }
        ]
      }
    }
```

결과는 다음으로 구성돼 있다.

- 쿼리 시의 샤드 상태
- 사용 가능한 후보를 갖는 토큰 목록

작동 원리

추천 영역은 모든 색인 샤드상의 수집한 용어 통계에 의해 동작한다. 루씬 필드 통계를 이용해 정확한 단어를 감지하는 것 또는 단어를 완성시키는 것이 가능하다. 이는 통계적 접근법이다.

용어와 구절을 추천하는 두 가지 유형이 있으며 다음과 같다.

- 사용하기 더 간단한 추천 방법은 용어 추천이다. 텍스트와 작업할 필드만 있으면 된다. 이에 대해 사용할 수 있는 여러 매개변수가 있다. 최소 단어 길이, 정렬 결과 방식 익히기, 추천 전략 등이다. 이에 대한 전체 자료는 일래스틱서치 웹 사이트의 https://www.elastic.co/guide/en/elasticsearch/reference/master/search-suggesters-term.html을 참고한다.
- 구절 추천은 추천이 필요한 단어 사이의 관계를 관리할 수 있다. 구철 추천은

용어 추천보다 덜 효율적이지만 더 나은 결과를 제공한다.

추천 API의 기능, 매개변수와 옵션은 종종 버전이 바뀌면 변경된다. 신규 추천은 플러그인으로 추가할 수 있다.

참고 사항

이 예제와 관련한 추가적인 사항을 참고하려면 다음 예제를 참고한다.

- 검색을 구성하는 방법을 배우려면 '검색 실행' 예제를 참고한다.
- 구절 추천 관련 온라인 문서는 https://www.elastic.co/guide/en/elasticsearch/reference/current/search-suggesters-phrase.html을 참고한다.
- 완벽한 추천 온라인 문서는 https://www.elastic.co/guide/en/elasticsearch/reference/current/search-suggesters-completion.html을 참고한다.
- 문맥 기반 추천 온라인 문서는 https://www.elastic.co/guide/en/elasticsearch/reference/current/suggester-context.html을 참고한다.

일치된 결과 개수 계산

종종 검색 결과 자체보다는 일치된 결과의 개수만 필요할 경우가 있다.

개수와 관련된 시나리오는 다음과 같다.

- 무엇인가의 개수를 반환한다.(블로그의 포스트 수, 포스트에 대한 댓글 수)
- 일부 항목이 사용 가능한지 검증, 포스트가 있는지? 댓글이 있는지?

준비 사항

이 예제에서 코드를 실행하려면 1장의 '일래스틱서치 다운로드와 설치' 예제에서 기술된 대로 실행 중인 일래스틱서치 설치본이 필요하다.

명령을 실행하려면 `curl`(https://curl.haxx.se/) 및 포스트맨(https://www.getpostman.com/)과 유사한 HTTP 클라이언트가 필요하다. 일래스틱서치에 대한 더 원활한 문자 이스케이프와 코드 완성 기능을 제공하는 키바나 콘솔을 사용하는 것이 좋다.

명령을 올바르게 실행하려면 온라인 코드에서 사용할 수 있는 `ch04/populate_kibana.txt` 명령으로 배포시킨 색인이 필요하다.

작동 방법

개수 세기 쿼리를 실행하려면 다음 절차를 따라한다.

1. 커맨드라인에서 다음과 같이 개수 세기 쿼리를 실행한다.

```
GET /mybooks/_count
{
  "query": {
    "match_all": {}
  }
}
```

2. 정상 동작한다면 일래스틱서치가 반환한 결과는 다음과 같다.

```
{
  "count" : 3,
  "_shards" : {
    "total" : 1,
```

```
        "successful" : 1,
        "skipped" : 0,
        "failed" : 0
    }
}
```

결과는 개수와 쿼리 시의 샤드 상태로 구성된다.

작동 원리

쿼리는 검색과 같은 방식으로 해석된다. 개수 세기 작업은 모든 샤드에 분배돼 처리되며 로우레벨의 루씬 개수 세기 호출로 실행된다. 모든 히트 샤드는 샤드별로 집계한 숫자를 사용자에게 반환한다.

NOTE

> 일래스틱서치에서 개수 세기 계산은 검색보다 빠르다. 결과에 대한 히트가 필요하지 않은 경우 count API를 사용하는 것이 좋은데, 더 빠르고 자원을 덜 사용하기 때문이다.

개수 세기를 계산하는 HTTP 메서드는 GET이다(POST도 동작한다). 그리고 REST 엔드포인트는 다음과 같다.

http://<서버>/_count

http://<서버>/<색인명(들)>/_count

다중 색인과 다중 타입은 쉼표로 분리된다. 색인이나 유형을 정의하면 검색은 색인이나 유형으로 한정된다. 색인명으로 별칭을 사용할 수 있다.

기본적으로 본문은 쿼리를 표현하는 데 사용된다. 그러나 단순 쿼리를 위해 q(쿼리 매개변수)가 사용될 수 있다. 예를 들어 다음 코드를 살펴보자.

```
GET /mybooks/_count?q=uuid:11111
```

추가 사항

일래스틱서치의 이전 버전에서 count API 호출(_count REST 시작 지점)은 사용자 정의 작업으로 구현됐다. 그러나 5.x 버전 이상에서 삭제됐다. 내부적으로 이전의 count API 호출은 크기를 0으로 지정한 표준 검색으로 구현된다.

이런 기법으로 검색 속도를 높일 뿐 아니라 네트워크 부하를 줄일 수 있다. 히트 결과를 반환하지 않는 이 접근 방식은 집계를 실행할 때 사용할 수 있다(7장에서 살펴본다).

이전 쿼리는 다음과 같이 실행할 수도 있다.

```
GET /mybooks/_count?q=uuid:11111
```

정상으로 동작하면 일래스틱서치로 반환된 결과는 다음과 같다.

```
{
  "count" : 1,
  "_shards" : {
    "total" : 1,
    "successful" : 1,
    "skipped" : 0,
    "failed" : 0
  }
}
```

개수 세기 결과(long 타입)는 표준 _search 결과의 hit.total로 사용할 수 있다.

참고 사항

이 예제와 관련한 추가적인 사항을 참고하려면 다음 예제를 참고한다.

- 페이징을 위해 크기를 사용하려면 이 장의 '검색 실행' 예제를 참고한다.
- 7장에서 집계를 사용하는 방법을 참고한다.

설명 쿼리

검색을 실행할 때 예상대로 쿼리와 일치하는 문서가 없는 것은 매우 일반적이다. 이런 시나리오를 쉽게 디버깅하고자 일래스틱서치는 설명explain 쿼리의 호출을 제공해 문서에 대해 점수가 계산되는 방식을 확인할 수 있게 한다.

준비 사항

이 예제에서 코드를 실행하려면 1장의 '일래스틱서치 다운로드와 설치' 예제에서 기술된 대로 실행 중인 일래스틱서치 설치본이 필요하다.

명령을 실행하려면 `curl`(https://curl.haxx.se/) 및 포스트맨(https://www.getpostman.com/)과 유사한 HTTP 클라이언트가 필요하다. 일래스틱서치에 대한 더 원활한 문자 이스케이프와 코드 완성 기능을 제공하는 키바나 콘솔을 사용하는 것이 좋다.

명령을 올바르게 실행하려면 온라인 코드에서 사용할 수 있는 `ch04/populate_kibana.txt` 명령으로 배포시킨 색인이 필요하다.

작동 방법

설명 쿼리를 호출하려면 다음 절차를 수행한다.

1. 커맨드라인에서 다음과 같이 문서에 대한 설명 쿼리를 실행한다.

```
GET /mybooks/_doc/1/_explain?pretty
{
  "query": {
    "term": {
      "uuid": "11111"
    }
  }
}
```

2. 정상적으로 동작하면 일래스틱서치의 반환 결과는 다음과 같다.

```
{
  "_index" : "mybooks",
  "_type" : "_doc",
  "_id" : "1",
  "matched" : true,
  "explanation" : {
    "value" : 0.9808292,
    "description" : "weight(uuid:11111 in 0) [PerFieldSimilarity], result
of:",
    "details" : [
...
...
        {
          "value" : 3,
          "description" : "N, total number of documents with field",
        }
    ]
  },
  ...중략...
}
```

결과에서 중요한 부분은 다음과 같다.

- **matched**: 쿼리에 대해 문서의 일치 여부를 알려준다.
- **explanation**: 설명[explain] 객체는 다음과 같이 구성된다.
    - **value**: 해당 쿼리 영역의 더블 스코어
    - **description**: 일치하는 토큰의 문자열 표현(와일드카드 또는 다중 용어의 경우 일치된 토큰에 대한 정보를 제공할 수 있다)
    - **details**: 설명 객체의 옵션 목록

작동 원리

설명 쿼리를 호출하면 루씬이 결과를 계산하는 방법을 볼 수 있다. 설명 객체의 description 영역에는 쿼리에 대한 루씬 표현이 포함돼 있다.

사용자가 설명 객체의 설명을 이해하고자 루씬 전문가가 될 필요는 없다. 그러나 설명은 쿼리가 어떻게 실행되고 용어가 어떻게 일치하는지에 대한 요약을 제공한다.

많은 하부 쿼리를 갖는 복잡한 쿼리는 디버그하기 매우 어려우며 주로 문서의 원하는 데이터 순서를 얻고자 일부 특수 필드를 부스팅하는 경우에 해당한다. 이런 경우 explain API를 사용하면 쿼리나 문서와 상호작용하는 방식으로 쉽게 디버깅할 수 있으므로 필드 부스팅을 관리하는 데 도움이 된다.

쿼리 프로파일링

이 기능은 일래스틱서치 5.x 또는 그 이상 버전에서 profile API로 사용할 수 있다. 이 API로 사용자는 검색이나 집계를 실행할 때 일래스틱서치가 소비한 시간을 추적할 수 있다.

준비 사항

이 예제에서 코드를 실행하려면 1장의 '일래스틱서치 다운로드와 설치' 예제에서 기술된 대로 실행 중인 일래스틱서치 설치본이 필요하다.

명령을 실행하려면 `curl`(https://curl.haxx.se/) 및 포스트맨(https://www.getpostman.com/)과 유사한 HTTP 클라이언트가 필요하다. 일래스틱서치에 대한 더 원활한 문자 이스케이프와 코드 완성 기능을 제공하는 키바나 콘솔을 사용하는 것이 좋다.

명령을 올바르게 실행하려면 온라인 코드에서 사용할 수 있는 `ch04/populate_kibana.txt` 명령으로 배포시킨 색인이 필요하다.

작동 방법

쿼리를 프로파일링하는 절차는 다음과 같다.

1. 커맨드라인에서 다음과 같이 프로파일을 `true`로 지정해 검색을 실행한다.

```
GET /mybooks/_search
{
  "profile": true,
  "query": {
    "term": {
      "uuid": "11111"
    }
  }
}
```

2. 정상적으로 동작하면 일래스틱서치에서 반환된 결과는 다음과 같다.

```
{
```

```
...중략...
"profile" : {
  "shards" : [
    {
      "id" : "[4pptZx4jSM-xcpiVT_d7Rw][mybooks][0]",
      "searches" : [
...
...
            ],
            "rewrite_time" : 5954,
            "collector" : [
              {
                "name" : "CancellableCollector",
                "reason" : "search_cancelled",
                "time_in_nanos" : 204857,
                "children" : [
                  {
                    "name" : "SimpleTopScoreDocCollector",
                    "reason" : "search_top_hits",
                    "time_in_nanos" : 12288
                  }
                ]
              }
            ]
          }
        ],
        "aggregations" : [ ]
      }
    ]
  }
}
```

결과는 매우 장황하다. 샤드 부분과 단일 히트 부분으로 나뉜다.

결과는 내부 루씬 매개변수의 세부 사항과 쿼리 유형(예, 용어 쿼리)을 노출한다. 각 단계마다 쿼리 시간의 병목 지점을 쉽게 찾을 수 있는 방식으로 시간이 추적된다.

작동 원리

profile API는 쿼리 실행 및 집계 시간을 추적하고자 일래스틱서치 5.x에 도입됐다. 쿼리가 실행될 때 프로파일링이 활성화돼 있다면 모든 내부 호출이 내부 도구 API를 사용해 추적된다. 이런 이유로 profile API는 서버에 오버헤드를 추가한다.

출력 또한 매우 장황하고 일래스틱서치와 루씬의 내부 컴포넌트에 종속적이므로 나중에 결과가 변경될 수 있다. 이 기능의 일반적인 사용법은 쿼리의 가장 느린 단계인 실행 시간 추적을 줄이고 최적화하는 것이다.

쿼리로 삭제

3장의 '문서 삭제' 예제에서 문서를 삭제하는 방법을 살펴봤다. 문서를 삭제하는 것은 매우 빠르지만 직접 접근하려면 문서의 ID를 알아야 하고 어떤 경우는 라우팅 값도 알아야 한다.

일래스틱서치는 기본적으로 설치되는 `re-index`라는 추가 모듈을 사용해 쿼리와 일치하는 모든 문서를 삭제하는 호출을 제공한다.

준비 사항

이 예제에서 코드를 실행하려면 1장의 '일래스틱서치 다운로드와 설치' 예제에서 기술된 대로 실행 중인 일래스틱서치 설치본이 필요하다.

명령을 실행하려면 `curl`(https://curl.haxx.se/) 및 포스트맨(https://www.getpostman.com/)과 유사한 HTTP 클라이언트가 필요하다. 일래스틱서치에 대한 더 원활한 문자 이스케이

프와 코드 완성 기능을 제공하는 키바나 콘솔을 사용하는 것이 좋다.

명령을 올바르게 실행하려면 온라인 코드에서 사용할 수 있는 `ch04/populate_kibana.txt` 명령으로 배포시킨 색인이 필요하다.

작동 방법

쿼리로 삭제하려면 다음 절차를 수행한다.

1. 커맨드라인에서 다음과 같이 쿼리를 실행한다.

```
POST /mybooks/_delete_by_query?pretty
{
  "query": {
    "match_all": {}
  }
}
```

2. 정상 동작하면 일래스틱서치에서 반환하는 결과는 다음과 같다.

```
{
  "took" : 10,
  "timed_out" : false,
  "total" : 3,
  "deleted" : 3,
  "batches" : 1,
  "version_conflicts" : 0,
  "noops" : 0,
  "retries" : {
    "bulk" : 0,
    "search" : 0
  },
```

```
    "throttled_millis" : 0,
    "requests_per_second" : -1.0,
    "throttled_until_millis" : 0,
    "failures" : [ ]
  }
```

반환 결과의 주요 구성 요소는 다음과 같다.

- **total**: 쿼리에 일치하는 문서 개수
- **deleted**: 삭제된 문서 개수
- **batches**: 문서를 삭제할 때 실행된 벌크(대량) 작업 개수
- **version_conflicts**: 벌크 작업할 때 버전 충돌로 삭제되지 않은 문서 개수
- **noops**: noop 이벤트로 실행되지 않은 문서 수
- **retries.bulk**: 재시도한 벌크 작업 수
- **retries.search**: 재시도한 검색 수
- **requests_per_second**: 실행된 초 동안의 요청 수(값이 정의돼 있지 않다면 -1.0)
- **throttled_millis**: request_per_second 값을 맞추기 위한 휴면 시간
- **throttled_until_millis**: 일반적으로 0이고 request_per_second 값이 지정돼 있다면 다음 요청 시간을 표시
- **failures**: 실패 배열

작동 원리

delete_by_query 기능은 다음 절차에 따라 자동으로 실행된다.

1. 마스터 노드에서 쿼리가 실행되고 결과가 스크롤된다.
2. 모든 벌크 크기 요소(기본값: 1000)에 대해 벌크가 실행된다.
3. 벌크 결과에 충돌이 있는지 확인한다. 충돌이 없다면 일치하는 모든 문서가 삭제될 때까지 새로운 벌크가 실행된다.

delete_by_query 호출은 자동으로 백엔드 부하[back pressure]를 관리한다(서버가 높은 부하 상태라면 삭제 명령 호출 비율을 낮춘다).

TIP

> 새로운 색인을 다시 색인하지 않고 모든 문서를 제거하길 원한다면 match_all 쿼리와 함께 delete_by_query를 사용하면 모든 문서를 제거할 수 있다. 이 호출은 SQL 언어의 truncate_table과 유사하다.

delete_by_query 명령을 수행하는 HTTP 메서드는 POST다. REST 엔드포인트는 다음과 같다.

http://<서버>/_delete_by_query

http://<서버>/<색인명(들)>/_delete_by_query

여러 색인은 고유한 이름으로, 쉼표로 구분해 정의할 수 있다. 색인이나 유형이 정의되면 검색은 정의된 범위로 한정된다. 색인명으로 별칭을 사용할 수 있다.

일반적으로 본문을 쿼리 표현식으로 사용하지만 단순한 쿼리를 위해 q(쿼리 매개변수)를 다음 예시와 같이 사용할 수 있다.

```
DELETE /mybooks/_delete_by_query?q=uuid:11111
```

추가 사항

추가적인 쿼리 매개변수는 다음과 같다.

- **conflicts**: proceed로 정의되면 버전이 충돌나면 호출이 종료되지 않고 에러를 건너뛰면서 실행을 끝낸다.
- **routing**: 일부 샤드만 목표로 할 때 사용한다.
- **scroll_size**: 스크롤과 벌크 크기를 제어한다(기본값은 1000).
- **request_per_seconds**(기본값은 -1.0): 초당 요청 처리수를 제어한다. 기본값은 무제한이다.

참고 사항

이 예제와 관련한 추가적인 사항을 참고하려면 다음 예제를 참고한다.

- 3장의 '문서 삭제' 예제는 단일 문서를 삭제할 때 유용하다.

쿼리로 갱신

3장의 '문서 갱신' 예제에서 문서를 갱신하는 방법을 살펴봤다.

update_by_query API 호출로 쿼리와 일치하는 모든 문서의 갱신을 실행할 수 있다. 다음을 수행해야 하는 경우 아주 유익하다.

- 쿼리와 일치하는 레코드의 부분집합을 재색인한다. 문서 매핑의 변경과 문서의 재처리가 필요한 경우 일반적이다.
- 쿼리와 일치하는 레코드의 값을 갱신한다.

갱신은 SQL update 명령의 일래스틱서치 버전이다.

이 기능은 기본적으로 설치된 reindex라고 부르는 추가 모듈로 제공된다.

준비 사항

이 예제에서 코드를 실행하려면 1장의 '일래스틱서치 다운로드와 설치' 예제에서 기술된 대로 실행 중인 일래스틱서치 설치본이 필요하다.

명령을 실행하려면 curl(https://curl.haxx.se/) 및 포스트맨(https://www.getpostman.com/)과 유사한 HTTP 클라이언트가 필요하다. 일래스틱서치에 대한 더 원활한 문자 이스케이프와 코드 완성 기능을 제공하는 키바나 콘솔을 사용하는 것이 좋다.

명령을 올바르게 실행하려면 온라인 코드에서 사용할 수 있는 ch04/populate_kibana.txt 명령으로 배포시킨 색인이 필요하다.

작동 방법

간단하게 문서를 재색인하는 쿼리로 갱신을 실행하려면 다음 절차를 수행한다.

1. 커맨드라인에서 다음과 같이 쿼리를 실행한다.

```
POST /mybooks/_update_by_query
{
  "query": {
    "match_all": {}
  },
  "script": {
    "source": "ctx._source.quantity=50"
  }
}
```

2. 정상적으로 실행되면 일래스틱의 반환 결과는 다음과 같다.

```
{
  "took" : 7,
  "timed_out" : false,
  "total" : 3,
  "updated" : 3,
  "deleted" : 0,
  "batches" : 1,
  "version_conflicts" : 0,
  "noops" : 0,
  "retries" : {
     "bulk" : 0,
     "search" : 0
  },
  "throttled_millis" : 0,
  "requests_per_second" : -1.0,
  "throttled_until_millis" : 0,
  "failures" : [ ]
}
```

결과의 중요한 부분은 다음과 같다.

- **total**: 쿼리와 일치하는 문서 수
- **updated**: 갱신된 문서 수
- **batches**: 문서를 갱신하는 데 실행된 벌크 작업 수
- **version_conflicts**: 벌크 작업 시에 버전 충돌로 삭제되지 않은 문서 수
- **noops**: noop 이벤트로 변경되지 않은 문서 수
- **retries.bulk**: 재시도된 벌크 작업 수
- **retries.search**: 재시도된 검색 수

- **requests_per_second**: 실행된 초당 요청 수(값이 설정돼 있지 않으면 -1.0)
- **throttled_millis**: **request_per_second** 값을 준수하기 위한 휴면 시간
- **throttled_until_millis**: 이 값은 일반적으로는 0이며 request_per_second 값이 설정된 경우 다음 요청 시간을 표시
- **failures**: 실패 배열

작동 원리

update_by_query 기능은 delete_by_query API와 아주 유사한 방식으로 동작하며 다음 절차로 자동 실행된다.

1. 마스터 노드에서 쿼리가 실행되고 결과가 스크롤된다.
2. 모든 벌크 크기 요소(기본값: 1000)에서 갱신 명령으로 벌크 작업이 실행된다.
3. 벌크 결과에 대해 충돌을 체크한다. 충돌이 없다면 새로운 벌크가 실행되며 일치된 모든 문서가 갱신될 때까지 검색이나 벌크 작업이 실행된다.

update_by_query를 실행하는 HTTP 메서드는 POST며 REST 엔드포인트는 다음과 같다.

http://<서버>/_update_by_query

http://<서버>/<색인명(들)>/<type_name(s)>/_update_by_query

다중 색인은 쉼표로 분리된 문자열로 지정한다. 색인이나 유형을 지정하면 검색은 이들로만 제한된다. 색인명으로 별칭을 사용할 수 있다. 추가 쿼리 매개변수는 다음과 같다.

- **conflicts**: proceed로 설정되면 버전 충돌이 있을 때 호출이 종료되지 않는다. 오류를 건너뛰고 실행을 완료한다.
- **routing**: 일부 샤드만 대상으로 사용된다.
- **scroll_size**: 스크롤 및 벌크 작업 크기(기본 크기는 1000)를 제어한다.
- **request_per_seconds**(기본값: -1.0): 1초에 실행할 수 있는 요청 수를 제어한다. 기본값은 무제한이다.

추가 사항

update_by_query API는 본문에 스크립트 영역을 허용한다. 이런 방식은 문서의 부분집합에서 사용자 정의 갱신을 실행하는 강력한 도구가 될 수 있다(8장에서 스크립트를 자세히 살펴본다). SQL의 update 명령과 유사하다고 볼 수 있다.

이 기능으로 다음과 같이 새 필드를 추가하고 스크립트로 필드 값을 초기화할 수 있다.

```
POST /mybooks/_update_by_query
{
  "script": {
    "source": "ctx._source.hit=4"
  }, "query": {
    " match_all": {}
  }
}
```

앞의 예시는 쿼리와 일치하는 모든 문서에 4로 지정된 hit 필드를 추가한다. 이는 다음의 SQL 명령과 유사하다.

```
update mybooks set hit=4
```

NOTE

> update_by_query API는 일래스틱서치가 제공하는 가장 강력한 도구 중 하나다.

참고 사항

3장의 '문서 갱신' 예제는 단일 문서의 갱신을 실행하는 데 유용하다.

모든 문서 매칭

`match_all` 쿼리는 가장 일반적인 쿼리 중 하나다. 이런 종류의 쿼리로 사용자는 색인에서 사용할 수 있는 모든 문서를 반환받을 수 있다. `match_all`과 다른 쿼리 동작은 일래스틱서치 쿼리 DSL 중 일부다.

준비 사항

이 예제에서 코드를 실행하려면 1장의 '일래스틱서치 다운로드와 설치' 예제에서 기술된 대로 실행 중인 일래스틱서치 설치본이 필요하다.

명령을 실행하려면 `curl`(https://curl.haxx.se/) 및 포스트맨(https://www.getpostman.com/)과 유사한 HTTP 클라이언트가 필요하다. 일래스틱서치에 대한 더 원활한 문자 이스케이프와 코드 완성 기능을 제공하는 키바나 콘솔을 사용하는 것이 좋다.

명령을 올바르게 실행하려면 온라인 코드에서 사용할 수 있는 `ch04/populate_kibana.txt` 명령으로 배포시킨 색인이 필요하다.

작동 방법

match_all 쿼리를 수행하고자 다음 절차를 수행한다.

1. 커맨드라인에서 다음과 같이 쿼리를 실행한다.

```
POST /mybooks/_search
{
  "query": {
    "match_all": {}
  }
}
```

2. 정상 동작한다면 일래스틱서치의 반환 결과는 다음과 같다.

```
{
  "took" : 0,
  "timed_out" : false,
  "_shards" : {
    "total" : 1,
    "successful" : 1,
    "skipped" : 0,
    "failed" : 0
  },
  "hits" : {
    "total" : 3,
    "max_score" : 1.0,
    "hits" : [
      {
        "_index" : "mybooks",
        "_type" : "_doc",
        "_id" : "1",
        "_score" : 1.0,
        "_source" : {
```

```
                "date" : "2015-10-22",
                "hit" : 4,
                "quantity" : 50,
                "price" : 4.3,
                "description" : "Joe Testere nice guy",
                "position" : 1,
                "title" : "Joe Tester",
                "uuid" : "11111"
              }
            },
            ...중략...
          ]
        }
      }
```

반환 결과는 표준 쿼리 결과로 이 장의 '검색 실행' 예제에서 확인한 것과 같다.

작동 원리

match_all 쿼리는 가장 일반적인 쿼리 중 하나다. 점수 계산이 필요하지 않으므로 더 빠르다(루씬의 ConstantScoreQuery를 래핑했다).

NOTE

> 검색 객체에 아무 쿼리도 지정돼 있지 않은 경우 match_all이 기본 쿼리다.

참고 사항

더 많은 정보를 위해 이 장의 '검색 실행' 예제를 참고한다.

불리언 쿼리 사용

검색 엔진을 사용하는 대부분 사람은 때때로 플러스(+) 및 마이너스(-) 문법을 사용해 검색어를 포함하거나 제외했다. 불리언 쿼리boolean query는 쿼리에 포함, 제외, 선택적으로(필수적으로) 포함 또는 필터링할 쿼리를 프로그램적으로 정의하는 데 사용한다.

이런 종류의 쿼리는 이 장에서 볼 수 있는 많은 단순한 쿼리나 필터를 집계하는 복잡한 쿼리를 구성할 수 있으므로 가장 중요한 쿼리 중 하나다.

검색에서 두 가지 주요 개념이 중요하다(쿼리와 필터). 쿼리는 내장 루씬 점수 내기 알고리듬을 사용해 점수낸 결과 의미한다. 필터의 경우 결과는 점수 없이 일치된 결과다. 필터는 점수를 계산할 필요가 없으므로 일반적으로 빠르고 캐시될 수 있다.

준비 사항

이 예제에서 코드를 실행하려면 1장의 '일래스틱서치 다운로드와 설치' 예제에서 기술된 대로 실행 중인 일래스틱서치 설치본이 필요하다.

명령을 실행하려면 `curl`(https://curl.haxx.se/) 및 포스트맨(https://www.getpostman.com/)과 유사한 HTTP 클라이언트가 필요하다. 일래스틱서치에 대한 더 원활한 문자 이스케이프와 코드 완성 기능을 제공하는 키바나 콘솔을 사용하는 것이 좋다.

명령을 올바르게 실행하려면 온라인 코드에서 사용할 수 있는 `ch04/populate_kibana.txt` 명령으로 배포시킨 색인이 필요하다.

작동 방법

불리언 쿼리를 실행하려면 다음 절차를 수행한다.

1. 다음과 같은 명령으로 불리언 쿼리를 실행할 수 있다.

```
POST /mybooks/_search
{
  "query": {
    "bool": {
      "must": [
        {
          "term": {
            "description": "joe"
          }
        }
      ],
...
...
      "filter": [
        {
          "term": {
            "description": "joe"
          }
        }
      ],
      "minimum_should_match": 1,
      "boost": 1
    }
  }
}
```

2. 일래스틱서치로 반환된 결과는 이전 예제와 유사하지만 여기에서는 하나의 레코드를 반환한다(id: 1).

작동 원리

불리언 쿼리는 종종 많은 단순한 쿼리를 사용해 대규모 쿼리를 구성하는 데 사용되므로 가장 많이 사용되는 쿼리 중 하나다. 다음 네 부분 중 하나는 필수다.

- **must**: 쿼리 목록이 반드시 충족돼야 한다. 모든 must 쿼리들은 히트된 결과를 반환하고자 검증돼야 한다. 모든 하위 쿼리가 있는 AND 필터로 볼 수 있다.
- **must_not**: 반드시 일치하지 않는 쿼리 목록이다. AND 쿼리가 아닌 필터로 볼 수 있다.
- **should**: 검증될 수 있는 쿼리 목록이다. 이러한 쿼리의 최소 개수와 값은 minimum_should_match로 제어한다(기본값: 1).
- **filter**: 필터로 사용될 쿼리 목록이다. 이를 통해 사용자는 점수와 연관성을 변경하지 않고 결과를 필터링할 수 있다. 필터 쿼리는 점수를 계산하지 않기 때문에 표준 쿼리보다 더 빠르다.

추가 사항

불리언으로 다중 하부 쿼리를 정의하는 경우 결과에 일치하는 쿼리는 무엇이든 애플리케이션 수준에서 매우 중요할 수 있음을 명심하라. 일반적으로는 결과 범위를 좁히는 것이 더 좋다. 이런 결과를 얻으려면 special_name 속성을 사용할 수 있고 쿼리 컴포넌트를 정의할 수 있다.

```
POST /mybooks/_search
{
  "query": {
    "bool": {
      "should": [
        {
```

```
          "term": {
            "uuid": {
              "value": "11111",
              "_name": "uuid:11111:matched"
            }
          }
        },
        {
          "term": {
            "uuid": {
              "value": "22222",
              "_name": "uuid:22222:matched"
            }
          }
        }
      ],
      "filter": [
        {
          "term": {
            "description": {
              "value": "joe",
              "_name": "fiter:term:joe"
            }
          }
        }
      ],
      "minimum_should_match": 1,
      "boost": 1
    }
  }
}
```

일치한 모든 문서에 대해 결과에는 일치된 쿼리가 포함된다.

```
{
  ...중략...
  "hits" : {
    "total" : 1,
    "max_score" : 0.9808292,
    "hits" : [
      {
        "_index" : "mybooks",
        "_type" : "_doc",
        "_id" : "1",
        "_score" : 0.9808292,
        ...중략...
        "matched_queries" : [
          "uuid:11111:matched",
          "fiter:term:joe"
        ]
      }
    ]
  }
}
```

검색 템플릿 사용

일래스틱서치는 템플릿과 채울 수 있는 일부 매개변수를 제공하는 기능을 제공한다. 이 기능으로 사용자는 .scripts 색인에 저장된 쿼리 템플릿을 관리하고 애플리케이션 코드의 수정 없이 이들을 변경시킬 수 있으므로 매우 유용하다.

준비 사항

이 예제에서 코드를 실행하려면 1장의 '일래스틱서치 다운로드와 설치' 예제에서 기술된 대로 실행 중인 일래스틱서치 설치본이 필요하다.

명령을 실행하려면 curl(https://curl.haxx.se/) 및 포스트맨(https://www.getpostman.com/)과 유사한 HTTP 클라이언트가 필요하다. 일래스틱서치에 대한 더 원활한 문자 이스케이프와 코드 완성 기능을 제공하는 키바나 콘솔을 사용하는 것이 좋다.

명령을 올바르게 실행하려면 온라인 코드에서 사용할 수 있는 ch04/populate_kibana.txt 명령으로 배포시킨 색인이 필요하다.

작동 방법

템플릿 쿼리template query는 두 가지 컴포넌트로 구성돼 있다(쿼리와 채워야 하는 매개변수). 템플릿 쿼리를 여러 가지 방식으로 실행할 수 있다. 이 예제에서는 5장에서 탐색할 여러 쿼리 유형을 살펴본다. 새로운 REST 엔드포인트인 _search/template을 사용하는 것이 템플릿을 사용하기 위한 가장 좋은 방법이다. 이를 사용하려면 다음 절차를 실행한다.

1. 다음과 같이 쿼리를 실행한다.

```
POST /_search/template
{
  "source": {
    "query": {
      "term": {
        "uuid": "{{value}}"
      }
    }
  },
  "params": {
```

```
    "value": "22222"
  }
}
```

2. 정상 동작한다면 일래스틱서치의 반환 결과는 다음과 같다.


```
{
  "took" : 3,
  "timed_out" : false,
  "_shards" : {
    "total" : 3,
    "successful" : 3,
    "skipped" : 0,
    "failed" : 0
  },
  "hits" : {
    "total" : 1,
    "max_score" : 0.9808292,
    "hits" : [
      {
        "_index" : "mybooks",
        "_type" : "_doc",
        "_id" : "2",
        "_score" : 0.9808292,
        "_source" : {
          "uuid" : "22222",
          "position" : 2,
          "title" : "Bill Baloney",
          "description" : "Bill Testere nice guy",
          "date" : "2016-06-12",
          "price" : 5,
          "quantity" : 34
        }
```

```
      }
    ]
  }
}
```

색인에 저장된 템플릿을 사용하는 경우의 절차는 다음과 같다.

1. .scripts 색인에 템플릿을 저장한다.

```
POST _scripts/myTemplate
{
  "script": {
    "lang": "mustache",
    "source": {
      "query": {
        "term": {
          "uuid": "{{value}}"
        }
      }
    }
  }
}
```

2. 이제 다음 코드로 템플릿을 호출할 수 있다.

```
POST /mybooks/_search/template
{
  "id": "myTemplate",
  "params": {
    "value": "22222"
  }
}
```

저장된 템플릿이 있고 이를 검사하려면 REST `render` 엔드포인트를 사용한다.

NOTE

> 색인된 템플릿과 스크립트는 `.script` 색인에 저장돼 있다. 이것은 일반 색인으로, 표준 데이터 색인으로 관리할 수 있다.

주로 디버깅 목적으로 쿼리 템플릿을 렌더링하려면 다음 절차를 따른다.

1. `_render/template` REST로 템플릿을 렌더링한다.

```
POST /_render/template
{
  "id": "myTemplate",
  "params": {
    "value": "22222"
  }
}
```

결과는 다음과 같다.

```
{
  "template_output" : {
    "query" : {
      "term" : {
        "uuid" : "22222"
      }
    }
  }
}
```

작동 원리

템플릿 쿼리는 다음의 두 가지 컴포넌트로 구성된다.

- 템플릿은 일래스틱서치에서 지원하는 쿼리 객체다. 템플릿은 **mustache**(http://mustache.github.io/) 문법을 사용하며 **mustache**는 템플릿을 표현하는 아주 일반적인 문법이다.
- 템플릿을 채우는 데 사용되는 선택적 매개변수 딕셔너리다.

검색 쿼리가 호출될 때 템플릿이 탑재되고 매개변수의 데이터로 채워지고 일반 쿼리로 실행된다. 템플릿 쿼리는 다른 값을 대입해 동일한 쿼리를 사용하게 하는 지름길이다.

일반적으로 템플릿은 표준적인 방식으로 쿼리를 실행하고 템플릿 절차에서 필요시 매개변수를 추가함으로써 생성한다. **mustache** 문법은 매우 풍부하고 기본값, JSON 이스케이핑, 조건부 부분 등을 제공한다(공식 문서 https://www.elastic.co/guide/en/elasticsearch/reference/master/search-template.html은 모든 정보를 다룬다).

이를 통해 애플리케이션 코드에 있는 쿼리 실행 부분을 제거하고 이를 파일 시스템이나 색인에 저장할 수 있다.

참고 사항

이 예제와 관련한 추가적인 사항을 참고하려면 다음 예제를 참고한다.

- 템플릿 문법을 더 배우려면 공식 **mustache** 문서인 http://mustache.github.io/를 확인한다.
- 템플릿 문법을 사용하는 더 많은 예시는 https://www.elastic.co/guide/en/elasticsearch/reference/master/search-template.html에 있는 검색 템플릿에

대한 일래스틱서치 공식 문서를 확인한다.

- 쿼리 사용의 몇 가지 샘플이 있는 https://www.elastic.co/guide/en/elasticsearch/reference/master/query-dsl-template-query.html의 쿼리 템플릿에 대한 일래스틱서치 공식 문서를 확인한다.

05

텍스트와 숫자 쿼리

5장에서는 텍스트와 숫자를 검색할 때 사용하는 쿼리를 살펴본다. 이 쿼리들은 일래스틱서치에서 사용하는 더 간단하면서도 가장 일반적인 쿼리다. 5장의 앞부분에서는 단순 용어와 다중 용어[terms] 쿼리에서 복잡한 쿼리 문자열 쿼리까지 텍스트 쿼리를 다룬다. 매핑에 기반을 둔 올바른 쿼리를 선택하고자 쿼리가 매핑과 어떻게 밀접한 관련이 있는지 이해할 수 있을 것이다.

5장의 뒷부분에서는 필드를 다루는 많은 특수 쿼리부터 문자열에 대한 복잡한 쿼리 작성 도우미, 쿼리 템플릿을 살펴본다.

5장에서 다루는 내용은 다음과 같다.

- 용어 쿼리 사용하기
- 다중 용어 쿼리 사용하기
- 접두어 쿼리 사용하기
- 와일드카드 쿼리 사용하기

- 정규식 쿼리 사용하기
- span 쿼리 사용하기
- 일치 쿼리 사용하기
- 쿼리 문자열 쿼리 사용하기
- 단순 쿼리 문자열 쿼리 사용하기
- 범위 쿼리 사용하기
- 일반 용어 쿼리 사용하기
- ID 쿼리 사용하기
- 함수 점수 쿼리 사용하기
- exists 쿼리 사용하기

용어 쿼리 사용

특정 용어의 검색이나 필터링은 자주 활용된다. 용어 쿼리는 정확한 값을 검색하는 데 사용하며 일반적으로 처리 속도가 빠르다.

용어 쿼리는 SQL의 등호(=) 쿼리와 같다.

준비 사항

이 예제에서 코드를 실행하려면 1장의 '일래스틱서치 다운로드와 설치' 예제에서 기술된 대로 실행 중인 일래스틱서치 설치본이 필요하다.

명령을 실행하려면 `curl`(https://curl.haxx.se/) 및 포스트맨(https://www.getpostman.com/)과 유사한 HTTP 클라이언트가 필요하다. 일래스틱서치에 대한 더 원활한 문자 이스케이

프와 코드 완성 기능을 제공하는 키바나 콘솔을 사용하는 것이 좋다.

명령을 올바르게 실행하려면 온라인 코드에서 사용할 수 있는 ch05/kibana_commands_005.txt 명령으로 배포시킨 색인이 필요하다.

작동 방법

용어 쿼리를 실행하려면 다음 절차를 실행한다.

1. 커맨드라인에서 다음과 같이 용어 쿼리를 실행한다.

```
POST /mybooks/_search
{
  "query": {
    "term": {
      "uuid": "33333"
    }
  }
}
```

2. 정상적으로 동작하면 결과가 다음과 같이 반환된다.

```
{
  "took" : 0,
  "timed_out" : false,
  "_shards" : {
    "total" : 1,
    "successful" : 1,
    "skipped" : 0,
    "failed" : 0
  },
  "hits" : {
```

```
      "total" : 1,
      "max_score" : 0.9808292,
      "hits" : [
        {
          "_index" : "mybooks",
          "_type" : "_doc",
          "_id" : "3",
          "_score" : 0.9808292,
          "_source" : {
            "uuid" : "33333",
            "position" : 3,
            "title" : "Bill Klingon",
            "description" : "Bill is not\n nice guy",
            "date" : "2017-09-21",
            "price" : 6,
            "quantity" : 33
          }
        }
      ]
    }
  }
```


3. 용어 쿼리를 필터로 실행하려면 필터를 불리언 쿼리에 포함시켜야 한다. 그런 후 다음과 같이 실행시키면 된다.

```
POST /mybooks/_search
{
  "query": {
    "bool": {
      "filter": {
        "term": {
          "uuid": "33333"
        }
```

```
      }
    }
  }
}
```

4. 정상적으로 동작하면 결과가 다음과 같이 반환된다.


```
{
  "took" : 0,
  "timed_out" : false,
  "_shards" : {
    "total" : 1,
    "successful" : 1,
    "skipped" : 0,
    "failed" : 0
  },
  "hits" : {
    "total" : 1,
    "max_score" : 0.0,
    "hits" : [
      {
        "_index" : "mybooks",
        "_type" : "_doc",
        "_id" : "3",
        "_score" : 0.0,
        "_source" : {
          "uuid" : "33333",
          "position" : 3,
          "title" : "Bill Klingon",
          "description" : "Bill is not\n nice guy",
          "date" : "2017-09-21",
          "price" : 6,
          "quantity" : 33
        }
```

```
          }
        ]
      }
    }
```

쿼리 결과는 4장의 '검색 실행' 예제에서 살펴본 것과 같은 표준 쿼리 결과다.

작동 원리

루씬은 역색인으로 필드에서 용어나 값을 찾는 가장 빠른 엔진 중 하나가 됐다. 루씬에서 색인되는 모든 필드는 특별한 유형을 가진 빠른 검색 구조로 변환된다.

- 텍스트는 단일 토큰으로 분석되거나 저장되는 경우 토큰으로 분할된다.
- 숫자 필드는 가장 빠른 이진 형태로 변환된다.
- 날짜 및 날짜-시간 필드는 이진 형태로 변환된다.

일래스틱서치에서는 이들 모든 변환 단계가 자동으로 관리된다. 값과 별개로 용어를 검색하면 일래스틱서치가 필드의 올바른 형식을 사용해 아카이브한 것을 알 수 있다.

내부적으로는 용어 쿼리를 수행하는 동안 용어와 일치하는 모든 문서가 수집된 후 점수score로 정렬된다(점수는 루씬에 따르며 기본적으로 BM25 유사성 알고리듬을 사용한다).

NOTE

> 일래스틱서치의 유사성 알고리듬 세부 사항은 https://www.elastic.co/guide/en/elasticsearch/eference/master/index-modules-similarity.html을 참고한다.

이전 검색의 결과를 살펴보면 용어 쿼리의 일치에 대한 점수는 `0.30685282`인 반면에 필터 점수는 `1.0`이다. 샘플수가 아주 적다면 점수 계산에 필요한 시간은 무시할 수준이지만 수십억 개라면 훨씬 더 많은 시간이 소요된다.

TIP

점수가 중요하지 않다면 용어 필터를 사용한다.

점수가 중요하지 않다면 쿼리보다 필터를 사용한다. 일반적인 시나리오는 다음과 같다.

- 권한 필터
- 수치 필터
- 범위 필터

NOTE

필터 쿼리는 필터를 먼저 적용해 문서 범위 축소 후 쿼리를 실행해 검색한다.

추가 사항

용어 일치는 루씬과 일래스틱서치의 기반이다. 이들 쿼리를 올바르게 사용하려면 필드가 색인되는 방식에 주의해야 한다.

2장에서 살펴본 것처럼 색인된 필드의 용어들은 해당 필드를 색인하는 데 사용되는 분석기에 따라 달라진다. 이 개념을 더 잘 이해하려면 다음 표의 여러 분석기에 따른 구문에 대한 표현을 참고하면 된다. 표준 문자열 분석기의 경우 `Peter's house is big`과 같은 구문 결과는 다음과 같다.

매핑 색인	분석기	토큰
"index": false	(색인 없음)	(토큰 없음)
"type": "keyword"	KeywordAnalyzer	["Peter's house is big"]
"type": "text"	StandardAnalyzer	["peter", "s", "house", "is", "big"]

검색의 일반적인 함정은 분석기나 매핑 구성을 잘못 이해하는 것과 관련이 있다. 기본 분석기로 KeywordAnalyzer가 사용되며 필드를 토큰화하지 않고 문자열 변경 없이 하나의 토큰으로 저장한다.

StandardAnalyzer는 type="text" 필드가 기본이며 공백 문자와 문장 부호를 이용해 토큰화한 후 모든 토큰을 소문자로 변환한다. 쿼리를 분석하려면 색인할 때 동일한 분석기를 사용해야 한다(기본값).

앞의 예시에서 구문을 StandardAnalyzer로 분석하면 Peter라는 용어는 검색이 안 되지만 peter라는 용어는 검색된다. StandardAnalyzer가 용어를 소문자로 바꿨기 때문이다.

TIP

> 동일 필드에 대해 하나 이상의 검색 전략이 필요한 경우 다른 분석기를 사용하는 필드 속성을 이용해야 한다.

다중 용어 쿼리 사용

앞 형태의 검색은 단일 용어 검색에는 아주 적합하다. 여러 용어를 검색하는 데는 두 가지 방법이 있다(불리언 쿼리 또는 다중 용어 쿼리).

준비 사항

이 예제에서 코드를 실행하려면 1장의 '일래스틱서치 다운로드와 설치' 예제에서 기술된 대로 실행 중인 일래스틱서치 설치본이 필요하다.

명령을 실행하려면 `curl`(https://curl.haxx.se/) 및 포스트맨(https://www.getpostman.com/)과 유사한 HTTP 클라이언트가 필요하다. 일래스틱서치에 대한 더 원활한 문자 이스케이프와 코드 완성 기능을 제공하는 키바나 콘솔을 사용하는 것이 좋다.

명령을 올바르게 실행하려면 온라인 코드에서 사용할 수 있는 `ch04/populate_kibana.txt` 명령으로 배포시킨 색인이 필요하다.

작동 방법

다중 용어 쿼리를 실행하려면 다음 절차를 실행한다.

1. 커맨드라인에서 다음과 같이 다중 용어 쿼리를 실행한다.

```
POST /mybooks/_search
{
  "query": {
    "bool": {
      "filter": {
        "term": {
          "uuid": [
            "33333",
            "32222"
          ]
        }
      }
    }
  }
}
```

```
}
```

2. 정상적으로 동작하면 결과가 다음과 같이 반환된다.


```
{
  "took" : 0,
  "timed_out" : false,
  "_shards" : {
    "total" : 1,
    "successful" : 1,
    "skipped" : 0,
    "failed" : 0
  },
  "hits" : {
    "total" : 1,
    "max_score" : 1.0,
    "hits" : [
      {
        "_index" : "mybooks",
        "_type" : "_doc",
        "_id" : "3",
        "_score" : 1.0,
        "_source" : {
          "uuid" : "33333",
          "position" : 3,
          "title" : "Bill Klingon",
          "description" : "Bill is not\n nice guy",
          "date" : "2017-09-21",
          "price" : 6,
          "quantity" : 33
        }
      }
    ]
```

```
    }
  }
```

작동 원리

다중 용어 쿼리는 앞에서 다룬 용어 쿼리와 관련이 있다(용어 쿼리를 확대해 다중 값 검색을 지원한다). 이 호출은 아주 유용한데, 다중 값을 필터링하는 개념은 매우 일반적이기 때문이다. 전통적인 SQL에서는 `where`절의 `in` 키워드로 실행할 수 있다. 예를 들면 `Select * from *** where color in ("red", "green")`이다.

앞의 예시에서 쿼리는 33333 또는 22222를 갖는 uuid를 검색한다. 다중 용어 쿼리는 용어 일치 기능의 단순한 도우미 이상이다. 다중 용어 쿼리는 쿼리 동작을 제어하는 다음과 같은 추가 매개변수를 정의할 수도 있다.

- **minimum_match/minimum_should_match**: 쿼리를 검증할 때 필수 일치 단어 수를 제어한다.

```
"terms": {
  "color": ["red", "blue", "white"],
  "minimum_should_match":2
}
```

- 앞의 쿼리는 color 필드에 적색, 녹색, 백색 중 적어도 두 개의 값을 갖는 모든 문서를 검색 결과로 반환한다.
- **boost**: 표준 쿼리의 boost 값으로 쿼리의 가중치를 수정하는 데 사용된다. 이 값은 아주 유용한데, 최종 문서의 점수를 높이고자 일치된 용어에 더 많은 연관성을 부여할 수 있다.

추가 사항

다중 용어 쿼리는 아주 강력하므로 검색 성능을 약간 높이고자 쿼리 중에 다른 문서에서 해당 용어를 가져올 수 있다.

이는 아주 일반적인 시나리오다. 예를 들어 사용자가 연결된 그룹 목록을 포함하고 있고 일부 그룹에서만 볼 수 있는 문서를 필터링하기 원한다고 가정해보자. 의사코드는 다음과 같다.

```
GET /my-index/document/_search
{
  "query": {
    "terms": {
      "can_see_groups": {
        "index": "my-index",
        "type": "user",
        "id": "1bw71LaxSzSp_zV6NB_YGg",
        "path": "groups"
      }
    }
  }
}
```

앞의 예시에서 그룹 목록은 (색인, 형식, ID로 항상 식별되는) 문서 및 문서에 넣을 값을 포함하고 있는 경로(필드)를 런타임에 가져온다. 라우팅 매개변수 역시 지원된다.

NOTE

> 많은 단어를 포함한 용어 쿼리의 실행은 매우 느리다. 이를 방지하고자 단어 수가 65,536개로 제한된다. 필요시 index.max_terms_count 값을 변경해 이 값을 올릴 수 있다.

다음 예시와 같이 SQL에도 유사한 패턴이 있다.

```
select * from xxx where can_see_group in (select groups from user
where user_id='1bw71LaxSzSp_zV6NB_YGg')
```

일반적으로 NoSQL 데이터 저장소는 조인[join]을 지원하지 않으며 데이터는 검색을 위해 비정규화 또는 다른 기술로 최적화된다.

일래스틱서치는 SQL 조인과 유사한 어떠한 기능도 제공하지 않지만 다음과 같은 유사한 대안을 제공한다.

- 조인 필드를 이용한 부모/자식 쿼리
- 중첩 쿼리
- 외부 문서 용어 가져오기로 필터링된 용어

참고 사항

이 예제와 관련한 추가적인 정보는 다음 예제를 참고한다.

- 4장의 '검색 실행' 예제
- 이 장의 '용어 쿼리 사용' 예제
- 4장의 '불리언 쿼리 사용' 예제
- 6장의 'has_parent 쿼리 사용', 'has_child 사용', '중첩된 쿼리 사용' 예제

접두어 쿼리 사용

접두어 쿼리는 단어의 첫 부분을 아는 경우 사용된다. 잘린 단어나 부분 단어를 완성시킬 수 있다.

준비 사항

이 예제에서 코드를 실행하려면 1장의 '일래스틱서치 다운로드와 설치' 예제에서 기술된 대로 실행 중인 일래스틱서치 설치본이 필요하다.

명령을 실행하려면 `curl`(https://curl.haxx.se/) 및 포스트맨(https://www.getpostman.com/)과 유사한 HTTP 클라이언트가 필요하다. 일래스틱서치에 대한 더 원활한 문자 이스케이프와 코드 완성 기능을 제공하는 키바나 콘솔을 사용하는 것이 좋다.

명령을 올바르게 실행하려면 온라인 코드에서 사용할 수 있는 `ch04/populate_kibana.txt` 명령으로 배포시킨 색인이 필요하다.

작동 방법

접두어 쿼리를 실행하려면 다음 절차를 실행한다.

1. 커맨드라인에서 접두어 쿼리를 다음과 같이 실행한다.

```
POST /mybooks/_search
{
  "query": {
    "prefix": {
      "uuid": "222"
    }
  }
}
```

2. 정상적으로 동작하면 결과가 다음과 같이 반환된다.

```
{
  "took" : 13,
```

```
  "timed_out" : false,
  "_shards" : {
    "total" : 1,
    "successful" : 1,
    "skipped" : 0,
    "failed" : 0
  },
  "hits" : {
    "total" : 1,
    "max_score" : 1.0,
    "hits" : [
      {
        "_index" : "mybooks",
        "_type" : "_doc",
        "_id" : "2",
        "_score" : 1.0,
        "_source" : {
          "uuid" : "22222",
          "position" : 2,
          "title" : "Bill Klingon",
          "description" : "Bill Testere nice guy",
          "date" : "2016-06-12",
          "price" : 5
          "quantity" : 34
        }
      }
    ]
  }
}
```

작동 원리

접두어 쿼리가 실행될 때 루씬은 공통 접두어로 건너뛰는 특별한 방법을 사용한다.

따라서 접두어 쿼리의 실행은 매우 빠르다.

일반적으로 접두어 쿼리는 다음과 같은 용어의 완성이 필요한 경우 사용된다.

- 이름 완성
- 코드 완성
- 유형 완성

일래스틱서치에서 트리 구조를 설계할 때 항목의 ID에 계층적인 관계가 포함돼 있다면(이런 접근을 구체화된 경로[materialized path]라고 한다) 애플리케이션의 필터링 속도를 크게 높일 수 있다. 다음의 예시는 `id`의 구체화된 경로를 사용해 과일[fruit]과 채소[vegetable] 범주를 모델링하는 방법을 보여준다.

Id	요소
`001`	Fruit
`00102`	Apple
`0010201`	Green Apple
`0010202`	Red Apple
`00103`	Melon
`0010301`	White Melon
`002`	Vegetables

앞의 예시에서 트리 구조 정보를 포함하는 ID를 구조화했으며 다음과 같은 쿼리를 작성할 수 있다.

- 모든 fruits으로 필터링

```
"prefix": {"fruit_id": "001" }
```

- 모든 apple 유형으로 필터링

```
"prefix": {"fruit_id": "00102" }
```

- 모든 vegetables 유형으로 필터링

```
"prefix": {"fruit_id": "002" }
```

아주 큰 데이터 세트를 갖는 표준 SQL parent_id와 비교한다면 조인의 감소와 루씬의 빠른 검색 성능으로 몇 밀리초 내에 검색하는 데 비해 SQL은 몇 초 내지 몇 분이 소요될 것이다.

TIP

> 올바른 방식으로 데이터를 구조화하면 획기적인 성능 향상이 달성된다.

추가 사항

접두어 쿼리는 단어 뒷부분을 검색하는 데 유용하다. 예를 들어 사용자가 파일명 필드에서 확장자가 png로 끝나는 문서를 검색해야 한다고 가정하자. 일반적으로 사용자는 성능이 떨어지는 정규식 쿼리로 .*png와 같은 형식으로 검색하려 할 것이다. 정규식은 필드의 모든 단어를 확인해야 하고 결과적으로 계산 속도가 매우 오래 걸릴 것이다.

가장 좋은 방법은 역분석기[reverse analyzer]로 파일명 필드를 색인해 접미어를 접두어로 바꾸는 것이다.

이를 달성하려면 다음 절차를 수행한다.

1. 색인 수준에서 reverse_analyzer를 정의하고 이를 settings에 추가한다.

```
{
  "settings": {
    "analysis": {
      "analyzer": {
        "reverse_analyzer": {
          "type": "custom",
          "tokenizer": "keyword",
          "filter": [
            "lowercase",
            "reverse"
          ]
        }
      }
    }
  }
}
```

2. filename 필드를 정의할 때 부속 필드에 reverse_analyzer를 사용한다.

```
"filename": {
  "type": "keyword",
  "fields": {
    "rev": {
      "type": "text",
      "analyzer": "reverse_analyzer"
    }
  }
}
```

3. 다음 쿼리와 같이 접두어 쿼리를 사용해 검색할 수 있다.

```
"query": {
   "prefix": {
      "filename.rev": ".jpg"
   }
}
```

이 방식으로 파일명 myTest.png를 색인하면 일래스틱서치의 내부 데이터는 다음과 같이 저장된다.

```
filename:"myTest.png"
filename.rev:"gnp.tsetym"
```

텍스트 분석기는 접두어의 색인과 검색에 사용되므로 .png는 쿼리를 실행할 때 gnp로 자동 처리될 것이다.

단어 뒷부분을 매칭하는 데 정규식에서 접두어로 이동함으로써 실행 시간을 몇 초에서 몇 밀리초로 단축시킬 수 있다.

참고 사항

- '용어 쿼리 사용' 예제는 일래스틱서치의 전체 용어 검색에 대한 예제다.

와일드카드 쿼리 사용

와일드카드 쿼리wildcard query는 단어 일부를 아는 경우 사용된다. 잘린 단어나 일부 단어를 완성할 수 있다. 시스템 셸에서 파일에 대한 명령으로 종종 사용되기 때문에 잘 알려져 있다(예시: `ls *.jps`).

준비 사항

이 예제에서 코드를 실행하려면 1장의 '일래스틱서치 다운로드와 설치' 예제에서 기술된 대로 실행 중인 일래스틱서치 설치본이 필요하다.

명령을 실행하려면 `curl`(https://curl.haxx.se/) 및 포스트맨(https://www.getpostman.com/)과 유사한 HTTP 클라이언트가 필요하다. 일래스틱서치에 대한 더 원활한 문자 이스케이프와 코드 완성 기능을 제공하는 키바나 콘솔을 사용하는 것이 좋다.

명령을 올바르게 실행하려면 온라인 코드에서 사용할 수 있는 `ch04/populate_kibana.txt` 명령으로 배포시킨 색인이 필요하다.

작동 방법

와일드카드 쿼리를 실행하려면 다음 절차를 수행한다.

1. 커맨드라인에서 다음과 같이 와일드카드 쿼리를 실행한다.

```
POST /mybooks/_search
{
  "query": {
    "wildcard": {
      "uuid": "22?2*"
    }
```

```
  }
}
```

2. 정상적으로 동작하면 결과가 다음과 같이 반환된다.

```
{
  "took" : 2,
  "timed_out" : false,
  "_shards" : {
    "total" : 1,
    "successful" : 1,
    "skipped" : 0,
    "failed" : 0
  },
  "hits" : {
    "total" : 1,
    "max_score" : 1.0,
    "hits" : [
      {
        "_index" : "mybooks",
        "_type" : "_doc",
        "_id" : "2",
        "_score" : 1.0,
        "_source" : {
          "uuid" : "22222",
          "position" : 2,
          "title" : "Bill Baloney",
          "description" : "Bill Testere nice guy",
          "date" : "2016-06-12",
          "price" : 5
          "quantity" : 34
        }
      }
```

```
      ]
    }
  }
```

작동 원리

와일드카드는 정규식과 매우 유사하지만 두 개의 특수 문자만 사용한다.

- *: 0개 이상의 문자와 일치함을 의미한다.
- ?: 하나의 문자와 일치함을 의미한다.

쿼리 실행 동안 검색 필드의 모든 용어는 와일드카드 쿼리에 일치한다. 따라서 와일드카드 쿼리의 성능은 단어의 카디널리티cardinality(등장 횟수)에 의존한다.

TIP

> 성능을 향상시키려면 * 또는 ?로 시작하는 와일드카드 쿼리는 실행하지 말아야 한다.
>
> 검색 성능을 높이려면 처리되는 단어 수를 줄이도록 일부 시작 문자에 루씬의 skipTo 메서드를 사용하는 것이 좋다.

참고 사항

이 예제와 관련한 추가적인 정보는 다음 예제를 참고한다.

- 와일드카드보다 더 복잡한 규칙에 대한 '정규식 쿼리 사용' 예제
- 접두어로 시작되는 용어에 대한 '접두어 쿼리 사용' 예제

정규식 쿼리 사용

앞의 예제에서 다른 여러 용어 쿼리를 살펴봤다(다중 용어, 접두어, 와일드카드). 또 다른 강력한 용어 쿼리는 정규식 쿼리regexp query다.

준비 사항

이 예제에서 코드를 실행하려면 1장의 '일래스틱서치 다운로드와 설치' 예제에서 기술된 대로 실행 중인 일래스틱서치 설치본이 필요하다.

명령을 실행하려면 **curl**(https://curl.haxx.se/) 및 포스트맨(https://www.getpostman.com/)과 유사한 HTTP 클라이언트가 필요하다. 일래스틱서치에 대한 더 원활한 문자 이스케이프와 코드 완성 기능을 제공하는 키바나 콘솔을 사용하는 것이 좋다.

명령을 올바르게 실행하려면 온라인 코드에서 사용할 수 있는 **ch04/populate_kibana.txt** 명령으로 배포시킨 색인이 필요하다.

작동 방법

정규식 쿼리를 실행하려면 다음 절차를 수행한다.

1. 커맨드라인에서 다음과 같이 정규식 쿼리를 실행한다.

```
POST /mybooks/_search
{
  "query": {
    "regexp": {
      "description": {
        "value": "j.*",
        "flags": "INTERSECTION|COMPLEMENT|EMPTY"
      }
```

```
    }
  }
}
```

2. 정상적으로 동작하면 결과가 다음과 같이 반환된다.

```
{
  "took" : 0,
  "timed_out" : false,
  "_shards" : {
    "total" : 1,
    "successful" : 1,
    "skipped" : 0,
    "failed" : 0
  },
  "hits" : {
    "total" : 1,
    "max_score" : 1.0,
    "hits" : [
      {
        "_index" : "mybooks",
        "_type" : "_doc",
        "_id" : "1",
        "_score" : 1.0,
        "_source" : {
          "uuid" : "11111",
          "position" : 1,
          "title" : "Joe Tester",
          "description" : "Joe Testere nice guy",
          "date" : "2015-10-22",
          "price" : 4.3
          "quantity" : 50
        }
```

```
        }
      ]
    }
  }
```

일치된 정규식 결과 점수는 항상 1.0이다.

작동 원리

정규식 쿼리는 문서의 모든 단어에 대해 정규식을 수행한다. 내부적으로 루씬은 성능 향상을 위해 자동으로 정규식을 컴파일한다. 따라서 일반적으로 사용된 정규식에 따라 성능이 달라지므로 쿼리 성능이 좋지 않다.

정규식 쿼리 성능을 올리는 좋은 접근 방법은 와일드카드로 시작하지 않는 정규식을 사용하는 것이다. 이 처리를 제어하고자 사용되는 매개변수는 다음과 같다.

- **boost**(기본값: 1.0): 이 쿼리의 점수를 높이는 데 사용되는 값이 포함된다.
- **flags**: 파이프 |로 구분된 하나 이상의 플래그 목록이다. 사용할 수 있는 플래그는 다음과 같다.
    - **ALL**: 모든 선택적인 정규식 구문을 활성화한다.
    - **ANYSTRING**: 모든 문자열(@)을 활성화한다.
    - **AUTOMATON**: 자동화된 식별자(<identifier>)를 활성화한다.
    - **COMPLEMENT**: 보수complement(~)를 활성화한다.
    - **EMPTY**: 빈 언어empty language(#)를 활성화한다.
    - **INTERSECTION**: 교집합(&)을 활성화한다.
    - **INTERVAL**: 숫자 간격(<n-m>)을 활성화한다.

- **NONE**: 선택적 정규식 구문을 활성화하지 않는다.

TIP

> 검색 성능 저하를 방지하려면 .*로 시작하는 정규식을 실행해서는 안 된다. 대신 역분석기로 처리된 문자열에 접두어 쿼리를 사용하라.

참고 사항

이 예제와 관련한 추가적인 정보는 다음 예제를 참고한다.

- 루씬이 사용하는 정규식 문법은 https://www.elastic.co/guide/en/elasticsearch/reference/master/query-dsl-regexp-query.html의 정규식 쿼리 공식 문서를 참고한다.
- 용어의 일부로 시작하는 정규식 쿼리의 부분집합은 '접두어 쿼리 사용' 예제를 참고한다.
- 정규식을 와일드카드 쿼리로 재작성하는 경우 '와일드카드 쿼리 사용' 예제를 참고한다.

span 쿼리 사용

표준 데이터베이스(SQL, MongDB, Riak, CouchDB와 같은 많은 NoSQL 데이터베이스)와 일래스틱서치의 가장 큰 차이는 텍스트 쿼리를 표현하는 편리한 기능에 있다는 점이다. span 쿼리군은 위치를 이용해 텍스트 토큰의 순서를 제어하는 쿼리 그룹이다. 표준 쿼리는 텍스트 토큰 위치를 고려하지 않는다.

span 쿼리를 사용하면 여러 종류의 쿼리를 정의할 수 있다.

- 정확한 구문 쿼리
- 정확한 어구 쿼리(예를 들어 that is, take off, give up)
- slop(검색된 단어 사이의 다른 토큰, 즉 slop 2를 가진 the man으로 the strong man, the old wise man 등을 검색할 수 있다)을 가진 부분 구문 쿼리

준비 사항

이 예제에서 코드를 실행하려면 1장의 '일래스틱서치 다운로드와 설치' 예제에서 기술된 대로 실행 중인 일래스틱서치 설치본이 필요하다.

명령을 실행하려면 `curl`(https://curl.haxx.se/) 및 포스트맨(https://www.getpostman.com/)과 유사한 HTTP 클라이언트가 필요하다. 일래스틱서치에 대한 더 원활한 문자 이스케이프와 코드 완성 기능을 제공하는 키바나 콘솔을 사용하는 것이 좋다.

명령을 올바르게 실행하려면 온라인 코드에서 사용할 수 있는 `ch04/populate_kibana.txt` 명령으로 배포시킨 색인이 필요하다.

작동 방법

span 쿼리를 실행하려면 다음 절차를 수행한다.

1. span 쿼리의 주요 요소는 `span_term`이며 사용법은 용어의 표준 쿼리와 유사하다. 하나 이상의 `span_term`를 집계해 span 쿼리를 구성할 수 있다.
2. `span_first` 쿼리는 `span_term`이 최초 토큰 또는 부근에서 일치하는 쿼리를 정의하며 코드는 다음과 같다.

```
POST /mybooks/_search
```

```
{
  "query": {
    "span_first": {
      "match": {
        "span_term": {
          "description": "joe"
        }
      },
      "end": 5
    }
  }
}
```

3. span_or 쿼리는 span 쿼리에서 다중 값을 정의하는 데 사용한다. 다음과 같이 단순 동의어를 검색할 때 매우 편리하다.

```
POST /mybooks/_search
{
  "query": {
    "span_or": {
      "clauses": [
        {
          "span_term": {
            "description": "nice"
          }
        },
        {
          "span_term": {
            "description": "cool"
          }
        },
        {
          "span_term": {
```

```
                "description": "wonderful"
              }
            },
          ]
        }
      }
    }
```

span_or 쿼리의 핵심은 절 목록list of clauses이며 일치하는 span_term을 포함하기 때문이다.

1. span_or와 유사하게 span_multi 쿼리가 있으며 접두어, 와일드카드 등과 같은 다중 용어 쿼리를 포함한 쿼리를 작성할 수 있다. 다음 코드를 살펴보자.

```
POST /mybooks/_search
{
  "query": {
    "span_multi": {
      "match": {
        "prefix": {
          "description": {
            "value": "jo"
          }
        }
      }
    }
  }
}
```

2. span_near 쿼리를 작성하는 데 사용하는 쿼리가 있으며 다음과 같이 쿼리의 토큰 순서를 제어할 수 있다.

```
POST /mybooks/_search
{
  "query": {
    "span_near": {
      "clauses": [
        {
          "span_term": {
            "description": "nice"
          }
        },
        {
          "span_term": {
            "description": "joe"
          }
        },
        {
          "span_term": {
            "description": "guy"
          }
        }
      ],
      "slop": 3,
      "in_order": false
    }
  }
}
```

3. 복잡한 쿼리에서 일치하는 지정된 위치 토큰을 건너뛰는 것은 매우 중요하다. 이것은 span_not 쿼리를 통해 처리할 수 있으며 다음 예시를 참고한다.

```
POST /mybooks/_search
{
  "query": {
```

```
        "span_not": {
          "include": {
            "span_term": {
              "description": "nice"
            }
          }
          "exclude": {
            "span_near": {
              "clauses": [
                {
                  "span_term": {
                    "description": "not"
                  }
                },
                {
                  "span_term": {
                    "description": "nice"
                  }
                }
              ],
              "slop": 1,
              "in_order": true
            }
          }
        }
      }
    }
```

include 섹션은 반드시 일치시켜야 하는 span을 포함하고 exclude는 일치해서는 안 되는 span을 포함한다. 위 쿼리는 nice라는 단어는 검색하지만 not nice라는 단어는 검색에서 제외시킨다. 이 쿼리는 불용어를 제외시키는 데 아주 유용하다.

1. 다른 용어로 둘러싸인 span 쿼리로 검색하려면 다음과 같이 span_containing 변수를 사용할 수 있다.

```
POST /mybooks/_search
{
  "query": {
    "span_containing": {
      "little": {
        "span_term": {
          "description": "nice"
        }
      },
      "big": {
        "span_near": {
          "clauses": [
            {
              "span_term": {
                "description": "not"
              }
            },
            {
              "span_term": {
                "description": "guy"
              }
            }
          ],
          "slop": 5,
          "in_order": true
        }
      }
    }
  }
}
```

little 섹션은 반드시 일치돼야 하는 span을 포함한다. big 섹션은 little에서 일치한 것들이 포함된 span을 포함한다. 앞의 예시에서 일치된 표현식은 not * nice * guy와 유사하다.

1. 다른 span 용어로 묶인 span 쿼리로 검색하려면 다음과 같이 span_within 변수를 사용할 수 있다.

```
POST /mybooks/_search
{
  "query": {
    "span_within": {
      "little": {
        "span_term": {
          "description": "nice"
        }
      },
      "big": {
        "span_near": {
          "clauses": [
            {
              "span_term": {
                "description": "not"
              }
            },
            {
              "span_term": {
                "description": "guy"
              }
            }
          ],
          "slop": 5,
          "in_order": true
        }
      }
    }
  }
}
```

little 섹션은 반드시 일치돼야 하는 span을 포함한다. big 섹션은 little에서 일치한 것들을 포함하는 span을 포함한다.

작동 원리

루씬은 일래스틱서치에서 사용할 수 있는 span을 제공한다. 기본 span 쿼리는 span_term으로 용어 쿼리와 정확히 같은 방식으로 동작한다. 이 span 쿼리의 목표는 정확한 용어(필드 + 텍스트)를 일치시키는 것이다. 다른 종류의 span 쿼리를 구성하는 데 조합할 수 있다.

NOTE

> span 쿼리의 주요 용도는 근접 검색(proximity search)이다(서로 근접한 용어를 검색한다).

span_first에서 span_term을 사용한다는 것은 첫 번째 위치에 있는 용어를 일치시킨다는 의미다. end 매개변수(정수)를 정의하는 경우 전달된 값과 일치하는 첫 번째 토큰을 확장한다.

가장 강력한 span 쿼리 중 하나는 span_or로 동일 위치에서 다중 용어를 정의할 수 있다. 이것은 여러 가지 시나리오를 처리하며 다음과 같다.

- 다중 이름
- 동의어
- 여러 동사 형태

span_or 쿼리에 상응하는 span_and는 없으며 span 쿼리는 위치적이기 때문에 span_and는 아무 의미가 없다.

span_or에 전달해야 하는 용어 수가 매우 많을 경우 접두어나 와일드카드를 가진 span_multi 쿼리를 사용하면 용어 수를 줄일 수 있다. 이 접근 방법으로 play, playing, plays, player, players 등의 용어를 play 접두어 쿼리로 일치시킬 수 있다.

그렇지 않은 경우의 가장 강력한 span 쿼리는 span_near며 순서대로 일치시키거나 그렇지 않은 span 쿼리(절) 목록을 정의할 수 있다. 이 span 쿼리로 전달되는 매개변수는 다음과 같다.

- **in_order**: 절에서 일치되는 용어가 순서대로 일치해야 함을 정의한다. joe와 black에 일치하는 두 개의 span 용어를 갖는 span near 쿼리를 정의하고 in_order가 true라면 black joe라는 텍스트는 일치하지 않는다(기본값: true).
- **slop**: 절에서 일치하는 용어 간의 거리를 정의한다(기본값: 0).

TIP

slop을 0으로 지정하고 in_order를 true로 지정하면 다음 예제에서 살펴볼 exact phrase 일치 쿼리를 작성하고 있는 것이다.

span_near 쿼리와 slop은 알려지지 않은 일부 용어를 갖는 절 표현식을 생성할 수 있다. 예를 들어 the house와 같은 표현식 일치를 고려해보자. 정확한 일치를 달성하려면 다음 예시와 같은 쿼리를 작성해야 한다.

```
{
  "query": {
    "span_near": {
      "clauses": [
        {
          "span_term": {
            "description": "the"
          }
        },
        {
          "span_term": {
```

```
                "description": "house"
              }
            }
          ],
          "slop": 0,
          "in_order": true
        }
      }
    }
```

이제 the와 house 사이에 형용사가 들어 있다면(the wonderful house, the big house 등) 앞의 쿼리로는 절대 일치하지 않는다. 이를 검색하려면 slop을 1로 지정해야 한다.

일반적으로 slop은 1, 2, 3으로 지정된다. 큰 값(> 10)은 무의미하다.

참고 사항

간단한 span 쿼리를 작성할 수 있는 단순화된 방법인 '일치 쿼리 사용' 예제를 참고한다.

일치 쿼리 사용

일래스틱서치는 사전에 구성된 간단한 설정을 따르는 복잡한 span 쿼리를 작성하는 도우미를 제공한다. 이 도우미를 **일치 쿼리**[match query]라고 한다.

준비 사항

이 예제에서 코드를 실행하려면 1장의 '일래스틱서치 다운로드와 설치' 예제에서 기술된 대로 실행 중인 일래스틱서치 설치본이 필요하다.

명령을 실행하려면 `curl`(https://curl.haxx.se/) 및 포스트맨(https://www.getpostman.com/)과 유사한 HTTP 클라이언트가 필요하다. 일래스틱서치에 대한 더 원활한 문자 이스케이프와 코드 완성 기능을 제공하는 키바나 콘솔을 사용하는 것이 좋다.

명령을 올바르게 실행하려면 온라인 코드에서 사용할 수 있는 **ch04/populate_kibana.txt** 명령으로 배포시킨 색인이 필요하다.

작동 방법

일치 쿼리를 실행하려면 다음 절차를 수행한다.

1. 일치 쿼리를 표준적으로 사용하려면 필드명과 쿼리 텍스트가 필요하다. 다음 예시를 살펴보자.

```
POST /mybooks/_search
{
  "query": {
    "match": {
      "description": {
        "query": "nice guy",
        "operator": "and"
      }
    }
  }
}
```

2. 구문 쿼리로 동일한 쿼리를 실행하려면 다음 예시와 같이 match를 match_phrase로 바꾸면 된다.

```
POST /mybooks/_search
```

```
{
  "query": {
    "match_phrase": {
      "description": "nice guy"
    }
  }
}
```

3. 텍스트 완성 또는 타이핑할 때마다 검색하는 기능에 사용하는 앞 쿼리의 확장은 match_phrase_prefix다.

```
POST /mybooks/_search
{
  "query": {
    "match_phrase_prefix": {
      "description": "nice gu"
    }
  }
}
```

4. 일반적인 요구 사항으로 동일 쿼리로 여러 필드를 검색할 수 있는 기능이 있다. multi_match 매개변수는 이 기능을 제공한다.

```
POST /mybooks/_search
{
  "query": {
    "multi_match": {
      "fields": [
        "description",
        "name"
      ],
```

```
        "query": "Bill",
        "operator": "and"
      }
    }
  }
```

작동 원리

일치 쿼리는 표준 쿼리 시나리오를 처리할 수 있는 자주 사용하는 여러 쿼리 유형을 집계한다.

표준 일치 쿼리는 다음 매개변수로 제어할 수 있는 불리언 쿼리를 생성한다.

- **operator**: 용어들을 저장하고 처리하는 방법을 정의한다. OR로 지정하면 should절에 있는 모든 용어가 불리언 쿼리로 변환된다. AND로 지정하면 용어들은 must절 목록을 생성한다(기본값: OR).
- **analyzer**: 필드의 기본 분석기를 재정의한다(기본값은 based on mapping 또는 set in searcher).
- **fuzziness**: 퍼지 용어를 정의할 수 있다. 관련 매개변수로 prefix_length와 max_expansion을 사용할 수 있다.
- **zero_terms_query(none/all)**: 쿼리로부터 모든 용어를 제거할 수 있는 토크나이저 필터tokenizer filter를 정의할 수 있다. 기본 동작은 아무것도 반환하지 않거나 모든 문서를 반환하는 것이다. 모든 문서에서 일치할 수 있음을 의미하는 the 또는 a를 검색하는 영문 쿼리를 작성하는 경우에 사용한다(기본값: none).
- **cutoff_frequency**: 실행할 때 동적으로 불용어(텍스트에서 관용적으로 등장하는 용어들)를 처리할 때 사용한다. 쿼리를 실행하는 동안 cutoff_frequency 이상의 용어는 불용어로 간주된다. 이 접근법은 일반 쿼리를 도메인별 쿼리로 변환할 때 매우

유용하다. 건너뛸 용어가 텍스트의 통계에 따라 달라지기 때문이다. 정확한 값은 경험적으로 정의돼야만 한다.

- **auto_generate_synonyms_phrase_query**(기본값: true): 일치 쿼리가 synonym_graph 토큰 필터와 함께 다중 용어 동의어 확장을 사용하는 경우다(더 많은 정보를 보려면 https://www.elastic.co/guide/en/elasticsearch/reference/current/analysis-synonym-graph-tokenfilter.html을 방문하라).

일치 쿼리에서 생성된 불리언 쿼리는 아주 유용하지만 용어 위치와 같은 불리언 쿼리와 연관된 몇 가지 일반적인 문제에 직면한다. 용어의 위치가 중요하다면 다른 계열의 일치 쿼리인 구문 쿼리를 사용해야 한다.

일치 쿼리 중 match_phrase 유형은 쿼리 텍스트로부터 긴 span 쿼리를 작성한다. 구문 쿼리의 품질을 향상시키는 데 사용되는 매개변수는 텍스트 처리 분석기와 용어 사이의 거리를 제어하는 slop이다('span 쿼리 사용' 예제를 참고한다).

마지막 용어가 부분적으로 완성돼 사용자에게 키워드를 입력하는 동안 쿼리를 제공하는 경우 구문 유형을 match_phrase_prefix로 설정할 수 있다. 이 유형은 마지막 절이 span 접두어인 span near 쿼리를 작성한다. 이 기능은 다음의 스크린샷과 같이 자동 완성 위젯에서 자주 사용한다.

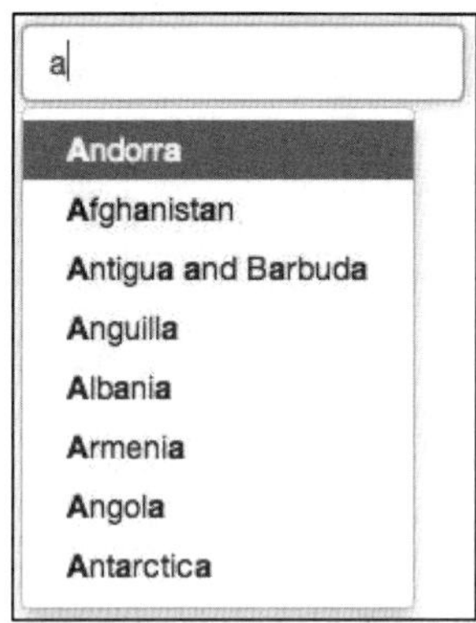

일치 쿼리는 매우 유용한 쿼리 유형이며 이전에 정의한 대로 내부적으로 여러 일반 쿼리를 작성하는 데 도움이 된다.

multi_match 매개변수는 검색할 다중 필드를 정의하는 일치 쿼리와 유사하다. 이런 필드를 정의하려면 다음과 같이 사용할 수 있는 몇 가지 도우미가 있다.

- **와일드카드 필드 정의:** 와일드카드를 사용하는 것은 한 번에 다중 필드를 정의하는 간단한 방법이다. 예를 들어 name_en, name_es, name_it와 같은 언어 필드를 정의하려면 모든 name 필드를 자동으로 검색하도록 검색 필드를 name_*로 정의할 수 있다.
- **일부 필드 강조:** 모든 필드가 동일한 중요도를 갖지는 않는다. ^ 연산자로 필드를 강조할 수 있다. 예를 들어 title과 content 필드가 있고 title이 content보다 더 중요하다면 다음과 같이 필드를 정의할 수 있다.

```
"fields":["title^3", "content"]
```

참고 사항

이 예제와 관련한 추가적인 정보는 다음 예제를 참고한다.

- 더 복잡한 텍스트 쿼리를 작성하는 'span 쿼리 사용' 예제
- 간단한 초기 자동 완성에 대한 '접두어 쿼리 사용' 예제

쿼리 문자열 쿼리 사용

앞의 예제에서 텍스트에서 결과를 일치시키는 여러 유형의 쿼리를 살펴봤다. 쿼리 문자열 쿼리query string query는 필드 규칙을 혼합해 복합 쿼리를 정의할 수 있는 특별한 유형

의 쿼리다. 루씬의 쿼리 파서를 이용해 복합 쿼리로 텍스트를 파싱한다.

준비 사항

이 예제에서 코드를 실행하려면 1장의 '일래스틱서치 다운로드와 설치' 예제에서 기술된 대로 실행 중인 일래스틱서치 설치본이 필요하다.

명령을 실행하려면 `curl`(https://curl.haxx.se/) 및 포스트맨(https://www.getpostman.com/)과 유사한 HTTP 클라이언트가 필요하다. 일래스틱서치에 대한 더 원활한 문자 이스케이프와 코드 완성 기능을 제공하는 키바나 콘솔을 사용하는 것이 좋다.

명령을 올바르게 실행하려면 온라인 코드에서 사용할 수 있는 `ch04/populate_kibana.txt` 명령으로 배포시킨 색인이 필요하다.

작동 방법

`query_string` 쿼리를 실행하려면 다음 절차를 수행한다.

1. 텍스트 nice guy를 검색하길 원하지만 not이란 용어는 제외하고 price가 5보다 작은 경우를 표시하는 조건이라면 쿼리는 다음과 같다.

```
POST /mybooks/_search
{
  "query": {
    "query_string": {
      "query": """"nice guy" -description:not price:{ * TO 5 }""",
      "fields": [
        "description^5"
      ],
      "default_operator": "and"
    }
```

```
  }
}
```

2. 정상적으로 동작하면 결과가 다음과 같이 반환된다.


```
{
  "took" : 17,
  "timed_out" : false,
  "_shards" : {
    "total" : 1,
    "successful" : 1,
    "skipped" : 0,
    "failed" : 0
  },
  "hits" : {
    "total" : 1,
    "max_score" : 2.3786995,
    "hits" : [
      {
        "_index" : "mybooks",
        "_type" : "_doc",
        "_id" : "1",
        "_score" : 2.3786995,
        "_source" : {
          "uuid" : "11111",
          "position" : 1,
          "title" : "Joe Tester",
          "description" : "Joe Testere nice guy",
          "date" : "2015-10-22",
          "price" : 4.3,
          "quantity" : 50
        }
      }
```

```
      ]
    }
  }
```

작동 원리

query_string 쿼리는 가장 강력한 쿼리 유형 중 하나다. 유일하게 요구되는 필드는 query로 루씬 쿼리 파서로 파싱되는 쿼리를 포함하고 있다. 더 많은 정보는 http://lucene.apache.org/core/7_0_0/queryparser/org/apache/lucene/queryparser/를 참고한다.

루씬 쿼리 파서는 복잡한 쿼리 구문을 분석해 이전 예제에서 살펴본 여러 쿼리 유형으로 변환시킬 수 있다.

쿼리 문자열 쿼리에 전달시킬 수 있는 매개변수 옵션은 다음과 같다.

- **default_field**: 쿼리에서 사용되는 기본 필드를 정의한다. 색인 속성인 index.query.default_field를 정의해 색인 수준도 지정할 수 있다(기본값: _all).
- **fields**: 사용할 필드 목록을 정의한다. default_field를 교체한다. 필드 매개변수를 이용해 값으로 와일드카드를 사용할 수도 있다(즉, city.*).
- **default_operator**: 텍스트의 쿼리 매개변수에서 사용되는 기본 연산자를 지정한다(기본값은 OR이고 AND, OR를 사용할 수 있다).
- **analyzer**: 쿼리 문자열에 사용하는 분석기를 지정한다.
- **allow_leading_wildcard**: * 및 ? 와일드카드를 첫 번째 문자로 사용하는 것을 허용한다. 유사한 와일드카드를 사용하면 성능상의 페널티가 부가된다(기본값: true).
- **lowercase_expanded_terms**: 모든 확장 용어(퍼지, 범위, 와일드카드, 접두어로 생성된)가 반드시 소문자인지 여부를 제어한다(기본값: true).

- **enable_position_increments**: 쿼리에서 위치 증가를 활성화한다. 모든 쿼리 토큰에서 위치 값은 1씩 증가한다(기본값: true).
- **fuzzy_max_expansions**: 퍼지 용어 확장에서 사용되는 용어 수를 제어한다(기본값: 50).
- **fuzziness**: 퍼지 쿼리에서 퍼지 값을 지정한다(기본값: AUTO).
- **fuzzy_prefix_length**: 퍼지 쿼리에서 접두어 길이를 지정한다(기본값: 0).
- **phrase_slop**: 구에 대한 기본 slop(주어진 용어 중간에 표시된 선택 용어 수)을 지정한다. 0으로 지정하면 정확한 구문 일치 쿼리가 된다(기본값: 0).
- **boost**: 쿼리의 강조 값을 정의한다(기본값: 1.0).
- **analyze_wildcard**: 쿼리에서 와일드카드 용어 처리를 활성화한다(기본값: false).
- **auto_generate_phrase_queries**: 쿼리 문자열에서 구문 쿼리의 자동 생성을 활성화한다(기본값: false).
- **minimum_should_match**: 결과를 일치시키는 데 얼마나 많은 should를 검사해야 하는지 제어한다. 값은 정수(즉, 3) 또는 퍼센트(즉, 40%) 또는 두 개의 조합이 될 수 있다(기본값: 1).
- **lenient**: true로 지정하면 모든 포맷 기반 실패(예를 들어 텍스트를 날짜값으로 변환하기)를 무시한다(기본값: false).
- **locale**: 쿼리 변환에 사용되는 로케일을 정의한다(기본값: ROOT).

추가 사항

쿼리 파서는 광범위의 복합 쿼리를 지원하는 아주 강력한 도구다. 일반적인 용도는 다음과 같다.

- **field:text**: 일부 텍스트를 포함하는 필드를 일치시키는 데 사용한다. 용어 쿼리로 매핑된다.
- **field:(용어1 OR 용어2)**: 일부 용어를 OR로 일치시키는 데 사용한다. 다중 용어 쿼리로 매핑된다.
- **field:"text"**: 정확한 텍스트를 일치시키는 데 사용한다. 일치 쿼리로 매핑된다.
- **_exists_:field**: 어떤 필드를 가진 문서를 일치시키는 데 사용한다. exists 필터에 매핑된다.
- **_missing_:field**: 어떤 필드를 갖지 않는 문서를 일치시키는 데 사용한다. missing 필터에 매핑된다.
- **field:[시작 TO 끝]**: 시작 값에서 끝 값까지의 범위를 일치시키는 데 사용한다. 시작 및 끝 값은 용어, 수치 또는 유효한 날짜 시간 값이 될 수 있다. 시작 및 끝 값이 범위에 포함된 경우다. 범위를 제외하고 싶다면 []를 {}로 바꾸면 된다.
- **field:/regex/**: 정규식을 일치시키는 데 사용한다.

쿼리 파서는 텍스트 수정자도 지원하며 텍스트 기능을 처리하는 데 사용한다. 가장 많이 사용하는 것은 다음과 같다.

- text~ 형태를 사용하는 퍼지니스[fuzziness]다. 기본 퍼지니스 값은 2며 다메라우-레벤쉬타인[Damerau-Levenshtein]의 편집 거리 알고리듬(https://en.wikipedia.org/wiki/DamerauLevenshtein_distance)에서 2를 허용한다.
- 단일 문자를 치환하는 와일드카드 ? 또는 0개 이상의 치환하는 *(즉, bill을 일치시키는 b?ll 또는 bi*)다.
- 근접 검색 "term1 term2"~3으로 정의된 slop을 가진 구문 용어를 일치시킬

수 있다(즉, "my umbrella"~3은 "my green umbrella", "my new umbrella" 등을 일치시킨다).

참고 사항

이 예제와 관련한 추가적인 정보는 다음 예제를 참고한다.

- 루씬의 공식 쿼리 파서 문법은 http://lucene.apache.org/core/8_0_0/queryparser/org/apache/lucene/queryparser/classic/package-summary.html을 참고한다. 이 사이트는 모든 문법에 대한 전체 설명을 제공한다.
- 쿼리 문자열 쿼리에 대한 일래스틱서치 공식 문서로 https://www.elastic.co/guide/en/elasticsearch/reference/master/query-dsl-query-string-query.html을 참고한다.

단순 쿼리 문자열 쿼리 사용

일반적으로 프로그래머는 불리언 쿼리와 다른 쿼리 유형을 이용해 복잡한 쿼리를 작성할 수 있다. 따라서 일래스틱서치는 두 종류의 쿼리를 제공해 사용자가 여러 가지 연산자를 포함한 문자열 쿼리를 작성할 수는 기능을 제공한다.

이런 종류의 쿼리는 구글과 같은 고급 검색 엔진에서는 매우 일반적이다. 용어에 +와 - 연산자를 사용할 수 있다.

준비 사항

이 예제에서 코드를 실행하려면 1장의 '일래스틱서치 다운로드와 설치' 예제에서 기술된 대로 실행 중인 일래스틱서치 설치본이 필요하다.

명령을 실행하려면 `curl`(https://curl.haxx.se/) 및 포스트맨(https://www.getpostman.com/)과 유

사한 HTTP 클라이언트가 필요하다. 일래스틱서치에 대한 더 원활한 문자 이스케이프와 코드 완성 기능을 제공하는 키바나 콘솔을 사용하는 것이 좋다.

명령을 올바르게 실행하려면 온라인 코드에서 사용할 수 있는 `ch04/populate_kibana.txt` 명령으로 배포시킨 색인이 필요하다.

작동 방법

단순 쿼리 문자열 쿼리를 실행하려면 다음 절차를 수행한다.

1. nice guy라는 텍스트를 검색하지만 not이란 용어는 제외하지 않으려면 쿼리는 다음과 같다.

```
POST /mybooks/_search
{
  "query": {
    "simple_query_string": {
      "query": """"nice guy" -not""",
      "fields": [
        "description^5",
        "_all"
      ],
      "default_operator": "and"
    }
  }
}
```

2. 정상적으로 동작하면 결과가 다음과 같이 반환된다.

```
{
...중략...
```

```
"hits" : {
  "total" : 2,
  "max_score" : 2.3786995,
  "hits" : [
    {
      "_index" : "mybooks",
      "_type" : "_doc",
      "_id" : "1",
      "_score" : 2.3786995,
      "_source" : {
        "uuid" : "11111",
        "position" : 1,
        "title" : "Joe Tester",
        "description" : "Joe Testere nice guy",
        "date" : "2015-10-22",
        "price" : 4.3,
        "quantity" : 50
      }
    },
    {
      "_index" : "mybooks",
      "_type" : "_doc",
      "_id" : "2",
      "_score" : 2.3786995,
      "_source" : {
        "uuid" : "22222",
        "position" : 2,
        "title" : "Bill Baloney",
        "description" : "Bill Testere nice guy",
        "date" : "2016-06-12",
        "price" : 5,
        "quantity" : 34
      }
    }
  ]
```

```
    }
  }
```

작동 원리

단순 쿼리 문자열 쿼리는 쿼리 문자열을 얻어 토큰화하고 텍스트 쿼리에 제공된 규칙을 적용해 불리언 쿼리를 작성한다.

최종 사용자에게 제공한다면 간단한 고급 쿼리를 표현하는 좋은 도구다. 파서가 매우 복잡하므로 span 쿼리로 해석될 정확한 일치를 위한 조각을 추출할 수 있다.

NOTE

> 단순 쿼리 문자열 쿼리의 장점은 파서가 항상 유효한 쿼리를 제공한다는 점이다.

앞의 쿼리인 쿼리 문자열 쿼리를 사용한다면 사용자가 잘못된 형식의 쿼리를 입력하는 경우 오류가 발생할 것이다. 단순 쿼리 문자열을 사용한다면 형식이 잘못돼도 보정돼 오류 없이 실행된다.

참고 사항

이런 쿼리 유형 문법의 전체에 대한 공식 문서는 단순 쿼리 문자열 쿼리에 대한 사이트인 https://www.elastic.co/guide/en/elasticsearch/reference/master/query-dsl-simple-query-string-query.html을 참고한다.

범위 쿼리 실행

앞의 모든 쿼리는 값이 정의되거나 부분적으로 정의돼 동작하지만 실세계의 애플리케이션은 값의 범위에서 동작하는 것이 매우 일반적이다. 가장 일반적인 표준 시나리오는 다음과 같다.

- 수치 값 범위로 필터링(즉, 가격, 크기, 나이)
- 날짜로 필터링(즉, 03/07/12의 이벤트를 03/07/12 00:00:00 ~ 03/07/12 23:59:59의 범위로 쿼리한다)
- 용어 범위로 필터링(즉, A ~ D).

준비 사항

이 예제에서 코드를 실행하려면 1장의 '일래스틱서치 다운로드와 설치' 예제에서 기술된 대로 실행 중인 일래스틱서치 설치본이 필요하다.

명령을 실행하려면 `curl`(https://curl.haxx.se/) 및 포스트맨(https://www.getpostman.com/)과 유사한 HTTP 클라이언트가 필요하다. 일래스틱서치에 대한 더 원활한 문자 이스케이프와 코드 완성 기능을 제공하는 키바나 콘솔을 사용하는 것이 좋다.

명령을 올바르게 실행하려면 온라인 코드에서 사용할 수 있는 `ch04/populate_kibana.txt` 명령으로 배포시킨 색인이 필요하다.

작동 방법

범위 쿼리를 실행하려면 다음 절차를 수행한다.

1. 정수 필드 위치를 포함하는 이전 예시의 샘플 데이터를 살펴보자. 3에서 5까지의 위치를 필터링하는 쿼리를 실행하는 방법은 다음과 같다.

```
POST /mybooks/_search
{
  "query": {
    "range": {
      "position": {
        "from": 3,
        "to": 4,
        "include_lower": true,
        "include_upper": false
      }
    }
  }
}
```

2. 정상적으로 동작하면 결과가 다음과 같이 반환된다.

```
{
  "took" : 0,
  "timed_out" : false,
  "_shards" : {
    "total" : 1,
    "successful" : 1,
    "skipped" : 0,
    "failed" : 0
  },
  "hits" : {
    "total" : 1,
    "max_score" : 1.0,
    "hits" : [
      {
        "_index" : "mybooks",
        "_type" : "_doc",
        "_id" : "3",
```

```
          "_score" : 1.0,
          "_source" : {
            "uuid" : "33333",
            "position" : 3,
            "title" : "Bill Klingon",
            "description" : "Bill is not\n nice guy",
            "date" : "2017-09-21",
            "price" : 6,
            "quantity" : 33
          }
        }
      ]
    }
  }
```

작동 원리

범위 쿼리는 점수 결과에 따라 다음과 같은 여러 가지 흥미로운 시나리오를 처리하는 데 사용한다.

- 재고가 많은 품목을 먼저 표시해야 한다.
- 신상을 강조해야 한다.
- 가장 잘 팔리는 품목을 강조해야 한다.

앞의 예시에서 살펴본 것처럼 범위 쿼리는 숫자 값의 경우 아주 편리하다. 범위 쿼리에서 사용하는 매개변수는 다음과 같다.

- **from**: 범위의 시작 값(옵션)
- **to**: 범위의 끝 값(옵션)

- **include_in_lower**: 범위에 시작 값을 포함(옵션, 기본값: true)
- **include_in_upper**: 범위에 끝 값을 포함(옵션, 기본값: true)

범위 쿼리에는 다음에 나열된 대로 검색을 단순화는 다른 도우미 매개변수들이 있다.

- **gt**: (보다 큰) from 매개변수와 include_in_lower를 false로 지정한 것과 같은 기능을 한다.
- **gte**: (보다 크거나 같은) from 매개변수와 include_in_lower를 true로 지정한 것과 같은 기능을 한다.
- **lt**: (보다 작은) to 매개변수와 include_in_lower를 false로 지정한 것과 같은 기능을 한다.
- **lte**: (보다 작거나 같은) to 매개변수와 include_in_lower를 true로 지정한 것과 같은 기능을 한다.

추가 사항

일래스틱서치에서 어떤 종류의 쿼리가 수치에 대한 <, <=, >, >=와 같은 여러 SQL 범위 쿼리 유형을 취급할 수 있을까? 일래스틱서치에서 날짜 또는 시간 필드는 내부적으로 수치 필드로 관리된다. 필드가 날짜 필드라면 범위 쿼리의 모든 값은 자동으로 숫자로 변환된다. 예를 들어 올해의 문서를 필터링해야 한다면 범위 부분 쿼리는 다음과 같다.

```
"range": {
  "timestamp": {
    "from": "2014-01-01",
    "to": "2015-01-01",
```

```
        "include_lower": true,
        "include_upper": false
      }
    }
```

날짜 필드에서 일치하는 항목을 올바르게 계산하려면 **time_zone** 값을 지정할 수도 있다.

TIP

> 날짜 값을 사용한다면 날짜 수학(https://www.elastic.co/guide/en/elasticsearch/reference/master/common-options.html#date-math)을 사용해 값을 반올림할 수 있다.

공통 용어 쿼리

사용자가 쿼리로 일부 텍스트를 검색할 때 사용자가 사용하는 모든 용어가 동일한 중요도를 갖지는 않는다. 일반적으로 가장 공통적인 용어들은 쿼리를 실행할 때 제거돼 그 용어들로 인한 잡음을 감소시킨다. 이런 용어들을 불용어라고 하며 일반적으로 관사, 접속사, 공통 단어가 해당된다(즉, the, a, so, and, or 등).

불용어 목록은 언어에 따라 다르며 문서와는 독립적이다. 루씬은 공통 용어 쿼리 common terms query로 쿼리 시간에 색인된 문서를 기반으로 해서 불용어 목록을 동적으로 계산하는 방법을 제공한다.

준비 사항

이 예제에서 코드를 실행하려면 1장의 '일래스틱서치 다운로드와 설치' 예제에서 기술된 대로 실행 중인 일래스틱서치 설치본이 필요하다.

명령을 실행하려면 curl(https://curl.haxx.se/) 및 포스트맨(https://www.getpostman.com/)과 유사한 HTTP 클라이언트가 필요하다. 일래스틱서치에 대한 더 원활한 문자 이스케이프와 코드 완성 기능을 제공하는 키바나 콘솔을 사용하는 것이 좋다.

명령을 올바르게 실행하려면 온라인 코드에서 사용할 수 있는 ch04/populate_kibana.txt 명령으로 배포시킨 색인이 필요하다.

작동 방법

공통 용어 쿼리를 실행하려면 다음 절차를 수행한다.

1. nice guy를 검색하려면 다음 코드를 사용한다.

```
POST /mybooks/_search
{
  "query": {
    "common": {
      "description": {
        "query": "nice guy",
        "cutoff_frequency": 0.001
      }
    }
  }
}
```

2. 정상적으로 동작하면 결과가 다음과 같이 반환된다.

```
{
  ...중략..
  "hits" : {
    "total" : 3,
```

```
    "max_score" : 0.2757399,
    "hits" : [
      {
        "_index" : "mybooks",
        "_type" : "_doc",
        "_id" : "1",
        "_score" : 0.2757399,
        "_source" :...중략...,
      {
        "_index" : "mybooks",
        "_type" : "_doc",
        "_id" : "2",
        "_score" : 0.2757399,
        "_source" :...중략...,,
      {
        "_index" : "mybooks",
        "_type" : "_doc",
        "_id" : "3",
        "_score" : 0.25124985,
        "_source" :...중략...,
      }
    ]
  }
}
```

작동 원리

일래스틱서치의 핵심 엔진인 루씬은 다른 점수 유형들의 알고리듬을 계산하는 데 필요한 색인된 용어에 대한 많은 통계 정보를 제공한다.

이런 통계는 쿼리 시간(일반적인 용어로는 쿼리)을 사용해 쿼리 용어를 다음과 같은 두 가지 범주로 구분한다.

- **낮은 빈도 용어**: 이들은 색인상의 덜 공통적인 용어들이다. 이들은 일반적으로 현재 쿼리에서 가장 중요한 용어다. 앞의 예시에서 이런 용어에는 ["nice", "guy"]가 해당된다.
- **높은 빈도 용어**: 이들은 가장 일반적인 용어들이며 주로 불용어로 정의된다. 앞의 예시에서는 ["a"]가 해당된다.

용어 통계에 근거해 앞의 쿼리는 일래스틱서치에서 다음과 유사한 쿼리로 변환된다.

```
{
  "query": {
    "bool": {
      "must": [ # low frequency terms
        {
          "term": {
            "description": "nice"
          }
        },
        {
          "term": {
            "description": "guy"
          }
        }
      ],
      "should": [ # high frequency terms
        {
          "term": {
            "description": "a"
          }
        }
      ]
    }
```

```
  }
}
```

일반 용어 쿼리를 제어하는 데 다음과 같은 옵션을 사용할 수 있다.

- **cutoff_frequency**: 이 값은 낮은 빈도와 높은 빈도 용어 목록을 분할하는 절단 빈도[cutoff frequency]를 정의한다. 적당한 값은 데이터에 따라 다르다. 정확한 값을 평가하려면 일부 경험적인 테스트가 요구된다.
- **minimum_should_match**: 이 값은 두 가지 방식으로 정의된다.
    - 단일 값으로, 낮은 빈도 용어로 정의하는 데 반드시 일치돼야 하는 최소 단어 수를 정의한다. 즉, "minimum_should_match" : 2와 같다.
    - 낮고 높은 값을 포함하는 객체로 다음과 같다.

```
"minimum_should_match": {
  "low_freq": 1,
  "high_freq": 2
}
```

NOTE

용어의 통계는 루씬 색인에 있는 데이터에 따라 달라짐에 주의하라. 일래스틱서치에서는 샤드 수준으로 존재한다.

참고 사항

이 예제와 관련한 추가적인 정보는 다음 예제를 참고한다.

- 단순 용어 매칭은 '용어 쿼리 사용' 예제를 참고한다.

- 4장에서 '불리언 쿼리 사용' 예제를 참고한다.

ID 쿼리 사용

ID 쿼리를 사용하면 ID별로 문서를 일치시켜 검색된 모든 샤드에 쿼리를 확산시킬 수 있다.

준비 사항

이 예제에서 코드를 실행하려면 1장의 '일래스틱서치 다운로드와 설치' 예제에서 기술된 대로 실행 중인 일래스틱서치 설치본이 필요하다.

명령을 실행하려면 `curl`(https://curl.haxx.se/) 및 포스트맨(https://www.getpostman.com/)과 유사한 HTTP 클라이언트가 필요하다. 일래스틱서치에 대한 더 원활한 문자 이스케이프와 코드 완성 기능을 제공하는 키바나 콘솔을 사용하는 것이 좋다.

명령을 올바르게 실행하려면 온라인 코드에서 사용할 수 있는 `ch04/populate_kibana.txt` 명령으로 배포시킨 색인이 필요하다.

작동 방법

ID 쿼리나 필터를 실행하려면 다음 절차를 수행한다.

1. `test-type` 유형에서 ID `"1"`, `"2"`, `"3"`을 가져오기 위한 ID 쿼리는 다음과 같다.

```
POST /mybooks/_search
{
  "query": {
```

```
    "ids": {
      "type": "test-type",
      "values": [
        "1",
        "2",
        "3"
      ]
    }
  }
}
```

2. 정상적으로 동작하면 결과가 다음과 같이 반환된다.

```
{
  ...중략...
  "hits" : {
    "total" : 3,
    "max_score" : 0.2757399,
    "hits" : [
      {
        "_index" : "mybooks",
        "_type" : "_doc",
        "_id" : "1",
        "_score" : 0.2757399,
        "_source" :...중략...,
      {
        "_index" : "mybooks",
        "_type" : "_doc",
        "_id" : "2",
        "_score" : 0.2757399,
        "_source" :...중략...,,
      {
        "_index" : "mybooks",
```

```
                "_type" : "_doc",
                "_id" : "3",
                "_score" : 0.25124985,
                "_source" :...중략...,
            }
        ]
    }
}
```

결과의 요청된 ID 순서는 고려되지 않는다. 따라서 다중 유형을 요청하는 경우 더 나은 결과를 위해 문서의 메타데이터(_index, _type, _id)를 사용해야 한다.

작동 원리

ID는 빠른 참조를 위해 종종 메모리에 캐시되므로 ID로 쿼리하기는 매우 빠른 동작이다.

이 쿼리에서 사용되는 매개변수는 다음과 같다.

- **ids**: 반드시 일치시켜야 하는 ID 목록을 포함한다(필수 값).
- **type**: 검색에 필요한 유형을 정의하는 문자열 목록이나 문자열이다. 정의하지 않은 경우 호출 URL에서 가져온다(옵션).

NOTE

> 일래스틱서치는 문서의 ID를 특별한 필드인 _id에 저장한다. _id는 색인에서 유일하다.

통상적으로 ID 쿼리를 사용하는 표준적인 방법은 문서를 선택하는 것이다. 이 쿼리를 이용하면 문서를 포함하는 샤드를 몰라도 문서를 얻을 수 있다. 문서는 문서 ID로 계산하는 모듈로 연산을 기반으로 선택된 샤드에 저장된다. 부모 ID 또는 라우팅이 정의되면 이들은 샤드를 선택하는 데 사용된다. 이런 경우 ID를 알고 있는 문서를 얻는 유일한 방법은 ID 쿼리를 사용하는 것이다.

다중 ID를 얻어야 하고 라우팅 변경이 없다면(색인할 때 라우팅 매개변수 때문에) 이런 종류의 쿼리는 사용하지 않는 것이 좋다. 그러나 `get` 또는 `multi-get` API 호출을 사용해 문서를 가져오는 경우는 훨씬 빠르고 실시간으로 동작하므로 사용하는 것이 좋다.

참고 사항

이 예제와 관련한 추가적인 정보는 다음 예제를 참고한다.

- 3장의 '문서 가져오기' 예제
- 3장의 'GET 작업 속도 올리기(다중 GET)' 예제

함수 점수 쿼리 실행

이런 종류의 쿼리는 가장 강력한 쿼리 중 하나다. 점수 매기기 알고리듬을 커스터마이징해 확장할 수 있기 때문이다. 함수 점수 쿼리[function score query]를 이용하면 쿼리로 반환되는 문서의 점수를 제어하는 함수를 정의할 수 있다.

일반적으로 이런 함수들은 CPU 중심적이며 많은 메모리를 요구하는 대용량 데이터 세트에서 실행된다. 그러나 작은 부분집합에서 계산을 하면 검색 품질을 획기적으로 향상시킬 수 있다.

이 쿼리에서 사용되는 일반적인 시나리오는 다음과 같다.

- 사용자 정의 점수 함수 작성하기(예를 들어 감쇠[decay] 함수)

- 또 다른 필드 등에 기반을 둔 사용자 정의 강조 요소 작성하기(즉, 점으로 부터의 거리에 따라 문서 강조하기)
- 일래스틱서치 기능의 스크립팅에 기반을 두고 사용자 정의 필터 점수내기 함수 작성하기
- 무작위로 문서 순서 매기기

준비 사항

이 예제에서 코드를 실행하려면 1장의 '일래스틱서치 다운로드와 설치' 예제에서 기술된 대로 실행 중인 일래스틱서치 설치본이 필요하다.

명령을 실행하려면 `curl`(https://curl.haxx.se/) 및 포스트맨(https://www.getpostman.com/)과 유사한 HTTP 클라이언트가 필요하다. 일래스틱서치에 대한 더 원활한 문자 이스케이프와 코드 완성 기능을 제공하는 키바나 콘솔을 사용하는 것이 좋다.

명령을 올바르게 실행하려면 온라인 코드에서 사용할 수 있는 `ch04/populate_kibana.txt` 명령으로 배포시킨 색인이 필요하다.

작동 방법

함수 점수 쿼리를 실행하려면 다음 절차를 실행한다.

1. 커맨드라인에서 다음과 같이 `function_score` 쿼리를 실행한다.

```
POST /mybooks/_search
{
  "query": {
    "function_score": {
      "query": {
```

```
          "query_string": {
            "query": "bill"
          }
        },
        "functions": [
          {
            "linear": {
              "position": {
                "origin": "0",
                "scale": "20"
              }
            }
          }
        ],
        "score_mode": "multiply"
      }
    }
  }
```

bill을 검색하는 쿼리를 실행하고 position 필드에서 linear 함수로 결과를 점수화한다.

1. 결과가 다음과 같이 반환된다.

```
{
  "took" : 32,
  "timed_out" : false,
  "_shards" : {
    "total" : 1,
    "successful" : 1,
    "skipped" : 0,
    "failed" : 0
  },
```

```
  "hits" : {
    "total" : 2,
    "max_score" : 0.46101078,
    "hits" : [
      {
        "_index" : "mybooks",
        "_type" : "_doc",
        "_id" : "2",
        "_score" : 0.46101078,
        "_source" : ...중략...
      },
      {
        "_index" : "mybooks",
        "_type" : "_doc",
        "_id" : "3",
        "_score" : 0.43475336,
        "_source" : ...중략...
      }
    ]
  }
}
```

작동 원리

함수 점수 쿼리는 점수화하는 데 포함된 수학적인 알고리듬의 원천적인 복잡도 때문에 정복해야 하는 가장 복잡한 쿼리 유형일 것이다.

함수 점수 쿼리의 일반적인 형태는 다음과 같다.

```
"function_score": {
  "(query|filter)": {},
  "boost": "boost for the whole query",
```

```
    "functions": [
      {
        "filter": {},
        "FUNCTION": {}
      },
      {
        "FUNCTION": {}
      }
    ],
    "max_boost": number,
    "boost_mode": "(multiply|replace|...)",
    "score_mode": "(multiply|max|...)",
    "script_score": {},
    "random_score": {
      "seed ": number
    }
  }
```

사용되는 매개변수는 다음과 같다.

- **query 또는 filter**: 요구되는 문서를 일치시키는 데 사용되는 쿼리다(옵션, 기본값은 a match all query).
- **boost**: 전체 쿼리에 적용되는 강조 값이다(기본값: `1.0`).
- **functions**: 쿼리를 점수내는 데 사용하는 함수 목록이다. 간단한 경우는 하나의 함수만 사용한다. 함수 객체에서 문서의 일부분에만 함수를 적용하는 필터가 제공된다. 필터가 가장 먼저 적용되기 때문이다.
- **max_boost**: 점수를 강조하는 데 허용되는 최댓값을 지정한다(java 기본값: FLT_MAX).
- **boost_mode**: 이 매개변수는 함수 점수를 쿼리 점수와 조합하는 방법을 정의한다(기본값: `multiply`). 가능한 값은 다음과 같다.

- **multiply**(기본값): 쿼리 점수와 함수 점수를 곱한다.
- **replace**: 함수 점수만 사용되며 쿼리 점수는 무시된다.
- **sum**: 쿼리 점수와 함수 점수를 더한다.
- **avg**: 쿼리 점수와 함수 점수의 평균을 취한다.
- **max**: 쿼리 점수와 함수 점수의 최댓값을 사용한다.
- **min**: 쿼리 점수와 함수 점수의 최솟값을 사용한다.
- **score_mode**(기본값: multiply): 이 매개변수는 함수 점수의 결과가 조합되는 방법을 정의한다(multiple 함수가 정의될 때). 가능한 값은 다음과 같다.
  - **multiply**: 점수를 곱한다.
  - **sum**: 점수를 합산한다.
  - **avg**: 점수의 평균을 낸다.
  - **first**: 필터에 일치하는 첫 번째 함수를 적용한다.
  - **max**: 최댓값을 사용한다.
  - **min**: 최솟값을 사용한다.

- **script_score**: 이 매개변수로 점수를 계산하는 데 사용되는 스크립트 점수 함수를 정의할 수 있다(옵션, 일래스틱서치 스크립팅은 8장에서 다룬다). 이 매개변수는 간단한 스크립트 알고리듬을 구현할 때 아주 유용하다. 기본 점수 값은 _score 함수 범위 내에 있다. 이를 이용해 다음과 같은 알고리듬을 정의할 수 있다.

```
"script_score": {
  "script": {
    "params": {
      "param1": 2,
```

```
            "param2": 3.1
        },
        "source": "_score * doc['my_numeric_field'].value/pow(param1, param2)"
    }
}
```

NOTE

일래스틱서치 7.x에서는 script_score가 스크립트 점수 쿼리로, 실험적인 기능으로 사용될 수 있다(https://www.elastic.co/guide/en/elasticsearch/reference/7.0/query-dsl-script-score-query.html).

- **random_score**: 이를 사용하면 무작위로 문서를 점수 매길 수 있다. 레코드 추출을 무작위로 하는 경우 매우 유용하다(옵션).

일래스틱서치는 다음과 같은 가장 일반적인 점수 감쇠[decay] 분산 알고리듬을 기본적으로 제공한다.

- **Linear**: 값으로부터의 거리를 기반으로 점수를 선형적으로 분산하는 데 사용된다.
- **Exponential(exp)**: 지수 감쇠 함수에 사용된다.
- **Gaussian(gauss)**: 가우스 감쇠 함수에 사용된다.

TIP

올바른 함수 분포를 선택하는 것은 데이터의 분포와 상태에 따른다.

참고 사항

이 예제와 관련한 추가적인 정보는 다음 예제를 참고한다.

- 모든 함수 점수 쿼리 파라미터에 대한 전체 참조는 https://www.elastic.co/guide/en/elasticsearch/reference/current/query-dsl-function-score-query.html의 공식 일래스티서치 문서를 참고한다.
- 이런 유형의 쿼리를 사용하는 여러 시나리오는 https://www.elastic.co/blog/found-function-scoring의 블로그 게시글을 참고한다.
- 일래스틱서치 7.x에서 제공하는 실험적인 스크립트 점수 쿼리는 https://www.elastic.co/guide/en/elasticsearch/reference/7.0/query-dsl-script-score-query.html을 참고한다.

exists 쿼리 사용

일래스틱서치의 주요 특징 중 하나는 스키마 없는 색인 기능이다. 일래스틱서치의 레코드는 결측치[missing values](빈 값)를 가질 수 있다. 스키마 없는 속성 때문에 두 종류의 쿼리가 필요하다.

- **exists 필드:** 필드가 문서에 존재하는지 확인하는 데 사용된다.
- **missing 필드:** 필드가 문서에 존재하지 않는지 확인하는 데 사용된다.

준비 사항

이 예제에서 코드를 실행하려면 1장의 '일래스틱서치 다운로드와 설치' 예제에서 기술된 대로 실행 중인 일래스틱서치 설치본이 필요하다.

명령을 실행하려면 curl(https://curl.haxx.se/) 및 포스트맨(https://www.getpostman.com/)과 유사한 HTTP 클라이언트가 필요하다. 일래스틱서치에 대한 더 원활한 문자 이스케이프와 코드 완성 기능을 제공하는 키바나 콘솔을 사용하는 것이 좋다.

명령을 올바르게 실행하려면 온라인 코드에서 사용할 수 있는 ch04/populate_kibana.txt 명령으로 배포시킨 색인이 필요하다.

작동 방법

existing 및 missing 필터를 실행하려면 다음 절차를 실행한다.

1. description이라는 필드를 가진 모든 test-type 문서를 검색하는 쿼리는 다음과 같다.

```
POST /mybooks/_search
{
  "query": {
    "exists": {
      "field": "description"
    }
  }
}
```

2. missing이란 쿼리가 없으므로 description이라는 필드가 없는 모든 test-type 문서를 검색하려면 다음과 같이 불리언이나 not 쿼리를 사용해야 한다.

```
POST /mybooks/_search
{
  "query": {
    "bool": {
```

```
          "must_not": {
            "exists": {
              "field": "description"
            }
          }
        }
      }
    }
```

작동 원리

exists 및 missing 필터에는 필드 매개변수만 있으며 필드명만 확인한다. 단순한 필드만 사용하면 어떠한 함정도 존재하지 않는다. 그러나 단일의 포함 객체나 객체 목록을 사용한다면 일래스틱서치와 루씬의 작동 방식 때문에 부속 객체 필드를 사용해야 한다.

다음의 예시는 JSON 문서를 색인하는 경우 일래스틱서치가 JSON 객체를 루씬 문서에 내부적으로 매핑하는 방식을 이해하는 데 도움이 될 것이다.

```
{
  "name": "Paul",
  "address": {
    "city": "Sydney",
    "street": "Opera House Road",
    "number": "44"
  }
}
```

일래스틱서치는 다음과 같이 내부적으로 색인한다.

```
name:paul
address.city:Sydney
address.street:Opera House Road
address.number:44
```

보는 것처럼 색인된 address 필드가 없으므로 address에 대한 exists 필터는 실패한다. address에 대해 문서를 일치시키려면 부속 필드를 검색해야 한다(즉, address.city).

06

관계 및 지리 정보 쿼리

6장에서는 일래스틱서치와 지리 정보 문서 간의 관계를 검색하는 데 사용되는 특수 쿼리를 살펴본다.

(조인 필드 매핑에 기반을 둔) 부모-자식 관계가 있을 때 유사한 관계 쿼리를 할 수 있는 특수 쿼리를 사용할 수 있다. 일래스틱서치는 SQL 조인을 제공하지는 않지만 부모/자식에 관련된 문서를 검색할 수 있다. 부모를 선택하거나 자녀에 의해 부모 문서를 필터링해 자녀 문서를 추출할 수 있다. 일래스틱서치로 부모-자식 관계를 생성하는 방법은 매우 강력하고 기존 관계형 데이터베이스에서 사용하는 많은 일반적인 데이터 관계 문제를 쉽게 해결하는 데 도움을 줄 수 있다. 내 경험상 이런 기능은 초보 일래스틱서치 사용자에게는 드물게 사용되지만 지능적으로 데이터 원본을 다뤄야 하는 경우라면 아주 가치가 있을 것이다.

6장에서는 중첩 쿼리를 이용해 중첩 객체를 쿼리하는 방법도 살펴본다. 6장의 마지막 부분에서는 거리, 사각형 및 다각형에 기반을 둔 범주에 일치하는 문서를 검색하는 지리 정보 쿼리를 다룬다.

6장에서 다루는 내용은 다음과 같다.

- has_child 쿼리 사용하기
- has_parent 쿼리 사용하기
- 중첩 쿼리 사용하기
- geo_bounding_box 쿼리 사용하기
- geo_polygon 쿼리 사용하기
- geo_distance 쿼리 사용하기

has_child 쿼리 사용

일래스틱서치는 단순한 무관계형 문서를 지원할 뿐 아니라 부모와 자식에 기반을 둔 계층 구조도 정의할 수 있다. has_child 쿼리를 이용해 다른 쿼리들을 일치시킴으로써 자식의 부모 문서를 쿼리할 수 있다.

준비 사항

이 예제에서 코드를 실행하려면 1장의 '일래스틱서치 다운로드와 설치' 예제에서 기술된 대로 실행 중인 일래스틱서치 설치본이 필요하다.

명령을 실행하려면 curl(https://curl.haxx.se/) 및 포스트맨(https://www.getpostman.com/)과 유사한 HTTP 클라이언트가 필요하다. 일래스틱서치에 대한 더 원활한 문자 이스케이프와 코드 완성 기능을 제공하는 키바나 콘솔을 사용하는 것이 좋다.

명령을 올바르게 실행하려면 온라인 코드에서 사용할 수 있는 ch04/populate_kibana.txt 명령으로 배포시킨 색인이 필요하다.

이 예제에서 사용하는 색인은 mybooks-join이며 데이터 모델의 통합 모델링 언어 UML, Unified Modeling Language는 다음과 같다.

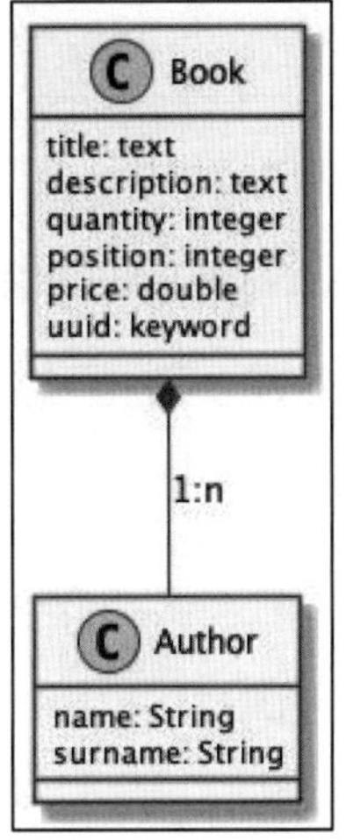

작동 방법

has_child 쿼리를 실행하려면 다음 절차를 실행한다.

1. name 필드가 martin인 용어를 포함한 자식 저자의 부모 책을 찾고자 한다. 이런 종류의 쿼리는 다음과 같은 코드로 작성할 수 있다.

```
POST /mybooks-join/_search
{
  "query": {
    "has_child": {
      "type": "author",
      "query": {
        "term": {
          "name": "martin"
        }
```

```
      },
      "inner_hits" : {}
    }
  }
}
```

2. 정상적으로 처리되면 일래스틱서치에서 반환된 결과는 다음과 같다.

```
{
  ...중략...,
  "hits" : {
    "total" : 1,
    "max_score" : 1.0,
    "hits" : [
      {
        "_index" : "mybooks-join",
        "_type" : "_doc",
        "_id" : "3",
        "_score" : 1.0,
        "_source" : ...중략...,
        "inner_hits" : {
          "author" : {
            "hits" : {
              "total" : 1,
              "max_score" : 1.2039728,
              "hits" : [
                {
                  "_index" : "mybooks-join",
                  "_type" : "_doc",
                  "_id" : "a3",
                  "_score" : 1.2039728,
                  "_routing" : "3",
                  "_source" : {
```

```
                    "name" : "Martin",
                    "surname" : "Twisted",
                    "join" : {
                      "name" : "author",
                      "parent" : "3"
                    }
                  }
                }
              ]
            }
          }
        }
      }
    ]
  }
}
```

이 예시에서는 일치된 자식을 반환하고자 inner_hits를 사용했다.

작동 원리

이 종류의 쿼리는 자식이 쿼리에 일치하는 부모 문서를 반환함으로써 동작한다. 쿼리는 어떤 유형도 될 수 있다. 이런 종류 쿼리의 전제 조건은 자식이 부모의 샤드에 올바르게 색인돼 있어야 한다는 점이다. 내부적으로 이런 종류의 쿼리는 자식에서 동작하고 자식의 모든 ID가 부모를 필터링하는 데 사용된다. 시스템에는 자녀 ID를 저장하기에 충분한 메모리가 필요하다.

이 처리를 제어하는 데 사용되는 매개변수는 다음과 같다.

- type 매개변수는 자식의 유형을 기술한다. 이 유형은 부모에서 동일 색인의 일부다. 색인할 때에 조인 필드 매개변수로 제공되는 이름이다.

- query 매개변수는 자식을 선택할 때 실행된다. 모든 유형의 쿼리를 사용할 수 있다.
- score_mode 매개변수를 정의하면(기본값은 none이다. 가능한 값은 max, sum, avg, none이다) 부모의 점수와 자식의 점수를 집계할 수 있다.
- min_children과 max_children은 매개변수 옵션이다. 이 매개변수는 부모 문서를 일치시키는 데 필요한 자식 문서의 최대/최솟값을 정의한다.
- ignore_unmapped(기본값: false)를 true로 지정하면 매핑되지 않은 유형을 무시한다. 다중 색인에서 쿼리를 실행할 때 아주 유용하고 일부 유형이 누락된다. 기본 동작은 매핑 오류가 있는 경우 예외를 발생시키는 것이다.

NOTE

일래스틱서치에서 자식을 넣을 샤드를 선택할 때 부모 ID가 사용되기 때문에 문서에는 단 하나의 부모만 있어야 한다. 자식 문서로 작업할 때 부모와 동일한 샤드에 저장돼 있다는 점을 기억하는 것은 중요하다. 경로를 알 수 없는 경우 가져오고 수정하고 삭제할 때 특별한 예방 조치를 취해야 한다.

부모-자식 관계가 표준 SQL에서 외래키와 유사한 것으로 볼 수 있지만 일래스틱서치의 분산 특성 때문에 일부 제한 사항이 있으며 다음과 같다.

- 각 유형에 대해 하나의 부모만 있어야 한다.
- 부모 또는 자녀의 조인은 성능을 높이고 네트워킹을 줄이도록 하나의 샤드에서만 수행될 뿐 모든 클러스터에 분산되지는 않는다.

추가 사항

때때로 자식 필드에 따라 부모를 정렬할 필요가 있을 것이다. 이때는 자녀 필드의 최대 점수를 살펴 보고 부모를 정렬해야 한다. 이런 종류의 쿼리를 실행하려면 다음과 같이 function_score를 사용하면 된다.

```
POST /mybooks-join/_search
{
  "query": {
    "has_child": {
      "type": "author",
      "score_mode": "max",
      "query": {
        "function_score": {
          "script_score": {
            "script": """doc["rating"].value"""
          }
        }
      },
      "inner_hits": {}
    }
  }
}
```

부모의 모든 자식에 대해 이 쿼리를 수행함으로써 최대 점수를 얻을 수 있으며 (function_score를 이용해) 이 값은 정렬하려는 필드 값이다.

앞의 예시에서는 9장에서 살펴볼 스크립트를 사용했다. 따라서 사용할 수 있게 활성화해야 한다.

참고 사항

이 예제와 관련한 추가적인 정보는 다음 예제를 참고한다.

- 3장의 '문서 색인' 예제
- 2장의 '조인 필드로 하위 문서 관리' 예제

- 5장의 '함수 점수 쿼리 사용' 예제

has_parent 쿼리 사용

앞의 예제에서 has_child 쿼리를 살펴봤다. 일래스틱서치는 부모 쿼리를 기반으로 자식 문서를 검색하는 쿼리(has_parent)를 제공한다.

준비 사항

이 예제에서 코드를 실행하려면 1장의 '일래스틱서치 다운로드와 설치' 예제에서 기술된 대로 실행 중인 일래스틱서치 설치본이 필요하다.

일래스틱서치의 코드 완성 및 더 원활한 문자 이스케이프를 제공하는 키바나 콘솔을 사용하기를 추천한다.

명령을 올바르게 실행하려면 온라인 코드에서 사용할 수 있는 ch04/populate_kibana.txt 명령으로 배포시킨 색인이 필요하다.

이 예제에서 사용하는 색인은 mybooks-join이다.

작동 방법

has_parent 쿼리를 실행하려면 다음 절차를 실행한다.

1. description 필드에 joe라는 용어가 있는 부모 책의 자식 저자를 찾고자 한다. 이런 종류의 쿼리는 다음과 같은 코드로 작성할 수 있다.

```
POST /mybooks-join/_search
```

```
{
  "query": {
    "has_parent": {
      "parent_type": "book",
      "query": {
        "term": {
          "description": "bill"
        }
      }
    }
  }
}
```

2. 정상적으로 처리되면 일래스틱서치에서 반환된 결과는 다음과 같다.

```
{
  ...중략...
  "hits" : {
    "total" : 2,
    "max_score" : 1.0,
    "hits" : [
      {
        "_index" : "mybooks-join",
        "_type" : "_doc",
        "_id" : "a2",
        "_score" : 1.0,
        "_routing" : "2",
        "_source" : {
          "name" : "Agatha",
          "surname" : "Princeton",
          "rating" : 2.1,
          "join" : {
            "name" : "author",
```

```
                "parent" : "2"
              }
            }
          },
          {
            "_index" : "mybooks-join",
            "_type" : "_doc",
            "_id" : "a3",
            "_score" : 1.0,
            "_routing" : "3",
            "_source" : {
              "name" : "Martin",
              "surname" : "Twisted",
              "rating" : 3.2,
              "join" : {
                "name" : "author",
                "parent" : "3"
              }
            }
          }
        ]
      }
    }
```

작동 원리

이 종류의 쿼리는 부모 문서가 하부 쿼리와 일치하는 자식 문서를 반환함으로써 동작한다. 내부적으로 이 하부 쿼리는 부모로 작동하고 일치하는 부모의 모든 ID가 자식을 필터링하는 데 사용된다. 시스템에는 모든 부모 ID를 저장할 충분한 메모리가 요구된다.

이 처리를 제어하는 데 사용하는 매개변수는 다음과 같다.

- **parent_type**: 부모 유형을 정의한다.
- **query**: 부모를 선택하고자 동작하는 쿼리다. 모든 유형의 쿼리를 사용할 수 있다.
- **score**: 기본값은 false다. 기본값인 false를 사용하면 일래스틱서치는 부모 문서의 점수를 무시해 메모리를 줄이고 성능을 증가시킨다. true로 지정하면 부모의 쿼리 점수가 자녀의 점수에 집계된다.

계산된 점수를 사용하면 function_score를 사용한 이전 예제에서 본 것과 동일한 접근 방식으로 부모를 기반으로 결과 조회수를 정렬할 수 있다.

참고 사항

이 예제와 관련한 추가적인 정보는 다음 예제를 참고한다.

- 4장의 '문서 색인' 예제
- 3장의 '조인 필드로 하위 문서 관리' 예제

중첩 쿼리 사용

중첩 객체에 기반을 둔 쿼리로 2장에서 특별한 중첩 쿼리를 살펴봤다. 일래스틱서치에서 중첩 객체는 특별한 방식으로 색인되는 관계로, 이런 종류의 쿼리가 필요하다.

준비 사항

이 예제에서 코드를 실행하려면 1장의 '일래스틱서치 다운로드와 설치' 예제에서 기술된 대로 실행 중인 일래스틱서치 설치본이 필요하다.

명령을 실행하려면 curl(https://curl.haxx.se/) 및 포스트맨(https://www.getpostman.com/)과 유사한 HTTP 클라이언트가 필요하다. 일래스틱서치에 대한 더 원활한 문자 이스케이프와 코드 완성 기능을 제공하는 키바나 콘솔을 사용하는 것이 좋다.

명령을 올바르게 실행하려면 온라인 코드에서 사용할 수 있는 ch04/populate_kibana.txt 명령으로 배포시킨 색인이 필요하다.

이 예제에서 사용하는 색인은 mybooks-join이다.

작동 방법

중첩 쿼리를 실행하려면 다음 절차를 실행한다.

1. 색상이 blue이고 크기가 10보다 큰 중첩 객체를 가진 문서를 찾고자 한다. 중첩 쿼리는 다음과 같다.

```
POST /mybooks-join/_search
{
  "query": {
    "nested": {
      "path": "versions",
      "score_mode": "avg",
      "query": {
        "bool": {
          "must": [
            {
              "term": {
                "versions.color": "blue"
              }
            },
            {
              "range": {
```

```
                    "versions.size": {
                      "gt": 10.
                    }
                  }
                }
              ]
            }
          }
        }
      }
    }
```

2. 정상적으로 처리되면 일래스틱서치에서 반환된 결과는 다음과 같다.

```
{
  ...중략...
  "hits" : {
    "total" : 1,
    "max_score" : 1.8754687,
    "hits" : [
      {
        "_index" : "mybooks-join",
        "_type" : "_doc",
        "_id" : "1",
        "_score" : 1.8754687,
        "_source" : {
          ...중략...
          "versions" : [
            {
              "color" : "yellow",
              "size" : 5
            },
            {
```

```
                    "color" : "blue",
                    "size" : 15
                }
            ]
        }
    }
  ]
 }
}
```

작동 원리

일래스틱서치는 중첩된 객체를 특별한 방식으로 관리한다. 색인하는 동안 중첩된 객체는 메인 문서에서 추출돼 분리된 문서로 색인되고 메인 문서의 동일 루씬 청크로 저장된다.

중첩 쿼리는 중첩된 문서에 첫 번째 쿼리를 수행하고 결과 ID를 수집해 메인 문서를 필터링하는 데 사용한다. 이 처리를 제어하는 데 사용되는 매개변수는 다음과 같다.

- **path**: 중첩 객체를 포함하는 부모 문서의 경로를 정의한다.
- **query**: 중첩 객체를 선택하는 데 실행되는 쿼리를 정의한다. 모든 종류의 쿼리를 사용할 수 있다.
- **score_mode**: 기본값은 avg다. 유효한 값은 avg, sum, min, max, none이며 쿼리를 더 개선하고자 일치된 중첩 문서의 점수 사용법을 제어한다.

score_mode를 사용하면 function_score 쿼리를 사용해 중첩 객체에 기반을 둔 결과 문서를 정렬할 수 있다.

참고 사항

이 예제와 관련한 추가적인 정보는 다음 예제를 참고한다.

- 2장의 '중첩된 객체 매핑' 예제
- 이 장의 'has_child 쿼리 사용' 예제

geo_bounding_box 쿼리 사용

지리 정보의 가장 일반적인 작업 중 하나는 박스(사각형)로 검색하는 것이다. 사각형은 일반적으로 상점, 빌딩 또는 도시 형태와 유사하다.

이런 종류의 쿼리는 사용자, 문서 또는 사건이 특별한 장소에 진입하는지 여부를 실시간으로 모니터링하는 퍼콜레이터(여과기)로 사용할 수 있다.

준비 사항

이 예제에서 코드를 실행하려면 1장기의 '일래스틱서치 다운로드와 설치' 예제에서 기술된 대로 실행 중인 일래스틱서치 설치본이 필요하다.

명령을 실행하려면 `curl`(https://curl.haxx.se/) 및 포스트맨(https://www.getpostman.com/)과 유사한 HTTP 클라이언트가 필요하다. 일래스틱서치에 대한 더 원활한 문자 이스케이프와 코드 완성 기능을 제공하는 키바나 콘솔을 사용하는 것이 좋다.

명령을 올바르게 실행하려면 온라인 코드에서 사용할 수 있는 `ch04/populate_kibana.txt` 명령으로 배포시킨 색인이 필요하다.

이 절에서 사용하는 색인은 `mygeo-index`다.

작동 방법

geo_bounding_box 쿼리를 실행하려면 다음 절차를 실행한다.

1. 좌표가 40.03, 72.0, 40.717, 70.99인 관련 문서를 필터링하는 검색은 다음 쿼리로 수행할 수 있다.

```
POST /mygeo-index/_search?pretty
{
  "query": {
    "geo_bounding_box": {
      "pin.location": {
        "bottom_right": {
          "lat": 40.03,
          "lon": 72
        },
        "top_left": {
          "lat": 40.717,
          "lon": 70.99
        }
      }
    }
  }
}
```

2. 정상적으로 처리되면 일래스틱서치에서 반환된 결과는 다음과 같다.

```
{
  "took" : 2,
  "timed_out" : false,
  "_shards" : {
    "total" : 1,
    "successful" : 1,
```

```
    "skipped" : 0,
    "failed" : 0
  },
  "hits" : {
    "total" : 1,
    "max_score" : 1.0,
    "hits" : [
      {
        "_index" : "mygeo-index",
        "_type" : "_doc",
        "_id" : "2",
        "_score" : 1.0,
        "_source" : {
          "pin" : {
            "location" : {
              "lat" : 40.12,
              "lon" : 71.34
            }
          }
        }
      }
    ]
  }
}
```

작동 원리

일래스틱서치는 상자 모양의 검색을 용이하게 하는 많은 최적화 기능을 제공한다. 위도와 경도는 빠른 범위 검사를 위해 색인되므로 이런 종류의 필터는 매우 빠르게 실행된다. 루씬 6.2.x의 지리 데이터 색인에 대한 대규모 개선으로 일래스틱서치 5.x 또는 상위 버전에서 지리 정보 쿼리는 이전 버전보다 더 빠르다.

지리 경계 상자 필터를 실행하는 데 필요한 매개변수는 `top_left`(상자의 좌상단 좌표)와

`bottom_right`(상자의 우하단 좌표) 지리 좌표다.

2장의 'GeoPoint 필드 매핑' 예제에서 기술한 대로 지리 좌표는 여러 표현으로 사용할 수 있다.

참고 사항

이 예제와 관련한 추가적인 정보는 다음 예제를 참고한다.

- 2장의 'GeoPoint 필드 매핑' 예제

geo_polygon 쿼리 사용

'geo_bounding_box 쿼리 사용' 예제는 사각형 영역의 필터링 방법을 보여주며 이는 매우 일반적인 사례다. 일래스틱서치는 geo_polygon 필터를 사용해 사용자 정의형 다각형 모양 필터링 방법을 제공한다. 이 쿼리는 다각형 형태의 국가, 지역 또는 구역의 형태를 표현하는 경우 유용하다.

준비 사항

이 예제에서 코드를 실행하려면 1장의 '일래스틱서치 다운로드와 설치' 예제에서 기술된 대로 실행 중인 일래스틱서치 설치본이 필요하다.

일래스틱서치의 코드 완성, 코드 포매팅, 더 원활한 문자 이스케이프를 제공하는 키바나 콘솔을 사용하기를 추천한다.

명령을 올바르게 실행하려면 온라인 코드에서 사용할 수 있는 `ch04/populate_kibana.txt` 명령으로 배포시킨 색인이 필요하다.

이 절에서 사용하는 색인은 mygeo-index다.

작동 방법

geo_polygon 쿼리를 실행하려면 다음 절차를 실행한다.

1. pin.location이 삼각형(세 개의 지리 좌표로 구성된 형태)인 문서를 검색하려면 쿼리를 다음과 같이 실행한다.

```
POST /mygeo-index/_search
{
  "query": {
    "geo_polygon": {
      "pin.location": {
        "points": [
          {
            "lat": 50,
            "lon": -30
          },
          {
            "lat": 30,
            "lon": -80
          },
          {
            "lat": 80,
            "lon": -90
          }
        ]
      }
    }
  }
}
```

2. 정상적으로 처리되면 일래스틱서치에서 반환된 결과는 다음과 같다.


```
{
  "took" : 2,
  "timed_out" : false,
  "_shards" : {
    "total" : 1,
    "successful" : 1,
    "skipped" : 0,
    "failed" : 0
  },
  "hits" : {
    "total" : 1,
    "max_score" : 1.0,
    "hits" : [
      {
        "_index" : "mygeo-index",
        "_type" : "_doc",
        "_id" : "1",
        "_score" : 1.0,
        "_source" : {
          "pin" : {
            "location" : {
              "lat" : 40.12,
              "lon" : -71.34
            }
          }
        }
      }
    ]
  }
}
```

작동 원리

geo_polygon 쿼리를 사용하면 지리 좌표 목록으로 고유한 형태를 정의할 수 있으므로 일래스틱서치는 다각형에 포함된 문서를 필터링할 수 있다. 이것은 일반적인 다각형 형태에 대한 지리 경계 상자의 확장으로 간주할 수 있다.

geo_polygon 쿼리는 ignore_unmapped 매개변수의 사용을 허용하며 필드가 정의되지 않은 다중 색인이나 유형의 경우 검색을 안전하게 실행하는 데 도움을 준다 (GeoPoint 필드는 일부 색인이나 샤드에 정의돼 있지 않다. 따라서 오류 없이 조용히 실패한다).

참고 사항

이 예제와 관련한 추가적인 정보는 다음 예제를 참고한다.

- 2장의 'GeoPoint 필드 매핑' 예제
- 이 장의 'geo_bounding_box 쿼리 사용' 예제

geo_distance 쿼리 사용

지리 정보로 작업할 때 일반적인 작업 중 하나는 장소로부터의 거리에 기반을 둔 결과를 필터링하는 것이다. 이 시나리오는 다음과 같은 아주 일반적인 사이트 요구 사항을 다룬다.

- 20km 범위 안에 있는 식당 찾기
- 10km 범위 안에 있는 친구 찾기

geo_distance 쿼리는 이런 요구 사항을 처리하는 데 사용된다.

준비 사항

이 예제에서 코드를 실행하려면 1장의 '일래스틱서치 다운로드와 설치' 예제에서 기술된 대로 실행 중인 일래스틱서치 설치본이 필요하다.

명령을 실행하려면 curl(https://curl.haxx.se/) 및 포스트맨(https://www.getpostman.com/)과 유사한 HTTP 클라이언트가 필요하다. 일래스틱서치에 대한 더 원활한 문자 이스케이프와 코드 완성 기능을 제공하는 키바나 콘솔을 사용하는 것이 좋다.

명령을 올바르게 실행하려면 온라인 코드에서 사용할 수 있는 ch04/populate_kibana.txt 명령으로 배포시킨 색인이 필요하다.

이 예제에서 사용하는 색인은 mygeo-index다.

작동 방법

geo_distance 쿼리를 실행하려면 다음 절차를 실행한다.

1. 위도가 40이고 경도가 70인 곳에서 200km 떨어진 pin.location을 갖는 문서 찾기 쿼리는 다음과 같다.

```
GET /mygeo-index/_search
{
  "query": {
    "geo_distance": {
      "pin.location": {
        "lat": 40,
        "lon": 70
      },
      "distance": "200km"
    }
  }
```

```
}
```

2. 정상적으로 처리되면 일래스틱서치에서 반환된 결과는 다음과 같다.


```
{
  "took" : 1,
  "timed_out" : false,
  "_shards" : {
    "total" : 1,
    "successful" : 1,
    "skipped" : 0,
    "failed" : 0
  },
  "hits" : {
    "total" : 1,
    "max_score" : 1.0,
    "hits" : [
      {
        "_index" : "mygeo-index",
        "_type" : "_doc",
        "_id" : "2",
        "_score" : 1.0,
        "_source" : {
          "pin" : {
            "location" : {
              "lat" : 40.12,
              "lon" : 71.34
            }
          }
        }
      }
    ]
  }
```

```
}
```

작동 원리

'GeoPoint 필드 매핑' 예제에서 다룬 것처럼 검색된 항목들을 최적화된 방식으로 내부에 저장하는 여러 가지 지리 좌표 정의 방법이 있다. 거리 쿼리는 주어진 지리 좌표와 문서상에서 문서 거리 간의 거리 계산을 수행하며 거리 요구 사항을 만족시키는 결과를 반환한다.

거리 쿼리를 제어하는 매개변수는 다음과 같다.

- 거리를 계산하는 데 사용할 필드와 기준점. 앞의 예시에서는 `pin.location`과 (40, 70)이 있다.
- `distance`는 고려할 거리를 정의한다. 일반적으로 숫자와 단위를 더한 문자열로 표현한다.
- `unit`(옵션)은 거리를 숫자로 정의한 경우 거리의 단위다. 유효한 값은 다음과 같다.
    - `in` 또는 `inch`
    - `yd` 또는 `yards`
    - `m` 또는 `miles`
    - `km` 또는 `kilometers`
    - `m` 또는 `meters`
    - `mm` 또는 `millimeters`
    - `cm` 또는 `centimeters`

- distance_type(기본값: sloppy_arc; 유효한 선택 값으로는 arc, sloppy_arc 또는 plane)은 거리를 계산하는 알고리듬 유형을 정의한다.
- validation_method(기본값: STRICT)는 지리 좌표를 검증하는 데 사용된다. 유효한 값은 다음과 같다.
    - IGNORE_MALFORMED는 위도와 경도의 잘못된 값을 허용한다.
    - COERCE는 잘못된 값을 정정하려고 시도한다.
    - STRICT는 잘못된 값을 거부한다.
- ignore_unmapped는 GeoPoint가 누락된 다중 색인의 경우 쿼리를 안전하게 실행하는 데 사용된다.

참고 사항

이 예제와 관련한 추가적인 정보는 다음 예제를 참고한다.

- 2장의 'GeoPoint 필드 매핑' 예제
- 5장의 '범위 쿼리 실행' 예제

07

집계

검색 솔루션을 개발할 때 검색 결과는 중요할 뿐 아니라 검색의 강조점 파악과 품질 개선에도 도움이 된다. 일래스틱서치는 이런 목표를 달성하도록 강력한 도구를 제공한다. 집계의 주요 용도는 검색 결과에 부가적인 정보를 제공해 품질을 향상시키고 추가적인 정보를 제공해 결과를 보강하는 것이다.

예를 들어 뉴스 기사를 검색할 때 계산 결과로 흥미를 제공할 수 있는 몇 가지 요소는 기사를 쓴 저자와 개시일에 대한 날짜 히스토그램일 것이다. 그러므로 집계를 사용하면 결과가 강조하고자 하는 점을 명확히 할 수 있을 뿐 아니라 저장된 데이터(분석) 기반의 통찰력을 제공할 수 있다. 이것이 키바나(https://www.elastic.co/products/kibana)와 같은 많은 도구가 탄생한 배경이다.

일반적으로 집계는 최종 사용자에게 그래프 또는 필터 옵션 그룹(예를 들어 검색 결과의 범주 목록)의 형태로 표시된다. 일래스틱서치의 집계 프레임워크는 스크립트 기능을 제공하므로 광범위한 시나리오를 취급할 수 있다. 7장에서는 집계에 관련된 몇 가지 간단한 스크립트 기능을 소개한다. 그러나 8장에서는 이에 대해 좀 더 심도 있게 다룰 것이다.

키바나와 같은 소프트웨어에서 보여주는 것과 같이 집계 프레임워크는 고급 분석의 기반이기도 하다. 여러 유형의 집계가 어떻게 동작하는지와 어느 시점에 선택하는 것이 좋은지를 이해하는 것은 매우 중요하다.

7장에서 다루는 내용은 다음과 같다.

- 집계 실행
- 통계 집계 실행
- 용어 집계 실행
- 중요 용어 집계 실행
- 범위 집계 실행
- 히스토그램 집계 실행
- 날짜 히스토그램 집계 실행
- 필터 집계 실행
- 다중 필터 집계 실행
- 전역 집계 실행
- 지리적 거리 집계 실행
- 자식 집계 실행
- 중첩 집계 실행
- 최고 조회수 집계 실행
- 행렬 통계 집계 실행
- 지리적 경계 집계 실행
- 지리적 중심 집계 실행

- 파이프라인 집계 실행

집계 실행

일래스틱서치는 검색 외에도 여러 기능을 제공한다. 이 기능으로 집계를 사용하고 통계를 실행하고 실시간 분석을 수행할 수 있다.

준비 사항

이 예제에서 코드를 실행하려면 1장의 '일래스틱서치 다운로드와 설치' 예제에서 기술된 대로 실행 중인 일래스틱서치 설치본이 필요하다.

명령을 실행하려면 `curl`(https://curl.haxx.se/) 및 포스트맨(https://www.getpostman.com/)과 유사한 HTTP 클라이언트가 필요하다. 일래스틱서치에 대한 더 원활한 문자 이스케이프와 코드 완성 기능을 제공하는 키바나 콘솔을 사용하는 것이 좋다.

명령을 올바르게 실행하려면 온라인 코드에서 사용할 수 있는 `ch07/populate_aggregation.txt` 명령으로 배포시킨 색인이 필요하다.

이 예제에서 사용하는 색인은 `index-agg`다.

작동 방법

집계를 실행하려면 다음 절차를 수행한다.

1. 다음과 같이 집계를 이용한 쿼리를 실행하고 커맨드라인에서 이름으로 상위 10개의 태그를 계산한다.

```
POST /index-agg/_search?size=0
{
  "aggregations": {
    "tag": {
      "terms": {
        "field": "tag",
        "size": 10
      }
    }
  }
}
```

여기에서는 용어 수를 세는 용어 집계를 사용했다.

2. 정상적으로 처리되면 일래스틱서치에서 반환된 결과는 다음과 같다.

```
{
  "took" : 0,
  "timed_out" : false,
  "_shards" : {
    "total" : 1,
    "successful" : 1,
    "skipped" : 0,
    "failed" : 0
  },
  "hits" : {
    "total" : 1000,
    "max_score" : null,
    "hits" : [ ]
  },
  "aggregations" : {
    "tag" : {
      "doc_count_error_upper_bound" : 0,
      "sum_other_doc_count" : 2640,
```

```
        "buckets" :
        [
          {
            "key" : "laborum",
            "doc_count" : 31
          },
          {
            "key" : "facilis",
            "doc_count" : 25
          },
          {
            "key" : "maiores",
            "doc_count" : 25
          },
          {
            "key" : "ipsam",
            "doc_count" : 24
          },
          ...중략...
        ]
      }
    }
  }
```

결과가 반환되지 않는다. 이는 결과 크기를 0으로 고정했기 때문이다. 집계 결과는 **aggregations** 필드에 포함된다. 각 유형의 집계는 자체적인 결과 포맷을 갖는다(각 결과 종류에 대한 설명은 이 장의 '용어 집계 실행' 예제에서 제공된다).

TIP

> 대역폭을 줄이도록 검색 결과를 반환하지 않고 집계만 계산할 수 있다. 검색 크기 매개변수를 0으로 지정하면 된다.

작동 원리

모든 검색은 쿼리 결과로 계산된 집계 계산을 반환할 수 있다. 집계 단계는 쿼리 후처리(예를 들어 강조하기)의 추가적인 단계다. 집계 단계를 활성화하려면 `aggs` 또는 `aggregations` 키워드를 정의해야 한다.

일래스틱서치에서 여러 유형의 집계를 사용할 수 있다. 이 장에서는 사용할 수 있는 모든 표준 집계를 다룬다. 추가 집계 유형은 플러그인과 스크립트로 제공할 수 있다.

집계는 실시간 분석의 기반이다. 이를 이용하면 다음을 수행할 수 있다.

- 개수 집계
- 히스토그램
- 범위 집계
- 통계
- 지리적 거리 집계

다음 그림은 히스토그램 집계로 생성된 그래프 예시다.

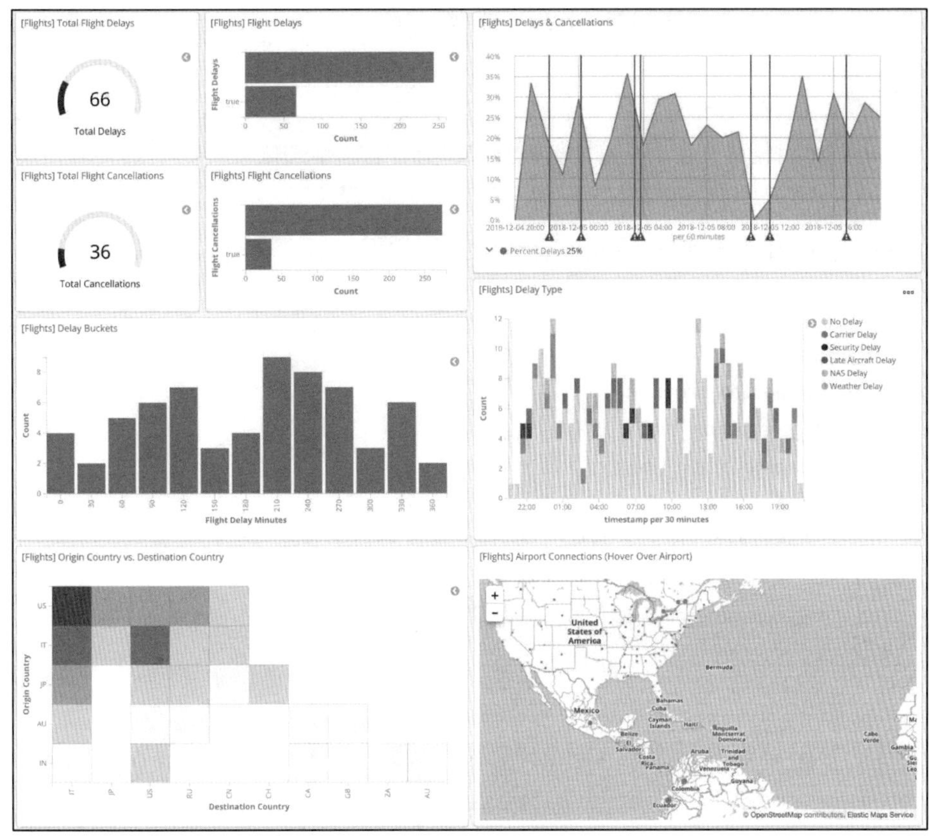

집계는 항상 검색 히트 시에 실행되며 맵리듀스 방식으로 계산된다. 맵 단계는 샤드로 분산되는 반면 리듀스 단계는 호출된 노드에서 수행한다. 집계 계산중에 많은 양의 데이터가 메모리에 유지돼야 하므로 집계는 매우 메모리 집약적인 작업이다.

예를 들어 용어 집계를 실행할 때 집계에 사용되는 필드의 모든 고윳값이 메모리에 유지돼야 한다. 수백만 개의 문서에서 이 작업을 실행하려면 메모리에 많은 수의 값을 저장해야 한다.

집계 프레임워크는 일래스틱서치 1.x에서 패싯facet 기능의 발전으로 도입됐다. 이전 패싯 프레임워크와의 주요 차이점은 하부 집계를 여러 중첩 수준으로 분석의 실행이 가능하다는 점이다. 집계는 어떤 문서가 집계 버킷에 들어오는 정보를 유지하고한 집계 출력은 다음 집계의 입력이 될 수 있다.

NOTE

> 집계는 깊이 제한이 없는 하부 집계의 복잡한 트리로 구성될 수 있다.

집계의 일반적인 형태는 다음과 같다.

```
"aggregations" : {
  "<aggregation_name>" : {
    "<aggregation_type>" : {
      <aggregation_body>
    }
    [,"aggregations" : { [<sub_aggregation>]+ } ]?
  }
  [,"<aggregation_name_2>" : { ... } ]*
}
```

집계 중첩을 사용하면 연령 그룹이 내림차순으로 정렬된 경우 국가별, 지역별, 연령별 데이터 집계와 같은 분석을 실행하는 매우 발전된 시나리오를 다룰 수 있다. 분석을 정복하는 데 더 이상의 한계는 없다.

일래스틱서치 7.x에서 사용되는 네 종류의 집계는 다음과 같다.

- **버킷 집계자:** 버킷에 연관된 값과 문서 집합이 있는 버킷을 생성한다(즉, 다중 용어 집계자는 집계하는 필드에 대한 용어당 버킷을 생성한다). 문서에서 집계하는 필드가 다중 값을 갖고 있다면 문서는 다중 버킷이 될 수 있다(우리의 예시에서는 id=3인 문서). 버킷 집계자가 하나 이상의 다운스트림(하위) 집계자를 갖는 경우 하위 집계자는 생성된 각 버킷에서 실행된다.
- **메트릭 집계자:** 입력으로 문서 집합을 받고 특정 필드로 계산된 통계적 결과를 생성한다. 메트릭 집계자의 출력은 개별적인 문서에 연결된 어떠한 정보도 포

함하지 않고 통계 데이터만 포함한다.

- **행렬 집계자:** 다중 필드에서 동작하고 요구된 문서 필드에서 추출한 값에 기반을 둔 행렬 결과를 생성한다.
- **파이프라인 집계자:** 다른 집계와 연관된 메트릭의 출력을 집계한다(실험적인 기능이며 향후 변경되거나 제외될 수 있다).

일반적으로 버킷의 순서는 사용된 버킷 집계자에 따른다.

예를 들어 다중 용어 집계를 사용하면 버킷은 기본적으로 count로 정렬된다. 집계 프레임워크를 사용하면 하위 집계 메트릭으로 정렬할 수 있다(즉, 앞의 예시는 stats.avg 값으로 정렬할 수 있다).

TIP

> 대규모의 결과를 반환하는 복잡한 포함 하위 집계를 작성하는 것은 쉽다. 개발자는 반환되는 집계 결과의 고유 레코드 수(카디널리티)에 주의해야 한다. 수천 개의 값을 반환하는 것은 아주 쉽다.

참고 사항

이 예에서 활용된 집계에 대한 더 자세한 설명은 이 장의 다중 용어 쿼리 집계 실행 예제를 참고한다. 파이프라인 집계는 다음 공식 문서를 참고한다.

https://www.elastic.co/guide/en/elasticsearch/reference/master/search-aggregations-pipeline.html

일래스틱서치 공식 문서에 따르면 사용하기에 안전하지 않기 때문에 이 책에서는 자세히 설명하지 않는다.

통계 집계 실행

가장 일반적으로 사용되는 메트릭 집계는 통계 집계다. 이 집계는 일반적으로 직접 사용하거나 추가 정렬에 사용할 값을 계산하는 최종 집계 단계로 사용된다.

준비 사항

이 예제에서 코드를 실행하려면 1장의 '일래스틱서치 다운로드와 설치' 예제에서 기술된 대로 실행 중인 일래스틱서치 설치본이 필요하다.

명령을 실행하려면 `curl`(https://curl.haxx.se/) 및 포스트맨(https://www.getpostman.com/)과 유사한 HTTP 클라이언트가 필요하다. 일래스틱서치에 대한 더 원활한 문자 이스케이프와 코드 완성 기능을 제공하는 키바나 콘솔을 사용하는 것이 좋다.

명령을 올바르게 실행하려면 온라인 코드에서 사용할 수 있는 `ch07/populate_aggregation.txt` 명령으로 배포시킨 색인이 필요하다.

이 예제에서 사용하는 색인은 `index-agg`다.

작동 방법

통계 집계 쿼리를 실행하려면 다음 절차를 수행한다.

1. age 필드에서 일치하는 쿼리의 모든 통계 값을 계산하려고 한다. REST 호출은 다음과 같다.

```
POST index-agg/_search?size=0
{
  "aggs": {
    "age_stats": {
```

```
      "extended_stats": {
        "field": "age"
      }
    }
  }
}
```

2. 정상적으로 처리되면 반환된 결과는 다음과 같다.

```
{
  ...중략...
  "aggregations" : {
    "age_stats" : {
      "count" : 1000,
      "min" : 1.0,
      "max" : 100.0,
      "avg" : 53.243,
      "sum" : 53243.0,
      "sum_of_squares" : 3653701.0,
      "variance" : 818.8839509999999,
      "std_deviation" : 28.616148430562767,
      "std_deviation_bounds" : {
        "upper" : 110.47529686112554,
        "lower" : -3.9892968611255313
      }
    }
  }
}
```

aggregations 필드 아래에 정의된 age_stat 필드 아래에서 통계 결과를 볼 수 있다.

작동 원리

검색 처리 후 집계가 정의된 경우에 계산된다. 여기서는 라벨링된 **age_stats**로 많은 통계 지표를 계산하는 **extended_stats** 집계를 요청했다.

사용할 수 있는 메트릭 집계자metric aggregators는 다음과 같다.

- **min**: 버킷 그룹에서 최솟값을 계산한다.
- **max**: 버킷 그룹에서 최댓값을 계산한다.
- **avg**: 버킷 그룹에서 평균을 계산한다.
- **sum**: 버킷 그룹에서 합계를 계산한다.
- **value_count**: 버킷에 있는 값의 수를 계산한다.
- **stats**: min, max, avg, count, sum과 같은 기본 메트릭을 계산한다.
- **extended_stats**: 기본 stats 메트릭, 분산, 표준 편차(std_deviation), 표준 편차의 경계(std_deviation_bounds), 제곱의 합(sum_of_squares)을 계산한다.
- **percentiles**: 일부 값의 백분위수(관찰된 값 등의 특정 백분율 지점)을 계산한다(백분위수에 대한 자세한 정보는 위키피디아를 참고한다. http://en.wikipedia.org/wiki/Percentile).
- **percentile_ranks**: 백분위수 범위에 들어 있는 값의 순위를 계산한다.
- **cardinality**: 필드에 있는 고윳값의 대략적인 개수를 계산한다.
- **geo_bounds**: GeoPoint가 있는 문서의 최대 지리적 경계를 계산한다.
- **geo_centroid**: GeoPoint가 있는 문서의 지리적 중심을 계산한다.

모든 메트릭은 다른 계산을 요구하며 필요한 것으로만 통계 지표를 제한하는 것이 좋다. 이렇게 할 때 CPU, 메모리, 성능을 낭비하지 않는다.

앞의 목록에서는 일래스틱서치에서 기본적으로 사용할 수 있는 가장 많이 사용되는 메트릭 집계를 인용했다. 다른 메트릭은 사용자 정의 플러그인으로 제공된다.

모든 메트릭 집계의 구문은 DSL[Domain Specific Language] 집계와 같이 중첩 단계와 독립적으로 동일한 패턴을 가진다. 다음 패턴을 따른다.

```
"aggs" : {
  "<name_of_aggregation>" : {
    "<metric_name>" : {
      "field" : "<field_name>"
    }
  }
}
```

참고 사항

통계 집계는 https://www.elastic.co/guide/en/elasticsearch/reference/current/search-aggregations-metrics-stats-aggregation.html 공식 일래스틱서치 문서를 참고하고 확장 통계 집계는 https://www.elastic.co/guide/en/elasticsearch/reference/current/search-aggregations-metrics-extendedstats-aggregation.html을 참고한다.

용어 집계 실행

가장 많이 사용되는 버킷 집계[bucket aggregation]는 용어 집계[terms aggregation]다. 단일 용어 값을 기반으로 버킷에 문서를 그룹화한다. 이 집계는 쿼리에 대한 필터로 계산된 값을 이용해 검색 범위를 좁히는 데 종종 사용된다.

준비 사항

이 예제에서 코드를 실행하려면 1장의 '일래스틱서치 다운로드와 설치' 예제에서 기술된 대로 실행 중인 일래스틱서치 설치본이 필요하다.

명령을 실행하려면 `curl`(https://curl.haxx.se/) 및 포스트맨(https://www.getpostman.com/)과 유사한 HTTP 클라이언트가 필요하다. 일래스틱서치에 대한 더 원활한 문자 이스케이프와 코드 완성 기능을 제공하는 키바나 콘솔을 사용하는 것이 좋다.

명령을 올바르게 실행하려면 온라인 코드에서 사용할 수 있는 `ch07/populate_aggregation.txt` 명령으로 배포시킨 색인이 필요하다.

이 예제에서 사용하는 색인은 `index-agg`다.

작동 방법

용어 집계를 실행하려면 다음 절차를 수행한다.

1. 모든 문서의 상위 10개 태그를 계산한다. REST 호출은 다음과 같다.

```
POST /index-agg/_search?size=0
{
  "aggs": {
    "tag": {
      "terms": {
        "field": "tag",
        "size": 3
      }
    }
  }
}
```

이 예시에서는 모든 항목을 일치시켜야 하므로 match_all 쿼리를 사용한다.

2. 정상적으로 처리되면 일래스틱서치에서 반환된 결과는 다음과 같다.

```
{
  ...중략...
  "aggregations" : {
    "tag" : {
      "doc_count_error_upper_bound" : 0,
      "sum_other_doc_count" : 2803,
      "buckets" : [
        {
          "key" : "laborum",
          "doc_count" : 31
        },
        {
          "key" : "facilis",
          "doc_count" : 25
        },
        {
          "key" : "maiores",
          "doc_count" : 25
        }
      ]
    }
  }
}
```

집계 결과는 다음과 같은 용어를 가진 여러 버킷으로 구성된다.

- **key**: 버킷을 채우는 데 사용된 용어
- **doc_count**: key 용어가 포함된 결과 수

작동 원리

검색하는 동안 일래스틱서치가 수행하는 많은 단계가 있다. 쿼리 실행 후 결과와 합계 집계를 계산해 반환한다.

이 예제에서는 다중 용어 집계에서 지원하는 다음과 같은 매개변수를 살펴본다.

- **field**: 패싯 데이터를 추출하는 데 사용하는 필드다. 필드 값은 단일 문자열(태그 예시와 같이) 또는 필드 목록(즉, field1, field2)이다.
- **size**: 반환된 용어 값의 수를 제어한다(기본값: 10).
- **min_doc_count**: 최소 문서 수가 있는 용어를 반환한다(옵션).
- **include**: 정규식을 사용해 집계할 유효 값을 정의한다(옵션). exclude 매개변수보다 먼저 평가된다. 정규식은 다음과 같이 flags 매개변수로 제어된다.

```
"include" : {
  "pattern" : ".*labor.*",
  "flags" : "CANON_EQ|CASE_INSENSITIVE"
},
```

- **exclude**: 제외 목록에 포함된 용어를 제거한다(옵션). 정규식은 flags 매개변수로 제어된다.
- **order**: 반환될 상위 n개의 버킷 값을 계산하는 방식을 제어한다(옵션, 기본값: doc_count). order 매개변수는 다음 유형 중 하나다.
  - **_count**: count로 정렬된 집계 값을 반환한다(기본값).
  - **_term**: 용어 값으로 정렬된 집계 값을 반환한다(즉, "order" : { "_term" : "asc" }).
- 다음 예시는 하위 집계 이름 예시다.

```
{
  "aggs": {
    "genders": {
      "terms": {
        "field": "tag",
        "order": {
          "avg_val": "desc"
        }
      },
      "aggs": {
        "avg_age": {
          "avg": {
            "field": "age"
          }
        }
      }
    }
  }
}
```

용어 집계는 더 많은 필터에 사용되는 값의 개요를 표현하는 데 매우 유용하다. 다음 그래프에서 용어 집계 결과는 막대 차트로 표시된다.

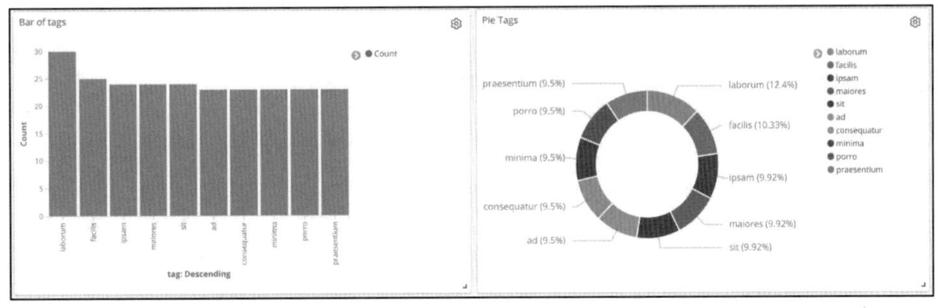

추가 사항

때때로 다중 용어에 대한 더 많은 제어가 필요할 수 있다. 이는 script 필드에 일래스틱서치 스크립트를 추가해 처리할 수 있다.

스크립트를 사용하면 사용할 신규 값을 생성하고자 집계에 사용된 용어를 수정할 수 있다. 다음은 모든 용어에 123을 추가하는 간단한 예시다.

```
{
  "aggs": {
    "tag": {
      "terms": {
        "field": "tag",
        "script": "_value + '123'"
      }
    }
  }
}
```

앞의 다중 용어 집계 예시에서 집계를 계산하는 데 사용할 필드를 선택하고자 field나 fields 매개변수를 제공했다. 데이터를 추출하는 데 사용할 필드를 정의하고자 field와 fields를 치환하는 script 매개변수도 추가할 수 있다. script는 스크립트 컨텍스트에서 사용할 수 있는 doc 스크립트에서 용어 값을 추출할 수 있다.

doc의 경우 첫 번째 예시를 다시 작성하면 다음과 같다.

```
POST /index-agg/_search?size=0
{
  "aggs": {
    "tag": {
      "terms": {
        "script": {
```

```
                "source": """doc['tag'].value"""
            }
        }
    }
}
```

참고 사항

일래스틱서치 스크립트를 사용하는 방법을 다루는 8장을 참고한다.

중요 용어 집계 실행

중요 용어 집계significant terms aggregation는 앞의 예제를 발전시킨 버전으로 다음과 같이 여러 시나리오를 다룰 수 있다.

- 현재 쿼리 텍스트에 관련된 연관 용어 제안하기
- 용어의 관련성 발견하기
- 텍스트의 공통 패턴 발견하기

이런 시나리오의 결과는 앞의 용어 집계만큼 간단하지는 않다. 전경 집합(일반적으로 쿼리)과 배경 집합(대량 데이터) 사이의 분산으로 계산해야 한다.

준비 사항

이 예제에서 코드를 실행하려면 1장의 '일래스틱서치 다운로드와 설치' 예제에서 기술된 대로 실행 중인 일래스틱서치 설치본이 필요하다.

명령을 실행하려면 curl(https://curl.haxx.se/) 및 포스트맨(https://www.getpostman.com/)과 유사한 HTTP 클라이언트가 필요하다. 일래스틱서치에 대한 더 원활한 문자 이스케이프와 코드 완성 기능을 제공하는 키바나 콘솔을 사용하는 것이 좋다.

명령을 올바르게 실행하려면 온라인 코드에서 사용할 수 있는 ch07/populate_aggregation.txt 명령으로 배포시킨 색인이 필요하다.

이 예제에서 사용하는 색인은 index-agg다.

작동 방법

중요 용어 집계 쿼리를 실행하려면 다음 절차를 수행한다.

1. 몇 가지 태그를 제공해 중요 용어 태그를 계산한다.

```
POST /index-agg/_search?size=0
{
  "query": {
    "terms": {
      "tag": [
        "ullam",
        "in",
        "ex"
      ]
    }
  },
  "aggs": {
    "significant_tags": {
      "significant_terms": {
        "field": "tag"
      }
    }
  }
```

```
}
```

2. 정상적으로 처리되면 일래스틱서치에서 반환된 결과는 다음과 같다.

```
{
  ...중략...
  "aggregations" : {
    "significant_tags" : {
      "doc_count" : 45,
      "bg_count" : 1000,
      "buckets" : [
        {
          "key" : "ullam",
          "doc_count" : 17,
          "score" : 8.017283950617283,
          "bg_count" : 17
        }, ...
        ...
        {
          "key" : "vitae",
          "doc_count" : 3,
          "score" : 0.13535353535353536,
          "bg_count" : 22
        }
      ]
    }
  }
}
```

집계 결과는 다음과 같은 용어를 가진 여러 버킷으로 구성된다.

- **key**: 버킷을 채우는 데 사용된 용어

- **doc_count**: key 용어가 포함된 결과 수
- **score**: 이 버킷의 점수
- **bg_count**: key 용어를 포함하는 배경 문서 수

작동 원리

집계 실행은 앞의 것과 유사하다. 내부적으로 두 개의 용어 집계를 계산한다. 하나는 쿼리나 부모 집계와 일치하는 문서와 관련된 것이고 다른 하나는 지식 기반의 모든 문서를 기반으로 하는 것이다. 그런 다음 두 결과 데이터 세트에 점수를 매겨 중요한 결과를 계산한다.

이런 종류의 집계는 용어 쿼리의 큰 카디널리티와 상당히 큰 관련성 계산 비용의 이유로 매우 CPU 집약적이다.

중요 집계는 현재 쿼리의 중요한 부분을 평가한 후 용어를 반환한다. 이 집계는 필드 데이터 플래그를 갖는 일래스틱서치에서 색인된 **Keyword** 매핑 필드에서만 동작한다. 텍스트 매핑 필드에서는 `significant_text`를 사용해 동일한 작업을 할 수 있다. 텍스트 필드에는 필드 데이터(메모리에 모든 필드 값을 유지하는 특수 구조)가 전혀 없으므로 용어의 분포를 실시간으로 계산해야 해서 많은 자원(CPU와 RAM)이 필요하다.

처리 속도를 높이려면 일반적으로 자원을 낭비하지 않도록 문서의 임의의 부분집합을 선택한다. 다음 예와 같이 샘플러를 사용해 일부 조회수를 수집한 다음 텍스트로부터 더 중요한 용어들을 추출하는 것이 좋다.

```
POST /index-agg/_search?size=0
{
  "aggregations" : {
    "my_sample" : {
      "sampler" : {
```

```
            "shard_size" : 100
          },
          "aggregations": {
            "keywords" : {
              "significant_text" : { "field" : "description" }
            }
          }
        }
      }
    }
```

범위 집계 실행

앞의 예제는 버킷이 고정된 용어나 제한된 숫자의 항목을 기반으로 계산하는 경우 아주 유용한 집계 유형이다. 그러나 범위로 집계된 버킷을 반환해야 하는 경우가 종종 있다. 범위 집계는 이 요구 사항을 충족시킨다. 일반적인 시나리오는 다음과 같다.

- 가격 범위(상점에서 사용됨)
- 크기 범위
- 알파벳 범위

준비 사항

이 예제에서 코드를 실행하려면 1장의 '일래스틱서치 다운로드와 설치' 예제에서 기술된 대로 실행 중인 일래스틱서치 설치본이 필요하다.

명령을 실행하려면 `curl`(https://curl.haxx.se/) 및 포스트맨(https://www.getpostman.com/)과 유

사한 HTTP 클라이언트가 필요하다. 일래스틱서치에 대한 더 원활한 문자 이스케이프와 코드 완성 기능을 제공하는 키바나 콘솔을 사용하는 것이 좋다.

명령을 올바르게 실행하려면 온라인 코드에서 사용할 수 있는 `ch07/populate_aggregation.txt` 명령으로 배포시킨 색인이 필요하다.

이 예제에서 사용하는 색인은 `index-agg`다.

작동 방법

범위 집계를 실행하려면 다음 절차를 수행한다.

1. 다음과 같은 세 가지 유형의 집계 범위를 제공한다.
   - **가격 집계:** 범위 내에 있는 항목의 가격을 집계
   - **연령 집계:** 문서에 포함된 연령을 25년 간격으로 네 가지로 집계
   - **날짜 집계:** 전년도와 당해년도를 6개월 범위로 집계
2. 이에 대해 결과를 얻으려면 다음과 같은 쿼리를 실행한다.

```
POST /index-agg/_search?size=0
{
  "aggs": {
    "prices": {
      "range": {
        "field": "price",
        "ranges": [
          {"to": 10},
          {"from": 10, "to": 20},
          {"from": 20, "to": 100},
          {"from": 100}
        ]
```

```
        }
      },
      "ages": {
        "range": {
          "field": "age",
          "ranges": [
            {"to": 25},
            {"from": 25, "to": 50},
            {"from": 50, "to": 75},
            {"from": 75}
          ]
        }
      },
      "range": {
        "range": {
          "field": "date",
          "ranges": [
            {"from": "2016-01-01", "to": "2016-07-01"},
            {"from": "2017-07-01", "to": "2017-12-31"},
            {"from": "2018-01-01", "to": "2018-12-31"}
          ]
        }
      }
    }
  }
```

3. 정상적으로 처리되면 일래스틱서치에서 반환된 결과는 다음과 같다.

```
{
  ...중략...
  "aggregations" : {
    "range" : {
      "buckets" : [
```

```
          {
            "key" : "2016-01-01T00:00:00.000Z-2016-07-01T00:00:00.000Z",
            "from" : 1.4516064E12,
            "from_as_string" : "2016-01-01T00:00:00.000Z",
            "to" : 1.4673312E12,
            "to_as_string" : "2016-07-01T00:00:00.000Z",
            "doc_count" : 42
            ...
            ...
          {
            "key" : "20.0-100.0",
            "from" : 20.0,
            "to" : 100.0,
            "doc_count" : 788
          },
          {
            "key" : "100.0-*",
            "from" : 100.0,
            "doc_count" : 0
          }
        ]
      }
    }
  }
```

모든 집계 결과에는 다음과 같은 필드가 있다.

- **to**, **to_as_string**, **from**, **from_as_string**: 집계의 원래 범위를 정의
- **doc_count**: 이 범위의 결과 개수
- **key**: 범위의 문자열 표현

작동 원리

이런 종류의 집계는 일반적으로 수치형 데이터 유형(integer, float, long, date)에 대해 수행된다. 쿼리의 결과로 실행되는 범위 필터 목록으로 간주할 수 있다.

date 또는 datatime 값을 필터 또는 쿼리로 사용할 때 문자열 포맷으로 표현해야 한다. 유효한 문서 포맷은 yyyy-MM-dd'T'HH:mm:ss 또는 yyyy-MM-dd다.

각 범위는 독립적으로 계산되므로 정의가 겹칠 수 있다.

추가 사항

목표에 사용되는 두 가지 특수 범위 집계가 있다(날짜와 IPv4 범위). 이들은 이전의 범위 집계와 유사하지만 날짜와 IP 주소의 범위를 제어하는 특별한 기능을 제공한다.

날짜 범위 집계(date_range)를 사용하면 날짜에 대한 수학 공식으로 from과 to를 정의할 수 있다. 예를 들어 이전 6개월과 이후에 대한 히트 수의 집계를 다음과 같이 실행할 수 있다.

```
POST /index-agg/_search?size=0
{
  "aggs": {
    "range": {
      "date_range": {
        "field": "date",
        "format": "MM-yyyy",
        "ranges": [
          {
            "to": "now-6M/M"
          },
          {
            "from": "now-6M/M"
```

```
            }
          ]
        }
      }
    }
  }
```

결과는 다음과 같다.

```
  {
    ...중략...
    "aggregations" : {
      "range" : {
        "buckets" : [
          {
            "key" : "*-06-2018",
            "to" : 1.5278112E12,
            "to_as_string" : "06-2018",
            "doc_count" : 894
          },
          {
            "key" : "06-2018-*",
            "from" : 1.5278112E12,
            "from_as_string" : "06-2018",
            "doc_count" : 106
          }
        ]
      }
    }
  }
```

이 예시에서 버킷은 두 가지 범위에서 날짜-연도(MM-YY) 형식로 포맷된다. now는 실제 날짜 시간을 의미하고 -6M은 이전 6개월을 의미하며 /M은 개월로 나누는 단축키다.

NOTE

날짜 수학 공식과 코드는 https://www.elastic.co/guide/en/elasticsearch/reference/current/search-aggregations-bucket-daterange-aggregation.html에서 참고할 수 있다.

IPv4 범위 집계(ip_ranges)를 사용하면 다음과 같이 범위를 정의할 수 있다.

- IP 범위 형식

```
{
  "aggs": {
    "ip_ranges": {
      "ip_range": {
        "field": "ip",
        "ranges": [
          {
            "to": "192.168.1.1"
          },
          {
            "from": "192.168.2.255"
          }
        ]
      }
    }
  }
}
```

- CIDR 마스크

```
{
  "aggs": {
    "ip_ranges": {
      "ip_range": {
```

```
            "field": "ip",
            "ranges": [
              {
                "mask": "192.168.1.0/25"
              },
              {
                "mask": "192.168.1.127/25"
              }
            ]
          }
        }
      }
    }
```

참고 사항

5장의 '범위 쿼리 실행' 예제를 참고하고 범위 쿼리에 대한 자세한 사항은 IP 집계에 대한 공식 문서인 https://www.elastic.co/guide/en/elasticsearch/reference/master/search-aggregations-bucket-iprange-aggregation.html을 참고한다.

히스토그램 집계 실행

일래스틱서치의 수치형 값은 히스토그램 데이터를 처리하는 데 사용할 수 있다. 히스토그램 표현은 최종 사용자에게 데이터를 표현하는 아주 강력한 방법 중 하나며 주로 막대 차트를 이용한다.

준비 사항

이 예제에서 코드를 실행하려면 1장의 '일래스틱서치 다운로드와 설치' 예제에서 기술된 대로 실행 중인 일래스틱서치 설치본이 필요하다.

명령을 실행하려면 curl(https://curl.haxx.se/) 및 포스트맨(https://www.getpostman.com/)과 유사한 HTTP 클라이언트가 필요하다. 일래스틱서치에 대한 더 원활한 문자 이스케이프와 코드 완성 기능을 제공하는 키바나 콘솔을 사용하는 것이 좋다.

명령을 올바르게 실행하려면 온라인 코드에서 사용할 수 있는 ch07/populate_aggregation.txt 명령으로 배포시킨 색인이 필요하다.

이 예제에서 사용하는 색인은 index-agg다.

작동 방법

히스토그램 집계를 실행하려면 다음 절차를 수행한다.

1. 스크립트로 채워진 항목으로 다음 집계를 계산한다.

    - 5년 간격의 연령
    - 10$ 간격의 가격
    - 6개월 간격의 날짜

    쿼리는 다음과 같다.

```
POST /index-agg/_search?size=0
{
  aggregations": {
    "age": {
      "histogram": {
```

```
        "field": "age",
        "interval": 5
      }
    },
    "price": {
      "histogram": {
        "field": "price",
        "interval": 10
      }
    }
  }
}
```

2. 정상적으로 처리되면 일래스틱서치에서 반환된 결과는 다음과 같다.

```
{
  ...중략...
  "aggregations" : {
    "price" : {
      "buckets" : [
        { "key" : 0.0, "doc_count" : 105 },
        { "key" : 10.0, "doc_count" : 107 },
        { "key" : 20.0, "doc_count" : 79 },
        ...중략...
      ]
    },
    "age" : {
      "buckets" : [
        { "key" : 0.0, "doc_count" : 34 },
        { "key" : 5.0, "doc_count" : 41 },
        { "key" : 10.0, "doc_count" : 42 },
        { "key" : 15.0, "doc_count" : 43 },
        { "key" : 20.0, "doc_count" : 50 },
```

```
            ...중략...
            { "key" : 100.0, "doc_count" : 9 }
          ]
        }
      }
    }
```

집계 결과는 버킷으로 구성된다. 결과는 다음과 같은 필드로 구성된다.

- **key**: 값은 항상 히스토그램 그래프의 X축
- **doc_count**: 문서 버킷 크기

작동 원리

이런 종류의 집계는 검색 결과를 가진 각 샤드에서 분산된 방식으로 계산되며 집계 결과는 검색 노드 서버(arbiter)에 집계돼 사용자에게 반환된다. 히스토그램 집계는 수치 필드(boolean, integer, long, float)와 date 또는 datetime 필드(내부적으로는 long으로 표시된다)에서만 동작한다.

정의된 필드에서 히스토그램 생성을 제어하려면 interval 매개변수가 필요하며 이는 히트의 집계 간격을 생성하는 데 사용한다.

다음과 같은 지정 매개변수는 히스토그램의 작성을 제어하는 데 사용한다.

- **min_doc_count**: 집계에서 내보내는 데 버킷에 있어야 하는 최소 문서 수를 정의한다(기본값: 1).
- **order**: key 정렬을 변경할 때 사용한다. 전체 참조를 확인하려면 '용어 집계 실행' 예제를 살펴보라.
- **offset**: 정의된 오프셋만큼 키를 이동하는 데 사용한다(기본값: 0).

- **missing**: 문서에서 사용할 수 없는 경우 기본값으로 제공된다. 결측치가 있는 문서에 아주 유용하며 분석할 때 기본값을 제공해야만 한다.
- **extended_bounds**: 히스토그램의 최솟값이나 최댓값을 지정하는 데 사용한다. 일래스틱서치는 버킷에 문서가 포함되지 않으면 버킷을 내보내지 않으므로 히스토그램의 X축에 빈 곳이 생길 수 있다. 이 옵션을 사용하면 분산에 빈 부분이 발생하지 않도록 빈 버킷도 내보낼 수 있다.

```
POST /index-agg/_search?size=0
{
  "aggs" : {
    "prices" : {
      "histogram" : {
        "field" : "price",
        "interval" : 5,
        "extended_bounds" : {
          "min" : 0,
          "max" : 150
        }
      }
    }
  }
}
```

가격이 100까지 있으나 extended_bounds의 최댓값이 150이므로 빈 버킷을 150까지 생성할 수 있다.

히스토그램의 일반적인 표현 방식은 막대 차트며 다음과 같다.

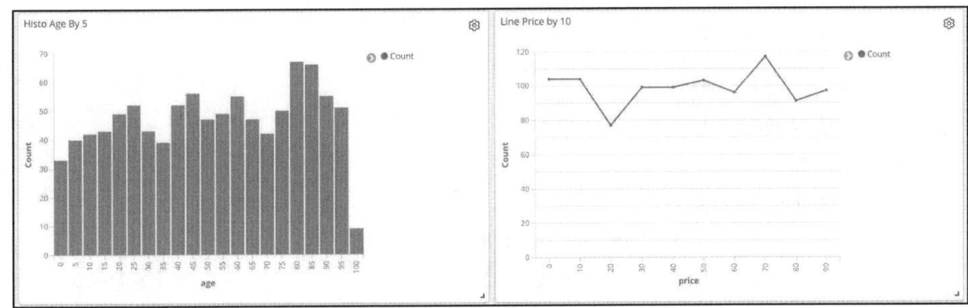

추가 사항

히스토그램 집계는 일래스틱서치의 스크립트 기능으로 개선할 수도 있다. 필드가 저장돼 있거나 doc 변수를 사용한다면 스크립트와 _value를 모두 사용할 수 있다.

_value를 사용해 스크립트한 집계 히스토그램 예시는 다음과 같다.

```
POST /index-agg/_search?size=0
{
  "aggs": {
    "age": {
      "histogram": {
        "field": "age",
        "script": "_value*3",
        "interval": 5
      }
    }
  }
}
```

_doc을 사용한 스크립트 집계 히스토그램의 예시는 다음과 같다.

```
{
  ...중략...
  "aggregations" : {
    "age" : {
      "buckets" : [
        { "key" : 0.0, "doc_count" : 8 },
        { "key" : 5.0, "doc_count" : 17 },
        { "key" : 10.0, "doc_count" : 9 },
        { "key" : 15.0, "doc_count" : 19 },
        ...중략...
        { "key" : 295.0, "doc_count" : 11 },
        { "key" : 300.0, "doc_count" : 9 }
      ]
    }
  }
}
```

참고 사항

날짜나 시간 값을 기반으로 하는 히스토그램 집계는 이 장의 '날짜 히스토그램 집계 실행' 예제를 참고한다.

날짜 히스토그램 집계 실행

앞의 예제는 주로 수치형 필드를 이용했다. 일래스틱서치는 날짜 히스토그램 집계를 계산할 수 있는 특별한 기능을 제공하며 날짜나 날짜/시간 값을 기반으로 동작한다.

시간대 변환과 특수 시간 간격 등 날짜 값은 문제를 해결하는 데 더 많은 사용자 정의가 필요하므로 이 집계가 필요하다.

준비 사항

이 예제에서 코드를 실행하려면 1장의 '일래스틱서치 다운로드와 설치' 예제에서 기술된 대로 실행 중인 일래스틱서치 설치본이 필요하다.

명령을 실행하려면 **curl**(https://curl.haxx.se/) 및 포스트맨(https://www.getpostman.com/)과 유사한 HTTP 클라이언트가 필요하다. 일래스틱서치에 대한 더 원활한 문자 이스케이프와 코드 완성 기능을 제공하는 키바나 콘솔을 사용하는 것이 좋다.

명령을 올바르게 실행하려면 온라인 코드에서 사용할 수 있는 **ch07/populate_aggregation.txt** 명령으로 배포시킨 색인이 필요하다.

이 예제에서 사용하는 색인은 **index-agg**다.

작동 방법

날짜 히스토그램 집계를 실행하려면 다음 절차를 수행한다.

1. 다음과 같이 두 개의 다른 날짜나 시간 집계가 필요하다.

    - 연간 집계
    - 분기 집계(단, 시간대는 +1:00)

    쿼리는 다음과 같다.

```
POST /index-agg/_search?size=0
{
  "aggs": {
    "date_year": {
      "date_histogram": {
        "field": "date",
        "interval": "year"
```

```
      }
    },
    "date_quarter": {
      "date_histogram": {
        "field": "date",
        "interval": "quarter",
        "time_zone": "+01:00"
      }
    }
  }
}
```

2. 정상적으로 처리되면 일래스틱서치에서 반환된 결과는 다음과 같다.

```
{
  ...중략...
  "aggregations" : {
    "date_year" : {
      "buckets" : [
        {
          "key_as_string" : "2012-01-01T00:00:00.000Z",
          "key" : 1325376000000,
          "doc_count" : 190
        },
        {
          "key_as_string" : "2013-01-01T00:00:00.000Z",
          "key" : 1356998400000,
          "doc_count" : 180
        },
        ...중략...
      ]
    },
    "date_quarter" : {
```

```
      "buckets" : [
        {
          "key_as_string" : "2012-01-01T00:00:00.000+01:00",
          "key" : 1325372400000,
          "doc_count" : 48
        },
        {
          "key_as_string" : "2012-04-01T00:00:00.000+01:00",
          "key" : 1333234800000,
          "doc_count" : 52
        },
        ...중략...
      ]
    }
  }
}
```

집계 결과는 집계 결과 목록을 가진 버킷으로 구성된다. 결과는 다음과 같다.

- **key**: 값은 항상 히스토그램 그래프의 X축이다.
- **key_as_string**: 키 값의 문자열 표현이다.
- **doc_count**: 문서의 버킷 크기다.

작동 원리

직전 예제 히스토그램과의 주요 차이점은 간격이 수치가 아니라는 점이다. 일반적으로 날짜 간격은 시간 상수로 정의한다. 히스토그램 집계에서 사용했던 모든 매개변수를 날짜 시간에서도 사용할 수 있다.

interval 매개변수를 사용하면 여러 값을 사용할 수 있다. 가장 일반적으로 사용하는 것들은 다음과 같다.

- 년
- 분기
- 월
- 주
- 일
- 시
- 분

날짜 값으로 작업할 때 쿼리 시간 오프셋 오류를 방지하려면 올바른 시간대를 사용하는 것이 중요하다. 기본적으로 일래스틱서치는 날짜 시간 값을 저장하는 시점(epoch)으로 UTC 밀리초를 사용한다. 타임스탬프를 더 잘 처리하고자 다음과 같은 몇 가지 매개변수를 사용할 수 있다.

- **time_zone**(또는 pre_zone): 값을 계산할 때 사용하는 시간대 오프셋을 지정할 수 있다(옵션). 이 값은 집계할 때 날짜 시간 값을 전처리하는 데 사용된다. 시간으로 지정하면 값을 숫자 형태로 표현할 수 있다(즉, -3). 또는 시간대에 분을 반드시 정의해야 한다면 문자열 표현도 가능하다(즉, +07:30).
- **post_zone**: 결과로 시간대를 적용한다(옵션).
- **pre_zone_adjust_large_interval**: 날짜나 더 큰 간격으로 시간 간격을 적용한다(기본값: false, 옵션).

추가 사항

날짜 히스토그램이 산출하는 버킷 수를 예측하는 것은 매우 어렵다. 대규모의 버킷을 생성하는 것이 아주 일반적이며 일래스틱서치 측면과 애플리케이션 수준에서 메모리와 성능 이슈가 있다.

이 문제를 피하고자 일래스틱서치는 원하는 수의 버킷을 생성하도록 간격을 자동 조정하는 날짜 히스토그램 집계를 도입했다(auto_date_histogram).

필요한 추가 매개변수는 bucket이며 생성할 버킷 수를 의미한다. 이를 테스트하려면 다음 쿼리를 실행하면 된다.

```
POST /index-agg/_search?size=0
{
  "aggs": {
    "10_buckets_date": {
      "auto_date_histogram": {
        "field": "date",
        "buckets": 10,
        "format": "yyyy-MM-dd"
      }
    }
  }
}
```

결과는 다음과 같다.

```
{
  ...중략...
  "aggregations" : {
    "10_buckets_date" : {
      "buckets" : [
        {
          "key_as_string" : "2012-01-01",
          "key" : 1325376000000,
          "doc_count" : 190
        },
```

```
            ...중략...
            {
              "key_as_string" : "2018-01-01",
              "key" : 1514764800000,
              "doc_count" : 182
            }
          ],
          "interval" : "1y"
        }
      }
    }
```

이 집계는 이 집계에서 사용한 시간 간격을 반환한다.

NOTE

최대 버킷 수는 333이다.

참고 사항

이 예제가 다루는 상세한 내용은 다음 문서를 참고한다.

- 날짜 히스토그램 집계에 대한 일래스틱서치 공식 문서는 https://www.elastic.co/guide/en/elasticsearch/reference/current/search-aggregations-bucket-datehistogram-aggregation.html이며 시간대 문제 관리에 대한 자세한 사항을 다루고 있다.
- 자동 날짜 히스토그램 집계에 대한 공식 일래스틱서치 문서는 https://www.elastic.co/guide/en/elasticsearch/reference/master/search-aggregations-bucket-autodatehistogram-aggregation.html이다.

필터 집계 실행

때때로 특수한 필터를 만족시키도록 집계에서 히트 횟수를 줄일 필요가 있다. 이를 위해 필터 집계를 사용한다.

필터는 값을 필터링할 때 버킷을 조작하는 간단한 방법 중 하나다.

준비 사항

이 예제에서 코드를 실행하려면 1장의 '일래스틱서치 다운로드와 설치' 예제에서 기술된 대로 실행 중인 일래스틱서치 설치본이 필요하다.

명령을 실행하려면 `curl`(https://curl.haxx.se/) 및 포스트맨(https://www.getpostman.com/)과 유사한 HTTP 클라이언트가 필요하다. 일래스틱서치에 대한 더 원활한 문자 이스케이프와 코드 완성 기능을 제공하는 키바나 콘솔을 사용하는 것이 좋다.

명령을 올바르게 실행하려면 온라인 코드에서 사용할 수 있는 `ch07/populate_aggregation.txt` 명령으로 배포시킨 색인이 필요하다.

이 예제에서 사용하는 색인은 `index-agg`다.

작동 방법

필터 집계를 실행하려면 다음 절차를 수행한다.

1. 다음과 같이 두 개의 다른 필터 집계를 계산하려 한다.
    - `"ullam"`이라는 태그가 포함된 문서 수
    - 나이 37이 포함된 문서 수

    이 집계를 실행하는 쿼리는 다음과 같다.

```
POST /index-agg/_search?size=0
{
  "aggregations": {
    "ullam_docs": {
      "filter": {
        "term": {
          "tag": "ullam"
        }
      }
    },
    "age37_docs": {
      "filter": {
        "term": {
          "age": 37
        }
      }
    }
  }
}
```

여기에서는 단순 필터를 사용했지만 필요시 더 복잡하게 사용할 수 있다.

2. 정상적으로 처리되면 일래스틱서치에서 반환된 결과는 다음과 같다.

```
{
  ...중략...
  "aggregations" : {
    "age37_docs" : {
      "doc_count" : 6
    },
    "ullam_docs" : {
      "doc_count" : 17
    }
  }
```

```
}
```

작동 원리

필터 집계는 아주 단순하다. 필터로 일치하는 요소의 개수 세기만 실행한다. 이 집계는 결과에 대한 개수 쿼리로 간주할 수 있다. 앞의 결과와 같이 집계에는 하나의 값만 포함하고 있다(doc_count, 개수 결과).

아주 간단한 집계이므로 일반적으로 통계를 선호하는 사용자는 사용하지 않을 수 있으며 통계 처리를 하려면 개수를 제공하거나 최악의 경우에는 더 많은 서버 작업 부하를 유발하는 또 다른 검색을 실행해야 한다.

이런 종류 집계의 큰 장점은 셀 수 있는 경우 개수 세기를 필터로 수행할 수 있다는 점이다. 이는 모든 결과를 반복하는 것보다 훨씬 빠르다. 또 다른 중요한 장점은, 필터는 모든 가용한 쿼리 DSL 요소로 조합할 수 있다는 점이다.

추가 사항

필터에 일치하지 않거나 특수 필드(또는 필드가 null)가 아닌 문서 수를 세야 하는 경우가 종종 있다. 이런 종류의 시나리오를 위한 특별 집계 유형이 있다(missing).

예를 들어 code 필드가 누락된 문서 수를 세야 한다면 쿼리는 다음과 같다.

```
POST /index-agg/_search?size=0
{
  "aggs": {
    "missing_code": {
      "missing": {
        "field": "code"
```

```
            }
          }
        }
      }
```

결과는 다음과 같다.

```
{
  ...중략...
  "aggregations" : {
    "missing_code" : {
      "doc_count" : 1000
    }
  }
}
```

참고 사항

표준 개수 세기 쿼리는 4장의 '일치된 결과 개수 계산' 예제를 참고한다.

다중 필터 집계 실행

다중 필터 집계는 사용자 정의 필터를 이용해 버킷 문서를 분할하는 일반적인 요구사항의 모범 답안으로, 일래스틱서치는 필터를 구성하는 데 모든 종류의 쿼리를 지원한다.

준비 사항

이 예제에서 코드를 실행하려면 1장의 '일래스틱서치 다운로드와 설치' 예제에서 기술된 대로 실행 중인 일래스틱서치 설치본이 필요하다.

명령을 실행하려면 curl(https://curl.haxx.se/) 및 포스트맨(https://www.getpostman.com/)과 유사한 HTTP 클라이언트가 필요하다. 일래스틱서치에 대한 더 원활한 문자 이스케이프와 코드 완성 기능을 제공하는 키바나 콘솔을 사용하는 것이 좋다.

명령을 올바르게 실행하려면 온라인 코드에서 사용할 수 있는 ch07/populate_aggregation.txt 명령으로 배포시킨 색인이 필요하다.

이 예제에서 사용하는 색인은 index-agg다.

작동 방법

다중 필터 집계를 실행하려면 다음 절차를 수행한다.

1. 다음과 같은 쿼리로 구성된 필터 집계를 계산한다.

    - 날짜가 2016/01/01보다 크고 가격이 50보다 크거나 같음
    - 날짜가 2016/01/01보다 작고 가격이 50보다 크거나 같음
    - 일치하지 않는 문서 수

    이 집계를 실행하는 쿼리는 다음과 같다.

```
POST /index-agg/_search?size=0
{
  "aggs": {
    "expensive_docs": {
      "filters": {
```

```
"other_bucket": true,
"other_bucket_key": "other_documents",
"filters": {
  "2016_over_50": {
    "bool": {
      "must": [
        {
          "range": {
            "date": {
              "gte": "2016-01-01"
            }
          }
        },
        {
          "range": {
            "price": {
              "gte": 50
            }
          }
        }
      ]
    }
  },
  "previous_2016_over_50": {
    "bool": {
      "must": [
        {
          "range": {
            "date": {
              "lt": "2016-01-01"
            }
          }
        },
        {
          "range": {
```

```
                    "price": {
                      "gte": 50
                    }
                  }
                }
              ]
            }
          }
        }
      }
    }
  }
}
```

2. 정상적으로 처리되면 일래스틱서치에서 반환된 결과는 다음과 같다.

```
{
  ...중략...
  "aggregations" : {
    "expensive_docs" : {
      "buckets" : {
        "2016_over_50" : {
          "doc_count" : 137
        },
        "previous_2016_over_50" : {
          "doc_count" : 374
        },
        "other_documents" : {
          "doc_count" : 489
        }
      }
    }
  }
```

```
    }
```

작동 원리

다중 필터 집계는 매우 편리한 집계다. 데이터 버킷을 생성하는 편리한 방법을 제공하기 때문이다. 집계를 구성하는 필터는 일래스틱서치가 제공하는 모든 종류의 쿼리를 사용할 수 있다. 이런 이유로 이 집계는 자식 및 중첩 쿼리를 사용하는 복잡한 관계 관리를 구성하는 데 사용할 수 있다.

필터 객체의 모든 쿼리는 신규 버킷을 생성한다. 쿼리가 중첩될 수 있으므로 생성된 버킷은 중첩된 문서를 가질 수 있다. 필터로 일치하지 않는 모든 문서를 수집하기 위한 other_bucket과 other_bucket_key 매개변수를 사용할 수 있다. other_bucket은 불리언 매개변수로, true이면 other_bucket에 일치하지 않는 모든 문서를 반환한다.

other_bucket_key는 잔여 문서 버킷의 이름을 제어하는 데 사용되는 다른 버킷의 레이블명을 포함하는 문자열 매개변수다. other_bucket_key를 정의하면 other_bucket이 true임을 자동으로 암시한다.

전역 집계 실행

집계는 일반적으로 쿼리 검색 결과로 실행된다. 일래스틱서치는 쿼리의 영향을 받지 않고 모든 문서에 대해 전역으로 실행되는 특수 전역 집계를 제공한다.

준비 사항

이 예제에서 코드를 실행하려면 1장의 '일래스틱서치 다운로드와 설치' 예제에서 기술된 대로 실행 중인 일래스틱서치 설치본이 필요하다.

명령을 실행하려면 `curl`(https://curl.haxx.se/) 및 포스트맨(https://www.getpostman.com/)과 유사한 HTTP 클라이언트가 필요하다. 일래스틱서치에 대한 더 원활한 문자 이스케이프와 코드 완성 기능을 제공하는 키바나 콘솔을 사용하는 것이 좋다.

명령을 올바르게 실행하려면 온라인 코드에서 사용할 수 있는 `ch07/populate_aggregation.txt` 명령으로 배포시킨 색인이 필요하다.

이 예제에서 사용하는 색인은 `index-agg`다.

작동 방법

전역 집계를 실행하려면 다음 절차를 수행한다.

1. 쿼리로 전역 평균을 비교하도록 다음과 같이 호출한다.

```
POST /index-agg/_search?size=0
{
  "query": {
    "term": {
      "tag": "ullam"
    }
  },
  "aggregations": {
    "query_age_avg": {
      "avg": {
        "field": "age"
      }
    },
```

```
        "all_persons": {
          "global": {},
          "aggs": {
            "age_global_avg": {
              "avg": {
                "field": "age"
              }
            }
          }
        }
      }
    }
```

2. 정상적으로 처리되면 일래스틱서치에서 반환된 결과는 다음과 같다.

```
    {
      ...중략...
      "aggregations" : {
        "all_persons" : {
          "doc_count" : 1000,
          "age_global_avg" : {
            "value" : 53.243
          }
        },
        "query_age_avg" : {
          "value" : 53.470588235294116
        }
      }
    }
```

앞의 예시에서는 쿼리에서 query_age_avg를 계산하고 모든 문서에서 age_global_avg를 계산한다.

작동 원리

이런 종류의 집계는 다른 하부 집계를 시작하기 위한 상위 집계로 주로 사용된다. 전역 집계의 JSON 본문은 비어있다. 이 집계에는 매개변수 옵션이 전혀 없다.

가장 빈번한 사용 사례는 앞의 예시에서 본 것과 같이 필터를 가진 집계와 갖지 않은 집계를 비교하는 것이다.

지리적 거리 집계 실행

이전 집계에서 살펴본 다른 표준 유형 중에서 일래스틱서치는 GeoPoint에 대한 집계를 실행할 수 있다(지리적 거리 집계). 이 집계는 앞에서 다룬 범위 집계를 발전시킨 것으로 지리적 위치에서 동작하도록 구현됐다.

준비 사항

이 예제에서 코드를 실행하려면 1장의 '일래스틱서치 다운로드와 설치' 예제에서 기술된 대로 실행 중인 일래스틱서치 설치본이 필요하다.

명령을 실행하려면 `curl`(https://curl.haxx.se/) 및 포스트맨(https://www.getpostman.com/)과 유사한 HTTP 클라이언트가 필요하다. 일래스틱서치에 대한 더 원활한 문자 이스케이프와 코드 완성 기능을 제공하는 키바나 콘솔을 사용하는 것이 좋다.

명령을 올바르게 실행하려면 온라인 코드에서 사용할 수 있는 `ch07/populate_aggregation.txt` 명령으로 배포시킨 색인이 필요하다.

이 예제에서 사용하는 색인은 `index-agg`다.

작동 방법

지리적 거리 집계를 실행하려면 다음 절차를 실행한다.

1. 문서에서 사용할 수 있는 위치 필드를 이용해 다음과 같은 다섯 범위에 있는 다른 문서들을 집계한다.

   - 10km 미만
   - 10km ~ 20km
   - 20km ~ 50km
   - 50km ~ 100km
   - 100km 초과

2. 이를 위해 다음과 같은 코드로 지리적 거리 집계를 작성한다.

```
POST /index-agg/_search?size=0
{
  "aggs": {
    "position": {
      "geo_distance": {
        "field": "position",
        "origin": {
          "lat": 83.76,
          "lon": -81.2
        },
        "ranges": [
          { "to": 10 },
          { "from": 10, "to": 20 },
          { "from": 20, "to": 50 },
          { "from": 50, "to": 100 },
          { "from": 100 }
        ]
```

```
        }
      }
    }
  }
```

3. 정상적으로 처리되면 일래스틱서치에서 반환된 결과는 다음과 같다.

```
  {
    ...중략...
    "aggregations" : {
      "position" : {
        "buckets" : [
          {
            "key" : "*-10.0",
            "from" : 0.0,
            "to" : 10.0,
            "doc_count" : 0
          }, {
            "key" : "10.0-20.0",
            "from" : 10.0,
            "to" : 20.0,
            "doc_count" : 0
          }, {
            "key" : "20.0-50.0",
            "from" : 20.0,
            "to" : 50.0,
            "doc_count" : 0
          }, {
            "key" : "50.0-100.0",
            "from" : 50.0,
            "to" : 100.0,
            "doc_count" : 0
          }, {
```

```
                "key" : "100.0-*",
                "from" : 100.0,
                "doc_count" : 1000
            }
         ]
      }
   }
}
```

작동 원리

지리적 범위 집계는 지리적 지역화에서 작동하는 범위 집계의 확장판이다. geo_point로 매핑된 필드에서만 작동한다. 필드는 단일 또는 다중 지리 좌표 값을 포함한다.

집계에는 적어도 다음과 같은 세 가지 매개변수가 필요하다.

- **field**: 동작할 지리 좌표 필드
- **origin**: 거리를 계산하는 데 사용되는 지리 좌표
- **ranges**: 목표 지점으로부터의 거리를 기반으로 한 문서 수집 범위 목록

지리 좌표는 다음과 같이 허용된 형식 중 하나로 정의할 수 있다.

- 위도와 경도 속성, 즉 {"lat": 83.76, "lon": -81.20}
- 위도와 경도 배열, 즉 [-81.20, 83.76]
- 위도와 경도 문자열, 즉, 83.76, -81.20
- geohash, 즉 fnyk80

범위는 from/to 값 쌍으로 정의한다. 그중 하나가 누락되면 경계가 없는 것으로 간주한다.

범위에 사용되는 값의 기본값은 킬로미터[km]지만 unit 속성을 사용해 다음과 같이 지정할 수 있다.

- mi 또는 miles
- in 또는 inch
- yd 또는 yard
- km 또는 kilometers
- m 또는 meters
- cm 또는 centimeter
- mm 또는 millimeters

또한 distance_type 매개변수로 거리의 계산 방법을 지정할 수 있다. 이 매개변수의 유효한 값은 다음과 같다.

- **arc**: 호 길이 공식을 사용하며 가장 정확하다(호 길이 알고리듬의 더 자세한 정보는 http://en.wikipedia.org/wiki/Arc_length를 참고한다).
- **plane**: 평면 거리 공식을 사용한다. 가장 빠르고 가장 CPU 집약적이지만 정확도는 가장 낮다.

범위 필터에서 범위 값은 독립적으로 취급되므로 범위의 겹침이 허용된다. 결과가 반환될 때 집계는 다음과 같은 필드에 많은 정보를 제공한다.

- **from 또는 to**: 분석된 범위를 정의한다.
- **key**: 범위의 문자열 표현을 정의한다.

- **doc_count**: 범위에 일치하는 버킷의 문서 수를 정의한다.

참고 사항

이 예제에서 다룬 내용에 대한 추가 참조 예제는 다음을 참고한다.

- 범위 집계에 대한 일반 기능은 이 장의 '범위 집계 실행' 예제를 참고한다.
- 지리적 집계를 실행하는 데 GeoPoint 필드를 올바르게 정의하려면 2장의 'GeoPoint 필드 매핑' 예제를 참고한다.
- geohash의 집계 방법을 제공하는 https://www.elastic.co/guide/en/elasticsearch/reference/current/search-aggregations-bucket-geohashgrid-aggregation.html을 통해 'GeoHash 그리드 집계'를 참고한다.

자식 집계 실행

자식 집계를 실행하면 부모 문서와 자식 문서를 기반으로 분석을 수행할 수 있다. 복잡한 구조로 작업할 때 중첩된 객체는 매우 일반적이다.

준비 사항

이 예제에서 코드를 실행하려면 1장의 '일래스틱서치 다운로드와 설치' 예제에서 기술된 대로 실행 중인 일래스틱서치 설치본이 필요하다.

명령을 실행하려면 curl(https://curl.haxx.se/) 및 포스트맨(https://www.getpostman.com/)과 유사한 HTTP 클라이언트가 필요하다. 일래스틱서치에 대한 더 원활한 문자 이스케이프와 코드 완성 기능을 제공하는 키바나 콘솔을 사용하는 것이 좋다.

명령을 올바르게 실행하려면 온라인 코드에서 사용할 수 있는 ch07/populate_aggregation.txt 명령으로 배포시킨 색인이 필요하다.

이 예제에서 사용하는 색인은 index-agg다.

작동 방법

자식 집계를 실행하려면 다음을 수행한다.

1. 2장의 '조인 필드로 하위 문서 관리' 예제에서 다룬대로 자식 또는 부모 관계로 문서를 색인한다. 여기서는 자식 쿼리와 동일한 데이터 세트를 사용한다.
2. 부모의 uuid에 대해 용어 집계를 실행하고 자식의 용어, 값을 수집하는 모든 uuid로 다음과 같은 코드로 자식 집계를 작성한다.

```
POST /mybooks-join/_search?size=0
{
  "aggs": {
    "uuid": {
      "terms": {
        "field": "uuid",
        "size": 10
      },
      "aggs": {
        "to-children": {
          "children": {
            "type": "author"
          },
          "aggs": {
            "top-values": {
              "terms": {
                "field": "name.keyword",
                "size": 10
```

```
              }
            }
          }
        }
      }
    }
  }
}
```

3. 정상적으로 처리되면 일래스틱서치에서 반환된 결과는 다음과 같다.

```
{
  ...중략...
  "aggregations" : {
    "uuid" : {
      "doc_count_error_upper_bound" : 0,
      "sum_other_doc_count" : 0,
      "buckets" : [
        {
          "key" : "11111",
          "doc_count" : 1,
          "to-children" : {
            "doc_count" : 2,
            "top-values" : {
              "doc_count_error_upper_bound" : 0,
              "sum_other_doc_count" : 0,
              "buckets" : [
                {
                  "key" : "Mark",
                  "doc_count" : 1
                }, {
                  "key" : "Peter",
                  "doc_count" : 1
```

```
                    }
                  ]
                }
              }
            },
            ...중략...
          ]
        }
      }
    }
```

작동 원리

자식 집계는 다음과 같은 절차로 동작한다.

1. 모든 부모 ID가 일치된 쿼리 또는 이전의 버킷 집계로 수집된다.
2. 부모 ID는 자식을 필터링하는 데 사용되며 일치된 문서 결과는 자식 집계를 계산하는 데 사용된다.

집계 유형은 중첩 집계와 유사하게 검색 결과로 다른 문서를 집계하는 데 사용한다. 자식 문서가 부모와 동일한 샤드에 저장되므로 성능이 매우 빠르다.

중첩 집계 실행

중첩 집계로 중첩된 문서의 분석을 실행할 수 있다. 복잡한 구조로 작업할 때 중첩 객체는 아주 일반적인 형태다.

준비 사항

이 예제에서 코드를 실행하려면 1장의 '일래스틱서치 다운로드와 설치' 예제에서 기술된 대로 실행 중인 일래스틱서치 설치본이 필요하다.

명령을 실행하려면 `curl`(https://curl.haxx.se/) 및 포스트맨(https://www.getpostman.com/)과 유사한 HTTP 클라이언트가 필요하다. 일래스틱서치에 대한 더 원활한 문자 이스케이프와 코드 완성 기능을 제공하는 키바나 콘솔을 사용하는 것이 좋다.

명령을 올바르게 실행하려면 온라인 코드에서 사용할 수 있는 `ch07/populate_aggregation.txt` 명령으로 배포시킨 색인이 필요하다.

이 예제에서 사용하는 색인은 `index-agg`다.

작동 방법

중첩 쿼리를 실행하려면 다음 절차를 수행한다.

1. 다음 코드를 사용해 구입한 제품 버전의 최소 크기를 반환하는 중첩 집계를 작성한다.

```
POST /mybooks-join/_search?size=0
{
  "aggs": {
    "versions": {
      "nested": {
        "path": "versions"
      },
      "aggs": {
        "min_size": {
          "min": {
            "field": "versions.size"
```

```
          }
        }
      }
    }
  }
}
```

2. 정상적으로 처리되면 일래스틱서치에서 반환된 결과는 다음과 같다.

```
{
  ...중략...
  "aggregations" : {
    "versions" : {
      "doc_count" : 5,
      "min_size" : {
        "value" : 2.0
      }
    }
  }
}
```

여기서의 집계 결과는 이 장의 두 번째 예제에서 살펴 본 단순한 최소 메트릭이다.

작동 원리

중첩 집계는 중첩된 문서를 포함하는 부모와 연관된 필드 경로만 필요하다.

중첩 집계를 정의한 후에 다른 모든 종류의 집계는 하부 집계에서 사용된다.

추가 사항

일래스틱서치는 중첩된 문서에서 부모 문서로 값을 집계하는 방법을 제공한다. 이를 reverse_nested라고 한다.

앞의 예시에서 다음과 같은 쿼리로 리셀러[reseller]의 상위 태그를 집계할 수 있다.

```
POST /mybooks-join/_search?size=0
{
  "aggs": {
    "versions": {
      "nested": {
        "path": "versions"
      },
      "aggs": {
        "top_colors": {
          "terms": {
            "field": "versions.color"
          },
          "aggs": {
            "version_to_book": {
              "reverse_nested": {},
              "aggs": {
                "top_uuid_per_version": {
                  "terms": {
                    "field": "uuid"
                  }
                }
              }
            }
          }
        }
      }
    }
  }
```

```
}
```

이 예시에는 여러 단계가 있다.

1. 우선 중첩된 버전을 집계한다.
2. 중첩된 버전 문서를 활성화하면 집계를 color 필드로 명명할 수 있다 (versions.color).
3. 상위 버전 집계에서 reverse_nested를 사용해 부모 집계로 돌아간다.
4. 이제 부모 문서의 uuid를 집계할 수 있다.

   응답 결과는 다음과 같다.

```
{
  ...중략...
  "aggregations" : {
    "versions" : {
      "doc_count" : 5,
      "top_colors" : {
        "doc_count_error_upper_bound" : 0,
        "sum_other_doc_count" : 0,
        "buckets" : [
          {
            "key" : "blue",
            "doc_count" : 2,
            "version_to_book" : {
              doc_count" : 2,
              "top_uuid_per_version" : {
                "doc_count_error_upper_bound" : 0,
                "sum_other_doc_count" : 0,
                "buckets" : [
                  { "key" : "11111", "doc_count" : 1 },
```

```
                { "key" : "22222", "doc_count" : 1 }
              ]
            }
          }
        },
        ...중략...
      ]
    }
  }
}
}
```

최고 조회수 집계 실행

최고 조회수 집계는 다른 집계 유형과는 다르다. 앞에서 살펴본 모든 집계는 메트릭(단순 값) 또는 버킷 값이다. 최고 조회수 집계는 검색이 히트한 버킷들(문서들)을 반환한다.

일반적으로 최고 조회수 집계는 하위 집계로 이용되므로 가장 많이 일치한 문서들은 버킷으로 집계할 수 있다. 이 집계의 가장 일반적인 시나리오는 상위 n개 문서를 범주로 그룹화하는 것이다(전자상거래 웹 사이트의 검색 결과로 아주 일반적임).

준비 사항

이 예제에서 코드를 실행하려면 1장의 '일래스틱서치 다운로드와 설치' 예제에서 기술된 대로 실행 중인 일래스틱서치 설치본이 필요하다.

명령을 실행하려면 `curl`(https://curl.haxx.se/) 및 포스트맨(https://www.getpostman.com/)과 유사한 HTTP 클라이언트가 필요하다. 일래스틱서치에 대한 더 원활한 문자 이스케이

프와 코드 완성 기능을 제공하는 키바나 콘솔을 사용하는 것이 좋다.

명령을 올바르게 실행하려면 온라인 코드에서 사용할 수 있는 ch07/populate_aggregation.txt 명령으로 배포시킨 색인이 필요하다.

이 예제에서 사용하는 색인은 index-agg다.

작동 방법

최고 조회수 집계를 실행하려면 다음 절차를 수행한다.

1. 태그[tags]로 문서의 조회수를 집계하고 최대 숫자(top_tag_hits)를 가진 문서의 이름 필드만 반환한다. 검색과 집계는 다음 코드로 실행한다.

```
POST /index-agg/_search?size=0
{
  "aggs": {
    "tags": {
      "terms": {
        "field": "tag",
        "size": 2
      },
      "aggs": {
        "top_tag_hits": {
          "top_hits": {
            "sort": [
              {
                "age": {
                  "order": "desc"
                }
              }
            ],
            "_source": {
```

```
                "includes": [
                  "name"
                ]
              },
              "size": 1
            }
          }
        }
      }
    }
  }
```

2. 정상적으로 처리되면 일래스틱서치에서 반환된 결과는 다음과 같다.

```
{
  ...중략...
  "aggregations" : {
    "tags" : {
      "doc_count_error_upper_bound" : 0,
      "sum_other_doc_count" : 2828,
      "buckets" : [
        {
          "key" : "laborum",
          "doc_count" : 31,
          "top_tag_hits" : {
            "hits" : {
              "total" : 31,
              "max_score" : null,
              "hits" : [
                {
                  "_index" : "index-agg",
                  "_type" : "_doc",
                  "_id" : "730",
```

```
                    "_score" : null,
                    "_source" : { "name" : "Gladiator"},
                    "sort" : [ 90]
                }
              ]
            }
          }
        },
        ...중략...
      ]
    }
  }
}
```

작동 원리

최고 조회수 집계를 사용하면 다른 집계의 조회수 버킷을 수집할 수 있다. 결과의 분할을 제어할 수 있는 다음과 같은 매개변수 옵션이 제공된다.

- **from**: 버킷 조회수의 시작점을 정의한다(기본값: 0).
- **size**: 조회 버킷의 크기를 정의한다(기본값: 부모 버킷 크기).
- **sort**: 이를 이용해 다른 값으로 정렬할 수 있다(기본값: score). 이 정의는 5장의 검색 정렬과 유사하다.

반환된 조회수를 제어하는 데 다음과 같이 검색에서 사용했던 동일한 매개변수를 사용할 수 있다.

- **_source**: 반환되는 원본을 제어할 수 있다. 비활성화(false), 부분적으로 반환(obj.*) 또는 다중의 제외나 포함 규칙이 될 수 있다. 앞의 예시에서는 다음과 같이 name 필드만 포함됐다.

```
"_source": {
  "include": [
    "name"
  ]
},
```

- **highlighting**: 쿼리 요약을 계산하는 데 사용하는 필드와 설정을 정의할 수 있다.
- **stored_fields**: 저장된 필드를 반환한다.
- **explain**: 특정 문서 점수가 계산되는 방법에 대한 정보를 반환한다.
- **version**: 결과 문서 버전을 추가한다(기본값: false).

TIP

> 최고 조회수 집계는 먼저 축소하려는 필드의 용어 집계를 사용하고 이어서 최고 조회수 집계로 문서를 수집하는 필드 축소 기능을 구현하는 데 사용할 수 있다.

참고 사항

검색 중에 사용할 수 있는 공통 매개변수는 4장의 '검색 실행' 예제를 참고한다.

행렬 통계 집계 실행

일래스틱서치 5.x 또는 상위 버전은 aggs-matrix-stat라는 특수 모듈을 제공한다. 이 모듈은 여러 필드에서 고급 통계를 자동으로 계산한다.

준비 사항

이 예제에서 코드를 실행하려면 1장의 '일래스틱서치 다운로드와 설치' 예제에서 기술된 대로 실행 중인 일래스틱서치 설치본이 필요하다.

명령을 실행하려면 `curl`(https://curl.haxx.se/) 및 포스트맨(https://www.getpostman.com/)과 유사한 HTTP 클라이언트가 필요하다. 일래스틱서치에 대한 더 원활한 문자 이스케이프와 코드 완성 기능을 제공하는 키바나 콘솔을 사용하는 것이 좋다.

명령을 올바르게 실행하려면 온라인 코드에서 사용할 수 있는 `ch07/populate_aggregation.txt` 명령으로 배포시킨 색인이 필요하다.

이 예제에서 사용하는 색인은 `index-agg`다.

작동 방법

행렬 통계 집계를 실행하려면 다음 절차를 수행한다.

1. 먼저 지식 기반에 있는 가격과 나이에 연관된 통계를 평가한다. 검색과 집계는 다음 명령으로 실행한다.

```
POST /index-agg/_search?size=0
{
  "aggs": {
    "matrixstats": {
      "matrix_stats": {
        "fields": [
          "age",
          "price"
        ]
      }
    }
```

```
  }
}
```

2. 정상적으로 처리되면 일래스틱서치에서 반환된 결과는 다음과 같다.

```
{
  ...중략...
  "aggregations" : {
    "matrixstats" : {
      "doc_count" : 1000,
      "fields" : [
        {
          "name" : "price",
          "count" : 1000,
          "mean" : 50.29545117592628,
          "variance" : 834.2714234338575,
          "skewness" : -0.04757692114597182,
          "kurtosis" : 1.808483274482735,
          "covariance" : {
            "price" : 834.2714234338575,
            "age" : 2.523682208250993
          },
          "correlation" : {
            "price" : 1.0,
            "age" : 0.003051775248782358
          }
        },
        ...중략...
      ]
    }
  }
}
```

작동 원리

행렬 통계 집계를 사용하면 다음과 같이 수치형 필드에 대한 다른 메트릭들을 계산할 수 있다.

- **count**: 계산에 포함된 필드당 샘플 개수다.
- **mean**: 각 필드의 평균값이다.
- **variance**: 샘플이 평균에서 얼마나 퍼져있는지에 대한 필드당 측정값이다.
- **skewness**: 평균 부근의 비대칭 분포를 수치화하는 필드당 측정값이다.
- **kurtosis**: 분포 형태를 수치화하는 필드당 측정값이다.
- **covariance**: 한 필드 변화가 다른 필드에 얼마나 연관됐는지를 수치적으로 설명하는 행렬이다.
- **correlation**: 범위가 -1에서 1(-1, 1 포함)로 조정된 공분산 행렬이다. 필드 분산 사이 관계를 계산한다. 상관관계 값이 클수록 수치형 필드들이 더 많이 연관된다.

TIP

행렬 통계 집계는 일래스틱서치 집계 프레임워크 능력을 확장시키도록 사용자 정의 집계 플러그인을 개발하는 데 좋은 코드 예시이기도 하다.

지리적 경계 집계 실행

쿼리와 일치하는 문서 집합을 찾는 것은 아주 일반적인 시나리오며 문서들이 포함된 지역을 알아야 한다면 이 시나리오의 해결책은 지리적 경계에 대한 메트릭 집계다.

준비 사항

이 예제에서 코드를 실행하려면 1장의 '일래스틱서치 다운로드와 설치' 예제에서 기술된 대로 실행 중인 일래스틱서치 설치본이 필요하다.

명령을 실행하려면 curl(https://curl.haxx.se/) 및 포스트맨(https://www.getpostman.com/)과 유사한 HTTP 클라이언트가 필요하다. 일래스틱서치에 대한 더 원활한 문자 이스케이프와 코드 완성 기능을 제공하는 키바나 콘솔을 사용하는 것이 좋다.

다음의 명령을 올바르게 실행하려면 온라인 코드에서 사용할 수 있는 ch07/populate_aggregation.txt 명령으로 배포시킨 색인이 필요하다.

이 예제에서 사용하는 색인은 index-agg다.

작동 방법

지리적 경계 집계를 실행하려면 다음 절차를 수행한다.

1. 다음 코드로 쿼리를 실행하고 결과에서 지리적 경계를 계산한다.

```
POST /index-agg/_search?size=0
{
  "aggs": {
    "box": {
      "geo_bounds": {
        "field": "position",
        "wrap_longitude": true
      }
    }
  }
}
```

2. 정상적으로 처리되면 일래스틱서치에서 반환된 결과는 다음과 같다.

```
{
  ...중략...
  "aggregations" : {
    "box" : {
      "bounds" : {
        "top_left" : {
          "lat" : 89.97587876860052,
          "lon" : 0.7563168089836836
        },
        "bottom_right" : {
          "lat" : -89.8060692474246,
          "lon" : -0.2987125888466835
        }
      }
    }
  }
}
```

작동 원리

지리적 경계 집계는 버킷의 모든 문서가 포함된 지역을 계산하는 메트릭 집계다.

다음과 같은 매개변수를 사용할 수 있다.

- **field**: 문서의 지리 좌표를 포함하는 필드다.
- **wrap_longitude**: 지역의 경계가 국제 날짜 표시선과 겹치는 것을 허용할지 여부를 지정하는 선택형 매개변수다(기본값: true).

반환되는 상자(사각형)는 두 개의 지리 좌표를 갖는다(좌/상 및 우/하).

참고 사항

지리적 집계를 위한 GeoPoint를 올바르게 정의하려면 2장의 'GeoPoint 필드 매핑' 예제를 참고한다.

지리적 중심 집계 실행

지리적으로 지역화된 사건들이 많고 이들 사건들의 중심을 알고자 하는 경우 지리적 중심 집계를 이용해 지리 좌표를 계산할 수 있다.

일반적인 시나리오는 다음과 같다.

- 사고(지진, 쓰나미 등)의 경고 모니터링 중에 첫 번째 상위 n 사고 경고를 모니터링해 사고의 진원지를 감지한다.
- 좌표를 갖고 있는 문서들에서 공통 중심을 찾고자 한다.

준비 사항

이 예제에서 코드를 실행하려면 1장의 '일래스틱서치 다운로드와 설치' 예제에서 기술된 대로 실행 중인 일래스틱서치 설치본이 필요하다.

명령을 실행하려면 `curl`(https://curl.haxx.se/) 및 포스트맨(https://www.getpostman.com/)과 유사한 HTTP 클라이언트가 필요하다. 일래스틱서치에 대한 더 원활한 문자 이스케이프와 코드 완성 기능을 제공하는 키바나 콘솔을 사용하는 것이 좋다.

명령을 올바르게 실행하려면 온라인 코드에서 사용할 수 있는 `ch07/populate_aggregation.txt` 명령으로 배포시킨 색인이 필요하다.

이 예제에서 사용하는 색인은 `index-agg`다.

작동 방법

지리적 중심 집계를 실행하려면 다음 절차를 수행한다.

1. 다음 코드로 쿼리를 실행하고 결과로 geo_centroid를 계산한다.

```
POST /index-agg/_search?size=0
{
  "aggs": {
    "centroid": {
      "geo_centroid": {
        "field": "position"
      }
    }
  }
}
```

2. 정상적으로 처리되면 일래스틱서치에서 반환된 결과는 다음과 같다.

```
{
  ...중략...
  "aggregations" : {
    "centroid" : {
      "location" : {
        "lat" : 3.0941622890532017,
        "lon" : 0.5758556071668863
      },
      "count" : 1000
    }
  }
}
```

작동 원리

지리적 중심 집계는 문서 버킷의 지리 좌표 중심을 계산할 수 있다. 문서의 지리 좌표가 포함된 필드에서 단일 매개변수만 정의할 수 있다.

반환 결과는 문서 분포의 중심인 지리 좌표다. 예를 들어 문서가 지진을 포함한다면 지리적 중심 집계를 이용해 지진의 진앙을 계산할 수 있다.

참고 사항

지리적 집계를 위한 GeoPoint를 올바르게 정의하려면 2장의' GeoPoint 필드 매핑' 예제를 참고한다.

파이프라인 집계 실행

일래스틱서치를 사용하면 다른 집계 결과를 혼합한 집계를 정의할 수 있다(예를 들어 두 가지 메트릭 집계 결과를 비교). 이것이 파이프라인 집계다.

결과의 통계와 같이 다른 집계들의 결과를 계산하는 것은 아주 일반적이다.

준비 사항

이 예제에서 코드를 실행하려면 1장의 '일래스틱서치 다운로드와 설치' 예제에서 기술된 대로 실행 중인 일래스틱서치 설치본이 필요하다.

명령을 실행하려면 `curl`(https://curl.haxx.se/) 및 포스트맨(https://www.getpostman.com/)과 유사한 HTTP 클라이언트가 필요하다. 일래스틱서치에 대한 더 원활한 문자 이스케이프와 코드 완성 기능을 제공하는 키바나 콘솔을 사용하는 것이 좋다.

다음 코드를 올바르게 실행하려면 다음 명령으로 **index-pipagg**를 작성해야 한다.

```
PUT /index-pipagg
{
  "mappings": {
    "_doc": {
      "properties": {
        "type": {
          "type": "keyword"
        },
        "date": {
          "type": "date"
        }
      }
    }
  }
}
```

그리고 여기에 다음과 같은 몇 가지 문서로 채워야 한다.

```
PUT /_bulk
{"index":{"_index":"index-pipagg"}}
{"date": "2019-01-01", "price": 200, "promoted": true, "rating": 1, "type": "hat"}
{"index":{"_index":"index-pipagg"}}
{"date": "2019-01-01", "price": 200, "promoted": true, "rating": 1, "type":
"t-shirt"}
{"index":{"_index":"index-pipagg"}}
{"date": "2019-01-01", "price": 150, "promoted": true, "rating": 5, "type": "bag"}
{"index":{"_index":"index-pipagg"}}
{"date": "2019-02-01", "price": 50, "promoted": false, "rating": 1, "type":
"hat"}
{"index":{"_index":"index-pipagg"}}
{"date": "2019-02-01", "price": 10, "promoted": true, "rating": 4, "type":
```

```
"t-shirt"}
{"index":{"_index":"index-pipagg"}}
{"date": "2019-03-01", "price": 200, "promoted": true, "rating": 1, "type": "hat"}
{"index":{"_index":"index-pipagg"}}
{"date": "2019-03-01", "price": 175, "promoted": false, "rating":2, "type":
"t-shirt"}
```

작동 방법

파이프라인 집계를 실행하려면 다음 절차를 수행한다.

1. 쿼리를 실행하고 해당 월의 매출을 나누는 조합된 집계를 계산하고 매월 소득(price)을 계산하려고 한다. 매출의 확장된 집계를 수행하려면 다음 코드를 실행한다.

```
POST /index-pipagg/_search?size=0
{
  "aggs" : {
    "sales_per_month" : {
      "date_histogram" : {
        "field" : "date",
        "interval" : "month"
      },
      "aggs": {
        "sales": {
          "sum": {
            "field": "price"
          }
        }
      }
    },
```

```
    "stats_monthly_sales": {
      "extended_stats_bucket": {
        "buckets_path": "sales_per_month>sales"
      }
    }
  }
}
```

2. 정상적으로 처리되면 일래스틱서치에서 반환된 결과는 다음과 같다.

```
{
  ...중략...
  "aggregations" : {
    "sales_per_month" : {
      "buckets" : [
        {
          "key_as_string" : "2019-01-01T00:00:00.000Z",
          "key" : 1546300800000,
          "doc_count" : 3,
          "sales" : {
            "value" : 550.0
          }
        }, {
          "key_as_string" : "2019-02-01T00:00:00.000Z",
          "key" : 1548979200000,
          "doc_count" : 2,
          "sales" : {
            "value" : 60.0
          }
        }, {
          "key_as_string" : "2019-03-01T00:00:00.000Z",
          "key" : 1551398400000,
          "doc_count" : 2,
```

```
                "sales" : {
                  "value" : 375.0
                }
              }
            ]
          },
          "stats_monthly_sales" : {
            "count" : 3,
            "min" : 60.0,
            "max" : 550.0,
            "avg" : 328.3333333333333,
            "sum" : 985.0,
            "sum_of_squares" : 446725.0,
            "variance" : 41105.55555555556,
            "std_deviation" : 202.74505063146563,
            "std_deviation_bounds" : {
              "upper" : 733.8234345962646,
              "lower" : -77.15676792959795
            }
          }
        }
      }
```

작동 원리

파이프라인 집계는 다른 집계를 기반으로 집계를 계산할 수 있다. 파이프라인 집계는 다른 집계 결과에서 동작하는 메트릭 집계와 유사한 집계로 간주할 수 있다(이 장의 '통계 집계 실행' 예제를 살펴보라).

파이프라인 집계에서 가장 많이 사용하는 유형은 다음과 같다.

- **avg_bucket**: 부모 집계의 평균을 계산하는 데 사용한다.

- **derivative**: 부모 집계의 미분을 계산하는 데 사용한다.
- **max_bucket**: 연관 집계의 최댓값을 계산하는 데 사용한다.
- **min_bucket**: 연관 집계의 최솟값을 계산하는 데 사용한다.
- **sum_bucket**: 연관 집계의 합계를 계산하는 데 사용한다.
- **stats_bucket**: 연관 집계의 통계를 계산하는 데 사용한다.
- **extended_stats_bucket**: 연관 집계의 통계를 계산하는 데 사용한다.
- **percentile_bucket**: 연관 집계의 백분율을 계산하는 데 사용한다.
- **moving_fn**: 연관 집계의 통계를 계산하는 데 사용하는 이동 함수다.
- **cumulative_sum**: 부모 집계의 누적 합을 계산하는 데 사용한다.
- **bucket_script**: 연관된 집계 사이의 연산을 정의하는 데 사용한다. 집계 메트릭 간의 복잡한 값 계산을 사용자 정의해야 하는 경우 사용할 수 있는 가장 강력한 매개변수다.
- **bucket_select**: 부모 버킷의 집계를 필터링하는 데 사용한다.
- **bucket_sort**: 부모 버킷의 집계를 정렬하는 데 사용한다.

모든 파이프라인 유형 집계는 메트릭이 계산되는 방식에 관계된 추가적인 매개변수를 갖는다. 이 사용법에 대한 모든 경우를 다루는 온라인 공식 문서를 참고하라.

참고 사항

파이프라인 집계는 일래스틱서치 공식 문서 https://www.elastic.co/guide/en/elasticsearch/reference/master/search-aggregations-pipeline.html을 참고한다.

08

일래스틱서치 스크립팅

일래스틱서치는 여러 가지 프로그래밍 언어로 작성할 수 있는 사용자 정의 스크립트를 이용해 기능을 확장하는 강력한 방법을 제공한다. 가장 일반적인 스크립트들로 페인리스Painless, 익스프레스Express, 머스태시Mustache가 있다. 8장에서는 사용자 정의 점수 알고리듬, 특수 처리된 반환 필드, 사용자 정의 정렬, 레코드의 복잡한 갱신 작업 작성법 등을 살펴본다. 일래스틱서치 스크립트 개념은 SQL의 고급 저장 프로시저stored-procedure 체계와 유사하다. 이 때문에 일래스틱서치의 모든 고급 사용자는 이를 숙지해야 한다.

일래스틱서치는 자바(jar로 컴파일된 자바 코드), 페인리스, 익스프레스Express, 머스태시Mustache 스크립트를 기본으로 제공한다. 그러나 코틀린Kotlin과 벨로시티Velocity 같은 다른 많은 흥미로운 언어도 플러그인으로 사용할 수 있다. 버전 5.0 이전 오래된 일래스틱서치 배포판의 공식 스크립트 언어는 그루비Groovy였다. 일래스틱서치에서 기본으로 제공하는 공식 스크립트 언어는 이제 페인리스며 더 나은 샌드박스 테스트와 성능을 제공한다.

8장에서 다루는 내용은 다음과 같다.

- 페인리스 스크립트
- 추가 스크립트 플러그인 설치
- 스크립트 관리
- 스크립트로 데이터 정렬
- 스크립트로 결과 필드 계산
- 스크립트로 검색 필터링
- 집계에 스크립트 사용
- 스크립트로 문서 갱신
- 스크립트로 재색인

페인리스 스크립트

페인리스는 일래스틱서치에서 기본으로 사용할 수 있는 간단하고 안전한 스크립트 언어다. 일래스틱서치 팀이 특별히 일래스틱서치와 함께 사용할 수 있게 설계했으며 인라인 및 저장된 스크립트로 안전하게 사용할 수 있다. 구문은 그루비와 유사하다.

준비 사항

이 예제에서 코드를 실행하려면 1장의 '일래스틱서치 다운로드와 설치' 예제에서 기술된 대로 실행 중인 일래스틱서치 설치본이 필요하다.

명령을 실행하려면 `curl`(https://curl.haxx.se/) 및 포스트맨(https://www.getpostman.com/)과 유사한 HTTP 클라이언트가 필요하다. 일래스틱서치에 대한 더 원활한 문자 이스케이

프와 코드 완성 기능을 제공하는 키바나 콘솔을 사용하는 것이 좋다.

명령을 올바르게 실행하려면 온라인 코드에서 사용할 수 있는 ch07/populate_aggregation.txt 명령으로 배포시킨 색인이 필요하다.

페인리스 스크립트에서 정규식을 사용하려면 다음 코드를 elasticsearch.yml에 추가해 활성화시켜야 한다.

```
script.painless.regex.enabled: true
```

이 예제에서 사용하는 색인은 index-agg다.

작동 방법

다음 절차에 따라 페인리스 스크립트를 사용해 점수를 계산한다.

1. 다음 코드를 이용해 키바나의 스크립트 함수로 검색을 실행할 수 있다.

```
POST /index-agg/_search
{
  "query": {
    "function_score": {
      "script_score": {
        "script": {
          "lang": "painless",
          "source": "doc['price'].value * 1.2"
        }
      }
    }
  }
}
```

2. 정상적으로 동작하면 결과는 다음과 같다.

```
{
  ...중략...
  "hits" : {
    "total" : 1000,
    "max_score" : 119.97963,
    "hits" : [
      {
        "_index" : "index-agg",
        "_type" : "_doc",
        "_id" : "857",
        "_score" : 119.97963,
        "_source" : {
          ...중략....
          "price" : 99.98302508488757,
          ...중략....
        },
        {
          "_index" : "index-agg",
          "_type" : "_doc",
          "_id" : "136",
          "_score" : 119.90164,
          "_source" : {
            ...중략...
            "price" : 99.91804048691392,
...중략....
    ]
  }
}
```

여기에서 사용한 스크립트는 가격으로 정렬과 같은 의미를 갖는다.

작동 원리

페인리스는 빠른 데이터 처리와 보안을 제공하고자 일랙스틱서치에서 개발된 스크립트 언어다(악성코드의 주입을 막고자 샌드박스 처리돼 있다). 구문은 그루비 기반이며 모든 설치에 기본으로 제공된다. 일래스틱서치 팀은 페인리스를 실험용으로 표시했는데, 이는 미래에 일부 기능을 변경할 것이기 때문이다(그러나 스크립트에 잘 사용되는 언어다).

일래스틱서치는 스크립트 언어를 두 단계로 처리한다.

1. 스크립트 호출에 사용하는 객체에서 스크립트 코드를 컴파일한다. 스크립트 코드가 정상적이지 않다면 예외가 발생한다.
2. 각 요소에서 스크립트가 호출되고 결과가 수집된다. 스크립트가 일부 요소에서 실패한다면 검색이나 계산은 실패한다.

TIP

> 스크립트는 일래스틱서치의 강력한 기능이지만 메모리와 CPU 사이클 측면에서 많은 비용이 소요된다. 가능한 경우 검색하거나 집계하려는 데이터의 색인을 최적화해 스크립트만 전적으로 사용하지 않는 것이 좋다.

일래스틱서치에서 스크립트 정의 방법은 항상 동일하다. 다음 형식의 스크립트 객체에 스크립트가 포함된다.

```
"script": {
  lang": "...",
  "source" | "id": "...",
  "params": { ... }
}
```

여러 매개변수를 사용할 수 있으며 다음과 같다.

- **source/id**: 스크립트의 참조로 다음과 같이 정의된다.

- **source**: 스크립트 코드가 있는 문자열이 호출과 함께 제공되는 경우에 사용한다.
- **id**: 스크립트가 클러스터에 저장되는 경우 id 매개변수를 참조하며 id는 클러스터에 스크립트를 저장하는 데 사용한다.

- **params**(옵션 JSON 객체): 전달할 매개변수를 정의하며 스크립트 컨텍스트에서 params 변수를 통해 사용할 수 있다.
- **lang**(기본값: painless): 사용하는 스크립트 언어를 정의한다.

TIP

특수 문자 "가 텍스트에 포함된 복합 스크립트는 스크립트 텍스트를 이스케이프하도록 키바나(kibana)를 사용하고 """를 사용하기를 권고한다. 이런 방식으로 스크립트 코드의 가독성을 향상시킬 수 있다.

추가 사항

스크립트가 너무 복잡하지 않다면 우선적으로 페인리스를 선택하면 된다. 반면에 복잡한 로직과 데이터 관리를 구현하는 데는 네이티브 플러그인이 더 나은 환경을 제공한다.

페인리스 스크립트로 문서의 속성에 접근하는 경우 다른 스크립트 언어와 동일한 접근 방식으로 동작한다.

- **doc._score**: 문서의 점수를 저장한다. 일반적으로 검색, 정렬, 집계에 사용한다.
- **doc._source**: 문서의 원본에 접근할 수 있다. 전체 원본을 추출하고 CPU 와 메모리 집약적이므로 지혜롭게 사용해야 한다.
- **_fields['field_name'].value**: 저장된 필드에 값을 저장할 수 있다(매핑에서 필드는 stored:true 매개변수를 갖는다).

- **doc['field_name']**: 필드의 doc 값으로부터 문서 필드 값을 추출한다. 일래스틱서치는 텍스트 타입이 아닌 모든 필드에 대해 doc 값을 자동으로 저장한다.
- **doc['field_name'].value**: 문서로부터 field_name 필드 값을 추출한다. 값이 배열이거나 배열로 값을 추출하려는 경우 doc['field_name'].values를 사용할 수 있다.
- **doc['field_name'].empty**: 문서의 field_name 필드에 값이 없다면 true를 반환한다.
- **doc['field_name'].multivalue**: field_name 필드가 다중 값을 갖고 있다면 true를 반환한다.

TIP

> 성능을 위해 필드 값의 가장 빠른 접근 방법은 doc 값을 통하는 것이고 그런 다음 저장된 필드, 최종적으로 소스로부터 접근하는 것이다.

필드가 지리 좌표 값을 갖고 있다면 다음과 같이 추가적인 방법을 사용할 수 있다.

- **doc['field_name'].lat**: 지리 좌표의 위도를 반환한다. 배열 값이 필요한 경우 doc['field_name'].lats를 사용한다.
- **doc['field_name'].lon**: 지리 좌표의 경도를 반환한다. 배열 값이 필요한 경우 doc['field_name'].lons를 사용한다.
- **doc['field_name'].distance(lat,lon)**: 위도/경도 지점으로부터 마일 단위의 평면 거리를 반환한다.
- **doc['field_name'].arcDistance(lat,lon)**: 위도/경도 지점으로부터 마일 단위의 호arc 거리를 반환한다.
- **doc['field_name'].geohashDistance(geohash)**: geohash 값으로 마일 단위의 거리를 반환한다.

이런 도우미 메서드를 사용해 거리 기반 문서 강화용 고급 스크립트를 작성할 수 있으며 이는 공간 중심 애플리케이션 개발에 아주 유용하다.

참고 사항

이 예제에 관련해 더 많은 정보를 참고하려면 다음 URL들을 참고한다.

- 페인리스 개발에 대한 잭 콘래드슨Jack Conradson의 공식 발표인 https://www.elastic.co/blog/painless-a-new-scripting-language를 참고한다.
- 페인리스의 주요 기능을 학습하려면 페인리스 일래스틱 공식 페이지인 https://www.elastic.co/guide/en/elasticsearch/reference/master/modules-scripting-painless.html을 참고한다.
- 페인리스의 강력한 구문을 학습하려면 페인리스 구문 참조인 https://www.elastic.co/guide/en/elasticsearch/reference/master/modules-scripting-painless.html을 참고한다.

추가 스크립트 플러그인 설치

일래스틱서치는 내장형 스크립트(즉, jar에 컴파일된 자바 코드)를 제공하며 페인리스를 제공한다. 그러나 코틀린과 같은 다른 많은 흥미로운 언어도 사용할 수 있다.

NOTE

이 책을 작성할 때는 일래스틱서치의 공식 플러그인으로 사용할 수 있는 언어 플러그인은 없었다. 일반적으로 주요 릴리즈 후 플러그인 개발자가 새 버전의 플러그인을 갱신하는 데 최대 일주일 또는 한 달이 걸린다.

이전에 시작한 대로 공식 언어는 이제 페인리스며 더 나은 샌드박스 테스트와 성능을 위해 일래스틱서치에서 기본적으로 제공된다.

준비 사항

이 예제에서 코드를 실행하려면 1장의 '일래스틱서치 다운로드와 설치' 예제에서 기술된 대로 실행 중인 일래스틱서치 설치본이 필요하다.

작동 방법

일래스틱서치의 자바스크립트 언어 지원을 설치하려면 다음 절차를 수행한다.

1. 커맨드라인에서 간단히 다음 명령을 실행한다.

```
bin/elasticsearch-plugin install lang-kotlin
```

2. 결과는 다음과 같다.

```
-> Downloading lang-kotlin from elastic
[=================================================] 100%??
@@@@@@@@@@@@@@@@@@@@@@@@@@@@@@@@@@@@@@@@@@@@@@@
@ WARNING: plugin requires additional permissions @
@@@@@@@@@@@@@@@@@@@@@@@@@@@@@@@@@@@@@@@@@@@@@@@
* java.lang.RuntimePermission createClassLoader
* org.elasticsearch.script.ClassPermission <<STANDARD>>
* org.elasticsearch.script.ClassPermission
org.mozilla.javascript.ContextFactory
* org.elasticsearch.script.ClassPermission
org.mozilla.javascript.Callable
* org.elasticsearch.script.ClassPermission
```

```
org.mozilla.javascript.NativeFunction
* org.elasticsearch.script.ClassPermission
org.mozilla.javascript.Script
* org.elasticsearch.script.ClassPermission
org.mozilla.javascript.ScriptRuntime
* org.elasticsearch.script.ClassPermission
org.mozilla.javascript.Undefined
* org.elasticsearch.script.ClassPermission
org.mozilla.javascript.optimizer.OptRuntime
See http://docs.oracle.com/javase/8/docs/technotes/
guides/security/permissions.html
for descriptions of what these permissions allow and the
associated risks.

Continue with installation? [y/N]y
-> Installed lang-javascript
```

설치를 성공하면 출력 결과는 installed로 끝난다. 그렇지 않으면 오류를 반환한다. http://docs.oracle.com/javase/8/docs/technotes/guides/security/permissions.html에서 관련 위험과 이러한 권한 허용 상황에 대한 설명을 참고한다.

1. 스크립트 플러그인이 탑재되는지 확인하려면 일래스틱서치 서버를 재시작한다.

```
[...][INFO ][o.e.n.Node ] [] initializing ...
[...][INFO ][o.e.e.NodeEnvironment ] [R2Gp0ny] using [1]
data paths, mounts [[/ (/dev/disk1)]], net usable_space
[82.4gb], net total_space [930.7gb], spins? [unknown], types [hfs]
[...][INFO ][o.e.e.NodeEnvironment ] [R2Gp0ny] heap size
[1.9gb], compressed ordinary object pointers [true]
[...][INFO ][o.e.n.Node ] [R2Gp0ny] node name
[R2Gp0ny] derived from node ID; set [node.name] to override
[...][INFO ][o.e.n.Node ] [R2Gp0ny]
version[5.0.0-beta1], pid[58291], build[7eb6260/2016-09-
```

```
20T23:10:37.942Z], OS[Mac OS X/10.12/x86_64], JVM[Oracle
Corporation/Java HotSpot(TM) 64-Bit Server VM/1.8.0_101/25.101-b13]
[...][INFO ][o.e.p.PluginsService ] [R2Gp0ny] loaded module
[aggs-matrix-stats]
[...][INFO ][o.e.p.PluginsService ] [R2Gp0ny] loaded module
[ingest-common]
[...][INFO ][o.e.p.PluginsService ] [R2Gp0ny] loaded module
[lang-expression]
[...][INFO ][o.e.p.PluginsService ] [R2Gp0ny] loaded module [lang-groovy]
[...][INFO ][o.e.p.PluginsService ] [R2Gp0ny] loaded module
[lang-mustache]
[...][INFO ][o.e.p.PluginsService ] [R2Gp0ny] loaded module
[lang-painless]
[...][INFO ][o.e.p.PluginsService ] [R2Gp0ny] loaded module [percolator]
[...][INFO ][o.e.p.PluginsService ] [R2Gp0ny] loaded module [reindex]
[...][INFO ][o.e.p.PluginsService ] [R2Gp0ny] loaded module
[transport-netty3]
[...][INFO ][o.e.p.PluginsService ] [R2Gp0ny] loaded module
[transport-netty4]
[...][INFO ][o.e.p.PluginsService ] [R2Gp0ny] loaded plugin
[lang-javascript]
[...][INFO ][o.e.p.PluginsService ] [R2Gp0ny] loaded plugin [lang-python]
[...][INFO ][o.e.n.Node ] [R2Gp0ny] initialized
[...][INFO ][o.e.n.Node ] [R2Gp0ny] starting ...
```

작동 원리

언어 플러그인을 사용하면 스크립트 사용에 지원되는 언어 종류를 확장할 수 있다. 설치하는 동안 ClassLoader 접근이나 클래스 권한과 같이 일래스틱서치 보안 계층에 의해 금지된 클래스와 메서드를 접근하는 특수한 권한을 요구한다.

일래스틱서치가 시작되는 동안 PluginService로 알려진 내부 일래스틱서치 서비스가 설치된 모든 언어 플러그인을 탑재한다.

NOTE

> 플러그인의 설치나 업그레이드할 때 노드 재시작이 요구된다.

버전 7.x부터 모든 플러그인의 버전은 일래스틱서치 버전과 같다.

일래스틱서치 커뮤니티는 많은 공통 스크립트 언어(사용할 수 있는 전체 목록은 http://www.elastic.co/guide/en/elasticsearch/reference/current/modules-plugins.html의 일래스틱서치 사이트 플러그인 페이지에서 확인할 수 있다)를 제공한다. 또한 다른 언어에 대해서는 깃허브 저장소에서 사용할 수 있다(깃허브에서 간단한 검색으로 찾을 수 있다).

추가 사항

플러그인을 설치하는 데 사용되는 플러그인 관리자는 다음 명령도 제공한다.

- **list**: 이 명령은 설치된 모든 플러그인을 나열하는 데 사용한다. 다음과 같이 명령을 실행한다.

```
bin/elasticsearch-plugin list
```

실행 결과는 다음과 같다.

```
lang-kotlin@7.0.0
```

- **remove**: 이 명령은 설치된 플러그인을 제거하는 데 사용한다. 다음과 같이 명령을 실행한다.

```
bin/elasticsearch-plugin remove lang-kotlin
```

실행 결과는 다음과 같다.

```
-> Removing lang-kotlin...
```

스크립트 관리

스크립트의 용도에 따라 스크립트 확장을 사용하도록 일래스틱서치를 사용자 정의하는 여러 가지 방법이 있다.

이 예제에서는 파일, 색인 또는 인라인을 이용해 일래스틱서치에 스크립트를 제공하는 방법을 살펴본다.

준비 사항

이 예제에서 코드를 실행하려면 1장의 '일래스틱서치 다운로드와 설치' 예제에서 기술된 대로 실행 중인 일래스틱서치 설치본이 필요하다.

명령을 실행하려면 `curl`(https://curl.haxx.se/) 및 포스트맨(https://www.getpostman.com/)과 유사한 HTTP 클라이언트가 필요하다. 일래스틱서치에 대한 더 원활한 문자 이스케이프와 코드 완성 기능을 제공하는 키바나 콘솔을 사용하는 것이 좋다.

명령을 올바르게 실행하려면 온라인 코드에서 사용할 수 있는 `ch07/populate_aggregation.txt` 명령으로 배포시킨 색인이 필요하다.

페인리스 스크립트에서 정규식을 사용하려면 다음 코드를 elasticsearch.yml에 추가해 활성화시켜야 한다.

```
script.painless.regex.enabled: true
```

이 예제에서 사용하는 색인은 index-agg다.

작동 방법

스크립트를 관리하려면 다음 절차를 수행한다.

1. 동적 스크립트(페인리스 제외)는 보안상의 이유로 기본적으로는 비활성화돼 있다. 자바스크립트 및 파이선과 같은 동적 스크립트 언어를 사용하려면 활성화해야 한다. 일래스틱서치 설정 파일(config/elasticseach.yml)에서 스크립트 플래그를 활성화한 후 클러스터를 재시작해야 한다.

```
script.inline: true
script.stored: true
```

2. 동적 스크립트를 활성화하면(첫 번째 단계에서 처리한 대로) 일래스틱서치는 클러스터 상태의 특정 부분에 스크립트를 저장할 수 있게 한다(_script). my_script를 클러스터 상태에 집어넣으려면 다음 코드를 실행한다.

```
POST /_scripts/my_script
{
  "script": {
    "source": """doc['price'].value * params.factor""",
    "lang":"painless"
  }
}
```

3. script/id 필드를 간단히 참조함으로써 스크립트를 사용할 수 있다.

```
POST /index-agg/_search?size=2
{
  "sort": {
    "_script": {
      "script": {
        "id": "my_script",
        "params": {
          "factor": 1.2
        }
      },
      "type": "number",
      "order": "desc"
    }
  },
  "_source": {
    "includes": [
      "price" ]
  }
}
```

작동 원리

일래스틱서치는 스크립트를 탑재하는 다양한 방법을 제공하며 각 접근법에는 장점과 단점이 있다. 또한 스크립트는 지정 _script 클러스터 상태에서 사용할 수 있다. REST 엔드포인트는 다음과 같다.

```
POST http://<server>/_scripts/<id> (스크립트 추출)
PUT http://<server>/_scripts/<id> (스크립트 저장)
DELETE http://<server>/_scripts/<id> (스크립트 삭제)
```

저장된 스크립트는 "script":{id": "id_of_the_script"}를 사용한 코드에서 참고할 수 있다.

다음 절에서는 개발과 테스트 단계에 사용하기 더 쉬운 인라인 스크립트를 사용할 것이다.

TIP

> 일반적으로 좋은 워크플로는 요청할 때 인라인 동적 스크립트를 이용해 개발하는 것이다(이를 통해 더 빠르게 프로토타이핑할 수 있다). 스크립트가 준비돼 더 이상 수정할 필요가 없어지면 색인에 저장해 모든 클러스터에서 더 쉽게 호출하거나 관리할 수 있다. 상용 환경에서의 최적 실행은 보안성을 향상하도록 동적 스크립트를 비활성화하고 디스크에 스크립트를 저장하는 것이다.

파일을 디스크에 저장할 때 파일 확장자에 주의해야 한다. 다음 표는 플러그인 상태 요약이다.

언어	제공 형태	파일 확장자	상태
페인리스	내장/모듈	Painless	기본
익스프레션	내장/모듈	expression	사용 종료
머스태시	내장/모듈	Mustache	기본

config/elasticsearch.yml에 지정할 수 있는 다른 스크립트 매개변수는 다음과 같다.

- **script.max_compilations_per_minute**(기본값: 25): 기본 스크립트 엔진이 분당 얼마나 많은 컴파일을 수행할지의 전역 제한 값이다. 이 값은 더 큰 값으로 바꿀 수 있다. 예를 들면 script.max_compilations_per_minute: 1000이다.
- **script.cache.max_size**(기본값: 100): 얼마나 많은 스크립트가 캐시되는지 정의한다. 이는 컨텍스트에 따르지만 일반적으로는 이 값을 증가시키는 것이 좋다.
- **script.max_size_in_bytes**(기본값: 65535): 스크립트의 최대 텍스트 크기를 정의한

다. 대용량 스크립트의 경우 자체 제작 플러그인을 개발하는 것이 바람직하다.

- **script.cache.expire**(기본값: disabled): 캐시된 스크립트의 시간 기반 만료를 정의한다.

추가 사항

앞의 예시에서 모든 엔진에 대한 일래스틱서치 스크립트를 활성화시켰다. 그러나 일래스틱서치는 이를 제어하는 세분화된 설정을 제공한다.

일래스틱서치에서 스크립트는 다음과 같이 다른 컨텍스트에 사용된다.

컨텍스트	설명
aggs	집계
search	검색 API, 퍼콜레이터(여과기) API, 제안 API
update	갱신 API
plugin	일반 플러그인 범주 아래의 특수 스크립트

여기에서 스크립트는 기본적으로 모든 컨텍스트에 대해 활성화된다.

elasticsearch.yml에서 `script.allowed_contexts:none`으로 설정해 모든 스크립트를 비활성화할 수 있다.

갱신과 검색에 대해서만 스크립트를 활성화하려면 `script.allowed_contexts: search, update`로 설정하면 된다.

더 세밀한 제어를 위해 elasticsearch.yml의 항목인 `script.allowed_types`를 사용해 스크립트의 활성 유형을 제어할 수 있다.

다음 명령을 사용하면 인라인 스크립트만 활성화할 수 있다.

```
script.allowed_types: inline
```

참고 사항

이 예제에 관련해 더 많은 정보를 참고하려면 다음 URL들을 참고한다.

- 스크립트에 대한 일반적인 정보는 일래스틱서치 웹 사이트의 스크립트 페이지인 https://www.elastic.co/guide/en/elasticsearch/reference/current/modules-scripting.html을 참고한다.
- 보안 관리에 대한 다른 예기치 못한 사례는 스크립트 보안 페이지인 https://www.elastic.co/guide/en/elasticsearch/reference/current/modules-scripting-security.html을 참고한다.

스크립트로 데이터 정렬

일래스틱서치는 정렬 기능에 대한 스크립트 지원을 제공한다. 실세계 애플리케이션에서 종종 컨텍스트와 일부 외부 변수에 의존하는 알고리듬을 사용해 기본 정렬을 수정해야 하는 경우가 있다. 일부 일반 시나리오는 다음과 같다.

- 지점 주변의 장소 정렬
- 가장 많이 읽은 기사로 정렬
- 사용자 정의 사용자 로직으로 항목 정렬
- 수익을 기준으로 항목 정렬

TIP

> 대용량 데이터 세트에서 점수를 계산하는 것은 매우 CPU 집약적이므로 스크립트를 사용하는 경우 최상위 문서를 검색하는 표준 점수 쿼리를 이용해 작은 데이터 세트에서 수행하고 이어서 최상위의 부분집합에 대해 다시 점수를 내는 것이 좋다.

준비 사항

이 예제에서 코드를 실행하려면 1장의 '일래스틱서치 다운로드와 설치' 예제에서 기술된 대로 실행 중인 일래스틱서치 설치본이 필요하다.

명령을 실행하려면 `curl`(https://curl.haxx.se/) 및 포스트맨(https://www.getpostman.com/)과 유사한 HTTP 클라이언트가 필요하다. 일래스틱서치에 대한 더 원활한 문자 이스케이프와 코드 완성 기능을 제공하는 키바나 콘솔을 사용하는 것이 좋다.

명령을 올바르게 실행하려면 온라인 코드에서 사용할 수 있는 `ch07/populate_aggregation.txt` 명령으로 배포시킨 색인이 필요하다.

페인리스 스크립트에서 정규식을 사용하려면 다음 코드를 elasticsearch.yml에 추가함으로써 활성화시켜야 한다.

```
script.painless.regex.enabled: true
```

이 예제에서 사용하는 색인은 `index-agg`다.

작동 방법

스크립트를 이용해 정렬하려면 다음 절차를 수행한다.

1. factor 매개변수 곱하기 price 필드(즉, sales tax)로 문서를 정렬하려면 검색은 다음과 같다.

```
POST /index-agg/_search?size=3
{
  "sort": {
    "_script": {
      "script": {
        "source": """
          Math.sqrt(doc["price"].value *
          params.factor)
        """,
        "params": {
          "factor": 1.2
        }
      },
      "type": "number",
      "order": "desc"
    }
  },
  "_source": {
    "includes": [
      "price" ]
  }
}
```

여기서 정렬 스크립트를 사용했다. 실제 애플리케이션에서 정렬할 문서의 카디널리티는 높지 않다.

2. 모든 것이 정상이라면 일래스틱서치의 반환 결과는 다음과 같다.

```
{
  ...중략...
```

```
"hits" : {
  "total" : 1000,
  "max_score" : null,
  "hits" : [
    {
      "_index" : "index-agg",
      "_type" : "_doc",
      "_id" : "857",
      "_score" : null,
      "_source" : {
        "price" : 99.98302508488757
      },
      "sort" : [
        10.953521329536066
      ]
    },
    {
      "_index" : "index-agg",
      "_type" : "_doc",
      "_id" : "136",
      "_score" : null,
      "_source" : {
        "price" : 99.91804048691392
      },
      "sort" : [
        10.949960954152345
      ]
    },
    {
      "_index" : "index-agg",
      "_type" : "_doc",
      "_id" : "762",
      "_score" : null,
      "_source" : {
        "price" : 99.86804119988182
```

```
            },
            "sort" : [
              10.947221126414913
            ]
          }
        ]
      }
    }
```

작동 원리

4장에서 다뤘던 정렬 매개변수는 스크립트를 통해 확장시킬 수 있다.

정렬 스크립트를 사용하는 데 다음과 같은 여러 매개변수를 정의할 수 있다.

- **order**(기본 "asc")("asc" 또는 "desc"): 정렬 순서를 오름차순이나 내림차순이 되도록 정한다.
- **type**: 값을 변경시키기 위한 유형을 정의한다.
- **script**: 실행되는 스크립트 객체를 포함한다.

스크립트를 이용해 정렬 매개변수를 확장하면 히트를 점수화하는 데 더 폭넓게 접근할 수 있다.

TIP

일래스틱서치 스크립트는 사용하기 원하는 모든 코드의 사용을 허용한다. 예를 들어 문서의 점수를 내는 사용자 정의 복합 알고리듬을 생성할 수 있다.

추가 사항

페인리스와 그루비는 다음과 같이 스크립트에서 사용할 수 있는 많은 내장형 함수(주로 자바 math 클래스에서 가져옴)를 제공한다.

함수	설명
time()	밀리초 단위의 현재 시간이다.
sin(a)	각도에 대한 삼각함수 sin 값을 반환한다.
cos(a)	각도에 대한 삼각함수 cos 값을 반환한다.
tan(a)	각도에 대한 삼각함수 tan 값을 반환한다.
asin(a)	각도에 대한 아크 sin 값을 반환한다.
acos(a)	각도에 대한 아크 cos 값을 반환한다.
atan(a)	각도에 대한 아크 tan 값을 반환한다.
toRadians(angdeg)	도 단위로 측정된 각도를 라디안 단위로 측정되는 대략적으로 동일한 각도로 변환한다.
toDegrees(angrad)	라디안 단위로 측적된 각도를 도 단위로 측정되는 대략적으로 동일한 각도로 변환한다.
exp(a)	값의 거듭제곱으로 올린 오일러 수를 반환한다.
log(a)	값의 (밑이 e인) 자연 로그를 반환한다.
log10(a)	값의 밑이 10인 로그를 반환한다.
sqrt(a)	값의 올바르게 반올림된 양의 제곱근을 반환한다.
cbrt(a)	double 값의 세제곱근을 반환한다.
IEEEremainder(f1, f2)	IEEE 754 표준에서 규정한 대로 두 인수에 대한 나머지 연산을 계산한다.
ceil(a)	인수보다 크거나 같고 수학 정수와 같은 가장 작은(음의 무한대에 가장 가까운) 값을 반환한다.

(이어짐)

함수	설명
floor(a)	인수보다 작거나 같고 수학 정수와 같은 가장 큰(양의 무한대에 가장 가까운) 값을 반환한다.
rint(a)	인수에 가장 가까운 값을 반환하고 수학 정수와 같다.
atan2(y, x)	직교 좌표(x, y_)를 극좌표(r, _theta)로 변환한 각도, 세타를 반환한다.
pow(a, b)	두 번째 인수의 거듭제곱으로 올린 첫 번째 인수의 값을 반환한다.
round(a)	인수에 가장 가까운 정수를 반환한다.
random()	임의의 double 값을 반환한다.
abs(a)	값의 절댓값을 반환한다.
max(a, b)	두 값 중 더 큰 값을 반환한다.
min(a, b)	두 값 중 더 작은 값을 반환한다.
ulp(d)	인수의 마지막 위치에 있는 단위의 크기를 반환한다.
signum(d)	인수의 signum 함수를 반환한다.
sinh(x)	각도에 대한 하이퍼 sin 값을 반환한다.
cosh(x)	각도에 대한 하이퍼 cos 값을 반환한다.
tanh(x)	각도에 대한 하이퍼 tan 값을 반환한다.
hypot(x,y)	오버플로 또는 언더플로 없이 sqrt(x^2+y^2)를 반환한다.

무작위 순서로 레코드를 추출하려면 다음 코드와 같이 random 메서드 스크립트를 사용하면 된다.

```
POST /index-agg/_search?&size=2
{
  "sort": {
    "_script": {
      "script": {
```

```
            "source": "Math.random()"
          },
          "type": "number",
          "order": "asc"
        }
      }
    }
```

이 예시에서는 모든 히트에 대해 Math.random() 스크립트 함수를 계산함으로써 신규 정렬 값을 계산한다.

스크립트로 결과 필드 계산

일래스틱서치를 사용하면 새롭게 계산된 필드 값을 반환하는 데 사용할 수 있는 복잡한 계산식을 정의할 수 있다.

이 특수 필드를 script_fields라고 하며 사용할 수 있는 모든 일래스틱서치 스크립트 언어에서 스크립트로 표시할 수 있다.

준비 사항

이 예제에서 코드를 실행하려면 1장의 '일래스틱서치 다운로드와 설치' 예제에서 기술된 대로 실행 중인 일래스틱서치 설치본이 필요하다.

명령을 실행하려면 curl(https://curl.haxx.se/) 및 포스트맨(https://www.getpostman.com/)과 유사한 HTTP 클라이언트가 필요하다. 일래스틱서치에 대한 더 원활한 문자 이스케이프와 코드 완성 기능을 제공하는 키바나 콘솔을 사용하는 것이 좋다.

명령을 올바르게 실행하려면 온라인 코드에서 사용할 수 있는 ch07/populate_

aggregation.txt 명령으로 배포시킨 색인이 필요하다.

페인리스 스크립트에서 정규식을 사용하려면 다음 코드를 elasticsearch.yml에 추가함으로써 활성화시켜야 한다.

```
script.painless.regex.enabled: true
```

이 예제에서 사용하는 색인은 index-agg다.

작동 방법

스크립트로 결과 필드를 계산하려면 다음 절차를 수행한다.

1. 다음의 스크립트 필드를 추가한다.
   - **"my_calc_field"**: "name"과 "description" 필드의 텍스트에 중점을 둔다.
   - **"my_calc_field2"**: "price" 값에 "discount" 매개변수를 곱한다.
2. 커맨드라인에서 다음 코드를 실행한다.

```
POST /index-agg/_search?size=2
{
  "script_fields": {
    "my_calc_field": {
      "script": {
        "source": """params._source.name + " -- " +
        params._source.description"""
      }
    },
    "my_calc_field2": {
      "script": {
```

```
          "source": """doc["price"].value * params.discount""",
          "params": {
            "discount": 0.8
          }
        }
      }
    }
  }
```

3. 정상적으로 동작하면 일래스틱서치의 결과는 다음과 같다.

```
{
  ...중략....
  "hits" : {
    "total" : 1000,
    "max_score" : 1.0,
    "hits" : [
      {
        "_index" : "index-agg",
        "_type" : "_doc",
        "_id" : "1",
        "_score" : 1.0,
        "fields" : {
          "my_calc_field" : [
            "Valkyrie -- ducimus nobis harum doloribus
            voluptatibus libero nisi omnis officiis exercitationem amet
            odio odit dolor perspiciatis minima quae voluptas dignissimos
            facere ullam tempore temporibus laboriosam ad doloremque
            blanditiis numquam placeat accusantium at maxime consectetur
            esse earum velit officia dolorum corporis nemo consequatur
            perferendis cupiditate eum illum facilis sunt saepe"
          ],
          "my_calc_field2" : [
```

```
              15.696847534179689
            ]
          }
        },
        {
          "_index" : "index-agg",
          "_type" : "_doc",
          "_id" : "2",
          "_score" : 1.0,
          "fields" : {
            "my_calc_field" : [
              "Omega Red -- quod provident sequi rem placeat
              deleniti exercitationem veritatis quasi accusantium accusamus
              autem repudiandae"
            ],
            "my_calc_field2" : [
              56.201733398437504
            ]
          }
        }
      ]
    }
  }
```

작동 원리

스크립트 필드는 select하는 동안 필드상에서 SQL 함수를 실행하는 것과 유사하다. 일래스틱서치에서 검색 단계가 실행되고 반환되는 히트 문서가 계산된 후 일부 필드(표준 또는 스크립트)가 정의된 경우 이들을 계산하고 결과를 반환한다.

지원되는 모든 언어를 이용해 정의할 수 있는 스크립트 필드는 문서 원본에 값을 전달해 처리하고 (discount factor와 같이) 스크립트에 일부 다른 매개변수가 정의돼 있다면 결과를 스크립트 함수에 전달한다.

스크립트 함수는 코드 조각이므로 언어로 작성할 수 있는 모든 것이 포함될 수 있다. 그러나 값(또는 값 목록)으로 평가돼야만 한다.

참고 사항

더 많은 정보는 다음 예제들을 참고한다.

- 스크립트에 대한 추가 언어를 설치하려면 이 장의 '추가 스크립트 플러그인 설치' 예제를 참고한다.
- 페인리스 스크립트에 대한 추가적인 내장 함수는 이 장의 '스크립트로 데이터 정렬' 예제를 참고한다.

스크립트로 검색 정렬

4장에서 많은 필터를 살펴봤다. 일래스틱서치 스크립트를 사용하면 커스텀 스크립트로 기본 필터를 확장할 수 있다.

커스텀 필터를 작성하고자 스크립트를 사용하는 것은 루씬이나 일래스틱서치가 제공하지 않는 스크립트 규칙을 작성하고 DSL 쿼리에서는 사용할 수 없는 비즈니스 로직을 구현하는 편리한 방법이다.

준비 사항

이 예제에서 코드를 실행하려면 1장의 '일래스틱서치 다운로드와 설치' 예제에서 기술된 대로 실행 중인 일래스틱서치 설치본이 필요하다.

명령을 실행하려면 curl(https://curl.haxx.se/) 및 포스트맨(https://www.getpostman.com/)과 유사한 HTTP 클라이언트가 필요하다. 일래스틱서치에 대한 더 원활한 문자 이스케이프와 코드 완성 기능을 제공하는 키바나 콘솔을 사용하는 것이 좋다.

명령을 올바르게 실행하려면 온라인 코드에서 사용할 수 있는 ch07/populate_aggregation.txt 명령으로 배포시킨 색인이 필요하다.

페인리스 스크립트에서 정규식을 사용하려면 다음 코드를 elasticsearch.yml에 추가해 활성화시켜야 한다.

```
script.painless.regex.enabled: true.
```

이 예제에서 사용하는 색인은 index-agg다.

작동 방법

스크립트로 검색을 필터링하려면 다음 절차를 수행한다.

1. price 값이 매개변수 값보다 작은 문서를 필터링하는 필터를 사용하는 검색을 작성한다.

```
POST /index-agg/_search?pretty&size=3
{
  "query": {
    "bool": {
      "filter": {
        "script": {
          "script": {
            "source": """doc['price'].value >
            params.param1""",
```

```
                "params": {
                    "param1": 80
                }
            }
        }
    }
  }
},
"_source": {
    "includes": [
        "name",
        "price"
    ]
}
}
```

이 예시에서는 age 값이 param1보다 큰 모든 문서가 반환 결과로 한정된다. 이 스크립트 필터는 시연용으로 작성됐다(실제 애플리케이션에서는 훨씬 더 빠른 범위 쿼리로 교체된다).

2. 모든 것이 정상이라면 일래스틱서치의 반환 결과는 다음과 같다.

```
{
  ...중략....
  "hits" : {
    "total" : 190,
    "max_score" : 0.0,
    "hits" : [
      {
        "_index" : "index-agg",
        "_type" : "_doc",
        "_id" : "7",
        "_score" : 0.0,
        "_source" : {
```

```
            "price" : 86.65705393127125,
            "name" : "Bishop"
          }
        },
        {
          "_index" : "index-agg",
          "_type" : "_doc",
          "_id" : "14",
          "_score" : 0.0,
          "_source" : {
            "price" : 84.9516714617024,
            "name" : "Crusader"
          }
        },
        {
          "_index" : "index-agg",
          "_type" : "_doc",
          "_id" : "15",
          "_score" : 0.0,
          "_source" : {
            "price" : 98.22030937628774,
            "name" : "Stacy, George"
          }
        }
      ]
    }
  }
```

작동 원리

스크립트 필터는 불리언 값(true 또는 false)을 변환하는 언어 스크립트다. 모든 히트에 대해 스크립트가 평가되고 true가 반환되면 히트 결과는 필터를 통과한다. 이런 유형의 스크립트는 검색에 영향을 주지 않기 때문에 루씬 필터로만 사용할 수 있을 뿐 쿼리로는 사용할 수 없다.

스크립트 코드는 불리언 값을 반환하는 지원 스크립트 언어 중 아무거나 선호하는 것을 선택해 코드로 작성할 수 있다.

참고 사항

더 많은 정보는 다음 예제들을 참고한다.

- 스크립트를 하고자 추가 언어를 설치하려면 이 장의 '추가 스크립트 플러그인 설치' 예제를 참고한다.
- 페인리스 스크립트를 사용할 수 있는 추가 내장형 함수는 '스크립트로 데이터 정렬' 예제를 참고한다.

집계에 스크립트 사용

스크립트는 메트릭 집계에서 사용된 값을 변경시키거나 버킷을 생성하는 신규 규칙을 정의해 분석 능력을 확장시키는 집계로 사용할 수 있다.

준비 사항

이 예제에서 코드를 실행하려면 1장의 '일래스틱서치 다운로드와 설치' 예제에서 기술된 대로 실행 중인 일래스틱서치 설치본이 필요하다.

명령을 실행하려면 `curl`(https://curl.haxx.se/) 및 포스트맨(https://www.getpostman.com/)과 유사한 HTTP 클라이언트가 필요하다. 일래스틱서치에 대한 더 원활한 문자 이스케이프와 코드 완성 기능을 제공하는 키바나 콘솔을 사용하는 것이 좋다.

명령을 올바르게 실행하려면 온라인 코드에서 사용할 수 있는 ch07/populate_aggregation.txt 명령으로 배포시킨 색인이 필요하다.

페인리스 스크립트에서 정규식을 사용하려면 다음 코드를 elasticsearch.yml에 추가해 활성화시켜야 한다.

```
script.painless.regex.enabled: true.
```

이 예제에서 사용하는 색인은 index-agg다.

작동 방법

집계에 스크립트 언어를 사용하려면 다음 절차를 수행한다.

1. 스크립트로 필드를 선택하는 메트릭 집계를 작성한다.

```
POST /index-agg/_search?size=0
{
  "aggs": {
    "my_value": {
      "sum": {
        "script": {
          "source": """doc["price"].value *
          doc["price"].value"""
        }
      }
    }
  }
}
```

2. 모든 것이 정상이라면 일래스틱서치 결과는 다음과 같다.

```
{
  ...중략....
  "hits" : {
    "total" : 1000,
    "max_score" : null,
    "hits" : [ ]
  },
  "aggregations" : {
    "my_value" : {
      "value" : 3363069.561000406
    }
  }
}
```

3. 다음으로 스크립트를 이용해 값 필드를 사용하는 메트릭 집계를 작성한다.

```
POST /index-agg/_search?size=0
{
  "aggs": {
    "my_value": {
      "sum": {
        "field": "price",
        "script": {
          "source": "_value * _value"
        }
      }
    }
  }
}
```

4. 모든 것이 정상이라면 일래스틱서치의 반환 결과는 다음과 같다.

```
{
  ...중략....
  "hits" : {
    "total" : 1000,
    "max_score" : null,
    "hits" : [ ]
  },
  "aggregations" : {
    "my_value" : {
      "value" : 3363069.561000406
    }
  }
}
```

5. 다시 한 번 스크립트를 사용해 용어를 변경하는 용어 버킷 집계를 작성한다.

```
POST /index-agg/_search?size=0
{
  "aggs": {
    "my_value": {
      "terms": {
        "field": "tag",
        "size": 5,
        "script": {
          "source": """
          if(params.replace.containsKey(_value.toUpperCase())) {
            params.replace[_value.toUpperCase()]
          } else {
            _value.toUpperCase()
          }
          """,
        }
        "params": {
```

```
            "replace": {
              "LABORUM": "Result1",
              "MAIORES": "Result2",
              "FACILIS": "Result3"
            }
          }
        }
      }
    }
  }
```

6. 모든 것이 정상이라면 일래스틱서치의 반환 결과는 다음과 같다.

```
  {
    ...중략....
    "aggregations" : {
      "my_value" : {
        "doc_count_error_upper_bound" : 0,
        "sum_other_doc_count" : 2755,
        "buckets" : [
          {
            "key" : "Result1",
            "doc_count" : 31
          },
          {
            "key" : "Result2",
            "doc_count" : 25
          },
          {
            "key" : "Result3",
            "doc_count" : 25
          },
          {
```

```
          "key" : "IPSAM",
          "doc_count" : 24
        },
        {
          "key" : "SIT",
          "doc_count" : 24
        }
      ]
    }
  }
}
```

작동 원리

일래스틱서치는 다음과 같이 두 종류의 집계를 제공한다.

- 일부 값을 계산하는 메트릭
- 버킷에 있는 문서를 집계하는 버킷

양쪽 경우에 스크립트나 값 스크립트(집계에 사용하는 필드를 정의한다면)를 사용할 수 있다. 집계에 허용되는 객체는 표준 스크립트 객체며 스크립트에서 반환되는 값이 집계에 사용된다.

필드 값이 집계에 정의된다면 값 스크립트 집계를 사용할 수 있다. 이 경우에 스크립트의 컨텍스트에는 필드 값을 포함시키는 데 사용하는 특수 _value 변수가 있다.

NOTE

> 집계에 스크립트 사용하기는 매우 강력한 기능이다. 그러나 대용량의 카디널리티 집계에 스크립트를 사용하는 것은 매우 CPU 집약적이고 쿼리 시간을 지연시킬 수 있다.

스크립트로 문서 갱신

일래스틱서치를 사용하면 문서를 있는 그대로 갱신할 수 있다. 스크립트를 사용해 문서를 갱신하면 네트워크 부하를 경감시키며(그렇지 않으면 문서를 얻고, 필드를 변경하고 다시 전송해야 한다) 많은 수의 문서를 처리해야 할 때 성능을 개선시킬 수 있다.

준비 사항

이 예제에서 코드를 실행하려면 1장의 '일래스틱서치 다운로드와 설치' 예제에서 기술된 대로 실행 중인 일래스틱서치 설치본이 필요하다.

명령을 실행하려면 curl(https://curl.haxx.se/) 및 포스트맨(https://www.getpostman.com/)과 유사한 HTTP 클라이언트가 필요하다. 일래스틱서치에 대한 더 원활한 문자 이스케이프와 코드 완성 기능을 제공하는 키바나 콘솔을 사용하는 것이 좋다.

명령을 올바르게 실행하려면 온라인 코드에서 사용할 수 있는 ch07/populate_aggregation.txt 명령으로 배포시킨 색인이 필요하다.

페인리스 스크립트에서 정규식을 사용하려면 다음 코드를 elasticsearch.yml에 추가해 활성화시켜야 한다.

```
script.painless.regex.enabled: true
```

이 예제에서 사용하는 색인은 index-agg다.

작동 방법

스크립트로 문서를 갱신하려면 다음 절차를 수행한다.

1. 문서 원본에 사용할 수 있는 태그 목록에 태그 값을 추가하는 갱신 작업을 작성한다.

```
POST /index-agg/_doc/10/_update
{
  "script": {
    "source": "ctx._source.age = ctx._source.age +
    params.sum",
    "params": {
      "sum": 2
    }
  }
}
```

2. 정상적으로 동작하면 일래스틱서치의 결과는 다음과 같다.

```
{
  "_index" : "index-agg",
  "_type" : "_doc",
  "_id" : "10",
  "_version" : 3,
  "result" : "updated",
  "_shards" : {
    "total" : 2,
    "successful" : 1,
    "failed" : 0
  },
  "_seq_no" : 2002,
  "_primary_term" : 3
}
```

3. 이제 문서를 추출하려면 다음 코드를 실행한다.

```
GET /index-agg/_doc/10
{
  "_index" : "index-agg",
  "_type" : "_doc",
  "_id" : "10",
  "_version" : 3,
  "found" : true,
  "_source" : {
    ...중략...
    "age" : 102,
    ...중략...
  }
```

앞의 결과에서 1씩 증가하는 버전 번호를 확인할 수 있다.

작동 원리

문서를 갱신하는 데 사용하는 REST HTTP 메서드는 **POST**다. URL에는 색인명, 타입, 문서 ID, 동작[action]만 포함한다.

http://<서버>/<색인명>/_doc/<문서ID>/_update

갱신 작업은 세 가지 다른 단계를 포함한다.

1. **GET API 호출은 매우 빠르다:** 이 동작은 실시간 데이터(새로 고침이 필요 없는)에서 동작하며 레코드를 추출한다.
2. **스크립트 실행** " 스크립트는 문서에서 동작하며 필요시 갱신된다.
3. **문서 저장:** 필요시 문서가 저장된다.

스크립트 실행은 다음 방식으로 워크플로를 따른다.

- 스크립트는 컴파일되고 결과는 재실행을 향상시키도록 캐시된다. 컴파일은 스크립트 언어에 따라 다르다. 즉, 철자 오류, 구문 오류, 언어 관련 오류와 같은 스크립트상의 오류를 감지한다. 컴파일 단계 역시 CPU 집약적이므로 일래스틱서치는 더 많이 실행하도록 컴파일 결과를 캐시한다.
- 문서는 스크립트 컨텍스트에서 실행된다. 문서 데이터는 스크립트의 `ctx` 변수에서 사용할 수 있다.

갱신 스크립트는 `ctx` 변수에 여러 매개변수를 지정할 수 있다. 가장 중요한 매개변수는 다음과 같다.

- **`ctx._source`**: 문서의 원본을 포함한다.
- **`ctx._timestamp`**: 정의하면 이 값은 문서의 타임스탬프로 지정된다.
- **`ctx.op`**: 실행될 주요 연산 유형을 정의한다. 다음과 같이 여러 값을 사용할 수 있다.
    - **`index`**: 기본값이다. 레코드는 갱신 값으로 재색인된다.
    - **`delete`**: 문서가 삭제되고 갱신되지 않는다(즉, 이것은 문서를 갱신하거나 할당량을 초과해 삭제해야 하는 경우 사용할 수 있다).
    - **`none`**: 이 문서는 재색인하지 않고 건너뛴다.

NOTE

> 대량의 갱신 연산을 수행할 필요가 있다면 애플리케이션의 성능을 향상시키도록 벌크로 갱신을 수행하는 것이 더 좋다.

추가 사항

다음의 예시에서는 객체에 대한 신규 태그와 레이블 값 갱신을 수행한다. 그러나 태그 또는 레이블 값이 바뀌는 경우에만 색인하도록 문서에 표시할 것이다.

```
POST /index-agg/_doc/10/_update
{
  "script": {
    "source": """
    ctx.op = "none";
    if(ctx._source.containsValue("tags")){
      for(def item : params.new_tags){
        if(!ctx._source.tags.contains(item)){
          ctx._source.tags.add(item);
          ctx.op = "index";
        }
      }
    }else{
      ctx._source.tags=params.new_tags;
      ctx.op = "index"
    }
    if(ctx._source.containsValue("labels")){
      for(def item : params.new_labels){
        if(!ctx._source.labels.contains(item)){
          ctx._source.labels.add(item);
          ctx.op = "index"
        }
      }
    }else{
      ctx._source.labels=params.new_labels;
      ctx.op = "index"
    }
    """,
    "params": {
```

```
        "new_tags": [
          "cool",
          "nice" ],
        "new_labels": [
          "red",
          "blue",
          "green" ]
      }
    }
  }
```

앞의 스크립트는 다음 절차를 따른다.

1. 다음 단계에서 원래 소스가 변경되지 않았다면 색인을 방지하도록 ctx.op = "none"으로 표시한다.
2. 원본 객체에서 태그 필드의 사용 가능 여부를 확인한다.
3. 원본 객체에서 태그 필드를 사용할 수 있다면 new_tags 목록의 모든 값을 반복한다. 현재 태그 목록에서 값의 사용이 불가능하다면 이를 추가하고 ctx.op = "index"를 추가한다.
4. 원본 객체에 태그 필드가 존재하지 않는다면 이를 원본에 단순히 추가하고 ctx.op = "index"를 표시한다.
5. 레이블 값에 대해 2에서 4까지의 단계를 반복한다. 일래스틱서치 사용자에게 단일 갱신 작업으로 다중 값을 갱신할 수 있는 방법을 보여주기 위해 이 예제에는 반복이 있다.

이전에 설명한 스트립트 작성, 스크립트에 영역 추가, 레코드 변경 시에만 ctx.op를 변경하는 절차를 이용해 다양한 스크립트 작업을 요약할 수 있다.

이 스크립트는 복잡할 수 있지만 일래스틱서치의 강력한 스크립트 기능을 보여준다.

스크립트로 재색인

재색인은 새로운 색인에 대해 데이터를 자동으로 재색인하는 일래스틱서치 5.x에서 소개된 신규 기능이다. 이 작업은 종종 여러 이유로 수행되며 주요 이유는 주로 데이터에 대한 전체 색인이 필요한 경우다.

준비 사항

실행 중인 일래스틱서치 설치본이 필요하다(2장의 '일래스틱서치 다운로드와 설치' 예제에 기술돼 있는 것과 유사하다).

커맨드라인에서 curl을 실행하면 운영체제에 대한 curl을 설치해야 한다.

다음 명령을 올바르게 실행하려면 온라인으로 다운로드할 수 있는 chapter_09/populate_for_scripting.sh 스크립트로 채운 색인이 필요하며 자바스크립트와 파이선 언어 스크립트 플러그인의 설치가 필요하다.

작동 방법

스크립트로 재색인을 하려면 다음 절차를 수행한다.

1. reindex API로 생성되지 않은 대상 색인을 생성한다.

```
PUT /reindex-scripting
{
  "mappings": {
    "test-type": {
      "properties": {
        "name": {
          "term_vector": "with_positions_offsets",
          "boost": 1,
```

```
        "store": true,
        "type": "text"
      },
      "title": {
        "term_vector": "with_positions_offsets",
        "boost": 1,
        "store": true,
        "type": "text"
      },
      "parsedtext": {
        "term_vector": "with_positions_offsets",
        "boost": 1,
        "store": true,
        "type": "text"
      },
      "tag": {
        "type": "keyword",
        "store": true
      },
      "processed": {
        "type": "boolean"
      },
      "date": {
        "type": "date",
        "store": true
      },
      "position": {
        "type": "geo_point",
        "store": true
      },
      "uuid": {
        "boost": 1,
        "store": true,
        "type": "keyword"
      }
```

```
            }
          }
        }
      }
```

2. 처리된 필드(true로 지정된 불리언 필드)를 추가하는 재색인 작업을 작성한다. 다음과 같다.

```
POST /_reindex
{
  "source": {
    "index": "index-agg"
  },
  "dest": {
    "index": "reindex-scripting"
  },
  "script": {
    "source": """
    if(!ctx._source.containsKey("processed")){
      ctx._source.processed=true
    }
    """
  }
}
```

3. 정상적으로 동작하면 일래스틱서치에서 반환된 결과는 다음과 같다.

```
{
  "took" : 386,
  "timed_out" : false,
  "total" : 1000,
```

```
  "updated" : 0,
  "created" : 1000,
  "deleted" : 0,
  "batches" : 1,
  "version_conflicts" : 0,
  "noops" : 0,
  "retries" : {
    "bulk" : 0,
    "search" : 0
  },
  "throttled_millis" : 0,
  "requests_per_second" : -1.0,
  "throttled_until_millis" : 0,
  "failures" : [ ]
}
```

4. 이제 동일한 문서를 검색하려면 다음 코드를 실행한다.

```
GET /reindex-scripting/_doc/10
{
  "_index" : "reindex-scripting",
  "_type" : "_doc",
  "_id" : "10",
  "_version" : 1,
  "found" : true,
  "_source" : {
    "date" : "2012-06-21T16:46:01.689622",
    "processed" : true,
    ...중략....
  }
}
```

앞의 결과에서 스크립트가 적용된 것을 볼 수 있다.

작동 원리

재색인 스크립트는 매우 강력한 기능을 제공해 다음과 같은 많은 유용한 작업을 실행시킬 수 있다.

- 신규 필드 계산
- 문서에서 필드 제거
- 기본값에 신규 필드 추가
- 필드 값 수정

스크립트가 갱신으로 동작하지만 재색인할 때 다음과 같은 문서 메타데이터 필드도 변경할 수 있다.

- **_id**: 문서 ID
- **_type**: 문서 유형
- **_index**: 문서의 대상 색인
- **_version**: 문서 버전
- **_routing**: 문서를 특정 샤드로 전송하는 라우팅 값
- **_parent**: 문서의 부모

이런 값의 변경 가능성은 재색인하는 동안 많은 선택지를 제공한다. 예를 들어 한 유형을 두 개의 다른 색인으로 나누거나 한 색인을 여러 색인으로 파티션하고 _index 값을 바꾸는 경우 등이 있다.

09

클러스터 관리

일래스틱서치 생태계에서 노드와 클러스터의 성능과 상태를 관리하고 개선하고자 모니터링하는 것은 중요하다. 다음과 같이 클러스터 수준에서 발생할 수 있는 여러 문제가 있다.

- **노드 과부하:** 일부 노드에 너무 많은 샤드가 할당돼 전체 클러스터에 병목을 유발한다.
- **노드 셧다운:** 많은 이유로 발생할 수 있다. 예를 들어 디스크 가득 참, 하드웨어 실패 및 전원 문제 등이 있다.
- **샤드 재배치 문제 또는 손상:** 일부 샤드들이 온라인 상태가 아닐 수 있다.
- **너무 큰 샤드:** 샤드가 너무 크면 방대한 루씬 세그먼트의 병합으로 색인 성능이 저하된다.
- **빈 색인과 빈 샤드:** 이들은 메모리와 자원을 낭비한다. 그러나 각 샤드에 많은 활성 스레드가 있으므로 사용하지 않는 색인과 샤드가 많다면 일반적으로 클러스터 성능이 저하된다.

클러스터 수준의 오동작이나 빈약한 성능의 감지는 API 또는 사용자 화면(11장에서 다룬다)으로 수행할 수 있다. 이를 통해 사용자는 일래스틱서치 데이터에서 작동하는 웹 대시보드를 사용할 수 있다. 클러스터 상태 모니터링, 데이터의 백업이나 복원, 코드를 구현하기 전 쿼리 테스트 작업이 가능하다.

9장에서 다루는 내용은 다음과 같다.

- 클러스터 상태를 확인하도록 `health` API 사용하기
- 클러스터 수준의 작업을 제어하도록 `task` API 사용하기
- 높은 CPU 사용으로 인한 노드 내부 문제를 확인하는 핫 스레드 사용하기
- 너무 많은 세그먼트로 인해 노드 성능을 저하시키지 않도록 루씬 세그먼트 모니터링하는 방법 익히기

9장에서 다루는 예제는 다음과 같다.

- API로 클러스터 정상 여부 제어
- API로 클러스터 상태 제어
- API로 클러스터 노드 정보 얻기
- API로 노드 통계 얻기
- 작업 관리 API 사용
- 핫 스레드 API
- 샤드 할당 관리
- 세그먼트 API로 세그먼트 모니터링
- 캐시 청소

API로 클러스터 정상 여부 제어

일래스틱서치는 클러스터 상태를 관리하는 편리한 방법을 제공하며 모든 문제의 발생 여부를 가장 먼저 확인하는 방법 중 하나다.

준비 사항

이 예제에서 코드를 실행하려면 1장의 '일래스틱서치 다운로드와 설치' 예제에서 기술된 대로 실행 중인 일래스틱서치 설치본이 필요하다.

명령을 실행하려면 `curl`(https://curl.haxx.se/) 및 포스트맨(https://www.getpostman.com/)과 유사한 HTTP 클라이언트가 필요하다. 일래스틱서치에 대한 더 원활한 문자 이스케이프와 코드 완성 기능을 제공하는 키바나 콘솔을 사용하는 것이 좋다.

작동 방법

클러스터 정상 여부를 제어하려면 다음 절차를 수행한다.

1. 클러스터 정상 여부를 확인하는 데 사용하는 HTTP 메서드는 GET이다.

```
GET /_cluster/health
```

2. 결과는 다음과 같다.

```
{
  "cluster_name" : "elasticsearch",
  "status" : "yellow",
  "timed_out" : false,
  "number_of_nodes" : 1,
```

```
    "number_of_data_nodes" : 1,
    "active_primary_shards" : 17,
    "active_shards" : 17,
    "relocating_shards" : 0,
    "initializing_shards" : 0,
    "unassigned_shards" : 15,
    "delayed_unassigned_shards" : 0,
    "number_of_pending_tasks" : 0,
    "number_of_in_flight_fetch" : 0,
    "task_max_waiting_in_queue_millis" : 0,
    "active_shards_percent_as_number" : 53.125
  }
```

작동 원리

모든 일래스틱서치 노드는 클러스터 상태를 유지한다. 클러스터의 상태 값은 다음과 같이 3가지 유형이다.

- **녹색**: 모든 것이 정상이라는 의미다.
- **황색**: 일부 노드나 샤드가 유실됐음을 의미하지만 클러스터의 기능이 손상되지는 않았다. 예를 들어 일부 복제본이 유실(노드가 다운됐거나 복제본에 대한 노드 수가 부족함)됐으나 각 활성 샤드마다 적어도 한 복제본이 존재하는 경우다. 부가적으로 읽기와 쓰기 기능은 동작한다. 황색 상태는 일반적으로 개발 환경에서 사용자가 단일 노드의 일래스틱서치 서버를 시작하는 경우에 발생한다.
- **적색**: 일부 기본 샤드가 누락됐음을 표시하며 이에 대한 색인들은 적색 상태가 된다. 적색 생태에서는 색인에 쓰기를 할 수 없으며 추가적으로 결과는 완전치 않을 수 있거나 일부 결과만 반환될 수 있다. 일반적으로 다운된 노드를 재시작해야 하고 가능한 경우 일부 복제본을 생성해야 한다.

TIP

> 일부 노드가 복구 모드인 경우 황색이나 적색 상태는 일시적일 수 있다. 이런 경우 복구가 완료될 때까지 기다리면 된다.

클러스터 정상 여부 API는 다음과 같이 많은 양의 정보를 제공한다.

- **cluster_name**: 클러스터 이름이다.
- **timeout**: REST API가 호출에 설정된 시간 초과 값에 도달했는지를 표시하는 불리언 값이다.
- **number_of_nodes**: 클러스터의 노드 수를 표시한다.
- **number_of_data_nodes**: 데이터를 저장할 수 있는 노드 수를 표시한다(노드의 다른 유형에 대해 다른 노드 유형을 설정하려면 2장의 '다운로드와 설정' 예제를 참고한다).
- **active_primary_shards**: 활성 기본 샤드 수를 보여준다. 기본 샤드는 쓰기 작업의 마스터다.
- **active_shards**: 활성 샤드 수를 보여준다. 이들 샤드는 검색에 사용된다.
- **relocating_shards**: 한 노드에서 다른 노드로 이전하거나 재배치하는 샤드 수를 보여준다(이는 주로 클러스터-노드 밸런싱 때문이다).
- **initializing_shards**: 초기화 상태에 있는 샤드 수를 보여준다. 초기화 절차는 샤드를 시작할 때 수행된다. 이는 활성화되기 전의 임시 상태며 여러 단계로 구성된다. 가장 중요한 단계는 다음과 같다.
    - 번역[translation] 로그가 너무 오래됐거나 새 복제본이 필요한 경우 기본 샤드에서 샤드 데이터를 복제한다.
    - 루씬 색인을 확인한다.
    - 필요시 트랜잭션 로그를 처리한다.

- **unassigned_shards**: 노드에 할당되지 않은 샤드 수를 보여준다. 이는 일반적으로 복제본의 수가 노드 수보다 더 많게 설정했기 때문이다. 시작하는 동안 아직 초기화되지 않거나 초기화 중인 샤드 수가 여기에 계산된다.
- **delayed_unassigned_shards**: 할당될 샤드 수를 표시하지만 해당 노드들은 지연된 할당에 구성된다. 지연된 샤드 할당에 대한 더 많은 정보는 https://www.elastic.co/guide/en/elasticsearch/reference/5.0/delayed-allocation.html에서 찾을 수 있다.
- **number_of_pending_tasks**: 클러스터 상태 갱신, 색인 생성, 샤드 재배치와 같은 클러스터 수준의 지연된 작업 수를 보여준다. 0 외의 값은 거의 없어야 한다.
- **number_of_in_flight_fetch**: 샤드에서 반드시 수행돼야 하는 클러스터 갱신 수다. 클러스터 갱신은 비동기적이므로 이 숫자는 샤드에서 수행돼야 하는 갱신 수를 추적한다.
- **task_max_waiting_in_queue_millis**: 일부 클러스터 작업이 대기열에서 대기한 최대 시간이다. 0 외의 값은 거의 없어야 한다. 값이 0이 아니면 일종의 자원에 대한 클러스터 포화나 유사한 문제가 있음을 의미한다.
- **active_shards_percent_as_number**: 클러스터에서 요구되는 활성 샤드 비율이다. 상용 환경에서 100% 외의 값은 드물다(일부 재배치와 샤드 초기화는 제외다).

설치된 플러그인은 샤드 초기화에 중요한 역할을 수행한다. 예를 들어 네이티브 플러그인에서 제공되는 매핑 타입을 사용하는 데 플러그인을 제거한다면(또는 API의 변경으로 플러그인이 초기화되지 않는다면) 샤드 초기화는 실패할 것이다. 이런 문제들은 일래스틱서치 로그 파일을 통해 쉽게 감지할 수 있다.

TIP

> 일래스틱서치 배포판에서 클러스터를 업그레이드할 때 매핑 플러그인을 업그레이드하거나 최소한 신규 일래스틱서치 배포판으로 해당 플러그인이 동작하는지 확인해야 한다. 이 작업을 하지 않으면 샤드 초기화가 실패하고 클러스터가 적색 상태가 되는 위험이 있다.

추가 사항

이 API 호출은 아주 유용하다. 클러스터에서 정상 여부를 얻고자 하나 이상의 색인에 실행할 수 있다. 이 접근 방법을 사용하면 문제가 있는 색인들을 격리시킬 수 있다. 이를 실행하는 API 호출은 다음과 같다.

```
GET /_cluster/health/index1,index2,indexN
```

위의 호출에는 클러스터의 정상 여부를 제어하는 추가 요청 매개변수가 있다. 추가 매개변수는 다음과 같다.

- **level**: 반환되는 정상 여부 정보의 수준을 제어한다. 이 매개변수는 클러스터, 색인, 샤드에만 허용된다.
- **timeout**: wait_for_* 매개변수에 대한 대기 시간이다(기본값: 30s).
- **wait_for_status**: 서버가 시간 초과될 때까지 제공된 상태(녹색, 황색 또는 적색)를 기다린다.
- **wait_for_relocating_shards**: 서버가 설정된 시간을 초과할 때까지 또는 제공된 수의 샤드 재배치가 도달할 때까지 기다린다(기본값: 0).
- **wait_for_nodes**: 클러스터에서 정의된 수의 노드를 사용할 수 있을 때까지 기다린다. 이 매개변수의 값은 >N, >=N, <N, <=N, ge(N), gt(N), le(N), lt(N)과 같은 수식도 가능하다.

지연 작업의 수가 0이 아닌 경우 지연 작업이 무엇인지 조사하는 것이 좋다. 이는 다음 API URL로 확인할 수 있다.

```
GET /_cluster/pending_tasks
```

반환값은 지연 작업 목록이다. 일래스틱서치가 클러스터의 변경 사항을 아주 빠르게 적용하기 때문에 이들 작업 대다수는 사용자에게 표시되는 작업을 적용하는 데 몇 밀리초의 수명을 갖는다는 점에 주의하라.

참고 사항

더 많은 정보는 다음 예제와 웹 사이트를 참고한다.

- 노드를 마스터로 설정하려면 1장의 '서로 다른 노드 유형 설정' 예제를 참고한다.
- 지연 클러스터 작업에 대한 공식 문서는 https://www.elastic.co/guide/en/elasticsearch/reference/current/cluster-pending.html을 참고한다. 예를 들어 이 호출의 반환값을 확인할 수 있다.

API로 클러스터 상태 제어

앞의 예제는 클러스터의 정상 여부에 대한 정보만 반환한다. 클러스터에 대한 상세 정보를 얻으려면 상태 쿼리가 필요하다.

준비 사항

이 예제에서 코드를 실행하려면 1장의 '일래스틱서치 다운로드와 설치' 예제에서 기술된 대로 실행 중인 일래스틱서치 설치본이 필요하다.

명령을 실행하려면 `curl`(https://curl.haxx.se/) 및 포스트맨(https://www.getpostman.com/)과 유사한 HTTP 클라이언트가 필요하다. 일래스틱서치에 대한 더 원활한 문자 이스케이프와 코드 완성 기능을 제공하는 키바나 콘솔을 사용하는 것이 좋다.

작동 방법

클러스터 상태를 확인하려면 다음 절차를 수행한다.

1. 클러스터 상태를 확인하는 데 사용하는 HTTP 메서드는 `GET`이고 `curl` 명령은 다음과 같다.

```
GET /_cluster/state
```

2. 결과는 다음과 같은 데이터 영역을 포함한다.
3. 클러스터의 일반 정보는 다음과 같다.

```
{
  "cluster_name" : "elastic-cookbook",
  "compressed_size_in_bytes" : 4714,
  "cluster_uuid" : "02UhFNltQXOqtz1JH6ec8w",
  "version" : 9,
  "state_uuid" : "LZcYMc3PRdKSJ9MMAyM-ew",
  "master_node" : "-IFjP29_TOGQF-1axtNMSg",
  "blocks" : { },
```

4. 노드 주소 정보는 다음과 같다.

```
"nodes" : {
  "-IFjP29_TOGQF-1axtNMSg" : {
    "name" : "5863a2552d84",
    "ephemeral_id" : "o6xo1mowRIGVZ7ZfXkClww",
    "transport_address" : "172.18.0.2:9300",
    "attributes" : {
      "xpack.installed" : "true"
    }
  }
},
```

5. (템플릿, 매핑, 색인, 별칭과 같은) 클러스터 메타데이터 정보는 다음과 같다.

```
"metadata" : {
  "cluster_uuid" : "02UhFNltQXOqtz1JH6ec8w",
  "cluster_coordination" : {
    "term" : 0,
    "last_committed_config" : [ ],
    "last_accepted_config" : [ ],
    "voting_config_exclusions" : [ ]
  },
  "templates" : {
    "kibana_index_template:.kibana" : {
      "index_patterns" : [
        ".kibana" ],
      "order" : 0,
      "settings" : {
        "index" : {
          "number_of_shards" : "1",
          "auto_expand_replicas" : "0-1"
        }
```

```
        },
        "mappings" : {
          "doc" : {
            "dynamic" : "strict",
            "properties" : {
              "server" : {
                "properties" : {
                  "uuid" : {
                    "type" : "keyword"
                  }
                }
              },
              ...중략...
      },
      "index-graveyard" : {
        "tombstones" : [ ]
    }
  },
```

6. 다음 코드로 샤드를 찾도록 테이블을 라우트할 수 있다.

```
  "routing_table" : {
    "indices" : {
      ".kibana_1" : {
        "shards" : {
          "0" : [
            {
              "state" : "STARTED",
              "primary" : true,
              "node" : "-IFjP29_TOGQF-1axtNMSg",
              "relocating_node" : null,
              "shard" : 0,
              "index" : ".kibana_1",
```

```
                "allocation_id" : {
                  "id" : "QjMusIOIRRqOIsL8kEdudQ"
                }
              }
            ]
          }
        }
      }
    },
```

7. 다음 코드로 노드를 라우팅할 수 있다.

```
"routing_nodes" : {
  "unassigned" : [ ],
  "nodes" : {
    "-IFjP29_TOGQF-1axtNMSg" : [
      {
        "state" : "STARTED",
        "primary" : true,
        "node" : "-IFjP29_TOGQF-1axtNMSg",
        "relocating_node" : null,
        "shard" : 0,
        "index" : ".kibana_1",
        "allocation_id" : {
          "id" : "QjMusIOIRRqOIsL8kEdudQ"
        }
      }
    ]
  }
}
```

작동 원리

클러스터 상태는 모든 클러스터 정보를 포함하고 있다. 출력 결과가 매우 방대한 것이 정상이다.

호출 결과는 다음과 같은 일반 필드를 포함한다.

- **cluster_name**: 클러스터 이름이다.
- **master_node**: 마스터 노드 식별자다. 마스터 노드는 클러스터 관리에 사용되는 기본 노드다.
- **blocks**: 클러스터의 활성 블록을 보여준다.
- **nodes**: 클러스터의 노드 목록을 보여준다. 각 노드에는 다음 정보가 있다.
    - **id**: 일래스틱서치 노드를 식별하는 데 사용되는 해시 값(예를 들어 7NwnFF1JTPOPhOYuP1AVN)이다.
    - **name**: 노드 이름이다.
    - **transport_address**: 이 노드에 접속하는 데 사용되는 IP 주소와 포트다.
    - **attributes**: 추가적인 노드 속성이다.
- **metadata**: 색인(설정과 매핑을 포함), 적재 파이프라인, stored_scripts를 정의한다.
- **routing_table**: 첫 번째 샤드와 두 번째 샤드 및 노드를 선택하는 데 사용하는 샤드 라우팅 테이블 또는 색인이다.
- **routing_nodes**: 노드에 대한 라우팅이다.

메타데이터 섹션은 가장 많이 사용하는 필드로, 색인과 매핑에 연관된 모든 정보를 포함하고 있다. 이는 모든 색인 매핑을 한곳으로 모을 수 있는 편리한 방법이다. 그렇지 않으면 모든 유형에 대해 매핑 인스턴스 가져오기를 호출해야 한다.

메타데이터 섹션은 다음과 같이 여러 섹션으로 구성돼 있다.

- **templates**: 생성된 색인의 동적 매핑을 제어하는 템플릿이다.
- **indices**: 클러스터에 존재하는 색인들이다.
- *** ingest**: 시스템에 정의된 모든 적재 파이프라인을 저장한다.
- **stored_scripts**: 일반적으로 language#script_name의 형태인 스크립트를 저장한다.

색인의 하위 섹션은 각 색인에 대한 모든 메타데이터 설명의 전체 표현을 반환하는데, 다음을 포함한다.

- **state**(열림 또는 닫힘): 색인이 열려 있는지(검색이 가능하고 데이터를 색인할 수 있다) 또는 닫혀 있는지를 기술한다(3장의 '색인 열기 또는 닫기' 예제를 참고한다).
- **settings**: 색인 설정이다. 가장 중요한 설정은 다음과 같다.
    - **index.number_of_replicas**: 색인의 복제본 수다. 색인 설정 갱신 호출로 변경할 수 있다.
    - **index.number_of_shards**: 색인의 샤드 수다. 이 값은 색인에서 변경될 수 없다.
    - **index.codec**: 색인 데이터를 저장하는 데 사용되는 코덱이다. 기본값은 표시되지 않지만 LZ4 알고리듬이 사용된다. 높은 압축률이 필요하다면 best_compression과 DEFLATE 알고리듬을 사용한다(쓰기 성능이 약간 느려진다).
    - **index.version.created**: 색인 버전이다.
- **mappings**: 색인에 정의된다. 이 영역은 매핑 가져오기 응답과 유사하다(3장의 '매핑 가져오기' 예제를 참고한다).

- **alias**: 색인 별칭 목록으로 색인 집계를 단일 이름이나 색인의 대체 이름으로 정의할 수 있다.

색인과 샤드의 라우팅 기록은 유사한 필드를 가지며 다음과 같다.

- **state(UNASSIGNED, INITIALIZING, STARTED, RELOCATING)**: 샤드나 색인의 상태를 보여준다.
- **primary(true/false)**: 샤드나 노드가 첫 번째인지 여부를 보여준다.
- **node**: 노드 ID를 보여준다.
- **relocating_node**: 이 필드는 검증된다면 샤드가 재배치되는 ID 노드를 보여준다.
- **shard**: 샤드 수를 보여준다.
- **index**: 샤드가 포함된 색인명을 보여준다.

추가 사항

클러스터 상태 호출은 많은 정보를 반환하며 URL을 통해 다른 영역을 필터링할 수 있다.

클러스터 상태 API의 전체 URL은 다음과 같다.

http://{elasticsearch_server}/_cluster/state/{metrics}/{indices}

응답 결과의 일부분만 반환하도록 메트릭 값을 사용할 수 있다. 이는 쉼표로 구분된 목록으로 구성돼 있고 다음 값을 포함한다.

- **version**: 응답의 버전 부분을 보여주는 데 사용한다.
- **blocks**: 응답의 블록 부분을 보여주는 데 사용한다.

- **master_node**: 응답의 마스터 노드 부분을 보여주는 데 사용한다.
- **nodes**: 응답의 노드 부분을 보여주는 데 사용한다.
- **metadata**: 응답의 메타데이터 부분을 보여주는 데 사용한다.
- **routing_table**: 응답의 routing_table 부분을 보여주는 데 사용한다.

색인 값은 메타데이터에 포함할 색인을 쉼표로 구분한 목록이다.

참고 사항

더 많은 정보는 다음 예제를 참고한다.

- 색인을 열고 닫는 API는 3장의 '색인 열기 또는 닫기' 예제를 참고한다(닫힌 색인은 검색되지 않음을 기억하라).
- 단일 매핑을 반환하려면 3장의 '매핑 얻기' 예제를 참고한다.

API로 클러스터 노드 정보 얻기

앞의 예제를 사용하면 클러스터 수준에서 반환하는 정보를 얻을 수 있다. 일래스틱서치는 노드 수준의 정보를 수집하는 호출을 제공한다. 상용 클러스터에서 다른 플러그인과 모듈에 관련된 잘못된 구성과 문제를 감지하고자 이 API로 노드를 모니터링하는 것은 매우 중요하다.

준비 사항

이 예제에서 코드를 실행하려면 1장의 '일래스틱서치 다운로드와 설치' 예제에서 기술된 대로 실행 중인 일래스틱서치 설치본이 필요하다.

명령을 실행하려면 `curl`(https://curl.haxx.se/) 및 포스트맨(https://www.getpostman.com/)과 유사한 HTTP 클라이언트가 필요하다. 일래스틱서치에 대한 더 원활한 문자 이스케이프와 코드 완성 기능을 제공하는 키바나 콘솔을 사용하는 것이 좋다.

작동 방법

클러스터 노드 정보를 확인하려면 다음 절차를 수행한다.

1. 노드 정보를 추출하는 HTTP 메서드는 GET이고 `curl` 명령은 다음과 같다.

```
GET /_nodes
GET /_nodes/<nodeId1>,<nodeId2>
```

2. 결과는 노드에 대한 많은 정보를 포함하며 내용이 방대해 반복적인 부분은 생략했다.

```
{
  "_nodes" : {
    "total" : 1,
    "successful" : 1,
    "failed" : 0
  },
  "cluster_name" : "elastic-cookbook",
  "nodes" : {
    "-IFjP29_TOGQF-1axtNMSg" : {
      "name" : "5863a2552d84",
      "transport_address" : "172.18.0.2:9300",
      "host" : "172.18.0.2",
      "ip" : "172.18.0.2",
      "version" : "7.0.0",
      "build_flavor" : "default",
```

```
"build_type" : "tar",
"build_hash" : "a30e8c2",
"total_indexing_buffer" : 103887667,
"roles" : [
  "master",
  "data",
  "ingest"
],
"attributes" : {
  "xpack.installed" : "true"
},
"settings" : {
  "cluster" : {
    "name" : "elastic-cookbook"
  },
  "node" : {
    "attr" : {
      "xpack" : {
        "installed" : "true"
      }
    },
    "name" : "5863a2552d84"
  },
  "path" : {
    "logs" : "/usr/share/elasticsearch/logs",
    "home" : "/usr/share/elasticsearch"
  },
  "discovery" : {
    "type" : "single-node",
    "zen" : {
      "minimum_master_nodes" : "1"
    }
  },
  "client" : {
    "type" : "node"
```

```
      },
      "http" : {
        "type" : {
          "default" : "netty4"
        }
      },
      "transport" : {
        "type" : {
          "default" : "netty4"
        },
        "features" : {
          "x-pack" : "true"
        }
      },
      "xpack" : ...중략...
      "network" : {
        "host" : "0.0.0.0"
      }
    },
    "os" : {
      "refresh_interval_in_millis" : 1000,
      "name" : "Linux",
      "pretty_name" : "CentOS Linux 7 (Core)",
      "arch" : "amd64",
      "version" : "4.9.125-linuxkit",
      "available_processors" : 4,
      "allocated_processors" : 4
    },
    "process" : {
      "refresh_interval_in_millis" : 1000,
      "id" : 1,
      "mlockall" : false
    },
    "jvm" :...중략...
  },
```

```
    "thread_pool" : {
      "force_merge" : {
        "type" : "fixed",
        "size" : 1,
        "queue_size" : -1
      },
      ...중략...
    },
    "transport" : {
      "bound_address" : [
        "0.0.0.0:9300"
      ],
      "publish_address" : "172.18.0.2:9300",
      "profiles" : { }
    },
    "http" : {
      "bound_address" : [
        "0.0.0.0:9200"
      ],
      "publish_address" : "172.18.0.2:9200",
      "max_content_length_in_bytes" : 104857600
    },
    "plugins" : [
      {
        "name" : "analysis-icu",
        "version" : "7.0.0-alpha2",
        "elasticsearch_version" : "7.0.0",
        "java_version" : "1.8",
        "description" : "The ICU Analysis plugin integrates
Lucene ICU module into elasticsearch, adding ICU relates
analysis components.",
        "classname" :
"org.elasticsearch.plugin.analysis.icu.AnalysisICUPlugin",
        "extended_plugins" : [ ],
        "has_native_controller" : false
```

```
        },
        ...중략...
      ],
      "ingest" : {
        "processors" : [
          {
            "type" : "append"
          },
          ...중략...
        }
      }
    }
  }
```

작동 원리

클러스터 노드 정보 호출은 노드 구성 개요를 제공한다. 많은 정보를 제공하고 있으며 가장 중요한 영역은 다음과 같다.

- **hostname**: 호스트 이름이다.
- **ip**: 호스트의 IP 주소다.
- **version**: 일래스틱서치의 버전이다. 클러스터의 모든 노드가 같은 일래스틱서치 버전으로 구성되는 것이 모범 사례다.
- **roles**: 이 노드가 커버할 수 있는 역할 목록이다. 개발자 노드는 일반적으로 세 가지 역할을 지원한다(마스터, 데이터, 적재).
- **settings**: 이 영역은 현재 클러스터에 대한 정보와 일래스틱서치 노드의 경로를 포함한다. 가장 중요한 필드는 다음과 같다.
  - **cluster_name**: 클러스터 이름이다.

- **node.name**: 노드 이름이다.
- **path.***: 일래스틱서치 인스턴스의 구성된 경로다.
- **script**: 이 섹션은 노드의 스크립트 구성을 확인하는 데 유용하다.
- **os**: 이 섹션은 사용 가능하거나 할당된 프로세서 및 OS 버전을 포함한 일래스틱서치를 실행하는 노드의 운영체제 정보를 제공한다.
- **process**: 이 섹션은 현재 실행 중인 일래스틱서치 프로세스에 대한 정보를 포함한다.
    - **id**: 프로세스의 PID다.
    - **mlockall**: 이 플래그는 일래스틱서치가 직접 메모리 액세스를 사용할 수 있는지 여부를 정의한다. 상용 환경에서 이 설정을 반드시 활성으로 설정해야 한다,
- **max_file_descriptors**: 최대 파일 디스크립터의 수다.
- **jvm**: 자바 가상머신[JVM] 노드에 대한 정보를 포함한다. 버전, 벤더, 이름, PID, 메모리(힙과 none-힙)를 포함한다.

TIP

모든 노드에 동일한 JVM 버전과 유형을 실행하기를 강력히 추천한다.

- **thread_pool**: 이 섹션은 노드에서 실행하는 여러 유형의 스레드 풀에 대한 정보를 포함한다.
- **transport**: 이 섹션은 전송 프로토콜에 대한 정보를 포함한다. 전송 프로토콜은 클러스터 내부 통신에 사용하거나 네이티브 클라이언트가 클러스터와 통신하는 데 사용한다. 응답 형식은 다음과 같이 HTTP와 유사하다.
    - **bound_address**: 구성에 지정 IP가 설정되지 않은 경우 일래스틱서치는

모든 인터페이스와 바인드한다.

- **publish_address**: 네이티브 전송 프로토콜을 보내는 데 사용하는 주소다.
- **http**: 이 섹션은 HTTP 구성 정보를 제공한다.
- **max_content_length_in_bytes**(기본값은 104857600-100MB): 일래스틱서치가 수신할 수 있는 HTTP 내용의 최대 크기다. 이 크기보다 큰 HTTP 페이로드는 거부된다.

NOTE

elasticsearch.yml에서 변경할 수 있는 기본값 100MB HTTP 제한은 대규모 페이로드 때문에(종종 매퍼 플러그인 첨부와 함께) 오동작의 원인이 될 수 있다. 따라서 벌크 작업이나 첨부 문서로 작업할 때 이 제한을 염두에 두는 것은 중요하다.

- **publish_address**: 일래스틱서치 노드가 전송하는 데 사용하는 주소다.
- **plugins**: 노드에 설치된 모든 플러그인 목록을 보여주며 다음과 같은 정보를 제공한다.
  - **name**: 플러그인 이름이다.
  - **description**: 플러그인 설명이다.
  - **version**: 플러그인 버전이다.
  - **classname**: 플러그인을 탑재하는 데 사용된 자바 클래스다.
- **modules**: 노드에 설치된 모든 모듈 목록을 보여준다. 플러그인 섹션과 구조가 같다.
- **ingest**: 적재 노드의 활성 프로세서 목록을 보여준다.

추가 사항

API 호출을 사용하면 반환되는 영역을 필터링할 수 있다. 여기에서는 모든 영역이 반환된다. 반면 다음 섹션 중에 하나 이상을 선택할 수 있다.

- `http`
- `thread_pool`
- `transport`
- `jvm`
- `os`
- `process`
- `plugins`
- `modules`
- `ingest`
- `settings`

예를 들어 `os`와 `plugins` 정보만 필요하다면 호출은 다음과 같다.

```
GET /_nodes/os,plugins
```

참고 사항

더 많은 정보는 다음 예제를 참고한다.

- 일래스틱서치의 네트워크를 구성하는 방법은 1장의 '네트워크 설정' 예제를 참고한다.
- 일래스틱서치 적재에 대한 더 많은 정보는 13장을 참고한다.

API로 노드 통계 얻기

노드 통계 호출 API는 메모리 사용량, 스레드 사용량, 색인 수, 검색 수와 같은 노드의 실시간 메트릭을 수집하는 데 사용한다.

준비 사항

이 예제에서 코드를 실행하려면 1장의 '일래스틱서치 다운로드와 설치' 예제에서 기술된 대로 실행 중인 일래스틱서치 설치본이 필요하다.

명령을 실행하려면 `curl`(https://curl.haxx.se/) 및 포스트맨(https://www.getpostman.com/)과 유사한 HTTP 클라이언트가 필요하다. 일래스틱서치에 대한 더 원활한 문자 이스케이프와 코드 완성 기능을 제공하는 키바나 콘솔을 사용하는 것이 좋다.

작동 방법

노드 통계를 확인하려면 다음 절차를 수행한다.

1. 노드 통계를 추출하고자 사용하는 HTTP 메서드는 GET이며 명령은 다음과 같다.

```
GET /_nodes/stats
GET /_nodes/&lt;nodeId1>,&lt;nodeId2>/stats
```

2. 결과는 모든 노드 통계에 대한 긴 목록이다. 결과의 가장 중요한 부분은 다음과 같이 나눌 수 있다.

다음은 클러스터 이름과 노드 섹션을 설명하는 헤더다.


```
{
  "_nodes" : {
    "total" : 1,
    "successful" : 1,
    "failed" : 0
  },
  "cluster_name" : "elastic-cookbook",
  "nodes" : {
    "-IFjP29_TOGQF-1axtNMSg" : {
      "timestamp" : 1545580226575,
      "name" : "5863a2552d84",
      "transport_address" : "172.18.0.2:9300",
      "host" : "172.18.0.2",
      "ip" : "172.18.0.2:9300",
      "roles" : [
        "master",
        "data",
        "ingest"
      ],
      "attributes" : {
        "xpack.installed" : "true"
      },
```


다음은 색인에 연관된 통계다.


```
"indices" : {
  "docs" : {
    "count" : 3,
```

```
      "deleted" : 0
    },
    "store" : {
      "size_in_bytes" : 12311
    },
    ...중략...
  },
```

다음은 OS에 연관된 통계다.

```
  "os" : {
    "timestamp" : 1545580226579,
    "cpu" : {
      "percent" : 0,
      "load_average" : {
        "1m" : 0.0,
        "5m" : 0.02,
        "15m" : 0.0
      }
    },
    "mem" : {
      "total_in_bytes" : 2095869952,
      "free_in_bytes" : 87678976,
      "used_in_bytes" : 2008190976,
      "free_percent" : 4,
      "used_percent" : 96
    },
      ...중략...
      "memory" : {
        "control_group" : "/",
        "limit_in_bytes" : "9223372036854771712",
        "usage_in_bytes" : "1360773120"
      }
```

```
    }
  },
```

다음은 현재 일래스틱서치 프로세스에 연관된 통계다.

```
  "process" : {
    "timestamp" : 1545580226580,
    "open_file_descriptors" : 257,
    "max_file_descriptors" : 1048576,
    "cpu" : {
      "percent" : 0,
      "total_in_millis" : 50380
    },
    "mem" : {
      "total_virtual_in_bytes" : 4881367040
    }
  },
```

다음은 현재 JVM에 연관된 통계다.

```
  "jvm" : {
    "timestamp" : 1545580226581,
    "uptime_in_millis" : 3224543,
    "mem" : {
      "heap_used_in_bytes" : 245981600,
      "heap_used_percent" : 23,
      "heap_committed_in_bytes" : 1038876672,
      "heap_max_in_bytes" : 1038876672,
      "non_heap_used_in_bytes" : 109403072,
      "non_heap_committed_in_bytes" : 119635968,
  ...중략...
  },
```

다음은 스레드 풀에 연관된 통계다.

```
"thread_pool" : {
  "analyze" : {
    "threads" : 0,
    "queue" : 0,
    "active" : 0,
    "rejected" : 0,
    "largest" : 0,
    "completed" : 0
  },
...중략...
},
```

다음은 노드 파일 시스템 통계다.

```
"fs" : {
  "timestamp" : 1545580226582,
  "total" : {
    "total_in_bytes" : 62725623808,
    "free_in_bytes" : 59856470016,
    "available_in_bytes" : 56639754240
  },
...중략...
},
```

다음은 노드 간 통신에 연관된 통계다.

```
"transport" : {
  "server_open" : 0,
  "rx_count" : 0,
  "rx_size_in_bytes" : 0,
```

```
    "tx_count" : 0,
    "tx_size_in_bytes" : 0
  },
```

다음은 HTTP 접속에 연관된 통계다.

```
  "http" : {
    "current_open" : 4,
    "total_opened" : 175
  },
```

다음은 브레이커 캐시에 연관된 통계다.

```
  "breakers" : {
    "request" : {
      "limit_size_in_bytes" : 623326003,
      "limit_size" : "594.4mb",
      "estimated_size_in_bytes" : 0,
      "estimated_size" : "0b",
      "overhead" : 1.0,
      "tripped" : 0
    },
  ...중략...
  },
```

다음은 스크립트에 연관된 통계다.

```
  "script" : {
    "compilations" : 0,
    "cache_evictions" : 0,
```

```
    "compilation_limit_triggered" : 0
  },
```

다음은 클러스터 상태 큐다.

```
  "discovery" : { },
```

다음은 적재 통계다.

```
  "ingest" : {
    "total" : {
      "count" : 0,
      "time_in_millis" : 0,
      "current" : 0,
      "failed" : 0
    },
    "pipelines" : { }
  },
```

다음은 adaptive_selection 통계다.

```
  "adaptive_selection" : {
    "-IFjP29_TOGQF-1axtNMSg" : {
      "outgoing_searches" : 0,
      "avg_queue_size" : 0,
      "avg_service_time_ns" : 7479391,
      "avg_response_time_ns" : 13218805,
      "rank" : "13.2"
    }
  }
```

작동 원리

실행하는 동안 각 일래스틱서치 노드는 노드 관리의 여러 측면에 대한 통계를 수집한다. 이들 통계는 통계 API를 호출해 접근할 수 있다. 다음 예제에서 노드나 클러스터의 실시간 상태를 제공하는 이런 정보를 이용해 애플리케이션을 모니터링하는 예시를 살펴볼 것이다.

주요 통계는 다음과 같이 이 API로 수집된다.

- **fs**: 파일 시스템에 대한 통계를 포함한다. 장치에 있는 여유 공간, 마운트 지점, 읽기/쓰기를 포함한다. 또는 노드의 디스크 사용량을 원격으로 제어하는 데 사용할 수도 있다.
- **http**: 현재 열린 소켓 수와 최대 수를 제공한다.
- **indices**: 색인의 여러 측면에 대한 통계를 포함한다.
    - 필드와 캐시의 사용
    - 가져 오기, 색인하기, 청소하기, 병합, 새로 고치기, 워밍warmer과 같은 작업에 대한 통계
- **jvm**: 버퍼, 풀, 가비지 컬렉터(객체의 생성이나 파괴 및 메모리 관리를 참고한다), (사용된 메모리, 힙, 풀과 같은) 메모리, 스레드, 가동 시간에 대한 통계를 제공한다. 노드에 메모리가 부족한지 여부를 확인해야 한다.
- **network**: 열린 접속, 닫힌 접속, 데이터 I/O와 같은 전송 제어 프로토콜TCP, Transmission Control Protocol 트래픽에 대한 통계를 제공한다.
- **os**: 다음과 같은 OS에 대한 통계를 수집한다.
    - CPU 사용률
    - 노드 부하

    - 가상 메모리와 스왑 메모리
    - 가동 시간
- **process**: 일래스틱서치가 사용하는 CPU, 메모리, 열린 파일 디스크립터에 대한 통계를 포함한다.

TIP

> 열린 파일 디스크립터를 모니터링하는 것은 매우 중요하다. 실행 중 메모리 부족이 발생하면 색인이 손상되기 때문이다.

- **thread_pool**: 일래스틱서치에서 사용하는 모든 스레드 풀을 모니터링한다. 저성능의 경우 오버헤드가 과도한 풀이 있는지 여부를 제어하는 것은 중요하다. 그중 일부는 새로운 최댓값으로 구성될 수 있다.
- **transport**: 전송 계층의 통계를 포함한다. 특히 읽고 전송된 바이트를 포함한다.
- **breakers**: 회로 차단기circuit breaker를 모니터링한다. 회로 차단기가 호출되지 않도록 자원, 쿼리 또는 집계의 최적화 여부를 확인해야 한다.
- **adaptive_selection**: 검색 수행에 사용되는 적응형 노드 선택에 대한 정보를 포함한다. 적응형 선택을 사용하면 검색을 실행하는 코디네이터 노드에서 최상의 복제본 노드를 선택할 수 있다.

추가 사항

API 응답 결과는 매우 방대하다. 필요한 부분만 요청해 이를 줄일 수 있다. 이를 위해서는 API 호출에 다음과 같이 원하는 영역을 지정하는 쿼리 매개변수를 전달해야 한다.

- fs
- http
- indices
- jvm
- network
- os
- process
- thread_pool
- transport
- breaker
- discovery
- script
- ingest
- breakers
- adaptive_selection

예를 들어 os와 http 통계만 요청한다면 호출은 다음과 같다.

```
GET /_nodes/stats/os,http
```

작업 관리 API 사용

일래스틱서치 5.x 및 이후 버전을 사용하면 서버 측에서 실행되는 작업을 정의할 수 있다. 이 작업은 완료하는 데 시간이 걸릴 수 있으며 대규모 클러스터 자원을 사용할 수 있다. 가장 일반적인 것들은 다음과 같다.

- delete_by_query
- update_by_query
- reindex

이런 작업이 호출되면 작업을 실행하는 서버 측 작업이 생성된다. 작업 관리 API를 사용하면 이런 작업을 제어할 수 있다.

준비 사항

이 예제에서 코드를 실행하려면 1장의 '일래스틱서치 다운로드와 설치' 예제에서 기술된 대로 실행 중인 일래스틱서치 설치본이 필요하다.

명령을 실행하려면 curl(https://curl.haxx.se/) 및 포스트맨(https://www.getpostman.com/)과 유사한 HTTP 클라이언트가 필요하다. 일래스틱서치에 대한 더 원활한 문자 이스케이프와 코드 완성 기능을 제공하는 키바나 콘솔을 사용하는 것이 좋다.

작동 방법

작업 정보를 확인하려면 다음 절차를 수행한다.

1. HTTP GET 메서드로 노드 정보를 추출한다. 명령은 다음과 같다.

```
GET /_tasks
GET /_tasks?nodes=nodeId1,nodeId2'
GET /_tasks?nodes=nodeId1,nodeId2&actions=cluster:'
```

2. 결과는 다음과 같다.


```
{
  "nodes" : {
    "-IFjP29_TOGQF-1axtNMSg" : {
      "name" : "5863a2552d84",
      "transport_address" : "172.18.0.2:9300",
      "host" : "172.18.0.2",
      "ip" : "172.18.0.2:9300",
      "roles" : [
        "master",
        "data",
        "ingest"
      ],
      "attributes" : {
        "xpack.installed" : "true"
      },
      "tasks" : {
        "-IFjP29_TOGQF-1axtNMSg:92797" : {
          "node" : "-IFjP29_TOGQF-1axtNMSg",
          "id" : 92797,
          "type" : "transport",
          "action" : "cluster:monitor/tasks/lists",
          "start_time_in_millis" : 1545642518460,
          "running_time_in_nanos" : 7937700,
          "cancellable" : false,
          "headers" : { }
        },
        "-IFjP29_TOGQF-1axtNMSg:92798" : {
```

```
                "node" : "-IFjP29_TOGQF-1axtNMSg",
                "id" : 92798,
                "type" : "direct",
                "action" : "cluster:monitor/tasks/lists[n]",
                "start_time_in_millis" : 1545642518462,
                "running_time_in_nanos" : 5701400,
                "cancellable" : false,
                "parent_task_id" : "-IFjP29_TOGQF-1axtNMSg:92797",
                "headers" : { }
            }
        }
      }
    }
  }
```

작동 원리

일래스틱서치에서 실행되는 모든 작업은 작업 목록에서 사용할 수 있다.

작업에 대한 가장 중요한 속성은 다음과 같다.

- **node**: 작업을 실행하는 노드를 정의한다.
- **id**: 작업의 고유 ID를 정의한다.
- **action**: 작업명이다. 일반적으로 작업 유형, 구분자, 세부 작업으로 구성된다.
- **cancellable**: 작업 취소 여부를 정의한다. 쿼리로 삭제/갱신 또는 재색인과 같은 일부 작업은 삭제될 수 있다. 그러나 그 외 작업들은 주로 관리 작업이며 취소할 수 없다.
- **parent_task_id**: 작업 그룹을 정의한다. 일부 작업은 여러 하부 작업으로 분리해 실행할 수 있다. 이 값은 부모로 이들 작업을 그룹화하는데 사용할 수 있다.

작업의 id 속성은 API를 호출할 때 node_id 매개변수를 통해 응답을 필터링하는 데 사용한다.

```
GET /_tasks/-IFjP29_TOGQF-1axtNMSg:92797
```

작업 그룹을 모니터링하려면 API 호출을 사용해 parent_task_id 속성에 따라 필터링할 수 있다.

```
GET /_tasks?parent_task_id=-IFjP29_TOGQF-1axtNMSg:92797
```

추가 사항

일반적으로 작업을 취소하는 것은 문서의 부분적 갱신이나 삭제로 인해 일래스틱서치의 일부 데이터 불일치를 발생시킨다. 그러나 재색인할 때는 작업의 취소가 의미 있다. 대용량의 데이터를 재색인할 때 매핑을 변경하거나 재색인 중간에 스크립트를 재색인하는 것은 일반적이다. 따라서 시간과 CPU를 낭비하지 않도록 재색인을 취소하는 것은 현명한 솔루션이다.

작업을 취소하는 API URL은 다음과 같다.

```
POST /_tasks/task_id:1/_cancel
```

작업 그룹의 경우 다음과 같이 선택형 쿼리 매개변수를 사용하는 단일 취소 호출로 작업을 중단시킬 수 있다.

```
POST /_tasks/_cancel?nodes=nodeId1,nodeId2&actions=*reindex
```

참고 사항

- 더 많은 예기치 못한 사례의 작업 관리에 대한 공식 문서는 https://www.elastic.co/guide/en/elasticsearch/reference/current/tasks.html을 참고한다.

핫 스레드 API 사용

때때로 높은 수준의 CPU 사용량으로 클러스터가 느려지면 이유를 알아야 할 필요가 있다. 일래스틱서치는 어디에서 문제가 발생했는지 이해할 수 있는 핫 스레드hot thread 모니터링 기능을 제공한다.

자바에서 핫 스레드는 많은 CPU를 사용하며 실행하는 데 긴 시간이 걸리는 스레드다.

준비 사항

이 예제에서 코드를 실행하려면 1장의 '일래스틱서치 다운로드와 설치' 예제에서 기술된 대로 실행 중인 일래스틱서치 설치본이 필요하다.

명령을 실행하려면 `curl`(https://curl.haxx.se/) 및 포스트맨(https://www.getpostman.com/)과 유사한 HTTP 클라이언트가 필요하다. 일래스틱서치에 대한 더 원활한 문자 이스케이프와 코드 완성 기능을 제공하는 키바나 콘솔을 사용하는 것이 좋다.

작동 방법

작업 정보를 확인하려면 다음 절차를 수행한다.

1. 노드 정보를 추출하려면 HTTP의 GET 메서드를 사용해야 하고 이에 대한 `curl` 명령은 다음과 같다.

```
GET /_nodes/hot_threads
GET /_nodes/{nodesIds}/hot_threads'
```

2. 결과는 다음과 같다.

```
::: {5863a2552d84}{-
IFjP29_TOGQF-1axtNMSg}{o6xo1mowRIGVZ7ZfXkClww}{172.18.0.2}{172
.18.0.2:9300}{xpack.installed=true}
  Hot threads at 2018-12-24T09:22:30.481, interval=500ms,
busiestThreads=3, ignoreIdleThreads=true:
  16.1% (80.6ms out of 500ms) cpu usage by thread
'elasticsearch[5863a2552d84][write][T#2]'
     10/10 snapshots sharing following 2 elements
java.base@11.0.1/java.util.concurrent.ThreadPoolExecutor$Worker.run(Th
readPoolExecutor.java:628)
       java.base@11.0.1/java.lang.Thread.run(Thread.java:834)
     8.7% (43.3ms out of 500ms) cpu usage by thread
'elasticsearch[5863a2552d84][write][T#3]'
     2/10 snapshots sharing following 35 elements
app//org.elasticsearch.index.mapper.DocumentMapper.parse(DocumentMappe
r.java:264)
app//org.elasticsearch.index.shard.IndexShard.prepareIndex(IndexShard.
java:733)
app//org.elasticsearch.index.shard.IndexShard.applyIndexOperation(Inde
xShard.java:710)
app//org.elasticsearch.index.shard.IndexShard.applyIndexOperationOnPri
mary(IndexShard.java:691)
app//org.elasticsearch.action.bulk.TransportShardBulkAction.lambda$exe
cuteIndexRequestOnPrimary$3(TransportShardBulkAction.java:462)
...중략...
```

작동 원리

핫 스레드 API는 상당히 특별하다. 현재 실행 중인 핫 스레드의 문자열 표현을 반환하며 스택 추적으로 모든 단일 스레드의 속도 저하의 원인을 확인할 수 있다.

반환되는 값을 제어하는 쿼리 매개변수로 제공할 수 있는 추가 매개변수가 있다.

- **threads**: 제공할 핫 스레드의 수다(기본값: 3).
- **interval**: 스레드 표본의 수집 간격이다(기본값: 500ms).
- **type**: 다른 유형의 핫 스레드를 제어할 수 있다. 예를 들어 대기 상태와 블록 상태를 제어할 수 있다(기본은 cpu이며 가능한 값은 cpu, wait, block이다).
- **ignore_idle_threads**: 모든 알려진 휴면idle 스레드를 필터링하는 데 사용된다(기본값: true).

NOTE

> 핫 스레드 API는 일래스틱서치가 제공하는 고급 모니터링 기능이다. 런타임 디버거로 사용해 상용 클러스터의 느린 속도를 디버깅할 수 있어서 아주 유익하다. 노드나 클러스터에 성능 문제가 있다면 핫 스레드 API는 CPU가 어떻게 사용되고 있는지 이해하는 데 도움을 주는 유일한 창구다. 잘못된 정규식의 사용이나 스크립트 문제로 연산할 때 높은 오버헤드가 유발되는 것이 일반적이다.

샤드 할당 관리

일반적인 일래스틱서치 사용 중에는 모든 표준 시나리오에 대해 기본 설정이 아주 잘 동작하기 때문에 샤드 할당을 변경할 필요가 있는 경우는 일반적이지 않다. 그러나 때때로 대규모 재배치, 노드 재시작, 기타 클러스터 이슈로 사용자 정의의 샤드 할당을 정의하거나 모니터링해야 할 수 있다.

준비 사항

이 예제에서 코드를 실행하려면 1장의 '일래스틱서치 다운로드와 설치' 예제에서 기술된 대로 실행 중인 일래스틱서치 설치본이 필요하다.

명령을 실행하려면 curl(https://curl.haxx.se/) 및 포스트맨(https://www.getpostman.com/)과 유사한 HTTP 클라이언트가 필요하다. 일래스틱서치에 대한 더 원활한 문자 이스케이프와 코드 완성 기능을 제공하는 키바나 콘솔을 사용하는 것이 좋다.

작동 방법

할당되지 않은 샤드에 대한 현재 상태 정보를 확인하려면 다음 절차를 수행한다.

1. 클러스터 할당 정보를 추출하려면 HTTP의 GET 메서드를 사용해야 하며 명령은 다음과 같다.

```
GET /_cluster/allocation/explain
```

2. 결과는 다음과 같다.

```
{
  "index" : "mybooks",
  "shard" : 0,
  "primary" : false,
  "current_state" : "unassigned",
  "unassigned_info" : {
    "reason" : "INDEX_CREATED",
    "at" : "2018-12-24T09:47:23.192Z",
    "last_allocation_status" : "no_attempt"
  },
  "can_allocate" : "no",
```

```
    "allocate_explanation" : "cannot allocate because allocation
    is not permitted to any of the nodes",
    "node_allocation_decisions" : [
      {
        "node_id" : "-IFjP29_TOGQF-1axtNMSg",
        "node_name" : "5863a2552d84",
        "transport_address" : "172.18.0.2:9300",
        "node_attributes" : {
          "xpack.installed" : "true"
        },
        "node_decision" : "no",
        "weight_ranking" : 1,
        "deciders" : [
          {
            "decider" : "same_shard",
            "decision" : "NO",
            "explanation" : "the shard cannot be allocated to
            the same node on which a copy of the shard already exists
            [[mybooks][0], node[-IFjP29_TOGQF-1axtNMSg], [P], s[STARTED],
            a[id=4IEkiR-JS7adyFCHN_GGTw]]"
          }
        ]
      }
    ]
  }
```

작동 원리

일래스틱서치는 여러 가지 샤드 할당 메커니즘을 제공한다. 때때로 샤드는 노드에 할당되지 않는다. 이런 경우 클러스터 할당 설명 API를 쿼리해 일래스틱서치가 이 샤드들을 할당하지 않는 이유를 검사할 수 있다.

이 호출은 할당되지 않은 샤드에 대한 많은 정보를 반환하지만 가장 중요한 것은

decisions다. 이 정보는 샤드가 노드에 할당될 수 있는 이유를 설명하는 객체 목록이다. 앞의 예시에서 결과는 이미 존재하는 동일 노드 id[-IFjP29_TOGQF-1axtNMSg]에 샤드가 할당될 수 없음이었다. 샤드는 복제본이 필요하다. 그러나 이 경우 클러스터는 단일 노드로만 구성돼 있으므로 클러스터에 복제된 샤드를 초기화하는 것은 불가능하다.

추가 사항

클러스터 할당 설명 API는 특정 샤드에서 검색한 결과를 필터링할 수 있는 기능을 제공한다. 이는 클러스터에 많은 샤드가 존재하는 경우 아주 유용하다. GET 본문에 필터로 사용할 매개변수를 추가해 실행할 수 있다. 매개변수는 다음과 같다.

- **index**: 샤드가 속한 색인
- **shard**: 샤드 수(샤드 수는 0부터 시작한다)
- **primary**(true 또는 false): 검사할 샤드가 첫 번째 샤드인지 표시

앞 예시의 샤드는 다음과 같은 호출로 필터링할 수 있다.

```
GET /_cluster/allocation/explain
{
  "index": "mybooks",
  "shard": 0,
  "primary": false
}
```

샤드를 수동으로 재배치하도록 일래스틱서치는 노드 간의 샤드 이전을 허용하는 클러스터 재배치 API를 제공한다. 다음은 이 API의 예시다.

```
POST /_cluster/reroute
{
  "commands": [
    {
      "move": {
        "index": "test-index",
        "shard": 0,
        "from_node": "node1",
        "to_node": "node2"
      }
    }
  ]
}
```

위의 경우 test-index 색인의 0 샤드는 node1에서 node2로 이전된다. 샤드를 강제로 이전하면 클러스터는 자체 균형을 재조정하고자 다른 샤드 이전하기를 시작한다.

참고 사항

이 예제에 관련해 더 많은 정보를 얻으려면 다음 웹 사이트를 참고한다.

- 샤드 할당과 샤드 할당을 제어하는 설정에 대한 공식 문서는 https://www.elastic.co/guide/en/elasticsearch/reference/current/shards-allocation.html 이다.
- 클러스터 경로 재설정[reroute] API 공식 문서는 https://www.elastic.co/guide/en/elasticsearch/reference/current/cluster-reroute.html에 있다. 샤드를 수동 재배치할 때의 복잡성을 깊이 있게 기술한다.

세그먼트 API로 세그먼트 모니터링

색인 세그먼트 모니터링은 색인의 정상 여부를 모니터링하는 것이다. 여기에는 세그먼트 수에 대한 정보와 세그먼트들에 저장된 데이터를 포함하고 있다.

준비 사항

이 예제에서 코드를 실행하려면 1장의 '일래스틱서치 다운로드와 설치' 예제에서 기술된 대로 실행 중인 일래스틱서치 설치본이 필요하다.

명령을 실행하려면 `curl`(https://curl.haxx.se/) 및 포스트맨(https://www.getpostman.com/)과 유사한 HTTP 클라이언트가 필요하다. 일래스틱서치에 대한 더 원활한 문자 이스케이프와 코드 완성 기능을 제공하는 키바나 콘솔을 사용하는 것이 좋다.

작동 방법

색인 세그먼트에 대한 정보를 확인하려면 다음 절차를 수행한다.

1. 색인 세그먼트 정보를 추출하려면 HTTP의 `GET` 메서드를 사용해야 하며 `curl` 명령은 다음과 같다.

```
GET /mybooks/_segments
```

2. 결과는 다음과 같다.

```
{
  "_shards" : {
    "total" : 2,
    "successful" : 1,
```

```
    "failed" : 0
  },
  "indices" : {
    "mybooks" : {
      "shards" : {
        "0" : [
          {
            "routing" : {
              "state" : "STARTED",
              "primary" : true,
              "node" : "-IFjP29_TOGQF-1axtNMSg"
            },
            "num_committed_segments" : 1,
            "num_search_segments" : 1,
            "segments" : {
              "_0" : {
                "generation" : 0,
                "num_docs" : 3,
                "deleted_docs" : 0,
                "size_in_bytes" : 5688,
                "memory_in_bytes" : 2137,
                "committed" : true,
                "search" : true,
                "version" : "8.0.0",
                "compound" : true,
                "attributes" : {
                  "Lucene50StoredFieldsFormat.mode" :"BEST_SPEED"
                }
              }
            }
          },
...중략...
        ]
      }
    }
```

```
    }
  }
```

TIP

> 일래스틱서치에는 특수 별칭인 _all이란 값이 있다. 이는 모든 색인을 정의한다. 색인명 목록이 필요한 모든 API에서 사용할 수 있다.

작동 원리

색인 세그먼트 API는 색인의 세그먼트 통계를 반환한다. 이는 색인의 정상 여부에 대한 중요 지표며 다음 정보를 반환한다.

- **num_docs**: 색인에 저장된 문서 수다.
- **deleted_docs**: 색인의 삭제된 문서 수로, 이 값이 높으면 색인에 있는 문서에 삭제 표시를 하는 데 많은 공간이 낭비된다.
- **size_in_bytes**: 세그먼트의 바이트 크기로, 값이 너무 높으면 쓰기 속도가 매우 느려진다.
- **memory_in_bytes**: 세그먼트가 차지하는 바이트 단위 메모리다.
- **committed**: 세그먼트의 디스크 커밋 여부를 표시한다.
- **search**: 세그먼트의 검색 사용 여부를 표시한다. 강제 병합이나 색인 최적화 동안 새로운 세그먼트가 생성되고 API로 반환된다. 그러나 최적화가 끝나기까지는 검색이 불가능하다.
- **version**: 색인을 생성하는 데 사용되는 루씬 버전이다.
- **compound**: 색인의 복합 색인 여부를 표시한다.

- `attributes`: 현재 세그먼트에 대한 키/값 속성 목록이다.

세그먼트를 모니터링하는 데 필요한 가장 중요한 요소는 `deleted_docs`와 `size_in_bytes`다. 이는 디스크 공간의 낭비 또는 샤드가 너무 크다는 것을 의미하기 때문이다. 샤드가 너무 크면(즉, 10GB를 넘으면) 향상된 쓰기 성능을 얻기 위한 최고 솔루션은 아주 많은 수의 샤드로 색인을 재색인하는 것이다.

많은 수의 샤드도 대량의 데이터가 노드 사이로 이동하기 때문에 재배치 문제를 발생시킨다.

TIP

> 샤드의 완벽한 크기를 정의하는 것은 중요하다. 일반적으로 자주 갱신할 필요가 없는 샤드에 대한 최적 크기는 10GB에서 25GB다.

참고 사항

이 예제에 연관된 더 많은 정보는 다음 예제를 참고한다.

- 검색 성능을 향상시키고자 작은 수의 조각을 가진 색인을 최적화하는 방법은 3장의 '색인 강제 병합' 예제를 참고한다.
- 색인에 정의된 샤드 수가 너무 과도히 많은 경우 샤드 수를 줄이는 방법은 3장의 '색인 청소' 예제를 참고한다.

캐시 정리

실행하는 동안 일래스틱서치는 검색 성능을 높이고자 결과, 항목, 필터 결과에 같은 데이터를 캐시한다.

자동으로 일래스틱서치는 메모리에 대한 캐시의 백분율 크기(즉 20%)와 같은 내부 지표에 따라 메모리를 비운다. 일부 성능 테스트를 시작하거나 메모리를 수동으로 비우려면 캐시 API를 호출해야 한다.

준비 사항

이 예제에서 코드를 실행하려면 1장의 '일래스틱서치 다운로드와 설치' 예제에서 기술된 대로 실행 중인 일래스틱서치 설치본이 필요하다.

명령을 실행하려면 `curl`(https://curl.haxx.se/) 및 포스트맨(https://www.getpostman.com/)과 유사한 HTTP 클라이언트가 필요하다. 일래스틱서치에 대한 더 원활한 문자 이스케이프와 코드 완성 기능을 제공하는 키바나 콘솔을 사용하는 것이 좋다.

작동 방법

캐시를 정리하려면 다음 절차를 수행한다.

1. 다음과 같이 색인에 대해 `_cache/clear` API를 호출한다.

```
POST /mybooks/_cache/clear
```

2. 모든 것이 정상이라면 일래스틱서치의 반환 결과는 다음과 같다.

```
{
  "_shards" : {
    "total" : 2,
    "successful" : 1,
    "failed" : 0
  }
```

```
    }
```

작동 원리

캐시 정리 API는 일래스틱서치의 값을 캐시하는 데 사용된 메모리를 해제한다(쿼리 및 집계).

일반적으로 캐시를 정리하는 것은 좋지 않다. 일래스틱서치는 캐시를 내부적으로 스스로 관리하며 사용하지 않는 값을 정리하기 때문이다. 그러나 노드가 메모리 부족 상태에 있거나 강제적으로 완전히 캐시를 정리하는 경우 매우 편리한 방법이다.

성능 테스트를 수행했다면 쿼리를 날리기 전에 캐시 정리 API를 실행해 캐시로 인한 속도 증가 없이 쿼리 실행의 실시간 결과를 추출할 수 있다.

10

데이터 백업과 복원

일래스틱서치는 일반적으로 로그 데이터와 기타 유형의 데이터 저장소로 사용된다. 따라서 중요한 데이터를 저장하는 경우 재해 복구를 지원하도록 데이터를 백업하고 복원하는 도구도 필요하다.

초기 버전 일래스틱서치의 유일한 솔루션은 온전히 스캔한 데이터를 덤프해 재색인하는 방법이다. 완성된 제품으로 성숙한 일래스틱서치는 이제 데이터를 백업하고 복원하는 고유 기능을 제공한다.

10장에서는 백업을 저장하도록 **네트워크 파일 시스템**NFS, Network File System을 사용해 공유된 저장소를 구성하는 방법과 백업하고 복원하는 방법을 살펴본다.

10장의 마지막 예제에서는 다른 일래스틱서치 클러스터 간의 데이터를 복제하는 재색인 기능의 사용법을 보여준다. 이 접근법은 구 버전의 일래스틱서치를 신규 버전으로 이전할 때 표준 백업과 복원 기능이 불가능할 경우 매우 유익하다.

10장에서는 다루는 내용은 다음과 같다.

- 저장소 관리하기
- 스냅샷 실행하기
- 스냅샷 복원하기
- 백업을 위해 NFS 공유 설정하기
- 원격 클러스터에서 재색인하기

저장소 관리

일래스틱서치는 데이터를 빠르게 백업하고 복원할 수 있는 내부 시스템을 제공한다. 상용 데이터로 작업할 때 백업을 유지하는 것은 많은 수의 동시성 문제 때문에 복잡하다.

일래스틱서치 스냅샷을 사용하면 개별 색인(또는 별칭)이나 전체 클러스터의 스냅샷을 원격 저장소에 생성할 수 있다.

스냅샷을 생성하기 전에는 저장소를 반드시 생성해야 한다(저장소에는 백업이나 스냅샷이 저장된다).

준비 사항

이 예제에서 코드를 실행하려면 1장의 '일래스틱서치 다운로드와 설치' 예제에서 기술된 대로 실행 중인 일래스틱서치 설치본이 필요하다.

명령을 실행하려면 `curl`(https://curl.haxx.se/) 및 포스트맨(https://www.getpostman.com/)과 유사한 HTTP 클라이언트가 필요하다. 일래스틱서치에 대한 더 원활한 문자 이스케이프와 코드 완성 기능을 제공하는 키바나 콘솔을 사용하는 것이 좋다.

config/elasticsearch.yml를 열고 백업 저장소 디렉터리를 추가해야 한다(`path.repo: /backup/`).

일반적으로 상용 클러스터에서 /backup 디렉터리는 공유 저장소다.

NOTE

1장에서 소개한 docker-compose는 모든 설정을 이미 구성한 상태로 일래스틱서치를 제공한다.

작동 방법

저장소를 관리하려면 다음 절차를 수행한다.

1. **my_repository**라는 저장소를 생성하는 HTTP 메서드는 **PUT**이다. 명령은 다음과 같다.

```
PUT /_snapshot/my_repository
{
  "type": "fs",
  "settings": {
    "location": "/backup/my_repository",
    "compress": true
  }
}
```

결과는 다음과 같다.

```
{"acknowledged":true}
```

파일 시스템을 확인하면 /backup/my_repository 디렉터리가 생성된다.

2. 저장소 정보를 추출하는 HTTP 메서드는 GET이며 curl 명령은 다음과 같다.

```
GET /_snapshot/my_repository
```

결과는 다음과 같다.

```
{
  "my_repository" : {
    "type" : "fs",
    "settings" : {
      "compress" : "true",
      "location" : "/backup/my_repository"
    }
  }
}
```

3. 저장소를 삭제하는 HTTP 메서드는 DELETE며 curl 명령은 다음과 같다.

```
DELETE /_snapshot/my_repository
```

결과는 다음과 같다.

```
{
  "acknowledged" : true
}
```

작동 원리

데이터의 스냅샷을 얻기 전에 저장소를 생성해야만 한다. 다시 말해 백업 데이터를 저장할 공간을 확보해야 한다. 저장소 생성 매개변수는 다음과 같다.

- **type**: 공유 파일 시스템 저장소의 유형을 정의하는 데 사용한다(일반적으로 fs).
- **settings**: 공유 파일 시스템 저장소를 설정하는 데 사용하는 옵션이다.

fs 유형을 사용하는 경우 설정은 다음과 같다.

- **location**: 스냅샷을 저장하는 파일 시스템의 위치다.
- **compress**: 스냅샷의 압축 기능을 활성화한다. 압축은 메타데이터 파일에만 적용된다(색인 매핑과 설정). 데이터 파일은 압축되지 않는다(기본값: true).
- **chunk_size**: 스냅샷의 파일 청크 크기를 정의한다. 청크 크기는 바이트로 지정하거나 크기 기호로 지정할 수 있다(1g, 10m 또는 5k, 기본값은 비활성화).
- **max_restore_bytes_per_sec**: 노드당 복원율 속도를 제어한다(기본값: 20mb).
- **max_snapshot_bytes_per_sec**: 노드당 스냅샷 비율 속도를 제어한다(기본값: 20mb).
- **readonly**: 이 플래그는 저장소를 읽기 전용으로 정의한다(기본값: false). 저장소 이름을 지정하지 않고 GET을 실행해 정의된 모드의 저장소를 반환할 수 있다.

```
GET /_snapshot
```

TIP

max_restore_bytes_per_sec 및 max_snapshot_bytes_per_sec 기본값은 상용 환경에 쓰기에는 너무 작다. 일반적으로 상용 시스템에서는 SSD 또는 더 효율적인 솔루션을 사용하므로 이 값들을 실제 네트워크 및 스토리지 성능과 관련된 값으로 구성하는 것이 좋다.

추가 사항

가장 일반적인 유형의 저장소 백엔드는 파일 시스템이지만 다음과 같이 다른 종류의 공식 저장소 백엔드가 있다.

- **S3 저장소:** https://www.elastic.co/guide/en/elasticsearch/plugins/master/repository-s3.html
- **HDFS:** 하둡 환경용으로 https://www.elastic.co/guide/en/elasticsearch/plugins/master/repository-hdfs.html
- **애저**Azure **클라우드:** 애저 클라우드 스토리지 저장소용으로 https://www.elastic.co/guide/en/elasticsearch/plugins/master/repository-azure.html
- **구글**Google **클라우드:** 구글 클라우드 스토리지 저장소로 https://www.elastic.co/guide/en/elasticsearch/plugins/master/repository-gcs.html

저장소 생성 시 제대로 동작하는지 확인하기 위해 모든 데이터 노드를 즉시 검사한다.

일래스틱서치는 노드 상태 저장소를 검사하는 수동적인 방법도 제공하며 클라우드 저장소의 스토리지 상태를 확인할 때 매우 유용하다. 저장소를 수동으로 검사하는 명령은 다음과 같다.

```
POST /_snapshot/my_repository/_verify
```

참고 사항

일래스틱서치 공식 문서인 https://www.elastic.co/guide/en/elasticsearch/reference/master/modules-snapshots.html은 저장소 사용의 다양한 사례에 대한 많은 정보를 제공한다.

스냅샷 실행

앞의 예제에서 저장소를 정의했다. 즉, 백업을 저장할 장소를 정의했다. 이제 명령이 호출된 정확한 시점의 색인은 스냅샷(색인의 전체 백업을 사용해)을 생성할 수 있다.

모든 저장소에 다중 스냅샷을 정의할 수 있다.

준비 사항

이 예제에서 코드를 실행하려면 1장의 '일래스틱서치 다운로드와 설치' 예제에서 기술된 대로 실행 중인 일래스틱서치 설치본이 필요하다.

명령을 실행하려면 curl(https://curl.haxx.se/) 및 포스트맨(https://www.getpostman.com/)과 유사한 HTTP 클라이언트가 필요하다. 일래스틱서치에 대한 더 원활한 문자 이스케이프와 코드 완성 기능을 제공하는 키바나 콘솔을 사용하는 것이 좋다.

다음 명령을 올바르게 실행하려면 앞의 예제에서 생성한 저장소가 필요하다.

작동 방법

스냅샷을 관리하려면 다음 절차를 수행한다.

1. index*, mybooks*, mygeo* 색인에 대해 snap_1 스냅샷을 생성하는 HTTP 메서드는 PUT이며 명령은 다음과 같다.

```
PUT /_snapshot/my_repository/snap_1?wait_for_completion=true
{
  "indices": "index*,mybooks*,mygeo*",
  "ignore_unavailable": "true",
  "include_global_state": false
}
```

결과는 다음과 같다.

```
{
  "snapshot" : {
    "snapshot" : "snap_1",
    "uuid" : "9-LLrAHAT_KmmxLTmtF38w",
    "version_id" : 7000099,
    "version" : "7.0.0",
    "indices" : [
      "mybooks-join",
      "mybooks",
      "index-agg",
      "mygeo-index"
    ],
    "include_global_state" : false,
    "state" : "SUCCESS",
    "start_time" : "2019-01-06T13:00:24.328Z",
    "start_time_in_millis" : 1546779624328,
    "end_time" : "2019-01-06T13:00:24.441Z",
    "end_time_in_millis" : 1546779624441,
    "duration_in_millis" : 113,
    "failures" : [ ],
    "shards" : {
      "total" : 4,
      "failed" : 0,
      "successful" : 4
    }
  }
}
```

2. 파일 시스템을 확인해보면 /backup/my_repository가 색인(데이터를 포함하는 디렉터리), metadata-snap_1, snapshot-snap_1과 같은 많은 파일로 채워져 있다.

3. 스냅샷 정보를 얻는 HTTP 메서드는 GET이며 명령은 다음과 같다.

```
GET /_snapshot/my_repository/snap_1
```

결과는 이전 단계와 같다.

4. 스냅샷을 삭제하는 HTTP 메서드는 DELETE고 명령은 다음과 같다.

```
DELETE /_snapshot/my_repository/snap_1
```

결과는 다음과 같다.

```
{
  "acknowledged" : true
}
```

작동 원리

스냅샷을 생성하는 데 필요한 최소 구성 정보는 저장소 이름과 스냅샷 이름이다(snap_1).

다른 매개변수를 지정하지 않는다면 스냅샷 명령은 모든 클러스터 데이터를 덤프할 것이다. 스냅샷 절차를 제어하는 데 사용할 수 있는 매개변수는 다음과 같다.

- **indices**(쉼표로 구분된 색인 목록, *도 사용할 수 있음): 반드시 덤프할 색인을 제어한다.
- **ignore_unavailable**(기본값: false): 일부 색인이 누락된 경우 스냅샷 생성 실패를 제어한다.
- **include_global_state**(기본값은 true다. 사용 가능한 값은 true, false, partial): 스냅샷의 전역 상태 저장을 제어한다. 기본 샤드를 사용할 수 없다면 스냅샷은 실패한다.

`wait_for_completion` 쿼리 인수를 사용하면 호출이 반환되기 전에 스냅샷 작업이 마무리되는 것을 기다릴 수 있다. 색인을 순차적으로 백업하는 스냅샷 스크립트를 자동화하는 데 아주 유용하다.

`wait_for_completion` 인수가 설정되지 않은 경우 이 스냅샷 상태를 확인하고자 스냅샷 GET 호출로 스냅샷 상태를 모니터링해야 한다.

스냅샷은 증분이다. 이는 동일 색인의 두 스냅샷 사이에 변경된 파일만 복사함을 의미한다.

스냅샷 작업은 가능한 한 빠르게 처리하도록 설계돼 있어서 저장소의 루씬 색인 세그먼트에 직접 복사를 구현했다. 복사되는 동안 발생할 수 있는 색인 손상과 변경을 막고자 스냅샷이 끝날 때까지 복사가 필요한 모든 세그먼트의 변경이 차단된다.

NOTE

> 루씬의 세그먼트 복사는 샤드 수준이므로 클러스터에 여러 노드가 있고 각 노드에 로컬 저장소가 있다면 스냅샷은 모든 노드로 분산된다. 이런 이유로 상용 클러스터에서 저장소는 모든 백업 조각을 쉽게 수집할 수 있게 공유돼야만 한다.

일래스틱서치는 스냅샷을 처리하는 동안 스냅샷 처리 중인 파일에 데이터 쓰기 방지와 클러스터 이벤트 관리(샤드 재배치, 실패 등)를 포함해 모든 것에 주의한다.

저장소에 대한 사용할 수 있는 모든 스냅샷을 추출하는 명령은 다음과 같다.

```
GET /_snapshot/my_repository/_all
```

추가 사항

스냅샷 절차는 `_status` 엔드포인트를 이용해 모니터링할 수 있으며 스냅샷 상태의 전체 개요를 제공한다.

현재 예시에서 스냅샷 _status API의 호출은 다음과 같다.

```
GET /_snapshot/my_repository/snap_1/_status
```

결과는 매우 길고 다음과 같은 영역으로 구성돼 있다.

- 스냅샷 정보다.

```
"snapshots" : [
  {
    "snapshot" : "snap_1",
    "repository" : "my_repository",
    "uuid" : "h50pswT-Qw642VUi4aandQ",
    "state" : "SUCCESS",
    "include_global_state" : false,
```

- 전역 샤드 통계다.

```
"shards_stats" : {
  "initializing" : 0,
  "started" : 0,
  "finalizing" : 0,
  "done" : 4,
  "failed" : 0,
  "total" : 4
},
```

- 스냅샷의 전역 통계다.

```
"stats" : {
```

```
    "incremental" : {
      "file_count" : 16,
      "size_in_bytes" : 837344
    },
    "total" : {
      "file_count" : 16,
      "size_in_bytes" : 837344
    },
    "start_time_in_millis" : 1546779914447,
    "time_in_millis" : 52
  },
```

- 스냅샷 색인 통계의 상세 내용이다.

```
  "indices" : {
    "mybooks-join" : {
      "shards_stats" : {
        "initializing" : 0,
        "started" : 0,
        "finalizing" : 0,
        "done" : 1,
        "failed" : 0,
        "total" : 1
      },
      "stats" : {
        "incremental" : {
          "file_count" : 4,
          "size_in_bytes" : 10409
        },
        "total" : {
          "file_count" : 4,
          "size_in_bytes" : 10409
        },
```

```
    "start_time_in_millis" : 1546779914449,
    "time_in_millis" : 15
  },
```

- 각 색인과 샤드 통계다.

```
"shards" : {
  "0" : {
    "stage" : "DONE",
    "stats" : {
      "incremental" : {
        "file_count" : 4,
        "size_in_bytes" : 10409
      },
      "total" : {
        "file_count" : 4,
        "size_in_bytes" : 10409
      },
      "start_time_in_millis" : 1546779914449,
      "time_in_millis" : 15
    }
  }
}
},
...중략...
```

상태에 대한 응답 결과는 매우 방대하며 스냅샷의 성능을 확인하고 증분 백업을 정해진 시간에 하는데, 적절한 크기를 평가하는 데도 사용할 수 있다.

스냅샷 복원

데이터의 스냅샷을 만들었으므로 이제 복원을 해보자. 복원 처리는 매우 빠르다. 색인된 샤드 데이터를 노드에 간단히 복사한 후 활성화된다.

준비 사항

이 예제에서 코드를 실행하려면 1장의 '일래스틱서치 다운로드와 설치' 예제에서 기술된 대로 실행 중인 일래스틱서치 설치본이 필요하다.

명령을 실행하려면 curl(https://curl.haxx.se/) 및 포스트맨(https://www.getpostman.com/)과 유사한 HTTP 클라이언트가 필요하다. 일래스틱서치에 대한 더 원활한 문자 이스케이프와 코드 완성 기능을 제공하는 키바나 콘솔을 사용하는 것이 좋다.

다음 명령을 올바르게 실행하려면 앞의 예제에서 생성한 백업이 필요하다.

작동 방법

스냅샷을 복원하려면 다음 절차를 수행한다.

1. mybooks-* 색인의 snap_1 스냅샷을 복원하는 HTTP 메서드는 POST이고 명령은 다음과 같다.

```
POST /_snapshot/my_repository/snap_1/_restore
{
  "indices": "mybooks-*",
  "ignore_unavailable": "true",
  "include_global_state": false,
  "rename_pattern": "mybooks-(.+)",
  "rename_replacement": "copy_$1"
}
```

결과는 다음과 같다.

```
{
  accepted" : true
}
```

2. 클러스터 상태가 red에서 yellow 또는 green으로 바뀌면 복원이 완료된다.

이 예시에서 mybooks-* 색인 패턴은 mybooks-join과 일치한다. rename_pattern 매개변수는 "join"을 찾고 rename_placement로 신규 색인은 copy-join으로 생성된다.

작동 원리

복원 절차는 매우 빠르다. 이 절차는 다음 단계로 구성된다.

1. 데이터는 복원된 색인의 기본 샤드에 복사된다(이 단계 동안 클러스터는 적색 상태다).
2. 기본 샤드가 복구된다(이 단계 동안 클러스터는 적색에서 황색 또는 녹색으로 전환된다).
3. 복제본이 설정된 경우 기본 샤드가 다른 노드에 복제된다.

다음과 같이 몇 가지 매개변수로 복원 절차를 제어할 수 있다.

- **indices**: 복원할 색인을 제어한다. 정의하지 않으면 스냅샷의 모든 색인이 복원된다(쉼표로 구분된 색인 목록, *가 허용된다).
- **ignore_unavailable**: 일부 색인이 누락된 경우에도 복원 실패 오류를 발생시키지 않는다(기본값: false).
- **include_global_state**: 스냅샷으로부터 전역 상태를 복원할 수 있다(기본값: true, 사용 가능한 값은 true, false).

- **rename_pattern과 rename_replacement**: 첫 번째 매개변수는 일치하는 패턴이고 두 번째 매개변수는 신규 색인명을 정의하기 위한 정규식 표현을 사용한다.
- **partial**: true로 지정하면 누락된 샤드로 색인을 복원할 수 있다(기본값: false).

백업을 위해 NFS 공유 설정

(데이터가 저장돼 있는) 저장소 관리하기는 일래스틱서치 백업 관리의 가장 필수적인 부분이다. 기본 분산 아키텍처 때문에 스냅샷과 복원은 클러스터 형태로 설계돼 있다.

스냅샷 동안 샤드들은 정의된 저장소에 복사된다. 이 저장소가 각 노드의 로컬 스토리지에 있다면 백업 데이터는 모든 노드에 걸쳐 분산된다. 이런 이유로 다중 노드 클러스터라면 공유 저장소가 필요하다.

NFS를 사용하는 것이 일반적인 접근법이다. 설정하기 매우 쉽고 매우 빠른 솔루션이기 때문이다(표준 윈도우 삼바 공유도 이용할 수 있다).

준비 사항

노드들의 주소는 다음과 같다.

호스트 서버: 192.168.1.30(백업 데이터가 저장될 곳)

일래스틱서치 마스터 노드 1: 192.168.1.40

일래스틱서치 데이터 노드 1: 192.168.1.50

일래스틱서치 데이터 노드 2: 192.168.1.51

이 예제에서 코드를 실행하려면 1장의 '일래스틱서치 다운로드와 설치' 예제에서 기술된 대로 실행 중인 일래스틱서치 설치본이 필요하다.

명령을 실행하려면 `curl`(https://curl.haxx.se/) 및 포스트맨(https://www.getpostman.com/)과 유사한 HTTP 클라이언트가 필요하다. 일래스틱서치에 대한 더 원활한 문자 이스케이프와 코드 완성 기능을 제공하는 키바나 콘솔을 사용하는 것이 좋다.

다음의 지침은 표준 데비안이나 우분투 배포판에 관한 것이다. 다른 리눅스 배포판으로도 쉽게 바꿀 수 있다.

작동 방법

NFS 공유 저장소를 생성하려면 NFS 서버에서 다음 절차를 실행한다.

1. 호스트 서버에 NFS 서버를 설치한다(nfs-kernel-server 패키지로). `192.168.1.30` 호스트 서버에서 다음 명령을 실행한다.

```
sudo apt-get update
sudo apt-get install nfs-kernel-server
```

2. 패키지가 설치된 후 모든 클라이언트에서 공유할 디렉터리를 생성한다.

```
sudo mkdir /mnt/shared-directory
```

3. 이 디렉터리의 접근 권한을 nobody 사용자와 nogroup 그룹으로 지정한다. nobody/nogroup은 특수 user/group으로 공유 read/write 권한을 허용하는 데 사용된다. 이를 적용하려면 root로 접근해 다음 명령을 실행한다.

```
sudo chown -R nobody:nogroup /mnt/shared-directory
```

4. 그런 다음 NFS의 exports 파일을 구성해야 한다. 이 파일에는 장비들에 공유할 디렉터리를 지정할 수 있다. /etc/exports 파일을 열어(sudo nano /etc/exports) 다음과 같이 공유할 디렉터리와 이 디렉터리에 접근을 허용할 클라이언트 IP 목록이 포함된 문자열을 추가한다.

```
/mnt/shared-directory 192.168.1.40(rw,sync,no_subtree_check)
192.168.1.50(rw,sync,no_subtree_check)
192.168.1.51(rw,sync,no_subtree_check)
```

5. 공유 목록을 갖고 있는 NFS 테이블을 갱신하려면 다음 명령을 실행한다.

```
sudo exportfs -a
```

6. 끝으로 다음 명령을 실행해 NFS 서비스를 시작한다.

```
sudo service nfs-kernel-server start
```

NFS 서버가 시작된 후에 클라이언트를 실행해야 한다. 각 일래스틱서치 노드에 다음 절차를 반복한다.

1. 일래스틱서치 노드에서 NFS 클라이언트를 설치한다.

```
sudo apt-get update
sudo apt-get install nfs-common
```

2. 이제 클라이언트 머신에 디렉터리를 생성하고 원격 공유 디렉터리를 마운트한다.

```
sudo mkdir /mnt/nfs
sudo mount 192.168.1.30:/mnt/shared-directory /mnt/nfs
```

3. 정상적으로 동작하면 노드의 /etc/fstab 파일에 마운트 디렉터리를 추가해 다음 부팅할 때 자동으로 마운트되게 한다.

```
sudo nano /etc/fstab
```

4. 이 파일에 다음과 같은 줄을 추가한다.

```
192.168.1.30:/mnt/shared-directory /mnt/nfs/ nfs
auto,noatime,nolock,bg,nfsvers=4,sec=krb5p,intr,tcp,actimeo=1800 0 0
```

5. 일래스틱서치의 노드 구성 정보(config/elasticsearch.yml)에 `path.repo`를 다음과 같이 추가하고 저장한다.

```
path.repo: /mnt/nfs/
```

6. 모든 일래스틱서치 노드를 재시작한 후 단일 표준 저장소 생성 호출을 이용해 클러스터에 공유 저장소를 생성한다.

```
PUT /_snapshot/my_repository
{
  "type": "fs",
  "settings": {
    "location": "/ mnt/nfs/my_repository",
    "compress": true
  }
```

```
}
```

작동 원리

NFS는 유닉스 시스템의 아주 일반적인 분산 파일 시스템 프로토콜이다. 이를 이용하면 서버에 원격 디렉터리를 마운트할 수 있다. 마운트된 디렉터리는 서버의 로컬 디렉터리처럼 보인다. 따라서 NFS를 사용하면 여러 서버가 동일 디렉터리에 쓰기 작업을 할 수 있다.

이는 공유 백업을 해야 하는 경우 아주 편리하다. 모든 노드가 동일 공유 디렉터리에 읽기/쓰기를 할 수 있기 때문이다.

TIP

> 오래된 시간 기반 색인과 같은 드물게 업데이트되는 색인을 스냅샷해야 하는 경우 백업하기 전에 지워진 문서를 청소하고 루씬 세그먼트를 줄임으로써 색인을 최적화하는 것이 좋다.

원격 클러스터에서 재색인

스냅샷과 복원 API는 매우 빠르며 데이터를 백업하는 데 선호하는 방법이지만 일부 제약 사항이 있다.

- 백업은 안전한 루씬 색인 복사본이며 사용 중인 일래스틱서치 버전에 따른다. 버전 5.x 이전의 일래스틱서치 버전에서 전환하는 경우 이전 색인의 복원은 불가능하다.
- 최신 일래스틱서치 버전의 백업을 이전 버전으로 복원하는 것은 불가능하다. 복원은 상위 버전과만 호환된다.

- 백업에서 일부 데이터만 복원할 수 없다.

이 시나리오에서 데이터를 복사하기 위한 솔루션은 원격 서버를 이용해 재색인 API를 사용하는 것이다.

준비 사항

이 예제에서 코드를 실행하려면 1장의 '일래스틱서치 다운로드와 설치' 예제에서 기술된 대로 실행 중인 일래스틱서치 설치본이 필요하다.

명령을 실행하려면 `curl`(https://curl.haxx.se/) 및 포스트맨(https://www.getpostman.com/)과 유사한 HTTP 클라이언트가 필요하다. 일래스틱서치에 대한 더 원활한 문자 이스케이프와 코드 완성 기능을 제공하는 키바나 콘솔을 사용하는 것이 좋다.

작동 방법

원격 서버에서 색인을 복사하려면 다음 절차를 실행한다.

1. config/elasticsearch.yml의 `reindex.remote.whitelist`에 다음과 같이 원격 서버 주소를 추가한다.

```
reindex.remote.whitelist: ["192.168.1.227:9200"]
```

2. 일래스틱서치 노드를 재시작해 신규 구성을 가져오게 한 후 원격 REST 엔드포인트로 `test-source` 색인 데이터를 `test-dest`로 복사하는 재색인 API를 다음과 같이 호출한다.

```
POST /_reindex
```

```
{
  "source": {
    "remote": {
      "host": "http://192.168.1.227:9200"
    },
    "index": "test-source"
  },
  "dest": {
    "index": "test-dest"
  }
}
```

결과는 3장의 '색인 재색인' 예제에서 이미 살펴본 로컬 재색인과 유사하다.

작동 원리

재색인 API를 사용하면 원격 클러스터를 호출할 수 있다. 모든 버전의 일래스틱서치에서 제공된다(주로 1.x 버전 또는 이후 버전).

재색인 API는 원격 색인 클러스터에서 스캔 쿼리를 실행해 현재 클러스터로 결과를 추가한다. 이 절차는 복사할 데이터양과 데이터를 색인하는 데 필요한 시간에 의해 많은 시간이 걸릴 수 있다.

source 섹션에는 가져온 데이터를 제어하는 중요 매개변수를 포함하며 다음과 같다.

- **remote**: 원격 클러스터 접속 정보를 포함하는 섹션이다.
- **index**: 데이터를 추출하는 데 사용하는 원격 색인이다. 별칭이나 GLOB 패턴을 통해 다중 색인이 될 수도 있다.

- **query**: 이 매개변수는 옵션이다. 복사해야 하는 문서를 선택하는 데 사용되는 표준 쿼리다.
- **size**: 이 매개변수는 옵션이며 버퍼 크기는 200MB까지다(대량 읽기 및 쓰기에 사용할 문서 수다).

구성 정보의 **remote** 섹션은 다음과 같은 매개변수로 구성된다.

- **host**: 클러스터의 원격 REST 엔드포인트
- **username**: 데이터를 복사하는 데 사용하는 사용자 이름(옵션)
- **password**: 원격 클러스터 접속 사용자 암호(옵션)

다음을 포함해 표준 스냅샷과 복원에서 이 접근법을 사용하면 많은 이점을 얻을 수 있다.

- 더 오래된 클러스터로부터 데이터를 복사하는 기능(버전 1.x 또는 이후 버전)이다.
- 쿼리를 사용해 선택한 문서로부터 복사하는 기능이다. 이 기능은 상용 클러스터에서 개발하거나 테스트 클러스터로 데이터를 복사할 때 아주 유용하다.

참고 사항

- 3장 기본 동작의 '색인 재색인' 예제와 재색인 API와 이 API의 사용에 대한 예기치 못한 사례에 대한 자세한 정보를 제공하는 일래스틱서치 공식 문서인 https://www.elastic.co/guide/en/elasticsearch/reference/master/docs-reindex.html 을 참고한다.

11

사용자 인터페이스

일래스틱서치 생태계에서 성능과 상태를 관리하고 개선하는 데 노드와 클러스터를 모니터링하는 것은 대단히 유익하다. 클러스터 수준에서 발생할 수 있는 여러 가지 문제는 다음과 같다.

- 노드 오버헤드로, 예를 들어 일부 노드에 너무 많은 샤드가 할당된 경우 전체 클러스터의 병목 현상을 일으킬 수 있다.
- 디스크 부족, 하드웨어 실패, 전원 문제와 같은 여러 이유로 노드 셧다운이 발생할 수 있다.
- 몇 가지 이슈로 일부 샤드가 초기화되지 않고 온라인이 되지 않는 샤드 재배치 문제나 손상이 발생한다.
- 매우 큰 샤드도 문제가 될 수 있다. 대량의 루씬 세그먼트 병합으로 색인 성능이 저하될 수 있다.
- 빈 색인들과 빈 샤드들은 메모리와 자원을 낭비한다. 모든 샤드는 활성화된 스레드를 많이 사용하기 때문에 사용하지 않는 대량의 색인과 샤드가 있다면

일반적으로 클러스터 성능을 저하시킨다.

- 높은 CPU 사용률이나 디스크 부족과 같은 다른 노드에 관련된 문제들이 있다.

오동작이나 낮은 성능을 감지하는 것은 API나 일래스틱서치에서 사용하도록 설계된 일부 프런트엔드를 통해 가능하다.

11장에서 소개하는 몇 가지 프런트엔드는 일래스틱서치 데이터에서 동작하는 웹 대시보드로 클러스터 상태 모니터링, 데이터 백업, 복원, 코드로 구현하기 전에 쿼리 테스트에 사용할 수 있다. 이 장에서는 이 프런트엔드에 대해 간략하게 살펴볼 것이다. 이는 복잡도와 많은 기능 때문에 이를 일일이 설명하는 것은 이 책의 범위를 벗어나기 때문이다. 자세한 정보는 키바나 공식 문서를 살펴볼 것을 권고한다. https://www.elastic.co/guide/en/kibana/current/index.html에서 확인할 수 있다.

이 장에서는 세레브로Cerebro, 일래스틱서치 HQ, 키바나 일부 메뉴(키바나의 전체 기능을 다루는 것은 이 책의 범위를 벗어난다)를 살펴본다.

그라파나(https://grafana.com/)는 또 다른 오픈소스 솔루션으로 일래스틱서치 데이터를 시각화하고 공유 키 인프라PKI, Public Key Infrastruture를 모니터링하는 데 사용되지만 이 부분은 이 책에서 다루지 않는다.

11장에서 다루는 내용은 다음과 같다.

- 세레브로 설치와 사용
- 일래스틱서치 HQ 설치와 사용
- 키바나 설치
- 키바나 검색Discovery 관리
- 카바나로 데이터 시각화
- 키바나 개발 도구 사용

세레브로 설치와 사용

세레브로는 과거 일래스틱서치 플러그인인 일래스틱서치 Kopf(https://github.com/lmenezes/elasticsearch-kopf)의 개선 버전이다. 이 Kopf 플러그인은 사이트 플러그인의 제거로 일래스틱서치 5.x 이후 버전에서는 동작하지 않는다.

세레브로는 그래픽 인터페이스로 샤드 할당 상태를 살펴보고 일반 색인 동작을 실행할 수 있는 아주 유용한 애플리케이션 중 하나다. 100% 오픈소스이며 웹 인터페이스에 접속할 때 사용자/암호나 LDAP 인증을 추가할 수 있다.

세레브로는 kopf 플러그인을 부분적으로 재작성했으며 스칼라 플레이 프레임워크에 기반을 둔 자체 동작 애플리케이션으로 사용할 수 있다.

준비 사항

이 예제에서 코드를 실행하려면 1장의 '일래스틱서치 다운로드와 설치' 예제에서 기술된 대로 실행 중인 일래스틱서치 설치본이 필요하다.

세레브로를 실행하려면 자바 VM 버전 8.x 또는 최신 버전을 설치해야 한다.

1장에서 소개한 `docker-compose`는 모든 설정을 이미 구성한 상태로 일래스틱서치를 제공한다.

작동 방법

세레브로를 설치하려면 수작업으로 바이너리를 다운로드해 설치해야 한다. 다음의 절차를 실행한다.

1. https://github.com/lmenezes/cerebro/releases에서 세레브로의 바이너리 배포판을 다운로드할 수 있다. 리눅스와 맥에서는 다음과 같은 명령으로 다운로

드할 수 있다.

```
wget -c https://github.com/lmenezes/cerebro/releases/download/v0.8.3/
cerebro-0.8.3.tgz
```

2. 이제 다음과 같이 tar로 압축을 푼다.

```
tar xfvz cerebro-0.8.3.tgz
```

3. 다음 명령으로 세레브로를 실행한다.

```
cerebro-0.8.3/bin/cerebro
```

4. 윈도우에서는 다음과 같이 명령을 실행한다.

```
cerebro-0.8.3/bin/cerebro.bat
```

5. 터미널에서 다음과 같은 출력 결과를 확인할 수 있다.

```
[info] play.api.Play - Application started (Prod)
[info] p.c.s.AkkaHttpServer - Listening for HTTP on /0.0.0.0:9000
```

6. 웹 화면에 접속하려면 브라우저에 다음 주소를 입력한다.

```
http://0.0.0.0:9000/
```

작동 원리

세레브로는 현대적인 반응형reactive 애플리케이션이다. 스칼라로 작성됐으며 백엔드 REST와 일래스틱서치 통신을 위해 플레이 프레임워크를 사용했다. 추가적으로 앵귤러JSAngularJS와 자바스크립트로 작성된 **단일 페이지 애플리케이션**SPA, Single Page Application 프런트엔드를 사용했다.

기본적으로 세레브로는 9000번 포트를 사용한다. 다음의 시작 페이지를 보려면 브라우저로 `http://0.0.0.0:9000`을 입력해 확인할 수 있다.

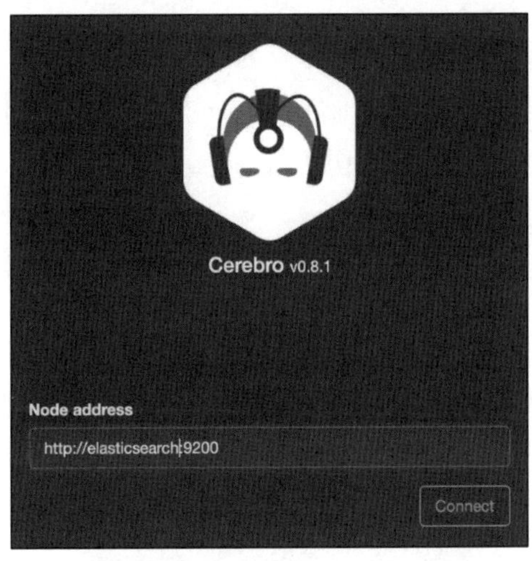

시작 페이지에서 사전에 정의한 호스트를 선택하거나 일래스틱서치 서버의 주소를 직접 입력할 수 있다. 필요시 일래스틱서치 클러스터에 접근하기 위한 자격증명을 제공할 수 있다.

Connect연결를 클릭한 후 정상이라면 다음 스크린샷과 같이 세레브로의 주 화면인 노드 화면에 접속할 수 있다.

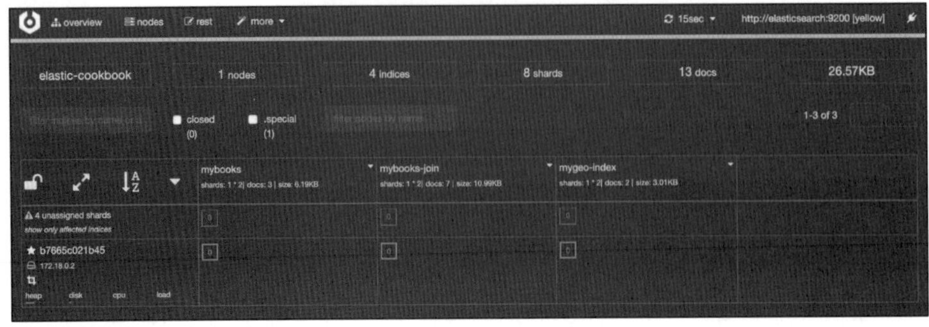

세레브로 주 화면은 클러스터와 데이터에 대한 매우 광범위한 정보를 제공한다. 위에서 아래까지 살펴보자.

- **메뉴:** 여기서 overview[개요]는 홈페이지에 대한 링크이고 rest를 이용하면 일반적인 REST 호출을 전달할 수 있으며 more[다음]를 클릭하면 다음 스크린샷과 같이 추가 관리 기능을 살펴볼 수 있다.

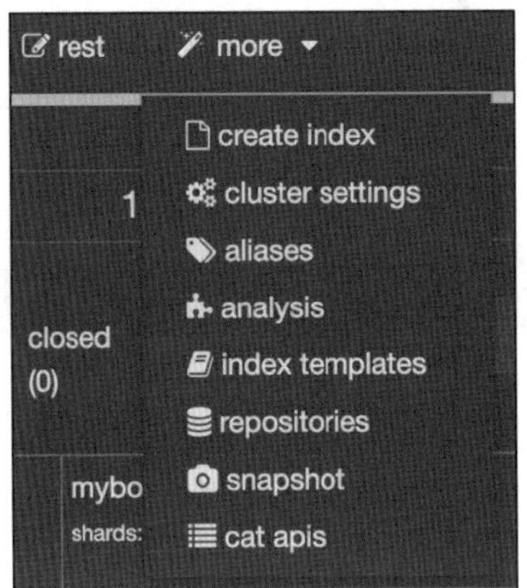

- **상태 표시줄:** 녹색, 황색, 적색으로 표시된다. 여기서는 황색이며 이는 클러스터에 더 많은 노드가 필요하기 때문이다.
- **클러스터의 전역 통계 표시줄:** 클러스터 이름, 노드 수, 색인 수, 샤드 수, 문서 수, 데이터 크기를 표시한다.

- **색인 필터링 표시줄:** 여기에서는 다음을 할 수 있다.
    - 이름으로 색인 필터링
    - 닫힌 색인 표시/숨기기
    - 특수 색인 표시/숨기기(.(도트) 문자로 시작되는 색인명)
    - 노드 이름으로 필터링
    - 색인의 페이지당 표시 개수 제어
- **노드 및 색인 정보를 포함하는 주 그리드 블록:** 첫 번째 칼럼은 다음과 같다.
    - **일반적인 클러스터 제어 기능:** 여기에 있는 자물쇠 표시는 클러스터 수준의 샤드 재배치를 금지하는 데 사용한다(클러스터 재시작 관리 시 유용하다). 두 번째 표시를 클릭하면 JVM 버전 및 일래스틱서치 버전과 같은 추가적인 노드 정보를 보여줄 수 있다. 정렬을 클릭하면 노드 이름으로 정렬할 수 있다.
    - 화살표 표시를 클릭하면 선택한 모든 색인에 대해 닫기, 열기, 새로 고침, 캐시 청소와 같은 작업을 수행할 수 있다.
        - **할당되지 않은 샤드 표시줄:** 영향을 받는 할당되지 않은 샤드를 확인할 수 있다.
        - **노드 정보:** 단일 셀에 노드 이름, 노드 IP, 힙, 디스크, CPU 또는 노드 부하가 표시된다. 이들 값이 너무 높은 경우 적색으로 표시된다.
- 나머지 칼럼에는 색인 정보가 표시된다.
    - 색인명, 샤드 수, 문서 수, 전체 크기가 포함된다. 화살표를 클릭하면 색인에서 실행할 수 있는 작업에 접근할 수 있다.

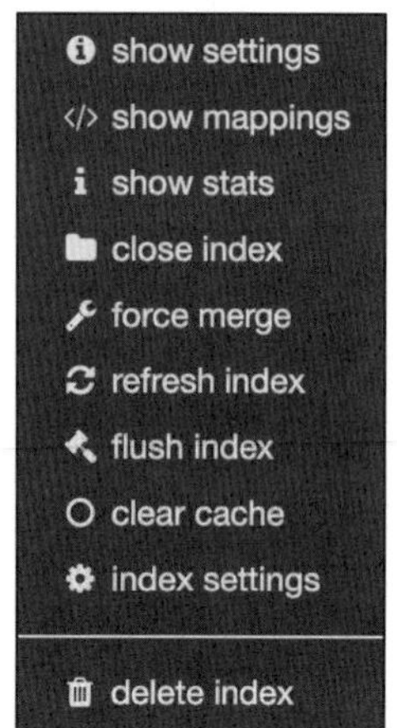

- 샤드는 숫자 상자로 표시된다. 이 숫자 상자를 클릭하면 샤드의 추가 정보를 볼 수 있는 메뉴가 나온다.

메인 페이지 또는 overview개요 화면은 유용한 정보로 가득 차 있다. 부하가 높거나 디스크가 부족한 노드를 한 번에 찾고 샤드가 클러스터에 분포된 상태를 보고 일부 색인의 문제 여부를 바로 확인할 수 있다.

index settings색인 설정를 클릭하면 일부 색인 선택 항목을 변경할 수 있는 양식이 열리며 이는 다음의 스크린샷에서 확인할 수 있다.

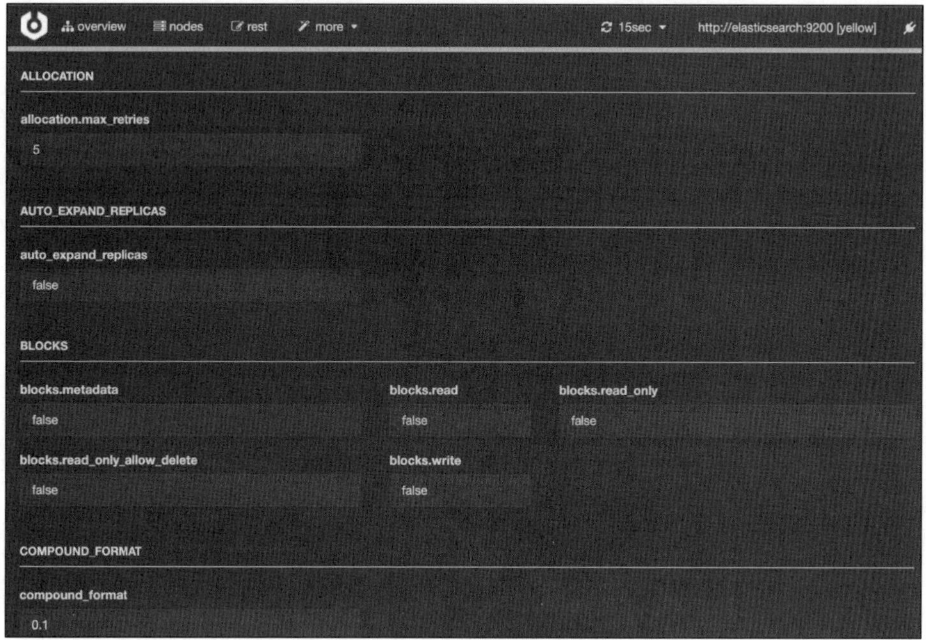

create index[색인 생성] 페이지를 이용하면 다음과 같이 샤드, 복제본 또는 템플릿을 쉽게 생성할 수 있다.

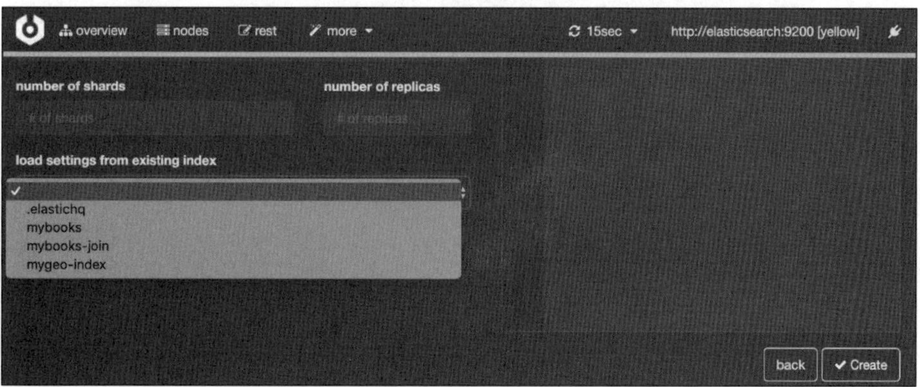

cluster settings[클러스터 설정] 페이지를 이용하면 단순한 인터페이스를 통해 클러스터에 대해 변경 가능한 매개변수를 변경시킬 수 있다. 고급 사용법이나 간단한 양식은

다음 스크린샷에서와 같이 클러스터 관리 속도를 높일 수 있다.

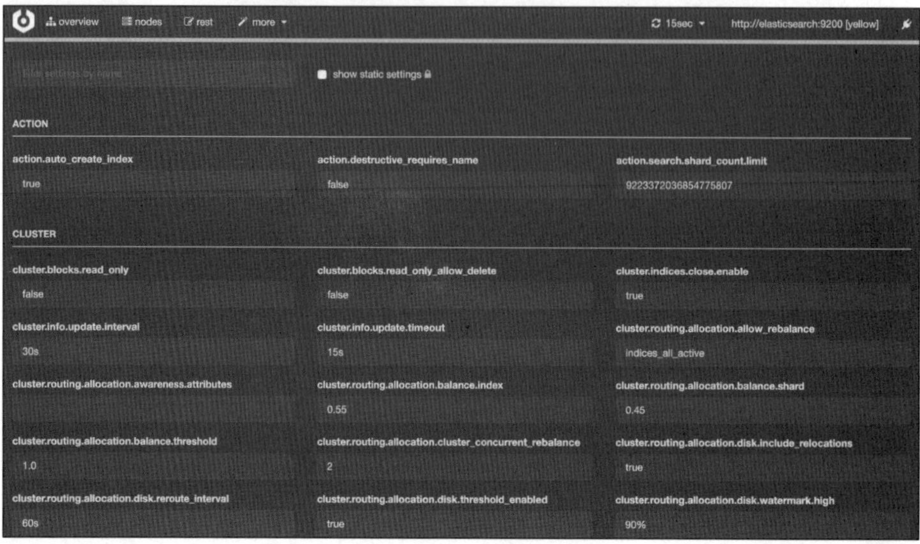

repositories[저장소] 메뉴로 저장소를 관리할 수 있다. 해당 페이지를 이용하면 다음과 같이 추후 백업이나 복원 작업에 사용할 저장소 이름과 유형을 정의할 수 있다.

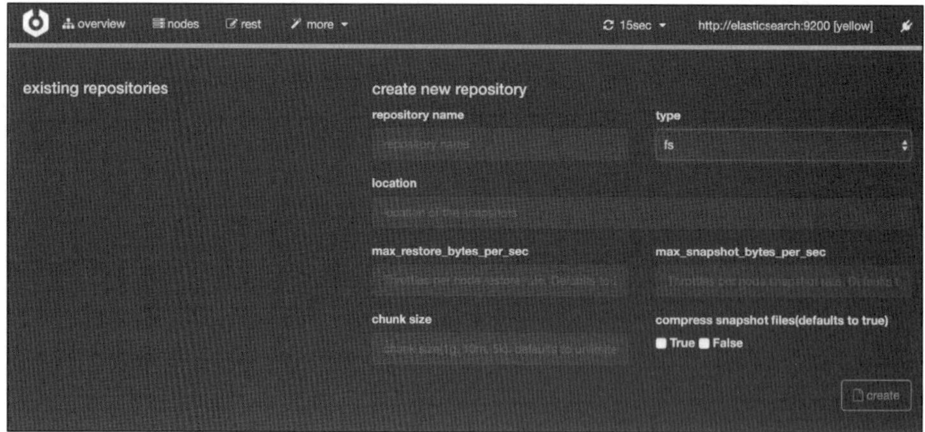

인터페이스나 API로 저장소가 생성되면 백업과 복원 작업의 실행에 사용할 수 있다. shapshot[스냅샷] 메뉴를 클릭해 다음 작업을 수행할 수 있는 페이지에 접근할 수 있다.

- 오른쪽 편에서는 저장소를 선택하고 이름을 입력하고 백업할 색인을 선택해 스냅샷을 생성할 수 있다.
- 왼쪽 편에서는 다음 스크린샷과 같이 복원이 가능한 스냅샷 목록을 확인할 수 있다.

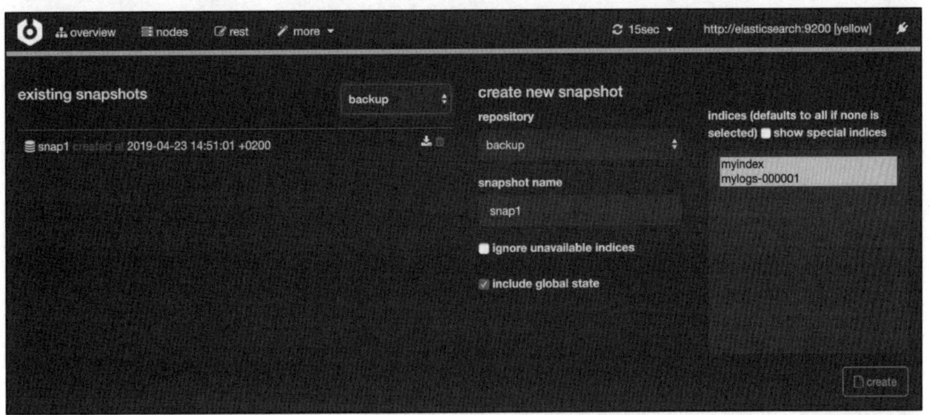

추가 사항

세레브로의 초기 화면을 활용하면 일래스틱서치 관리의 특별한 측면을 다룰 수 있다. 예를 들어 rest 메뉴를 선택하면 다음 스크린샷과 같이 일래스틱서치에 원시 REST 호출을 할 수 있는 페이지에 접근할 수 있다.

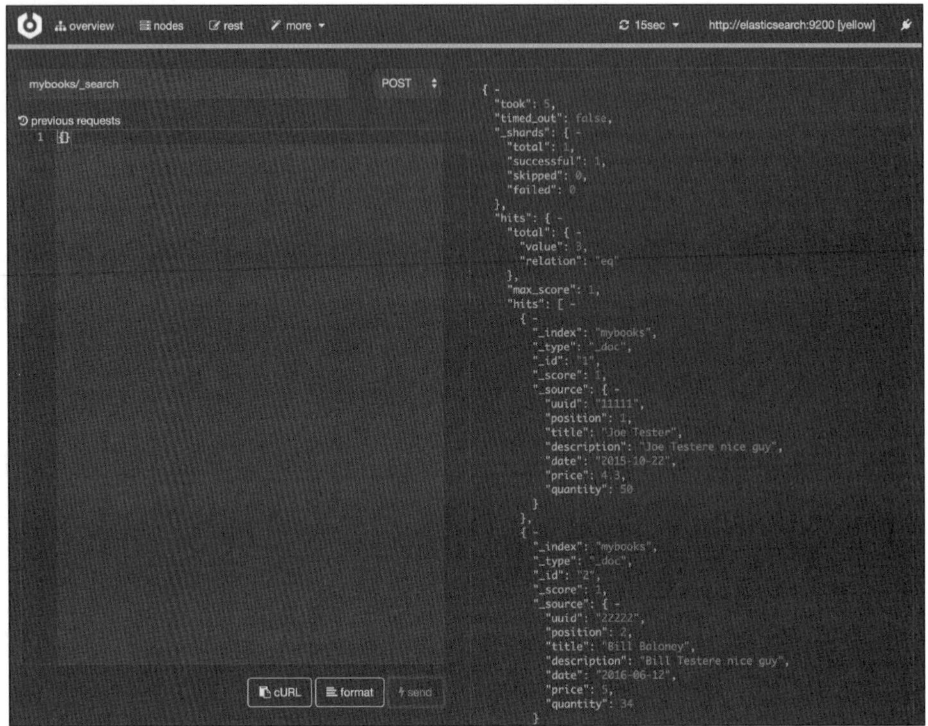

세레브로는 데이터 시각화나 검색을 제공하지는 않는다. 그러나 일래스틱서치 엔드포인트로 원시 REST 호출을 실행할 수 있다. 이 기능으로 일래스틱서치 서버에 대해 쿼리를 테스트할 수 있다. 이 기능은 일래스틱서치를 사용하는 낮은 수준의 클라이언트로 작업하는 경우 아주 유용하다.

REST 화면을 사용하면 `curl` 명령과 같은 호출을 내보낼 수도 있다. 세레브로 인터페이스는 비교적 현대적으로, 새로운 기능이 개발 중인 상태며 가까운 미래에 배포될 것이다.

일래스틱서치 HQ 설치와 사용

일래스틱서치 HQ(http://www.elasticq.org)는 모니터링과 관리 애플리케이션으로 인스턴스와 클러스터 모두를 관리한다. 오픈소스 솔루션이며 개인용 또는 상업용 모두 무료다.

준비 사항

이 예제에서 코드를 실행하려면 1장의 '일래스틱서치 다운로드와 설치' 예제에서 기술된 대로 실행 중인 일래스틱서치 설치본이 필요하다.

일래스틱서치 HQ를 실행하려면 파이썬 버전 3.4 또는 이후 버전을 설치해야 한다.

1장에서 소개한 `docker-compose`는 모든 설정을 이미 구성한 상태로 일래스틱서치를 제공한다.

작동 방법

일래스틱서치 HQ를 설치하려면 수작업으로 바이너리를 다운로드해 설치해야 한다. 다음 절차를 수행한다.

1. https://github.com/ElasticHQ/elasticsearch-HQ/releases에서 일래스틱서치 HQ의 ZIP 파일이나 tar.gz 배포판을 다운로드할 수 있다. 리눅스나 맥에서는 다음과 같은 명령을 실행한다.

```
wget -c
https://github.com/ElasticHQ/elasticsearch-HQ/archive/v3.5.0.tar.gz
```

2. 이제 다음 명령으로 압축을 해제한다.

```
tar xfvz v3.5.0.tar.gz
```

3. 이제 다음 명령으로 애플리케이션을 실행한다.

```
cd v3.5.0
pip install -r requirements.txt
./manage.py runserver
```

4. 터미널에서 다음과 같은 출력 결과를 확인할 수 있다.

```
2019-02-16 18:22:26,972 CRIT Supervisor running as root (no user in config file)
2019-02-16 18:22:26,977 INFO supervisord started with pid 1
2019-02-16 18:22:27,980 INFO spawned: 'gunicorn' with pid 8
2019-02-16 18:22:28,983 INFO success: gunicorn entered RUNNING state,
process has stayed up for > than 1 seconds (startsecs)
loading config /src/elastichq/config/logger.json
2019-02-16 18:22:30,250 INFO engineio server.__init__:140 Server
initialized for eventlet.
```

5. 웹 화면에 접속하려면 브라우저에서 다음 주소를 입력한다.

```
http://0.0.0.0:5000/
```

작동 원리

일래스틱서치 HQ는 현대적인 반응형 애플리케이션이다. 플라스크Flask 프레임워크를 사용한 파이썬으로 작성된 백엔드(http://flask.pocoo.org/) 및 자바스크립트와 앵귤러JS로 작성된 SPA 프런트엔드로 구성돼 있다.

기본적으로 일래스틱서치 HQ는 5000번 포트로 연결한다. 다음의 시작 페이지를 확인하려면 브라우저로 `http://0.0.0.0:5000`을 입력한다.

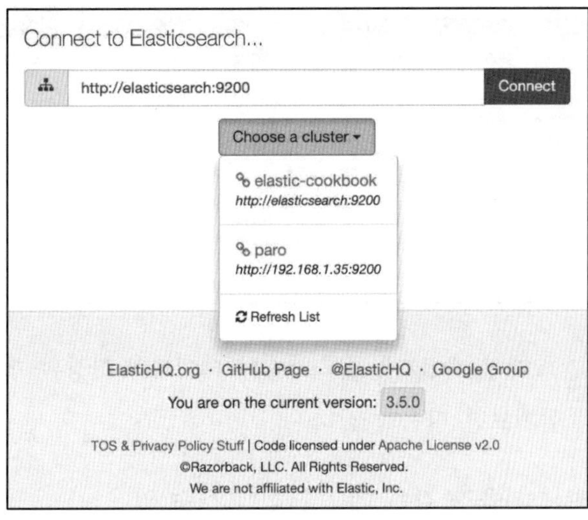

시작 페이지에서 사전에 정의된 호스트를 선택하거나 일래스틱서치 서버 주소를 수동으로 입력할 수 있다. 여기의 인스턴스는 이미 사용 중인 클러스터를 추천할 수 있다.

접속을 클릭한 후 정상적이라면 일래스틱서치 HQ의 주 페이지에 접속할 수 있으며 다음 스크린샷과 같이 **노드 보기**Nodes view와 **색인 보기**Indices view를 볼 수 있다.

일래스틱서치 HQ의 메인 페이지는 클러스터와 데이터의 확장된 개요를 제공한다. 위에서 아래까지 살펴보면 다음과 같다.

- **상단 우측 메뉴:** 다음과 같은 메뉴를 선택할 수 있다.
    - Indices색인: 색인 작업을 수행할 수 있다(별칭, 복원, 열기 또는 닫기).
    - Metrics메트릭: 클러스터 메트릭을 제공한다.
    - Nodes노드: 노드 정보나 노드 상태를 확인할 수 있는 노드 목록이다.
    - Diagnostics진단: 공통 일래스틱서치 매개변수를 확인할 수 있는 페이지다.
    - REST: REST 호출을 수행할 수 있다.
    - Query쿼리: 데이터 검색을 수행할 수 있다.
- Counters클러스터 수치 정보: 클러스터의 중요한 내용을 표시한다. 예를 들어 노드, 색인, 문서, 데이터 크기 등을 표시한다.
- 샤드 수를 표시하는 행
- 노드 목록
- **색인 목록:** 왼편의 색상은 색인 상태를 표시한다(황색은 일부 복제본이 누락됐음을 의미한다).

Indices[색인] ▶ Indices Summary[색인 요약] 메뉴를 선택하면 다음과 같이 색인 개요 페이지가 나온다.

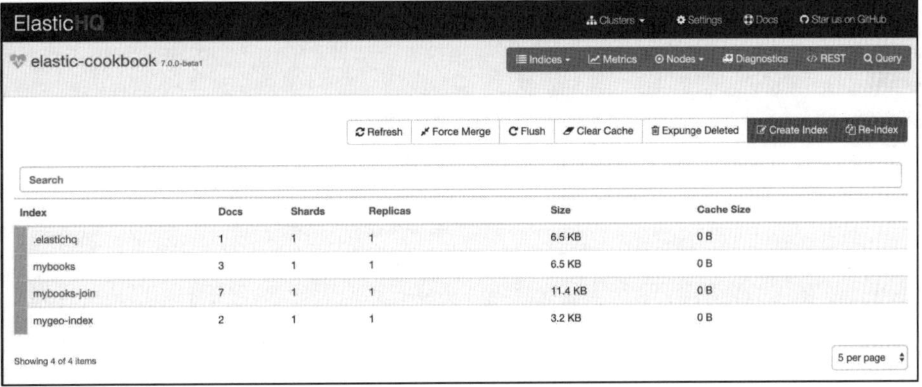

앞의 스크린샷과 같이 한 번의 버튼 클릭으로 많은 유용한 작업을 수행할 수 있다.

- Refresh[새로 고침]: 자동 새로 고침을 기다리지 않고도 신규 항목의 검색 속도를 높일 수 있는 색인 자동 고침이다.
- Force Merge[강제 병합]: 색인 세그먼트 수를 줄인다.
- Flush[정리]: 색인 데이터를 디스크에 기록한다.
- Clear Cache[캐시 청소]: 메모리를 해제한다.
- Expunge Deleted[삭제 항목 정리]: 삭제된 세그먼트만 제거하는 빠른 강제 병합을 수행한다.
- Create Index[색인 생성]: 신규 색인을 추가한다.
- Re-Index[재색인]: 색인 간에 데이터를 이동시킨다.

색인명을 선택하면 해당 색인과 작업 정보에 접근할 수 있다.

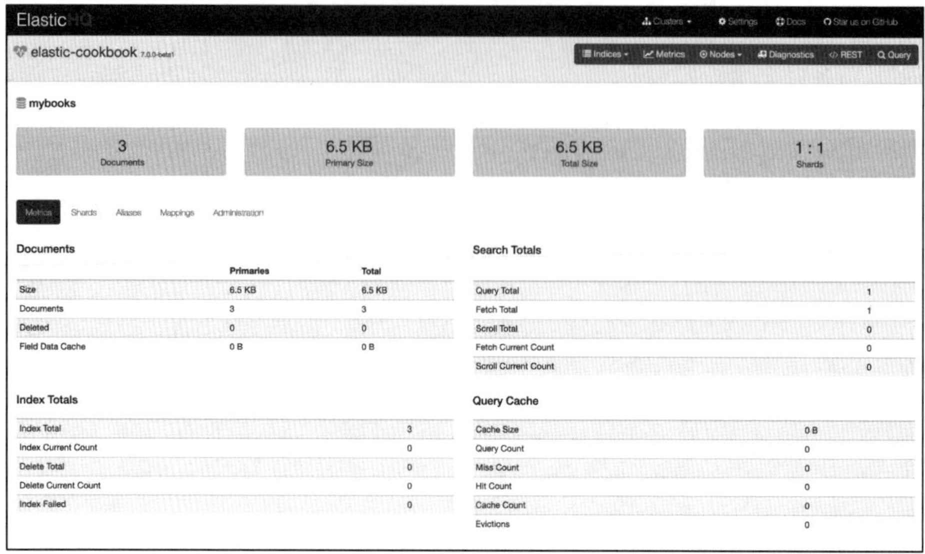

이 화면에서 다음과 같이 더 많은 색인 세부 사항에 접근할 수 있다.

- **메트릭(기본 페이지)**: 메트릭 수준 정보를 제공한다.
- **샤드**: 샤드 세부 정보를 제공한다.
- **별칭**: 현재 색인 별칭을 관리할 수 있다.
- **매핑**: 매핑을 확인할 수 있다.
- **관리**: 해당 색인에 대해서만 관리 명령을 실행할 수 있다.

색인의 관리 화면은 다음 스크린샷에서 확인할 수 있다.

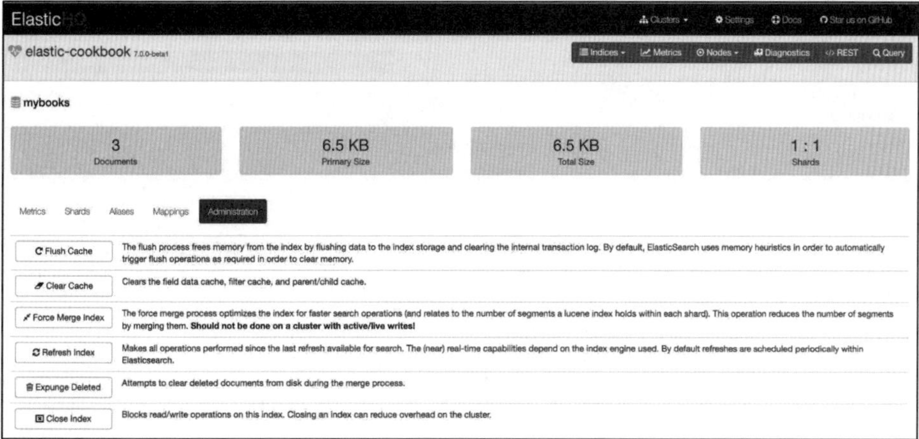

서버의 부하를 이해하거나 일래스틱서치의 KPI를 모니터링하려면 Metrics 버튼을 이용해 실시간 그래프에 접근할 수 있다.

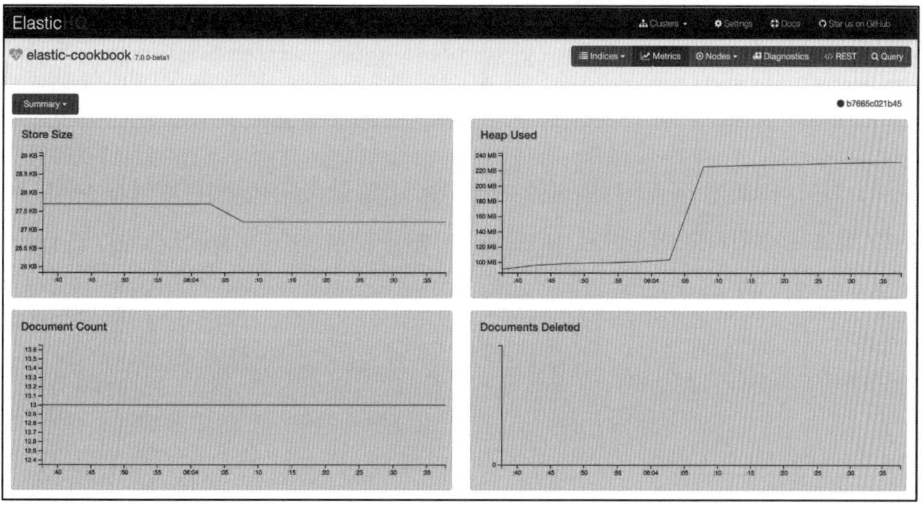

노드의 설정과 매개변수를 모니터링하려면 Nodes 메뉴에서 세부 정보를 확인할 수 있다.

ElasticHQ

Clusters ▾ | Settings | Docs | Star us on GitHub

elastic-cookbook 7.0.0-beta1

Indices ▾ | Metrics | Nodes ▾ | Diagnostics | REST | Query

b7665c021b45

Summary

Address	172.18.0.2:9200
Master Node	
Data Node	
Home Path	/usr/share/elasticsearch
Data Path	
Conf Path	
Logs Path	/usr/share/elasticsearch/logs

Operating System

System Memory Used %	95%
System Memory Used	2 GB / 2.1 GB
Allocated Processors	4
Available Processors	4
OS Name	Linux
OS Architecture	amd64

JVM

Version	OpenJDK 64-Bit Server VM (11.0.2)
Process ID	1
Heap Used %	22%
Heap Used/Max	236 MB / 1 GB
GC Collections (Old/Young)	2 / 23
Threads (Peak/Max)	43 / 43

Process

CPU percent	0 %
File Descriptors	1 m
Open File Descriptors	277
MLockAll	false
Virtual Memory	4.9 GB
Current Time	2019-02-17T18:04:47+01:00

File System Info

Used Space	10.4% (6.5 GB)
Available Space	89.6% (56.2 GB)
Free Space	94.7% (59.4 GB)
Total Space	62.7 GB
Data 0 > path	/usr/share/elasticsearch/data/nodes/0
Data 0 > mount	/usr/share/elasticsearch/data (/dev/sda1
Data 0 > type	ext4
Data 0 > total in_bytes	62.7 GB
Data 0 > free in_bytes	59.4 GB
Data 0 > available in_bytes	56.2 GB

Installed Plugins

analysis-icu	v7.0.0-beta1	The ICU Analysis plugin integrates Lucene ICU module into elasticsearch, adding ICU relates analysis components.
analysis-kuromoji	v7.0.0-beta1	The Japanese (kuromoji) Analysis plugin integrates Lucene kuromoji analysis module into elasticsearch.
analysis-smartcn	v7.0.0-beta1	Smart Chinese Analysis plugin integrates Lucene Smart Chinese analysis module into elasticsearch.
ingest-attachment	v7.0.0-beta1	Ingest processor that uses Apache Tika to extract contents
mapper-murmur3	v7.0.0-beta1	The Mapper Murmur3 plugin allows to compute hashes of a field's values at index-time and to store them in the index.
mapper-size	v7.0.0-beta1	The Mapper Size plugin allows document to record their uncompressed size at index time.

일래스틱서치 HQ는 진단 페이지를 제공하는 유일한 사용자 인터페이스UI며 모든 노드 정보를 수집하고 색상으로 노드들의 상태를 표시한다. 이 페이지는 Diagnostic 버튼으로 접근할 수 있다.

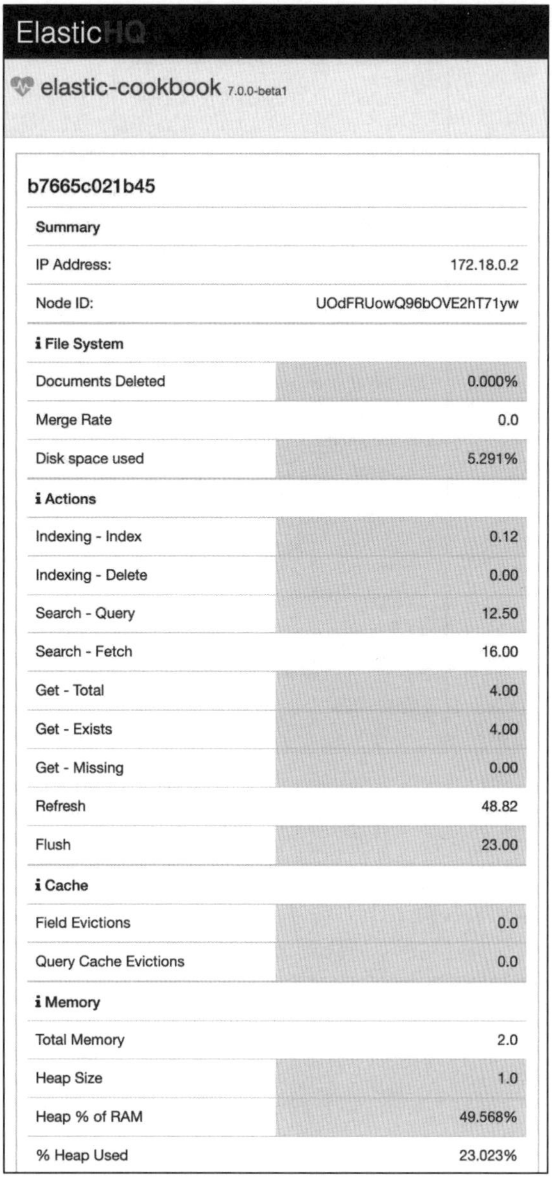

ElasticHQ

elastic-cookbook 7.0.0-beta1

b7665c021b45

Summary	
IP Address:	172.18.0.2
Node ID:	UOdFRUowQ96bOVE2hT71yw
i File System	
Documents Deleted	0.000%
Merge Rate	0.0
Disk space used	5.291%
i Actions	
Indexing - Index	0.12
Indexing - Delete	0.00
Search - Query	12.50
Search - Fetch	16.00
Get - Total	4.00
Get - Exists	4.00
Get - Missing	0.00
Refresh	48.82
Flush	23.00
i Cache	
Field Evictions	0.0
Query Cache Evictions	0.0
i Memory	
Total Memory	2.0
Heap Size	1.0
Heap % of RAM	49.568%
% Heap Used	23.023%

일래스틱서치 HQ의 또 다른 유용한 기능은 REST 버튼으로 일래스틱서치의 모든 REST 항목을 호출할 수 있는 기능이다. 링크를 클릭하기만 하면 관련된 REST 항목이 실행된다.

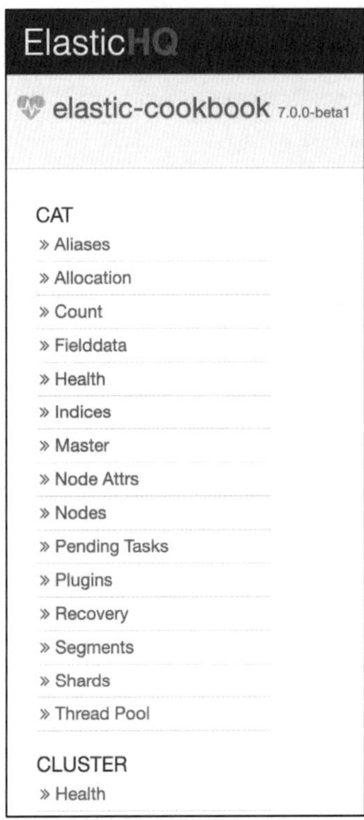

일래스틱서치 HQ는 쿼리를 테스트할 수 있는 유용한 REST 인터페이스도 제공한다.

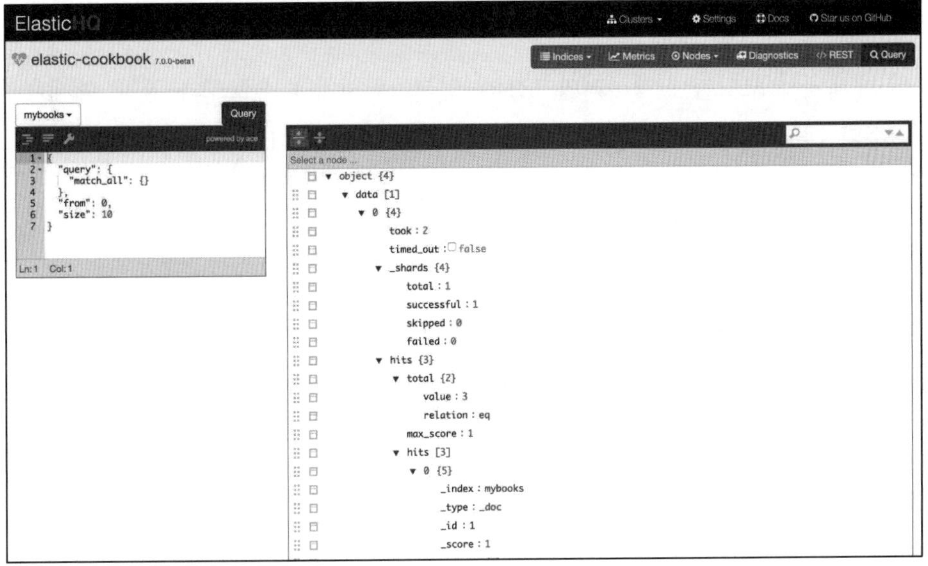

모든 일래스틱서치 사용자에게 일래스틱서치 HQ는 일래스틱서치를 매일 모니터링하고 관리하는 데 도움이 되는 많은 기능을 제공하는 좋은 UI다.

키바나 설치

가장 유명한 일래스틱서치 UI는 키바나다. 일래스틱서치 7.x부터 키바나와 동일한 버전을 공유하고 있다. 키바나는 플러그인이 가능한 오픈소스 UI로, 일래스틱서치와 함께 무료로 이용할 수 있다. 데이터 시각화를 제공하고 보안, 그래프 기능, 클러스터 모니터링을 제공하는 X-Pack이라는 상용 제품으로 확장할 수 있다.

NOTE

이 장에서는 키바나 오픈소스 컴포넌트를 주로 다룬다. X-Pack을 포함한 키바나는 많은 기능을 제공하지만 이 책의 범위를 벗어나기 때문에 키바나의 모든 기능을 전체적으로 설명하는 키바나에 연관된 책을 찾아보기를 권고한다.

준비 사항

이 예제에서 코드를 실행하려면 1장의 '일래스틱서치 다운로드와 설치' 예제에서 기술된 대로 실행 중인 일래스틱서치 설치본이 필요하다.

1장에서 소개한 docker-compose는 모든 설정을 이미 구성한 상태로 일래스틱서치를 제공한다.

NOTE

> 키바나 버전과 일래스틱서치 버전은 동일해야 한다. 따라서 일래스틱서치 클러스터를 업그레이드하는 경우 키바나 노드도 함께 업그레이드해야 한다.

작동 방법

키바나를 설치하려면 다음 절차를 수행한다.

1. 일래스틱서치 웹 사이트에서 바이너리 버전을 다운로드해 압축을 해제한다. 리눅스 실행은 다음과 같다.

```
wget
https://artifacts.elastic.co/downloads/kibana/kibana-7.0.0-beta1-linux
-x86_64.tar.gz
tar xfvz kibana-7.0.0-beta1-linux-x86_64.tar.gz
```

2. 맥에서는 다음 명령으로 키바나를 설치할 수 있다.

```
brew install kibana
```

3. 키바나 또는 X-Pack의 실행이 잘 안 되는 경우 절차를 단순화하는 데 사용할 수 있는 도커 이미지가 있다(http://elk-docker.readthedocs.io/#installation에서 확인할 수 있다).

리눅스에서는 명령어 두 개로 실행시킬 수 있다.

작동 원리

키바나는 일래스틱서치의 공식 프런트엔드다. 오픈소스 분석과 시각화 플랫폼으로, 앵귤러JS로 작성됐으며 일래스틱서치와 함께 동작한다. Node.js 백엔드 웹 서버로 제공된다. 키바나의 개발은 일래스틱서치와 긴밀히 연결돼 있으므로 일래스틱서치 버전과 같은 키바나 버전을 사용해야 한다.

키바나를 사용하면 일래스틱서치 데이터를 탐색할 수 있고 데이터를 대시보드에 구성할 수 있으며 실시간 대시보드를 생성하고 공유하고 갱신할 수 있다.

일래스틱서치와 키바나를 설정하고 시작한 후 다음 스크린샷과 같이 http://localhost:5601로 키바나에 접속할 수 있다.

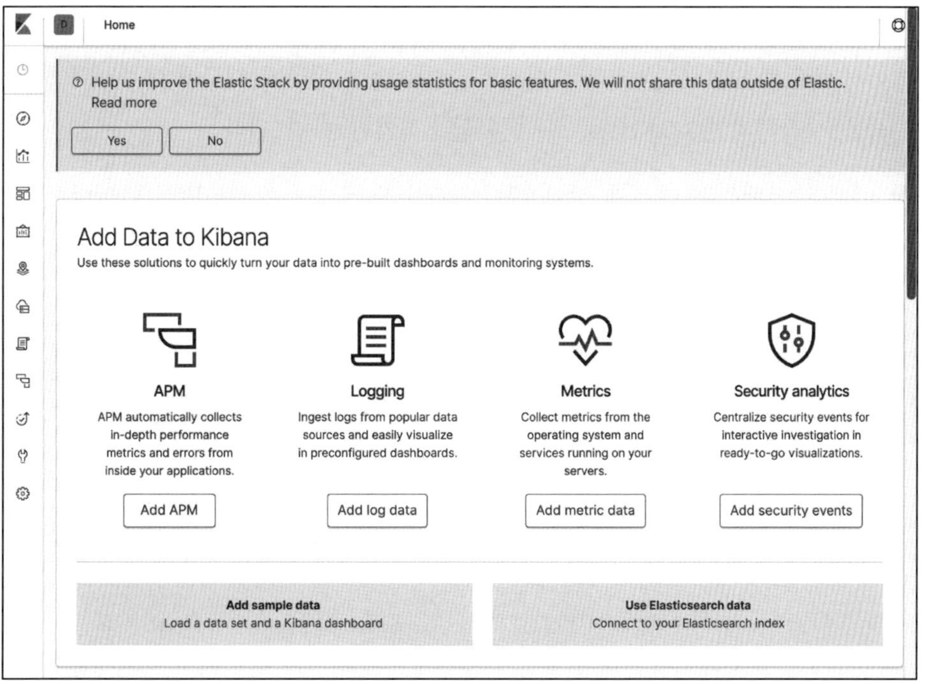

키바나를 활용하기에 앞서 설치할 때 제공된 일부 데이터를 탑재하기를 추천한다. Load a data set and a Kibana dashboard on the Add sample data tile[데이터 세트 탑재와 키바나 대시보드에 샘플 데이터 타일 추가]를 클릭하기만 하면 된다.

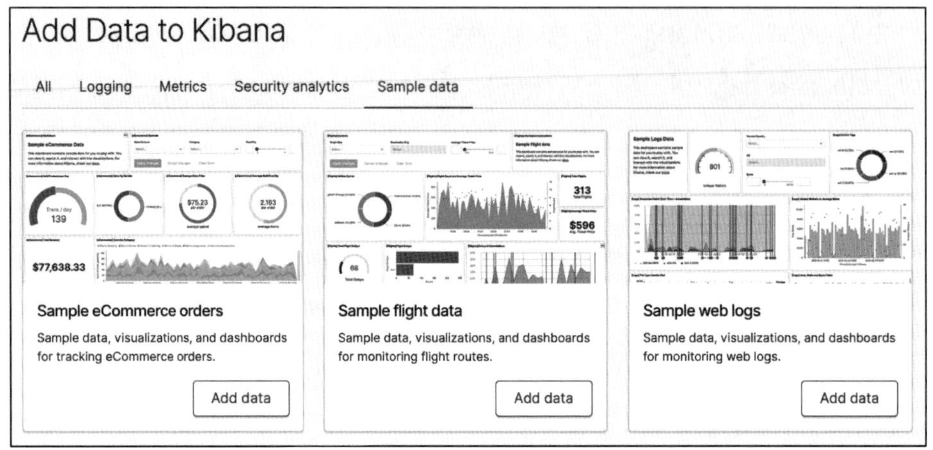

키바나 설치는 시작할 때 사용할 수 있는 몇 가지 데이터 샘플을 제공한다. 이들 데이터 세트는 많은 고급 키바나 대시보드 기능을 보여주기 때문에 아주 유용하다. 이들을 시작하려면 Add data[데이터 추가]를 클릭하기만 하면 된다.

첫 번째를 선택하면 다음과 같이 대시보드의 모든 기능에 접근할 수 있다.

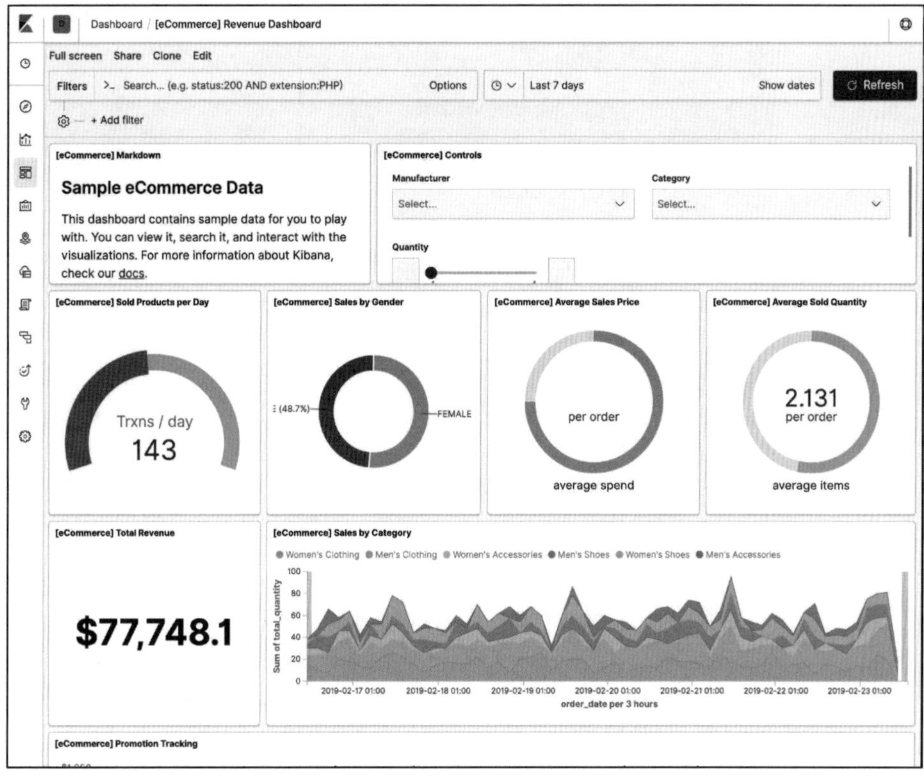

대시보드의 왼쪽 편에는 탐색 메뉴가 있다.

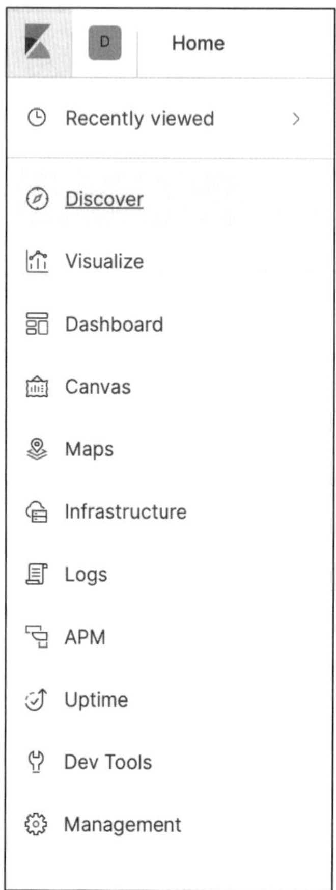

탐색 메뉴에서 다음과 같은 메뉴에 접근할 수 있다.

- **스페이스**(녹색 D): 정의된 자체 스페이스에 인터페이스를 그룹화할 수 있다.
- Discovery[검색]: 정보를 찾고자 데이터를 탐색하는 데 사용한다.
- Visualize[시각화]: 화면을 채우는 데 사용하는 시각화를 생성할 수 있다.
- Dashboard[대시보드]: 스페이스의 대시보드를 호스팅한다.
- Canvas[캔버스]: 인포그래픽스와 유사한 픽셀 아트 대시보드를 생성할 수 있다.
- Maps[지도]: 지도를 관리할 수 있다.

- Infrastructure[인프라]: 나중에 모니터링할 인프라를 구성하는 데 사용한다.
- Logs[로그]: 로그를 관리하는 데 사용한다.
- APM[애플리케이션 성능 모니터]: 시각화를 생성하는 데 사용한다.
- Uptime[가동 시간]: 애플리케이션의 가동 시간을 관리하는 데 사용한다.
- Dev Tools[개발 도구]: 개발 도구 컴포넌트가 포함돼 있다.
- Management[관리]: 키바나를 구성할 수 있다.
- Monitor[모니터링]: 클러스터 전체와 노드 기능을 모니터링하는 데 사용한다.
- Graph[그래프]: 일래스틱서치의 그래프 API를 제공한다. 데이터 검색의 그래픽 기반 접근법이다.
- Watcher[알람]: 등록 쿼리를 제공하는 시스템으로, 데이터에 대한 경보를 모니터링하고 유지할 수 있다.
- Reporting[보고서]: 대시보드에서 보고서를 생성할 수 있는 모듈이다.

참고 사항

키바나 개요는 https://www.elastic.co/products/kibana에서 확인할 수 있다.

키바나 검색 관리

키바나의 가장 인기 있는 화면 중 하나는 검색 대시보드다. 데이터를 동적으로 탐색할 수 있기 때문이다. 키바나가 진화함에 따라 많은 신규 기능이 검색 대시보드에 추가돼 쉽게 데이터를 필터링하고 분석할 수 있다.

준비 사항

이 예제에서 코드를 실행하려면 1장의 '일래스틱서치 다운로드와 설치' 예제에서 기술된 대로 실행 중인 일래스틱서치 설치본이 필요하다.

1장에서 소개한 `docker-compose`는 모든 설정을 이미 구성한 상태로 일래스틱서치를 제공한다.

작동 방법

키바나 대시보드를 관리하려면 다음 절차를 수행한다.

1. 다음 스크린샷처럼 키바나의 Discovery[검색] 메뉴를 클릭한다.

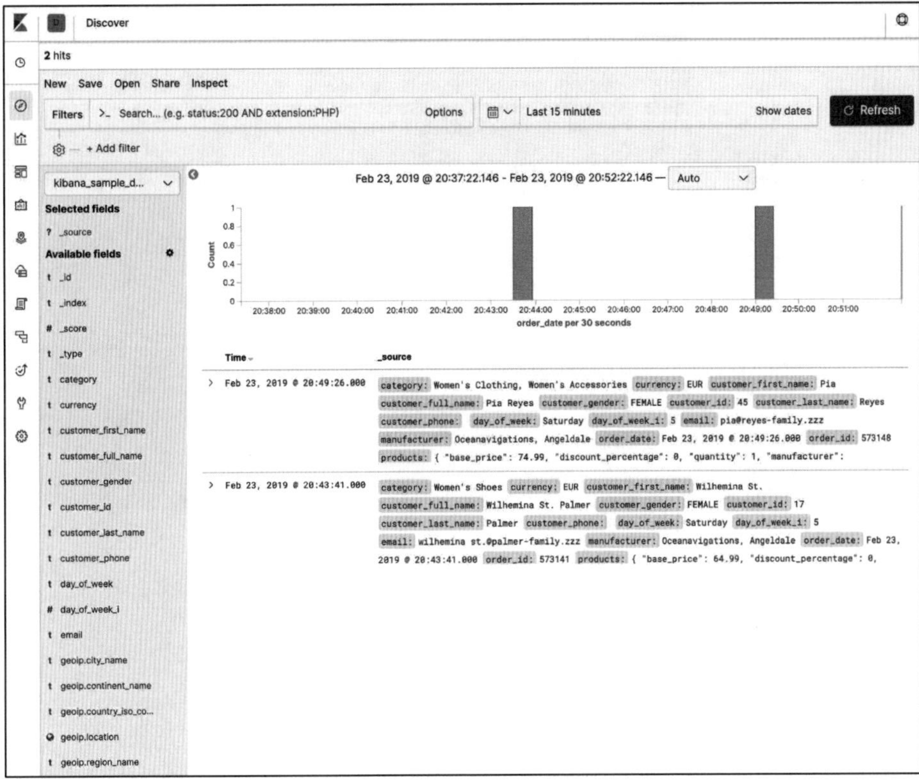

2. 이제 색인 데이터를 조회하거나 분석할 수 있다.

작동 원리

검색 영역은 데이터를 탐색할 수 있게 설계돼 있다.

작성한 검색 대시보드를 저장하고 공유할 수 있다(다른 대시보드를 작성하는 데 재사용할 수 있다). 화면의 중앙에서 문서를 볼 수 있으며 이는 표 형식이나 JSON 형식으로 활용할 수 있다.

앞의 스크린샷에서 보는 것처럼 필드에 마우스를 갖다 대면 지정된 작업이 활성화된다.

- 이 값을 사용하는 경우를 필터링
- 이 값을 사용하지 않는 경우를 필터링
- 테이블의 칼럼 토글
- 존재하는 필드 필터링(존재하는 쿼리)

때때로 데이터가 보이지 않는다. 주로 날짜 범위를 잘못 선택하는 경우다. 다음과 같이 캘린더 드롭다운 메뉴로 범위를 쉽게 변경할 수 있다.

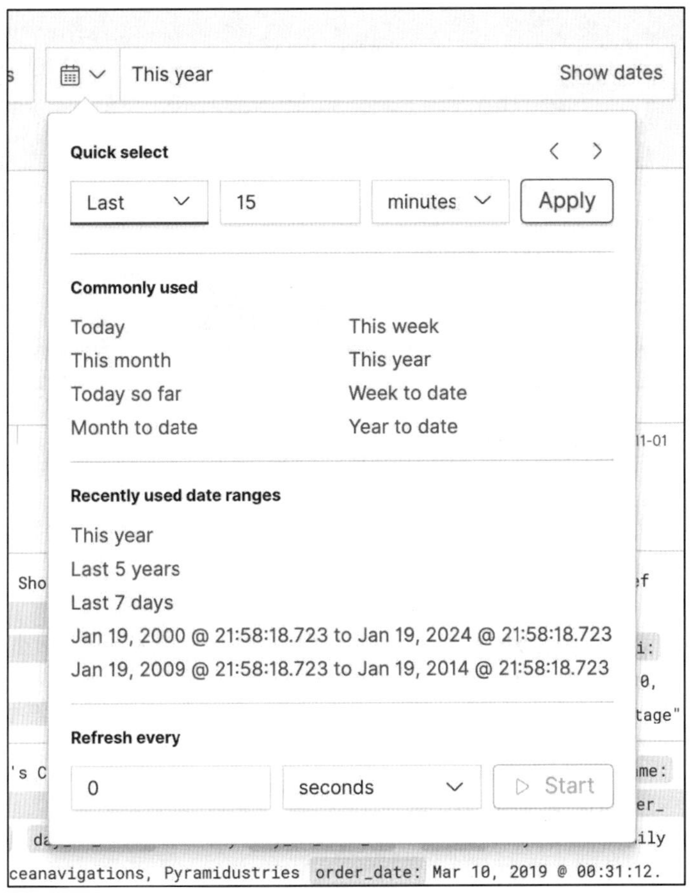

필터링의 핵심은 검색 상자에서 수행된다. 여기서는 데이터를 빠르게 찾을 수 있도록 구글과 유사한 구문을 제공할 수 있다.

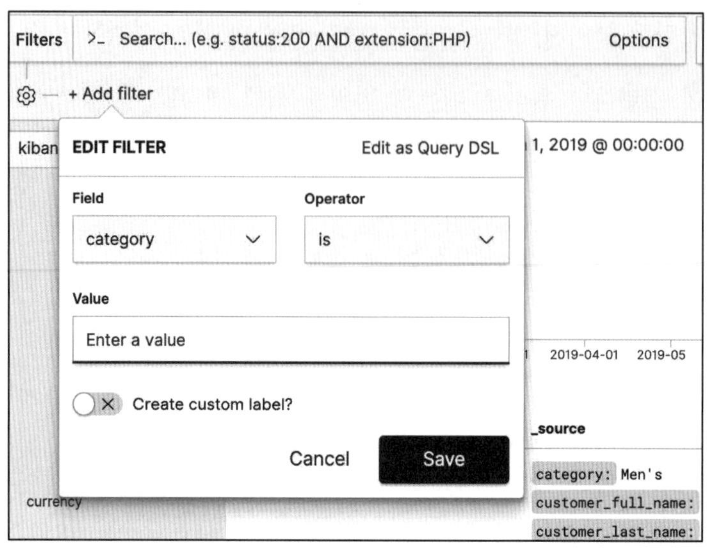

다음의 두 가지 옵션으로 필터를 추가할 수 있다.

- **웹 인터페이스 사용하기:** 간단한 필터다. 모든 필드는 드롭다운 메뉴에서 사용할 수 있다. 이런 방식으로 쿼리를 작성하는 것은 매우 쉽다.
- **쿼리 DSL 편집 사용하기:** 복잡한 JSON을 입력할 수 있다. 화면 왼쪽 편의 필드를 선택할 때 자동으로 생성되는 패싯facet을 이용해 필드를 생성할 수 있다.

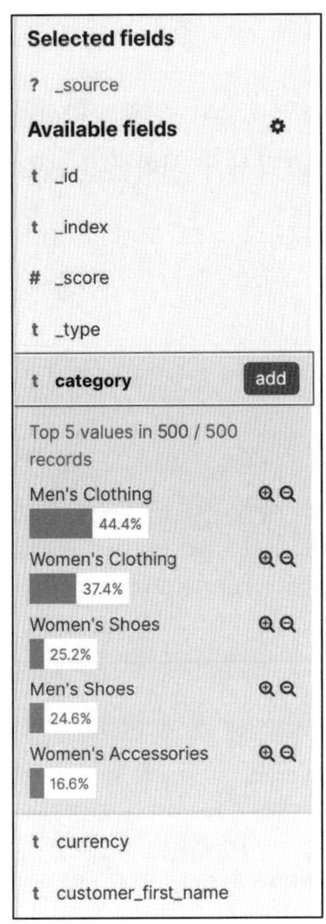

모든 필드에서 인터페이스는 가장 많이 활용되는 값을 제안해 이들을 쉽게 필터로 사용한다. + 및 - 표시를 사용해 값을 필터링하거나 필터링에서 제외할지 선택할 수 있다.

키바나로 데이터 시각화

키바나를 사용하면 시각화라는 재사용할 수 있는 데이터 표시를 작성할 수 있다. 이들은 집계의 표현으로 사용자 정의 그래프를 사용해 대시보드를 강화하는 데 사용한다. 일반적으로 시각화는 대시보드를 구성하는 빌딩 블록으로 고려할 수 있다.

준비 사항

이 예제에서 코드를 실행하려면 1장의 '일래스틱서치 다운로드와 설치' 예제에서 기술된 대로 실행 중인 일래스틱서치 설치본이 필요하다.

1장에서 소개한 docker-compose는 모든 설정을 이미 구성한 상태로 일래스틱서치를 제공한다.

작동 방법

키바나로 사용자 정의 위젯을 생성하려면 다음 절차를 수행한다.

1. 다음 스크린샷처럼 키바나의 시각화 메뉴를 클릭한다.

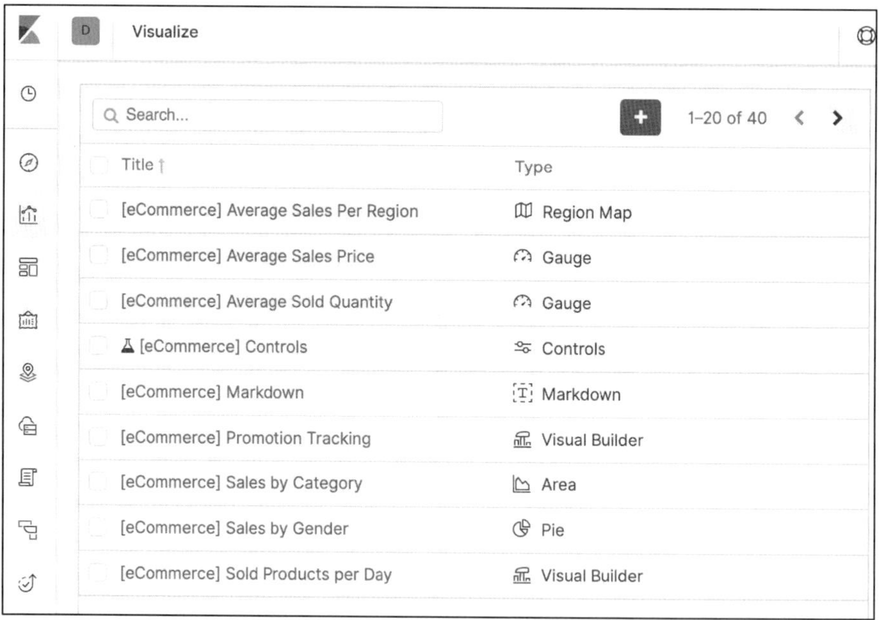

2. 이제 다음 스크린샷처럼 작성하고자 하는 시각화를 선택할 수 있다.

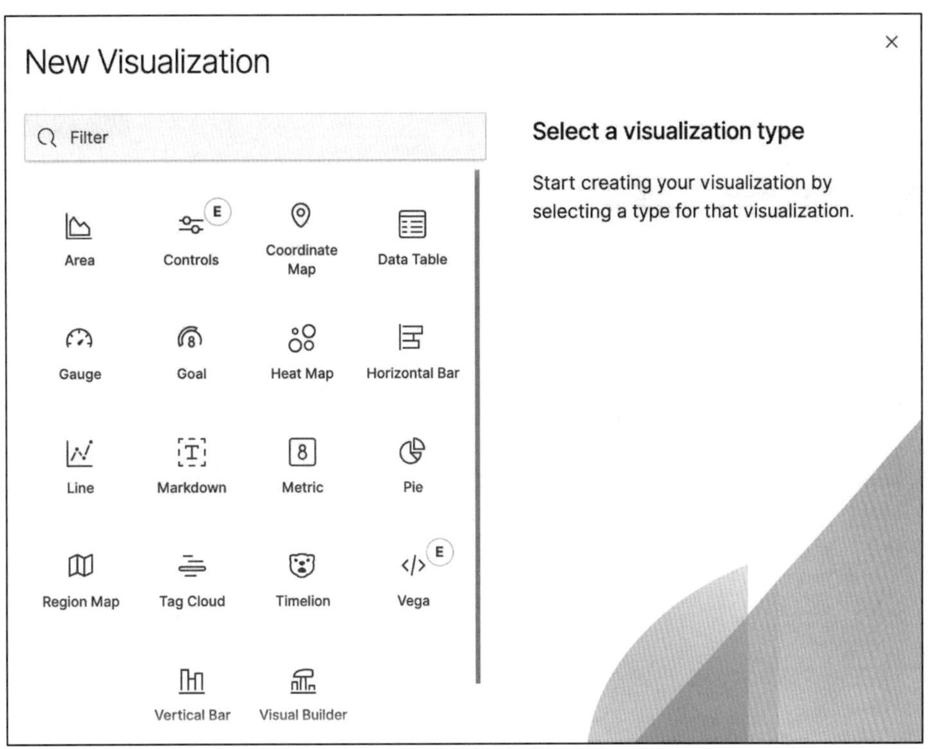

3. 태그 클라우드 시각화를 작성하는 경우 이를 선택하고 다음 스크린샷과 같이 필요한 필드를 채운다.

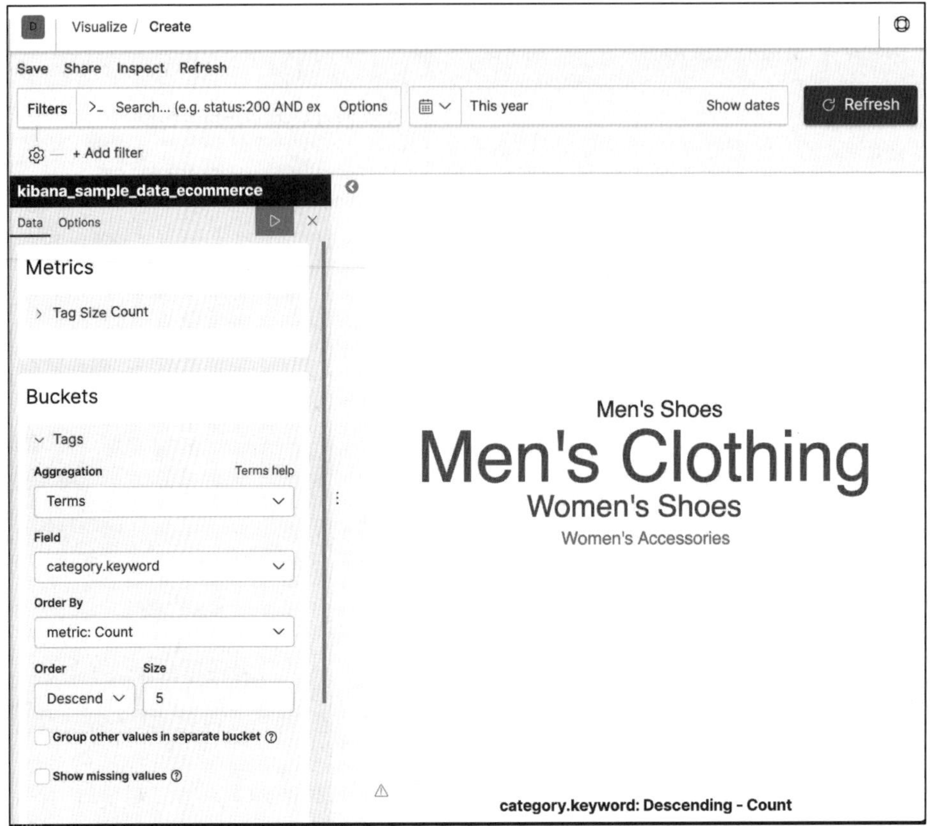

작동 원리

집계와 검색은 시각화 위젯에 그룹화할 수 있으며 사용자 정의 인터페이스를 생성하는 빌딩 블록으로 사용할 수 있다.

내장된 시각화는 다음과 같다.

- **영역 차트**Area chart: 누적된 타임라인을 표시하는 데 유용하다.
- **제어 인터페이스**Controls interface: 필터를 확장하는 데 유용하다.
- **좌표 맵**Coordinate Map: 지리 정보를 관리하는 데 사용한다.

- **데이터 테이블**Data table: 집계 결과로 데이터 테이블을 생성할 수 있다.
- **게이지**Gauge: 범위 값을 보여주는 데 유용하다.
- **목표치**Goal: 숫자 카운트를 보여주는 데 유용하다.
- **히트 맵**Heat Map: 히트 맵으로 데이터를 보여준다.
- **수평/수직 막대 차트**Horizontal/Vertical bar chart: 히스토그램에 대한 일반적인 막대 표현이다.
- **선 차트**Line charts: 시간 기반의 히트 수 표시와 이를 비교하는 데 유용하다.
- **마크다운 위젯**Markdown widget: 대시보드에 대한 설명이나 지침을 표시하는 데 유용하다.
- **메트릭**Metric: 숫자형 메트릭 값을 표현한다.
- **파이**Pie: 낮은 카디널리티 값을 표현하는 데 유용하다.
- **영역 맵**Region Map: 지리적 박스 데이터를 표시하는 데 유용하다.
- **태그 클라우드**Tag cloud: 태그 및 라벨과 같은 용어 값을 표현하는 데 유용하다.
- **시계열/타임라이언**Time series/Timelion: 시계열 도표를 작성하기 위한 타임라이언 언어를 사용할 수 있다.
- **베가**Vega: 사용자 정의 자바스크립트 캔버스다(https://vega.github.io/vega/).
- **비주얼 빌더**Visual Builder: 사전 정의된 빌더를 이용해 사용자 정의 시각화를 생성할 수 있다.

시각화를 선택한 후에 사용자 정의 양식이 왼쪽에 표시되며 모든 필요한 값을 채울 수 있다. 오른편에는 쿼리와 집계 결과로 준실시간으로 갱신되는 위젯 표현을 볼 수 있다.

시각화의 구성을 완성한 후에는 대시보드에서 위젯으로 사용하도록 반드시 저장해야 한다.

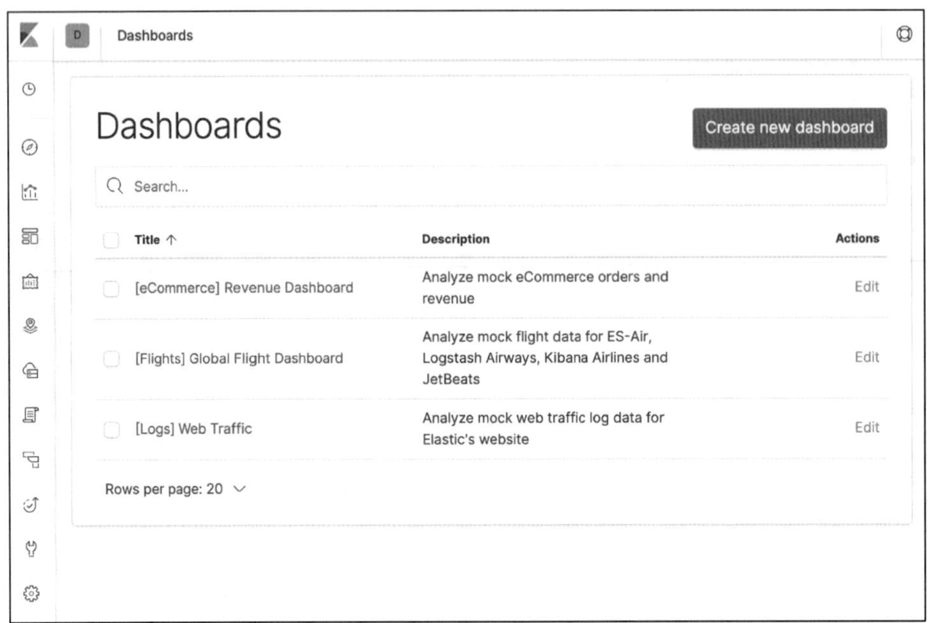

Create new dashboard[신규 대시보드 생성]을 선택한 후 다음 스크린샷에서 보는 것과 같이 저장된 시각화를 추가함으로써 편집을 시작할 수 있다.

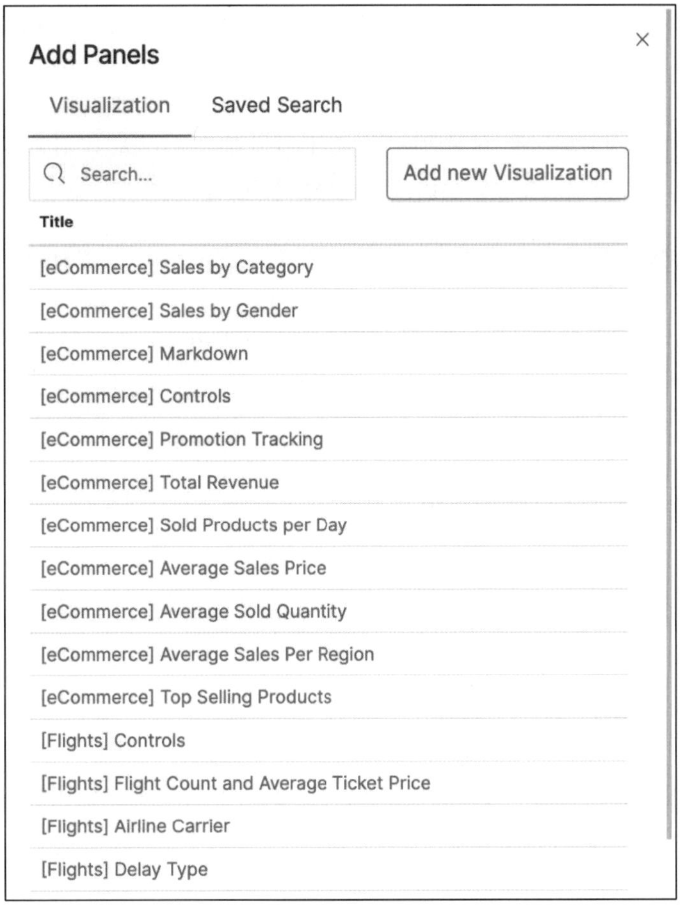

Add Panels

Visualization Saved Search

Search... Add new Visualization

Title

[eCommerce] Sales by Category

[eCommerce] Sales by Gender

[eCommerce] Markdown

[eCommerce] Controls

[eCommerce] Promotion Tracking

[eCommerce] Total Revenue

[eCommerce] Sold Products per Day

[eCommerce] Average Sales Price

[eCommerce] Average Sold Quantity

[eCommerce] Average Sales Per Region

[eCommerce] Top Selling Products

[Flights] Controls

[Flights] Flight Count and Average Ticket Price

[Flights] Airline Carrier

[Flights] Delay Type

대시보드 최상위 메뉴를 사용하면 다음을 할 수 있다.

- New[신규] 메뉴 항목으로 신규 대시보드 만들기
- 현재 대시보드나 쿼리에 이름을 지정해 저장하기
- 이미 저장했던 대시보드 열기
- 링크로 대시보드나 (날짜/시간 값이 고정된) 대시보드 스냅샷 공유하기
- Reporting[보고서] 메뉴 항목을 이용해 현재 대시보드로부터 PDF 생성하기. 보고서

를 생성하려면 대시보드를 반드시 저장해야 한다. Reporting[보고서] 메뉴는 X-Pack 이 활성화된 경우만 사용할 수 있다.

- 자동 고침 대시보드를 사용한다면 중지 아이콘으로 자동 고침을 중지시킬 수 있다. 새로 고침 간격을 클릭해 변경할 수 있다.
- 시간 범위 값을 클릭해 시간 간격 범위를 정의하거나 변경하기

내부적으로 키바나 대시보드는 일래스틱서치의 `.kibana` 특수 색인에 저장된다. 모든 종류의 비동기 작업을 할 때 이 색인에서 데이터를 읽어온다.

이 예제에서는 강력한 키바나 대시보드를 수박 겉핥기로 살펴봤다. 키바나에 대한 책을 구매하거나 키바나에 대한 비디오나 온라인 문서들을 참고한다. 키바나는 아주 많은 기능을 제공하고 있기 때문이다.

키바나 개발 도구 사용

키바나는 개발자를 위한 아주 편리한 메뉴를 제공한다. 오픈소스 버전에서 이 메뉴는 세 가지 도구로 구성돼 있다.

- **개발 콘솔**[Dev-Console]: 개발자가 명령을 테스트하고 실행하는 공간
- **검색 프로파일러**[Search Profiler]: 쿼리를 프로파일링하는 데 사용하는 도구
- **Grok 디버거**[Debugger]: Grok 정규식을 디버깅하는 데 사용한다.

준비 사항

이 예제에서 코드를 실행하려면 1장의 '일래스틱서치 다운로드와 설치' 예제에서 기술된 대로 실행 중인 일래스틱서치 설치본이 필요하다.

1장에서 소개한 docker-compose는 모든 설정을 이미 구성한 상태로 일래스틱서치를 제공한다.

작동 방법

개발자 콘솔을 사용하려면 다음 절차를 수행한다.

1. 다음 스크린샷처럼 키바나의 개발 도구 메뉴를 클릭한다.

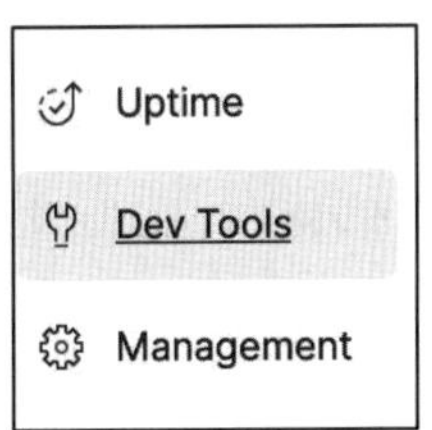

2. 이제 개발자 콘솔을 사용해 쿼리 작성, 실행, 테스트를 수행하고 다음 스크린샷과 같이 여러 가지 일래스틱서치 HTTP API를 실행할 수 있다.

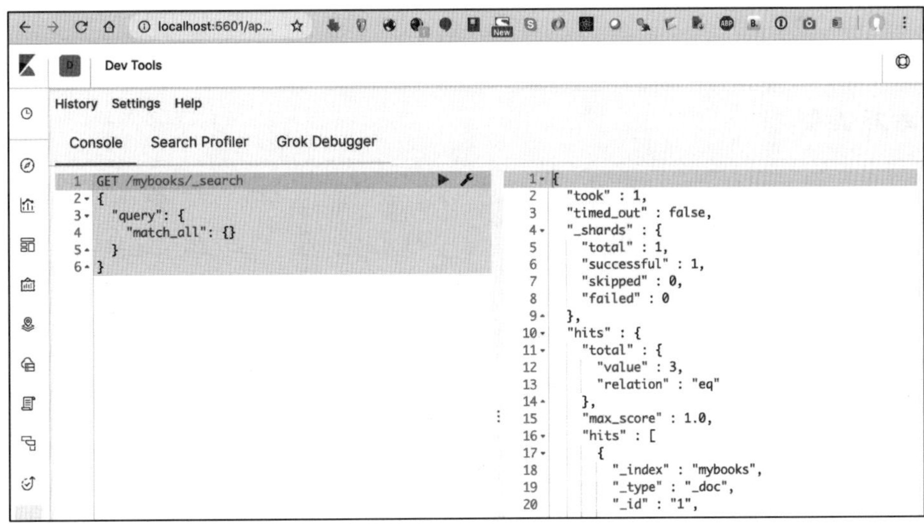

작동 원리

키바나 개발 콘솔은 앞에서 언급했던 세레브로 인터페이스와 유사하다. 일래스틱서치에서 `http` 인터페이스로 모든 종류의 REST API 호출을 실행할 수 있다. 다음을 포함해 여러 가지 목적으로 사용할 수 있다.

- **복잡한 쿼리와 집계 작성하기:** 콘솔 인터페이스는 사용자가 편집할 때 코드 완성 기능과 구문 체크 기능 등의 편의 기능을 제공한다.
- **반환 결과 분석하기:** API 응답 구조나 특정 집계 응답을 확인하는 데 아주 유용하다.
- **애플리케이션 코드에 쿼리를 추가하기 전에 디버그하거나 테스트하기**
- **일래스틱서치 인터페이스에 이제 포함된 REST 서비스 실행하기:** 예를 들어 저장소, 스냅샷, 복원 서비스

TIP

> 키바나 개발자 콘솔의 쿼리 자동 완성은 사용자가 복잡한 쿼리를 빠르게 작성하는 데 도움을 준다.

추가 사항

키바나 개발 도구는 프로파일 섹션으로 특정 쿼리를 실행하는 데 필요한 시간을 상세화하는 지원도 제공한다. 다음 스크린샷에서처럼 키바나의 오픈소스 버전에서 사용할 수 있다.

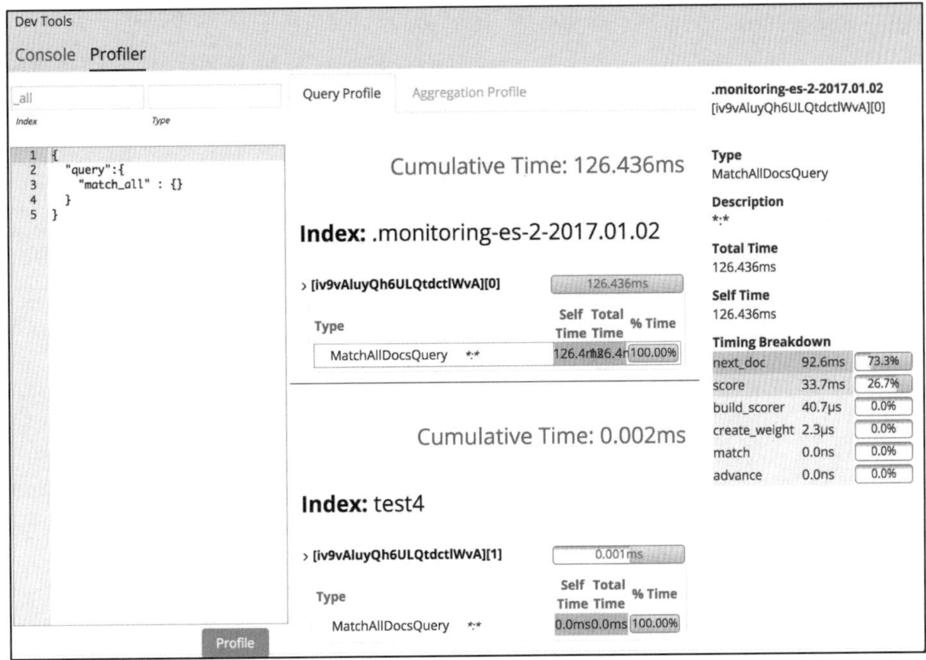

일부 집계가 포함된 쿼리의 실행은 매우 복잡하고 쿼리를 프로파일링하는 데 많은 시간이 걸리기 때문에 이 도구는 일래스틱서치에서 쿼리 실행을 프로파일링할 때 사용할 수 있는 가장 하이레벨의 인터페이스다.

12

적재 모듈 사용

일래스틱서치 5.x에서는 적재 노드로 문서를 적재하는 동안 발생하는 문제의 해결을 목표로 하는 강력한 함수 집합을 소개했다.

1장에서 일래스틱서치 노드가 마스터, 데이터 또는 적재 노드가 될 수 있다는 점을 살펴봤다. 다른 노드에서 적재 컴포넌트를 분리하는 것은 문서를 전처리하는 동안 발생할 수 있는 문제로부터 좀 더 안정적인 클러스터를 구축할 수 있다는 생각에서 시작됐다.

좀 더 안정적인 클러스터를 구축하려면 적재 노드를 마스터 노드에서 분리하는 것이 좋다(가능하다면 데이터 노드에서도 분리하는 것이 좋다). 첨부 문서 플러그인으로 인한 시스템 충돌과 복잡한 조작으로 인한 과부하 같은 일부 문제가 발생하는 경우 노드가 분리돼 있지 않다면 시스템 중단이 유발되기 때문이다.

NOTE

> 간단한 시나리오의 경우 로그스태시 설치로 적재 노드를 대치할 수 있다.

12장에서 다루는 내용은 다음과 같다.

- 파이프라인 정의
- 적재 파이프라인 배포
- 적재 파이프라인 얻기
- 적재 파이프라인 제거
- 파이프라인 시뮬레이션
- 내장형 처리기
- grok 처리기
- 적재 첨부 문서 플러그인 사용
- 적재 GeoIP 플러그인 사용

파이프라인 정의

적재 노드 작업은 데이터 노드에 문서를 전달하기 전에 전처리하는 작업이다. 이 절차를 파이프라인 정의라고 부르고 파이프라인의 각 단계는 처리기 정의로 구성돼 있다.

준비 사항

이 예제에서 코드를 실행하려면 1장의 '일래스틱서치 다운로드와 설치' 예제에서 기술된 대로 실행 중인 일래스틱서치 설치본이 필요하다.

명령을 실행하려면 `curl`(https://curl.haxx.se/) 및 포스트맨(https://www.getpostman.com/)과 유사한 HTTP 클라이언트가 필요하다. 일래스틱서치에 대한 더 원활한 문자 이스케이

프와 코드 완성 기능을 제공하는 키바나 콘솔을 사용하는 것이 좋다.

작동 방법

적재 파이프라인을 정의하려면 다음과 같이 파이프라인 설명과 몇 가지 처리기를 제공해야 한다.

1. 값이 john인 user 필드를 추가하는 파이프라인을 정의한다.

```
{
  "description": "Add user john field",
  "processors": [
    {
      "set": {
        "field": "user",
        "value": "john"
      }
    }
  ],
  "version": 1
}
```

작동 원리

일반적인 템플릿 표현은 다음과 같다.

```
{
  "description" : "...",
  "processors" : [ ... ],
  "version": 1,
```

```
    "on_failure" : [ ... ],
  }
```

description에는 파이프라인에서 수행하는 활동의 정의가 포함된다. 클러스터에 많은 파이프라인을 저장하는 경우 아주 유용하다.

processors 필드에는 적재 작업 목록이 포함된다. 이들은 순서대로 실행된다.

앞의 예시에서는 필드에 값을 지정하는 set라 불리는 단순 처리기를 사용했다. version 필드는 옵션이나 파이프라인 버전을 추적하는 경우 아주 유용하다. 옵션인 on_failure를 사용하면 일반 파이프라인 실행이 실패하는 경우 적용할 처리기 목록을 정의할 수 있다.

추가 사항

누락된 필드나 유사한 제약 조건의 경우 실패를 방지하고자 일부 처리기에는 ignore_failure 속성이 제공된다.

예를 들어 누락된 필드를 처리하는 이름 바꾸기 필드가 있는 파이프라인은 다음과 같이 정의해야 한다.

```
{
  "description": "my pipeline with handled exceptions",
  "processors": [
    {
      "rename": {
        "field": "foo",
        "target_field": "bar",
        "ignore_failure": true
      }
```

```
    }
  ]
}
```

실패할 경우 on_failure 항목을 구성해 오류를 관리할 수 있다. 예를 들어 다음과 같은 방식으로 오류를 필드에 저장할 수 있다.

```
{
  "description": "my pipeline with handled exceptions",
  "processors": [
    {
      "rename": {
        "field": "foo",
        "target_field": "bar",
        "on_failure": [
          {
            "set": {
              "field": "error",
              "value": "{{ _ingest.on_failure_message }}"
            }
          }
        ]
      }
    }
  ]
}
```

TIP

> 많은 처리기에서 페인리스 스크립트나 정규식을 사용해 if문을 정의할 수 있다. 이 속성은 더 복잡한 파이프라인을 작성할 때 아주 유용하다.

참고 사항

파이프라인의 조건에 대한 공식 문서는 https://www.elastic.co/guide/en/elasticsearch/reference/master/ingest-conditional-complex.html, https://www.elastic.co/guide/en/elasticsearch/reference/master/conditionals-with-multiple-pipelines.html, https://www.elastic.co/guide/en/elasticsearch/reference/master/conditionals-with-regex.html에서 확인할 수 있다.

적재 파이프라인 배포

파이프라인 정의의 강점은 (로그스태시와 비교하면) 노드의 재시작 없이도 갱신하거나 생성할 수 있다는 점이다. 파이프라인 정의는 파이프라인 저장 API로 클러스터 상태에 저장된다.

이제 파이프라인을 정의했으므로 일래스틱서치 클러스터에 배포하자.

준비 사항

이 예제에서 코드를 실행하려면 1장의 '일래스틱서치 다운로드와 설치' 예제에서 기술된 대로 실행 중인 일래스틱서치 설치본이 필요하다.

명령을 실행하려면 `curl`(https://curl.haxx.se/) 및 포스트맨(https://www.getpostman.com/)과 유사한 HTTP 클라이언트가 필요하다. 일래스틱서치에 대한 더 원활한 문자 이스케이프와 코드 완성 기능을 제공하는 키바나 콘솔을 사용하는 것이 좋다.

작동 방법

일래스틱서치의 적재 파이프라인을 저장하거나 갱신하려면 다음 절차를 수행한다.

1. PUT 호출로 적재 파이프라인을 저장한다.

```
PUT /_ingest/pipeline/add-user-john
{
  "description": "Add user john field",
  "processors": [
    {
      "set": {
        "field": "user",
        "value": "john"
      }
    }
  ],
  "version": 1
}
```

2. 정상적으로 동작하면 일래스틱서치의 반환 결과는 다음과 같다.

```
{
  "acknowledged" : true
}
```

작동 원리

PUT 파이프라인 메서드는 파이프라인 생성뿐 아니라 기존 파이프라인을 갱신할 때에도 동작한다.

파이프라인은 클러스터 상태에 저장되며 모든 적재 노드로 즉시 전파된다. 적재 노드가 신규 파이프라인을 수신하면 노드 메모리상의 파이프라인 정보를 갱신하므로 파이프라인의 변경은 즉시 적용된다.

클러스터에 파이프라인을 저장할 때 파이프라인이 하는 작업을 쉽게 이해할 수 있도록 의미 있는 이름(예를 들어 add-user-join)을 고려해 제공해야 한다. PUT 호출에서 사용하는 파이프라인의 이름은 다른 파이프라인 흐름의 파이프라인 ID가 된다.

일래스틱서치에 파이프라인을 저장한 후에 다음과 같이 쿼리 문자열로 파이프라인 이름을 제공해 문서를 색인할 수 있다.

```
PUT /my_index/my_type/my_id?pipeline=add-user-john
{
}
```

색인하기 전에 파이프라인을 통해 문서 정보를 채울 수 있다.

```
{
  "_index" : "my_index",
  "_type" : "_doc",
  "_id" : "my_id",
  "_version" : 1,
  "found" : true,
  "_source" : {
    "user" : "john"
  }
}
```

적재 파이프라인 얻기

파이프라인을 배포한 후 파이프라인 내용을 추출하는 것은 일반적이며 이를 통해 파이프라인 정의를 확인할 수 있다. 이 작업은 파이프라인 얻기 API를 통해 수행할 수 있다.

준비 사항

이 예제에서 코드를 실행하려면 1장의 '일래스틱서치 다운로드와 설치' 예제에서 기술된 대로 실행 중인 일래스틱서치 설치본이 필요하다.

명령을 실행하려면 curl(https://curl.haxx.se/) 및 포스트맨(https://www.getpostman.com/)과 유사한 HTTP 클라이언트가 필요하다. 일래스틱서치에 대한 더 원활한 문자 이스케이프와 코드 완성 기능을 제공하는 키바나 콘솔을 사용하는 것이 좋다.

작동 방법

일래스틱서치에서 적재 파이프라인을 얻으려면 다음 절차를 수행한다.

1. GET 호출로 적재 파이프라인을 얻을 수 있다.

```
GET /_ingest/pipeline/add-user-
```

2. 정상적으로 동작하면 일래스틱서치의 반환 결과는 다음과 같다.

```
{
  "add-user-john" : {
    "description" : "Add user john field",
    "processors" : [
```

```
          {
            "set" : {
              "field" : "user",
              "value" : "john"
            }
          }
        ],
        "version" : 1
      }
    }
```

작동 원리

적재 파이프라인을 얻으려면 파이프라인의 이름이나 ID가 필요하다. 반환된 각 파이프라인에 대해 모든 데이터가 반환된다. 파이프라인이 정의돼 있다면 원본과 버전이 반환된다.

GET 파이프라인에서 다음과 같이 이름에 와일드카드를 사용할 수 있다.

- *를 사용해 모든 파이프라인 추출

```
GET /_ingest/pipeline/*
```

- 파이프라인 일부 추출

```
GET /_ingest/pipeline/add-*
```

TIP

> 많은 경우 파이프라인의 이름 규칙 지정은 관리에 큰 도움이 된다.

추가 사항

버전 정보와 같이 파이프라인 정보 일부만 필요한 경우 `filter_path`를 사용해 필요한 부분만 파이프라인 정보 필터링을 할 수 있다. 다음 코드 예시를 살펴보자.

```
GET /_ingest/pipeline/add-user-john?filter_path=*.version
```

파이프라인의 버전 부분만 반환한다.

```
{
  "add-user-john" : {
    "version" : 1
  }
}
```

적재 파이프라인 제거

사용하지 않거나 필요 없는 파이프라인을 클러스터에서 제거하려면 파이프라인의 ID로 파이프라인 삭제 API를 호출해야 한다.

준비 사항

이 예제에서 코드를 실행하려면 1장의 '일래스틱서치 다운로드와 설치' 예제에서 기술된 대로 실행 중인 일래스틱서치 설치본이 필요하다.

명령을 실행하려면 `curl`(https://curl.haxx.se/) 및 포스트맨(https://www.getpostman.com/)과 유사한 HTTP 클라이언트가 필요하다. 일래스틱서치에 대한 더 원활한 문자 이스케이프와 코드 완성 기능을 제공하는 키바나 콘솔을 사용하는 것이 좋다.

작동 방법

일래스틱서치에서 적재 파이프라인을 제거하려면 다음 절차를 수행한다.

1. DELETE 호출을 이용해 적재 파이프라인을 삭제할 수 있다.

```
DELETE /_ingest/pipeline/add-user-john
```

2. 정상적으로 동작하면 일래스틱서치의 반환 결과는 다음과 같다.

```
{
  "acknowledged" : true
}
```

작동 원리

파이프라인 삭제 API는 일래스틱서치에 정의된 파이프라인을 제거한다.

파이프라인은 클러스터 수준의 저장소로 모든 노드 메모리에 유지되고 적재 노드에서 항상 실행되고 있으므로 클러스터에 필요한 파이프라인만 유지시키는 것이 바람직하다.

NOTE

> 파이프라인 삭제 API는 파이프라인 이름과 ID에 와일드카드 사용을 허용하지 않는다.

적재 파이프라인 시뮬레이션

모든 아키텍처의 적재 부분은 매우 민감하므로 일래스틱서치 팀은 일래스틱서치에 데이터를 저장할 필요 없이 시뮬레이션할 수 있는 기능을 추가했다.

파이프라인 시뮬레이션 API를 사용하면 파이프라인을 일래스틱서치 클러스터에 배포하지 않고도 파이프라인의 기능을 테스트, 개선, 확인할 수 있다.

준비 사항

이 예제에서 코드를 실행하려면 1장의 '일래스틱서치 다운로드와 설치' 예제에서 기술된 대로 실행 중인 일래스틱서치 설치본이 필요하다.

명령을 실행하려면 `curl`(https://curl.haxx.se/) 및 포스트맨(https://www.getpostman.com/)과 유사한 HTTP 클라이언트가 필요하다. 일래스틱서치에 대한 더 원활한 문자 이스케이프와 코드 완성 기능을 제공하는 키바나 콘솔을 사용하는 것이 좋다.

작동 방법

일래스틱서치의 적재 파이프라인을 시뮬레이션하려면 다음 절차를 수행한다.

1. 파이프라인을 테스트할 수 있는 문서의 부분집합과 파이프라인을 모두 전달하는 호출을 실행한다.

```
POST /_ingest/pipeline/_simulate
{
  "pipeline": {
    "description": "Add user john field",
    "processors": [
      {
```

```
          "set": {
            "field": "user",
            "value": "john"
          }
        },
        {
          "set": {
            "field": "job",
            "value": 10
          }
        }
      ],
      "version": 1
    },
    "docs": [
      {
        "_index": "index",
        "_type": "type",
        "_id": "1",
        "_source": {
          "name": "docs1"
        }
      },
      {
        "_index": "index",
        "_type": "type",
        "_id": "2",
        "_source": {
          "name": "docs2"
        }
      }
    ]
  }
```

2. 정상적으로 동작하면 일래스틱서치의 결과는 처리된 파이프라인의 문서 목록이다.

```
{
  "docs" : [
    {
      "doc" : {
        "_index" : "index",
        "_type" : "type",
        "_id" : "1",
        "_source" : {
          "name" : "docs1",
          "job" : 10,
          "user" : "john"
        },
        "_ingest" : {
          "timestamp" : "2019-01-06T14:14:49.805621Z"
        }
      }
    },
    {
      "doc" : {
        "_index" : "index",
        "_type" : "type",
        "_id" : "2",
        "_source" : {
          "name" : "docs2",
          "job" : 10,
          "user" : "john"
        },
        "_ingest" : {
          "timestamp" : "2019-01-06T14:14:49.805651Z"
        }
      }
```

```
        }
      ]
    }
```

작동 원리

파이프라인 시뮬레이션 API는 단일 호출로 문서의 부분집합으로 파이프라인을 테스트할 수 있다. 내부적으로는 다음 절차를 실행한다.

1. 제공된 파이프라인 정의를 파싱해 파이프라인 메모리 내의 표현을 생성한다.
2. 파이프라인을 적용해 제공된 문서를 읽는다.
3. 처리된 결과를 반환한다.

유일한 필수 영역은 문서 목록에 포함된 파이프라인과 docs다. docs에 포함된 문서들은 쿼리 결과에 유사하게 메타데이터 필드와 원본 필드로 구성돼 있어야 한다.

메타데이터 필드를 수정할 수 있는 처리기들이 있으며 이 처리기들은 내용에 기반을 둔 _index나 _type을 변경할 수 있다. 메타데이터 필드는 _index, _type, _id, _routing, _parent다.

디버깅 목적으로 URL 쿼리 인수를 추가해 파이프라인의 모든 중간 단계를 상세하게 반환할 수 있다. 예를 들어 코드로 이전 시뮬레이션의 호출을 변경한다고 가정해보자

```
POST /_ingest/pipeline/_simulate
{…중략...}
```

모든 파이프라인 단계에 대해 결과가 확장된다.

```
{
  "docs" : [
    {
      "processor_results" : [
        {
          "doc" : {
            "_index" : "index",
            "_type" : "type",
            "_id" : "1",
            "_source" : {
              "name" : "docs1",
              "user" : "john"
            },
            "_ingest" : {
              "timestamp" : "2019-01-06T14:17:46.739584Z"
            }
          }
        },
        {
          "doc" : {
            "_index" : "index",
            "_type" : "type",
            "_id" : "1",
            "_source" : {
              "name" : "docs1",
              "job" : 10,
              "user" : "john"
            },
            "_ingest" : {
              "timestamp" : "2019-01-06T14:17:46.739584Z"
            }
          }
        }
      ]
    },
```

```
    ...중략...
}
```

추가 사항

파이프라인 시뮬레이션 API는 다음과 같이 특별한 필드 접근을 사용하는 복잡한 파이프라인을 확인해야 할 때 아주 편리하다.

- **적재 메타데이터 필드:** `_ingest.timestamp`와 같은 특수 메타데이터 필드들이 있으며 적재하는 동안 사용할 수 있다. 이런 종류의 필드를 사용하면 다음과 같이 문서에 값을 추가할 수 있다.

```
{
  "set": {
    "field": "received",
    "value": "{{_ingest.timestamp}}"
  }
}
```

- **필드 변경 템플릿:** `{{}}`를 가진 템플릿을 이용해 다른 필드를 적재하거나 값들을 합칠 수 있다.

```
{
  "set": {
    "field": "full_name",
    "value": "{{name}} {{surname}}"
  }
}
```

(_ingest을 이용해 접근할 수 있는) 적재 메타데이터 필드는 다음과 같다.

- **timestamp**: 파이프라인에 현재 타임스탬프를 포함시킨다.
- **on_failure_message**: 실패할 경우 on_failure 블록에서만 사용할 수 있다. 실패 메시지를 포함한다.
- **on_failure_processor_type**: 실패할 경우 on_failure 블록에서만 사용할 수 있다. 오류를 생성한 오류 처리기 유형을 포함한다.
- **on_failure_processor_tag**: 실패할 경우 on_failure 블록에서만 사용할 수 있다. 오류를 생성한 실패 태그를 포함한다.

내장형 처리기

일래스틱서치는 다수의 적재 처리기 세트를 기본적으로 제공한다. 이들의 개수와 기능들은 새로운 시나리오를 위해 마이너 버전에서 확장 버전으로 변경될 수도 있다.

이 예제에서는 가장 일반적으로 사용되는 처리기를 살펴본다.

준비 사항

이 예제에서 코드를 실행하려면 1장의 '일래스틱서치 다운로드와 설치' 예제에서 기술된 대로 실행 중인 일래스틱서치 설치본이 필요하다.

명령을 실행하려면 curl(https://curl.haxx.se/) 및 포스트맨(https://www.getpostman.com/)과 유사한 HTTP 클라이언트가 필요하다. 일래스틱서치에 대한 더 원활한 문자 이스케이프와 코드 완성 기능을 제공하는 키바나 콘솔을 사용하는 것이 좋다.

작동 방법

일래스틱서치의 적재 파이프라인에 여러 처리기를 사용하려면 다음 절차를 수행한다.

1. 파이프라인을 테스트할 수 있는 문서의 샘플 부분집합을 가진 여러 처리기를 이용해 시뮬레이션 파이프라인 API 호출을 수행한다.

```
POST /_ingest/pipeline/_simulate
{
  "pipeline": {
    "description": "Testing some build-processors",
    "processors": [
      {
        "dot_expander": {
          "field": "extfield.innerfield"
        }
      },
      {
        "remove": {
          "field": "unwanted"
        }
      },
      {
        "trim": {
          "field": "message"
        }
      },
      {
        "set": {
          "field": "tokens",
          "value": "{{message}}"
        }
      },
```

```
        {
          "split": {
            "field": "tokens",
            "separator": "\\s+"
          }
        },
        {
          "sort": {
            "field": "tokens",
            "order": "desc"
          }
        },
        {
          "convert": {
            "field": "mynumbertext",
            "target_field": "mynumber",
            "type": "integer"
          }
        }
      ]
    },
    "docs": [
      {
        "_index": "index",
        "_type": "type",
        "_id": "1",
        "_source": {
          "extfield.innerfield": "booo",
          "unwanted": 32243,
          "message": "155.2.124.3 GET /index.html 15442 0.038",
          "mynumbertext": "3123"
        }
      }
    ]
  }
```

결과는 다음과 같다.

```
{
  "docs" : [
    {
      "doc" : {
        "_index" : "index",
        "_type" : "type",
        "_id" : "1",
        "_source" : {
          "mynumbertext" : "3123",
          "extfield" : {
            "innerfield" : "booo"
          },
          "tokens" : [
            "GET",
            "155.2.124.3",
            "15442",
            "0.038",
            "/index.html"
          ],
          "message" : "155.2.124.3 GET /index.html 15442 0.038",
          "mynumber" : 3123
        },
        "_ingest" : {
          "timestamp" : "2019-01-06T15:08:45.489069Z"
        }
      }
    }
  }
}
```

작동 원리

앞의 예시는 문서를 전처리하는 복잡한 파이프라인 작성 방법을 보여준다. 로그와 텍스트 처리의 가장 일반적인 시나리오를 다루는 많은 내장형 처리기가 있다. 더 복잡한 종류는 스크립트를 사용해 수행할 수 있다.

이 책을 쓰는 시점에 일래스틱서치는 내장형 파이프라인을 제공한다. 다음은 가장 많이 사용하는 처리기들이다.

이름	설명
Append	필드에 값을 추가한다. 필요하다면 값을 배열로 변환한다.
Convert	필드 값을 다른 유형으로 변환한다.
Date	날짜를 파싱해 문서의 timestamp 값으로 사용한다.
Date index name	날짜 필드를 기반으로 _index 이름을 지정할 수 있다.
Drop	오류를 발생시키지 않으면서도 이후 문서를 제외시킨다.
Fail	실패를 유발시킨다.
Foreach	제공된 처리기로 배열의 요소를 처리한다.
Grok	grok 패턴 추출을 적용한다.
Gsub	필드에서 정규식 바꾸기를 실행한다.
Join	구분자를 이용해 배열 값들을 합친다.
JSON	JSON 문자열을 JSON 객체로 변환한다.
Lowercase	필드를 소문자로 바꾼다.
Remove	필드를 제거한다.
Pipeline	다른 파이프라인을 실행할 수 있다.
Rename	필드명을 변경한다.
Script	스크립트를 실행시킬 수 있게 한다.

(이어짐)

이름	설명
Set	필드 값을 지정한다.
Split	정규식을 이용해 배열에 있는 필드를 분리시킨다.
Sort	배열 필드 값을 정렬한다.
Trim	필드에서 공백문자를 제거한다.
Uppercase	필드를 대문자로 바꾼다.
Dot expander	객체에서 도트가 있는 필드를 확장한다.

참고 사항

16장에서 일래스틱서치 기능을 확장하는 자바 기반 사용자 정의 처리기의 작성 방법을 다룬다.

Grok 처리기

일래스틱서치는 모든 배포판에 따라 추가된 다수의 내장형 처리기를 제공한다. 앞의 예시에서 그 세트들과 대체된 것들을 살펴봤다. 이 예제에서는 로그 분석에 가장 많이 사용되는 처리기를 살펴본다(로그스태시 사용자들이 잘 알고 있는 grok 처리기다).

준비 사항

이 예제에서 코드를 실행하려면 1장의 '일래스틱서치 다운로드와 설치' 예제에서 기술된 대로 실행 중인 일래스틱서치 설치본이 필요하다.

명령을 실행하려면 `curl`(https://curl.haxx.se/) 및 포스트맨(https://www.getpostman.com/)과 유사한 HTTP 클라이언트가 필요하다. 일래스틱서치에 대한 더 원활한 문자 이스케이

프와 코드 완성 기능을 제공하는 키바나 콘솔을 사용하는 것이 좋다.

작동 방법

일부 로그에 grok 패턴을 테스트하려면 다음 절차를 수행한다.

1. 파이프라인 테스트할 문서의 샘플 부분집합과 grok 처리기를 가진 파이프라인을 모두 전달하는 API를 호출한다.

```
POST /_ingest/pipeline/_simulate
{
  "pipeline": {
    "description": "Testing grok pattern",
    "processors": [
      {
        "grok": {
          "field": "message",
          "patterns": [
            "%{IP:client} %{WORD:method}
            %{URIPATHPARAM:request} %{NUMBER:bytes}
            %{NUMBER:duration}"
          ]
        }
      }
    ]
  },
  "docs": [
    {
      "_index": "index",
      "_type": "type",
      "_id": "1",
      "_source": {
        "message": "155.2.124.3 GET /index.html 15442 0.038"
```

```
        }
      }
    ]
  }
```

2. 정상적으로 동작하면 일래스틱서치의 결과는 처리된 파이프라인 문서 목록이다.

```
{
  "docs" : [
    {
      "doc" : {
        "_index" : "index",
        "_type" : "type",
        "_id" : "1",
        "_source" : {
          "duration" : "0.038",
          "request" : "/index.html",
          "method" : "GET",
          "bytes" : "15442",
          "client" : "155.2.124.3",
          "message" : "155.2.124.3 GET /index.html 15442 0.038"
        },
        "_ingest" : {
          "timestamp" : "2019-01-06T15:17:02.784882Z"
        }
      }
    }
  ]
}
```

작동 원리

grok 처리기를 사용하면 단순 텍스트 필드에서 구조화된 필드들을 문서에서 추출할 수 있다. grok 패턴은 재사용할 수 있는 별칭이 있는 표현식을 지원하는 정규식과 같다. 로그 데이터를 추출할 수 있는 강력한 구문 기능 때문에 일래스틱서치 소프트웨어의 다른 부분인 로그스태시에서 주로 사용됐다.

NOTE

일래스틱서치에는 대략 120개의 내장형 grok 표현식이 있다(https://github.com/elastic/elasticsearch/tree/master/modules/ingest-common/src/main/resources/patterns에서 이들을 분석해볼 수 있다).

구문의 가독성이 좋으므로 grok 표현식을 정의하는 것은 꽤 단순하다. 표현식(패턴)에서 색상을 추출하고 pattern_definitions를 사용해 값이 RED, YELLOW, BLUE의 부분집합인지 확인하려는 경우 유사한 처리기를 다음과 같이 정의할 수 있다.

```
POST /_ingest/pipeline/_simulate
{
  "pipeline": {
    "description": "custom grok pattern",
    "processors": [
      {
        "grok": {
          "field": "message",
          "patterns": [
            "my favorite color is %{COLOR:color}"
          ],
          "pattern_definitions": {
            "COLOR": "RED|GREEN|BLUE"
          }
        }
      }
```

```
      ]
    },
    "docs": [
      {
        "_source": {
          "message": "my favorite color is RED"
        }
      },
      {
        "_source": {
          "message": "happy fail!!"
        }
      }
    ]
  }
```

결과는 다음과 같다.

```
  {
    "docs" : [
      {
        "doc" : {
          "_index" : "_index",
          "_type" : "_type",
          "_id" : "_id",
          "_source" : {
            "message" : "my favorite color is RED",
            "color" : "RED"
          },
          "_ingest" : {
            "timestamp" : "2019-01-06T15:18:53.8785Z"
          }
        }
```

```
},
{
  "error" : {
    "root_cause" : [
      {
        "type" : "exception",
        "reason" : "java.lang.IllegalArgumentException:
            java.lang.IllegalArgumentException:
            Provided Grok expressions do not
            match field value: [happy fail!!]",
        "header" : {
          "processor_type" : "grok"
        }
      }
    ],
    "type" : "exception",
    "reason" : "java.lang.IllegalArgumentException:
        java.lang.IllegalArgumentException:
        Provided Grok expressions do not
        match field value: [happy fail!!]",
    "caused_by" : {
      "type" : "illegal_argument_exception",
      "reason" : "java.lang.IllegalArgumentException: Provided
          Grok expressions do not match field value: [happy fail!!]",
      "caused_by" : {
        "type" : "illegal_argument_exception",
        "reason" : "Provided Grok expressions do not match field.
            value: [happy fail!!]"
      }
    },
    "header" : {
      "processor_type" : "grok"
    }
  }
}
```

```
    ]
  }
```

실제 애플리케이션에서는 실패한 grok 처리기의 예외는 문서가 색인되는 것을 막는다. 이런 이유로 grok 패턴을 설계할 때는 커다란 부분집합으로 테스트해야 한다.

참고 사항

http://grokdebug.herokuapp.com과 http://grokconstructor.appspot.com에서 grok 표현식을 테스트할 수 있는 온라인 사이트다.

첨부 적재 플러그인 사용

첨부 매퍼를 이용해 5.x 이전의 일래스틱서치를 무응답으로 만드는 것은 아주 쉬웠다. 문서에서 메타데이터를 추출하는 것은 아주 높은 CPU 작업을 요구하고 많은 문서를 적재하는 경우 클러스터에 과부하가 걸린다.

이런 현상을 막고자 일래스틱서치는 적재 노드를 도입했다. 적재 노드는 나머지 일래스틱서치 클러스터에 문제를 일으키지 않으면서도 매우 높은 부하를 견딜 수 있다.

첨부 처리기를 사용하면 적재 노드에서 티카Tika의 문서 추출 기능을 사용할 수 있다.

준비 사항

이 예제에서 코드를 실행하려면 1장의 '일래스틱서치 다운로드와 설치' 예제에서 기술된 대로 실행 중인 일래스틱서치 설치본이 필요하다.

명령을 실행하려면 curl(https://curl.haxx.se/) 및 포스트맨(https://www.getpostman.com/)과 유사한 HTTP 클라이언트가 필요하다. 일래스틱서치에 대한 더 원활한 문자 이스케이프와 코드 완성 기능을 제공하는 키바나 콘솔을 사용하는 것이 좋다.

작동 방법

첨부 문서 적재 처리기를 사용하려면 다음 절차를 수행한다.

1. 다음 명령으로 첨부 적재 플러그인을 설치한다.

```
bin/elasticsearch-plugin install ingest-attachment
```

출력 결과는 다음과 같다.

```
-> Downloading ingest-attachment from elastic
[=================================================]100%
@@@@@@@@@@@@@@@@@@@@@@@@@@@@@@@@@@@@@@@
@ WARNING: plugin requires additional permissions @
@@@@@@@@@@@@@@@@@@@@@@@@@@@@@@@@@@@@@@@
* java.lang.RuntimePermission getClassLoader
* java.lang.reflect.ReflectPermission suppressAccessChecks
* java.security.SecurityPermission createAccessControlContext.
* java.security.SecurityPermission insertProvider
* java.security.SecurityPermission putProviderProperty.BC.
Continue with the installation? [y/n] y
-> Installed ingest-attachment
```

설치를 성공적으로 완료하려면 보안 권한을 허용해야 한다.

NOTE

> 허용된 권한과 연관 위험에 대한 자세한 내용은 http://docs.oracle.com/javase/8/docs/technotes/guides/security/permissions.html을 참고한다.

2. 신규 플러그인을 설치한 후 플러그인을 탑재하도록 노드를 재시작해야 한다. 이제 첨부 문서 플러그인을 가진 파이프라인 적재를 작성할 수 있다.

```
PUT /_ingest/pipeline/attachment
{
  "description": "Extract data from an attachment via Tika",
  "processors": [
    {
      "attachment": {
        "field": "data"
      }
    }
  ],
  "version": 1
}
```

정상적으로 동작하면 다음 메시지를 수신할 수 있다.

```
{
  "acknowledged" : true
}
```

3. 이제 파이프라인을 이용해 문서를 색인한다.

```
PUT /my_index/my_type/my_id?pipeline=attachment
{
```

```
  "data": "e1xydGYxXGFuc2kNCkxvcmVtIGlwc3VtIGRvbG9yI
      HNpdCBhbWV0DQpccGFyIH0="
}
```

4. 적재한 문서를 다시 호출한다.

```
GET /my_index/_doc/my_id
```

결과는 다음과 같다.

```
{
  "_index" : "my_index",
  "_type" : "_doc",
  "_id" : "my_id",
  "_version" : 1,
  "found" : true,
  "_source" : {
    "data" : "e1xydGYxXGFuc2kNCkxvcmVtIGlwc3VtIGRvbG9y
        IHNpdCBhbWV0DQpccGFyIH0=",
    "attachment" : {
      "content_type" : "application/rtf",
      "language" : "ro",
      "content" : "Lorem ipsum dolor sit amet",
      "content_length" : 28
    }
  }
}
```

작동 원리

첨부 적재 처리기는 별도의 플러그인으로 제공되므로 설치해야만 한다. 설치 후에 다른 모든 처리기와 같이 동작한다. 제어를 위한 속성은 다음과 같다.

- **field**: 바이너리 데이터의 base64 표현을 포함하는 필드다.
- **target_field**: 첨부 정보를 보유하는 필드다(기본값: attachment).
- **indexed_char**: 매우 커다란 필드를 방지하도록 추출할 문자수를 정의한다. -1로 지정하면 모든 문자열이 추출된다(기본값: 100000).
- **properties**: 추출해야 하는 문서의 다른 메타데이터 필드, content, title, name, author, keyword, date, content_type, content_length, language가 될 수 있다(기본값: all).

적재 GeoIP 플러그인 사용

또 다른 흥미로운 처리기는 GeoIP 플러그인으로 IP 주소를 지리 좌표 및 다른 위치 데이터로 매핑해준다.

준비 사항

이 예제에서 코드를 실행하려면 1장의 '일래스틱서치 다운로드와 설치' 예제에서 기술된 대로 실행 중인 일래스틱서치 설치본이 필요하다.

명령을 실행하려면 curl(https://curl.haxx.se/) 및 포스트맨(https://www.getpostman.com/)과 유사한 HTTP 클라이언트가 필요하다. 일래스틱서치에 대한 더 원활한 문자 이스케이프와 코드 완성 기능을 제공하는 키바나 콘솔을 사용하는 것이 좋다.

작동 방법

적재 GeoIP 문서 처리기를 사용하려면 다음 절차를 수행한다.

1. 적재 GeoIP 플러그인을 다음 명령으로 설치한다.

```
bin/elasticsearch-plugin install ingest-geoip
```

출력 결과는 다음과 같다.

```
-> Downloading ingest-geoip from elastic
[=================================================] 100%
@@@@@@@@@@@@@@@@@@@@@@@@@@@@@@@@@@@@@@@@@
@ WARNING: plugin requires additional permissions @
@@@@@@@@@@@@@@@@@@@@@@@@@@@@@@@@@@@@@@@@@
* java.lang.RuntimePermission accessDeclaredMembers
See http://docs.oracle.com/javase/8/docs/technotes/guides/
security/permissions.html
for descriptions of what these permissions allow and the associated risks.
Continue with the installation? [y/n] y.
-> Installed ingest-geoip
```

설치를 성공적으로 완료하려면 보안 권한을 허용해야 한다.

2. 신규 플러그인의 설치 후 플러그인을 적재하도록 노드를 재시작해야 한다.

3. 이제 GeoIP 플러그인을 가진 파이프라인 적재를 작성할 수 있다.

```
PUT /_ingest/pipeline/geoip
{
  "description": "Extract geopoint from an IP",
  "processors": [
```

```
    {
      "geoip": {
        "field": "ip"
      }
    }
  ],
  "version": 1
}
```

4. 정상적으로 동작하면 다음 메시지를 수신할 수 있다.

```
{
  "acknowledged" : true
}
```

5. 이제 파이프라인을 이용해 문서를 색인한다.

```
PUT /my_index/_doc/my_id?pipeline=geoip
{
  "ip": "8.8.8.8"
}
```

6. 적재한 문서를 다시 호출한다.

```
GET /my_index/_doc/my_id
```

결과는 다음과 같다.

```
{
  "_index" : "my_index",
  "_type" : "_doc",
  "_id" : "my_id",
  "_version" : 3,
  "found" : true,
  "_source" : {
    "geoip" : {
      "continent_name" : "North America",
      "country_iso_code" : "US",
      "location" : {
        "lon" : -97.822,
        "lat" : 37.751
      }
    },
    "ip" : "8.8.8.8"
  }
}
```

작동 원리

GeoIP 적재 처리기는 별도의 플러그인으로 제공되므로 설치해야만 한다.

IP 주소의 지리 위치 정보를 추출하고자 맥스마인드[MaxMind] 데이터베이스의 데이터를 이용한다. 이 처리기는 기본적으로 **geoip** 필드 아래에 이 정보를 추가한다. GeoIP 처리기는 IPv4와 IPv6 주소 모두를 추출할 수 있다.

설치 후에 다른 모든 처리기처럼 동작한다. 처리기를 제어하는 속성은 다음과 같다.

- **field**: 지리 데이터로 추출된 IP를 포함하는 필드다.
- **target_field**: geoip 정보를 보유한다(기본값: geoip).
- **database_file**: ip의 지리 정보 매핑 정보를 갖는 데이터베이스 파일 필드다.

기본 데이터베이스는 플러그인이 설치될 때 함께 설치된다(기본은 GeoLite2-City.mmdb다).

- **properties**: properties 값은 데이터베이스에 따른다. 추출된 필드에 대한 자세한 내용은 데이터베이스 설명을 참고한다(기본값은 all이다).

참고 사항

GeoIP 처리기 플러그인과 다른 GeoIP2 데이터베이스를 이용하는 방법의 공식 문서는 https://www.elastic.co/guide/en/elasticsearch/plugins/master/ingest-geoip.html에서 확인할 수 있다.

13

자바 통합

일래스틱서치 기능은 몇 가지 방식(REST API와 네이티브 방식)으로 자바 애플리케이션과 쉽게 통합시킬 수 있다. 아파치 HttpComponents 클라이언트(더 자세한 정보는 http://hc.apache.org/를 참고한다)와 같이 사용할 수 있는 많은 자바 라이브러리 중 하나를 이용해 REST HTTP 인터페이스를 호출하는 것은 용이하다. 이 분야에서 가장 많이 사용하는 라이브러리는 정할 수 없다. 일반적으로 개발자들은 가장 잘 아는 라이브러리나 자신의 환경에 가장 잘 맞는 라이브러리를 선택한다. 일래스틱서치 6.x 이후부터 일래스틱 팀은 클라이언트에서 사용할 수 있는 로우레벨/하이레벨 HTTP를 제공하느라 고군분투하고 있다. 13장에서 제공하는 모든 예시에서 이들을 주로 사용한다.

각 JVM 언어는 일래스틱서치를 애플리케이션에 통합하기 위한 네이티브 프로토콜도 제공한다. 그러나 일래스틱서치 7.x 이후부터는 이를 사용하지 않기 때문에 다루지 않을 것이다. 신규 애플리케이션에서는 HTTP를 기반으로 구현해야 한다. 13장에서는 여러 가지 클라이언트를 초기화하는 방법과 12장에서 살펴본 명령을 실행하는 방법을 알아본다. REST API는 이미 다뤘으므로 모든 호출을 자세히 다루지는 않는다. 일래스틱서치 커뮤니티에서는 통합할 때 REST API 사용하기를 추천하는 데, 각 배포판에서 좀 더 안정적으로 동작하고 문서화도 잘돼 있기 때문이다(네이티브 호출은 일래스틱서치 8.x에서 제거됐다).

이 예제에서 볼 수 있는 모든 코드는 이 책의 코드 저장소에서 사용할 수 있으며 메이븐으로 빌드했다.

13장에서 다루는 내용은 다음과 같다.

- 표준 자바 HTTP 클라이언트 작성
- 로우레벨 일래스틱서치 클라이언트 작성
- 하이레벨 일래스틱서치 클라이언트 작성
- 색인 관리
- 매핑 관리
- 문서 관리
- 대량 작업 관리
- 쿼리 작성
- 표준 검색 실행
- 집계 검색 실행
- 스크롤 검색 실행

표준 자바 HTTP 클라이언트 작성

HTTP 클라이언트는 아주 쉽게 작성할 수 있는 클라이언트 중 하나다. 네이티브 프로토콜이 제공하는 내부 메서드뿐만 아니라 HTTP로만 호출하는 플러그인에서 구현된 서드파티 호출도 제공하므로 매우 편리하다.

준비 사항

이 예제에서 코드를 실행하려면 1장의 '일래스틱서치 다운로드와 설치' 예제에서 기술된 대로 실행 중인 일래스틱서치 설치본이 필요하다.

명령을 올바르게 실행하려면 온라인 코드에서 사용할 수 있는 `ch04/populate_kibana.txt` 명령으로 채워진 색인이 필요하다.

메이븐 도구나 이클립스 또는 IntelliJ와 같이 자바 프로그램에서 메이븐을 기본적으로 지원하는 IDE를 설치해야 한다.

이 예제에 대한 코드는 chapter_13/http_java_client에서 확인할 수 있다.

작동 방법

HTTP 클라이언트를 작성하려면 다음 절차를 수행한다.

1. 예시를 활용하도록 아파치 `HttpComponents` 라이브러리를 선택했다. 이 라이브러리는 HTTP 호출을 실행하는 라이브러리 중 가장 널리 사용한다. 이 라이브러리는 search.maven.org로 불리는 주요 메이븐 저장소에서 사용할 수 있다.

   메이븐의 pom.xml 프로젝트에서 컴파일을 활성화하려면 다음 코드만 추가하면 된다.

```
<dependency>
  <groupId>org.apache.httpcomponents</groupId>
  <artifactId>httpclient</artifactId>
  <version>4.5.6</version>
</dependency>
```

2. 클라이언트를 초기화하고 `get` 메서드로 문서를 추출하는 코드는 다음과 같다.

```
package com.packtpub;

import org.apache.http.HttpEntity;
import org.apache.http.HttpStatus;
import org.apache.http.client.methods.CloseableHttpResponse;
import org.apache.http.client.methods.HttpGet;
import org.apache.http.impl.client.CloseableHttpClient;
import org.apache.http.impl.client.HttpClients;
import org.apache.http.util.EntityUtils;

import java.io.IOException;

public class App {

  private static String wsUrl = "http://127.0.0.1:9200";

  public static void main(String[] args) {
    CloseableHttpClient client = HttpClients.custom().setRetryHandler(new
      MyRequestRetryHandler()).build();
    HttpGet method = new HttpGet(wsUrl + "/mybooks/_doc/1");
    // 메서드 실행

    try {
      CloseableHttpResponse response = client.execute(method);

      if (response.getStatusLine().getStatusCode() != HttpStatus.SC_OK) {
        System.err.println("Method failed: " + response.getStatusLine());
      } else {
        HttpEntity entity = response.getEntity();
        String responseBody = EntityUtils.toString(entity);
        System.out.println(responseBody);
      }

    } catch (IOException e) {
      System.err.println("Fatal transport error: " + e.getMessage());
    }
  }
```

```
      e.printStackTrace();
    } finally {
      // 접속 해제
      method.releaseConnection();
    }
```

결과는 다음과 같다.


```
{"_index":"mybooks","_type":"_doc","_id":"1","_version":1,
"found":true,"_source":{"uuid":"11111","position":1,"title":
"Joe Tester","description":"Joe Testere nice guy",
"date":"2015-10-22","price":4.3,"quantity":50}}
```


작동 원리

HTTP 클라이언트를 작성했고 사용하기 위한 앞의 절차들을 수행했다. 이제 좀 더 자세히 살펴보자.

1. 첫 번째 단계는 HTTP 클라이언트 객체를 초기화한다. 앞의 코드에서는 다음과 같은 코드 조각으로 작성했다.

```
CloseableHttpClient client = HttpClients.custom()
    .setRetryHandler(new MyRequestRetryHandler()).build();
```

2. 클라이언트를 사용하기 전에 사용자 정의하는 것이 좋다. 일반적으로 재시도 지원과 같은 추가 기능을 제공하도록 클라이언트를 수정할 수 있다. 재시도 지원은 안정적인 애플리케이션을 설계하는 데 있어 아주 중요하다. IP 네트워크 프로토콜은 100% 신뢰할 수 없으므로 문제가 발생할 경우 자동으로 작업을

재시도한다(HTTP 접속이 닫혔거나 서버가 과부하이거나 등).

3. 앞의 코드에서 HttpRequestRetryHandler를 정의했다. 이 핸들러는 실행을 모니터링하고 오류를 발생시키기 전에 3회 반복한다.

4. 일단 클라이언트를 설치하면 호출 메서드를 정의할 수 있다.

5. 앞의 예시에서 GET REST 호출을 실행하려고 한다. 사용된 메서드는 HttpGet용이고 URL은 index/type/id로 명명된 항목이다(3장에 있는 '문서 가져오기' 예제의 CURL 예시와 유사하다). 이 메서드를 초기화하려면 다음 코드를 사용한다.

```
HttpGet method = new HttpGet(wsUrl + "/mybooks/_doc/1");
```

6. 인증 및 사용자 정의 헤더와 같은 추가 제어를 메서드에 추가해 REST 호출 품질을 향상시키는 것이 좋다.

7. 기본적으로 일래스틱서치 서버는 인증이 필요 없으므로 아키텍처 상단에 보안 계층을 제공할 필요가 있다.

8. 일반적인 시나리오는 HTTP 클라이언트를 검색 가드 플러그인(https://github.com/floragunncom/search-guard)이나 X-Pack(https://www.elastic.co/products/x-pack) 일부인 실드 플러그인과 함께 사용하는 것이다. X-Pack을 사용하면 일래스틱서치 REST를 인증과 SSL로 확장할 수 있다. 이들 플러그인 중 하나를 서버에 설치하고 설정한 후 다음 코드와 같이 호스트 목록을 추가해 컨텍스트 호출 대상이 되는 호스트에만 자격증명을 제공하게 한다.

9. 인증은 단순한 basicAuth이나 복잡하지 않은 배포에서는 아주 유용하다. 코드는 다음과 같다.

```
HttpHost targetHost = new HttpHost("localhost", 9200, "http");
```

```
CredentialsProvider credsProvider = new BasicCredentialsProvider();

credsProvider.setCredentials(new AuthScope(targetHost.getHostName(),
    targetHost.getPort()),
    new UsernamePasswordCredentials("username", "password"));
// AuthCache 인스턴스 생성

AuthCache authCache = new BasicAuthCache();

// 기본 스키마 객체 생성 및 지역 auth 캐시에 추가

BasicScheme basicAuth = new BasicScheme();
authCache.put(targetHost, basicAuth);
```

10. 다음 코드와 같이 호출을 실행할 때 반드시 컨텍스트를 생성해 사용해야 한다.

```
// 실행 컨텍스트에 AuthCache 추가
HttpClientContext context = HttpClientContext.create();
context.setCredentialsProvider(credsProvider);
```

11. 사용자 정의 헤드를 사용하는 호출을 실행할 때 서버에 추가 정보를 전달할 수 있다. 몇 가지 예시로는 API 키나 제공되는 포맷의 힌트 정보다.

12. 대역폭 사용을 줄일 수 있게 HTTP상의 gzip 데이터 압축을 이용하는 것은 일반적인 예시다. 이를 위해 클라이언트가 인코딩을 허용할 수 있다는 것을 서버에 알리는 사용자 정의 헤더를 호출에 추가해야 한다. 다음 코드 예시와 같이 사용자 정의 헤더는 `Accept-Encoding`과 `gzip`이라는 단어로 작성했다.

```
request.addHeader("Accept-Encoding", "gzip");
```

13. 모든 매개변수를 포함하는 호출을 구성한 후 다음과 같이 요청을 전송한다.

```
response = client.execute(method, context);
```

14. 모든 응답 객체는 반환값으로 검사해야 한다. 호출이 정상이라면 반환값은 200이다. 앞의 코드에서 if 구문으로 다음과 같이 확인할 수 있다.

```
if (response.getStatusLine().getStatusCode() != HttpStatus.SC_OK)
```

15. 호출이 정상이고 반환 코드가 200이라면 다음과 같이 응답 결과를 받을 수 있다.

```
HttpEntity entity = response.getEntity();
String responseBody = EntityUtils.toString(entity);
```

응답은 HttpEntity로 래핑돼 있다. HttpEntity는 스트림이다.

HTTP 클라이언트 라이브러리는 EntityUtils.toString이라는 도우미 메서드를 제공하며 모든 HttpEntity의 내용을 문자열로 변환해 읽을 수 있다. 그렇지 않다면 문자열을 생성하고 문자열에서 읽을 수 있는 코드를 작성해야 한다.

호출의 모든 읽기 부분은 try-catch 블록에 감싸져 있으며 네트워크 오류로 발생할 수 있는 모든 오류를 수집한다.

참고 사항

이 예제와 연관해 더 많은 정보는 다음 URL를 참고한다.

- 이 라이브러리에 대한 전체 정보와 더 많은 예시는 http://hc.apache.org/의 아파치 HttpComponents 라이브러리를 참고한다.

- 인증된 일래스틱서치 접근을 제공하는 검색 가드 플러그인이나 https://www.elastic.co/products/x-pack 일래스틱서치 공식 쉴드 플러그인을 참고한다.
- 이 예시에서 사용된 모든 API 호출을 다루는 3장의 '문서 가져오기' 예제를 참고한다.

HTTP 일래스틱서치 클라이언트 작성

일래스틱서치 팀은 일래스틱서치 6.x에서 일래스틱서치와 통신할 수 있는 사용자 정의 로우레벨 HTTP 클라이언트를 제공했으며 주요 기능은 다음과 같다.

- 최소의 의존성
- 모든 가용 노드상의 부하 분산
- 노드 실패와 특수 응답 코드에 따른 장애 조치
- 실패 접속 페널티(실패한 노드 재시도 여부는 얼마나 연속적으로 실패했는지에 따라 다르다. 실패 시도가 많을수록 동일 노드로 재시도하기까지 기다리는 시간이 더 길어진다)
- 영속적인 연결
- 요청과 응답 로그 추적
- 클러스터 노드에 대한 선택적 자동 검색

준비 사항

이 예제에서 코드를 실행하려면 1장의 '일래스틱서치 다운로드와 설치' 예제에서 기술된 대로 실행 중인 일래스틱서치 설치본이 필요하다.

명령을 올바르게 실행하려면 온라인 코드에서 사용할 수 있는 `ch04/populate_`

kibana.txt 명령으로 채워진 색인이 필요하다.

메이븐 도구나 이클립스 또는 IntelliJ와 같은 자바 프로그램에서 메이븐을 기본적으로 지원하는 IDE를 설치해야 한다.

이 예제에 대한 코드는 ch13/http_es_client에서 확인할 수 있다.

작동 방법

RestClient를 작성하려면 다음 절차를 수행한다.

1. 이 예시에서 HTTP 호출을 실행하는 데 사용하는 일래스틱서치 HTTP 클라이언트 라이브러리를 추가해야 한다. 이 라이브러리는 search.maven.org의 주요 메이븐 저장소에서 사용할 수 있다. 메이븐의 pom.xml 프로젝트에서 컴파일을 활성화하려면 다음 코드만 추가하면 된다.

```
<dependency>
  <groupId>org.elasticsearch.client</groupId>
  <artifactId>elasticsearch-rest-client</artifactId>
  <version>7.0.0-alpha2</version>
</dependency>
```

2. 클라이언트를 초기화하고 get 메서드로 문서를 추출하는 코드는 다음과 같다.

```
package com.packtpub;

import org.apache.http.HttpEntity;
import org.apache.http.HttpHost;
import org.apache.http.HttpStatus;
import org.apache.http.util.EntityUtils;
import org.elasticsearch.client.Request;
```

```
import org.elasticsearch.client.Response;
import org.elasticsearch.client.RestClient;

import java.io.IOException;

public class App {

   public static void main(String[] args) {
      RestClient client = RestClient.builder(
         new HttpHost("localhost", 9200, "http")).build();
      try {
         Request request=new Request("GET", "/mybooks/_doc/1");
         Response response = client.performRequest(request);

         if (response.getStatusLine().getStatusCode() != HttpStatus.SC_OK) {
            System.err.println("Method failed: " +
response.getStatusLine());
         } else {
            HttpEntity entity = response.getEntity();
            String responseBody = EntityUtils.toString(entity);
            System.out.println(responseBody);
         }

      } catch (IOException e) {
         System.err.println("Fatal transport error: " + e.getMessage());
         e.printStackTrace();
      } finally {
         // 접속 해제
         try {
            client.close();
         } catch (IOException e) {
            e.printStackTrace();
         }
      }
   }
}
```

결과는 다음과 같다.

```
{"_index":"mybooks","_type":"_doc","_id":"1","_version":1,"found":true,
"_source":{"uuid":"11111","position":1,"title":"Joe Tester",
"description":"Joe Testere nice guy","date":"2015-10-22",
"price":4.3,"quantity":50}}
```

작동 원리

내부적으로 일래스틱서치 RestClient는 아파치 HttpComponents 라이브러리를 사용하고 더 편리한 방식으로 사용할 수 있도록 래핑한다.

RestClient를 생성하고 사용하고자 앞의 절차들을 수행했다. 이제 좀 더 자세히 살펴보자.

1. 첫 번째 단계는 RestClient 객체를 초기화하는 것이다.
2. 앞의 코드에서는 다음의 코드 조각으로 작성했다.

```
RestClient client = RestClient.builder(
    new HttpHost("localhost", 9200, "http")).build();
```

3. 빌더 메서드는 다중 값을 가진 HttpHost(이런 방식으로 HTTP 주소 목록을 전달할 수 있다)를 허용하고 내부적으로 RestClientBuilder를 반환한다.
4. RestClientBuilder를 사용하면 클라이언트 통신을 여러 가지 방식으로 사용자 정의할 수 있다.
    - **setDefaultHeaders(Header[] defaultHeaders)**: 제공되는 모든 요청에 대해 전송해야 하는 사용자 정의 헤더다.

- **setMaxRetryTimeoutMillis(int maxRetryTimeoutMillis)**: 동일 요청에 대해 다중 시도가 있는 경우 최대 재시도 시간제한을 정의할 수 있다
- **setPathPrefix(String pathPrefix)**: 모든 요청에 대해 사용자 정의 경로 접두어를 정의할 수 있다.
- **setFailureListener(FailureListener failureListener)**: 노드의 인스턴스가 실패할 때 호출되는 사용자 정의 실패 리스너를 정의할 수 있다. 노드가 실패하는 경우 사용자 정의 동작을 제공하는 데 사용한다.
- **setHttpClientConfigCallback(RestClientBuilder.HttpClientConfigCallback httpClientConfigCallback)**: HTTP 클라이언트 통신 모듈을 수정해 압축이나 암호화 계층과 같은 기능을 추가한다.
- **setRequestConfigCallback(RestClientBuilder.RequestConfigCallback requestConfigCallback)**: 요청 수준에서 정의할 수 있는 요청 인증, 시간 초과, 다른 속성을 구성할 수 있다.

5. RestClient를 작성한 후 여러 종류의 동기 호출인 performRequest와 비동기 호출인 performRequestAsync로 다양한 요청을 실행할 수 있다.
6. 이들 메서드를 사용해 다음과 같은 매개변수를 설정할 수 있다.

- **String method**: 호출에 사용되는 HTTP 메서드나 동사[verb]다(필수).
- **String endpoint**: API 엔드포인트다(필수). 앞의 예시에서는 /test-index/test-type/1이다.
- **Map<String, String> params**: 쿼리 매개변수로 전달하는 값 집합이다.
- **HttpEntity entity**: 요청 본문이다. org/apache/http/HttpEntity다(자세한 내용은 http://hc.apache.org/Httpcomponents-core-ga/httpcore/apidocs/org/apache/http/HttpEntity.html?is-external=true를 참고한다).

- **HttpAsyncResponseConsumer<HttpResponse> responseConsumer**: 비동기 요청의 응답을 관리하는 데 사용한다(자세한 사항은 http://hc.apache.org/httpcomponents-core-ga/httpcore-nio/apidocs/org/apache/http/nio/protocol/HttpAsyncResponseConsumer.html을 참고한다). 기본적으로 모든 응답은 힙 메모리에 유지된다(최대 가능 메모리 크기는 100MB다).
- **ResponseListener responseListener**: 비동기 호출 동안 콜백을 등록하는 데 사용한다.
- **Header... headers**: 호출하는 동안 전달하는 추가 헤더다.

7. 앞의 예시에서 다음 코드로 GET REST 호출을 실행했다.

```
Request request = new Request("GET", "/mybooks/_doc/1");
Response response = client.performRequest(request);
```

8. 응답 객체는 아파치 HttpComponents 응답을 래핑한 org.elasticsearch.client.Response다. 응답을 관리하는 코드는 앞의 예제에서와 동일하다.

NOTE

RestClient는 로우레벨 라이브러리다. 쿼리나 동작에 대한 도우미는 존재하지 않는다. 현재로서는 이를 사용하는 것은 요청 JSON 문자열을 생성하고 응답 JSON 문자열을 파싱하는 것으로 구성돼 있다.

참고 사항

이 예제와 연관해 더 많은 정보는 다음 URL를 참고한다.

- 더 많은 사용 예시는 https://www.elastic.co/guide/en/elasticsearch/client/java-rest/current/index.html의 RestClient에 대한 공식 문서를 참고하고 노드

탐색에 대한 더 많은 예시는 https://www.elastic.co/guide/en/elasticsearch/client/java-rest/current/sniffer.html의 스니퍼sniffer 확장을 참고한다.

- 이 라이브러리에 대한 전체 정보와 더 많은 예시는 http://hc.apache.org/의 아파치 `HttpComponents` 라이브러리를 참고한다.
- 이들 예시에서 사용한 API 호출을 다룬 3장의 '문서 가져오기' 예제를 참고한다.

하이레벨 REST 클라이언트 작성

자바의 하이레벨 REST 클라이언트는 로우레벨의 최상단에서 작성되며 요청과 응답 자동 마샬링을 제공한다.

일래스틱서치 6.x에서 최초로 출시됐고 이 클라이언트는 다음과 같이 많은 추가 기능을 제공하는 일래스틱서치 주 라이브러리를 따른다.

- JSON 지원
- 프로그래밍에 더 강력한 타입 일치를 제공하는 요청/응답 마샬링/언마샬링
- 동기 호출과 비동기 호출 모두 지원

준비 사항

이 예제에서 코드를 실행하려면 1장의 '일래스틱서치 다운로드와 설치' 예제에서 기술된 대로 실행 중인 일래스틱서치 설치본이 필요하다.

명령을 올바르게 실행하려면 온라인 코드에서 사용할 수 있는 `ch04/populate_kibana.txt` 명령으로 채워진 색인이 필요하다.

메이븐 도구나 이클립스 또는 IntelliJ와 같은 자바 프로그램에서 메이븐을 기본적으로 지원하는 IDE를 설치해야 한다.

이 예제에 대한 코드는 ch13/high-level-client에서 확인할 수 있다.

작동 방법

네이티브 클라이언트를 작성하려면 다음 절차를 수행한다.

1. 시작하기 전에 pom.xml에 다음 행들을 추가해 메이븐에서 일래스틱서치 JAR 파일들을 다운로드해야 한다.

```
<dependency>
  <groupId>org.elasticsearch.client</groupId>
  <artifactId>elasticsearch-rest-high-level-client</artifactId>
  <version>7.0.0-alpha2</version>
</dependency>
```

NOTE

항상 일래스틱서치 최신 배포판을 사용하기를 권고한다. 또는 특정 클러스터에 접속하는 경우 클러스터가 사용하는 동일 버전의 클라이언트를 사용하기를 권고한다. 클라이언트와 서버가 동일한 일래스틱서치 버전인 경우에만 네이티브 클라이언트가 정상적으로 동작한다.

2. 클라이언트 작성 방법에는 두 가지가 있다.

   첫 번째 방법은 전송 프로토콜에서 클라이언트를 얻는 방법으로, 일래스틱서치 클라이언트를 얻는 가장 쉬운 방법이다. 작성 방법은 다음과 같다.

```
import org.apache.http.HttpHost;
import org.elasticsearch.client.RestClient;
import org.elasticsearch.client.RestHighLevelClient;

// 시작 시
```

```
RestHighLevelClient client= new RestHighLevelClient(
    RestClient.builder(
        new HttpHost("localhost", 9200, "http"),
        new HttpHost("localhost", 9201, "http")));

// 종료 시
// 하이레벨 자원을 해제하도록 클라이언트를 닫아야 한다.
client.close();
```

작동 원리

RestHighLevelClient 작성 단계를 좀 더 자세히 살펴보자.

1. 메이븐 pom.xml에 transport 플러그인을 다음과 같이 정의해야 한다.

```
<dependency>
    <groupId>org.elasticsearch.client</groupId>
    <artifactId>elasticsearch-rest-high-level-client</artifactId>
    <version>7.0.0-alpha1</version>
</dependency>
```

2. 클러스터의 노드 포트와 주소를 포함하는 HttpHost 인스턴스를 다음과 같이 하나 이상 생성한다.

```
HttpHost httpHost = new HttpHost("localhost", 9200, "http")
```

3. 다음과 같이 RestClientBuilder를 모든 필수 HttpHost 요소들과 함께 제공해야 한다.

```
RestClientBuilder restClient = RestClient.builder(httpHost);
```

4. 이제 다음 코드와 같이 RestHighLevelClient를 RestClient와 함께 초기화 한다.

```
RestHighLevelClient client = new RestHighLevelClient(restClient);
```

5. 끝으로 애플리케이션을 종료하기 전에 노드가 필요로 했던 자원을 반환해야 한다. 이는 다음 코드와 같이 클라이언트에서 close() 메서드로 실행할 수 있다.

```
client.close();
```

참고 사항

RestHighLevelClient에 대한 일래스틱서치 공식 문서는 https://www.elastic.co/guide/en/elasticsearch/client/java-api/current/transport-client.html을 참고한다.

색인 관리

앞의 예제에서 일래스틱서치 클러스터에 호출을 전송하도록 클라이언트를 초기화하는 방법을 알아봤다. 이 예제에서는 클라이언트 호출로 색인을 관리하는 방법을 알아본다.

준비 사항

이 예제에서 코드를 실행하려면 1장의 '일래스틱서치 다운로드와 설치' 예제에서 기술된 대로 실행 중인 일래스틱서치 설치본이 필요하다.

메이븐 도구나 이클립스 또는 IntelliJ와 같은 자바 프로그램에서 메이븐을 기본적으로 지원하는 IDE를 설치해야 한다.

이 예제 코드는 ch13/high-level-client에 있고 참조한 클래스는 `IndicesOperations`다.

작동 방법

일래스틱서치 클라이언트는 생성, 삭제, 존재 여부, 열기, 닫기, 최적화 같은 모든 색인 동작을 클라이언트의 색인 객체 아래에서 매핑한다. 다음 단계들은 클라이언트를 추출하고 색인에 주요 동작을 실행하는 절차다.

1. 먼저 다음 코드와 같이 필요한 클래스를 임포트[import]한다.

```
import org.elasticsearch.action.admin.indices.close.CloseIndexRequest;
import org.elasticsearch.action.admin.indices.create.CreateIndexRequest;
import org.elasticsearch.action.admin.indices.delete.DeleteIndexRequest;
import org.elasticsearch.action.admin.indices.get.GetIndexRequest;
import org.elasticsearch.action.admin.indices.mapping.put.PutMappingRequest;
import org.elasticsearch.action.admin.indices.open.OpenIndexRequest;
import org.elasticsearch.client.RequestOptions;
import org.elasticsearch.client.RestHighLevelClient;
```

2. 그런 후 다음 코드처럼 색인 동작을 관리하는 `IndicesOperations` 클래스를 정의한다.

```
public class IndicesOperations {
  private final RestHighLevelClient client;
  public IndicesOperations(RestHighLevelClient client) {
    this.client = client;
}
```

3. 다음으로 색인 존재 여부를 확인하는 함수를 정의한다.

```
public boolean checkIndexExists(String name) throws IOException {
  return client.indices().exists(new
    GetIndexRequest().indices(name), RequestOptions.DEFAULT);
}
```

4. 색인을 생성하는 함수를 정의한다.

```
public void createIndex(String name) throws IOException {
  client.indices().create(new CreateIndexRequest(name),
    RequestOptions.DEFAULT);
}
```

5. 색인을 삭제하는 함수를 정의한다.

```
public void deleteIndex(String name) throws IOException {
  client.indices().delete(new DeleteIndexRequest(name),
    RequestOptions.DEFAULT);
}
```

6. 색인을 닫는 함수를 정의한다.

```java
public void closeIndex(String name) throws IOException {
  client.indices().close(new
    CloseIndexRequest().indices(name), RequestOptions.DEFAULT);
}
```

7. 색인을 여는 함수를 정의한다.

```java
public void openIndex(String name) throws IOException {
  client.indices().open(new
    OpenIndexRequest().indices(name), RequestOptions.DEFAULT);
}
```

8. 마지막으로 앞에서 정의한 모든 함수를 테스트한다.

```java
public static void main(String[] args) throws
    InterruptedException, IOException {
  RestHighLevelClientHelper nativeClient = new
      RestHighLevelClientHelper();
  RestHighLevelClient client = nativeClient.getClient();
  IndicesOperations io = new IndicesOperations(client);
  String myIndex = "test";
  if (io.checkIndexExists(myIndex))
    io.deleteIndex(myIndex);
  io.createIndex(myIndex);
  Thread.sleep(1000);
  io.closeIndex(myIndex);
  io.openIndex(myIndex);
  io.deleteIndex(myIndex);
  //자원을 해제하고자 클라이언트를 닫아야 한다.
  nativeClient.close();
}
```

작동 원리

모든 색인 작업을 실행하기 전에 사용할 수 있는 클라이언트가 필요하다(이전 예제에서 생성하는 방법을 살펴봤다).

다음 목록과 같이 기능별로 그룹화된 많은 메서드가 있다.

- 루트 client.*는 색인, 레코드 삭제, 검색, 갱신과 같은 레코드에 관련된 작업이다.
- indices.*는 색인 생성, 색인 삭제 등과 같은 색인에 관련된 메서드다.
- cluster.*는 상태 및 정상 여부와 같은 클러스터에 관련된 메서드다.

클라이언트 메서드는 일반적으로 다음 규칙을 따른다.

- (createAsync와 같은) Async 접미사를 갖는 메서드는 빌드 요청build request과 선택적인 동작 리스너action listener가 필요하다.
- Async를 접미사로 갖지 않은 메서드는 동기 방식으로 호출을 실행하도록 request와 RequestOption의 일부 인스턴스가 필요하다.

앞의 예시에서 다음 목록과 같이 여러 색인 호출이 있다.

- 색인 존재 여부를 확인하는 메서드 호출은 exists다. 다음 코드와 같이 GetIndexRequest가 필요하고 불리언 값을 반환하며 색인 존재 여부 정보를 포함한다.

```
return client.indices().exists(new
    GetIndexRequest().indices(name), RequestOptions.DEFAULT);
```

- 다음과 같이 create 호출로 색인을 생성할 수 있다.

```
client.indices().create(new CreateIndexRequest(name),
    RequestOptions.DEFAULT);
```

- 다음과 같이 close 호출로 색인을 닫을 수 있다.

```
client.indices().close(new CloseIndexRequest().indices(name),
    RequestOptions.DEFAULT);
```

- 다음과 같이 open 호출로 색인을 열 수 있다.

```
client.indices().open(new OpenIndexRequest().indices(name),
    RequestOptions.DEFAULT);
```

- 다음과 같이 delete 호출로 색인을 삭제할 수 있다.

```
client.indices().delete(new DeleteIndexRequest(name),
    RequestOptions.DEFAULT);
```

TIP

샤드의 할당은 비동기적이고 준비되는 데 몇 밀리초가 걸리므로 색인에 대한 빠른 작업을 방지하도록 코드에 1초(Thread.wait(1000)) 지연 코드를 추가했다. 이런 식으로 호출하지 말고 색인의 상태가 녹색일 때만 이 작업을 수행하는 것이 좋다.

참고 사항

이 예제와 연관해 더 많은 정보는 다음 URL를 참고한다.

- 색인 작성에 대한 세부 정보는 3장의 '색인 작성' 예제를 참고한다.

- 색인 삭제에 대한 세부 정보는 3장의 '색인 삭제' 예제를 참고한다.
- 색인 열기/닫기에 대한 세부 정보는 3장의 '색인 열기 또는 닫기' 예제를 참고한다.

매핑 관리

색인을 생성한 후의 다음 단계는 색인에 매핑을 추가하는 것이다. 3장에서 REST API로 매핑을 추가하는 방법을 이미 살펴봤다. 이 예제에서는 네이티브 클라이언트로 매핑을 관리하는 방법을 살펴본다.

준비 사항

이 예제에서 코드를 실행하려면 1장의 '일래스틱서치 다운로드와 설치' 예제에서 기술된 대로 실행 중인 일래스틱서치 설치본이 필요하다.

메이븐 도구나 이클립스 또는 IntelliJ와 같은 자바 프로그램에서 메이븐을 기본적으로 지원하는 IDE를 설치해야 한다.

이 예제에 대한 코드는 ch13/high-level-client에 있고 참조한 클래스는 `MappingOperations`다.

작동 방법

다음의 단계들에서 네이티브 클라이언트로 `myindex` 색인을 매핑하는 `mytype` 매핑을 추가한다.

1. 다음 코드로 필요한 클래스를 임포트한다.

```
import org.elasticsearch.action.admin.indices.mapping.put.PutMappingRequest;
import org.elasticsearch.action.support.master.AcknowledgedResponse;
import org.elasticsearch.client.RequestOptions;
import org.elasticsearch.client.RestHighLevelClient;
import org.elasticsearch.common.xcontent.XContentBuilder;

import java.io.IOException;
import java.net.UnknownHostException;

import static org.elasticsearch.common.xcontent.XContentFactory.jsonBuilder;
```

2. 다음과 같이 코드를 포함하고 클라이언트와 색인을 초기화하는 클래스를 정의한다.

```
public class MappingOperations {

  public static void main(String[] args) {
    String index = "mytest";
    String type = "mytype";
    RestHighLevelClient client =
        RestHighLevelClientHelper.createHighLevelClient();
    IndicesOperations io = new IndicesOperations(client);
    try {
      if (io.checkIndexExists(index))
        io.deleteIndex(index);
      io.createIndex(index);
```

3. 색인에 추가할 JSON 매핑을 준비한다.

```
XContentBuilder builder = null;
  try {
    builder = jsonBuilder().
```

```
startObject().
field("type1").
startObject().
field("properties").
startObject().
field("nested1").
startObject().
field("type").
value("nested").
endObject().
endObject().
endObject().
endObject();
```

4. 색인에 매핑을 추가한다.

```
    AcknowledgedResponse response = client.indices()
        .putMapping(new
            PutMappingRequest(index).type(type).source(builder),
            RequestOptions.DEFAULT);
    if (!response.isAcknowledged()) {
      System.out.println("Something strange happens");
    }
  } catch (IOException e) {
    System.out.println("Unable to create mapping");
  }
```

5. 색인을 삭제한다.

```
io.deleteIndex(index);
```

6. 자원을 확보할 수 있게 클라이언트를 닫는다.

```
    } finally {
      //자원을 해제하려면 클라이언트를 닫아야 한다.
      try {
        client.close();
      } catch (IOException e) {
        e.printStackTrace();
      }
    }
```

작동 원리

매핑 동작을 수행하기 전에 사용할 수 있는 클라이언트가 필요하고 반드시 색인이 생성돼 있어야 한다.

앞의 예시에서 색인이 존재한다면 삭제되고 새로운 색인이 재생성되므로 처음부터 시작한다는 것을 알 수 있다. 이는 다음 코드에서 살펴볼 수 있다.

```
RestHighLevelClient client =
    RestHighLevelClientHelper.createHighLevelClient();
IndicesOperations io = new IndicesOperations(client);
try {
  if (io.checkIndexExists(index))
    io.deleteIndex(index);
  io.createIndex(index);
```

이제 매핑을 생성하는 데 필요한 매핑을 넣을 새로운 색인이 생성됐다. 매핑은 일래스틱서치의 모든 표준 객체처럼 JSON 객체다. 일래스틱서치는 `XContentBuilder.jsonBuilder`로 JSON을 프로그램으로 생성할 수 있는 편리한 방법을 제공한다.

이를 이용하려면 자바 파일에 다음 `import`를 추가해야 한다.

```
import org.elasticsearch.common.xcontent.XContentBuilder;
import static org.elasticsearch.common.xcontent.XContentFactory.jsonBuilder;
```

`XContentBuilder.jsonBuilder` 메서드를 사용하면 JSON을 프로그래밍 방식으로 생성할 수 있다. `XContentBuilder.jsonBuilder`는 쉽게 연결되는 기능 때문에 일래스틱서치에서 JSON 생성에 대한 맥가이버칼이며 많은 메서드를 갖고 있다. 이 메서드는 항상 빌더를 반환하므로 쉽게 연결할 수 있다. 가장 중요한 메서드는 다음과 같다.

- **`startObject()`와 `startObject(name)`**: `name`은 JSON 객체 이름이다. JSON 객체 정의를 시작한다. 객체는 `endObject()`로 닫아야 한다.
- **`field(name)` 또는 `field(name, value)`**: `name`은 항상 문자열이어야 하며 `value`는 JSON으로 변환될 수 있는 유효한 값이어야 한다. JSON 객체에서 필드를 정의하는 데 사용된다.
- **`value(value)`**: 괄호 안의 `value`는 JSON으로 변환될 수 있는 유효한 값이어야 한다. 필드의 단일 값을 정의한다.
- **`startArray()`와 `startArray(name)`**: 여기에서의 `name`은 JSON 배열 이름이다. JSON 배열 정의를 시작하며 `endArray()`로 끝나야 한다.

일반적으로 일래스틱서치에서 JSON 객체를 매개변수로 허용하는 모든 메서드는 JSON 빌더도 허용한다.

이제 빌더에 매핑이 존재하므로 `Put` 매핑 API를 호출해야 한다. 이 API는 `client.indices()` 네임스페이스에 있으며 이 호출을 실행하려면 색인, 유형, 매핑을 정의해야 한다.

```
AcknowledgedResponse response = client.indices().putMapping(new
    PutMappingRequest(index).type(type).source(builder),
    RequestOptions.DEFAULT);
```

모든 것이 정상이라면 response.isAcknowledged()에서 상태를 확인할 수 있으며 true(불리언)여야 하며 그렇지 않다면 오류가 발생한 것이다.

매핑을 갱신해야 한다면 동일한 호출을 수행해야 하지만 매핑에 추가해야 하는 필드만 넣어야 한다.

추가 사항

매핑을 관리하는 데 사용하는 또 다른 중요한 호출이 있다(Get 매핑 API). 이 호출은 delete와 같으며 GetMappingResponse를 반환한다.

```
GetMappingsResponse resp = client.indices().getMapping(new
    GetMappingsRequest().indices(index), RequestOptions.DEFAULT);
```

응답에는 매핑 정보가 포함된다. 반환된 데이터는 색인 맵 대로 구조화돼 있으며 이름과 MappingMetaData 같은 매핑을 포함한다.

MappingMetaData에는 모든 매핑 정보와 3장에서 다룬 모든 영역 정보가 포함돼 있다.

참고 사항

이 예제와 연관한 더 많은 정보는 다음 URL를 참고한다.

- 매핑 넣기 API에 대한 상세 정보는 3장의 '색인에 매핑 집어넣기' 예제를 참고한다.

- 매핑 얻기 API에 대한 상세 정보는 3장의 '매핑 가져오기' 예제를 참고한다.

문서 관리

문서를 관리하는 네이티브 API는 검색 API 다음으로 중요하다. 이 예제에서는 사용법을 알아본다. 다음 예제에서는 성능을 향상시키기 위한 대규모 작업을 진행할 것이다.

준비 사항

이 예제에서 코드를 실행하려면 1장의 '일래스틱서치 다운로드와 설치' 예제에서 기술된 대로 실행 중인 일래스틱서치 설치본이 필요하다.

메이븐 도구나 이클립스 또는 IntelliJ와 같은 자바 프로그램에서 메이븐을 기본적으로 지원하는 IDE를 설치해야 한다.

이 예제에 대한 코드는 ch13/high-level-client에 있고 참조한 클래스는 `DocumentOperations`다.

작동 방법

문서를 관리하려면 다음 절차를 수행한다.

1. 다음과 같이 하이레벨의 클라이언트로 문서의 모든 CRUD 연산을 수행하는 데 필요한 클라이언트를 임포트한다.

```
import org.elasticsearch.action.admin.indices.create.CreateIndexRequest;
import org.elasticsearch.action.delete.DeleteRequest;
```

```
import org.elasticsearch.action.delete.DeleteResponse;
import org.elasticsearch.action.get.GetRequest;
import org.elasticsearch.action.get.GetResponse;
import org.elasticsearch.action.index.IndexRequest;
import org.elasticsearch.action.index.IndexResponse;
import org.elasticsearch.action.update.UpdateRequest;
import org.elasticsearch.action.update.UpdateResponse;
import org.elasticsearch.client.RequestOptions;
import org.elasticsearch.client.RestHighLevelClient;
import org.elasticsearch.common.xcontent.XContentFactory;
import org.elasticsearch.script.Script;

import java.io.IOException;
```

2. 다음 코드는 클라이언트를 생성하고 데이터가 포함된 모든 색인(존재하는 경우)을 삭제한다.

```
public class DocumentOperations {

  public static void main(String[] args) {
    String index = "mytest";
    String type = "mytype";
    RestHighLevelClient client =
        RestHighLevelClientHelper.createHighLevelClient();
    IndicesOperations io = new IndicesOperations(client);
    try {
      if (io.checkIndexExists(index))
        io.deleteIndex(index);
```

3. 다음과 같이 필요한 매핑을 제공해 색인 생성을 호출한다.

```
    try {
```

```
client.indices().create(
    new CreateIndexRequest()
      .index(index)
      .mapping(type,
          XContentFactory.jsonBuilder()
      .startObject()
      .startObject(type)
      .startObject("properties")
      .startObject("text").field("type",
          "text").field("store", "yes").endObject()
      .endObject()
      .endObject()
      .endObject()),
    RequestOptions.DEFAULT
  );
} catch (IOException e) {
  System.out.println("Unable to create mapping");
}
```

4. 이제 index 호출로 일래스틱서치에 문서를 저장한다.

```
IndexResponse ir = client.index(new IndexRequest(index, type,
    "2").source("text", "unicorn"), RequestOptions.DEFAULT);
System.out.println("Version: " + ir.getVersion());
```

5. get 호출로 저장된 문서를 추출한다.

```
GetResponse gr = client.get(new GetRequest(index, type, "2"),
    RequestOptions.DEFAULT);
System.out.println("Version: " + gr.getVersion());
```

6. 페인리스 스크립트로 update를 호출해 저장된 문서를 갱신한다.

```
UpdateResponse ur = client.update(new UpdateRequest(index,
    type, "2").script(new Script("ctx._source.text = 'v2'")),
    RequestOptions.DEFAULT);
System.out.println("Version: " + ur.getVersion());
```

7. delete 호출로 저장된 문서를 삭제한다.

```
DeleteResponse dr = client.delete(new DeleteRequest(index,
    type, "2"), RequestOptions.DEFAULT);
```

8. 다음과 같이 사용한 자원을 반환한다.

```
    io.deleteIndex(index);
  } catch (IOException e) {
    e.printStackTrace();
  } finally {
    //자원을 해제하고자 클라이언트를 닫아야 한다.
    try {
      client.close();
    } catch (IOException e) {
      e.printStackTrace();
  }
}
```

9. 콘솔의 출력 결과는 다음과 같다.

```
Version: 1
Version: 1
Version: 2
```

10. `update` 동작 시 변경 사항 때문에 문서가 새로 색인된 경우 문서 버전은 항상 1씩 증가된다.

작동 원리

문서 작업을 실행하기 전에 색인이 사용 가능해야 하고 문서 매핑이 생성돼 있어야 한다(매핑은 색인된 문서에서 추론할 수 있으므로 옵션이다).

네이티브 클라이언트로 문서를 색인하고자 색인 메서드가 작성된다. 인수로 색인과 유형이 요구된다. ID가 제공되면 사용될 것이지만 그렇지 않다면 새로운 ID가 생성될 것이다.

앞의 예시에서 키와 값의 형태로 원본을 넣었지만 많은 형식을 원본으로 전달할 수 있다. 이들은 다음과 같다.

- `{"field": "value"}`와 같은 JSON 문자열
- 필드1, 값1, 필드2 또는 값2, 필드3, 값3, 필드4, 값4와 같은 문자열과 값(한 쌍부터 4쌍까지)
- `jsonBuilder().startObject().field(field,value).endObject()`와 같은 빌더
- 바이트 배열

`parent`, `routing` 등과 같은 3장의 '문서 색인' 예제에서 살펴본 모든 매개변수를 추가할 수 있다. 앞의 예시에서 호출은 다음과 같았다.

```
IndexResponse ir = client.index(new IndexRequest(index, type,
    "2").source("text", "unicorn"), RequestOptions.DEFAULT);
```

`IndexResponse` 반환값은 다음과 같은 방식으로 사용된다.

- 색인이 성공적이었는지 확인하려 할 때
- 색인 작업을 하는 동안 ID가 제공되지 않은 경우 색인된 문서 ID를 얻으려 할 때
- 문서의 버전을 추출하려 할 때

문서를 추출하고자 색인/유형/ID를 알아야 한다. 클라이언트 메서드는 get이다. 일반적으로 세 가지 요소(색인, 유형, id)가 필요하지만 (sourcing 및 parent와 같은) 라우팅이나 3장의 '문서 가져오기' 예제에서 확인했던 필드를 제어하는 데 다른 많은 메서드를 사용할 수 있다. 앞의 예시에서 호출은 다음과 같다.

```
GetResponse gr = client.get(new GetRequest(index, type, "2"),
     RequestOptions.DEFAULT);
```

GetResponse는 (문서들이 존재한다면) 모든 요청을 포함한 유형과 문서 정보(원본, 버전, 색인, 유형, id)를 반환한다.

문서를 갱신하려면 색인/유형/ID를 알아야 하고 갱신에 사용되는 문서나 스크립트를 제공해야 한다. 클라이언트 메서드는 update다.

앞의 예시에는 다음과 같은 소스가 있다.

```
UpdateResponse ur = client.update(new UpdateRequest(index, type,
     "2").script(new Script("ctx._source.text = 'v2'")),
     RequestOptions.DEFAULT);
```

스크립트 코드는 문자열이어야 한다. 스크립트 언어를 정의하지 않으면 기본 페인리스 메서드가 사용된다.

반환된 응답에는 실행 정보와 동시성을 관리하는 새로운 버전 값을 포함하고 있다.

(쿼리를 실행할 필요 없이) 문서를 삭제하려면 색인/유형/ID 세 요소를 알아야 하며 삭제 요청을 생성하는 delete 클라이언트 메서드를 사용할 수 있다. 앞의 예시에서 다음과 같이 사용했다.

```
DeleteResponse dr = client.delete(new DeleteRequest(index, type, "2"),
        RequestOptions.DEFAULT);
```

삭제 요청을 사용하면 라우팅과 버전을 제어하고자 3장의 '문서 삭제' 예제에서 살펴본 모든 매개변수를 전달할 수 있다.

참고 사항

예제들에서 문서에 대한 모든 CRUD 작업을 활용했다. 이 작업에 대한 세부 사항은 다음을 참고한다.

- 문서를 색인하는 방법은 3장의 '문서 색인' 예제를 참고한다.
- 저장된 문서를 추출하는 방법은 3장의 '문서 가져오기' 예제를 참고한다.
- 문서를 삭제하는 방법은 3장의 '문서 삭제' 예제를 참고한다.
- 문서를 갱신하는 방법은 3장의 '문서 갱신' 예제를 참고한다.

대규모 작업 관리

수천~수백만의 레코드를 색인하거나 삭제해야 하는 경우 단일 호출로 항목들에 대해 자동 동작을 실행시키는 것은 종종 병목 현상의 원인이 된다. 이런 경우는 대규모 작업을 실행하는 것이 좋다.

3장의 '단위 작업 속도 올리기(벌크 작업)' 예제에서 REST API로 대규모 작업을 하는 방법을 이미 다뤘다.

준비 사항

이 예제에서 코드를 실행하려면 1장의 '일래스틱서치 다운로드와 설치' 예제에서 기술된 대로 실행 중인 일래스틱서치 설치본이 필요하다.

메이븐 도구나 이클립스 또는 IntelliJ와 같은 자바 프로그램에서 메이븐을 기본적으로 지원하는 IDE를 설치해야 한다.

이 예제에 대한 코드는 ch13/high-level-client에 있고 참조한 클래스는 `BulkOperations`다.

작동 방법

대규모 작업을 관리하려면 다음 절차를 수행한다.

1. 다음과 같이 하이레벨 클라이언트로 대규모 작업을 실행하는 데 필요한 클래스를 임포트한다.

```
import org.elasticsearch.action.admin.indices.create.CreateIndexRequest;
import org.elasticsearch.action.bulk.BulkRequest;
import org.elasticsearch.action.delete.DeleteRequest;
import org.elasticsearch.action.index.IndexRequest;
import org.elasticsearch.action.update.UpdateRequest;
import org.elasticsearch.client.RequestOptions;
import org.elasticsearch.client.RestHighLevelClient;
import org.elasticsearch.common.xcontent.XContentFactory;
import org.elasticsearch.script.Script;
```

```
import java.io.IOException;
```

2. 다음과 같이 클라이언트를 생성하고 이전 색인이 존재한다면 제거하고 신규 색인을 생성한다.

```
public class BulkOperations {

  public static void main(String[] args) {
    String index = "mytest";
    String type = "mytype";
    RestHighLevelClient client =
        RestHighLevelClientHelper.createHighLevelClient();
    IndicesOperations io = new IndicesOperations(client);
    try {
      if (io.checkIndexExists(index))
        io.deleteIndex(index);
      try {
        client.indices().create(
            new CreateIndexRequest()
                .index(index)
                .mapping(type,
                    XContentFactory.jsonBuilder()
                .startObject()
                .startObject(type)
                .startObject("properties")
                .startObject("position")
                .field("type", "integer")
                .field("store", "yes")
                .endObject()
                .endObject()
                .endObject()
                .endObject()),
            RequestOptions.DEFAULT);
```

```
        } catch (IOException e) {
          System.out.println("Unable to create mapping");
        }
```

3. 이제 bulker에 대규모 색인 작업을 추가해 1,000개의 문서를 대규모 색인할 수 있다.

```
BulkRequest bulker = new BulkRequest();
for (int i = 1; i < 1000; i++) {
  bulker.add(new IndexRequest(index, type,
    Integer.toString(i)).source("position", Integer.toString(i)));
}
System.out.println("Number of actions for index: " +
    bulker.numberOfActions());
client.bulk(bulker, RequestOptions.DEFAULT);
```

4. bulker에 대규모 갱신 작업을 추가해 스크립트로 이전에 생성된 1,000개의 문서를 대규모로 갱신할 수 있다.

```
bulker = new BulkRequest();
for (int i = 1; i <= 1000; i++) {
  bulker.add(new UpdateRequest(index, type,
      Integer.toString(i)).script(new Script("ctx._source.position
      += 2")));
}
System.out.println("Number of actions for update: " +
    bulker.numberOfActions());
client.bulk(bulker, RequestOptions.DEFAULT);
```

5. 다음과 같이 bulker에 대규모 삭제 작업을 추가해 1,000개의 문서를 대규모로 삭제한다.

```
bulker = new BulkRequest();
for (int i = 1; i <= 1000; i++) {
  bulker.add(new DeleteRequest(index, type, Integer.toString(i)));
}
System.out.println("Number of actions for delete: " +
    bulker.numberOfActions());
client.bulk(bulker, RequestOptions.DEFAULT);
```

6. 이제 사용한 자원을 반환한다.

```
  io.deleteIndex(index);
} catch (IOException e) {
  e.printStackTrace();
} finally {
  //자원을 해제하고자 클라이언트를 닫아야 한다.
  try {
    client.close();
  } catch (IOException e) {
    e.printStackTrace();
  }
}
```

7. 결과는 다음과 같다.

```
Number of actions for index: 1000
Number of actions for update: 1000
Number of actions for delete: 1000
```

작동 원리

대규모 작업을 실행하기 전에 사용할 수 있는 클라이언트가 있어야 하며 색인이 생성돼 있어야 한다. 문서 매핑도 생성돼 있어야 한다.

다음과 같이 BulkRequest는 여러 작업의 수집기로 고려될 수 있다.

- IndexRequest
- UpdateRequest
- DeleteRequest
- 대규모 형태의 바이트 배열

일반적으로 코드에서 사용할 때의 BulkRequest는 지원되는 유형의 작업을 추가하는 목록으로 고려할 수 있다. 다음 단계들을 살펴보자.

1. bulkBuilder를 초기화하도록 다음 코드를 사용한다.

```
BulkRequest bulker = new BulkRequest();
```

2. 앞의 예시에서는 다음과 같이 1,000개의 색인을 추가했다.

```
for (int i = 1; i < 1000; i++) {
  bulker.add(new IndexRequest(index, type,
      Integer.toString(i)).source("position", Integer.toString(i)));
}
```

3. 모든 작업을 추가한 후 다음과 같이 (예를 들어) 작업 개수를 출력한 후 실행할 수 있다.

```
System.out.println("Number of actions for index: " +
     bulker.numberOfActions());
client.bulk(bulker, RequestOptions.DEFAULT);
```

4. 다음과 같이 1,000개를 갱신하는 대규모 작업으로 채웠다.

```
bulker = new BulkRequest();
for (int i = 1; i <= 1000; i++) {
  bulker.add(new UpdateRequest(index, type,
     Integer.toString(i)).script(new Script("ctx._source.position += 2")));
}
```

5. 모든 갱신 작업을 추가한 후에 bulker.execute().actionGet()을 이용해 대규모 작업을 실행할 수 있다.

```
System.out.println("Number of actions for update: " +
     bulker.numberOfActions());
client.bulk(bulker, RequestOptions.DEFAULT);
```

6. 다음으로 삭제 작업에 대해서도 동일한 절차를 수행한다.

```
bulker = new BulkRequest();
for (int i = 1; i <= 1000; i++) {
  bulker.add(new DeleteRequest(index, type, Integer.toString(i)));
}
```

7. 삭제를 커밋하고자 bulk를 실행해야 한다.

```
client.bulk(bulker, RequestOptions.DEFAULT);
```

NOTE

> 이 예시에서는 단순화하려고 동일 유형 작업으로 대규모 작업을 생성했으나 앞에서 기술한 대로 동일한 대규모 작업에 지원할 수 있는 어떤 유형의 작업이든 추가할 수 있다.

쿼리 생성

검색하기 전에 쿼리를 반드시 작성해야 한다. 일래스틱서치는 이런 쿼리들을 작성하는 여러 가지 방법을 제공한다. 이 예제에서는 쿼리 빌더와 간단한 문자열로 쿼리 객체를 작성하는 방법을 알아본다.

준비 사항

이 예제에서 코드를 실행하려면 1장의 '일래스틱서치 다운로드와 설치' 예제에서 기술된 대로 실행 중인 일래스틱서치 설치본이 필요하다.

메이븐 도구나 이클립스 또는 IntelliJ와 같은 자바 프로그램에서 메이븐을 기본적으로 지원하는 IDE를 설치해야 한다.

이 예제에 대한 코드는 ch13/high-level-client에 있고 참조한 클래스는 `QueryCreation`이다.

작동 방법

쿼리를 생성하려면 다음 절차를 수행한다.

1. 다음 코드로 `QueryBuilders`를 임포트해야 한다.

```
import static org.elasticsearch.index.query.QueryBuilders.*;
```

2. 이제 다음과 같이 QueryBuilder로 쿼리를 작성한다.

```
TermQueryBuilder filter = termQuery("number2", 1);
RangeQueryBuilder range = rangeQuery("number1").gt(500);
BoolQueryBuilder query = boolQuery().must(range).filter(filter);
SearchSourceBuilder searchSourceBuilder = new SearchSourceBuilder();
searchSourceBuilder.query(query);
SearchRequest searchRequest = new
    SearchRequest().indices(index).source(searchSourceBuilder);
```

3. 이제 검색을 실행한다(네이티브 API로 검색하는 것은 다음 예제에서 다룬다).

```
SearchResponse response = client.search(searchRequest,
    RequestOptions.DEFAULT);
System.out.println("Matched records of elements: " +
    response.getHits().getTotalHits());
```

4. 앞 예제의 예시와 유사한 중복 부분은 제거했다. 결과는 다음과 같다.

```
Matched records of elements: 250
```

작동 원리

일래스틱서치에서 쿼리를 정의하는 여러 방식이 있다. 일반적으로 쿼리는 다음과 같이 정의할 수 있다.

- **QueryBuilder**: 쿼리 작성 도우미다.

- **XContentBuilder**: JSON 코드 작성 도우미로, 이 장의 '매핑 관리' 예제에서 다뤘다. 생성되는 JSON 코드는 이전의 REST와 유사하지만 프로그램적인 코드로 변환된다.
- **바이트 또는 문자열 배열**: 이 경우 REST 호출에서 확인한 것처럼 일반적으로 JSON이 실행된다.
- **Map**: 여기에는 쿼리와 쿼리 값이 포함된다.

앞의 예시에서 QueryBuilders로 쿼리를 작성했다. 첫 번째 단계는 다음과 같이 네임스페이스에서 QueryBuilder를 임포트하는 것이다.

```
import static org.elasticsearch.index.query.QueryBuilders.*;
```

예시의 쿼리는 termQuery를 필터로 갖고 있는 불리언 쿼리다. 이 예시의 목표는 복잡한 쿼리를 작성하도록 여러 쿼리 유형 조합 방법을 살펴보는 것이다.

다음 코드와 같이 필터를 정의해야 한다. 여기에서는 용어 쿼리를 사용했으며 용어 쿼리는 가장 많이 사용되는 쿼리 유형 중 하나다.

```
TermQueryBuilder filter = termQuery("number2", 1);
```

termQuery 쿼리는 반드시 유효한 일래스틱서치 유형에 대한 필드와 값을 허용한다.

앞의 코드는 JSON REST {"term": {"number2":1}과 유사하다.

불리언 쿼리는 범위 쿼리를 갖는 must 구문을 포함한다. 다음과 같이 범위 쿼리를 작성하는 것으로 시작한다.

```
RangeQueryBuilder range = rangeQuery("number1").gt(500);
```

이 범위 쿼리는 `number1` 필드에서 500과 같거나 큰(gte) 모든 값을 일치시킨다.

범위 쿼리를 작성한 후 다음과 같이 `must` 블록에 불리언 쿼리를 추가할 수 있고 필터 블록에 필터 쿼리를 추가할 수 있다.

```
BoolQueryBuilder query = boolQuery().must(range).filter(filter);
```

실제 복잡한 쿼리에는 불리언 쿼리나 필터를 갖는 많은 중첩 쿼리가 있다.

TIP

> 쿼리를 실행하기 전에 결과를 누락시키지 않도록 색인을 새로 고침해야 한다.

앞의 예시에서 다음 코드로 위 작업을 수행한다.

```
client.indices().refresh(new RefreshRequest(index), RequestOptions.DEFAULT);
```

추가 사항

사용할 수 있는 네이티브 쿼리/필터는 REST 쿼리/필터와 같으며 동일 매개변수를 사용한다. 유일한 차이는 빌더 메서드로 접근한다는 점이다.

가장 일반적인 쿼리 빌더는 다음과 같다.

- **`matchAllQuery`**: 일치하는 모든 문서에 접근할 수 있다.
- **`matchQuery`와 `matchPhraseQuery`**: 문자열을 일치시키는 데 사용한다.
- **`termQuery`와 `termsQuery`**: 특정 필드의 용어 값을 일치시키는 데 사용한다.
- **`boolQuery`**: 불리언 로직을 가진 다른 쿼리를 집계하는 데 사용한다.

- **idsQuery**: ID 목록을 일치시키는 데 사용한다.
- **fieldQuery**: 텍스트를 가진 필드를 일치시키는 데 사용한다.
- **wildcardQuery**: 와일드카드(*?.)를 가진 용어를 일치시키는 데 사용한다.
- **regexpQuery**: 정규식으로 용어를 일치시키는 데 사용한다.
- **span 쿼리**[Span query] **계열**(spanTermsQuery, spanTermQuery, spanORQuery, spanNotQuery, spanFirstQuery 등): span 쿼리를 구성하는 데 사용하는 span 쿼리 계열의 몇 가지 예시다.
- **hasChildQuery, hasParentQuery, nestedQuery**: 관련된 문서를 관리하는 데 사용한다.

앞의 목록은 완벽하지 않다. 일래스틱서치가 없어지기 전까지는 지속적으로 발전할 것이기 때문이다. 새로운 검색 사례를 처리할 수 있도록 신규 쿼리 유형이 추가되거나 텍스트 쿼리의 이름이 매치 쿼리로 변경된 것처럼 때때로 쿼리 이름이 바뀐다.

표준 검색 실행

앞의 예제에서는 쿼리를 생성하는 방법을 다뤘다. 이 예제에서는 일부 문서를 추출하는 쿼리를 실행한다.

준비 사항

이 예제에서 코드를 실행하려면 1장의 '일래스틱서치 다운로드와 설치' 예제에서 기술된 대로 실행 중인 일래스틱서치 설치본이 필요하다.

메이븐 도구나 이클립스 또는 IntelliJ와 같은 자바 프로그램에서 메이븐을 기본적으로 지원하는 IDE를 설치해야 한다.

이 예제에 대한 코드는 ch13/high-level-client에 있고 참조한 클래스는 QueryExample이다.

작동 방법

표준 쿼리를 실행하려면 다음 절차를 수행한다.

1. 다음과 같이 쿼리를 생성하기 위한 QueryBuilders를 임포트해야 한다.

```
import static org.elasticsearch.index.query.QueryBuilders.*;
```

2. 다음과 같이 일부 데이터로 채운 색인을 작성한다.

```
String index = "mytest";
String type = "mytype";
QueryHelper qh = new QueryHelper();
qh.populateData(index, type);
RestHighLevelClient client = qh.getClient();
```

3. 이제 number1 필드가 500보다 같거나 큰 값을 쿼리하고 결과에서 number2가 1과 같은 값을 필터링하는 쿼리를 작성한다.

```
QueryBuilder query =
     boolQuery().must(rangeQuery("number1").gte(500))
          .filter(termQuery("number2", 1));
```

4. 쿼리를 작성한 후 다음 코드를 이용해 실행한다.

```
SearchSourceBuilder searchSourceBuilder = new SearchSourceBuilder();
searchSourceBuilder.query(query).highlighter(new
    HighlightBuilder().field("name"));
SearchRequest searchRequest = new
    SearchRequest().indices(index).source(searchSourceBuilder);
SearchResponse response = client.search(searchRequest,
    RequestOptions.DEFAULT);
```

5. SearchResponse로 상태를 확인하고 다음과 같이 SearchHit로 반복한다.

```
if (response.status().getStatus() == 200) {
  System.out.println("Matched number of documents: " +
      response.getHits().getTotalHits());
  System.out.println("Maximum score: " +
      response.getHits().getMaxScore());
  for (SearchHit hit : response.getHits().getHits()) {
    System.out.println("hit: " + hit.getIndex() + ":" +
        hit.getType() + ":" + hit.getId());
  }
}
```

6. 결과는 다음과 같다.

```
Number of actions for index: 999
Matched number of documents: 999
Maximum score: 1.0
hit: mytest:mytype:499
hit: mytest:mytype:501
hit: mytest:mytype:503
hit: mytest:mytype:505
hit: mytest:mytype:507
hit: mytest:mytype:509
```

```
hit: mytest:mytype:511
hit: mytest:mytype:513
hit: mytest:mytype:515
hit: mytest:mytype:517
```

작동 원리

검색을 실행하는 호출은 prepareSearch며 다음과 같이 SearchResponse를 반환한다.

```
import org.elasticsearch.action.search.SearchResponse;
SearchSourceBuilder searchSourceBuilder = new SearchSourceBuilder();
searchSourceBuilder.query(query).highlighter(new
    HighlightBuilder().field("name"));
SearchResponse response = client.search(searchRequest,
    RequestOptions.DEFAULT);
```

SearchSourceBuilder는 4장의 '검색 실행' 예제에서 이미 확인했던 것처럼 모든 매개변수를 지정할 수 있는 많은 메서드를 갖고 있다. 가장 많이 사용하는 것은 다음과 같다.

- **indices**: 이를 통해 색인을 정의할 수 있다.
- **query**: 이를 통해 실행할 쿼리를 지정할 수 있다.
- **storedField/storedFields**: 반환할 필드를 지정할 수 있다(필요한 필드만 반환함으로써 대역폭을 줄이는 데 사용한다).
- **aggregation**: 이를 통해 추가된 집계를 계산할 수 있다.
- **highlighter**: 추가된 강조 표시만 반환할 수 있다.

- **scriptField**: 스크립트된 필드가 반환될 수 있다. 스크립트된 필드는 사용할 수 있는 스크립트 언어 중 하나를 사용해 서버 측 스크립트에 의해 계산되는 필드다. 예를 들어 다음과 같다.

```
Map<String, Object> params = MapBuilder.<String,
  Object>newMapBuilder().put("factor", 2.0).map()
  .scriptField("sNum1", new Script("_doc.num1.value * factor", params));
```

검색을 실행한 후 응답 객체가 반환된다.

반환된 상태와 선택적으로 히트 수를 확인해 검색이 성공했는지를 확인하는 것이 좋다. 검색이 올바르게 실행됐다면 다음 코드와 같이 반환 상태는 200이다.

```
if (response.status().getStatus() == 200) {
```

응답 객체는 4장의 '검색 실행' 예제에서 분석했던 많은 섹션을 포함한다. 이 섹션에서 주로 접근하는 메서드는 다음과 같다.

- **totalHits**: 다음 코드와 같이 전체 결과 수를 얻을 수 있다.

```
System.out.println("Matched number of documents: " +
    response.getHits().getTotalHits());
```

- **maxScore**: 문서들의 최대 점수를 제공한다. 다음 코드처럼 첫 번째 SearchHit와 동일한 점수 값이다.

```
System.out.println("Maximum score: " +
    response.getHits().getMaxScore());
```

- **hits**: 가능한 경우 결과를 포함하는 SearchHit 배열이다.

SearchHit는 결과 객체다. 많은 메서드를 갖고 있으며 가장 중요한 것들은 다음과 같다.

- **getIndex()**: 문서를 포함하는 색인이다.
- **getId()**: 문서의 ID다.
- **getScore()**: 가능한 경우 문서의 쿼리 점수다.
- **getVersion()**: 가능한 경우 문서의 버전이다.
- **getSource()**, **getSourceAsString()**, **getSourceAsMap() 등**: 가능한 경우 다른 형태의 문서 원본을 반환한다.
- **getExplanation()**: 가능한 경우(검색에서 요구됨) 쿼리 설명을 포함한다.
- **getFields**, **getField(String name)**: 객체를 검색하는 데 필드가 전달된 경우 요청된 필드를 반환한다.
- **getSortValues()**: 이 레코드를 정렬하는 데 사용된 값(들)이다. 검색 단계 동안 검색이 지정된 경우에만 사용할 수 있다.
- **getShard()**: 검색이 히트한 샤드다. 이 값은 사용자 정의 라우팅에서 아주 중요하다.

앞의 예시에서는 다음 코드와 같이 각 히트에 대해 색인, 유형, ID만 출력했다.

```
for (SearchHit hit : response.getHits().getHits()) {
  System.out.println("hit: " + hit.getIndex() + ":" + hit.getType()
       + ":" + hit.getId());
}
```

TIP

> 정의되지 않은 경우 반환된 히트 수는 10개로 제한된다. 더 많은 히트 수를 얻으려면 `from` 메서드를 사용해 페이징하거나 `size` 메서드에 더 큰 값을 정의해야 한다.

참고 사항

4장의 '검색 실행' 예제를 참고한다.

집계 검색 실행

앞의 예제는 색인된 데이터의 분석을 추출하기 위한 집계 지원으로 확장할 수 있다.

준비 사항

이 예제에서 코드를 실행하려면 1장의 '일래스틱서치 다운로드와 설치' 예제에서 기술된 대로 실행 중인 일래스틱서치 설치본이 필요하다.

메이븐 도구나 이클립스 또는 IntelliJ와 같은 자바 프로그램에서 메이븐을 기본적으로 지원하는 IDE를 설치해야 한다.

이 예제에 대한 코드는 ch13/high-level-client에 있고 참조한 클래스는 `AggregationExample`이다.

작동 방법

집계 검색을 실행하려면 다음 절차를 수행한다.

1. 다음 코드를 사용해 집계하는 데 필요한 클래스를 임포트한다.

```java
import org.elasticsearch.search.aggregations.AggregationBuilder;
import org.elasticsearch.search.aggregations.bucket.terms.Terms;
import org.elasticsearch.search.aggregations.metrics.ExtendedStats;
import org.elasticsearch.search.aggregations.metrics
    .ExtendedStatsAggregationBuilder;
import org.elasticsearch.search.builder.SearchSourceBuilder;
import static org.elasticsearch.index.query.QueryBuilders.matchAllQuery;
import static org.elasticsearch.search.aggregations.AggregationBuilders.*;
```

2. 다음과 같이 색인을 생성하고 집계에 사용할 일부 데이터로 채운다.

```java
String index = "mytest";
String type = "mytype";
QueryHelper qh = new QueryHelper();
qh.populateData(index, type);
RestHighLevelClient client = qh.getClient();
```

3. 다음 코드와 같이 두 개의 다른 집계(용어와 확장 통계)를 계산한다.

```java
AggregationBuilder aggsBuilder = terms("tag").field("tag");
ExtendedStatsAggregationBuilder aggsBuilder2 =
    extendedStats("number1").field("number1");
```

4. 이제 검색을 실행하고 다음 코드로 이를 집계에 전달한다. 히트율이 필요하지 않기 때문에 size(0)을 사용한다.

```java
SearchSourceBuilder searchSourceBuilder = new SearchSourceBuilder();
searchSourceBuilder.query(matchAllQuery()).aggregation(aggsBuilder)
    .aggregation(aggsBuilder2).size(0);
SearchRequest searchRequest = new
```

```
    SearchRequest().indices(index).source(searchSourceBuilder);
SearchResponse response = client.search(searchRequest,
    RequestOptions.DEFAULT);
```

5. 다음 코드와 같이 응답의 유효성을 확인하고 집계 결과를 정리한다.

```
if (response.status().getStatus() == 200) {
  System.out.println("Matched number of documents: " +
      response.getHits().getTotalHits());
  Terms termsAggs = response.getAggregations().get("tag");
  System.out.println("Aggregation name: " + termsAggs.getName());
  System.out.println("Aggregation total: " +
      termsAggs.getBuckets().size());
  for (Terms.Bucket entry : termsAggs.getBuckets()) {
    System.out.println(" - " + entry.getKey() + " " + entry.getDocCount());
  }
  ExtendedStats extStats = response.getAggregations().get("number1");
  System.out.println("Aggregation name: " + extStats.getName());
  System.out.println("Count: " + extStats.getCount());
  System.out.println("Min: " + extStats.getMin());
  System.out.println("Max: " + extStats.getMax());
  System.out.println("Standard Deviation: " + extStats.getStdDeviation());
  System.out.println("Sum of Squares: " + extStats.getSumOfSquares());
  System.out.println("Variance: " + extStats.getVariance());
}
```

6. 결과는 다음과 같다.

```
Matched number of documents: 1000
Aggregation name: tag
Aggregation total: 4
- bad 264
```

```
- amazing 246
- cool 245
- nice 245
Aggregation name: number1
Count: 1000
Min: 2.0
Max: 1001.0
Standard Deviation: 288.6749902572095
Sum of Squares: 3.348355E8
Variance: 83333.25
```

작동 원리

검색 부분는 앞의 예시와 유사하다. 모든 문서를 일치시키는 matchAllQuery를 사용했다.

집계를 실행하려면 먼저 matchAllQuery를 작성해야 한다. 작성하는 세 가지 방법은 다음과 같다.

- JSON 객체를 매핑하는 문자열 사용
- JSON 객체를 생성하는 데 사용할 수 있는 XContentBuilder 사용
- AggregationBuilder 사용

앞의 두 가지 방법은 단순하다. 세 번째 방법은 다음과 같이 빌더를 임포트해야 한다.

```
import static org.elasticsearch.search.aggregations.AggregationBuilders.*;
```

5장에서 봤던 대로 여러 가지 유형의 집계가 있다.

AggregationBuilder로 작성했던 첫 번째 것은 용어 집계며 다음 코드와 같이 버킷에서 모든 용어의 등장 횟수를 수집해 숫자를 센다.

```
AggregationBuilder aggsBuilder = terms("tag").field("tag");
```

모든 집계에 필요한 값은 name으로, 빌더의 생성자로 전달된다. 용어 집계의 경우에 이 필드는 요청을 처리하는 데 필요하다. 다른 많은 매개변수가 있다. 자세한 내용은 7장의 '용어 집계 실행' 예제를 참고한다.

두 번째로 작성했던 aggregationBuilder는 다음과 같이 number1 숫자 필드에 기반을 둔 확장 통계 집계다.

```
ExtendedStatsAggregationBuilder aggsBuilder2 =
    extendedStats("number1").field("number1");
```

aggregationBuilders를 작성했으므로 다음과 같이 aggregation 메서드로 SearchSourceBuilder 객체를 추가할 수 있다.

```
SearchSourceBuilder searchSourceBuilder = new SearchSourceBuilder();
searchSourceBuilder.query(matchAllQuery()).aggregation(aggsBuilder).
    aggregation(aggsBuilder2).size(0);
SearchRequest searchRequest = new
    SearchRequest().indices(index).source(searchSourceBuilder);
SearchResponse response = client.search(searchRequest,
    RequestOptions.DEFAULT);
```

이제 응답 객체는 집계 정보를 보유하고 있다. 이에 접근하려면 응답의 getAggregations를 사용해야 한다.

집계 결과는 해시와 같은 구조를 포함해 요청에서 사전에 정의했던 이름으로 결과를 얻을 수 있다.

첫 번째 집계 결과를 얻으려면 다음과 같이 get을 사용해야 한다.

```
Terms termsAggs = response.getAggregations().get("tag");
```

다중 용어 유형(7장의 '용어 집계 실행' 예제를 참고한다)의 집계 결과를 얻었으므로 집계 속성을 추출할 수 있고 버킷에서 반복해 추출할 수 있다.

```
System.out.println("Aggregation name: " + termsAggs.getName());
System.out.println("Aggregation total: " + termsAggs.getBuckets().size());
for (Terms.Bucket entry : termsAggs.getBuckets()) {
  System.out.println(" - " + entry.getKey() + " " + entry.getDocCount());
}
```

두 번째 집계 결과를 얻으려면 결과의 유형이 ExtendedStats이므로 다음 코드와 같이 형 변환해야 한다.

```
ExtendedStats extStats = response.getAggregations().get("number1");
```

이제 다음과 같이 이 종류의 집계에 대한 결과 속성에 접근할 수 있다.

```
System.out.println("Aggregation name: " + extStats.getName());
System.out.println("Count: " + extStats.getCount());
System.out.println("Min: " + extStats.getMin());
System.out.println("Max: " + extStats.getMax());
System.out.println("Standard Deviation: " + extStats.getStdDeviation());
System.out.println("Sum of Squares: " + extStats.getSumOfSquares());
System.out.println("Variance: " + extStats.getVariance());
```

NOTE

> 네이티브 클라이언트로 집계하는 것은 아주 쉽다. 결과에 접근하고자 올바른 형 변환을 실행할 수 있도록 반환된 집계 타입에만 주의를 기울이면 된다.

참고 사항

이 예제와 연관해 더 많은 정보는 다음 URL를 참고한다.

- 다중 용어 집계에 대해 상세히 기술한 7장의 '용어 집계 실행' 예제를 참고한다.
- 통계 집계에 대한 더 자세한 내용은 7장의 '통계 집계 실행' 예제를 참고한다.

스크롤 검색 실행

자주 변경되지 않는 문서로 문서를 매칭하는 경우 표준 쿼리로 페이징하는 것은 아주 잘 동작한다. 그러나 실시간 데이터로 페이징을 실행하는 것은 예상치 못한 결과를 반환한다. 이 문제를 우회할 수 있도록 일래스틱서치는 쿼리에 대한 추가 매개변수(scroll)를 제공한다.

준비 사항

이 예제에서 코드를 실행하려면 1장의 '일래스틱서치 다운로드와 설치' 예제에서 기술된 대로 실행 중인 일래스틱서치 설치본이 필요하다.

메이븐 도구나 이클립스 또는 IntelliJ와 같은 자바 프로그램에서 메이븐을 기본적으로 지원하는 IDE를 설치해야 한다.

이 예제에 대한 코드는 ch13/high-level-client에 있고 참조한 클래스는 ScrollQueryExample이다.

작동 방법

'표준 검색 실행' 예제에서 보던 대로 검색이 수행된다. 주요 차이는 setScroll 시간제한을 사용해 결과 ID를 정의된 기간 동안 쿼리 결과를 메모리에 저장할 수 있다는 점이다. 절차는 다음 단계들과 같이 표준 쿼리에서 사용하는 절차와 같다.

1. 다음과 같이 좀 더 가독성이 있는 방식으로 시간을 정의하는 TimeValue 객체를 임포트한다.

```
import org.elasticsearch.common.unit.TimeValue;
```

2. scroll 값을 지정해 검색할 실행한다. 다음과 같은 방식으로 scroll을 사용할 수 있게 '표준 검색 실행' 예제의 코드를 변경한다.

```
SearchSourceBuilder searchSourceBuilder = new SearchSourceBuilder();
searchSourceBuilder.query(query).size(30);
SearchRequest searchRequest = new SearchRequest()
    .indices(index).source(searchSourceBuilder)
    .scroll(TimeValue.timeValueMinutes(2));
```

3. 스크롤을 관리하려면 다음과 같이 결과가 반환될 때까지 루프를 반복해야 한다.

```
SearchResponse response = client.search(searchRequest,
    RequestOptions.DEFAULT);
do {
```

```
    for (SearchHit hit : response.getHits().getHits()) {
      System.out.println("hit: " + hit.getIndex() + ":"
          + hit.getType() + ":" + hit.getId());
    }
    response = client.scroll(new
        SearchScrollRequest(response.getScrollId()).scroll(TimeValue
            .timeValueMinutes(2)), RequestOptions.DEFAULT);
  } while (response.getHits().getHits().length != 0);
  // 히트 0은 스크롤과 while 루프의 끝을 표시한다.
```

4. 루프는 사용할 수 있는 레코드가 있을 때까지 모든 결과를 반복한다. 결과는 다음과 같다.

```
hit: mytest:mytype:499
hit: mytest:mytype:531
hit: mytest:mytype:533
hit: mytest:mytype:535
hit: mytest:mytype:555
hit: mytest:mytype:559
hit: mytest:mytype:571
hit: mytest:mytype:575
...중략...
```

작동 원리

스크롤된 결과를 사용하려면 SearchRequest 객체에 timeout을 포함한 scroll 메서드를 추가하는 것만으로 충분하다.

스크롤을 사용할 때 다음 동작을 명심해야 한다.

- timeout은 일래스틱서치 서버가 결과를 유지하는 시간의 기간을 정의한다. 시

간 초과 이후 스크롤을 요청하는 경우 서버는 오류는 반환한다. 사용자는 짧은 시간 초과에 주의해야 한다.

- 스크롤은 스크롤이 끝날 때까지 메모리를 소비한다. 또는 시간 초과가 발생한다. 데이터를 소비하지도 않는데, 너무 큰 시간 초과를 지정하면 큰 메모리 오버헤드를 초래한다. 많은 수의 열린 스크롤러를 사용하면 결과에서 ID 수와 연관된 데이터(socre, order 등)에 비례해 많은 메모리를 소비한다.
- 스크롤이 없다면 시작이 없으므로 문서를 페이징할 수 없다. 스크롤은 연속적인 결과를 가져오도록 설계돼 있다.

표준 SearchRequest는 다음과 같은 방식으로 스크롤로 변경된다.

```
SearchRequest searchRequest = new SearchRequest()
     .indices(index).source(searchSourceBuilder)
     .scroll(TimeValue.timeValueMinutes(2));
```

응답은 표준 검색과 동일한 결과와 스크롤 ID가 포함한다. 스크롤 ID는 다음 세트의 결과를 가져오는 데 필요하다.

스크롤을 실행하고자 스크롤 ID와 신규 timeout을 갖는 스크롤 클라이언트 메서드를 호출해야 한다. 이 예시에서는 다음 코드와 같이 모든 결과 문서를 처리하고 있다.

```
do {
  // 히트 처리
  response = client.scroll(new
       SearchScrollRequest(response.getScrollId()).scroll(TimeValue.timeValue
       Minutes(2)), RequestOptions.DEFAULT);
} while (response.getHits().getHits().length != 0);
// 히트 0은 스크롤과 while 루프의 끝을 표시한다.
```

스크롤의 끝인지를 인지하려면 아무 결과가 반환되지 않는지 확인하면 된다.

스크롤이 얼마나 중요한지에 대한 많은 시나리오가 있지만 빅데이터 솔루션으로 작업할 때 결과 수가 너무 크면 시간 초과가 쉽게 발생한다. 이런 시나리오에서 가능한 한 빨리 결과를 가져오고 루프에서 결과를 반복적으로 처리하지 않지만 분산된 방식으로 조작 결과를 지연시키는 좋은 아키텍처를 갖는 것이 중요하다.

이런 경우에 가장 좋은 해결책은 `_uid`로 정렬한 일래스틱서치의 `search_after` 기능을 사용하는 것이다. 이는 4장의 'search_after 기능 사용' 예제에 설명돼 있다.

참고 사항

이 예제와 연관해 더 많은 정보는 다음 URL를 참고한다.

- 4장의 '스크롤 쿼리 실행' 예제를 참고한다.
- 4장의 'search_after 기능 사용' 예제를 참고한다.

DeepLearning4j로 통합

DeepLearning4J[DL4J]는 머신러닝에서 가장 많이 사용하는 오픈소스 라이브러리다. 이 라이브러리는 https://deeplearning4j.org/에 있다.

이 라이브러리에 대한 가장 좋은 설명은 이 사이트에서 볼 수 있다(Deeplearning4j는 자바와 스칼라로 작성된 최초의 상용 등급 오픈소스 분산 딥러닝 라이브러리다). DL4J는 하둡 및 아파치 스파크와 통합돼 있으며 분산 GPU와 CPU에서 사용하는 비즈니스 환경에 AI를 제공한다.

이 예제에서는 일래스틱서치를 머신러닝 알고리듬에서 학습되는 데이터 원본으로 사용하는 것이 어떻게 가능한지 살펴본다.

준비 사항

이 예제에서 코드를 실행하려면 1장의 '일래스틱서치 다운로드와 설치' 예제에서 기술된 대로 실행 중인 일래스틱서치 설치본이 필요하다.

메이븐 도구나 이클립스 또는 IntelliJ와 같은 자바 프로그램에서 메이븐을 기본적으로 지원하는 IDE를 설치해야 한다.

이 예제에 대한 코드는 ch13/deeplearning4j에서 확인할 수 있다.

작동 방법

모든 데이터 과학자에게 널리 알려진 유명한 `iris` 데이터 세트(https://en.wikipedia.org/wiki/Iris_flower_data_set)를 사용해 딥러닝 모델을 학습시키는 데 사용할 데이터를 가진 색인을 만들 것이다.

색인 데이터 세트를 준비하려면 이 소스코드에서 사용할 수 있는 `PopulatingIndex` 클래스를 실행해 데이터를 채워야 한다. `PopulatingIndex` 클래스는 iris.txt 파일을 읽어서 다음과 같은 객체 포맷으로 데이터 세트 열들을 저장한다.

필드명	유형	설명
f1	float	꽃의 피처 1
f2	float	꽃의 피처 2
f3	float	꽃의 피처 3
f4	float	꽃의 피처 4
label	int	꽃의 라벨(유효한 값은 0, 1, 2)

DL4J를 모델의 원본 데이터로 사용하려면 다음 절차를 수행한다.

1. 메이븐 프로젝트의 pom.xml에 여러 DL4J 의존성을 추가한다.

```
<dependency>
  <groupId>org.nd4j</groupId>
  <artifactId>nd4j-native-platform</artifactId>
  <version>${nd4j.version}</version>
</dependency>
<!-- ND4J 백엔드. 모든 DL4J마다 필요하다.
  일반적으로 "nd4j-native-platform" 또는 "nd4j-cuda-9.2-platform"으로
  artifactId를 정의한다 -->
<dependency>
  <groupId>org.nd4j</groupId>
  <artifactId>${nd4j.backend}</artifactId>
  <version>${nd4j.version}</version>
</dependency>
<!-- 핵심 DL4J 기능 -->
<dependency>
  <groupId>org.deeplearning4j</groupId>
  <artifactId>deeplearning4j-core</artifactId>
  <version>${dl4j.version}</version>
</dependency>
```

2. 이제 모델을 학습하고 검증할 수 있는 ElasticSearchD4J를 작성한다. 첫 번째 단계로 일래스틱서치 클라이언트를 초기화해야 한다.

```
HttpHost httpHost = new HttpHost("localhost", 9200, "http");
RestClientBuilder restClient = RestClient.builder(httpHost);
RestHighLevelClient client = new RestHighLevelClient(restClient);
String indexName="iris";
```

3. 클라이언트 생성 후 데이터 세트를 읽는다. 간단한 검색으로 쿼리를 실행하고 히트 결과를 수집한다.

```
SearchResponse searchResult=client.search(new
     SearchRequest(indexName).source(SearchSourceBuilder.searchSource()
          .size(1000)), RequestOptions.DEFAULT);

SearchHit[] hits=searchResult.getHits().getHits();
```

4. 일치 결과를 DL4J 데이터 세트로 변환해야 한다. 임시 배열을 생성하고 이를 채우는 방식으로 수행한다.

```
//iris 데이터를 150x4 행렬로 변환
int row=150;
int col=4;
double[][] irisMatrix=new double[row][col];
//이제 라벨 데이터에 대해 동일한 작업 수행
int colLabel=3;
double[][] labelMatrix=new double[row][colLabel];

for(int r=0; r<row; r++){
  // 피처를 채운다.
  Map<String, Object> source=hits[r].getSourceAsMap();
  irisMatrix[r][0]=(double)source.get("f1");
  irisMatrix[r][1]=(double)source.get("f2");
  irisMatrix[r][2]=(double)source.get("f3");
  irisMatrix[r][3]=(double)source.get("f4");
  // 레이블을 채운다.
  int label=(Integer) source.get("label");
  labelMatrix[r][0]=0.0;
  labelMatrix[r][1]=0.0;
  labelMatrix[r][2]=0.0;
  if(label == 0) labelMatrix[r][0]=1.0;
  if(label == 1) labelMatrix[r][1]=1.0;
  if(label == 2) labelMatrix[r][2]=1.0;
}
//로그에 출력해 배열 확인
```

```
//데이터 행렬을 학습 INDArrays로 변환
INDArray training = Nd4j.create(irisMatrix);
INDArray labels = Nd4j.create(labelMatrix);

DataSet allData = new DataSet(training, labels);
```

5. 그런 다음 데이터 세트를 둘로 나눈다(하나는 학습용이고 나머지는 검증용이다). 이렇게 한 후 값을 정규화해야 한다. 이 작업은 다음 코드로 수행할 수 있다.

```
allData.shuffle();
SplitTestAndTrain testAndTrain =
    allData.splitTestAndTrain(0.65); //학습을 위해 65%의 데이터 사용

DataSet trainingData = testAndTrain.getTrain();
DataSet testData = testAndTrain.getTest();

//데이터를 정규화해야 한다.
//NormalizeStandardize를 사용(이는 평균 0, 단위 분산을 제공한다):
DataNormalization normalizer = new NormalizerStandardize();
normalizer.fit(trainingData); //학습 데이터로부터 통계(평균/표준편차) 수집
//입력값을 수정하지 않는다.
normalizer.transform(trainingData); //학습 데이터 정규화
//학습 데이터
normalizer.transform(testData); //검증 데이터 정규화
// 학습 데이터 세트에서 계산된 통계를 사용
```

6. 이제 학습에 사용할 모델을 설계한다.

```
final int numInputs = 4;
int outputNum = 3;
long seed = 6;
MultiLayerConfiguration conf = new
```

```
NeuralNetConfiguration.Builder()
        .seed(seed)
        .activation(Activation.TANH)
        .weightInit(WeightInit.XAVIER)
        .updater(new Sgd(0.1))
        .l2(1e-4)
        .list()
        .layer(0, new
            DenseLayer.Builder().nIn(numInputs).nOut(3).build())
        .layer(1, new DenseLayer.Builder().nIn(3).nOut(3).build())
        .layer(2, new
            OutputLayer.Builder(LossFunctions.LossFunction
        .NEGATIVELOGLIKELIHOOD)
        .activation(Activation.SOFTMAX)
        .nIn(3).nOut(outputNum).build())
        .backprop(true).pretrain(false).build();
```

7. 모델을 정의한 후 마지막으로 데이터 세트로 학습할 수 있다(학습을 1,000회 반복할 것이다). 학습 코드는 다음과 같다.

```
MultiLayerNetwork model = new MultiLayerNetwork(conf);
model.init();
model.setListeners(new ScoreIterationListener(100));
for(int i=0; i<1000; i++ ) {
  model.fit(trainingData);
}
```

8. 학습된 모델이 준비됐으므로 검증 데이터 세트로 정확도를 평가해야 한다.

```
Evaluation eval = new Evaluation(3);
INDArray output = model.output(testData.getFeatures());
```

```
eval.eval(testData.getLabels(), output);
log.info(eval.stats());
```

모델 학습을 수행하면 결과는 다음과 같다.

```
14:17:24.684 [main] INFO com.packtpub.ElasticSearchD4J -

====================Evaluation Metrics====================
 # of classes: 3
 Accuracy: 0.9811
 Precision: 0.9778
 Recall: 0.9833
 F1 Score: 0.9800
Precision, recall & F1: macro-averaged (equally weighted avg. of 3 classes)
====================Confusion Matrix====================
   0 1 2
----------
  19 0 0 | 0 = 0
   0 19 1 | 1 = 1
   0 0 14 | 2 = 2

Confusion matrix format: Actual (rowClass) predicted as (columnClass)
N times
=====================================================
```

작동 원리

이클립스 Deeplearning4j는 자바와 자바 가상머신JVM으로 작성된 딥러닝 프로그래밍 라이브러리다. 제한된 볼츠만 머신restricted Boltzmann machine, 심층 신뢰망deep belief net, 심층 오토디코더deep autoencoder, 축적된 디노이징 오토인코더stacked denoising autoencoder, word2vec, doc2vec, GloVe와 같은 재귀적인 텐서 신경망recursive neural tensor networks의

구현을 포함하고 있다. 이들 알고리듬 모두는 분산된 병렬 처리 버전을 포함해 아파치 하둡과 스파크에 통합할 수 있다.

DL4J는 딥러닝 작업을 빠르게 처리할 수 있도록 CPU와 GPU를 모두 사용할 수 있다.

앞의 예시에서는 일래스틱서치에 저장했고 DL4J 데이터 세트를 작성해 획득했다. 일래스틱서치를 데이터 세트 스토리지로 사용하는 것은 아주 쉽다. 데이터 세트를 머신러닝 알고리듬으로 보내기 전에 데이터를 분석하고 정제하고 필터링할 수 있는 일리스틱서치의 기능을 사용할 수 있기 때문이다.

학습 및 테스트 데이터 세트에 대한 편향을 줄이고자 데이터 세트는 셔플링됐다(allData.shuffle()). 이 경우 3계층의 딥러닝 모들을 선택했으며 일래스틱서치의 데이터로 모델을 훈련시켰다. 학습은 1,000회 반복했다. 결과는 0.98의 정확도가 있는 신경망 모델이다.

이 예시는 아주 간단하지만 머신러닝 작업의 데이터 원본으로 일래스틱서치를 얼마나 쉽게 사용할 수 있는지 보여준다. DL4J는 일래스틱서치 외부나 일래스틱서치의 머신러닝 기능을 제공하는 플러그인으로 임배딩해 사용할 수 있는 훌륭한 라이브러리다.

참고 사항

이 예제와 연관해 더 많은 정보는 다음 URL를 참고한다.

- 강력한 라이브러리의 더 많은 예시와 정보는 DeepLearning4J(https://deeplearning4j.org/?)의 공식 사이트를 참고한다.
- Iris 데이터 세트(https://en.wikipedia.org/wiki/Iris_flower_data_set)의 더 많은 상세 설명을 참고한다.

14

스칼라 통합

스칼라[scala]는 빅데이터 시나리오에서 가장 많이 사용하는 언어 중 하나다. 이 언어는 불변성[immutability]과 함수형 프로그래밍 같은 데이터를 관리하는 많은 기능을 제공한다.

스칼라에서는 13장의 자바에서 살펴본 라이브러리를 간단히 사용할 수 있지만 타입 안정성을 제공하지 않기 때문에 확정적이지 않고(많은 라이브러리가 JSON 문자열을 사용함) 비동기 프로그래밍하는 데 용이하다.

14장에서는 성숙한 라이브러리 `elastic4s`를 사용해 스칼라에서 일래스틱서치 사용법을 살펴본다. 주요 기능은 다음과 같다.

- 타입 안정적이고 간결한 DSL
- 표준 스칼라 퓨처스[scala futures](가상 객체)와의 통합
- 자바 컬렉션상의 스칼라 컬렉션 라이브러리 사용
- 자바 메서드가 `null`을 반환하는 경우 옵션 반환

- 시간 값에 대한 strings/longs 대신 스칼라 durations 반환
- 잭슨[Jackson], Circe, Json4s, PlayJson 구현에서 지원되는 일래스틱서치의 클래스 마샬링/언마샬링하는 유형 클래스[typeclass] 사용
- 반응형 스트림[reactive-streams] 구현 제공
- 테스트를 이상적으로 할 수 있는 포함된 노드와 테스트킷 서브프로젝트 제공

14장에서는 표준 elastic4s DLS의 사용 예시를 주로 살펴보고 클래스에서 문서의 마샬링/언마샬링을 쉽게 할 수 있는 circe 확장과 같은 일부 도우미를 살펴본다.

14장에서 다루는 내용은 다음과 같다.

- 스칼라로 클라이언트 생성
- 색인 관리
- 매핑 관리
- 문서 관리
- 표준 검색 실행
- 집계 검색 실행

스칼라로 클라이언트 생성

elastic4s로 작업하는 첫 번째 단계는 일래스틱서치를 호출하는 접속 클라이언트를 생성하는 것이다. 자바와 유사하게 접속 클라이언트는 네이티브 클라이언트며 노드나 전송 클라이언트가 될 수 있다.

자바와 유사하게 접속 클라이언트는 네이티브 클라이언트와 HTTP 클라이언트 모두가 될 수 있다.

솔루션의 가용성을 증가시킬 수 있게 프록시/밸런서 뒤에 둘 수 있기 때문에 이 예제에서는 HTTP 클라이언트를 초기화할 것이며 이는 바람직하다.

준비 사항

이 예제에서 코드를 실행하려면 1장의 '일래스틱서치 다운로드와 설치' 예제에서 기술된 대로 실행 중인 일래스틱서치 설치본이 필요하다.

IntelliJ와 같은 스칼라 프로그래밍을 지원하는 IDE와 스칼라 플러그인을 전역적으로 설치해야 한다.

이 예제에 대한 코드는 chapter_14/elastic4s_sample에서 확인할 수 있으며 참고할 파일명은 ClientSample.scala다.

작동 방법

문서를 생성하고 검색할 일래스틱서치 클라이언트를 생성하려면 다음 절차를 수행한다.

1. 첫 번째 단계는 다음 코드와 같이 build.sbt 구성에 `elastic4s` 라이브러리를 추가하는 것이다.

```
libraryDependencies ++= {
  val elastic4sV = "7.0.0"
  val scalaTestV = "3.0.5"
  val Log4jVersion = "2.11.1"
  Seq(
    "com.sksamuel.elastic4s" %% "elastic4s-core" % elastic4sV,
    "com.sksamuel.elastic4s" %% "elastic4s-circe" % elastic4sV,
    // http client 추가
```

```
    "com.sksamuel.elastic4s" %% "elastic4s-http" % elastic4sV,
    // reactive streams을 사용하려면
    "com.sksamuel.elastic4s" %% "elastic4s-http-streams" % elastic4sV,
    // 테스트
    "com.sksamuel.elastic4s" %% "elastic4s-testkit" % elastic4sV % "test",
    "com.sksamuel.elastic4s" %% "elastic4s-embedded" % elastic4sV % "test",
    "org.apache.logging.log4j" % "log4j-api" % Log4jVersion,
    "org.apache.logging.log4j" % "log4j-core" % Log4jVersion,
    "org.apache.logging.log4j" % "log4j-1.2-api" % Log4jVersion,
    "org.scalatest" %% "scalatest" % scalaTestV % "test"
  )
}
resolvers ++= Seq(
  Resolver.sonatypeRepo("releases"),
  Resolver.jcenterRepo
)
```

2. 라이브러리를 사용하려면 클라이언트 클래스와 암시적인 요소를 임포트해야 한다.

```
import com.sksamuel.elastic4s.http.ElasticDsl._
import com.sksamuel.elastic4s.http.{ElasticClient, ElasticProperties}
```

3. 이제 일래스틱서치 URI를 제공해 클라이언트를 초기화한다.

```
object ClientSample extends App {
  val client = ElasticClient(ElasticProperties("http://127.0.0.1:9200"))
```

4. 문서를 색인하도록 다음 방식으로 문서로 indexInto를 실행한다.

```
client.execute {
  indexInto("bands" / "artists") fields "name" -> "coldplay"
}.await
  Thread.sleep(2000) //레코드가 색인되는지 확인하고자
```

5. 이제 앞에서 색인한 문서를 검색할 수 있다.

```
// 이제 앞에서 색인한 문서를 검색할 수 있다.
val resp = client.execute {
  search("bands") query "coldplay"
}.await
println(resp)
```

문서가 사용 가능하다면 결과는 다음과 같다.

```
RichSearchResponse({"took":2,"timed_out":false,"_shards":{"tot
al":5,"successful":5,"failed":0},"hits":{"total":1,"max_score"
:0.2876821,"hits":[{"_index":"bands","_type":"artists","_id":"
AViBXXEWXe9IuvJzw-
HT","_score":0.2876821,"_source":{"name":"coldplay"}}]}})
```

작동 원리

elastic4s에는 일래스틱서치 클라이언트를 초기화하는 데 필요한 많은 코드 조각이 포함돼 있다.

일래스틱서치 접속을 정의하는 더 쉬운 방법은 ElasticProperties를 이용하는 것이고 다음을 제공할 수 있다.

- 쉼표로 분리된 다중 서버 엔드포인트(즉, http(s)://host:port,host:port(/prefix)?querystring)

- Map[String,String]을 통해 클라이언트에 제공되는 다른 설정(즉, ?cluster.name=elasticsearch)

ElasticProperties를 정의한 후 ElasticClient를 생성할 수 있으며 모든 일래스틱서치 호출에 사용된다.

ElasticClient를 초기화하는 여러 가지 방법이 있다. 다음을 제안한다.

- **ElasticProperties를 통해:** JDBC 접속과 유사한 문자열이다. 단순한 문자열로 애플리케이션의 설정 파일에 저장할 수 있으므로 매우 편리하다.

```
val client = ElasticClient(ElasticProperties("http://127.0.0.1:9200")
```

- **Rest 클라이언트의 제공을 통해**

```
val restClient = RestClient.builder(
  new HttpHost("localhost", 9200, "http"),
  new HttpHost("localhost", 9201, "http")).build();
val client = ElasticClient.fromRestClient(restClient)
```

참고 사항

이 예제와 연관해 더 많은 정보는 다음 URL를 참고한다.

- RestClient에 대한 공식 일래스틱서치 문서는 https://www.elastic.co/guide/en/elasticsearch/client/java-api/current/transport-client.html에서 확인할 수 있다.
- elastic4s에 대한 공식 문서는 https://github.com/sksamuel/elastic4s에 있으며 클라이언트 초기화에 대한 더 많은 예시를 제공한다.

색인 관리

클라이언트가 준비됐으므로 먼저 해야 할 일은 최적화된 매핑을 갖는 사용자 정의 색인을 생성하는 것이다. `elastic4s`는 이런 종류의 작업을 수행할 수 있는 강력한 DSL을 제공한다.

이 예제에서 도메인 구문 언어DSL, Domain Syntax Language를 사용해 사용자 정의 매핑을 생성할 수 있다. DSL은 `elastic4s`의 저자가 개발했다. 이 구문은 일래스틱서치 JSON상에서 설계돼 있으므로 아주 자연스럽고 사용하기 쉽다.

준비 사항

이 예제에서 코드를 실행하려면 1장의 '일래스틱서치 다운로드와 설치' 예제에서 기술된 대로 실행 중인 일래스틱서치 설치본이 필요하다.

IntelliJ와 같은 스칼라 프로그래밍을 지원하는 IDE와 스칼라 플러그인을 전역적으로 설치해야 한다.

이 예제에 대한 코드는 chapter_14/elastic4s_sample에서 확인할 수 있으며 참고할 파일명은 IndicesExample이다.

작동 방법

일래스틱서치 클라이언트는 클라이언트의 `admin.indices` 아래에 모든 색인 작업을 매핑한다.

여기서 모든 색인 작업을 찾을 수 있다(생성, 삭제, 존재 여부, 열기, 닫기, 강제 병합 등).

다음 코드는 클라이언트를 얻어 색인의 주요 작업을 실행한다.

1. 필요한 클래스를 임포트해야 한다.

```
import com.sksamuel.elastic4s.http.ElasticDsl._
```

2. 색인 동작을 관리하는 IndicesExample 클래스를 정의한다.

```
object IndicesExample extends App with ElasticSearchClientTrait{
```

3. 색인의 존재 여부를 확인한다. true면 삭제한다.

```
val indexName="test"
if(client.execute{ indexExists(indexName)}.await.result.isExists){
  client.execute{ deleteIndex(indexName)}.await
}
```

4. 매핑을 포함해 색인을 생성한다.

```
client.execute{
  createIndex(indexName) shards 1 replicas 0 mappings (
    mapping("_doc") as (
      textField("name").termVector("with_positions_offsets").stored(
          true),
      keywordField("tag")
    )
  )
}.await
Thread.sleep(2000)
```

5. 세그먼트 수를 줄이고자 색인을 최적화한다.

```
client.execute(forceMerge(indexName)).await
```

6. 다음과 같이 색인을 닫는다.

```
client.execute(closeIndex(indexName)).await
```

7. 다음과 같이 색인을 연다.

```
client.execute(openIndex(indexName)).await
```

8. 다음과 같이 색인을 삭제한다.

```
client.execute(deleteIndex(indexName)).await
```

9. 다음과 같이 자원을 정리하고자 클라이언트를 닫는다.

```
client.close()
```

작동 원리

elastic4s를 사용하는 일래스틱서치 도메인 스크립트 언어DSL, Domain Script Language는 아주 간단하고 배우기 쉽다. 이 DSL은 표준 일래스틱서치 기능을 좀 더 자연스럽게 사용하는 방식으로 모델링한다. 또한 이 DSL은 강력한 타입 확인을 하므로 타입 오류나 값의 타입 변경과 같은 일반적인 오류를 방지할 수 있다.

이 예시에서는 코드를 단순화하고자 ElasticSearchClientTrait 클라이언트를 초기화하는 코드를 포함하는 특별 코드(trait)를 작성했다.

elastic4s의 모든 API 호출은 비동기적이며 Future를 반환한다. 결과를 구체화하도록 호출의 끝에 .wait를 추가해야 한다.

내부적으로 elastic4s는 자바 표준 일래스틱서치 클라이언트를 사용하지만 메서드와 매개변수가 표준 일래스틱서치 문서와 동일한 의미를 갖게 하고자 이를 DSL로 래핑했다.

TIP

> 코드에서 색인에 대한 빠른 작업을 방지하고자 1초의 지연을 포함시켰다(`Thread.sleep(1000)`). 샤드 할당이 비동기적이고 준비되는 데 몇 밀리초가 걸리기 때문이다. 유사한 방식으로 구현하지 말고 더 많은 작업을 수행하기 전에 색인의 상태를 확인하고 색인의 상태가 녹색일 때 작업을 수행하는 것이 좋은 방식이다.

참고 사항

색인 생성에 대한 세부 사항은 3장의 '색인 생성' 예제를 참고하고 색인 삭제에 대한 세부 사항은 '색인 삭제' 예제를 참고한다. 색인 열기/닫기 API 세부 사항은 '색인 열기 또는 닫기' 예제를 참고한다.

매핑 관리

색인을 생성한 후에 다음 절차는 색인에 일부 매핑을 추가하는 것이다. 3장에서 REST API로 매핑을 포함시키는 방법을 이미 살펴봤다. 이 예제에서는 네이티브 클라이언트로 매핑을 관리하는 방법을 살펴본다.

준비 사항

이 예제에서 코드를 실행하려면 1장의 '일래스틱서치 다운로드와 설치' 예제에서 기술된 대로 실행 중인 일래스틱서치 설치본이 필요하다.

IntelliJ와 같은 스칼라 프로그래밍을 지원하는 IDE와 스칼라 플러그인을 전역적으로 설치해야 한다.

이 예제에 대한 코드는 chapter_14/elastic4s_sample에서 확인할 수 있으며 참고할 파일명은 MappingExample이다.

작동 방법

다음 코드에서 네이티브 클라이언트로 myindex 색인에 mytype 매핑을 추가한다.

1. 필요한 클래스를 추가해야 한다.

```
package com.packtpub

import com.sksamuel.elastic4s.http.ElasticDsl._
```

2. 코드를 포함하고 클라이언트와 색인을 초기화하는 클래스를 정의한다.

```
object MappingExample extends App with
     ElasticSearchClientTrait {
  val indexName = "myindex"
  if (client.execute { indexExists(indexName)
       }.await.result.isExists) {
    client.execute { deleteIndex(indexName)
  }.await
}
```

3. _doc 매핑을 제공해 색인을 생성한다.

```
client.execute {
```

```
    createIndex(indexName) shards 1 replicas 0 mappings (
        mapping("_doc") as (
            textField("name").termVector("with_positions_offsets")
                .stored(true)
        )
    )
}.await
Thread.sleep(2000)
```

4. putMapping 호출을 통해 매핑에 다른 필드를 추가한다.

```
client.execute {
  putMapping(indexName / "_doc").as(
      keywordField("tag")
  )
}.await
```

5. 이제 테스트할 매핑을 얻을 수 있다.

```
val myMapping = client
  .execute {
    getMapping(indexName / "_doc")
  }
  .await
  .result
```

6. 매핑에서 태그 필드를 추출한다.

```
val tagMapping = myMapping.seq.head
println(tagMapping)
```

7. 다음 명령으로 색인을 제거한다.

```
client.execute(deleteIndex(indexName)).await
```

8. 이제 자원을 해제하고자 클라이언트를 닫아야 한다.

```
// 자원을 해제하고자 클라이언트를 닫아야 한다.
client.close()
```

작동 원리

매핑 작업을 실행하기 전에 클라이언트를 사용할 수 있어야 한다.

createIndex 빌더에서 mappings 메서드로 색인을 생성하는 동안 매핑을 포함시킬 수 있다.

```
createIndex(indexName) shards 1 replicas 0 mappings (
    mapping("_doc") as (
      textField("name").termVector("with_positions_offsets").stored(true)
    )
);
```

TIP

> elastic4s DSL은 매핑 필드에 대해 강력한 타입 정의를 제공한다.

매핑에 필드를 추가하는 것을 잊은 경우 또는 애플리케이션이 동작하는 동안 신규 필드를 추가해야 하는 경우 신규 필드나 새로운 완성된 타입 매핑과 함께 putMapping를 호출한다.

```
putMapping(indexName / "_doc").as(
  keywordField("tag")
)
```

이런 방식으로 타입이 존재하는 경우 갱신되거나 생성된다. 관리 콘솔에서 색인 유형이 매핑에 저장돼 있는지 확인하려면 클러스터 상태에서 이를 얻어야 한다. 이미 살펴본 메서드는 getMapping 메서드다.

```
val myMapping = client
  .execute {
    getMapping(indexName / "_doc")
  }
  .await
  .result
```

반환된 매핑 객체는 IndexMapping 요소 목록이다.

```
case class IndexMappings(index: String, mappings: Map[String,
    Map[String, Any]])
```

매핑에 접근하려면 첫 번째 결과를 가져온다.

```
val tagMapping = myMapping.seq.head
println(tagMapping)
```

참고 사항

이 예제와 연관된 더 많은 정보를 얻으려면 다음 URL을 참고한다.

- 매핑 Put API에 대한 세부 사항은 3장의 '색인에 매핑 집어넣기' 예제를 참고한다.
- 매핑 Get API에 대한 세부 사항은 3장의 '매핑 가져오기' 예제를 참고한다.

문서 관리

문서 관리 API(색인, 삭제, 갱신)는 문서 검색 다음으로 가장 중요하다. 이 예제에서는 이들 API의 사용법을 살펴본다.

준비 사항

이 예제에서 코드를 실행하려면 1장의 '일래스틱서치 다운로드와 설치' 예제에서 기술된 대로 실행 중인 일래스틱서치 설치본이 필요하다.

IntelliJ와 같은 스칼라 프로그래밍을 지원하는 IDE와 스칼라 플러그인을 전역적으로 설치해야 한다.

이 예제에 대한 코드는 chapter_14/elastic4s_sample에서 확인할 수 있으며 참고할 파일명은 DocumentExample이다.

작동 방법

문서를 관리하려면 다음 절차를 수행한다.

1. 문서의 모든 CRUD 동작을 실행하려면 필요한 클래스를 임포트해야 한다.

```
import com.sksamuel.elastic4s.http.ElasticDsl._
import com.sksamuel.elastic4s.circe._
```

2. 클라이언트를 생성하고 색인과 매핑의 존재 여부를 확인해야 한다.

```
object DocumentExample extends App with
  ElasticSearchClientTrait {
    val indexName = "myindex"
    ensureIndexMapping(indexName)
```

3. 이제 indexInto 호출로 일래스틱서치에 문서를 저장한다.

```
client.execute {
  indexInto(indexName) id "0" fields (
    "name" -> "brown",
    "tag" -> List("nice", "simple")
  )
}.await
```

4. get 호출로 저장된 문서를 얻는다.

```
val bwn = client.execute {
  get("0") from indexName
}.await
println(bwn.result.sourceAsString)
```

5. 페인리스 스크립트를 이용한 update 호출로 저장된 문서를 갱신한다.

```
client.execute {
  update("0").in(indexName).script("ctx._source.name = 'red'")
}.await
```

6. 갱신의 적용 여부를 확인한다.

```
val red = client.execute {
  get("0") from indexName
}.await
println(red.result.sourceAsString)
```

7. 콘솔 출력 결과는 다음과 같다.

```
{"name":"brown","tag":["nice","simple"]}
{"name":"red","tag":["nice","simple"]}
```

NOTE

> 갱신 작업 후 문서가 신규 변경으로 재색인되는 경우 문서 버전은 항상 1씩 증가된다.

작동 원리

문서 작업을 수행한 후 클라이언트와 색인이 사용 가능해야 하며 문서 매핑도 생성돼야 한다(매핑은 옵션이다. 색인된 문서에서도 추론할 수 있기 때문이다).

문서를 색인하는 데 elastic4s를 사용하면 다음과 같이 여러 가지 방식으로 문서 내용을 제공할 수 있다.

- **fields**:
  - 앞의 예시와 같이 Tuple(String, Any) 시퀀스
  - Map[String, Any]
  - Iterable[(String, Any)]
- **doc/source**:

- 문자열
- Indexable[T]를 유도하는 typeclass

3장의 '문서 색인' 예제에서 살펴본 것처럼 parent, routing 등과 같은 모든 매개변수를 추가할 수 있다.

반환값 IndexReponse는 자바 호출에서 반환된 객체다.

문서를 추출하려면 index/id가 필요한다. 메서드는 get이다. From 메서드에 제공할 id와 index가 필요하다. 3장의 '문서 가져오기' 예제에서 살펴본 대로 필드나 라우팅(sourcing, parent와 같은)을 제어할 수 있는 다른 많은 메서드를 사용할 수 있다. 앞의 예시에서 호출은 다음과 같다.

```
val bwn = client.execute {
  get("0") from indexName
}.await
```

반환 유형 GetResponse는 (문서가 존재한다면) 모든 요청과 문서 정보(source, version, index, type, id)를 포함한다.

문서를 갱신하려면 index/id가 필요하고 갱신에 사용될 문서나 스크립트가 필요하다. 클라이언트 메서드는 update다. 앞의 예시에서 스크립트를 사용했다.

```
client.execute {
  update("0").in(indexName).script("ctx._source.name = 'red'")
}.await
```

스크립트 코드는 문자열이어야 한다. 스크립트 언어가 정의되지 않은 경우 기본은 페인리스가 사용된다.

반환된 응답에는 동시성을 제어하는 신규 버전 값과 실행 정보를 포함한다.

(쿼리를 실행할 필요 없이) 문서를 삭제하려면 **index/id**가 필요하며 클라이언트 메서드로 삭제 요청을 생성하는 **delete**를 사용할 수 있다 앞의 코드에서는 다음과 같이 사용했다.

```
client.execute {
  delete("0") from indexName
}.await
```

삭제 요청을 사용하면 3장의 '문서 삭제' 예제에서 살펴본 모든 매개변수를 사용할 수 있으며 이를 전달해 라우팅과 버전을 제어할 수 있다.

추가 사항

스칼라 프로그래머는 **typeclass**를 선호하며 이는 **case** 클래스를 자동으로 마샬링/언마샬링하고 데이터의 강력한 타입 관리를 제공한다. 이를 위해 **elastics4**는 다음과 같이 일반적인 JSON 직렬화 라이브러리에 대한 추가적인 지원을 제공한다.

- Circe(https://circe.github.io/circe/): 이 라이브러리를 사용하려면 다음과 같은 의존성을 추가해야 한다.

  ```
  "com.sksamuel.elastic4s" %% "elastic4s-circe" % elastic4sV
  ```

- Jackson(https://github.com/FasterXML/jackson-module-scala): 이 라이브러리를 사용하려면 다음과 같은 의존성을 추가해야 한다.

  ```
  "com.sksamuel.elastic4s" %% "elastic4s-jackson" % elastic4sV
  ```

- Json4s(http://json4s.org/): 이 라이브러리를 사용하려면 다음과 같은 의존성을 추가해야 한다.

```
"com.sksamuel.elastic4s" %% "elastic4s-json4s" % elastic4sV
```

예를 들어 Circe를 사용하려면 다음 절차를 수행한다.

1. circe에 관련된 암시적인 요소들을 임포트해야 한다.

```
import com.sksamuel.elastic4s.circe._
import io.circe.generic.auto._
import com.sksamuel.elastic4s.Indexable
```

2. case 클래스를 정의해야 하며 역직렬화를 위해 필요하다.

```
case class Place(id: Int, name: String)
case class Cafe(name: String, place: Place)
```

3. 암시적인 직렬 변환기를 강제해야 한다.

```
implicitly[Indexable[Cafe]]
```

4. 이제 case 클래스를 직접 색인할 수 있다.

```
val cafe = Cafe("nespresso", Place(20, "Milan"))
client.execute {
  indexInto(indexName).id(cafe.name).source(cafe)
}.await
```

참고 사항

앞의 예제에서 문서에 대한 모든 CRUD 작업을 사용했다. 이 작업에 대한 더 자세한 사항은 다음 예제를 참고한다.

- 3장의 '문서 색인' 예제
- 저장된 문서를 추출하는 데 관련된 정보는 3장의 '문서 가져오기' 예제
- 3장의 '문서 삭제' 예제
- 3장의 '문서 갱신' 예제

표준 검색 실행

일래스틱서치의 가장 일반적인 동작은 분명히 검색이다. `elastic4s`는 스칼라로 쿼리에 대한 타입 안정적인 정의를 제공하는 쿼리 DSL의 이점을 활용한다. 이 기능의 가장 일반적인 이점 중 하나는 `elastic4s`를 이용한 스칼라 코드에서는 일래스틱서치가 진화함에 따라 더 이상 사용하지 않는다고 나오거나 컴파일이 중단되는 코드를 반드시 업데이트하게 한다는 점이다.

이 예제에서는 데이터의 직렬 변환기serializer/역직렬 변환기deserializer를 작성할 필요 없이 검색을 실행하고 결과를 추출하고 타입이 지정된 도메인 객체(클래스)로 변환하는 방법을 살펴본다.

준비 사항

이 예제에서 코드를 실행하려면 1장의 '일래스틱서치 다운로드와 설치' 예제에서 기술된 대로 실행 중인 일래스틱서치 설치본이 필요하다.

IntelliJ와 같은 스칼라 프로그래밍을 지원하는 IDE와 스칼라 플러그인을 전역적으로 설치해야 한다.

이 예제에 대한 코드는 chapter_14/elastic4s_sample에서 확인할 수 있으며 참고할 파일명은 QueryExample이다.

작동 방법

표준 쿼리를 실행하려면 다음 절차를 수행한다.

1. 데이터를 색인하고 검색하려면 클래스와 암시적 요소들을 임포트해야 한다.

```
import com.sksamuel.elastic4s.http.ElasticDsl._
import com.sksamuel.elastic4s.circe._
import com.sksamuel.elastic4s.Indexable
import io.circe.generic.auto._
```

2. 색인을 생성하고 여기에 일부 데이터를 채운다. 속도를 빠르게 하고자 bulk 호출을 사용한다.

```
object QueryExample extends App with ElasticSearchClientTrait
{
  val indexName = "myindex"
  val typeName = "_doc"
  case class Place(id: Int, name: String)
  case class Cafe(name: String, place: Place)
  implicitly[Indexable[Cafe]]
  ensureIndexMapping(indexName, typeName)
  client.execute {
    bulk(
      indexInto(indexName / typeName)
```

```
        .id("0")
        .source(Cafe("nespresso", Place(20, "Milan"))),
      indexInto(indexName / typeName)
        .id("1")
        .source(Cafe("java", Place(60, "Rome"))),
      ...중략...
      indexInto(indexName / typeName)
        .id("9")
        .source(Cafe("java", Place(89, "London")))
  )
}.await
Thread.sleep(2000)
```

3. 이름이 java이고 placeid가 80과 같거나 큰 문서를 검색하고자 불리언 필터를 사용한다.

```
val resp = client.execute {
  search(indexName).bool(
    must(termQuery("name", "java"),
    rangeQuery("place.id").gte(80)))
}.await
```

4. 응답 매개변수가 있다면 개수를 확인해야 하고 클래스 목록으로 변환시켜야 한다.

```
println(resp.result.size)
println(resp.result.to[Cafe].toList)
```

5. 결과는 다음과 같다.

```
List(Cafe(java,Place(80,Chicago)), Cafe(java,Place(89,London)))
```

작동 원리

elastic4s 쿼리 DSL은 좀 더 가독성이 있는 방식으로 일래스틱서치 쿼리를 래핑한다.

검색 메서드를 사용하면 DSL로 복잡한 쿼리를 정의할 수 있다. 결과는 원래 자바 결과의 래퍼며 좀 더 생산적인 도우미를 제공한다.

자바 결과의 일반적인 메서드는 최상위 수준에서 사용할 수 있지만 두 가지 흥미로운 메서드(to와 safeTo)도 제공한다.

클래스의 경우 범위 내에서 가능한 암시적 변환을 통해 결과를 변환시킬 수 있다. To[T] 메서드의 경우 결과는 T의 반복자다(앞의 예시에서 Cafe 목록으로 변환했다). safeTo[T] 메서드의 경우 결과는 Either[Throwable, T]다. 이런 방식으로 변환 오류/예외를 수집할 수 있다.

TIP

> 스칼라의 typeclass를 사용하면 더 깔끔하고 이해하기 쉬운 코드를 작성할 수 있고 일래스틱서치에서 문자열 관리로 인한 오류도 줄일 수 있다.

참고 사항

쿼리 실행에 대한 더 자세한 정보는 4장의 '검색 실행' 예제를 참고한다.

집계 검색 실행

일래스틱서치에서 검색 다음의 단계는 집계를 실행하는 것이다. elastic4s DLS은 집계도 지원하므로 타입 안정적인 방식으로 코드를 작성할 수 있다.

준비 사항

이 예제에서 코드를 실행하려면 1장의 '일래스틱서치 다운로드와 설치' 예제에서 기술된 대로 실행 중인 일래스틱서치 설치본이 필요하다.

IntelliJ와 같은 스칼라 프로그래밍을 지원하는 IDE와 스칼라 플러그인을 전역적으로 설치해야 한다.

이 예제에 대한 코드는 chapter_14/elastic4s_sample에서 확인할 수 있으며 참고할 파일명은 AggregationExample이다.

작동 방법

집계 검색을 실행하려면 다음 절차를 수행한다.

1. 집계에 필요한 클래스를 임포트한다.

```
import com.sksamuel.elastic4s.http.ElasticDsl._
```

2. 색인을 생성하고 집계에 사용할 일부 데이터로 채운다.

```
val indexName = "myindex"
val typeName = "_doc"
ensureIndexMapping(indexName, typeName)
```

```
populateSampleData(indexName, typeName, 1000)
```

3. 여러 하부 집계(확장된 통계, 지리 중심)을 가진 termsAggregation을 사용한 집계 검색을 실행하는 방법은 이미 알고 있을 것이다.

```
val resp = client
  .execute {
    search(indexName) size 0 aggregations
    (termsAggregation("tag") field "tag" size 100 subAggregations
    (
      extendedStatsAggregation("price") field "price",
      extendedStatsAggregation("size") field "size",
      geoBoundsAggregation("centroid") field "location"
    )
  )
}
.await
.result
```

4. resp 변수에 쿼리 결과가 있다. 해당 변수로 집계 결과를 추출할 수 있고 일부 값을 볼 수 있다.

```
val tagsAgg = resp.aggregations.terms("tag")
println(s"Result Hits: ${resp.size}")
println(s"number of tags: ${tagsAgg.buckets.size}")
println(s"max price of first tag ${tagsAgg.buckets.head.key}:
     ${tagsAgg.buckets.head.extendedStats("price").max}")
println(s"min size of first tag ${tagsAgg.buckets.head.key}:
     ${tagsAgg.buckets.head.extendedStats("size").min}")
```

5. 끝으로 사용된 자원을 정리한다.

```
client.execute(deleteIndex(indexName)).await
client.close()
```

6. 결과는 다음과 같다.

```
number of tags: 5
max price of first tag awesome: 10.799999999999999
min size of first tag awesome: 0.0
```

작동 원리

elastic4s는 타입 안정적인 집계를 위한 강력한 DSL을 제공한다.

앞의 예시에서 적어도 100개의 버킷을 수집하고자 태그 설정으로 버킷을 수집하는 termsAggregation을 초기에 사용했다(termsAggregation("tag") size 100). 그런 다음 두 가지 유형의 하부 집계를 사용했다.

- **extendedStatsAggregation**: price와 size 필드의 확장된 통계를 수집하는 데 사용한다.
- **geoBoundsAggregation**: 문서 결과 중심을 계산하는 데 사용한다.

elastic4s DSL은 모든 공식적인 일래스틱서치 집계를 제공한다.

또한 집계 결과는 일부 유형에 대해 자동화된 형 변환과 같이 집계 관리를 위한 도우미를 포함하고 있다. 가장 일반적으로 사용되는 것은 다음과 같다.

- **StringTermsResult**: 문자열 용어 집계 결과를 래핑한다.
- **TermsResult**: 일반 용어 집계 결과를 래핑한다.

- **MissingResult**: 누락된 집계 결과를 래핑한다.
- **CardinalityResult**: 카디널리티 집계 결과를 래핑한다.
- **ExtendedStatsAggResult**: 확장된 통계 결과를 래핑한다.
- **AvgResult**: 평균값 메트릭 집계 결과를 래핑한다.
- **MaxResult**: 최댓값 메트릭 집계 결과를 래핑한다.
- **SumResult**: 합계 메트릭 집계 결과를 래핑한다.
- **MinResult**: 최솟값 메트릭 집계 결과를 래핑한다.
- **HistogramResult**: 히스토그램 집계 결과를 래핑한다.
- **ValueCountResult**: 개수 집계 결과를 래핑한다.

집계 결과가 이들 집계 결과의 일부가 아닌 경우 도우미 메서드 get[T]:T를 사용하면 형 변환된 집계 결과를 얻을 수 있다.

참고 사항

이 예제에 연관한 더 많은 정보는 다음 예제를 참고한다.

- 용어 집계를 설명한 7장의 '용어 집계 실행' 예제
- 통계 집계에 대한 세부 사항은 7장의 '통계 집계 실행' 예제

DeepLearning.scala로 통합

13장에서 자바로 DeepLearning4j 사용법을 이미 살펴봤다. 스칼라 애플리케이션에 딥러닝 기능을 제공할 수 있게 스칼라에서도 기본적으로 이 라이브러리를 사용할 수 있다.

이 예제에서는 머신러닝 알고리듬으로 학습시킬 데이터 원본으로 일래스틱서치를 사용하는 방법을 살펴본다.

준비 사항

이 예제에서 코드를 실행하려면 1장의 '일래스틱서치 다운로드와 설치' 예제에서 기술된 대로 실행 중인 일래스틱서치 설치본이 필요하다.

메이븐 도구나 이클립스 또는 인텔리제이와 같은 자바 프로그램에서 메이븐을 기본적으로 지원하는 IDE를 설치해야 한다.

이 예제에 대한 코드는 chapter_14/deeplearningscala에서 확인할 수 있다.

13장에서 사용했던 `iris` 데이터 세트(https://en.wikipedia.org/wiki/Iris_flower_data_set)를 사용한다. 색인 데이터 세트 `iris`를 준비하고자 13장의 소스코드에서 사용할 수 있는 `PopulatingIndex` 클래스를 실행해 색인을 채워야 한다.

작동 방법

`DeepLearning4J`를 모델의 원본 데이터 입력으로 사용하려면 다음 절차를 수행한다.

1. `DeepLearning4J` 의존성을 `build.sbt`에 추가해야 한다.

```
"org.nd4j" % "nd4j-native-platform" % nd4jVersion,
"org.nd4j" % "nd4j-native-platform" % nd4jVersion,
"org.deeplearning4j" % "deeplearning4j-core" % dl4jVersion,
// ParallelWrapper와 ParallelInference를 여기에 추가
"org.deeplearning4j" % "deeplearning4j-parallel-wrapper" % dl4jVersion
```

2. 이제 모델을 학습하고 검증할 DeepLearning4J 클래스를 작성할 수 있다. 첫 번째 단계는 일래스틱서치 클라이언트를 초기화하는 것이다.

```
lazy val client: ElasticClient = {
  ElasticClient(ElasticProperties("http://127.0.0.1:9200"))
}
lazy val indexName = "iris"
```

3. 클라이언트가 준비된 후 데이터 세트를 읽는다. 간단한 검색으로 쿼리를 실행하고 히트 결과를 수집한다.

```
case class Iris(label: Int, f1: Double, f2: Double, f3: Double, f4: Double)
implicitly[Indexable[Iris]]
val response = client.execute {
  search(indexName).size(1000)
}.await
val hits = response.result.to[Iris].toArray
```

4. 적중 결과를 DeepLearning4J 데이터 세트로 변환해야 한다. 중간 배열을 만들고 채우는 방식으로 할 수 있다.

```
//iris 데이터를 50x4로 변환
val irisMatrix: Array[Array[Double]] = hits.map(r =>
    Array(r.f1, r.f2, r.f3, r.f4))
//이제 label 데이터로 동일한 변환 수행
val labelMatrix: Array[Array[Double]] = hits.map { r =>
    r.label match {
      case 0 => Array(1.0, 0.0, 0.0)
      case 1 => Array(0.0, 1.0, 0.0)
      case 2 => Array(0.0, 0.0, 1.0)
    }
```

```
}
val training = Nd4j.create(irisMatrix)
val labels = Nd4j.create(labelMatrix)
val allData = new DataSet(training, labels)
```

5. 데이터 세트를 두 부분으로 나눠야 한다(한 부분은 학습용이고 나머지는 검증용이다). 그런 다음 값을 정규화해야 한다. 이들 작업은 다음 코드로 수행할 수 있다.

```
allData.shuffle()
val testAndTrain = allData.splitTestAndTrain(0.65) //학습용으로 65% 사용
val trainingData = testAndTrain.getTrain
val testData = testAndTrain.getTest
//데이터를 정규화해야 한다. NormalizeStandardize를 사용한다(평균 0, 단위 분산).
val normalizer = new NormalizerStandardize
normalizer.fit(trainingData) //학습 데이터에서 통계 수집(평균/표준편차)
                                    //입력 데이터를 수정하지는 않는다.
normalizer.transform(trainingData) //학습 데이터 정규화 적용
normalizer.transform(testData) // 검증 데이터 정규화 적용, 학습 데이터로
                                     //계산된 통계 사용
```

6. 이제 학습에 사용할 모델을 설계한다.

```
val numInputs = 4
val outputNum = 3
val seed = 6

logger.info("Build model....")
val conf = new NeuralNetConfiguration.Builder()
   .seed(seed)
   .activation(Activation.TANH)
   .weightInit(WeightInit.XAVIER)
   .updater(new Sgd(0.1))
```

```
.l2(1e-4)
.list
.layer(0, new
    DenseLayer.Builder().nIn(numInputs).nOut(3).build)
.layer(1, new DenseLayer.Builder().nIn(3).nOut(3).build)
.layer(2, new
    OutputLayer.Builder(LossFunctions.LossFunction.NEGATIVELOGLIKE
    LIHOOD)
.activation(Activation.SOFTMAX).nIn(3).nOut(outputNum).build)
.backprop(true)
.pretrain(false)
.build
```

7. 모델을 정의한 후 이제 데이터 세트를 훈련할 수 있다(학습을 1,000번 반복한다). 코드는 다음과 같다.

```
//모델을 실행한다.
val model = new MultiLayerNetwork(conf)
model.init()
model.setListeners(new ScoreIterationListener(100))
0.to(1000).foreach{ _ => model.fit(trainingData)}
```

8. 학습 모델이 준비됐으므로 검증 데이터 세트를 사용해 모델의 정확도를 검증해야 한다.

```
//테스트 세트의 모델 검증
val eval = new Evaluation(3)
val output = model.output(testData.getFeatures)
eval.eval(testData.getLabels, output)
logger.info(eval.stats)
```

작동 원리

일래스틱서치를 데이터 저장소로 사용할 수 있다(콤팩트한 스칼라 코드를 사용하면 데이터 세트를 얻어오고 사용에 필요한 코드의 양을 획기적으로 줄일 수 있다). 데이터 세트를 관리하는 가장 좋은 방법은 데이터 모델을 생성하는 것이다. 앞의 경우 이런 목적으로 Iris 클래스를 생성했다.

```
case class Iris(label: Int, f1: Double, f2: Double, f3: Double, f4: Double)
```

Iris 객체 배열에서 일래스틱서치 검색 히트에 대한 인코더와 디코더를 유도하는 Circe(https://circe.github.io/circe/)를 사용한다.

```
implicitly[Indexable[Iris]]
val response = client.execute {
  search(indexName).size(1000)
}.await
val hits = response.result.to[Iris].toArray
```

이 접근 방식으로 데이터를 변환하는 데 필요한 코드가 줄어들고 딥러닝 모델의 작성을 위해 문자열 타입의 객체에 대해 작업할 수 있다.

데이터 세트를 생성하기 위한 마지막 단계는 Iris 객체를 알고리듬에 제공하도록 값의 배열로 변환하는 것이다. 일래스틱서치 히트의 일부 함수 맵을 이용해 이를 달성했다.

```
val irisMatrix: Array[Array[Double]] = hits.map(r => Array(r.f1, r.f2,
    r.f3, r.f4))
```

레이블로도 동일하게 처리하지만 이 경우 레이블 값에 따른 3차원 배열을 생성해야 했다.

```
val labelMatrix: Array[Array[Double]] = hits.map { r =>
    r.label match {
      case 0 => Array(1.0, 0.0, 0.0)
      case 1 => Array(0.0, 1.0, 0.0)
      case 2 => Array(0.0, 0.0, 1.0)
    }
}
```

모델 iris를 사용해 배열을 채우면 코드는 더 단순하고 읽기 쉬워진다. 또 다른 장점은 향후 대규모 코드 리팩토링 없이도 히트를 스트리밍이 가능한 구조로 대치할 수 있다는 점이다.

데이터 세트를 생성한 후에 모델을 설계하고 학습하고 히트 품질을 검증할 수 있다(이 접근법은 사용하는 머신러닝 라이브러리에 따라 다르다).

참고 사항

이 예제와 연관한 더 많은 정보를 얻으려면 다음 URL를 참고한다.

- 강력한 라이브러리에 대한 더 많은 예시와 정보는 DeepLearning4J(https://deeplearning4j.org/)의 공식 사이트를 참고한다.
- Circe에 대한 공식 문서는 https://circe.github.io/circe/에서 확인할 수 있다.
- Iris 데이터 세트(https://en.wikipedia.org/wiki/Iris_flower_data_set)의 더 많은 상세 설명을 참고한다.

15

파이썬 통합

14장에서는 자바로 일래스틱서치 서버에 접근하는 네이티브 클라이언트의 사용 방법을 살펴봤다. 15장에서는 파이썬 언어에 집중해 파이썬 클라이언트로 일반적인 작업을 관리하는 방법을 살펴본다.

자바와 별개로 일래스틱서치 팀은 펄Perl, PHP, 파이썬, .NET, 루비Ruby에 대한 공식 클라이언트를 제공한다(http://www.elasticsearch.org/blog/unleash-the-clients-ruby-python-php-perl/에서 일래스틱서치 블로그의 공식 발표 게시물을 참고한다). 이들 클라이언트는 다른 구현에 비해 많은 이점을 제공한다. 그중 일부는 다음과 같다.

- 일래스틱서치 API에 밀접하게 연결돼 있다. 이들 클라이언트는 네이티브 일래스틱서치 REST 인터페이스를 직접 해석한다(일래스틱서치 팀).
- 동적인 노드 감지와 장애 조치를 한다. 클러스터와 통신하는 강력한 네트워크 기반으로 구축돼 있다.
- REST API의 전체 범위를 다룬다. 사용할 수 있는 모든 언어에서 동일한 애플리케이션 접근을 공유하므로 한 언어에서 다른 언어로 전환하는 것이 빠르다.

- 쉽게 확장할 수 있다.

파이썬 클라이언트는 장고Django, web2py, 피라미드Pyramid와 같은 다른 파이썬 프레임워크와 아주 잘 작동한다. 문서, 색인, 클러스터에 아주 빠르게 접근할 수 있다. 추가적인 예시로 https://github.com/elastic/elasticsearch-py에 있는 온라인 깃허브 저장소와 https://elasticsearch-py.readthedocs.io/en/master/에 있는 관련 문서를 살펴보기를 권고한다.

15장에서 다루는 내용은 다음과 같다.

- 클라이언트 생성
- 색인 관리
- 매핑 관리
- 문서 관리
- 표준 검색 실행
- 집계 검색 실행

클라이언트 생성

공식 일래스틱서치 클라이언트는 안정적인 REST 클라이언트를 생성하는 데 일반적으로 요구되는 많은 문제점을 다루게 설계돼 있다. 예를 들면 네트워크에 장애가 있을 때 재시작, 클러스터에 있는 다른 노드들의 자동 탐색, HTTP 계층에서 통신할 수 있는 데이터 변환 등이다.

이 예제에서는 다양한 옵션으로 클라이언트를 초기화하는 방법을 알아본다.

준비 사항

이 예제에서 코드를 실행하려면 1장의 '일래스틱서치 다운로드와 설치' 예제에서 기술된 대로 실행 중인 일래스틱서치 설치본이 필요하다.

파이썬 2.x나 파이썬 3.x 배포판을 설치해야 한다. 리눅스와 맥 OS X 시스템은 표준 설치로 이미 제공한다. 파이썬을 관리하고자 `pip` 패키지(https://pypi.python.org/pypi/pip/)도 설치해야 한다.

이 예제의 전체 코드는 ch15/code/client_creation.py에 있다.

작동 방법

클라이언트를 생성하려면 다음 절차를 수행한다.

1. 파이썬 클라이언트를 사용하기 전에 (파이썬 가상 환경에서) 소프트웨어를 설치해야 한다. 클라이언트는 공식적으로 PyPi(http://pypi.python.org/)에서 제공되며 다음 코드와 같이 `pip` 명령으로 쉽게 설치할 수 있다.

```
pip install elasticsearch
```

   표준 설치는 HTTP만 지원한다.

2. HTTP 통신에 대한 `requests` 라이브러리를 사용하려면 다음과 같이 설치해야 한다.

```
pip install requests
```

3. 패키지를 설치한 후 클라이언트를 초기화할 수 있다. 이는 파이썬 일래스틱서치 패키지에 포함돼 있으며 클라이언트를 초기화시키고자 임포트해야 한다.

4. 일래스틱서치 클래스에 매개변수를 전달하지 않으면 localhost의 포트 9200으로 클라이언트를 초기화하며(기본 일래스틱서치 HTTP 접속 정보) 다음 코드와 같다.

```
es = elasticsearch.Elasticsearch()
```

5. 클러스터가 하나 이상의 노드로 구성돼 있다면 다음과 같이 커넥션 간 라운드 로빈 접속과 HTTP 부하 분산을 하도록 노드 목록을 전달한다.

```
# 두 노드를 이용한 클라이언트
es = elasticsearch.Elasticsearch(["search1:9200", "search2:9200"])
```

6. 종종 클러스터의 전체 구조를 알기 어렵다. 적어도 하나의 노드를 알고 있다면 다음 코드와 같이 sniff_on_start=True 옵션을 사용한다. 이 옵션은 클러스터의 다른 노드를 감지할 수 있는 클라이언트 기능을 활성화한다.

```
# 스니핑이 있는 노드를 사용하는 클라이언트
es = elasticsearch.Elasticsearch("localhost:9200", sniff_on_start=True)
```

7. 기본 전송은 Urllib3HttpConnection이지만 HTTP requests 전송을 사용하려면 다음과 같이 RequestsHttpConnection을 전달해서 connection_class를 재정의해야 한다.

```
# localhost:9200와 http requests 전송을 사용하는 클라이언트
from elasticsearch.connection import RequestsHttpConnection
es = elasticsearch.Elasticsearch(sniff_on_start=True,
connection_class=RequestsHttpConnection)
```

작동 원리

일래스틱서치 클러스터로 통신하려면 클라이언트가 필요하다.

클라이언트는 애플리케이션이 HTTP REST 호출로 일래스틱서치 서버와 통신하도록 모든 통신 계층을 관리한다.

일래스틱서치 파이썬 클라이언트를 사용하면 다음과 같은 라이브러리 구현체 중 하나를 사용할 수 있다.

- **urllib3**: 일래스틱서치 파이썬에서 제공하는 기본 구현체다(https://pypi.python.org/pypi/urllib3).
- **requests**: 파이썬에서 HTTP 요청을 처리하는 데 가장 많이 사용하는 라이브러리 중 하나다(https://pypi.python.org/pypi/requests).

일래스틱서치 파이썬 클라이언트에는 접속할 서버가 필요하다. 이를 정의하지 않으면 로컬 머신(localhost) 접속을 시도한다. 노드가 하나 이상이라면 접속할 서버 목록을 전달할 수 있다.

NOTE

> 클라이언트는 자동으로 모든 클러스터 노드에 대해 작업을 분산시키려 한다. 이는 일래스틱서치 클라이언트가 제공하는 아주 강력한 기능이다.

사용할 수 있는 노드 목록을 갱신하도록 클라이언트가 신규 노드를 자동으로 찾게 설정할 수 있다. 이 기능을 사용하기를 권고한다. 종종 많은 수의 노드를 가진 클러스터를 사용할 수 있고 그중 일부는 유지 보수를 위해 종료했을 수 있기 때문이다. 자동 찾기를 제어하도록 클라이언트에 전달할 수 있는 옵션은 다음과 같다.

- **sniff_on_start**: 기본값은 False며 클라이언트를 시작할 때 클러스터에서 노드 목록을 얻을 수 있다.

- `sniffer_timeout`: 기본값은 None이다. 클러스터 노드의 자동 검색 간격(초 단위)을 정의한다.
- `sniff_on_connection_fail`: 기본값은 False며 연결 실패가 클러스터 노드 자동 검색을 시작하게 할지 여부를 제어한다.

기본 클라이언트 설정은 `urllib3` 라이브러리를 통한 HTTP 프로토콜을 사용한다. 다른 전송 프로토콜을 사용하려면 `transport_class` 변수에 전송 클래스 유형을 전달해야 한다. 현재 구현된 클래스는 다음과 같다.

- `Transport`: 기본값이다. 즉, HTTP를 사용하는 `Urllib3HttpConnection`의 래퍼다(일반적으로 9200 포트 사용).
- `RequestsHttpConnection`: `requests` 라이브러리를 기반으로 한 `Urllib3HttpConnection`의 대안이다.

참고 사항

파이썬 일래스틱서치 클라이언트에 대한 공식 문서는 https://elasticsearch-py.readthedocs.io/en/master/index.html에 있으며 클라이언트를 초기화하고자 사용할 수 있는 여러 가지 옵션에 대한 자세한 설명을 제공한다.

색인 관리

앞의 예제에서 일래스틱서치 클러스터에 API 호출을 보내는 클라이언트 초기화 방법을 살펴봤다. 이 예제에서는 클라이언트 호출을 통한 색인 관리 방법을 살펴본다.

준비 사항

이 예제에서 코드를 실행하려면 1장의 '일래스틱서치 다운로드와 설치' 예제에서 기술된 대로 실행 중인 일래스틱서치 설치본이 필요하다.

이 장의 '클라이언트 생성' 예제에서 파이썬에 설치한 패키지도 필요하다.

이 예제의 전체 코드는 ch15/code/indices_management.py에 있다.

작동 방법

파이썬에서 색인의 생명주기 관리는 아주 쉽다. 이를 위해 다음 절차를 수행한다.

1. 다음 코드와 같이 클라이언트를 초기화한다.

```
import elasticsearch

es = elasticsearch.Elasticsearch()

index_name = "my_index"
```

2. 색인 존재 여부를 확인해야 하며 존재하는 경우 삭제해야 한다. 다음 코드로 이를 처리할 수 있다.

```
if es.indices.exists(index_name):
  es.indices.delete(index_name)
```

3. 모든 색인 메서드는 `client.indices` 네임스페이스에서 사용할 수 있다. 다음 코드로 색인을 생성하고 색인 생성을 기다린다.

```
es.indices.create(index_name)
es.cluster.health(wait_for_status="yellow")
```

4. 다음 코드로 색인을 열고 닫을 수 있다.

```
es.indices.close(index_name)

es.indices.open(index_name)

es.cluster.health(wait_for_status="yellow")
```

5. 다음 코드로 세그먼트 수를 줄여 색인을 최적화할 수 있다.

```
es.indices.forcemerge(index_name)
```

6. 다음 코드로 색인을 삭제한다.

```
es.indices.delete(index_name)
```

작동 원리

일래스틱서치 파이썬 클라이언트에는 두 가지 특별한 관리자가 있는데, 색인(<client>.indices)과 클러스터(<client>.cluster)다.

일반적으로 색인으로 작업하는 데 필요한 모든 동작의 첫 번째 값은 색인명이다. 여러 색인에 대해 한 번에 작업을 실행해야 한다면 각 색인을 쉼표(,)로 연결해야 한다(즉, index1, index2, indexN). index*와 같이 다중 색인을 정의하는 데 glob 패턴을 사용할 수도 있다.

색인을 생성하려면 호출에는 index_name과 색인 설정 및 매핑과 같은 다른 선택 매개변수가 필요하며 이는 다음 코드와 같다. 다음 예제에서 이에 대한 고급 기능을 살펴볼 것이다.

```
es.indices.create(index_name)
```

색인 생성에는 약간의 시간이 걸린다(몇 밀리초에서 몇 초). 비동기 동작이며 클러스터의 복잡도, 디스크 속도, 네트워크 혼잡도에 따라 다르다. 이 작업이 완료됐음을 확인하려면 다음과 같이 클러스터 상태가 yellow나 green으로 변경됐는지 확인해야 한다.

```
es.cluster.health(wait_for_status="yellow")
```

TIP

> 색인 생성 및 열기에 관련된 작업 후에 (적어도) 클러스터 상태가 yellow가 될 때까지 기다리는 것이 좋다. 이들 작업은 비동기적이기 때문이다.

색인을 닫는 데 사용하는 메서드는 <client>.indices.close며 다음과 같이 닫을 색인명과 함께 사용해야 하다.

```
es.indices.close(index_name)
```

색인을 여는 데 사용하는 메서드는 <client>.indices.open이며 다음과 같이 열 색인명과 함께 사용해야 한다.

```
es.indices.open(index_name)
es.cluster.health(wait_for_status="yellow")
```

색인 생성과 유사하게 색인이 열린 후에 색인 동작을 실행하기 전에 색인이 완벽하게 열릴 때까지 기다리는 것이 좋다. 그렇지 않으면 색인 명령을 실행할 때 오류가 발생한다. 이 작업은 클러스터의 상태를 확인한 후 실행한다.

색인의 성능을 향상시키고자 일래스틱서치에서 삭제된 문서(성능상의 이유로 문서는 삭제된 것으로 표시되지만 세그먼트의 색인에서는 지워지지 않는다)를 제거하고 세그먼트 수를 줄임으로 최적화할 수 있다. 색인을 최적화하려면 다음 코드와 같이 색인에 대해 `<client>.indices.forcemerge`를 호출해야 한다.

```
es.indices.forcemerge(index_name)
```

끝으로 색인을 삭제하려면 `<client>.indices.delete`에 삭제할 색인명을 제공해 호출한다.

NOTE

> 색인을 삭제하면 모든 데이터를 포함한 연관된 모든 것이 삭제되고 이 작업은 복구가 되지 않음을 명심하라.

추가 사항

파이썬 클라이언트는 다음과 같이 그룹으로 일래스틱서치 API를 래핑한다.

- **<client>.indices**: 색인 관리에 관련된 모든 REST API를 래핑한다.
- **<client>.ingest**: 수집 호출에 관련된 모든 REST API를 래핑한다.
- **<client>.cluster**: 클러스터 관리에 관련된 모든 REST API를 래핑한다.
- **<client>.cat**: 기존 JSON 호출의 텍스트 표현을 반환하는 API의 부분집합인 CAT API를 래핑한다.

- **<client>.nodes**: 노드 관리에 관련된 모든 REST API를 래핑한다.
- **<client>.snapshot**: 일래스틱서치에서 스냅샷을 실행하고 데이터를 복원할 수 있다.
- **<client>.tasks**: 작업 관리에 관련된 모든 REST API를 래핑한다.
- **<client>.remote**: 원격 정보에 관련된 모든 REST API를 래핑한다.
- **<client>.xpack**: xpack 정보와 사용에 관련된 모든 REST API를 래핑한다.

표준 문서 동작(CRUD)과 검색 동작은 클라이언트 최상위 수준에서 사용할 수 있다.

참고 사항

- 3장의 '색인 생성' 예제를 참고한다.
- 3장의 '색인 삭제' 예제 참고한다.
- 클러스터/노드 메모리를 확보하는 데 사용하는 작업의 상세한 내용은 3장의 '색인 열기 또는 닫기' 예제를 참고한다.

매핑을 포함한 매핑 관리

색인을 생성한 이후 단계는 일부 타입 매핑을 색인에 추가하는 것이다. REST API로 매핑을 포함시키는 방법은 3장에서 이미 살펴봤다.

준비 사항

이 예제에서 코드를 실행하려면 1장의 '일래스틱서치 다운로드와 설치' 예제에서 기술된 대로 실행 중인 일래스틱서치 설치본이 필요하다.

이 장의 '클라이언트 생성' 예제에서 파이썬에 설치한 패키지도 필요하다.

이 예제의 전체 코드는 ch15/code/mapping_management.py에 있다.

작동 방법

클라이언트를 초기화하고 색인을 생성한 후에 색인을 관리하는 절차는 다음과 같다.

1. 매핑 생성
2. 매핑 얻기

이들 단계는 다음과 같은 절차를 수행해서 쉽게 관리할 수 있다.

1. 다음과 같이 클라이언트를 초기화한다.

```
import elasticsearch

es = elasticsearch.Elasticsearch()
```

2. 다음과 같이 색인을 생성한다.

```
index_name = "my_index"
type_name = "_doc"

if es.indices.exists(index_name):
  es.indices.delete(index_name)

  es.indices.create(index_name)
  es.cluster.health(wait_for_status="yellow")
```

3. 다음과 같이 매핑을 포함시킨다.

```
es.indices.put_mapping(index=index_name, doc_type=type_name,
body={type_name:{"properties": {
  "uuid": {"type": "keyword"},
  "title": {"type": "text", "term_vector": "with_positions_offsets"},
  "parsedtext": { "type": "text", "term_vector":
"with_positions_offsets"},
  "nested": {"type": "nested", "properties": {"num":
{"type": "integer"},
  "name": {"type": "keyword"},
  "value": {"type": "keyword"}}},
  "date": {"type": "date"},
  "position": {"type": "integer"},
  "name": {"type": "text", "term_vector": "with_positions_offsets"}}}})
```

4. 다음과 같이 매핑 정보를 추출한다.

```
mappings = es.indices.get_mapping(index_name, type_name)
```

5. 다음과 같이 색인을 삭제한다.

```
es.indices.delete(index_name)
```

작동 원리

클라이언트를 초기화하고 색인을 생성하는 방법은 이전 예제에서 이미 살펴봤다.

매핑을 생성하는 메서드 호출은 `<client>.indices.create_mapping`이며 다음과 같이 색인명, 타입 이름, 매핑을 제공해야 한다. 매핑의 생성은 3장에서 전체적으로 다뤘다. 표준 파이썬 타입을 JSON으로 바꾸거나 반대로 하는 것은 쉽다.

```
es.indices.put_mapping(index_name, type_name, {...})
```

매핑 절차 중에 오류가 발생하는 경우 예외가 발생한다. put_mapping API는 두 가지 동작(생성과 갱신)을 수행한다.

NOTE

> 일래스틱서치에서는 매핑에서 속성을 제거할 수 없다. 스키마 조작을 통해 put_mapping 호출로 새로운 속성을 입력할 수 있다.

get_mapping API로 매핑을 추출하려면 다음과 같이 색인명과 타입 이름을 제공한 <client>.indices.get_mapping 메서드를 사용한다.

```
mappings = es.indices.get_mapping(index_name, type_name)
```

반환된 객체는 매핑을 설명하는 딕셔너리 객체다.

참고 사항

- 3장의 '색인에 매핑 집어넣기' 예제를 참고한다.
- 3장의 '매핑 가져오기' 예제를 참고한다.

문서 관리

문서를 관리(색인, 갱신, 삭제)하는 API는 검색 API 다음으로 중요하다. 이 예제에서는 표준화된 방식으로 문서 관리 API를 사용하는 방법과 성능을 향상시키는 벌크 작업 사용법을 살펴본다.

준비 사항

이 예제에서 코드를 실행하려면 1장의 '일래스틱서치 다운로드와 설치' 예제에서 기술된 대로 실행 중인 일래스틱서치 설치본이 필요하다.

이 장의 '클라이언트 생성' 예제에서 파이썬에 설치한 패키지도 필요하다.

이 예제의 전체 코드는 ch15/code/document_management.py에 있다.

작동 방법

문서를 관리하는 세 가지 주요 동작은 다음과 같다.

- **index**: 이 동작은 문서를 일래스틱서치에 저장한다. index API 호출에 매핑된다.
- **update**: 문서의 값을 갱신할 수 있다. 이 동작은 내부적으로 (루씬을 통해) 이전 문서를 삭제하고 신규 값으로 문서를 재색인하는 과정으로 구성돼 있다. update API 호출에 매핑돼 있다.
- **delete**: 색인에서 문서를 삭제한다. delete API에 매핑돼 있다.

이들 동작은 일래스틱서치 파이썬 클라이언트로 다음 절차에 따라 수행할 수 있다.

1. 클라이언트를 초기화하고 매핑을 가진 색인을 다음과 같이 생성한다.

```
import elasticsearch
from datetime import datetime
```

```
es = elasticsearch.Elasticsearch()

index_name = "my_index"
type_name = "_doc"

from code.utils import create_and_add_mapping

if es.indices.exists(index_name):
  es.indices.delete(index_name)

create_and_add_mapping(es, index_name)
```

2. 그런 다음 일부 문서를 다음과 같이 색인한다(parent/child를 관리한다).

```
es.index(index=index_name, doc_type="_doc", id=1,
  body={"name": "Joe Tester", "parsedtext":
    "Joe Testere nice guy", "uuid": "11111",
    "position": 1,
    "date": datetime(2018, 12, 8),
    "join_field": {"name": "book"}})
  es.index(index=index_name, doc_type="_doc", id="1.1",
    body={"name": "data1", "value": "value1",
    "join_field": {"name": "metadata", "parent": "1"}},
    routing=1)
...중략...
```

3. 다음으로 문서를 갱신한다.

```
es.update(index=index_name, doc_type=type_name, id=2,
  body={"script": 'ctx._source.position += 1'})
document=es.get(index=index_name, doc_type=type_name, id=2)
print(document)
```

4. 그런 다음 문서를 삭제한다.

```
es.delete(index=index_name, doc_type=type_name, id=3)
```

5. 다음으로 여러 문서를 대량으로 추가한다.

```
from elasticsearch.helpers import bulk
bulk(es, [
  {"_index":index_name, "_type":type_name, "_id":"1",
    "source":{"name": "Joe Tester", "parsedtext": "Joe Testere
      nice guy", "uuid": "11111", "position": 1,
  "date": datetime(2018, 12, 8)}},
  {"_index": index_name, "_type": type_name, "_id": "1",
    "source": {"name": "Bill Baloney", "parsedtext": "Bill
      Testere nice guy", "uuid": "22222", "position": 2,
  "date": datetime(2018, 12, 8)}}
])
```

6. 끝으로 색인을 삭제한다.

```
es.indices.delete(index_name)
```

작동 원리

이 예시를 간소화하도록 클라이언트를 초기화한 후 `utils` 패키지의 함수를 호출해 다음과 같이 색인을 설치하고 매핑을 배치했다.

```
from code.utils import create_and_add_mapping
create_and_add_mapping(es, index_name)
```

이 함수는 이전 예제의 매핑 생성 코드를 포함하고 있다.

문서를 색인하는 데 사용하는 메서드는 `<client>.index`고 다음 코드에서 보는 것처럼 색인명, 문서 유형과 문서 내용이 필요하다(ID가 제공되지 않으면 자동으로 생성된다).

```
es.index(index=index_name, doc_type="_doc", id=1,
    body={"name": "Joe Tester",
      "parsedtext": "Joe Testere nice guy",
      "uuid": "11111",
      "position": 1,
      "date": datetime(2018, 12, 8),
      "join_field": {"name": "book"}})
```

3장의 '문서 색인' 예제의 REST `index` API 호출에서 이미 살펴본 모든 매개변수도 사용할 수 있다. 이 함수에 전달되는 가장 일반적인 매개변수는 다음과 같다.

- **id**: 문서를 색인하는 데 사용할 ID
- **routing**: 지정된 샤드에 있는 문서를 색인하는 샤드 라우팅
- **parent**: 하위 문서를 바른 위치의 샤드로 보내는 데 사용하는 부모 ID

문서를 갱신하는 데 사용하는 메서드는 `<client>.update`며 다음과 같은 매개변수가 필요하다.

- `index_name`
- `type_name`
- 문서 `id`
- 문서를 업데이트하는 `script`나 `document`
- `lang`: 옵션이며 사용할 언어를 표시한다. 일반적으로 페인리스[painless]다.

위치를 1만큼 증가시키려면 다음과 같은 코드를 작성한다.

```
es.update(index=index_name, doc_type=type_name, id=2, body={"script":
    'ctx._source.position += 1'})
```

이 호출은 3장의 '문서 갱신' 예제에서 다룬 모든 매개변수를 사용할 수 있다.

문서를 삭제하는 데 사용하는 메서드는 `<client>.delete`며 다음과 같은 매개변수가 필요하다.

- `index_name`
- `type_name`
- 문서 `id`

`id=3`의 문서를 삭제하려면 다음과 같은 코드를 작성한다.

```
es.delete(index=index_name, doc_type=type_name, id=3)
```

TIP

> 문서에서 동작하는 모든 일래스틱서치 작업은 검색에서 즉시 보이지 않게 됨을 명심하라. 자동 새로 고침(매 1초)을 기다리지 않고 검색하려면 색인에 refresh API 호출을 수작업으로 해야 한다.

벌크 색인을 실행하는 데 일래스틱서치 클라이언트는 연결, 반복 가능 문서 목록, 벌크 크기를 허용하는 도우미 기능을 제공한다. 벌크 크기(기본값: 500)는 한 번의 `bulk` 호출로 보낼 수 있는 작업 수를 의미한다. 문서의 색인을 바르게 제어하는 데 전달해야 하는 매개변수는 `_prefix`가 있는 문서에 삽입돼 있다. 벌크 처리자에 제공되는 문서들은 원본 필드에 본문이 포함된 표준 검색 결과 형식이어야 한다.

```
from elasticsearch.helpers import bulk
bulk(es, [
  {"_index":index_name, "_type":type_name, "_id":"1",
    "source":{"name": "Joe Tester", "parsedtext": "Joe Testere nice guy",
    "uuid": "11111", "position": 1,
    "date": datetime(2018, 12, 8)}},
  {"_index": index_name, "_type": type_name, "_id": "1",
    "source": {"name": "Bill Baloney", "parsedtext": "Bill Testere
    nice guy", "uuid": "22222", "position": 2,
    "date": datetime(2018, 12, 8)}}
])
```

참고 사항

- 3장의 '문서 색인' 예제를 참고한다.
- 3장의 '문서 가져오기' 예제를 참고한다.
- 3장의 '문서 삭제' 예제를 참고한다.
- 3장의 '문서 갱신' 예제를 참고한다.
- 3장의 '단위 작업 속도 올리기(벌크 작업)' 예제를 참고한다.

표준 검색 실행

문서의 삽입 다음으로 일래스틱서치에서 가장 일반적으로 실행하는 작업은 검색이다. 검색에 대한 공식 일래스틱서치 클라이언트 API는 REST API와 유사하다.

준비 사항

이 예제에서 코드를 실행하려면 1장의 '일래스틱서치 다운로드와 설치' 예제에서 기술된 대로 실행 중인 일래스틱서치 설치본이 필요하다.

이 장의 '클라이언트 생성' 예제에서 파이썬에 설치한 패키지도 필요하다.

이 예제의 전체 코드는 ch15/code/searching.py에 있다.

작동 방법

표준 쿼리를 수행하려면 4장에서 확인한 대로 쿼리 매개변수를 전달해 클라이언트의 search 메서드를 호출해야 한다. 요구되는 매개변수는 index_name, type_name, 쿼리 DSL이다. 이 예제에서는 match_all 쿼리, 용어 쿼리, 필터 쿼리 호출 방법을 알아본다. 다음 절차를 수행한다.

1. 다음과 같이 클라이언트를 초기화하고 색인을 채운다.

```
import elasticsearch
from pprint import pprint

es = elasticsearch.Elasticsearch()
index_name = "my_index"
type_name = "_doc"

if es.indices.exists(index_name):
  es.indices.delete(index_name)

from code.utils import create_and_add_mapping, populate

create_and_add_mapping(es, index_name)
populate(es, index_name)
```

2. 그런 다음 match_all 쿼리로 검색을 실행하고 결과를 출력한다.

```
results = es.search(index_name, type_name, {"query": {"match_all": {}}})
pprint(results)
```

3. 그런 다음 용어 쿼리로 검색을 실행하고 결과를 출력한다.

```
results = es.search(index_name, type_name, {
  "query": { "term": {"name": {"boost": 3.0, "value": "joe"}}}
})
pprint(results)
```

4. 그리고 불리언 필터 쿼리로 검색을 실행하고 결과를 출력한다.

```
results = es.search(index_name, type_name, {"query": {
  "bool": {
    "filter": {
      "bool": {
        "should": [
          {"term": {"position": 1}},
          {"term": {"position": 2}}]}
}}}})
pprint(results)
```

5. 끝으로 색인을 삭제한다.

```
es.indices.delete(index_name)
```

작동 원리

일래스틱서치 공식 클라이언트의 배경에 있는 생각은 REST 호출과 더 유사한 공통 API를 제공해야 한다는 것이다. 파이썬에서 쿼리 DSL을 사용하는 것은 아주 쉬운데, 파이썬 딕셔너리를 JSON 객체로 매핑하거나 반대로 매핑하는 것이 쉽기 때문이다.

앞의 예시에서는 검색을 호출하기 전에 색인을 초기화하고 일부 데이터를 삽입해야 한다. `utils` 패키지에는 사용할 수 있는 두 도우미로 수행할 수 있으며 ch_15 폴더에서 사용할 수 있다.

두 메서드는 다음과 같다.

- **`create_and_add_mapping(es, index_name, type_name)`**: 색인을 초기화하고 검색을 수행하는 올바른 매핑을 삽입한다. 이 기능의 코드는 이 장의 '매핑 관리' 예제에서 얻을 수 있다.
- **`populate(es, index_name, type_name)`**: 데이터로 색인을 채운다. 이 기능의 코드는 이전 예제에서 얻을 수 있다.

일부 데이터를 초기화한 후 이에 대한 쿼리를 실행할 수 있다. 검색을 실행하고자 반드시 호출해야 하는 메서드는 클라이언트상의 검색이다. 이 메서드에 4장에서 기술한 모든 매개변수를 사용할 수 있다.

검색 메서드에 대한 실제적인 메서드 형태는 다음과 같다.

```
@query_params('_source', '_source_exclude', '_source_include',
  'allow_no_indices', 'allow_partial_search_results',
  'analyze_wildcard',
  'analyzer', 'batched_reduce_size', 'default_operator', 'df',
  'docvalue_fields', 'expand_wildcards', 'explain', 'from_',
  'ignore_unavailable', 'lenient', 'max_concurrent_shard_requests',
  'pre_filter_shard_size', 'preference', 'q', 'request_cache', 'routing',
```

```
    'scroll', 'search_type', 'size', 'sort', 'stats', 'stored_fields',
    'suggest_field', 'suggest_mode', 'suggest_size', 'suggest_text',
    'terminate_after', 'timeout', 'track_scores', 'track_total_hits',
    'typed_keys', 'version')
def search(self, index=None, doc_type=None, body=None, params=None):
```

색인 값은 다음 중 하나다.

- 색인명이나 별칭 이름
- 쉼표로 구분된 문자열로 된 색인명(또는 별칭) 목록(즉 index1,index2, indexN)
- **_all**: 모든 색인을 표시하는 특수 키워드

유형 값은 다음 중 하나다.

- type_name
- 쉼표로 구분된 문자열로 된 유형 이름 목록(즉 type1, type2, typeN)
- **None**: 모든 유형을 나타냄

내용은 검색 DSL로 4장에서 살펴봤다. 앞의 예시에서는 다음을 확인할 수 있다.

- match_all 쿼리는 (4장의 '모든 문서 매칭' 예제를 살펴보라) 다음과 같이 모든 index-type 문서를 일치시킨다.

```
results = es.search(index_name, type_name, {"query": {"match_all": {}}})
```

- 용어 쿼리는 다음 코드와 같이 용어 name에 joe와 boost 3.0을 일치시킨다.

```
results = es.search(index_name, type_name, {
```

```
    "query": {
      "term": {"name": {"boost": 3.0, "value": "joe"}}}
  })
```

- 다음 코드와 같이 쿼리(match_all)를 가진 필터 쿼리와 position 1과 position 2를 일치시키는 두 용어 필터를 가진 or 필터로 검색한다.

```
results = es.search(index_name, type_name, {"query": {
    "bool": {
      "filter": {
        "bool": {
          "should": [
            {"term": {"position": 1}},
            {"term": {"position": 2}}]}
}}}})
```

반환 결과는 JSON 딕셔너리며 4장에서 다뤘다.

일부가 히트하면 hits 필드에 반환된다. 반환되는 표준 결과 개수는 10이다. 더 많은 결과를 반환하려면 from과 start 매개변수로 결과를 페이징해야 한다.

검색에서 사용되는 모든 매개변수 정의 목록은 4장에서 확인할 수 있다.

참고 사항

- 일부 검색 매개변수의 자세한 설명은 4장의 '검색 실행' 예제를 참고한다.
- match_all에 대한 설명은 4장의 '모든 문서 매칭' 예제를 참고한다.

집계 검색 실행

결과를 얻는 검색은 분명히 검색 엔진의 주요 활동이므로 집계는 결과를 강화하는 데 자주 도움이 되기 때문에 아주 중요하다.

집계는 검색 결과의 분석을 수행하며 검색과 함께 실행된다.

준비 사항

이 예제에서 코드를 실행하려면 1장의 '일래스틱서치 다운로드와 설치' 예제에서 기술된 대로 실행 중인 일래스틱서치 설치본이 필요하다.

이 장의 '클라이언트 생성' 예제에서 파이썬에 설치한 패키지도 필요하다.

이 예제의 전체 코드는 ch15/code/aggregation.py에 있다.

작동 방법

집계로 쿼리를 확장하려면 7장에서 본 것처럼 집계 영역을 정의해야 한다. 공식 일래스틱서치 클라이언트의 경우 집계를 제공하기 위한 검색 딕셔너리로 집계 DLS을 추가할 수 있다. 이를 구성하려면 다음 절차를 수행한다.

1. 다음과 같이 클라이언트를 초기화하고 색인을 채운다.

```
import elasticsearch
from pprint import pprint

es = elasticsearch.Elasticsearch()
index_name = "my_index"
type_name = "_doc"

if es.indices.exists(index_name):
```

```
    es.indices.delete(index_name)

from code.utils import create_and_add_mapping, populate

create_and_add_mapping(es, index_name)
populate(es, index_name)
```

2. 그런 다음 용어 집계로 검색을 실행한다.

```
results = es.search(index_name, type_name,
{ "size":0,
  "aggs": {
    "pterms": {"terms": {"field": "name", "size": 10}}
  }
})
pprint(results)
```

3. 다음과 같이 날짜 히스토그램 집계로 검색을 실행한다.

```
results = es.search(index_name, type_name,
{ "size":0,
  "aggs": {
    "date_histo": {"date_histogram":
    {"field": "date", "interval": "month"}}
  }
})
pprint(results)
es.indices.delete(index_name)
```

작동 원리

7장에서 기술한대로 집계는 검색할 때 분산 방식으로 계산한다. 정의된 집계로 일래스틱서치에 쿼리를 전송할 때 쿼리 처리에 부가 절차가 추가돼 집계를 계산할 수 있다.

앞의 예시에서는 두 종류의 집계(용어 집계와 날짜 히스토그램 집계)가 있었다.

첫 번째는 용어 수를 세는 데 사용되며 생산자, 지리적 위치 등과 같이 용어 집계의 결과로 필터링하는 패싯facet 필터링을 제공하는 사이트에서 자주 볼 수 있다.

```
results = es.search(index_name, type_name,
{ "size":0, "size": 10}}
  "aggs": {
    "pterms": {"terms": {"field": "name",
  }
})
```

용어 집계에는 세는 데 사용할 필드가 필요하다. 반환되는 필드의 기본 버킷 수는 10이다. 이 값은 `size` 매개변수에 정의해 변경할 수 있다.

계산으로 집계하는 두 번째 유형은 날짜 히스토그램으로 `datetime` 필드를 기반으로 한 히트 수를 제공하는 것이다. 이 집계에는 적어도 두 개의 필드가 필요하다. 다음과 같이 `datetime` 필드는 원본으로 사용되며 `interval`은 계산하는 데 사용된다.

```
results = es.search(index_name, type_name,
{ "size":0,
  "aggs": {
    "date_histo": {"date_histogram": {"field": "date", "interval": "month"}}
  }
})
```

검색 결과는 7장에서 본 표준 검색 응답이다.

참고 사항

- 용어 값의 집계는 7장의 '용어 집계 실행' 예제를 참고한다.
- 날짜/시간 필드의 히스토그램 집계 계산은 7장의 '날짜 히스토그램 집계 실행' 예제를 참고한다.

넘파이와 사이킷런으로 통합

일래스틱서치는 많은 파이썬 머신러닝 라이브러리와 쉽게 통합시킬 수 있다. 데이터 세트로 작업할 수 있는 가장 많이 사용하는 라이브러리 중 하나는 넘파이[Numpy]다. 넘파이 기반은 많은 파이썬 머신러닝 라이브러리의 빌딩 블록 데이터 세트다. 이 예제에서는 `scikit-learn` 라이브러리(https://scikit-learn.org/)의 데이터 세트로 일래스틱서치를 사용하는 방법을 살펴본다.

준비 사항

이 예제에서 코드를 실행하려면 1장의 '일래스틱서치 다운로드와 설치' 예제에서 기술된 대로 실행 중인 일래스틱서치 설치본이 필요하다.

이 예제의 전체 코드는 ch15/code 폴더에 있고 사용한 파일은 kmeans_example.py다.

13장에서 사용했던 `iris` 데이터 세트(https://en.wikipedia.org/wiki/Iris_flower_data_set)를 사용한다. 색인 데이터 세트 `iris`를 준비하고자 13장의 소스코드에서 사용할 수 있는 `PopulatingIndex` 클래스를 실행해 색인을 채워야 한다.

작동 방법

일래스틱서치를 데이터 원본으로 사용해 데이터 세트를 만들고 scikit-learn이 제공하는 K-평균K-Means 알고리듬을 이용해 군집화를 실행해보자.

1. requirements.txt 파일에 설치할 필요가 있는 머신러닝 라이브러리를 추가해야 한다.

```
pandas
matplotlib
sklearn
```

2. 이제 일래스틱서치 클라이언트를 초기화하고 샘플을 추출한다.

```
import elasticsearch
es = elasticsearch.Elasticsearch()
result = es.search(index="iris", size=100)
```

3. 이제 일래스틱서치의 히트 결과를 반복해 데이터 세트를 읽는다.

```
x = []
for hit in result["hits"]["hits"]:
  source = hit["_source"]
x.append(np.array([source['f1'], source['f2'],
     source['f3'], source['f4']]))
x = np.array(x)
```

4. 데이터 세트를 탑재한 후에 K-평균 알고리듬으로 군집화를 실행한다.

```
# k-means 분류를 위해 클러스터의 최적 숫자를 찾는다.
```

```
from sklearn.cluster import KMeans
# 데이터 세트에 kmeans를 적용한다./kmeans 분류기를 생성한다.
kmeans = KMeans(n_clusters=3, init='k-means++', max_iter=300,
     n_init=10, random_state=0)
y_kmeans = kmeans.fit_predict(x)
```

5. 클러스터가 계산됐으므로 결과를 검증해야 한다. 이를 위해 `matplotlib.pyplot` 모듈을 사용한다.

```
plt.scatter(x[y_kmeans == 0, 0], x[y_kmeans == 0, 1], s=100,
     c='red', label='Iris-setosa')
plt.scatter(x[y_kmeans == 1, 0], x[y_kmeans == 1, 1], s=100,
     c='blue', label='Iris-versicolour')
plt.scatter(x[y_kmeans == 2, 0], x[y_kmeans == 2, 1], s=100,
     c='green', label='Iris-virginica')
# 클러스터의 센트로이드를 그린다.
plt.scatter(kmeans.cluster_centers_[:, 0],
     kmeans.cluster_centers_[:, 1], s=100, c='yellow',
     label='Centroids')
plt.legend()
plt.show()
```

최종 결과는 다음 도표와 같다.

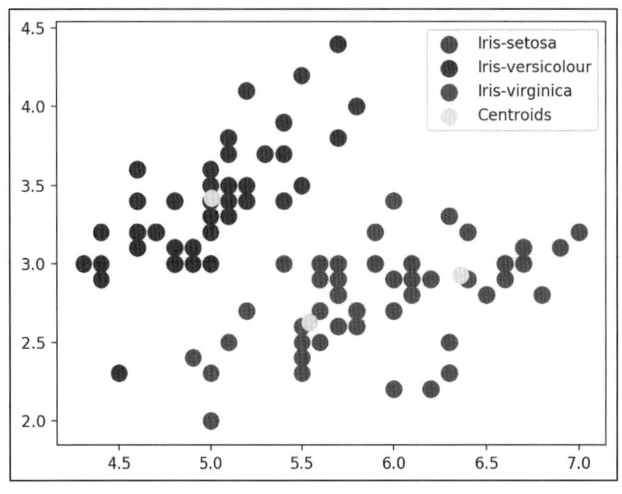

컬러 이미지는 위의 QR 코드로 확인할 수 있다.

작동 원리

일래스틱서치는 머신러닝 데이터 세트의 매우 강력한 데이터 저장소다. 데이터를 필터링하는 데 쿼리 기능을 사용하고 머신러닝 활동에서 사용되는 데이터 세트를 구축하는 데 필요한 데이터를 검색할 수 있다.

앞의 코드에서 볼 수 있는 것처럼 파이썬으로 일래스틱서치에 있는 데이터를 얻는 데 단지 몇 줄의 코드(클라이언트를 초기화하는 줄과 결과를 추출하는 줄)만 사용했다.

```
import elasticsearch
es = elasticsearch.Elasticsearch()
result = es.search(index="iris", size=100)
```

결과가 히트되면 이들을 쉽게 반복시켜 머신러닝 라이브러리에서 필요한 넘파이 배열을 추출할 수 있다.

앞의 코드에서 모든 히트에 대한 모든 간단한 반복으로 넘파이 배열을 생성한다.

```
x = []
for hit in result["hits"]["hits"]:
    source = hit["_source"]
    x.append(np.array([source['f1'], source['f2'], source['f3'], source['f4']]))
x = np.array(x)
```

넘파이 배열 결과 x는 모든 통계나 머신러닝 라이브러리의 입력으로 사용할 수 있다.

데이터 세트를 관리하는 데 일래스틱서치를 사용하면 다음과 같이 CSV나 데이터 파일을 사용하는 전형적인 접근에 비해 많은 이점이 제공된다.

- 일래스틱서치에 접속할 수 있는 모든 사용자에서 데이터 세트를 자동으로 배포할 수 있다.
- 샘플들은 이미 올바른 유형 포맷을 갖고 있다(int, double, string). 파일을 읽을 때 값을 변환할 필요가 없다.
- 일래스틱서치 쿼리를 사용해 메모리에 모든 데이터를 탑재해 읽을 필요 없이 샘플을 쉽게 필터링할 수 있다.
- 머신러닝 모델을 생성하기 전에 키바나를 이용해 데이터 탐색을 할 수 있다.

참고 사항

이 예제에 연관해 더 많은 참조 사항은 아래 URL들을 참고한다.

- `iris` 데이터 세트에 대한 더 자세한 설명은 https://en.wikipedia.org/wiki/Iris_flower_data_set를 참고한다.
- 사이킷런scikit-learn에 대한 더 많은 예시와 정보는 공식 사이트(https://scikit-learn.org/stable/)를 참고한다.

- 넘파이 라이브러리에 대한 더 자세한 사항은 넘파이 공식 사이트(https://www.numpy.org/)를 참고한다.

16

플러그인 개발

일래스틱서치는 플러그인으로 기능을 확장하거나 향상시킬 수 있게 설계돼 있다. 이전의 장들에서 이미 많은 플러그인을 설치해 사용했다(REST 엔드포인트와 스크립트 플러그인).

플러그인은 일래스틱서치에 많은 기능을 추가시킬 수 있는 애플리케이션 확장이다. 다음과 같이 여러 용도를 갖고 있다.

- 신규 스크립트 언어 추가하기(파이썬 및 자바스크립트 플러그인)
- 신규 집계 유형 추가하기
- 루씬이 제공하는 분석기와 토크나이저 확장하기
- 점수, 필터, 필드 조작의 계산 속도를 향상시키는 네이티브 스크립트 사용하기
- 로직을 실행시킬 수 있는 노드 플러그인 생성하기와 같은 노드 기능 확장하기
- 클러스터 모니터링과 관리하기

16장에서는 네이티브 플러그인을 개발하는 데 자바 언어를 사용하지만 JAR 파일을 생성하는 모든 JVM 언어를 사용할 수 있다.

일래스틱서치 컴포넌트를 빌드하고 테스트하는 표준 도구들은 그래들Gradle(https://gradle.org/)에서 빌드된다. 여기 나오는 모든 사용자 정의 플러그인은 그래들로 빌드한다.

16장에서 다루는 내용은 다음과 같다.

- 플러그인 작성
- 분석기 플러그인 작성
- REST 플러그인 작성
- 클러스터 작업 작성
- 수집 플러그인 작성

플러그인 작성

네이티브 플러그인을 사용하면 여러 방면으로 일래스틱서치 서버를 확장할 수 있으나 개발을 위해 자바 고급 지식이 요구된다.

이 예제에서는 네이티브 플러그인 개발 작업 환경의 구성 방법을 살펴본다.

준비 사항

이 예제에서 코드를 실행하려면 1장의 '일래스틱서치 다운로드와 설치' 예제에서 기술된 대로 실행 중인 일래스틱서치 설치본이 필요하다.

그래들이나 이클립스 또는 IntelliJ와 같은 그래들 기반 자바 프로그래밍을 지원하는 통합 개발 환경[IDE]이 필요하다.

이 예제의 코드는 ch16/simple_plugin 디렉터리에 있다.

작동 방법

일반적으로 일래스틱서치 플러그인은 그래들 빌드 도구를 이용한 자바로 개발되고 ZIP 파일로 배포된다.

간단한 JAR 플러그인을 작성하려면 다음 절차를 수행한다.

1. 플러그인을 올바르게 빌드하고 제공하려면 몇 가지 파일을 정의해야 한다.
    - build.gradle과 settings.gradle은 그래들의 빌드 구성을 정의하는 데 사용한다.
    - LICENSE.txt는 플러그인 라이선스를 정의한다.
    - NOTICE.txt는 저작권 알림이다.
2. build.gradle 파일은 다음 코드를 포함하는 플러그인을 작성하는 데 사용한다.

```
buildscript {
  repositories {
    mavenLocal()
    mavenCentral()
    jcenter()
  }
  dependencies {
    classpath "org.elasticsearch.gradle:build-tools:7.0.0-alpha2" }
  }

  group = 'org.elasticsearch.plugin.analysis'
```

```
version = '0.0.1-SNAPSHOT'

apply plugin: 'java'
apply plugin: 'idea'
apply plugin: 'elasticsearch.esplugin'

// 이 프로젝트의 라이선스
licenseFile = rootProject.file('LICENSE.txt')
// 저작권 알림
noticeFile = rootProject.file('NOTICE.txt')
esplugin {
  name 'simple-plugin'
  description 'A simple plugin for ElasticSearch'
  classname 'org.elasticsearch.plugin.simple.SimplePlugin'
  // 플러그인 라이선스로 위의 라이선스와는 다르다.
  licenseFile rootProject.file('LICENSE.txt')
  // 저작권 알림으로 위의 저작권 알림과 다르다.
  noticeFile rootProject.file('NOTICE.txt')
}

dependencies {
  compile 'org.elasticsearch:elasticsearch:7.0.0-alpha2'
  testCompile 'org.elasticsearch.test:framework:7.0.0-alpha2'
}

// 일래스틱서치 checkstyle 규칙을 사용하지 않도록 false로 설정
checkstyleMain.enabled = true
checkstyleTest.enabled = true

dependencyLicenses.enabled = false

thirdPartyAudit.enabled = false
```

2. settings.gradle 파일은 다음과 같이 프로젝트 이름을 정하는 데 사용한다.

```
rootProject.name = 'simple-plugin'
```

3. src/main/java/org/elasticsearch/plugin/simple/SimplePlugin.java 클래스는 다음과 같이 플러그인을 실행할 때 컴파일해야 하는 기본(최소로 요구되는) 코드 예시다.

```
package org.elasticsearch.plugin.simple;

import org.elasticsearch.plugins.Plugin;

public class SimplePlugin extends Plugin {
}
```

작동 원리

설계, 코딩, 빌드, 배포 같은 여러 부분이 플러그인의 개발 생명주기를 구성한다. 모든 플러그인의 공통 부분인 빌드와 배포 단계를 빠르게 하려면 build.gradle 파일을 작성할 필요가 있다.

앞의 build.gradle 파일은 일래스틱서치 플러그인의 표준이다. 이 파일은 다음과 같이 구성돼 있다.

- 그래들 빌드 도구의 buildscript 섹션은 다음과 같다.

```
buildscript {
  repositories {
    mavenLocal()
    mavenCentral()
    jcenter()
  }
```

```
  dependencies {
    classpath "org.elasticsearch.gradle:build-tools:7.0.0-alpha2"
  }
}
```

- 그룹과 플러그인 버전

```
group = 'org.elasticsearch.plugin'
version = '0.0.1-SNAPSHOT'
```

- 활성화해야 하는 그래들 플러그인 목록

```
apply plugin: 'java'
apply plugin: 'idea'
apply plugin: 'elasticsearch.esplugin'
```

- 라이선스와 알림 파일 정의

```
// 프로젝트 라이선스
licenseFile = rootProject.file('LICENSE.txt')
// 저작권 알림
noticeFile = rootProject.file('NOTICE.txt')
```

- **플러그인 설명을 채우는 데 필요한 정보:** 최종 배포 ZIP에서 사용할 plugin-descriptor.properties 파일을 생성하는 데 사용한다. 가장 중요한 매개변수는 클래스명이며 플러그인의 주요 시작 지점이다.

```
esplugin {
```

```
    name 'simple-plugin'
    description 'A simple plugin for ElasticSearch'.
    classname 'org.elasticsearch.plugin.simple.SimplePlugin'
    // 플러그인의 라이선스며 앞의 라이선스와 다르다.
    licenseFile rootProject.file('LICENSE.txt')
    // 저작권 알림이며 앞의 알림과 다르다.
    noticeFile rootProject.file('NOTICE.txt')
  }
```

- 코드를 컴파일하려면 의존성 정보가 필요하다.

```
  dependencies {
    compile 'org.elasticsearch:elasticsearch:7.0.0-alpha2'

    testCompile 'org.elasticsearch.test:framework:7.0.0-alpha2'
  }
```

그래들을 구성한 후 플러그인 메인 클래스를 작성할 수 있다.

모든 플러그인 클래스는 `Plugin` 클래스를 파생해야 하며 반드시 `public`이어야 한다. 그렇지 않으면 JAR에서 동적으로 탑재되지 않는다.

```
package org.elasticsearch.plugin.simple;

import org.elasticsearch.plugins.Plugin;
```

플러그인 JAR 배포본을 생성하는 데 필요한 모든 파일을 정의한 후 `gradle clean check` 명령을 호출하면 된다. 이 명령은 코드를 컴파일하고 ZIP 패키지를 프로젝트의 build/distributions/ 디렉터리에 생성한다. 최종 ZIP 파일은 일래스틱서치 클러스터의 플러그인으로 배포할 수 있다.

이 예제에서는 플러그인을 빌드, 배포, 테스트하는 작업 환경을 구성했다. 다음 예제에서는 이 환경을 재사용해 여러 플러그인 유형을 개발한다.

추가 사항

플러그인을 컴파일하고 패키징하는 것은 플러그인의 생명주기를 잘 정의하는 데 충분하지 않다. 플러그인을 테스트하는 테스트 단계를 추가하는 것이 필요하다.

테스트 케이스로 플러그인 기능을 테스트해서 플러그인이 배포된 후 영향을 끼칠 수 있는 버그 수를 줄일 수 있다.

순서가 매우 중요하며 의존성에 다음과 같은 줄을 추가해야 한다.

```
testCompile 'org.elasticsearch.test:framework:7.0.0-alpha2'
```

NOTE

그래들의 일래스틱서치 확장은 테스트와 통합 테스트를 구성하는 모든 것을 갖고 있다.

분석기 플러그인 작성

일래스틱서치는 기본적으로 많은 수의 분석기와 토크나이저 세트를 제공해 일반적인 요구 사항을 처리할 수 있다. 때때로 신규 분석기를 추가해서 일래스티서치의 기능을 확장해야 할 때가 있다.

일반적으로 다음과 같은 작업을 해야 할 때 분석기 플러그인을 생성한다.

- 일래스틱서치에서 제공하지 않는 표준 루씬 분석기/토크나이저 추가
- 서드파티의 분석기 통합

- 사용자 정의 분석기 추가

이 예제에서는 일래스틱서치가 제공하는 것과 유사한 신규 사용자 정의 영어 분석기를 추가한다.

준비 사항

이 예제에서 코드를 실행하려면 1장의 '일래스틱서치 다운로드와 설치' 예제에서 기술된 대로 실행 중인 일래스틱서치 설치본이 필요하다.

그래들이나 이클립스 또는 IntelliJ와 같은 그래들 기반 자바 프로그래밍을 지원하는 통합 개발 환경IDE이 필요하다. 이 예제에 대한 코드는 ch16/analysis_plugin 디렉터리에 있다.

작동 방법

분석기 플러그인은 일반적으로 다음과 같은 두 클래스로 구성된다.

- `org.elasticsearch.plugins.AnalysisPlugin` 클래스를 구현하는 `Plugin` 클래스
- 분석기를 제공하는 `AnalyzerProviders` 클래스

분석기 플러그인을 생성하려면 다음 절차를 수행한다.

1. 플러그인 클래스는 이전 예제에서 본 것과 유사하지만 다음과 같이 분석기를 반환하는 메서드를 포함한다.

```
package org.elasticsearch.plugin.analysis;
```

```
import org.apache.lucene.analysis.Analyzer;
import org.elasticsearch.index.analysis.AnalyzerProvider;
import org.elasticsearch.index.analysis.CustomEnglishAnalyzerProvider;
import org.elasticsearch.indices.analysis.AnalysisModule;
import org.elasticsearch.plugins.Plugin;

import java.util.HashMap;
import java.util.Map;

public class AnalysisPlugin extends Plugin implements
org.elasticsearch.plugins.AnalysisPlugin {
  @Override
  public Map<String,
AnalysisModule.AnalysisProvider<AnalyzerProvider<? Extends
Analyzer>>> getAnalyzers() {
      Map<String,
AnalysisModule.AnalysisProvider<AnalyzerProvider<? extends
Analyzer>>> analyzers = new HashMap<>();
      analyzers.put(CustomEnglishAnalyzerProvider.NAME,
CustomEnglishAnalyzerProvider::getCustomEnglishAnalyzerProvider);
  return analyzers;
  }
}
```

2. AnalyzerProvider 클래스는 분석기의 초기화를 제공하며 다음과 같이 설정으로 제공되는 매개변수를 전달한다.

```
package org.elasticsearch.index.analysis;

import org.apache.lucene.analysis.en.EnglishAnalyzer;
import org.apache.lucene.analysis.CharArraySet;
import org.elasticsearch.common.settings.Settings;
import org.elasticsearch.env.Environment;
import org.elasticsearch.index.IndexSettings;
```

```
public class CustomEnglishAnalyzerProvider extends
AbstractIndexAnalyzerProvider<EnglishAnalyzer> {
  public static String NAME = "custom_english";

  private final EnglishAnalyzer analyzer;

  public CustomEnglishAnalyzerProvider(IndexSettings
indexSettings, Environment env, String name, Settings
settings, boolean useSmart) {
    super(indexSettings, name, settings);
    analyzer = new EnglishAnalyzer(
      Analysis.parseStopWords(env, settings,
        EnglishAnalyzer.getDefaultStopSet(), true),
        Analysis.parseStemExclusion(settings,
      CharArraySet.EMPTY_SET));
  }

  public static CustomEnglishAnalyzerProvider
getCustomEnglishAnalyzerProvider(IndexSettings indexSettings,
Environment env, String name, Settings settings) {
    return new
CustomEnglishAnalyzerProvider(indexSettings, env, name, settings, true);
  }

  @Override
  public EnglishAnalyzer get() {
    return this.analyzer;
  }
}
```

플러그인을 작성하고 일래스틱서치 서버에 등록한 후 개발된 플러그인을 모든 네이티브 일래스틱서치 분석기로 접근할 수 있다.

작동 원리

분석기 플러그인 작성은 아주 간단하다. 일반적인 작업 절차는 다음과 같다.

- 프로바이더에 분석기 초기화 래핑
- 플러그인에 분석기 프로바이더 등록

앞 예시에서 EnglishAnalyzer 클래스를 확장하는 CustomEnglishAnalyzerProvider 클래스를 등록했다.

```
public class CustomEnglishAnalyzerProvider extends
AbstractIndexAnalyzerProvider<EnglishAnalyzer> {
```

다음과 같이 분석기 이름을 제공해야 한다.

```
public static String NAME = "custom_english";
```

get 메서드 요청에 응답하도록 다음과 같이 private 스코프의 루씬 분석기(2장에서 사용자 정의 루씬 분석기의 사용법을 다뤘다)를 초기화했다.

```
private final EnglishAnalyzer analyzer;
```

CustomEnglishAnalyzerProvider 생성자는 다음과 같이 색인 설정이나 elasticsearch.yml을 통해 클러스터 기본값을 제공하는 데 사용할 수 있는 설정과 함께 구글 Guice로 주입할 수 있다.

```
public CustomEnglishAnalyzerProvider(IndexSettings indexSettings,
Environment env, String name, Settings settings, boolean ignoreCase) {
```

올바르게 동작하도록 다음과 같이 super를 호출해 부모 생성자를 설정해야 한다.

```
super(indexSettings, name, settings);
```

이제 get 메서드에서 반환해야 하는 내부 분석기를 다음과 같이 초기화할 수 있다.

```
analyzer = new EnglishAnalyzer(
Analysis.parseStopWords(env, settings,
EnglishAnalyzer.getDefaultStopSet(), ignoreCase),
Analysis.parseStemExclusion(settings, CharArraySet.EMPTY_SET));
```

이 분석기는 다음을 허용한다.

- 설정으로 탑재하거나 기본으로 설정할 수 있는 불용어 목록
- 형태소 분석 단계에서 제외시켜야 하는 단어 목록

분석기를 쉽게 래핑하도록 분석기를 생성하는 정적 메서드를 작성해야 한다. 다음과 같이 플러그인 정의에 사용한다.

```
public static CustomEnglishAnalyzerProvider
getCustomEnglishAnalyzerProvider(IndexSettings indexSettings,
Environment env, String name, Settings settings) {
  return new CustomEnglishAnalyzerProvider(indexSettings, env, name,
settings, true);
}
```

끝으로 플러그인에 분석기를 등록한다. 이를 위해 getAnalyzers 메서드를 재정의할 수 있게 플러그인을 AnalysisPlugin에서 파생해야 한다.

```
@Override
public Map<String, AnalysisModule.AnalysisProvider<AnalyzerProvider<?
extends Analyzer>>> getAnalyzers() {
  Map<String, AnalysisModule.AnalysisProvider<AnalyzerProvider<?
extends Analyzer>>> analyzers = new HashMap<>();
  analyzers.put(CustomEnglishAnalyzerProvider.NAME,
CustomEnglishAnalyzerProvider::getCustomEnglishAnalyzerProvider);
  return analyzers;
}
```

자바 8의 :: 연산자를 사용하면 `AnalyzerProvider`의 생성자로 사용할 수 있는 함수를 제공할 수 있다.

추가 사항

플러그인은 여러 가지 일래스틱서치 기능을 확장한다. 플러그인으로 이 기능들을 제공하려면 올바른 플러그인 인터페이스의 확장이 필요하다. 일래스틱서치 7.x의 메인 플러그인 인터페이스는 다음과 같다.

- **ActionPlugin**: REST와 클러스터 작업에 사용한다.
- **AnalysisPlugin**: 분석기, 토크나이저, 토큰 필터, 문자 필터와 같은 분석 기능을 확장하는 데 사용한다.
- **ClusterPlugin**: 신규 결정자[decider]를 제공하는 데 사용한다.
- **DiscoveryPlugin**: 사용자 정의 노드 이름 확인자[resolver]를 제공하는 데 사용한다.
- **EnginePlugin**: 색인에 대한 신규 사용자 정의 엔진을 제공하는 데 사용한다.
- **IndexStorePlugin**: 사용자 정의 색인 저장소를 제공하는 데 사용한다.
- **IngestPlugin**: 신규 수집 처리자[processor]를 제공하는 데 사용한다.

- **MapperPlugin**: 신규 매퍼와 메타데이터 매퍼를 제공하는 데 사용한다.
- **ReloadablePlugin**: 상태를 다시 탑재하는 플러그인을 작성할 수 있다.
- **RepositoryPlugin**: 백업/복원 기능에 사용되는 신규 저장소를 준비시킬 수 있다.
- **ScriptPlugin**: 신규 스크립트 언어, 스크립트 컨텍스트 또는 네이티브 스크립트(자바 기반)를 준비시킬 수 있다.
- **SearchPlugin**: 검색 기능을 확장시킬 수 있다(본문 강조Highlighter, 집계, 제안suggesters, 쿼리).

플러그인을 단일 기능 이상으로 확장하려면 한 번에 여러 플러그인 인터페이스를 파생시켜 확장시키면 된다.

REST 플러그인 작성

앞의 예제에서 일래스틱서치 쿼리 기능을 확장시키는 분석기 플러그인 제작 방법을 살펴봤다. 이 예제에서는 가장 일반적인 일래스틱서치 플러그인 중 하나인 REST 플러그인의 작성법을 살펴본다. 이런 종류의 플러그인을 사용하면 표준 REST 호출을 일래스틱서치 기능을 쉽게 개선하는 사용자 정의형 호출로 확장시킬 수 있다.

이 예제에서 REST 엔드포인트를 정의하고 작업을 생성하는 방법을 살펴본다. 다음 예제에서는 이 작업을 샤드에 분산시켜 실행하는 방법을 살펴본다.

준비 사항

이 예제에서 코드를 실행하려면 1장의 '일래스틱서치 다운로드와 설치' 예제에서 기술된 대로 실행 중인 일래스틱서치 설치본이 필요하다.

그래들이나 이클립스 또는 IntelliJ와 같은 그래들 기반 자바 프로그래밍을 지원하는 통합 개발 환경[IDE]이 필요하다. 이 예제에 대한 코드는 ch16/rest_plugin 디렉터리에 있다.

작동 방법

REST 엔드포인트를 작성하려면 작업을 생성하고 플러그인에 등록해야 한다. 다음 절차를 수행한다.

1. 다음과 같이 REST 단순 작업(RestSimpleAction.java)을 생성한다.

```
public class RestSimpleAction extends BaseRestHandler {
  public RestSimpleAction(Settings settings, RestController
controller) {
    super(settings);
    controller.registerHandler(POST, "/_simple", this);
    controller.registerHandler(POST, "/{index}/_simple", this);
    controller.registerHandler(POST, "/_simple/{field}", this);
    controller.registerHandler(GET, "/_simple", this);
    controller.registerHandler(GET, "/{index}/_simple", this);
    controller.registerHandler(GET, "/_simple/{field}", this);
  }

  @Override
  public String getName() {
    return "simple_rest";
  }

  @Override
  protected RestChannelConsumer prepareRequest(RestRequest
request, NodeClient client) throws IOException {
    final SimpleRequest simpleRequest = new
SimpleRequest(Strings.splitStringByCommaToArray(request.param(
```

```
"index")));
      simpleRequest.setField(request.param("field"));
      return channel ->
client.execute(SimpleAction.INSTANCE, simpleRequest, new
RestBuilderListener<SimpleResponse>(channel) {
        @Override
        public RestResponse buildResponse(SimpleResponse
simpleResponse, XContentBuilder builder) throws Exception {
          try {
            builder.startObject();
            builder.field("ok", true);
            builder.array("terms", simpleResponse.getSimple().toArray());
            builder.endObject();
          } catch (Exception e) {
            onFailure(e);
          }
          return new BytesRestResponse(OK, builder);
        }
      });
  }
}
```

2. 다음과 같은 코드로 플러그인을 등록해야 한다.

```
public class RestPlugin extends Plugin implements ActionPlugin {
  @Override
  public List<RestHandler> getRestHandlers(Settings
settings, RestController restController, ClusterSettings
clusterSettings, IndexScopedSettings indexScopedSettings,
SettingsFilter settingsFilter, IndexNameExpressionResolver
indexNameExpressionResolver, Supplier<DiscoveryNodes>
nodesInCluster) {
      return Arrays.asList(new RestSimpleAction(settings,
```

```
restController));
    }

    @Override
    public List<ActionHandler<? extends ActionRequest, ?
extends ActionResponse>> getActions() {
        return Arrays.asList(new
ActionHandler<>(SimpleAction.INSTANCE, TransportSimpleAction.class));
    }
}
```

3. 이제 gradle clean check로 플러그인을 빌드하고 ZIP을 수동으로 설치한다. 일래스틱서치 서버를 재시작하면 다음과 같이 탑재된 플러그인을 확인할 수 있다.

```
...중략...
[2019-02-05T21:15:35,250][WARN ][o.e.n.Node ] [iMacParo.local] version
[7.0.0-alpha2] is a pre-release version of Elasticsearch and is not suitable
for production
[2019-02-05T21:15:36,306][INFO ][o.e.p.PluginsService ] [iMacParo.local]
loaded. module [aggs-matrix-stats]
...중략...
[2019-02-05T21:15:36,311][INFO ][o.e.p.PluginsService ] [iMacParo.local]
loaded. plugin [rest-plugin]
[2019-02-05T21:15:38,736][INFO ][o.e.x.s.a.s.FileRolesStore]
[iMacParo.local]
parsed [0] roles from file [/Users/alberto/elasticsear
```

4. 다음과 같이 curl로 사용자 정의 REST를 테스트한다.

```
curl -XPUT http://127.0.0.1:9200/mytest
```

```
curl -XPUT http://127.0.0.1:9200/mytest2
curl 'http://127.0.0.1:9200/_simple?field=mytest&pretty'
```

5. 결과는 다음과 같다.

```
{
  "ok" : true,
  "terms" : [
    "mytest_[mytest2][0]",
    "mytest_[mytest][0]"
  ]
}
```

작동 원리

REST 작업을 추가하는 것은 아주 쉽다. 호출을 처리하는 RestXXXAction 클래스만 생성하면 된다.

REST 작업은 BaseRestHandler 클래스에서 파생되며 handleRequest 메서드를 구현해야 한다.

생성자는 아주 중요하므로 다음 코드처럼 시작한다.

```
public RestSimpleAction(Settings settings, RestController controller)
{
```

public 생성자는 다음과 같은 매개변수를 갖는다.

- **Settings**: REST 작업에 사용자 정의 설정을 탑재하는 데 사용한다.

- **RestController**: 컨트롤러에 REST 작업을 등록하는 데 사용한다.

REST 작업의 생성자에 반드시 다뤄야 할 작업 목록을 다음과 같이 등록한다.

```
super(settings);
controller.registerHandler(POST, "/_simple", this);
```

작업을 등록할 때 다음 매개변수를 컨트롤러에 반드시 전달해야 한다.

- REST 메서드(GET/POST/PUT/DELETE/HEAD/OPTIONS)
- URL 엔드포인트
- RestHandler로, 일반적으로 동일 클래스며 호출에 대해 응답한다.

생성자를 정의한 후 작업이 호출되면 클래스 메서드인 **prepareRequest**가 다음과 같이 호출된다.

```
@Override
protected RestChannelConsumer prepareRequest(RestRequest request,
NodeClient client) {
```

이 메서드는 REST 작업의 핵심이다. 요청을 처리하고 결과를 반환한다. 다음 매개변수를 이 메서드에 전달할 수 있다.

- **RestRequest**: 일래스틱서치 서버에 도달하는 REST 요청이다.
- **RestChannel**: 응답을 반환하는 데 사용하는 채널이다.
- **NodeClient**: 클러스터와 통신하는 데 사용하는 클라이언트다.

반환값은 RestChannelConsumer로, RestChannel을 허용하는 FunctionalInterface

다. 이는 간단한 람다[Lambda] 코드다.

prepareRequest 메서드는 일반적으로 다음 절차로 구성된다.

- REST 요청을 처리하고 내부 일래스틱서치 요청 객체를 생성한다.
- 일래스틱서치 요청으로 클라이언트를 호출한다.
- OK이면 일래스틱서치 응답을 처리하고 결과 JSON을 생성한다.
- 오류면 JSON 오류 응답을 반환한다.

다음 예시에서 요청을 처리하는 SimpleRequest를 생성했다.

```
final SimpleRequest simpleRequest = new
SimpleRequest(Strings.splitStringByCommaToArray(request.param("index")));
simpleRequest.setField(request.param("field"));
```

색인 목록을 허용하고(Strings.splitStringByCommaToArray 도우미로 고전적인 쉼표로 구분된 색인 목록을 분할한다) 가능하다면 필드 매개변수를 제공한다.

SimpleRequest를 작성했으므로 다음과 같이 클러스터에 전달하고 람다 구문을 통해 SimpleResponse를 반환한다.

```
return channel -> client.execute(SimpleAction.INSTANCE, simpleRequest,
new RestBuilderListener<SimpleResponse>(channel) {
```

client.execute는 미래의 응답을 매핑할 RestBuilderListener 클래스, 요청, 작업을 허용한다. 이제 onResponse 메서드의 정의로 응답을 처리할 수 있다.

onResponse는 다음과 같이 JSON 결과로 변환해야 하는 응답 객체를 수신한다.

```
@Override
public RestResponse buildResponse(SimpleResponse simpleResponse,
XContentBuilder builder) {
```

빌더는 13장에서 이미 살펴본 것과 같은 표준 JSON XContentBuilder다.

클러스터의 응답을 처리하고 JSON을 구성한 후 REST 응답을 다음과 같이 보낼 수 있다.

```
@Override
public RestResponse buildResponse(SimpleResponse simpleResponse,
XContentBuilder builder) {
```

JSON을 생성하는 동안 문제가 생긴다면 다음과 같이 예외가 바로 발생한다.

```
try {
  //JSON 생성
} catch (Exception e) {
  onFailure(e);
}
```

SimpleRequest는 다음 예제에서 다룬다.

참고 사항

구글 Guice는 의존성 주입에 사용된다. 일래스틱서치에 의해 사용되는 의존성 주입에 대한 더 많은 정보는 https://code.google.com/p/google-guice/를 참고한다.

클러스터 액션 작성

앞의 예제에서 REST 엔드포인트 작성법을 살펴봤다. 그러나 클러스터 수준에서 액션을 실행하려면 클러스터 액션을 작성해야 한다.

일래스틱서치 액션은 일반적으로 클러스터에서 실행되고 분산된다. 이 예시에서는 액션 종류를 구현하는 방법을 살펴본다. 일래스틱서치 액션은 아주 드물다. 값을 가진 문자열을 모든 샤드에 전송하면 각 샤드는 샤드 숫자와 연결된 결과 문자열을 반환한다.

준비 사항

이 예제에서 코드를 실행하려면 1장의 '일래스틱서치 다운로드와 설치' 예제에서 기술된 대로 실행 중인 일래스틱서치 설치본이 필요하다.

그래들이나 이클립스 또는 IntelliJ와 같은 그래들 기반 자바 프로그래밍을 지원하는 통합 개발 환경[IDE]이 필요하다. 이 예제의 코드는 ch16/rest_plugin 디렉터리에 있다.

작동 방법

이 예제에서는 REST 호출이 내부 클러스터 액션으로 변환되는 것을 살펴본다. 내부 클러스터 액션을 실행하려면 다음의 클래스들이 필요하다.

- 클러스터와 통신하기 위한 `Request`와 `Response` 클래스
- 클러스터의 요청을 실행하는 데 사용하는 `RequestBuilder`
- `Request`, `Response`, `RequestBuilder`를 묶고 액션을 등록하는 데 사용되는 `Action`
- `ShardResponse`에 대한 요청과 응답을 묶는 `Transport*Action`은 쿼리의 리듀스 부분을 관리한다.
- 샤드 결과를 관리하는 `ShardResponse`

다음 절차를 수행한다.

1. SimpleRequest 클래스를 다음과 같이 작성한다.

```
public class SimpleRequest extends
BroadcastRequest<SimpleRequest> {

  private String field;

  SimpleRequest() {
  }

  public SimpleRequest(String... indices) {
    super(indices);
  }

  public void setField(String field) {
    this.field = field;
  }

  public String getField() {
    return field;
  }

  @Override
  public void readFrom(StreamInput in) throws IOException {
    super.readFrom(in);
    field = in.readString();
  }

  @Override
  public void writeTo(StreamOutput out) throws IOException {
    super.writeTo(out);
    out.writeString(field);
  }
}
```

2. SimpleResponse 클래스는 SimpleRequest와 아주 유사하다.

3. 요청과 응답을 묶으려면 다음과 같은 액션(SimpleAction)이 필요하다.

```
import org.elasticsearch.action.Action;

public class SimpleAction extends Action<SimpleResponse> {

  public static final SimpleAction INSTANCE = new SimpleAction();
  public static final String NAME = "custom:indices/simple";

  private SimpleAction() {
    super(NAME);
  }

  @Override
  public SimpleResponse newResponse() {
    return new SimpleResponse();
  }
}
```

4. Transport 클래스는 액션의 핵심이다. 매우 방대하므로 다음과 같이 중요 부분만 표시했다.

```
public class TransportSimpleAction
    extends TransportBroadcastByNodeAction<SimpleRequest,
SimpleResponse, ShardSimpleResponse> {

  private final IndicesService indicesService;

  @Inject
  public TransportSimpleAction(ClusterService clusterService,
      TransportService transportService, IndicesService indicesService,
      ActionFilters actionFilters,
      IndexNameExpressionResolver indexNameExpressionResolver) {
```

```
    super(SimpleAction.NAME, clusterService,
        transportService, actionFilters,
        indexNameExpressionResolver,
        SimpleRequest::new, ThreadPool.Names.SEARCH);
    this.indicesService = indicesService;
  }

  @Override
  protected SimpleResponse newResponse(SimpleRequest
      request, int totalShards, int successfulShards, int failedShards,
      List<ShardSimpleResponse> shardSimpleResponses,
      List<DefaultShardOperationFailedException> shardFailures,
      ClusterState clusterState) {
    Set<String> simple = new HashSet<String>();
    for (ShardSimpleResponse shardSimpleResponse :
        shardSimpleResponses) {
      simple.addAll(shardSimpleResponse.getTermList());
    }

    return new SimpleResponse(totalShards,
    successfulShards, failedShards, shardFailures, simple);
  }

  @Override
  protected ShardSimpleResponse shardOperation(SimpleRequest
      request, ShardRouting shardRouting) throws IOException {
    IndexService indexService =
indicesService.indexServiceSafe(shardRouting.shardId().getIndex());
    IndexShard indexShard =
indexService.getShard(shardRouting.shardId().id());
    indexShard.store().directory();
    Set<String> set = new HashSet<String>();
    set.add(request.getField() + "_" + shardRouting.shardId());
    return new ShardSimpleResponse(shardRouting, set);
  }
```

```
  @Override
  protected ShardSimpleResponse readShardResult(StreamInput in)
      throws IOException {
    return ShardSimpleResponse.readShardResult(in);
  }

  @Override
  protected SimpleRequest readRequestFrom(StreamInput in)
      throws IOException {
    SimpleRequest request = new SimpleRequest();
    request.readFrom(in);
    return request;
  }

  @Override
  protected ShardsIterator shards(ClusterState clusterState,
      SimpleRequest request, String[] concreteIndices) {
    return clusterState.routingTable().allShards(concreteIndices);
  }

  @Override
  protected ClusterBlockException
      checkGlobalBlock(ClusterState state, SimpleRequest request) {
    return
state.blocks().globalBlockedException(ClusterBlockLevel.METADATA_READ);
  }

  @Override
  protected ClusterBlockException
      checkRequestBlock(ClusterState state, SimpleRequest request,
      String[] concreteIndices) {
    return
state.blocks().indicesBlockedException(ClusterBlockLevel.METADATA_READ,
concreteIndices);
  }
}
```

작동 원리

이 예시에서 모든 클러스터 노드와 노드에서 선택된 모든 샤드에서 실행되는 액션을 사용했다.

이미 살펴본 것처럼 클러스터 액션을 실행하려면 다음 클래스가 필요하다.

- 클러스터와 상호작용하는 몇 가지 Request/Response
- 클러스터 수준의 태스크 액션task action
- 샤드와 상호작용하는 샤드 Response
- REST 호출로 호출돼야 하는 맵/리듀스 샤드 부분을 관리하는 Transport 클래스

이들 클래스는 지원되는 액션 중 하나를 확장해야 한다. 예를 들면 다음과 같다.

- **TrasportBroadcastAction**: 모든 클러스터를 통해 확산돼야 하는 액션
- **TransportClusterInfoAction**: 클러스터 수준에서 정보를 읽는 데 필요한 액션
- **TransportMasterNodeAction**: 마스터 노드에서만 실행돼야 하는 액션(색인 매핑 작업과 같은). 마스터에서의 간단한 승인을 위한 AcknowledgedRequest 응답도 있다.
- **TransportNodeAction**: 노드에서 실행돼야 하는 액션(즉, 모든 노드의 통계 작업)
- **TransportBroadcastReplicationAction**, **TransportReplicationAction**, **TransportWriteAction**: 특정 리플리카에서 실행돼야 하는 액션. 첫 번째는 기본 복제본에서 그다음은 보조 복제본에서 실행한다.
- **TransportInstanceSingleOperationAction**: 클러스터에서 싱글톤으로 실행해야 하는 액션
- **TransportSingleShardAction**: 샤드에서만 실행돼야 하는 액션(즉, GET 액션). 샤드에서 실패한다면 자동으로 샤드 복제본에서 시도한다.

- **TransportTasksAction**: 클러스터 태스크와 상호작용하기 위한 액션

앞 예시에서 모든 노드와 모든 노드에 대해 브로드캐스팅하는 액션을 정의했다. 다음과 같이 샤드 결과를 수집하고 집계한다.

```
public class TransportSimpleAction
    extends TransportBroadcastByNodeAction<SimpleRequest,
    SimpleResponse, ShardSimpleResponse> {
```

모든 요청/응답 클래스는 Streamable 클래스를 확장하며 내용을 직렬화하는 다음의 두 메서드가 반드시 제공돼야 한다.

- 일반적인 입력 스트림 연산을 캡슐화한 클래스인 StreamInput에서 읽는 readFrom이다. 이 메서드를 사용하면 온라인으로 전송되는 데이터를 역직렬화할 수 있다. 앞의 예시에서 다음 코드로 문자열을 읽는다.

```
@Override
public void readFrom(StreamInput in) throws IOException {
  super.readFrom(in);
  field = in.readString();
}
```

- 네트워크를 통해 전송되는 클래스의 내용을 기록하는 writeTo.StreamOutput은 출력을 처리하는 편리한 메서드들을 제공한다. 다음 예시에서 StreamOutput 문자열을 직렬화했다.

```
@Override
public void writeTo(StreamOutput out) throws IOException {
  super.writeTo(out);
```

```
    out.writeString(field);
  }
```

두 액션에서 부모 클래스의 올바른 직렬화를 위해 super를 반드시 호출해야 한다.

NOTE

> 일래스틱서치의 모든 내부 액션은 요청/응답 패턴으로 설계돼 있다.

요청/응답 액션을 완성하도록 올바른 응답으로 요청을 묶는 작업과 이를 생성하는 빌더를 정의해야 한다. 이를 위해 Action 클래스를 다음과 같이 정의해야 한다.

```
public class SimpleAction extends Action<SimpleResponse> {
```

이 Action 객체는 싱글톤 객체다. 다음과 같이 기본 정적 인스턴스와 프라이빗 생성자를 작성해 얻을 수 있다.

```
public static final SimpleAction INSTANCE = new SimpleAction();
public static final String NAME = "custom:indices/simple";

private SimpleAction() {
  super(NAME);
}
```

정적 문자열 NAME은 클러스터 수준에서 작업을 고유하게 식별하는 데 사용한다. Action 정의를 완성하고자 newResponse 메서드를 정의해야 하며 다음과 같은 새로운 빈 응답을 생성하는 데 사용한다.

```
@Override
```

```
public SimpleResponse newResponse() {
  return new SimpleResponse();
}
```

액션이 실행되면 요청과 응답이 직렬화돼 클러스터로 보내진다. 클러스터 수준에서 사용자 정의 코드를 실행하려면 전송transport 액션이 필요하다.

전송 액션은 일반적으로 맵/리듀스 작업으로 정의된다. 여러 샤드에서 액션을 실행하는 맵 부분과 실행 후 요청자에게 다시 보내야 하는 응답에 샤드로부터 모든 결과를 수집하는 리듀스 부분으로 구성된다. 일래스틱서치 5.x 이상에서는 처리를 빠르게 하고자 동일 노드에 속한 모든 샤드의 응답을 동일 노드에서 리듀스 처리해 네트워크 사용과 I/O를 최적화했다.

전송 액션은 많은 메서드를 갖는 소스 길이가 긴 클래스이나 가장 중요한 메서드는 ShardOperation(맵 부분)과 newResponse(리듀스 부분)이다.

원래 요청은 다음과 같이 shardOperation 메서드로 처리되는 분산된 ShardRequest로 변환된다.

```
@Override
protected ShardSimpleResponse shardOperation(SimpleRequest request,
    ShardRouting shardRouting) {
```

내부 샤드를 얻도록 원하는 색인에 기반을 둔 샤드를 반환하는 IndexService를 호출해야 한다.

샤드 요청은 색인과 아래의 액션을 실행하는 데 사용되는 샤드의 ID를 포함한다.

```
IndexService indexService =
```

```
indicesService.indexServiceSafe(shardRouting.shardId().getIndex());
IndexShard indexShard =
indexService.getShard(shardRouting.shardId().id());
```

IndexShard 객체를 사용하면 모든 가능한 샤드 작업을 수행할 수 있다(search, get, index, 다른 많은 작업). 이 메서드로 원하는 모든 데이터 샤드 조작을 수행할 수 있다.

NOTE

> 사용자 정의 샤드 액션은 애플리케이션의 비즈니스 작업을 분산되고 빠른 방식으로 수행할 수 있다.

앞의 예시에서 값의 단순 집합을 생성했다.

```
indexShard.store().directory();
Set<String> set = new HashSet<String>();
set.add(request.getField() + "_" + shardRouting.shardId());
```

샤드 작업의 최종 단계는 리듀스 단계에 다시 보내야 하는 응답을 생성하는 것이다. ShardResponse를 생성할 때 결과에 더해 색인과 액션을 수행하는 샤드에 대한 정보를 반환해야 한다.

```
return new ShardSimpleResponse(shardRouting, set);
```

분산된 샤드 작업은 리듀스 단계에서 수집된다(newResponse 메서드). 이 단계는 모든 샤드 결과를 집계하고 원래 Action에 다음과 같이 결과를 다시 보낸다.

```
@Override
protected SimpleResponse newResponse(SimpleRequest request, int
```

```
totalShards, int successfulShards, int failedShards,
    List<ShardSimpleResponse> shardSimpleResponses,
    List<DefaultShardOperationFailedException> shardFailures,
    ClusterState clusterState) {
```

샤드의 결과와는 별도로 메서드는 샤드 수준의 작업 상태를 받는다. 이 상태는 세 가지 값(successfulShards, failedShards, shardFailures)으로 수집된다.

요청 결과는 수집된 문자열 집합이므로 다음과 같이 용어의 결과를 수집하고자 빈 집합을 생성한다.

```
Set<String> simple = new HashSet<String>();
```

그런 후 다음과 같이 결과를 수집하며 샤드 응답을 반복문으로 얻어야 한다.

```
for (ShardSimpleResponse shardSimpleResponse : shardSimpleResponses) {
  simple.addAll(shardSimpleResponse.getTermList());
}
```

마지막 단계는 응답 상태와 앞의 결과를 수집하는 응답을 생성하는 것이다.

```
return new SimpleResponse(totalShards, successfulShards, failedShards,
    shardFailures, simple);
```

클러스터 액션 작성하기는 특별한 집계, 서버 측 조인 또는 여러 번의 일래스틱서치 호출을 실행하는 복잡한 조작처럼 아주 빠르게 실행해야 하는 로우레벨의 작업에서 요구된다. 사용자 정의 일래스틱서치 액션을 작성하는 것은 고급 일래스틱서치 기능이지만 일래스틱서치의 기능을 레벨업할 수 있는 새로운 비즈니스 사용 시나리오를 생성할 수 있다.

참고 사항

REST 호출로 클러스터 액션을 인터페이스하는 방법은 이 장의 'REST 플러그인 작성' 예제를 참고한다.

적재 플러그인 작성

일래스틱서치 5.x에는 일래스틱서치에 적재하기 전에 파이프라인을 통해 레코드를 수정할 수 있는 적재 노드가 도입됐다. 12장에서 파이프라인은 하나 이상의 프로세서 작업으로 구성된다는 것을 이미 살펴봤다. 이 예제에서는 필드에 다른 프로세서의 초기 문자를 저장하는 사용자 정의 프로세서를 작성하는 방법을 살펴본다.

준비 사항

이 예제에서 코드를 실행하려면 1장의 '일래스틱서치 다운로드와 설치' 예제에서 기술된 대로 실행 중인 일래스틱서치 설치본이 필요하다.

그래들이나 이클립스 또는 IntelliJ와 같은 그래들 기반 자바 프로그래밍을 지원하는 통합 개발 환경[IDE]이 필요하다. 이 예제에 대한 코드는 ch16/ingest_plugin 디렉터리에 있다.

작동 방법

적재 처리 플러그인을 생성하려면 처리기를 생성하고 이를 플러그인 클래스에 등록해야 한다. 다음 절차를 수행한다.

1. 처리기와 이에 대한 팩터리[factory]를 다음과 같이 생성한다.

```
public final class InitialProcessor extends AbstractProcessor {

  public static final String TYPE = "initial";

  private final String field;
  private final String targetField;
  private final String defaultValue;
  private final boolean ignoreMissing;

  public InitialProcessor(String tag, String field, String
      targetField, boolean ignoreMissing, String defaultValue) {
    super(tag);
    this.field = field;
    this.targetField = targetField;
    this.ignoreMissing = ignoreMissing;
    this.defaultValue = defaultValue;
  }

  String getField() { return field; }
  String getTargetField() { return targetField; }
  String getDefaultField() { return defaultValue; }
  boolean isIgnoreMissing() { return ignoreMissing; }

  @Override
  public IngestDocument execute(IngestDocument document) {
    if (document.hasField(field, true) == false) {
      if (ignoreMissing) { return document; }
      else {
        throw new IllegalArgumentException("field [" +
            field + "] not present as part of path [" + field + "]");
      }
    }
    // 대상 필드가 범위를 벗어난 배열 슬롯을 가리키면 여기에서 실패한다.
    // 이 작업을 수행하지 않으면 실패할 것이다. target_field에 값을 설정하면
```

```
    // 실패 프로세서에서 이미 삭제했으므로 필드명을 변경하려고 시도할 때
    // 시도한 값을 볼 수 없다.
    if (document.hasField(targetField, true)) {
      throw new IllegalArgumentException("field [" +
          targetField + "] already exists");
    }

    Object value = document.getFieldValue(field, Object.class);
    if( value!=null && value instanceof String ) {
      String myValue=value.toString().trim();
      if(myValue.length()>1){
        try {
          document.setFieldValue(targetField,
            myValue.substring(0,1).toLowerCase(Locale.getDefault()));
        } catch (Exception e) {
          // 필드에서 바로 가져온 값이 아닌 원래 필드에 있는 값으로
          // 다시 설정한다.
          document.setFieldValue(field, value);
          throw e;
        }
      }
    }
    return document;
  }

  @Override
  public String getType() { return TYPE; }

  public static final class Factory implements Processor.Factory {
    @Override
    public InitialProcessor create(Map<String,
        Processor.Factory> registry, String processorTag,
        Map<String, Object> config) throws Exception {
      String field =
          ConfigurationUtils.readStringProperty(TYPE, processorTag,
          config, "field");
```

```
        String targetField =
            ConfigurationUtils.readStringProperty(TYPE, processorTag,
            config, "target_field");

        String defaultValue =
            ConfigurationUtils.readOptionalStringProperty(TYPE,
            processorTag, config, "defaultValue");

        boolean ignoreMissing =
            ConfigurationUtils.readBooleanProperty(TYPE, processorTag,
            config, "ignore_missing", false);

        return new InitialProcessor(processorTag, field,
            targetField, ignoreMissing, defaultValue);
      }
   }
}
```

2. 다음 줄과 같이 Plugin 클래스에 등록해야 한다.

```
public class InitialIngestPlugin extends Plugin implements
    IngestPlugin {
  @Override
  public Map<String, Processor.Factory>
      getProcessors(Processor.Parameters parameters) {
    return Collections.singletonMap(InitialProcessor.TYPE,
        (factories, tag, config) -> new
        InitialProcessor.Factory().create(factories, tag, config));
  }
}
```

3. 이제 mvn 패키지로 플러그인을 빌드할 수 있고 수동으로 ZIP을 설치할 수 있다. 일래스틱서치 서버가 재시작되면 다음과 같이 탑재된 플러그인을 확인할 수 있다.

```
[2019-02-09T11:47:53,126][WARN ][o.e.n.Node ] [iMacParo.local] version
[7.0.0-alpha2] is a pre-release version of Elasticsearch and is not suitable
for production
[2019-02-09T11:47:54,797][INFO ][o.e.p.PluginsService ] [iMacParo.local]
loaded. module [aggs-matrix-stats]
...중략...
[2019-02-09T11:47:54,802][INFO ][o.e.p.PluginsService ] [iMacParo.local]
loaded plugin [initial-processor]
[2019-02-09T11:47:54,802][INFO ][o.e.p.PluginsService ] [iMacParo.local]
loaded. plugin [rest-plugin]
```

4. 사용자 정의 플러그인을 Simulate Ingest API와 `curl`로 다음과 같이 테스트할 수 있다.

```
curl -XPOST -H "Content-Type: application/json"
'http://127.0.0.1:9200/_ingest/pipeline/_simulate?verbose&pretty' -d '{
  "pipeline": {
    "description": "Test my custom plugin",
    "processors": [
      {
        "initial": {
          "field": "user",
          "target_field": "user_initial"
        }
      }
    ],
    "version": 1
  },
  "docs": [{
    "_source": {
      "user": "john"
    }
  },
```

```
  {
    "_source": {
      "user": "Nancy"
    }
  }]
}'
```

5. 결과는 다음과 같다.

```
{
  "docs" : [
    {
      "processor_results" : [
        {
          "doc" : {
            "_index" : "_index",
            "_type" : "_type",
            "_id" : "_id",
            "_source" : {
              "user_initial" : "j",
              "user" : "john"
            },
            "_ingest" : {
              "timestamp" : "2019-02-09T10:50:16.011932Z"
            }
          }
        }
      ]
    },
    {
      "processor_results" : [
        {
          "doc" : {
```

```
                "_index" : "_index",
                "_type" : "_type",
                "_id" : "_id",
                "_source" : {
                  "user_initial" : "n",
                  "user" : "Nancy"
                },
                "_ingest" : {
                  "timestamp" : "2019-02-09T10:50:16.011973Z"
                }
              }
            }
          ]
        }
      ]
    }
```

작동 원리

먼저 사용자 정의 프로세서를 관리할 클래스를 정의해야 하며 AbstractProcessor를 확장한다.

```
public final class InitialProcessor extends AbstractProcessor {
```

processor는 작업하는 데 사용할 필드를 알아야 한다. 다음과 같이 processor의 내부 상태로 유지된다.

```
public static final String TYPE = "initial";

private final String field;
```

```
private final String targetField;
private final String defaultValue;
private final boolean ignoreMissing;

public InitialProcessor(String tag, String field, String targetField,
    boolean ignoreMissing, String defaultValue) {
  super(tag);
  this.field = field;
  this.targetField = targetField;
  this.ignoreMissing = ignoreMissing;
  this.defaultValue = defaultValue;
}
```

프로세서의 핵심은 execute 함수며 프로세서 로그인을 포함한다.

```
@Override
public IngestDocument execute(IngestDocument document) {
```

execute 함수는 다음 절차로 구성된다.

1. 원본 필드가 있는지 확인한다.

```
if (document.hasField(field, true) == false) {
  if (ignoreMissing) {
    return document;
  } else {
    throw new IllegalArgumentException("field [" + field +
        "] not present as part of path [" + field + "]");
  }
}
```

2. 대상 필드가 존재하지 않는지 확인한다.

```
if (document.hasField(targetField, true)) {
  throw new IllegalArgumentException("field [" + targetField
      + "] already exists");
}
```

3. 문서에서 값을 추출하고 유효한지 확인한다.

```
Object value = document.getFieldValue(field, Object.class);
if( value != null && value instanceof String ) {
```

4. 이제 값을 처리하고 이를 대상 필드에 설정할 수 있다.

```
String myValue=value.toString().trim();
if(myValue.length() > 1) {
  try {
    document.setFieldValue(targetField,
        myValue.substring(0,1).toLowerCase(Locale.getDefault()));
  } catch (Exception e) {
    // 원본 필드로 값을 되돌리는 것은
    // 필드로부터 값을 바로 가져오는 것과 같지 않다.
    document.setFieldValue(field, value);
    throw e;
  }
}
```

프로세서를 정의하고자 초기화하려면 Factory 객체를 정의해야 한다.

```
public static final class Factory implements Processor.Factory {
```

Factory 객체에는 등록된 프로세서, processorTag, 읽어 들여야 하는 구성 정보를 받는 create 메서드가 포함돼 있다.

```
@Override
public InitialProcessor create(Map<String, Processor.Factory>
    registry, String processorTag,
    Map<String, Object> config) throws Exception {
  String field = ConfigurationUtils.readStringProperty(TYPE,
      processorTag, config, "field");
  String targetField = ConfigurationUtils.readStringProperty(TYPE,
      processorTag, config, "target_field");
  String defaultValue =
      ConfigurationUtils.readOptionalStringProperty(TYPE, processorTag,
      config, "defaultValue");
  boolean ignoreMissing =
      ConfigurationUtils.readBooleanProperty(TYPE, processorTag,
      config, "ignore_missing", false);
```

복구한 후 다음과 같이 매개변수를 초기화할 수 있다.

```
  return new InitialProcessor(processorTag, field, targetField,
      ignoreMissing, defaultValue);
}
```

사용자 정의 프로세서로 사용하려면 플러그인에 등록해야 한다. 다음과 같이 IngestPlugin으로 플러그인을 확장해 수행할 수 있다.

```
public class InitialIngestPlugin extends Plugin implements IngestPlugin {
```

이제 getProcessors 메서드에서 Factory 플러그인을 등록할 수 있다.

```
@Override
public Map<String, Processor.Factory>
     getProcessors(Processor.Parameters parameters) {
  return Collections.singletonMap(InitialProcessor.TYPE,
      (factories, tag, config) -> new
      InitialProcessor.Factory().create(factories, tag, config));
}
```

플러그인으로 수집 프로세서를 구현하는 것은 비교적 쉽고 놀랄 만큼 강력한 기능이다. 이 접근 방법으로 사용자 정의 기능 강화 파이프라인을 생성할 수 있다.

17

빅데이터 통합

일래스틱서치는 다음과 같은 여러 기능을 제공하므로 빅데이터 아키텍처의 공통 컴포넌트가 됐다.

- 매우 빠른 방식으로 대량의 데이터를 검색할 수 있다.
- 공통 집계 연산으로 빅데이터에서 실시간 분석을 제공한다.
- 스파크^Spark^보다 일래스틱서치의 집계를 사용하는 것이 더 용이하다.
- 빠른 데이터 솔루션으로 이동해야 한다면 쿼리 후 문서의 부분집합으로 시작하는 것이 모든 데이터 전체를 다시 스캔하는 것보다 더 빠르다.

데이터를 처리하는 데 사용하는 가장 일반적인 빅데이터 소프트웨어는 이제 아파치 스파크(http://spark.apache.org/)로 디스크에서 메모리로 처리를 이동시키는 구식 하둡 맵리듀스의 진화로 간주한다.

17장에서는 읽기와 쓰기를 할 수 있는 스파크에 일래스틱서치를 통합하는 방법을 살펴본다. 이 장의 끝에서는 아파치 피그^Apache Pig^를 사용해 일래스틱서치에 간단한 방식으로 데이터를 기록하는 방법을 살펴본다.

17장에서 다루는 내용은 다음과 같다.

- 아파치 스파크 설치
- 아파치 스파크 활용 데이터 색인
- 아파치 스파크 활용 메타데이터 포함 데이터 색인
- 아파치 스파크로 데이터 읽기
- 스파크 SQL로 데이터 읽기
- 아파치 피그로 데이터 읽기

아파치 스파크 설치

아파치 스파크를 사용하려면 먼저 설치해야 한다. 절차는 매우 간단한데, 요구 사항이 아파치 주키퍼와 하둡[Hadoop] HDFS가 필요한 전통적인 하둡이 아니기 때문이다.

아파치 스파크는 일래스틱서치와 유사하게 단일 노드 설치본으로 동작된다.

준비 사항

자바 가상머신이 설치돼 있어야 한다. 일반적으로 8.x 버전이나 상위 버전을 사용한다.

작동 방법

아파치 스파크를 설치하려면 다음 절차를 수행한다.

1. https://spark.apache.org/downloads.html에서 바이너리 배포판을 다운로드한다. 일반적인 용도로는 다음과 같은 요청으로 표준 버전을 다운로드하기를 권고한다.

```
wget
https://www.apache.org/dyn/closer.lua/spark/spark-2.4.0/spark-2.4.0-bin-
hadoop2.7.tgz
```

2. 이제 tar를 이용해 스파크 배포판의 압축을 해제한다.

```
tar xfvz spark-2.4.0-bin-hadoop2.7.tgz
```

3. 다음과 같이 아파치 스파크가 동작하는지 여부를 테스트해 검사한다.

```
2019-02-09 13:56:11 WARN NativeCodeLoader:62 - Unable to load
native-hadoop library for your platform... using builtin-java
classes where applicable
 2019-02-09 13:56:12 INFO SparkContext:54 - Running Spark
version 2.4.0
 2019-02-09 13:56:12 INFO SparkContext:54 - Submitted
application: Spark Pi
...중략...
 2019-02-09 13:56:13 INFO DAGScheduler:54 - ResultStage 0
(reduce at SparkPi.scala:38) finished in 0.408 s
 2019-02-09 13:56:13 INFO DAGScheduler:54 - Job 0 finished:
reduce at SparkPi.scala:38, took 0.445820 s
Pi is roughly 3.139915699578498
 2019-02-09 13:56:13 INFO AbstractConnector:318 - Stopped
Spark@788ba63e{HTTP/1.1,[http/1.1]}{0.0.0.0:4040}
 2019-02-09 13:56:13 INFO SparkUI:54 - Stopped Spark web UI at
http://192.168.1.121:4040
```

```
 2019-02-09 13:56:13 INFO MapOutputTrackerMasterEndpoint:54 -
MapOutputTrackerMasterEndpoint stopped!
 2019-02-09 13:56:13 INFO MemoryStore:54 - MemoryStore cleared
...중략...
 2019-02-09 13:56:13 INFO ShutdownHookManager:54 - Deleting
directory
/private/var/folders/0h/fkvg8wz54d30g1_9b9k3_7zr0000gn/T/spark
-fac6580a-7cb6-48ae-8739-3675365dbcd4
 2019-02-09 13:56:13 INFO ShutdownHookManager:54 - Deleting
directory
/private/var/folders/0h/fkvg8wz54d30g1_9b9k3_7zr0000gn/T/spark
-8fc0bf8e-0d30-440e-9965-72b77ba22c1d
```

작동 원리

단일 노드의 아파치 스파크는 설치하기 매우 쉽다. 일래스틱서치와 유사하게 시스템에 설치된 자바 가상머신만 필요하다. 설치 절차는 아주 쉽다. 압축을 풀기만 하면 전체 설치가 완료된다.

이전 단계에서 스파크 설치본이 동작하는 테스트도 했다. 스파크는 스칼라로 작성됐으며 기본 바이너리는 버전 2.11.x를 대상으로 한다. 메인 스칼라 버전은 호환되지 않으므로 스파크와 일래스틱서치 하둡이 동일한 버전을 사용하고 있는지 확인해야 한다.

스파크 작업을 실행할 때 단순화된 절차는 다음과 같다.

1. 스파크 환경이 초기화된다.
2. 스파크 MemoryStore와 BlockManager 마스터가 초기화된다.
3. 실행에 대한 SparkContext가 초기화된다.
4. SparkUI가 http://0.0.0.0:4040에서 초기화된다.

5. 작업이 시작된다.

6. 실행 그래프, **방향성 비순환 그래프**[DAG, Direct Acyclic Graph]가 작업에 대해 생성된다.

7. DAG의 모든 정점은 스테이지며, 스테이지는 병렬로 실행되는 작업으로 분할된다.

8. 스테이지와 작업을 실행한 후에 절차가 마무리된다.

9. 결과가 반환된다.

10. SparkContext가 정지된다.

11. 스파크 시스템이 종료된다.

추가 사항

스파크의 가장 강력한 도구 중 하나는 셸[shell](스파크 셸)이다. 스파크 클러스터에서 명령을 입력해 직접 실행시킬 수 있다. 스파크 셸에 접근하려면 `./bin/spark-shell`로 호출해야 한다.

호출하면 출력 결과는 다음과 같다.

```
2019-02-09 14:00:02 WARN NativeCodeLoader:62 - Unable to load native-
hadoop library for your platform... using builtin-java classes where applicable

Setting default log level to "WARN".
 To adjust logging level use sc.setLogLevel(newLevel). For SparkR, use
setLogLevel(newLevel).
 Spark context Web UI available at http://192.168.1.121:4040
 Spark context available as 'sc' (master = local[*], app id =
local-1549717207051).
 Spark session available as 'spark'.
 Welcome to
```

```
 ____ __
 / __/__ ___ _____/ /__
 _\ \/ _ \/ _ `/ __/ '_/
 /___/ .__/\_,_/_/ /_/\_\ version 2.4.0
 /_/

Using Scala version 2.11.12 (Java HotSpot(TM) 64-Bit Server VM, Java
11.0.2)
 Type in expressions to have them evaluated.
 Type :help for more information.

scala>
```

이제 클러스터에서 실행시킬 수 있는 커맨드라인 기반 명령을 입력할 수 있다.

아파치 스파크 활용 데이터 색인

아파치 스파크를 설치했으므로 일래스틱서치와 함께 동작하도록 구성해 일부 데이터를 기록할 수 있다.

준비 사항

이 예제에서 코드를 실행하려면 1장의 '일래스틱서치 다운로드와 설치' 예제에서 기술된 대로 실행 중인 일래스틱서치 설치본이 필요하다.

구동 중인 아파치 스파크 설치본도 필요하다.

작동 방법

일래스틱서치와 통신을 위해 아파치 스파크를 구성하려면 다음 절차를 수행한다.

1. 다음과 같이 일래스틱서치 스파크 JAR를 다운로드해야 한다.

```
wget -c
https://artifacts.elastic.co/downloads/elasticsearch-hadoop/
elasticsearch-hadoop-7.0.0-alpha2.zip
unzip elasticsearch-hadoop-7.0.0-alpha2.zip
```

2. 일래스틱서치에서 스파크 셸에 접근하기 위한 빠른 방법은 스파크 JAR 폴더에 필요한 일래스틱서치 하둡 파일을 복사하는 것이다. 반드시 복사해야 하는 파일은 elasticsearch-spark-20_2.11-7.0.0.jar이다.

아파치 스파크와 일래스틱서치 스파크에서 사용하는 스칼라 버전은 반드시 일치해야 한다.

아파치 스파크를 사용해 데이터를 저장하도록 다음 절차를 수행한다.

1. 다음 명령을 실행해 스파크 셸을 시작한다.

```
./bin/spark-shell
```

2. 일래스틱서치 구성 정보를 반영한다.

```
val conf = sc.getConf
conf.setAppName("ESImport")
conf.set("es.index.auto.create", "true")
```

3. 다음과 같이 일래스틱서치 스파크를 임포트한다.

```
import org.elasticsearch.spark._
```

4. 다음과 같이 색인된 두 문서를 생성한다.

```
val numbers = Map("one" -> 1, "two" -> 2, "three" -> 3)
val airports = Map("arrival" -> "Otopeni", "SFO" -> "San Fran")
```

5. 이제 탄력적인 분산 데이터 세트RDD, Resilient Distributed Datasets를 생성하고 일래스틱서치에 문서를 저장한다.

```
sc.makeRDD(Seq(numbers, airports)).saveToEs("spark/docs")
```

작동 원리

스파크를 통해 일래스틱서치에 문서를 저장하는 것은 아주 쉽다. 셸 컨텍스트에서 스파크 셸을 시작한 후에 `SparkContext`를 포함하는 `sc` 변수를 사용할 수 있다. 값을 일래스틱서치 구성 정보에 전달하려면 스파크 구성 정보에서 설정해야 한다.

설정할 수 있는 여러 구성 정보가 있으며 다음은 가장 일반적으로 사용되는 것들이다.

- **es.index.auto.create**: 색인이 존재하지 않는 경우 색인을 생성하는 데 사용한다.
- **es.nodes**: 접속할 노드 목록을 정의하는 데 사용한다(기본값: localhost).
- **es.port**: 접속할 HTTP 일래스틱서치 포트를 정의하는 데 사용한다(기본값: 9200).
- **es.ingest.pipeline**: 사용할 적재 파이프라인을 정의하는 데 사용한다(기본값: none).

- **es.mapping.id**: ID 값을 추출하는 필드를 정의하는 데 사용한다(기본값: none).
- **es.mapping.parent**: 부모 값을 추출하는 필드를 정의하는 데 사용한다(기본값: none).

간단한 문서들은 Map[String, AnyRef]로 정의되며 탄력적 분산 데이터 세트[RDD]로 색인할 수 있다. RDD는 컬렉션에 대한 특수 스파크 추상화 정의다.

org.elasticsearch.spark에서 사용할 수 있는 내용으로 RDD는 saveToEs라는 신규 메서드를 제공해 색인에 사용하기 위한 색인 쌍이나 문서를 정의할 수 있다.

참고 사항

이 예제에 연관된 추가 내용은 다음을 참고한다.

- 일래스틱서치 하둡의 최신 버전을 다운로드하려면 공식 페이지인 https://www.elastic.co/downloads/hadoop을 참고한다.
- 일래스틱서치 하둡을 설치하는 공식 문서는 https://www.elastic.co/guide/en/elasticsearch/hadoop/current/install.html에서 확인할 수 있다. 또한 이 페이지는 일부 경계선 케이스도 제공한다.
- 스파크를 이용해 빠르게 시작하려면 http://spark.apache.org/docs/latest/quick-start.html을 참고한다.
- 스파크 구성을 위한 세부 구성 매개변수 목록은 https://www.elastic.co/guide/en/elasticsearch/hadoop/7.x/configuration.html을 참고한다.

아파치 스파크 활용 메타데이터 포함 데이터 색인

데이터를 수집하는 단순 맵을 사용하는 것은 간단한 작업에는 바람직하지 않다. 스파크에서의 모범 사례는 case 클래스를 사용해 빠른 직렬화를 하는 것이며 이를 통해 복잡한 타입 확인을 관리할 수 있다. 색인하는 동안 사용자 정의 ID를 제공하는 것은 매우 편리하다. 이 예제에서는 이런 이슈를 다루는 방법을 살펴본다.

준비 사항

이 예제에서 코드를 실행하려면 1장의 '일래스틱서치 다운로드와 설치' 예제에서 기술된 대로 실행 중인 일래스틱서치 설치본이 필요하다.

구동 중인 아파치 스파크 설치본도 필요하다.

작동 방법

아파치 스파크를 이용한 일래스틱서치에 데이터를 저장하려면 다음 절차를 수행한다.

1. 다음 명령을 실행해 스파크 셸을 시작한다.

```
./bin/spark-shell
```

2. 다음과 같이 필요한 클래스를 임포트한다.

```
import org.apache.spark.SparkContext
import org.elasticsearch.spark.rdd.EsSpark
```

3. Person 클래스를 생성한다.

```
case class Person(username:String, name:String, age:Int)
```

4. 색인할 두 문서를 생성한다.

```
val persons = Seq(Person("bob", "Bob",19), Person("susan","Susan",21))
```

5. 이제 다음과 같이 RDD를 생성한다.

```
val rdd=sc.makeRDD(persons)
```

6. 다음과 같이 EsSpark로 문서를 색인한다.

```
EsSpark.saveToEs(rdd, "spark2/persons", Map("es.mapping.id" ->
"username"))
```

7. 일래스틱서치에 색인된 데이터는 다음과 같다.

```
{
  ...중략...
  "hits" : {
    "total" : {
      "value" : 2,
      "relation" : "eq"
    },
    "max_score" : 1.0,
    "hits" : [
      {
        "_index" : "spark2",
        "_type" : "persons",
```

```
          "_id" : "bob",
          "_score" : 1.0,
          "_source" : {
            "username" : "bob",
            "name" : "Bob",
            "age" : 19
          }
        },
        {
          "_index" : "spark2",
          "_type" : "persons",
          "_id" : "susan",
          "_score" : 1.0,
          "_source" : {
            "username" : "susan",
            "name" : "Susan",
            "age" : 21
          }
        }
      ]
    }
  }
```

작동 원리

아파치 스파크에서는 계산 속도를 높이고자 작업을 처리하는 동안 도메인 객체를 더 잘 설명하는 case 클래스가 사용된다. case 클래스는 JSON으로 쉽게 변환하고 역변환할 수 있는 빠른 직렬 처리기 및 역직렬 처리기다. case 클래스를 사용하면 데이터가 강력하게 유형화되고 모델링된다.

앞의 예시에서 표준 사람을 설계하는 Person 클래스를 생성했다(중첩 case 클래스는 자동으로 관리된다). 일부 Person 객체를 인스턴스화했으므로 일래스틱서치에 저장되는 스파크

RDD를 생성해야 한다.

이 예시에서 EsSpark라는 특수한 클래스를 사용했으며 EsSpark는 색인에 사용되는 메타데이터를 전달하는 도우미를 제공한다. 여기에서는 Map("es.mapping.id" -> "username")을 사용해 문서에서 ID를 추출하는 방법의 정보를 제공했다.

추가 사항

종종 ID는 객체의 필드가 아니다(문서에서 계산되는 복합 값이다). 이 경우에 색인할 튜플(ID, 문서)로 RDD를 생성하게 관리할 수 있다.

다음의 예시에서 Person 클래스에 ID를 계산하는 함수를 정의한다.

```
import org.elasticsearch.spark._
    case class Person(username:String, name:String, age:Int) {
  def id=this.username+this.age
}
```

그런 다음 신규 RDD를 계산하는 데 사용한다.

```
val persons = Seq(Person("bob", "Bob",19),Person("susan", "Susan",21))
val personIds=persons.map(p => p.id -> p)
val rdd=sc.makeRDD(personIds)
```

이제 이를 색인한다.

```
rdd.saveToEsWithMeta("spark3/person_id")
```

이 경우에 저장된 문서는 다음과 같다.

```
{
  ...중략...
  "hits" :
    [
      {
        "_index" : "spark3",
        "_type" : "person_id",
        "_id" : "susan21",
        "_score" : 1.0,
        "_source" : {
          "username" : "susan",
          "name" : "Susan",
          "age" : 21
        }
      },
      {
        "_index" : "spark3",
        "_type" : "person_id",
        "_id" : "bob19",
        "_score" : 1.0,
        "_source" : {
          "username" : "bob",
          "name" : "Bob",
          "age" : 19
        }
      }
    ]
  }
}
```

아파치 스파크로 데이터 읽기

스파크에서는 많은 원본에서 데이터를 읽을 수 있으나 일반적으로 HBase, 어큐물로Accumulo와 카산드라 같은 NoSQL은 제한된 쿼리 세트를 갖고 있으므로 필요한 데이터만 얻고자 종종 모든 데이터를 스캔해야 한다. 일래스틱서치를 사용하면 일래스틱서치 쿼리와 일치하는 문서의 부분집합만 얻을 수 있다.

준비 사항

이 예제에서 코드를 실행하려면 1장의 '일래스틱서치 다운로드와 설치' 예제에서 기술된 대로 실행 중인 일래스틱서치 설치본이 필요하다.

구동 중인 아파치 스파크 설치본도 필요하며 앞의 예시에서 색인했던 데이터가 필요하다.

작동 방법

아파치 스파크를 통해 일래스틱서치에서 데이터를 읽으려면 다음 절차를 수행한다.

1. 다음 명령으로 스파크 셸을 시작한다.

```
./bin/spark-shell
```

2. 필요한 클래스를 임포트한다.

```
import org.elasticsearch.spark._
```

3. 다음과 같이 일래스틱서치에서 데이터를 읽어 RDD를 생성한다.

```
val rdd=sc.esRDD("spark2/persons")
```

4. 다음 명령으로 반환된 결과를 살펴볼 수 있다.

```
rdd.collect.foreach(println)
```

5. 결과는 다음과 같다.

```
(bob,Map(username -> bob, name -> Bob, age -> 19))
(susan,Map(username -> susan, name -> Susan, age -> 21))
```

작동 원리

일래스틱 팀은 간단한 API로 일래스틱서치에서 데이터를 읽을 수 있는 훌륭한 일을 해냈다.

일래스틱서치에서 데이터를 추출할 수 있는 esRDD 메서드를 갖는 표준 RDD를 확장하는 implicit를 임포트해야 한다.

esRDD 메서드는 다음 매개변수를 허용한다.

- **resource**: 일반적으로 색인이나 타입 튜플이다.
- **query**: 결과를 필터링하는 데 사용되는 쿼리다. 쿼리 args 형식이다(옵션 문자열).
- **config**: 일래스틱서치에 제공되는 추가 구성 정보를 포함한다(옵션 Map[String, String]).

반환값은 ID와 Map 객체 형태의 튜플 컬렉션이다.

스파크 SQL로 데이터 읽기

스파크 SQL은 구조화된 데이터 처리를 위한 스파크 모듈이다. 데이터프레임이라는 프로그래밍용 추상화 객체를 제공하고 분산 SQL 쿼리 엔진으로도 동작한다. 일래스틱서치 스파크 통합을 사용하면 SQL 쿼리로 데이터를 읽을 수 있다.

NOTE

> 스파크 SQL은 구조화된 데이터와 함께 동작한다. 다시 말해 모든 항목이 동일한 구조라는 것을 가정한다(동일 필드 개수, 동일 타입, 이름). 구조화되지 않은 데이터의 사용(다른 구조의 문서)은 지원하지 않고 문제를 일으킨다.

준비 사항

이 예제에서 코드를 실행하려면 1장의 '일래스틱서치 다운로드와 설치' 예제에서 기술된 대로 실행 중인 일래스틱서치 설치본이 필요하다.

구동 중인 아파치 스파크 설치본도 필요하며 앞의 예시에서 색인했던 데이터가 필요하다.

작동 방법

아파치 스파크 SQL과 데이터프레임으로 일래스틱서치에서 데이터를 읽으려면 다음 절차를 수행한다.

1. 다음 명령을 실행해 스파크 셸을 시작한다.

```
./bin/spark-shell
```

2. org.elasticsearch.spark.sql 포맷으로 데이터프레임을 생성하고 다음과 같이 spark3/person_id 데이터를 적재한다.

```
val df =
spark.read.format("org.elasticsearch.spark.sql").load("spark3/person_id")
```

3. 스키마를 확인하는 printSchema로 다음과 같이 검사할 수 있다.

```
df.printSchema
root
  |-- age: long (nullable = true)
  |-- name: string (nullable = true)
  |-- username: string (nullable = true)
```

4. 다음과 같이 반환된 결과를 확인할 수 있다.

```
df.filter(df("age").gt(20)).collect.foreach(println)[21,Susan,sus an]
```

SQL 쿼리를 통해 아파치 스파크 SQL로 일래스틱서치에서 데이터를 읽으려면 다음 절차를 수행한다.

1. 다음 명령을 실행해 스파크 셸을 시작한다.

```
./bin/spark-shell
```

2. spark3/person_id에서 데이터를 읽는 뷰를 생성한다.

```
spark.sql("CREATE TEMPORARY VIEW persons USING
```

```
org.elasticsearch.spark.sql OPTIONS (resource
'spark3/person_id', scroll_size '2000')" )
```

3. 이제 다음과 같이 생성된 뷰에서 SQL 쿼리를 실행할 수 있다.

```
val over20 = spark.sql("SELECT * FROM persons WHERE age >= 20")
```

4. 반환된 결과를 확인할 수 있다.

```
over20.collect.foreach(println)
[21,Susan,susan]
```

작동 원리

스파크의 데이터 관리 핵심은 데이터프레임이며 다른 데이터 저장소에서 값을 읽을 수 있다.

데이터프레임의 상단에 있는 SQL 쿼리 기능을 사용할 수 있고 사용하는 드라이버(여기에서는 org.elasticsearch.spark.sql)에 따라 쿼리가 드라이버 수준(일래스틱서치의 네이티브 쿼리)까지 보내질 수 있다. 예를 들어 앞의 예시에서 쿼리는 일래스틱서치에서 네이티브로 실행되는 범위를 가진 불리언 필터로 변환된다.

일래스틱서치의 스파크 드라이버는 매핑에서 읽기 정보를 추론할 수 있고 데이터 저장소를 표준 SQL 데이터 저장소로 관리할 수 있다. SQL 접근법은 매우 강력하며 SQL 전문 지식을 아주 평범하게 재사용할 수 있다.

TIP

> 스파크로 일래스틱서치를 사용하는 좋은 접근 방법은 스파크 노트북을 사용하는 것이다. 스파크 노트북은 웹 기반의 인터페이스로, 애플리케이션 프로토타입의 테스트 단계를 빠르게 진행할 수 있게 한다. 가장 유명한 스파크 노트북은 http://spark-notebook.io에 있으며 아파치 제플린(https://zeppelin.apache.org)도 있다.

아파치 피그 활용 데이터 색인

아파치 피그(https://pig.apache.org/)는 데이터 저장소에 있는 데이터를 조작하고 저장하는 데 자주 사용되는 도구다. 일래스틱서치를 이용해 아주 빠른 방식으로 콤마로 구분된 값CSV, Comma-Separated Values을 가져오는 경우 아주 편리하다.

준비 사항

이 예제에서 코드를 실행하려면 1장의 '일래스틱서치 다운로드와 설치' 예제에서 기술된 대로 실행 중인 일래스틱서치 설치본이 필요하다.

작동 중인 피그 설치본이 필요하다. 운영체제에 따라 http://pig.apache.org/docs/r0.17.0/start.html의 지침을 따라야 한다.

맥OS X 홈브루를 사용하는 경우 `brew install pig`로 설치할 수 있다.

작동 방법

CSV 파일을 읽어 일래스틱서치에 기록하려면 다음 절차를 수행한다.

1. 영국의 GeoName에서 모든 위치를 얻도록 GeoNames 사이트에서 CSV 데이터 세트를 다운로드한다. 다음과 같이 다운로드 받고 압축을 해제한다.

```
wget http://download.geonames.org/export/dump/GB.zip
unzip GB.zip
```

2. 다음과 같이 실행할 피그 명령을 포함하는 es.pig를 작성한다.

```
REGISTER /Users/alberto/elasticsearch/elasticsearch-
hadoop-7.0.0/dist/elasticsearch-hadoop-pig-7.0.0.JAR;

SET pig.noSplitCombination TRUE;

DEFINE EsStorage org.elasticsearch.hadoop.pig.EsStorage();

-- 5개의 리듀서를 갖는 맵/리듀스 작업 시작하기

SET default_parallel 5;

-- GB.txt 파일 탑재하기

geonames= LOAD 'GB.txt' using PigStorage('\t') AS
(geonameid:int,name:chararray,asciiname:chararray,
alternatenames:chararray,latitude:double,longitude:double,
feature_class:chararray,feature_code:chararray,
country_code:chararray,cc2:chararray,admin1_code:chararray,
admin2_code:chararray,admin3_code:chararray,
admin4_code:chararray,population:int,elevation:int,
dem:chararray,timezone:chararray,modification_date:chararray);

STORE geonames INTO 'geoname/gb' USING EsStorage();
```

3. 이제 다음과 같이 pig 명령을 실행한다.

```
pig -x local es.pig
```

결과는 다음과 같다.

```
2019-02-10 14:51:12,258 INFO [main] pig.ExecTypeProvider
(ExecTypeProvider.java:selectExecType(41)) - Trying ExecType : LOCAL
2019-02-10 14:51:12,259 INFO [main] pig.ExecTypeProvider
(ExecTypeProvider.java:selectExecType(43)) - Picked LOCAL as the ExecType
2019-02-10 14:51:12,283 [main] INFO org.apache.pig.Main - Apache Pig
version 0.17.0 (r1797386) compiled Jun 02 2017, 15:41:58
...중략...
2019-02-10 14:51:13,693 [LocalJobRunner Map Task Executor #0] INFO
org.apache.pig.builtin.PigStorage - Using PigTextInputFormat
2019-02-10 14:51:13,696 [LocalJobRunner Map Task Executor #0] INFO
org.apache.pig.backend.hadoop.executionengine.mapReduceLayer.PigRecord
Reader - Current split being processed
file:/Users/alberto/Projects/elasticsearch-7.x-
cookbook/ch17/GB.txt:0+7793280
...중략...
2019-02-10 14:51:18,586 [main] INFO
org.apache.pig.tools.pigstats.mapreduce.SimplePigStats - Script
Statistics:

HadoopVersion PigVersion UserId StartedAt FinishedAt Features 2.7.3.
0.17.0 alberto 2019-02-10 14:51:13 2019-02-10 14:51:18 UNKNOWN

Success!

Job Stats (time in seconds):
JobId Maps Reduces MaxMapTime MinMapTime AvgMapTime
MedianMapTime MaxReduceTime MinReduceTime AvgReduceTime
MedianReducetime Alias Feature Outputs
job_local1289431064_0001 1 0 n/a n/a n/a n/a 0 0 0 0 geonames MAP_ONLY
geoname/gb,

Input(s):
Successfully read 63131 records from:
file:///Users/alberto/Projects/elasticsearch-7.x-cookbook/ch17/GB.txt

Output(s):
```

```
Successfully stored 63131 records in: "geoname/gb"

Counters:
Total records written : 63131
Total bytes written : 0
Spillable Memory Manager spill count : 0
Total bags proactively spilled: 0
Total records proactively spilled: 0

Job DAG:
job_local1289431064_0001

2019-02-10 14:51:18,587 [main] INFO
org.apache.hadoop.metrics.jvm.JvmMetrics
- Cannot initialize JVM Metrics with processName=JobTracker, sessionId= -
already initialized
2019-02-10 14:51:18,588 [main] INFO
org.apache.hadoop.metrics.jvm.JvmMetrics
- Cannot initialize JVM Metrics with processName=JobTracker, sessionId= -
already initialized
2019-02-10 14:51:18,588 [main] INFO
org.apache.hadoop.metrics.jvm.JvmMetrics
- Cannot initialize JVM Metrics with processName=JobTracker, sessionId= -
already initialized
2019-02-10 14:51:18,591 [main] WARN
org.apache.pig.backend.hadoop.executionengine.mapReduceLayer.MapReduce
Launcher - Encountered Warning TOO_LARGE_FOR_INT 1 time(s).
2019-02-10 14:51:18,591 [main] INFO
org.apache.pig.backend.hadoop.executionengine.mapReduceLayer.MapReduce
Launcher - Success!
2019-02-10 14:51:18,604 [main] INFO org.apache.pig.Main - Pig script
completed in 6 seconds and 565 milliseconds (6565 ms)
```

몇 초 후에 모든 CSV 데이터가 일래스틱서치에 색인된다.

작동 원리

아파치 피그는 매우 편리한 도구다. 작은 수의 코드 행으로 다른 데이터 저장소들의 데이트를 읽고, 변환하고 저장할 수 있다. 셸을 갖고 있으나 실행시킬 모든 명령을 갖는 피그 스크립트를 작성하는 것이 아주 일반적이다.

아파치 피그에서 일래스틱서치를 사용하려면 EsStorage를 포함하는 라이브러리를 등록해야 한다. 등록 스크립트로 완성할 수 있으며 JAR의 위치는 다음과 같이 설치하는 위치에 따라 다르다.

```
REGISTER /Users/alberto/elasticsearch/elasticsearch-
hadoop-7.0.0/dist/elasticsearch-hadoop-pig-7.0.0.JAR;
```

기본적으로 피그는 데이터를 블록으로 분할하고 일래스틱서치에 전송하기 전에 조합한다. 최대 병렬 처리를 유지하고자 SET pig.noSplitCombination TRUE로 이 동작을 비활성화해야 한다.

EsStorage의 전체 경로 입력하는 것을 방지하고자 다음 단축 경로를 정의해야 한다.

```
DEFINE EsStorage org.elasticsearch.hadoop.pig.EsStorage();
```

기본적으로 피그 병렬 처리는 1로 설정돼 있다. 처리 속도를 올리려면 이 값을 다음과 같이 증가시켜야 한다.

```
-- launch the Map/Reduce job with 5 reducers

SET default_parallel 5;
```

피그에서 CVS를 읽는 것은 아주 간단하다. 파일, 필드 구분자를 갖는 PigStorage와 필드의 포맷을 다음과 같이 정의한다.

```
--load the GB.txt file

geonames= LOAD 'GB.txt' using PigStorage('\t') AS
(geonameid:int,name:chararray,asciiname:chararray,
alternatenames:chararray,latitude:double,longitude:double,
feature_class:chararray,feature_code:chararray,
country_code:chararray,cc2:chararray,admin1_code:chararray,
admin2_code:chararray,admin3_code:chararray,
admin4_code:chararray,population:int,elevation:int,
dem:chararray,timezone:chararray,modification_date:chararray);
```

CSV 파일을 읽은 후에 각 행은 다음과 같이 일래스틱서치에 객체로 색인된다.

```
STORE geonames INTO 'geoname/gb' USING EsStorage();
```

NOTE

> 알다시피 피그를 사용할 때 가장 복잡한 것은 입력 및 출력 포맷을 관리하는 것이다. 아파치 피그의 핵심 장점은 몇 줄의 코드로 복잡한 데이터 세트를 탑재하고 이들을 조인하고 저장하는 기능이다.

알파카로 일래스틱서치 사용

알파카Alpakka 프로젝트(https://doc.akka.io/docs/alpakka/current/index.html)는 반응형 스트림과 아카Akka(https://akka.io/?)를 기반으로 한 자바 및 스칼라 반응형 엔터프라이즈 통합 라이브러리다.

반응형 스트림은 컴포넌트 기반이다. 가장 중요한 부분은 소스Source(다른 원본들로부터 데이터를 읽는 데 사용된다)와 싱크Sink(저장소에 데이터를 기록하는 데 사용된다)다.

알파카는 많은 데이터 원본에 대한 소스와 싱크를 제공하며 일래스틱서치는 그중에 하나다.

이 예제에서 공통 시나리오를 살펴본다(CSV 파일을 읽고 이를 일래스틱서치에 집어넣기).

준비 사항

이 예제에서 코드를 실행하려면 1장의 '일래스틱서치 다운로드와 설치' 예제에서 기술된 대로 실행 중인 일래스틱서치 설치본이 필요하다.

스칼라 플러그인을 포함하는 IntelliJ IDEA와 같은 스칼라 프로그래밍을 지원하는 IDE를 전역적으로 설치해야 한다.

이 예제에 대한 코드는 ch17/alpakka 디렉터리며 참조 클래스는 `CSVToES`다.

작동 방법

CSV 파일을 읽어 일래스틱서치에 저장하는 간단한 파이프라인을 생성하고자 한다. 이를 위해 다음 절차를 수행한다.

1. `build.sbt`에 알파카 의존성을 추가한다.

```
"com.github.pathikrit" %% "better-files" % "3.7.1",
"com.lightbend.akka" %% "akka-stream-alpakka-csv" % "1.0.0",
"com.lightbend.akka" %% "akka-stream-alpakka-elasticsearch" % "1.0.0",
```

2. 그런 다음 아카Akka 시스템을 초기화한다.

```
implicit val actorSystem = ActorSystem()
implicit val actorMaterializer = ActorMaterializer()
implicit val executor = actorSystem.dispatcher
```

3. 이제 일래스틱서치 클라이언트를 초기화한다. 여기서는 기본 Rest 클라이언트를 사용한다.

```
import org.elasticsearch.client.RestClient
implicit val client: RestClient = RestClient.builder(new
HttpHost("0.0.0.0", 9200)).build()
```

4. Iris 클래스에 저장되며 JSON을 인코딩하고 디코딩할 수 있는 스칼라 임플리시트implicit도 생성한다. 이 모든 작업은 코드 몇 줄을 추가해 완성할 수 있다.

```
final case class Iris(label: String, f1: Double, f2: Double,
f3: Double, f4: Double)
import spray.json._
import DefaultJsonProtocol._
implicit val format: JsonFormat[Iris] = jsonFormat5(Iris)
```

5. 싱크(저장소)를 초기화하기 전에 백엔드 부하와 재시도 로직을 관리하는 몇 가지 정책을 정의한다.

```
val sinkSettings =
    ElasticsearchWriteSettings()
      .withBufferSize(1000)
      .withVersionType("internal")
      .withRetryLogic(RetryAtFixedRate(maxRetries = 5,
          retryInterval = 1.second))
```

6. 이제 파이프라인을 생성할 수 있다. 원본은 CSV에서 읽어들이고 모든 행에 대해 Iris 색인 메시지를 생성하고 일래스틱서치 싱크를 사용해 iris-alpakka 색인에 적재한다.

```
val graph = Source.single(ByteString(Resource.getAsString(
"com/packtpub/iris.csv")))
      .via(CsvParsing.lineScanner())
      .drop(1)
      .map(values => WriteMessage.createIndexMessage[Iris](
            Iris(
              values(4).utf8String,
              values.head.utf8String.toDouble,
              values(1).utf8String.toDouble,
              values(2).utf8String.toDouble,
              values(3).utf8String.toDouble)))
      .via(
            ElasticsearchFlow.create[Iris](
              "iris-alpakka",
              "_doc",
              settings = sinkSettings
      ))
      .runWith(Sink.ignore)
```

7. 앞의 파이프라인은 비동기로 동작되므로 항목 처리가 종료될 때까지 기다려야 하며 그 이후 사용된 모든 자원을 닫아야 한다.

```
val finish=Await.result(graph, Duration.Inf)
   client.close()
   actorSystem.terminate()
   Await.result(actorSystem.whenTerminated, Duration.Inf)
```

작동 원리

알파카는 많은 편리한 기능을 갖는 현대적인 ETL(추출, 변환, 탑재)을 구축하는 데 가장 많이 사용하는 도구 중 하나다.

- **백엔드 부하:** 데이터 저장소가 높은 부하 상태에 있다면 자동으로 대역폭을 낮춘다.
- **모듈 형태의 접근:** 사용자가 대규모 코드 리팩토링 없이도 다른 데이터 저장소에 읽고 쓰는 소스와 싱크를 교체할 수 있다.
- **많은 연산자:** 복잡한 파이프라인을 구축할 수 있는 수많은 연산자(map, flatMap, filter, groupBy, mapAsync 등)가 있다.
- **낮은 메모리 공간:** 아파치 스파크로서 메모리에 모든 데이터를 탑재하지 않으나 소스와 싱크에서 데이터를 스트리밍한다. 쉽게 도커화할 수 있으며 ETL을 대용량으로 확장할 수 있도록 쿠버네티스 클러스터에 배포할 수 있다.

일래스틱서치 소스와 싱크는 일래스틱서치의 공식 Rest 클라이언트를 사용한다. 앞의 코드에서 본 것과 같이 한 줄의 코드로 초기화할 수 있다.

```
implicit val client: RestClient = RestClient.builder(new
HttpHost("0.0.0.0", 9200)).build()
```

클라이언트 변수는 implicit여야 일래스틱서치 소스와 싱크 또는 플로Flow 생성자에 자동으로 전달할 수 있다.

기본적으로 스칼라 매크로 **jsonFormatN**(N은 필드 수)을 활용한 spray.json을 이용해 JSON에서 케이스 클래스의 직렬화와 역직렬화를 지원한다.

```
implicit val format: JsonFormat[Iris] = jsonFormat5(Iris)
```

이 경우에도 변수는 implicit이어야 자동으로 요청한 메서드에 자동으로 전달할 수 있다.

ElasticsearchWriteSettings를 이용한 일래스틱서치에서 작성하는 데 사용된 매개변수를 사용자 정의할 수 있다.

```
ElasticsearchWriteSettings()
  .withBufferSize(1000)
  .withVersionType("internal")
  .withRetryLogic(RetryAtFixedRate(maxRetries = 5, retryInterval = 1.second))
```

이 클래스의 가장 일반적인 메서드는 다음과 같다.

- **withBufferSize(size:Int)**: 단일 벌크에 사용되는 항목 수다.
- **withVersionType(vType:String)**: 일래스틱서치에서 레코드 버전의 유형을 설정한다.
- **withRetryLogic(logic:RetryLogic)**: 재시도 정책을 설정한다. RetryLogic은 스칼라의 특성 클래스로 서로 다른 구현을 제공하게 확장시킬 수 있다. 특성 클래스를 확장하는 자신만의 RetryLogic 정책을 구현할 수 있다. 다음의 속성은 기본 속성들이다.
    - **RetryNever**: 재시도하지 않게 한다.
    - **RetryAtFixedRate(maxRetries: Int, retryInterval: scala.concurrent.duration.FiniteDuration)**: 고정된 간격(retryInterval)으로 maxRetries할 수 있다.

일래스틱서치 싱크나 플로는 WriteMessage[T,PT]만 허용하며 T는 메시지 유형이고 PT는 가능한 PassThrough 유형(예를 들어 카프카 오프셋을 전달하고 일래스틱서치 쓰기 응답 후에 커밋하는 경우에 사용된다)이다.

WriteMessage는 가장 일반적으로 사용되는 메시지를 생성하는 도우미를 갖고 있다.

- **createIndexMessage[T](source: T)**: 색인 작업을 생성하는 데 사용한다.
- **createIndexMessage[T](id: String, source: T)**: 제공된 id로 색인 작업을 생성하는 데 사용한다.
- **createCreateMessage[T](id: String, source: T)**: 생성 작업을 구축하는 데 사용한다.
- **createUpdateMessage[T](id: String, source: T)**: 갱신 작업을 구축하는 데 사용한다.
- **createUpsertMessage[T](id: String, source: T)**: 업서트(문서를 갱신할 때 문서가 존재하지 않으면 신규 문서를 생성한 후 갱신한다) 작업을 생성하는 데 사용한다.
- **createDeleteMessage[T](id: String)**: 삭제 작업을 생성하는 데 사용한다.

이들 메시지를 생성하는 가장 일반적인 사례는 맵 함수를 사용해 값을 필요한 WriteMessage 유형으로 변환하는 것이다.

WriteMessages를 생성한 후 일래스틱서치에 레코드를 기록하는 싱크를 생성할 수 있다. 싱크에 필요한 매개변수는 다음과 같다.

- **indexName:String**: 사용할 색인명이다.
- **typeName:String**: 매핑명(일반적으로 일래스틱서치 7.x에서는 _doc)이다. 알파카 일래스틱서치의 미래 배포판에서는 제거될 것이다.
- **settings: ElasticsearchWriteSettings**(옵션): 앞에서 다뤘던 쓰기 설정 매개변수다.

이 짧은 설명으로 아카akka 또는 알파카를 수박 겉핥기 수준으로만 살펴봤지만 간단하고 복잡한 적재 작업을 조정하는 이 시스템이 얼마나 강력한지 쉽게 이해할 수 있을 것이다.

참고 사항

이 예제에 연관된 추가 내용은 아래 URL을 참고한다.

- 아카의 공식 웹 사이트 https://akka.io/, 알파카의 사이트 https://doc.akka.io/docs/alpakka/current/index.html을 참고한다.
- 원본과 싱크를 사용하는 더 많은 예시를 제공하는 https://doc.akka.io/docs/alpakka/current/elasticsearch.html의 일래스틱서치에 대한 알파카 문서를 참고한다.

몽고DB로 일래스틱서치 사용

몽고DBMongoDB(https://www.mongodb.com/)는 간단한 설치와 많은 수의 커뮤니티가 활용하는 관계로, 가장 인기 있는 문서 데이터 저장소 중 하나가 됐다.

일래스틱서치를 검색이나 쿼리 계층으로 사용하고 몽고DB를 좀 더 안전한 데이터 계층으로 사용하는 것은 아주 일반적인 아키텍처다. 이 예제에서는 알파카로 일래스틱서치의 쿼리 스트림을 읽어 몽고DB에 저장하는 것이 얼마나 간단한지 살펴본다.

준비 사항

이 예제에서 코드를 실행하려면 1장의 '일래스틱서치 다운로드와 설치' 예제에서 기술된 대로 실행 중인 일래스틱서치 설치본이 필요하다.

스칼라 플러그인을 포함하는 IntelliJ IDEA와 같은 스칼라 프로그래밍을 지원하는 IDE를 전역적으로 설치해야 한다.

이 예시를 실행하려면 몽고DB를 로컬 머신에 설치해야 한다.

이 예제에 대한 코드는 ch17/alpakka 디렉터리며 참조한 클래스는 ESToMongoDB다. 이전 예제에서 생성한 색인을 읽는다.

작동 방법

CSV 파일을 읽어 일래스틱서치에 레코드를 기록하는 간단한 파이프라인을 다음과 같은 절차로 생성한다.

1. alpakka-mongodb 의존성을 build.sbt에 추가한다.

```
"org.mongodb.scala" %% "mongo-scala-bson" % "2.4.2",
"com.lightbend.akka" %% "akka-stream-alpakka-mongodb" % "1.0.0",
```

2. 첫 번째 단계는 아카 시스템을 초기화하는 것이다.

```
implicit val actorSystem = ActorSystem()
implicit val actorMaterializer = ActorMaterializer()
implicit val executor = actorSystem.dispatcher
```

3. 이제 일래스틱서치 클라이언트를 초기화한다. 여기서는 기본 RestClient를 사용한다.

```
import org.elasticsearch.client.RestClient
implicit val client: RestClient = RestClient.builder(new
```

```
HttpHost("0.0.0.0", 9200)).build()
```

4. 데이터가 Iris 클래스에 저장되며 JSON을 인코딩하거나 디코딩할 수 있고 몽고DB에 대한 코덱을 사용할 수 있는 스칼라 임플리시트[implicit]도 생성한다. 코드 몇 줄을 추가해 이 작업을 완료할 수 있다.

```
final case class Iris(label: String, f1: Double, f2: Double,
f3: Double, f4: Double)
  import spray.json._
  import DefaultJsonProtocol._
  implicit val format: JsonFormat[Iris] = jsonFormat5(Iris)

val codecRegistry =
fromRegistries(fromProviders(classOf[Iris]),
DEFAULT_CODEC_REGISTRY)
```

5. 이제 몽고DB에 데이터를 저장할 수 있는 irisCollection을 생성한다.

```
private val mongo = MongoClients.create("mongodb://localhost:27017")
private val db = mongo.getDatabase("es-to-mongo")
val irisCollection = db
  .getCollection("iris", classOf[Iris])
  .withCodecRegistry(codecRegistry)
```

6. 끝으로 파이프라인을 생성한다. 원본은 ElasticsearchSource이고 모든 레코드는 MongoSink를 사용해 몽고DB에 적재된다.

```
val graph =
  ElasticsearchSource
    .typed[Iris](
```

```
        indexName = "iris-alpakka",
        typeName = "_doc",
        query = """{"match_all": {}}"""
    )
        .map(_.source) // 원본만 필요함
        .grouped(100) // 100개의 대규모 입력
        .runWith(MongoSink.insertMany[Iris](irisCollection))
```

7. 앞의 파이프라인은 비동기로 수행되며 항목들을 처리할 때까지 기다려야 하고 그 후에나 사용된 모든 자원을 닫을 수 있다.

```
val finish=Await.result(graph, Duration.Inf)
client.close()
actorSystem.terminate()
Await.result(actorSystem.whenTerminated, Duration.Inf)
```

작동 원리

파이프라인에 몽고DB의 소스와 싱크를 사용하는 것은 아주 쉽다. 앞의 코드에서 색인이나 typeName과 쿼리를 제공한 ElasticsearchSource를 사용해 유형화된 항목을 가진 스트림을 생성할 수 있었다.

```
ElasticsearchSource
  .typed[Iris](
    indexName = "iris-alpakka",
    typeName = "_doc",
    query = """{"match_all": {}}"""
)
```

반환 유형인 Source[ReadResult[T], NotUsed]이고 T는 유형이다(이 예시에서는 Iris).

ReadResult[T]는 다음을 포함하는 래퍼다.

- **id:String**: 일래스틱서치 ID다.
- **source:T**: 객체 T로 변환된 문서의 원본 부분이다.
- **version:Option[Long]**: 버전 번호 옵션이다.

몽고DB에 쓰기를 하도록 접속을 생성하고 데이터베이스를 선택하고 컬렉션을 얻어야 한다.

```
private val mongo = MongoClients.create("mongodb://localhost:27017")
private val db = mongo.getDatabase("es-to-mongo")
val irisCollection = db
    .getCollection("iris", classOf[Iris])
    .withCodecRegistry(codecRegistry)
```

여기에서는 iris 유형인 irisCollection을 정의했고 데이터 마샬링(변환)을 할 수 있는 코덱을 제공했다.

codecRegistry는 스칼라 매크로로 작성했다.

```
import org.bson.codecs.configuration.CodecRegistries.{fromProviders,
    fromRegistries}
import org.mongodb.scala.bson.codecs.DEFAULT_CODEC_REGISTRY
import org.mongodb.scala.bson.codecs.Macros._
val codecRegistry = fromRegistries(fromProviders(classOf[Iris]),
    DEFAULT_CODEC_REGISTRY)
```

쓰기 속도를 빠르게 하고자 몽고DB에서 100 요소의 벌크 쓰기를 실행하는 것을 선택했다. 따라서 다음을 이용해 먼저 100 요소를 가진 그룹을 스트림으로 변환했다.

```
.grouped(100) // bulk insert of 100
```

그리고 MongoSink를 사용해 컬렉션에 결과가 작성된다.

```
.runWith(MongoSink.insertMany[Iris](irisCollection))
```

스트리밍의 경우 일래스틱서치와 몽고DB 양쪽에서 항상 벌크 쓰기를 권고한다.

앞의 예시에서 일래스틱서치 소스와 싱크 및 몽고DB 싱크 사용법을 살펴봤으며 자체적인 파이프라인을 구축하고자 서로 다른 소스와 싱크를 조합하는 방법을 아주 쉽게 이해할 수 있었다.

참고 사항

몽고DB에 대한 알파카 문서는 https://doc.akka.io/docs/alpakka/current/mongodb.html이며 몽고DB에 대한 소스와 싱크에 대한 더 많은 예시를 제공한다.

| 찾아보기 |

ㄴ

ㄷ

ㄹ

ㅁ

ㅂ

ㅅ

ㅇ

ㅈ

ㅊ

ㅋ

ㅌ

ㅍ

ㅎ

A

B

C

D

E

F

P

Q

R

S

T

U

V

W

X

Z

일래스틱서치 쿡북 4/e

효과적 데이터 검색과 분석을 위한 100가지 단계별 레시피

발 행 | 2022년 8월 31일

지은이 | 알베르토 파로
옮긴이 | 이 준 호

펴낸이 | 권 성 준
편집장 | 황 영 주
편 집 | 조 유 나
임 지 원
디자인 | 윤 서 빈

에이콘출판주식회사
서울특별시 양천구 국회대로 287 (목동)
전화 02-2653-7600, 팩스 02-2653-0433
www.acornpub.co.kr / editor@acornpub.co.kr

ISBN 979-11-6175-678-3
http://www.acornpub.co.kr/book/elastic-4e

책값은 뒤표지에 있습니다.